KB083780

혼 종 문 화 론

지구화 시대의 문화연구와 로컬의 문화적 상상력

지은이

김용규 金容圭, Kim, Yong Gyu

1963년 부산에서 태어났으며 고려대학교 영어영문학과에서 전후 영국문학이론의 변화에 관한 연구로 박사학위를 받았다. 미국 샌디에이고 소재 캘리포니아 대학에서 포스트닥터 연구원을, 버클리 소재 캘리포니아 대학에서 방문학자를 지냈다. 현재 부산대학교 영문학과 교수로 재직하고 있고 인문학연구소 소장을 역임한 바 있다. 주된 관심영역은 문화이론, 포스트식민주의, 세계문학론, 번역론 등이다. 지은 책으로는 『문학에서 문화로 - 1960년대 이후 영국문학이론의 정치학』, 『경계에서 만나다 - 디아스포라와의 대화』(공저) 등이 있고, 옮긴 책으로는 『비평과 객관성』, 『백색신화』, 『아래로부터의 포스트식민주의』, 『번역과 정체성』(공역) 등이 있다.

혼종문화론

지구화 시대의 문화연구와 로컬의 문화적 상상력

초판 1쇄 발행 2013년 11월 30일
초판 2쇄 발행 2014년 9월 12일
지은이 김용규 **펴낸이** 박성모 **펴낸곳** 소명출판 **출판등록** 제13-522호
주소 서울시 서초구 서초동 1621-18 란빌딩 1층
전화 02-585-7840 **팩스** 02-585-7848 **전자우편** somyong@korea.com **홈페이지** www.somyong.co.kr

값 34,000원

ISBN 978-89-5626-939-9 93300

이 저서는 2007년 정부(교육부)의 재원으로 한국연구재단의 지원을 받아 수행된 연구임(NRF-2007-812-A00225)

Theories of Hybrid Culture

The Cultural Studies in the Age of Globalization and the Cultural Imagination of the Local

혼종문화론

지구화 시대의 문화연구와 로컬의 문화적 상상력

김용규

소명출판

책머리에

이 책에서 다루고 있는 주제에 처음 관심을 갖게 된 것은 2000년 미국 샌디에이고 소재 캘리포니아 대학에서 박사 후 과정을 연수할 때였다. 그 사이 우여곡절도 많았지만 그때 이후 벌써 13년이라는 세월이 지났으니 실로 긴 시간 만에 생각의 결실을 맺게 되는 셈이다. 필자가 전후 영국의 비평적 흐름에 관한 논문으로 박사학위를 받았음에도 미국을 박사 후 과정 선택지로 결정했던 것은 박사논문의 주제로부터 가급적 벗어나야겠다는 생각과, 비평과 문화연구를 전공하는 연구자로서 그동안 소홀히 했던 미국 비평이론의 흐름을 체계적으로 읽어보고 싶은 소망 때문이었다. 그래서 박사 후 과정의 주제도 되도록 넓게 잡았다. 미국 비평가인 프레드릭 제임슨을 중심에 두고 프랑코 모레티와 당시 연수지도교수였던 마사오 미요시의 작업을 세계체제의 반주변부의 시각에서 읽어보겠다는 것이었다. 1990년대 들어 제임슨은 일본 · 중국 · 대만 · 필리핀과 같은 아시아나 (반)주변부 지역에 깊은 관심을 갖고 있었고, 모레티는 반주변부의 문화적 위치를 세계문학의 가능조건으로 설정하는 독창적인 글을 발표하고 있었으며, 마사오 미요시는 서양이 동아시아를 어떻게 보는가에 대한 뛰어난 연구를 내놓고 있었다. 세 연구자의 이론을 반주변부라는 독특한 지정학적 위치에서 읽다보면 반주변부 출신인 필자의 이론적 위치까지도 고민해볼 수 있을 것 같았다.

하지만 당시 샌디에이고라는 도시는 조용한 책읽기와 필자의 원래 생각을 그대로 실현시켜줄 수 있는 편안한 장소가 아니었다. 샌디에이고는 멕시코의 티후아나로부터 수십 킬로밖에 떨어져 있지 않았고, 1992년 북미자유무역협정의 발효로 비록 불균형적이긴 해도 노동과 자본의 이동이 매우 빈번한 국경도시였다. 그곳의 일상풍경 자체에도 전지구화의 급격한 과정이 스며들어 있었다. 매일 국경을 가로 질러 샌디에이고와 티후아나 사이를 출퇴근하는 사람들이 샌디에이고 101번 고속도로를 가득 메웠고, 그곳 대학의 교수들 중 다수가 히스패닉계였으며, 학교식당에서 홀로 식사하는 필자에게 매일 같이 반갑게 인사를 건네주던 청소아주머니도 히스패닉 출신이었다. 그 무렵 필자는 자연스럽게 루벤 블라데스, 피아졸라를 비롯한 라틴 월드뮤직을 즐겨 들었고, 1999년 기타리스트 라이 쿠더와 감독 빔벤더스가 합작해 만든 〈부에나비스타 소셜클럽〉을 보면서 감동의 눈물을 지었으며, 히스패닉 연구자들이 모이는 세미나를 드나들며 그들의 책을 읽었다. 그때 읽었던 책 중에 칸클리니의 책도 포함되어 있었다. 특히 그의 『혼종문화』는 자본의 지구화와 신자유주의가 휘몰아치던 라틴아메리카의 현실 속에서 대중들이 어떻게 자본의 공세에 맞서 자신들의 삶을 지키는 문화전략을 구사하고 있는가를 고민하던 책이었다. 이 책은 제1세계의 지식인이나 이론가에게는 관념과 의식에 머물러 있는 문제가 라틴아메리카 문화연구자들에게는 현실적 곤경이라는 생각을 갖게 해주었다. 나아가 그의 이론적 고민은 서구 지식인들과 달리 반주변부를 중심이 아닌 주변에서, 위가 아닌 아래로부터 볼 수 있는 시각을 가르

쳐주었으며 문화연구가 구미歐美의 전유물이 아님을 깨닫게 해주었다. 이 무렵 처음으로 주변부 문화가 중심부의 문화논리를 되받아치면서 스스로 삶의 역사를 쓰는 '문화횡단'과 '혼종성'의 이론들에 관한 글을 써보고 싶다는 생각이 들었다. 그 생각을 구체화한 것이 이 책의 후반부 내용의 다수를 차지하고 있다.

그 후 9년이 지난 뒤 필자는 학교에서 연구년을 얻어 다시 캘리포니아 버클리를 찾았다. 2009년 미국의 사회현실도 많이 달라졌지만 라틴아메리카의 현실은 또 다른 방향으로 급변하고 있었다. 룰라, 차베스와 같은 정치가들이 신자유주의에 맞서 주도한 정치적 실험이 곳곳에서 일어나고 있었고, 특히 인디오 출신 에바 모랄레스의 볼리비아 대통령 당선과 멕시코 남부의 치아파스지역에서 일어난 인디오들의 반란은 그동안 역사로부터 배제 당했던 인디오 서발턴들, 즉 파농이 말한 '대지의 저주 받은 자들'을 역사의 중심에 세워놓고 있었다. 신자유주의가 휩쓸고 간 불모의 자리에 서서히 새로운 역사적 상상력과 유토피아에 대한 꿈들이 피워나고 있었다. 필자가 그곳에서 만난 연구자들은 이런 현실을 담아내려는 이론 활동에 몰두하고 있었고, 현실적 · 학술적 실천을 위한 국제적 연대와 네트워크를 구성하기 위해 분주했으며, 라틴아메리카를 넘어 세계문화를 주도한다는 강한 자부심을 드러냈다. 이들의 활동은 10년 전 칸클리니에게서 느꼈던 문화연구의 차원과는 크게 달랐다. 칸클리니의 문화연구가 사회학적이고 인류학적인 차원에서 진행되었고 대안도 신자유주의라는 환경 속에서 현실적이면서 실용적인 수준이었다고 한다면, 새로운 연구자들은 역사 · 종교 · 철학 · 인류학 · 정치경제학 · 여성학 등 다양한 분야에서 활동하며 대안의 구상에서도 거시적이고 매우 대담했다. 그들을 만나면서 필자는 세계체제 내부의 지식구조 변동과 지식의 이동 같은 것을 느낄 수 있었다. 이런 내용은 이 책의 전반부에 소개되어 있다.

물론 그간의 긴 세월 동안 필자가 이 저술에만 매진한 것은 아니다. 가끔은 이 작업에서 멀어져 다른 주제를 연구하기도 하고, 대학의 행정적인 일에 한 눈을 팔기도 했다. 하지만 이 주제에 대한 이론적 관심만은 지속적으로 유지하기 위해 노력했고, 가끔 이 주제를 필자가 살고 있는 로컬의 문화현실과 연결 지으려 시도해보았다. 그리하여 비록 체계적이지는 못하더라도 한국사회에서 (반)주변부에 속하는 한 로컬 주체의 이론적 위치에서 세계를 본다는 것이 무엇을 뜻하는지를 자문해보기도 했다. 로버트 J. C. 영이 '역사와 이론을 플로리다의 마이애미가 아니라 쿠바의 말레콘에서 본다는 것이 무엇을 의미할까?'를 질문하고, 라몽 그로스포구엘이 '언표행위의 위치를 유럽인들에게서 아메리카의 원주민 여성에게로 옮긴다면 세계체제는 어떻게 보일까?'를 질문했듯이 말이다. 사실 로컬을 통제와 조작의 대상으로 보는 글로벌적 시선은 많았지만 역으로 아래로부터의 로컬의 시각을 통해 세계를 파악해보려는 시도는 드물었다. 이 책에는 필자가 처한 현실에 대한 이런 고민의 일단들도 포함되어 있다.

그런 점에서 이 책은 혼종문화 이론들에 대한 체계적 저작은 아니다. 이론은 정합적이고 일관적인 것이 되려는 경향을 갖고 있지만 현실의 변화는 바로 그 이론 내부에 균열과 단층을 새겨놓기 마련이다. 특히 특정 주제에 장시간 매달리는 동안 그 주제의 지반을 변경하는 현실적 변화가 일어난다면, 이론의 시간은 이미 현실의 시간에 뒤처지게 된다.

원래 계획은 혼종문화에 대한 체계적 구성과 혼종성의 문화전략까지 구상해보는 계획이었지만 현실적 변화는 그런 계획을 어렵게 만들었다. 지역과 민족마다 현실적 상황이 다르고 그 상황을 추적해가는 이론적 방식 또한 차이가 있기 때문에 이론들을 그것이 처한 현실성과 무관하게 그 적실성에 따라 단계적으로 판단하고 구성한다는 것은 불가능한 일이었다. 글을 구상하던 초기 단계에서 혼종성 이론을 문화횡단 다음 단계로 평가하여 혼종성의 이론들이 더 급진적이고 더 발전된 것처럼 쓰기도 했지만, 그런 생각 또한 특정 지역을 벗어나면 유지되기 곤란한 것이었다. 중요한 것은 혼종성과 문화횡단 중 어느 것이 더 나은가가 아니라 로컬문화의 상황에 따라 그곳에 살고 있는 주체들이 어떻게 민주적이고 평등한 문화와 삶을 구축해갈 수 있는가 하는 것이다. 따라서 이 책에서는 이론의 체계적 구성보다 이론에 대해 현실적이고 실용적인 입장을 보이고 있다. 특히 이 책에서 다루어지는 이론들의 시간과 장소도 다양하고 글쓰기의 시간성도 차이가 있기 때문에 각 장의 글들은 그 자체로 분리해서 읽어도 될 정도로 독립적이다. 그러면서도 각 장의 글들은 서로서로에게 열려있고 소통하고 있다. 각 장의 논지 전개상 비슷한 내용들이 다른 장에서도 되풀이되는 경우도 종종 있다는 것을 알면서도 그대로 두었다. 마지막으로 이 책의 몇 편은 이미 지면을 통해 발표된 바 있지만 책을 준비하는 과정에서 현재의 시각을 통해 내용을 수정하거나 보강하기도 했다.

끝으로 이 책을 구상하고 쓰는 데 걸린 시간만큼이나 많은 분들의 도움을 받았다. 부족한 필자의 역량을 믿고 항상 따뜻하면서도 엄정한 시선으로 격려해주신 김우창 선생님과, 오랜 세월 동안 다양한 분야의 학문과 생각을 공유해준 이현석 선생님께 진심으로 감사드린다. 샌디에이고 시절에 제자와 친구들을 소개해주고 연구에 따뜻한 도움을 주셨던 故 마사오 미요시 선생님께도 늦었지만 감사드리며, 버클리에서 연구년을 보낼 때 다양한 세미나에 초대해주고 근대성 / 식민성 그룹에 관한 많은 글들을 소개해주었던 라몽 그로스포구엘 교수께도 고마움을 전한다. 한국연구재단과 소명출판에도 감사드리고 싶다. 한국연구재단의 유무형의 지원이 없었다면 이 연구는 중단되었을 것이고, 책은 세상에 나오지 못했을 것이다. 그리고 학술도서의 판매 전망이 밝지 않음에도 불구하고 『문학에서 문화로』에 이어 필자의 두 번째 책까지 출판할 수 있도록 선뜻 동의해준 박성모 사장님과 깔끔한 편집에 성심을 다해준 성영란 선생님께 진심으로 감사드린다. 그 외에도 일일이 거명하지 못했지만 이 기간 동안 필자를 격려해준 선생님들과 여러 세미나에 필자를 초청하여 뜨거운 대화를 나누었던 동학들께도 감사한다. 끝으로 글쓰기라는 긴 고독의 시간을 견딜 수 있도록 항상 옆을 지켜준 아내 광희에게 고마움을 전한다.

가을 단풍이 서서히 물들어가는 금정산이 보이는 연구실에서

2013년 10월

김용규

차례

I

서론

“

오늘날 지구화가 초래하는 변화는 이제까지의 변화들과는 질적으로 다른 모습을 보이고 있다. 과거의 세계적 변화는 그 변화와 그것이 우리의 피부에 도달하는 시간 사이의 간격이 감지하지 못할 정도로 상당히 길었거나, 그 변화들이 굳이 우리의 의식을 경유하지 않고서도 우리 곁을 그냥 지나칠 수도 있었다. 하지만 현재의 지구화는 그 간격을 판단할 새도 없이 순식간에 우리에게 닥쳐온다. 그렇게 된 이유는 시공간의 압축, 디지털 매체의 급성장, 운송수단의 발달 등 기술의 발전 때문이기도 하겠지만 지구화가 어느 정도 우리들의 안정적 삶을 가능하게 해준 근대적 장치들, 특히 국민국가와 그 제도들을 극도로 취약하게 만들었거나, 세계를 조망할 수 있는 우리의 인식 자체를 매우 불확실한 것으로 만들어버렸기 때문이다. 통칭 ‘지구화’ 내지 ‘글로벌화’라고 부르는 현상은 그동안 전 지구적 변화와 우리의 일상적 삶을 매개해주던 다양한 근대적 제도와 장치들, 특히 민족적인 것의 틀을 우회하거나 해체하면서 우리 자신과 로컬 현실에 직접적 영향을 끼치고 있다.

이러한 변화는 그동안 우리 삶을 지탱하고 있던 '문화'를 새롭게 정의할 것을 요구한다. 오늘날 문화는 국민국가의 문화적 경계를 뛰어넘어 다른 문화들과 만나고 뒤섞이는 것이 일상적인 일이 되었다. 지구화가 본격적인 쟁점이 되기 전, 소위 '근대적 민족 공간'에서도 문화들 간의 횡단과 접촉은 비일비재하게 벌어졌지만 이런 현상들을 문학연구나 문화연구의 본격적 주제로 삼는 데는 제약이 따랐다. 왜냐하면 근대 국민국가의 경계 내에서는 주로 국민문화의 문화적 '본질'과 '기원'과 '경험'을 탐구하고, 다른 국민문화들과의 비교 우위를 확보하기 위해 국민문화 형성의 특수성과 우수성을 창안하는 작업이 문화연구의 주된 과제 중의 하나였기 때문이다. 사실 근대문화는 국민문화와 동전의 양면을 이루고 있었다. 근대문화는 카를 마르크스Karl Marx의 말처럼 "모든 딱딱한 것들이 녹아 대기 속으로 사라지는,"[1] 즉 과거의 전통사회를 해체시켜버릴 정도의 격렬한 변화를 수반한 유동적 근대성의 문화이면서 동시에 그렇게 해체되고 분산된 삶들을 다시 국민국가와 국민문화의 경계 속으로 밀어 넣었던, 즉 원심성과 구심성이 동시에 작동했던 문화였다. 들뢰즈의 말을 빌자면, 근대문화는 전통과 종교에 얽매여 있던 근대 이전의 가치관과 세계로부터 '사람들'을 탈영토화하는 한편, 그들을 '국민'과 '국가'라는 근대적 제도 속으로 재영토화했던 문화였던 것이다. 민족이라는 집단적 문화정체성을 상상하기 위해 근대 국민문화는 자신의 경계 내부에 존재하던 다양한 삶의 형태들과 그것들이 가졌던 이질적인 시간의 리듬들을 통일적이고 동질적인 국민 / 민족의

1 Karl Marx & Friedrich Engels, *The Communist Manifesto* (Samuel Moore trans.), London : Penguin Books, 2002, p.223.

단일한 시간성 속으로 통합했다. 이런 사실 때문에 19세기 말 프랑스 사상가인 에르네스트 르낭Ernest Renan은 '민족'과 '국민'이 창조되기 위해서는 과거에 대한 '망각'이 필수적이라고 말하기까지 했다.[2]

베네딕트 앤더슨Benedict Anderson은 발터 벤야민Walter Benjamin의 시간 개념에 의지하여 근대 국민의 출현에는 "순간적인 현재에 과거와 미래가 동시에 출현하는" 동시성의 시간 개념이 "동질적이고 텅 빈 시간"으로 대체되는 뒤바뀜이 자리하고 있다고 말한다.[3] 바로 이런 뒤바뀜의 과정에서 근대 국민문화와 시간은 자연스럽고 영구적이며 당연한 것으로 상상되었던 것이다. 하지만 문화들 간의 만남의 차원을 넘어 문화들이 보다 적극적으로 부딪치고 가로지르며 뒤섞이는 오늘날의 세계에서는 사정이 크게 달라진다. 물론 지구화는 세계적 단일시장을 형성하고 정치구조들을 긴밀하게 통합하여 국민국가보다 훨씬 더 추상적이고 동질적인 문화를 강요하는 힘으로 작용한다. 우리는 지구화가 "돌이킬 수 없는 순결의 상실, 다양성에 대한 사형선고, 복제현상clonialism의 확산, 즉 집단적, 헤게모니적 동일성의 급격한 확산"[4]을 가져올 것이라는 얘기를 종종 듣고 있다. 이는 분명 사실이다. 하지만 지구화는 국민국가 내부의 이질적 차이와 로컬문화의 복합성은 물론이고 전 지구적으로 존재하는 다양한 문화들과 그 시간적 리듬들을 새롭게 부각시키기도 한다. 마이클 크로닌은 세계가 하나의 단일세계로 수축하는 것만 볼 것이 아니라 세계 내부의 수많은 문화들과 지역들의

2 Ernest Renan, 신행선 역, 『민족이란 무엇인가』, 책세상, 2002, 61면.

3 Benedict Anderson, *Imagined Community : Reflections on the Origins and Spread of Nationalism*, London : Verso, 1991, p.24.

4 Michael Cronin, 이효석 역, 『팽창하는 세계』, 현암사, 2013, 24면.

다양성이 팽창하는 것으로 인식할 필요가 있다고 주장한다. 특히 그는 이런 팽창하는 세계에 미시적 시각을 들이댈 때 "지역은 지구화의 세력이 투하한 낙하산의 도착지점이 아니라 오히려 출발지점이 된다. 닫히는 공간이 아니라 열리는 공간, 문화적 엔트로피주의자들의 한탄에 진력난 세계에 새 기운을 북돋는 장소가 될 것이다"[5]라고 주장한다. 따라서 지구화는 국민문화의 닫힌 경계와 단일하고 동질적인 시간성에 균열을 발생시키고 그 내부의 시간과 리듬들을 팽창시켜 국민문화 내부에 종속된 다양한 문화들과 시간들이 마치 억압된 것들의 복귀처럼 되돌아오게 만든다. 이런 복귀는 국민문화의 동질적 시간성을 이접離接시키고 그 틈새에 억압된 이질적 시간성들을 불러내 확장시킨다. 즉 '동질적이고 텅 빈 시간'을 비집고 '순간적인 현재에 과거와 미래가 동시에 출현하는' 동시성의 시간성들이 되살아나는 것이다.

문화들 간의 횡단과 혼종이 보다 일상화된 지구화의 시대에 문화들 간의 경계지대들은 문화연구의 주요한 관심사로 부각되고 있다. 특히 문화들 '사이'의 경계에 대한 탐구는 한편으로는 그동안 자명하고 당연시되어온 국민문화의 경계들이 얼마나 우연적이고 역사적이며 구성된 것인가를 드러내고, 또 다른 한편으로는 그동안 배제되고 주변화되었던 문화들의 다양한 가치들과 이질적 시간성들을 되불러오는 데 유용하다. 이런 탐구 속에서 자기충족적이고 독립적이며 본질주의적인 문화 개념은 더 이상 설 자리를 잃어가고 있다. 문화인류학자 레나토 로살도Renato Rosaldo는 지구화의 시대에 자율적이고 내적으로 일관적

5 위의 책, 24~25면.

인 세계로서의 진정한 문화 개념은 유지되기 힘들게 되었다고 말한다.

> 급증하는 전 지구적 상호의존은 '우리'나 '그들'이 과거에 생각했던 것처럼 그렇게 명확하게 경계 지어지고 동질적인 것이 아니라는 사실을 더욱더 분명히 하고 있다. 가령 1987년 10월의 주식시장의 붕괴는 로컬적인 것이 아니라 글로벌적인 것이었다. 동경과 홍콩의 뉴스는 뉴욕과 런던의 뉴스 못지않게 중요했다. 마찬가지로 라틴아메리카와 아프리카 소설은 프랑스와 북미 지역의 문학생산에 영향을 주는 동시에 그것들에 의해 영향을 받고 있다. 우리들 모두는 불평등, 권력, 그리고 지배가 속속 스며있으면서 곳곳에 구멍이 뚫린 민족적·문화적 경계를 횡단하며 서로 빌리고 빌려주는 그런 특징을 가진 20세기 말의 상호의존적인 세계에 거주하고 있는 것이다.[6]

그렇다면 문화적 횡단과 접경의 지대를 바라보는 인식은 달라질 필요가 있다. 뿐만 아니라 달라진 인식을 근거로 새롭게 등장하는 문화현상들을 추적할 수 있는 문화연구의 패러다임 전환이 요구된다. 문화연구의 패러다임은 근대 국민국가의 국민 / 민족문화를 구성하는 작업에 몰두해온 근대적 패러다임으로부터 문화들 간의 횡단과 혼종이 벌어지는 경계지대들의 문화현상을 연구대상으로 삼는 새로운 탈근대적 패러다임으로의 전환을 필요로 한다. 이와 같은 문화연구의 패러다임 전환은 기존 국민문화의 정체성을 새롭게 인식하는 데도 매우 유용

---

6 Renato Rosaldo, *Culture and Truth : The Remaking of Social Analysis*, London : Routledge, 1989, p.217.

하다. 근대적 문화연구는 근대성의 경험을 다룰 때에도 주로 국민문화나 국가공동체 내부에 살고 있는 사람들의 공통적 문화경험을 해명하는 데 초점을 두었고, 타문화들로부터 오는 영향들을 배제하면서 문화의 정체성을 구성해왔다. 그러므로 근대적 문화연구는 국민문화의 경계들을 단속하고 그 경계 내부의 문화적 정체성이나 경험적 특성들을 추출하는 데 집중하여 타문화와의 접촉과 번역으로부터 얻는 문화적 영향들은 부차적인 것으로 간주하는 경향이 농후했다.

이러한 문화연구가 갖는 심각성은 그것이 영토나 영역의 경계를 곧 영역의 끝이자 외부의 영향을 차단해야 할 국경선으로 인식한다는 데 있다. 근대적 민족공간에서 경계는 새로운 시작이 이루어질 개화지開化地가 아니라 철조망으로 둘러쳐져야 할 종착점을 의미하였고, 문화들 간의 경계지대는 복수의 문화들이 만나 새로운 문화를 창조하는 생성의 장이 아니라 막아야 하는 불모의 변방에 지나지 않았다. 하지만 오늘날 지구화 시대의 문화현상들은 국민문화의 경계를 가로지르고 문화들 간의 횡단과 번역을 일상적인 것으로 만든다. 근대문화를 반성하는 자리에서 마르틴 하이데거Martin Heidegger는 그리스인들에게 '경계'란 어떤 것이 끝나는 곳이 아니라 그 어떤 것이 자신의 현존을 시작하는 곳이라고 말한 바 있다. 즉 경계는 존재가 새로운 현존을 시작하는 사건의 장소라는 것이다. 들뢰즈 또한 그리스 문화를 예로 들면서 그리스문화의 강점은 경계에 집착하는 이집트나 동방의 문화와 달리 경계를 횡단하는 탈영토화의 문화라고 말한 바 있다.[7] 하이데거나 들

---

7 Gilles Deleuze & Felix Guattari, *What is Philosophy?* (Hugh Tomlinson & Graham Burchell eds.), New York : Columbia University Press, 1994, p.87.

뢰즈의 이런 지적은 근대 국민국가와 그 물리적 · 문화적 경계들이 불안정한 것이 되고 문화의 횡단과 혼종이 빈번하게 발생하는 오늘날 문화들 간의 경계를 전혀 새로운 시각에서 인식할 것을 요구하는 것이다.

우리는 이러한 경계들이 문을 걸어 잠그고 편안하게 등을 돌릴 수 있는 안정된 끝이 아니라 우리의 존재와 정체성을 뒤흔드는 '사이in-betweenness'와 '틈새interstice'와 '너머beyond'에 대한 새로운 인식이 시작되는 곳이라는 것, 즉 그곳은 우리의 낡은 감정과 의식을 도려내고 우리의 정체성을 새롭게 (탈)구축하는 고통스러운 노력을 통해 새로운 시작이 열리는 공간이라는 것을 깨달을 필요가 있다.[8] 로살도의 지적처럼 그곳은 분석적으로 텅 비어있고 문화적으로 버려진 황무지가 아니라 문화생산이 창조적으로 펼쳐질 수 있는 비옥한 대지가 될 수 있다.[9] 이와 같은 발상의 전환은 문화들 간의 경계를 새로운 문화가 생성되는 열린 공간으로, 즉 텅 빈 불모의 공간이 아니라 그동안 억압되고 종속된 타자들과 그들의 문화들, 그리고 그것들이 갖는 이질적 시간성과 장소성heterotopia이 되살아나는 공간으로 이해하게 만든다. 호미 바바Homi Bhabha의 말을 빌리자면, 이 경계의 공간에서 투명하고 가시적인 근대적 공간은 불투명하고 비가시적인 타협과 협상의 공간으로 바뀐다. 따라서 경계에 대한 인식의 전환은 기존 근대적 문화연구의 한계를 보충하는 개념이 아니라 문화연구의 패러다임 자체를 변경할 것을 요구하는 중요한 전환이라 할 수 있다.

---

8 Neil Campbell & Alasdair Kean, *American Cultural Studies : An Introduction to American Culture,* London & New York : Routlege, 1997, p.27.

9 Renato Rosaldo, op. cit., p.208.

이러한 인식이 문화연구의 패러다임 전환을 요구하는 하나의 중요한 차원이라면, 이런 전환을 필요로 하는 또 다른 차원이 있다. 앞서 보았듯이 경계지대는 근대적 국민국가 내에서 주변화된 공간이며 전 지구적 차원에서도 온갖 차별들이 집중된 식민성의 공간이기도 했다. 우리가 국민문화의 경험적 특수성을 말할 때, 그 '경험'은 과연 누구의 경험을 말하는 것인가? 그동안 국민문화는 이런 질문의 제기를 차단하여, 지배계급이나 인종적·성적 다수자의 지위를 보편화했으며 노동계급, 소수인종, 성적 소수자들을 주변적 지위로 귀속시키면서 재현으로부터 철저히 배제시켰다. 뿐만 아니라 국민문화들 간의 관계에서도 서구의 중심부 문화들은 비서구의 주변부의 문화들을 문명과 야만에 대한 자신들의 정의에 따라 제국과 식민, 중심과 주변, 서구와 비서구, 남성과 여성 등과 같은 위계구조의 하위질서에 종속시키며, 페루의 사회학자 아니발 키하노Anibal Quijano가 말한 '권력의 식민성coloniality of power' 구조를 체계화해왔다.[10] 이런 권력구조에서 규범으로 간주되거나, 이런 질서를 정당화하는 이념으로 간주된 것이 바로 서구적 근대성Western modernity이었다. 서구적 근대성은 우리에게 계몽, 이성, 진보를 통한 인간 해방의 가능성을 제공하기도 했지만, 전 지구적 차원에서 볼 때 그 해방의 혜택은 대부분 서구의 중심부 지역이나 소수의 지배계급들에게 돌아갔다. 즉 서구적 근대성은 인간의 계몽과 합리성을 선언하는 와중에서도 근대세계 전체에서 서구와 비서구, 제국과 식민, 중심과 주변, 문명과 야만, 이성과 광기, 남성과 여성, 백인종과 비백인

10 Walter Mignolo, *The Idea of Latin America*, Cambridge : Blackwell, 2005, p.xiii.

종 등 다양한 차별의 체제를 구축하는 데 기여해왔다. 바로 이런 사실 때문에 월터 미뇰로Walter Mignolo는 근대성의 어두운 이면이 식민성coloniality이라고 말했다.[11] 이런 식민성이 가장 억압적으로 발휘되고 있는 곳이 바로 국민국가의 주변화된 경계들이고 전 지구의 주변부 로컬 문화의 공간들이다. 그런 점에서 경계는 '근대성이 곧 식민성'임을 가장 잘 실감할 수 있는 지대인 것이다.

오늘날 우리는 이런 근대성의 위기를 목격하고 있다. 그동안 우리는 근대성과 식민성이 동전의 양면임을 제대로 인식하지 못한 채 근대성을 '미완의 기획'으로 간주하였고 그것을 더욱 밀어붙여 근대성을 완성하고 근대성의 한계를 뛰어넘을 수 있으리라 꿈꾸어왔다. 하지만 이런 시도는 근본적으로 식민성에 대한 이해를 배제하고 억압한 근대성의 환상에 기초한 것이었음이 드러났다. 오히려 근대의 극복은 근대성의 완성이 아니라 바로 근대 이후 체계화된 식민성의 극복을 통해 가능할 수밖에 없다는 사실이 점차 입증되고 있다. 우리는 근대성의 완성과 식민성의 극복이 긴밀히 연결되어 있으면서도 서로 첨예한 긴장 관계를 형성하고 있음을 깨닫고 있다. 전자의 논리가 후자에 대한 인식에 근거하지 못할 때, 근대 극복의 가능성을 계속해서 서구와 중심부에서만 찾게 되는 유럽중심주의적 사고에서 벗어나기 어렵다. 반면 식민성의 극복을 전제로 한 근대성의 극복은 전 지구적 차원에서 근대에 의해 억압되고 지워진 경계들의 다양한 가치들을 전면적으로 재평가하고, 그 주변적 가치들을 통해 서구의 단일한 보편성과 직선적 진보의

11 Anibal Quijano, "Coloniality and Modernity / Rationality", *Cultural Studies*, Vol.21, No.2-3, 2007, p.171.

논리를 극복할 가능성을 제공할 수 있는 것이다. 이런 인식을 염두에 둘 때, 새삼 주목받게 되는 것은 중심부가 아니라 주변부의 경계들이고, 단일한 보편성이 아니라 복수의 보편성들이며, 근대성의 완성이 아니라 그 극복이다. 이런 과제를 수행하기 위해서는 서구적 근대성과 중심부의 지배논리를 재생산하는 데 기여하는 근대적·민족적 문화연구의 패러다임에서 벗어날 필요가 있다.

새로운 문화연구의 패러다임의 관심은 단순히 문화의 경계를 넘고 횡단하는 데 있는 것이 아니라 경계적 사고에 입각하여 새로운 차원의 문화적 보편성을 형성하는 데 있다. 그것은 경계지대에 존재하는 다양한 문화적 가치들과 시간성들을 복원하고, 비슷한 처지에 있는 다른 경계문화들과의 연대를 통해 공통적인 것을 만들어나가며, 종국적으로 특수를 보편으로 수렴하는 근대적인 초월적 이분법에 대항해 특수가 자신의 독특한 가치를 보존하면서 공통적인 것을 모색해가는 새로운 차원의 보편성을 사고하는 데 있다. 그동안 서구적 근대성 속에서 보편성은 경계가 중심으로 끊임없이 환원되는, 즉 주변성이 자신의 특이성을 포기할 때만 초월적이고 보편적인 지점에 이를 수 있다는 논리에 근거했다. 이런 보편성의 논리는 경계 문화들에게 서구적 근대성을 쫓는 지배문화의 논리에 동화될 것을 강제하는 억압적 논리로 기능했고, 계급적·인종적·성적 차별을 구조화하는 식민성의 기제로 작용했다. 하지만 새로운 문화적 가치들과 시간성들이 되살아나고 새로운 문화가 역동적으로 창조되는 경계의 공간에서 서구적이고 초월적인 보편성의 논리는 더 이상 순조롭게 작동하기 어렵다. 앞으로 경계의 문화공간에서 필요한 것은 그 내부에 억압되고 종속된 문화들과 그 역량들을 서로 접속시키고 연대시키면서 복수의 보편들을 추구하는 작업이다. 새로운 문화연구는 경계에 대한 새로운 인식에 입각해 복수의 보편성을 기획하는 데 기여할 것이다. 이 책은 오늘날 서구적 근대성 개념을 비판하고 복수의 보편성들에 기여하고자 하는 경계, 횡단, 혼종의 다양한 문화이론과 이론가들을 소개하고 다룬다.

이 책은 크게 두 부분으로 구성되어 있다. II '혼종문화의 가능조건 ―서구적 근대성 비판과 로컬의 문화생태학'이 혼종문화의 이론 자체보다는 혼종문화론이 오늘날 등장하게 된 배경과 그 가능성의 조건들을 살펴본다면, III '문화횡단과 혼종성의 문화이론―문화연구의 패러다임 전환'은 혼종성과 문화횡단을 주장하는 오늘날의 대표적인 문화이론들을 살펴보고 그 이론들이 갖는 성과와 한계를 짚어보고 있다. 우선 II '혼종문화의 가능조건―서구적 근대성 비판과 로컬의 문화생태학'의 내용을 간략하게 소개하자면, 이 장은 혼종문화론이 지구화의 과정 속에서 초미의 관심사로 등장하게 된 이유, 그리고 혼종문화론이 단순히 새롭게 유행하는 문화이론이 아니라 근대세계체제 내부의 큰 지적 구조의 변동에 대한 대응으로서 등장한 문화이론임을 보여준다. II의 가장 중심적 배경은 혼종문화론이 근대세계체제를 지배해왔던 서구와 미국의 헤게모니가 흔들리면서 그 헤게모니를 지탱해왔던 근대적 지식구조가 점점 불확실한 것이 되고, 주변부와 비서구의 선망의 모델이던 서구적 근대성 또한 비판의 대상이 됨으로써 그동안 근대세계체제의 문화적 지배구조에 의해 억압되거나 종속된 다양한 문화들과 지식들이 새롭게 부상하고 있다는 것이다.

1장 「근대적 지식구조의 변화와 문화생태학의 복원」은 이매뉴엘 월러스틴Immanuel Wallerstein의 이론에 근거하여 현재를 서구적 헤게모니가 해체되는 이행의 시대로 진단하고 그 속에서 지식과 학문의 구조들이 어떻게 달라지는가를 살펴보는 한편, 그동안 배제되거나 억압된 로컬문화와 지식들이 근대적 지식의 판도 변화에 어떤 영향을 끼치고 있는가를 집중적으로 살펴본다. 오늘날처럼 서구의 지적 헤게모니가 불확실해지는 이행의 시대에는 그것의 핵심적 이념이었던 진보, 발전, 그리고 근대화 간의 긴밀한 관계에 근거한 근대적 지식구조들은 심각한 도전에 직면하게 된다. 즉 이런 도전 앞에서 비서구와 주변부의 지식 및 신념체계들을 타자화하면서 지식의 정점을 차지했던 근대과학의 위상, 프랑스 혁명 이후 선형적 시간 개념에 입각한 진보와 발전을 정상으로 만들어온 역사적 지식체계, 그리고 미국 헤게모니하에서 진화론적 발전주의에 기초한 근대화 모델 모두 흔들리고 있다. 특히 근대적 지식구조는 그동안 비서구와 주변부의 지식들과 가치들을 비非지식으로 부정하거나 폄하하면서 근대적 지식체계의 위계구조 내에 종속화 내지 주변화시켰다. 하지만 지식구조의 불확실성과 심각한 변동은 그동안 부정당했던 수많은 지식에 새로운 기회가 되고 있다. 다시 말해, 문화생태학의 차원에서 그동안 식민화되고 종속된 지식들은 탈식민화의 과정을 거치면서 비非지식에서 지식으로 새롭게 평가받게 된다. 이런 과정을 살펴보는 이 장은 II장 전체의 논의를 위한 역사적 맥락을 제공할 뿐만 아니라 혼종문화가 등장하기 위한 가능성의 조건을 그리고 있다.

2장 「지식의 식민성과 트랜스모더니티 — 근대성 / 식민성 그룹의 문화이론」은 혼종문화의 풍부한 원천이 인식되기 위해서는 서구적 근대성에 대한 비판과 반성이 필수적임을 드러낸다. 이 장에서는 근대성이 오로지 유럽적 현상이라는 오랜 통념을 비판하고, 근대성이 비서구의 타자들과의 대립 속에서 구성된 개념임을 밝힌다. 특히 서구적 근대성이 누리던 초월적이고 보편적 위상을 비판하는 과정에서 문화연구는 초월적 보편성보다는 다양한 지식들 간의 횡단적이고 트랜스로컬적인 연대를 통해 복수의 보편성을 추구한다는 점을 밝힌다. 특히 이 장은 복원된 지식들이 어떻게 연대를 형성할 것인지를 엔리케 두셀 Enrique Dussel의 트랜스모더니티transmodernity 개념을 통해 설명한다. 두셀은 근대성에 대한 유럽중심적 견해를 비판하고 근대성에 대한 전 지구적 인식을 강조하는데 이는 혼종문화를 위한 새로운 시각과 해석을 제공해준다. 3장 「유동적 근대성과 그 비판—지그문트 바우만」은 두셀의 트랜스모더니티의 개념에 근거하여 지그문트 바우만의 유동적 근대성이 서구적 근대성에서 자유롭지 않다는 사실을 비판한다. 바우만의 유동적 근대성 개념은 오늘날 근대성에 대한 논의를 전 지구적 차원으로 확장하여 해석하고 있다. 특히 그의 근대성 논의는 근대적 제도와 삶의 구조의 급격한 유동성을 강조한다는 점에서 기존의 근대성 논의들보다 급진적이다. 하지만 그의 근대성 개념은 기본적으로 서구적 근대성의 한계를 되풀이하며 서구적 근대성의 인식을 넘어서지는 못하는 것으로 보인다. 4장 「로컬리티의 문화정치학과 비판적 트랜스로컬 연구」, 5장 「로컬적인 것과 세계문학, 그리고 문화번역」, 그리고 6장 「반주변부 (로컬)문화와 혼종문화」는 서구적 근대성에 대한 비판과 문화생태학의 복원이 필연적으로 로컬과 로컬문화, 그리고 세계체제의 반주변부에 대한 새로운 인식으로 이어질 수밖에 없음을 보여준다. 특히 전 지구화와 서구적 근대성의 논리를 비판하기 위해서는 아래로부터의 지구화, 즉 로컬문화와 로컬적인 것에 대한 새로운 인식에 근거한 세계이해가 필수적이다. 이와 같은 아래로부터의 세계인식은 서구적 보편성이 갖는 초월적 보편성의 논리를 비판하는 한편 다른 로컬들과의 '함께 보기'의 연대를 통한 트랜스로컬적인 복수의 보편성을 사고하는 데 전제조건이 된다.

우선 4장 「로컬리티의 문화정치학과 비판적 트랜스로컬 연구」는 지구화의 과정 속에서 로컬적인 것 / 민족적인 것 / 글로벌적인 것 간의 관계 변화가 로컬에 대한 인식에 곤경과 가능성을 가져다주고 있는 현실을 살펴보는 한편, 그동안 로컬을 재현해온 지배 논리들, 특히 서구적 근대성의 논리와 그 연장에 있는 발전론적 근대화론, 나아가서 그런 논리를 학문적으로 구현한 지역학의 시각을 비판적으로 고찰할 필요가 있다. 국민국가의 통합적 전략(로컬의 국민화)이든 글로벌적 구상의 전략(로컬의 전 지구화)이든 로컬을 위로부터 인식하는 방식들은 로컬을 전략적으로 통제하고 지배하려는 방식들이고 로컬적 삶의 주체들을 배제하는 방식이다. 그러한 전략들에 맞서 글로벌적인 것과 민족적인 것을 로컬적 역사를 통해 아래로부터 이해하려는 시도는 로컬적 주체의 시각을 확보하려는 노력일 뿐만 아니라 로컬의 비지식을 '지식'으로 인정하기 위한 문화생태학의 시작이라 할 수 있다. 이런 시각은 로컬적 주체의 언표 위치를 확보해줄 뿐만 아니라 로컬이 닫힌 공간이 아니라 세계로 개방된 공간이자 다른 로컬들과 연결된 트랜스로컬적 공간임을 전제한다. 5장 「로컬적인 것과 세계문학, 그리고 문화번역」

은 이런 인식을 바탕으로 오늘날 문학의 중요한 주제로 부상하고 있는 세계문학론, 특히 프랑코 모레티Franco Moretti와 파스칼 카자노바Pascale Casanova의 세계문학론을 비판적으로 검토하고, 미시적이고 로컬적인 코즈모폴리터니즘의 문화번역적 관점에서 세계문학의 가능성을 해석할 필요성을 제시해본다. 지구화의 시대에 로컬은 글로벌 자본과 국내 자본에 의해 직접적 공략의 대상이 되어 수축되기도 하지만 역으로 글로벌적 차원과의 대면을 통해 미시적이고 프랙탈적인 복합성을 갖는 공간으로 팽창하기도 한다. 이런 인식을 바탕으로 세계문학론의 장 속에서 로컬적인 것이 어떻게 재현되고 있는지를 비판적으로 검토하는 한편, 로컬적인 것에 대한 기존 세계문학론들의 부정적 견해가 사실 서구중심주의를 반복하거나 로컬의 문화번역 능력을 부정하고 있음을 드러낸다. 로컬적 시각을 통해 지구화를 아래로부터 인식할 때, 로컬은 무한히 복잡하고 미시적인 구조를 갖고 있는 것으로 드러나게 되고, 자본이 주도하는 위로부터의 지구화에 대항하는 로컬적 주체의 코즈모폴리턴적 문화번역의 능력이 인식될 수 있다. 6장 「반주변부 (로컬)문화와 혼종문화」는 세계체제에서 반주변부가 갖는 문화적 위상과 역할을 살펴본다. 오늘날 반주변부는 세계체제 속에서도 매우 흥미로운 공간이다. 반주변부는 서구적 근대성을 비롯하여 중심부의 논리들이 맹위를 떨치는 곳이면서도 다양한 문화들이 횡단하고 교류하는 독특한 문화생산의 장이 된다는 점에서 곤경과 희망이 늘 교차하는 장이다. 특히 반주변부의 공간은 문화횡단과 혼종문화가 세계체제 내에서 가장 왕성하게 일어나는 곳이며 새로운 사고의 실험이 빈번한 곳임을 드러낸다.

혼종문화론이 가능하기 위한 전제들과 가능조건들을 살펴보는 것이 II '혼종문화의 가능조건 — 서구적 근대성 비판과 로컬의 문화생태학'이라고 한다면, III '문화횡단과 혼종성의 문화이론 — 문화연구의 패러다임 전환'은 페르난도 오르티즈, 앙헬 라마, 프레드릭 제임슨, 로버트 J. C. 영, 호미 바바, 네스토르 가르시아 칸클리니, 스튜어트 홀 등의 문화횡단과 혼종문화의 다양한 이론들의 내용을 소개하고 그 논리를 비판적으로 검토해본다. 1장 「혼종문화와 문화연구의 패러다임 전환」은 III 전체의 문제의식과 내용을 요약하고 소개하는 장으로 오늘날 문화횡단과 혼종문화 개념이 왜 부상하는 것인지, 그리고 오르티즈에서 앙헬 라마로 발전해가는 문화횡단 개념은 어떻게 출현하고 발전하였는지, 나아가서 두 가지 대표적인 혼종문화론, 즉 칸클리니와 바바의 혼종문화은 어떤 공통점과 차이점이 있는지를 살펴본다. 문화횡단과 혼종문화의 이론은 서구중심적 근대성 개념과 문화제국주의론에 근거한 문화논리나 이론들에 맞서 주변부의 적극적인 문화능력을 인정하기 위해 등장한 이론이다. 오랫동안 주변부 사회는 서구적 근대성을 자신들이 나아가야 할 문화적 모델이자 목표로 추종하여왔다. 하지만 서구적 근대성을 기준으로 삼을 때, 비서구의 주변부 사회는 그 기준에 비해 항상 영원한 결여이자 미완의 사회로만 인식된다. 결국 주변부 사회의 지식인들은 이상과 현실 사이에서 자기분열을 경험하고 새로운 사회를 상상할 수 있는 문화창조의 주체적 능력을 스스로 부정하게 된다. 문화제국주의론 역시 동일한 논리적 한계를 갖고 있다. 중심부의 문화자본이 주변부의 문화를 지배하여 그 문화를 획일화, 동질화하고 문화의 종적 다양성을 죽인다는 문화제국주의론의 논리는 주변부의 문화생태계를 보호해야 할 필요성을 제기하지만, 역설적이게도 주변부의 문화를 부정적으로 해석하거나 보호의 대상으로 동정한다. 문화횡단과 혼종문화의 이론은 이런 논리들에 맞서 주변부가 외래문화에 대해 주체적 문화번역의 능력을 갖고 있음을 강조한다.

2장 「프레드릭 제임슨의 포스트모더니즘론과 서구중심주의」는 문화횡단과 혼종문화의 이론들을 본격적으로 살펴보기 전에 현재 미국에서 가장 유명한 문학이론가인 프레드릭 제임슨의 포스트모더니즘론을 소개하고 제3세계와 (반)주변부 사회를 바라보는 그의 시각을 비판적으로 검토한다. 제임슨을 집중해서 살펴보는 이유는 그가 미국의 진보적 문학이론가이자 제3세계나 주변부 사회에 깊은 관심을 보여준 매우 드문 지식인이라는 점에서 그의 성과와 한계를 집중적으로 살펴보고 그의 시각을 금과옥조처럼 높이 평가할 것이 아니라 주변부의 시각에서 다시 읽을 필요가 있음을 강조한다. 특히 그가 주변부나 제3세계를 바라보는 데는 이 지역들에 대한 그의 깊은 애정도 드러나지만 서구중심적 시각 역시 동시에 작용하기에 섬세한 읽기가 요구되며, 그렇다고 해서 그의 통찰력 있는 시각에서 배우지 못한다면 그것은 주변부의 자기기만이자 지적 한계가 될 수 있다. 3장 「문화횡단적 마르크스주의와 트리컨티넨탈리즘—로버트 J. C. 영」은 문화횡단의 시각에서 포스트식민주의와 마르크스주의를 통합하려는 포스트식민주의 이론가인 로버트 J. C. 영의 이론을 살펴본다. 포스트식민주의와 마르크스주의는 오랫동안 서로에 대해 연대의 시각보다는 비판적인 입장을 취하고 있었다. 포스트식민주의는 마르크스주의의 계급중심주의가 서구중심주의에서 자유롭지 않다고 비판했고, 마르크스주의는 포스트식민주의를 제3세계 부르주아 계급 출신의 부유한 학자들이 영미권 학계에서 자신들의 입지를 확보하기 위해 유행시킨 이론 정도로 인식했던 것이다. 영의 관심은 포스트식민주의의 이론을 영미권에서 트리컨티넨탈 세계로 확장하는 한편, 마르크스주의 또한 트리컨티넨탈의 서발턴의 시각에서 새롭게 해석하는 데 있다. 달리 말하면, 영의 아래로부터의 포스트식민주의는 포스트식민주의와 마르크스주의를 문화횡단과 문화번역의 시각에서 다시 읽고자 한 시도였다.

4장 「포스트식민주의의 혼종성과 문화번역-호미 바바」와 5장 「신자유주의 시대의 혼종문화론-네스토르 가르시아 칸클리니」는 1장에서 소개했던 혼종문화의 대표적인 두 이론가인 호미 바바와 네스토르 가르시아 칸클리니를 보다 집중적으로 살펴본다. 호미 바바가 주로 담론적이고 정신분석학적인 시각에서 혼종성을 다루고 있다면, 칸클리니는 인류학적이고 사회학적인 시각에서 혼종성을 이해한다. 우선 바바는 제국과 식민 사이의 경계 지대에서 벌어지는 틈새와 혼종의 문화적 전략을 추구한다. 『문화의 위치*Location of Culture*』에서 바바는 현재의 순간을 "공간과 시간이 가로질러 차이와 동일성, 내부와 외부, 포함과 배제의 복합적 형상들을 생산하는 이행의 순간"[12]으로 인식하며 근대적 공간과 그 내부의 고정적 주체 개념을 급진적으로 반성한다. 특히 바바는 문화들 간의 경계, 특히 지배와 종속의 대립적 관계를 약화시키고 그 사이에 미끄러지는 불확실한 혼종공간의 전복적 의미를 집중적으로 살핀다. 바바의 혼종성 개념은 주로 혼종성의 담론적이고 무의

12 Homi Bhabha, *The Location of Culture*, London & New York : Routledge, 1994, p.1.

식적 층위에 초점을 두다보니 혼종성 자체가 의식화되기 전에 이미 저항적이고 전복적인 가치로 이해되는 경향이 있다. 그 결과 그의 이론에서 혼종성이 자본이나 지배계급에 의해 반동적으로 전유될 가능성은 애초에 제외된다. 반면에 사회학적이고 인류학적 시각에 근거한 칸클리니의 혼종성은 주체들이 그 내부의 동학을 활용하고 주체적으로 전유해야 할 과정으로 존재한다. 즉 칸클리니는 혼종성 자체보다 혼종화의 과정을 중심에 둔다. 그는 혼종문화가 다양한 생산양식들과 시간성들이 공존하는 라틴아메리카의 현실 자체이기 때문에 혼종문화를 긍정과 부정, 찬미와 비난으로 평가하는 것은 라틴아메리카 현실에서 혼종성의 기능을 제대로 인식하지 못하게 만든다고 주장한다. 그가 볼 때, 중요한 것은 이런 혼종문화의 과정 속에서 대중들이 주체적으로 개입할 수 있는 실천적 방안이나, 그 속에서 대중들을 교육시켜 문화 민주주의를 구현할 수 있는 방안을 모색하는 것이다. 바바와 칸클리니의 혼종문화론은 다루고 있는 현실도 상황도 관심의 초점도 다르지만 혼종문화를 풍성하는 데 중요한 안내자가 되고 있다.

6장 「영국문화연구의 형성과 그 너머 – 스튜어트 홀」은 혼종문화나 혼종성 자체를 다루기보다는 주변부 출신의 한 문화이론가가 영국의 문화연구에 들어왔다가 나가는 모습을 통해 외부자적이고 주변적인 시각이 영국문화연구의 형성에 얼마나 중요했는가를 드러내고자 한다. 즉 영국문화연구가 한 자메이카 출신의 문화연구자인 스튜어트 홀에 의해 형성되었다가 또 그 연구자에 의해 영국이라는 국경을 넘어가는 과정이 홀 자신이 주변적이고 외부적인 시각을 보다 분명히 해가는 과정과 묘하게 중첩되어 있는 모습은 문화연구의 역사에서 매우 흥미로운 지점이라 할 수 있다. '계급에서 인종으로', '본질적 정체성에서 혼종적 정체성으로' 나아가는 홀의 문화이론은 국민적 문화연구에서 초국적 문화연구로의 전환과 궤를 같이 한다. 이 장은 혼종성이나 혼종문화를 직접 다루기보다는 스튜어트 홀이 혼종적 정체성을 주장하고 발견해가는 과정의 궤적을 추적하는 데서 멈춘다.

마지막으로 '서구적 근대성에 대한 비판과 문화생태학의 복원'이라는 주제에서도 드러나듯이, 이 책에서는 혼종문화의 범위를 주로 그동안 비지식으로 폄훼되었던 주변부 문화의 지식들이 중심부 지식의 문화논리들을 비판하고 동시에 그 지식들을 주체적으로 번역해가는 이론적 노력들에 한정한다. 오늘날 혼종문화론은 다양한 분야에서 활발하게 논의되고 있다. 그중에서도 특히 과학의 복잡계 이론, 브루노 라투어Bruno Latour의 혼종적 네트워크 이론, 그리고 이종 간 결합을 통해 종의 돌발적 변이를 다루는 최근의 생물학적 진화론 등을 대표적으로 들 수 있다. 특히 라투어의 행위자 네트워크론은 로컬의 문화생태학을 사고하려는 이 책의 시도와 부합하는 바 크지만 주제의 한정과 필자의 능력부족으로 여기서는 다루지 않았다.

II

혼종문화의 가능조건

서구적 근대성 비판과 로컬의 문화생태학

1장

근대적 지식구조의 변화와 문화생태학의 복원

오늘날 유럽과 미국 주도의 근대적 세계체제가 다양한 도전에 직면하면서 근대적 세계체제를 뒷받침하거나 그것에 의해 지탱되었던 지식체계에 커다란 변동이 발생하고 있다. 이 과정에서 특히 합리적 과학 중심의 지식체계와 그에 따른 전문화 중심의 학문체계가 근대 속에서 작동해온 방식이 주목의 대상이 되고 있다. 근대 과학은 계몽과 발전, 그리고 합리성이라는 강력한 논리를 바탕으로 비서구의 지식체계들과 종교를 비합리적이고 미신적인 것으로 간주하거나, 그런 논리 속으로 통합시켜야 할 대상으로 평가절하하여 비서구 타자들의 지식에 대해 억압적 기제로 작동해왔다. 특히 이런 논리는 근대적 세계체제 속에서 전 지구적으로 지리정치적 통제의 방식으로 기능하기도 했는데, 서구의 지식을 특권화하고 비서구의 다종다양한 지식들을 하위종속화 내지 비非지식화하여 서구의 정신 및 지식의 우월성을 주장하기 위한 근거로 사용되기도 했다. 이 과정에서 비서구의 수많은 사유체계들은 비합리적이거나 전근대적인 것으로 치부되거나, 과학 중심의 지식체계에 통합되는 현상을 경험하게 된다. 하지만 근대세계체제가 아시아와 라틴아메리카 그리고 아프리카의 새롭게 부상하는 국가나 세력들의 도전을 받기 시작하면서 그러한 근대적 지식체계도 흔들리기 시작하고 있다. 합리적 이성, 진보적 계몽, 과학적 합리주의, 나아가 근대적 체제로서의 자본주의를 연동시켜 사고하던 근대적 사유구조가 서서히 흔들리고 있는 것이다. 이 과정에서 근대적 지식체계는 반성과 의심의 대상이 되고 있을 뿐만 아니라 근대적 지식체계가 구축, 강화되는 과정에서 억압되거나 종속되었던 지식들의 해방과 가능성들이 새로운 관심의 대상이 되고 있다. 문화의 횡단과 혼종의 풍부한 가능성도 바로 이런 지식들의 해방과 무관하지 않다. 우선 그동안 종속되거나 억압된 지식들의 문화생태학이 미래의 지식에 어떤 가능성을 열어 줄지는 여전히 미지수지만 이 지식들이 오늘날 탈근대적이고 비서구적인 문화의 가능성을 사고하거나, 과학 중심의 근대적 지식체계를 반성적으로 성찰하며 지식들 간의 연대를 형성하는 데는 매우 유용할 수 있다. 나아가서 이 지식들은 타자의 이성이나 여타의 다른 지식들을 종속시켜왔던 과학 중심의 초월주의적이고 보편주의적 사고의 구조가 아니라 오히려 지식들 간의 수평적 연대의 가능성을 제기하며 상호문화적 번역과 횡단을 통한 혼종문화의 가능성을 제기한다. 이 장은 혼종문화 자체보다는 혼종문화를 등장하게 만드는 그 가능성의 조건the conditions of possibility이 무엇인지를 살펴본다.

1. 세계체제의 위기와 이행의 시대

오늘날 문화연구를 비롯한 지식과 이론의 장에서 가장 첨예하게 논의되고 있는 용어 중의 하나를 들자면 '지구화globalization'일 것이다. 지구화는 자본, 노동, 문화가 현실공간이든 가상공간이든 그 경계들을 자유롭게 넘나들고, 특히 문화들이 경계를 넘어 서로 접촉하고 경쟁하고 융합하는 초문화적 세계를 상징적으로 표현하는 우리 시대의 핵심어 중의 하나이다. 지구화라는 용어가 크게 유행하게 된 중요한 이유 중의 하나는 이 용어가 근대 국민국가 중심의 시대의 정치경제적 질서나 문화체제로부터의 이탈을 전제로 하는 한편 그 전제 위에서 발생하는 많은 새로운 문화적 변화들을 포괄하고 있는 용어처럼 보이기 때문이다. 지구화의 담론에 따르면 이제 국민국가의 시대는 약화되고 포스트국민국가의 시대가 도래하고 있으며, 민족 간 지배 / 권력 관계에 의존하던 제국주의의 시대에서 글로벌 협치에 의해 통치되는 제국의 시대로 나아가고 있다. 특히 과거 시대에 형성된 모든 경계와 정체성들이 마치 액체처럼 녹아 유동적인 것이 되거나 대기 속으로 사라지고 있다는 것이다. 하지만 지구화의 담론들은 새로운 시대가 가져줄 새로움에 도취되어 과거부터 진행되어왔고 지금도 진행되고 있는 사회적 변화들을 간과하기 쉬운 경향이 있다. 즉 지구화의 담론들은 시대의 흐름과 경향을 앞서 포착하는 선취적이고 예견적인 새로움을 갖고 있지만 이전 시대의 가치와 질서와 구조들이 어떻게 달라지고 있고, 그것들이 어떻게 해서 지구화의 과정과 연결되어 변화하는지에 대한 구체적이고 치밀한 분석들을 차단할 우려 또한 없지 않다. 개념이 분석을 전제로 하여 설명적 의의를 갖는다면, 현재 지구화는 개념의 차원을 넘어 선과 악, 긍정과 부정, 찬성과 반대의 선부른 판단으로 곧장 비약하는 측면이 강하게 나타나고 있는 것이다.

이런 식의 지구화 논의에 대해 가장 비판적인 이론가 중의 한 사람이 근대세계체제론으로 유명한 이매뉴얼 월러스틴Immanuel Wallerstein이다. 월러스틴은 지구화 과정이 이전 시대로부터의 이탈이나 단절을 뜻하는 새로운 시대의 용어나 개념이 아니라 사실 이전 체제의 변화가 낳은 결과에 다름 아니며 현재 우리가 처한 불확실한 이행의 시기를 정확하게 파악하는 개념이 아니라고 주장한다. 그는 지구화의 담론이 갖는 새로움을 지나치게 과장하는 태도를 비판하면서 지구화 과정은 이미 지난 500년 동안, 즉 근대세계체제하에서 꾸준히 진행되어왔음을 강조한다.[1] 월러스틴에 의하면 근대세계체제 자체는 시작부터 이미 지구화의 과정이나 진배없다. 그러므로 지구화는 이전 세계와 단절하고 모든 경계들이 허물어지는 현재의 새로운 유동적 세계만을 가리키는 것이 아니라, 월러스틴의 용어로 하면, 근대세계체제의 장기적 추세, 중기적 주기, 그리고 단기적인 국면적 사건의 결합 속에서 분석해야 할 사회역사적 현상인 것이다. 이러한 월러스틴의 주장은 안토니오 네그리Antonio Negri와 마이클 하트Michael Hardt가 주장하는 제국의 논리와는 상당한 차이를 보일 뿐만 아니라 그런 논리를 비판하는 의미를 갖기도 한다. 네그리와 하트는 『제국*Empire*』에서 국민국가의 경계들이

1 Immanuel Wallerstein, 한기욱 외역, 『미국패권의 몰락』, 창비, 2004, 65면.

해체되고 근대세계체제 내부에 존재하던 중심부, 주변부, 반주변부, 나아가서 제1세계와 제3세계 간의 구분조차 무의미해지면서 미국과 초국적 기구 중심의 새로운 형태의 지구적 제국이 형성되고 있다고 주장한다.[2] 이런 주장은 미래의 예측을 많이 끌어들여 현재의 상황을 재단하는 성급한 측면이 없지 않다.

반대로 월러스틴의 주장은 과거 근대적 세계체제로부터 이탈하는 지구화 과정의 새로운 특징들이 갖는 급격한 성격을 제대로 평가하지 않는 경향이 없지는 않다. 하지만 월러스틴의 설명은 새로움을 과장하지 않으면서도 현 체제의 변화가 어디에서 비롯된 것인지, 그리고 그것이 어디로 나아가는지에 관해 기존의 지구화 담론들과는 다른, 매우 신선하고 체계적인 설명을 제시하고 있다. 지구화를 다루는 많은 담론들은 지구화의 본격적 과정이 구소련 및 동구권의 붕괴를 전후로 한 1990년대에 시작한 것으로 간주하는 경향이 있다. 하지만 월러스틴은 현재 일어나고 있는 일을 분석하는 데 1990년대는 별로 의미있는 시기가 아님을 강조한다. 그는 자본주의의 현재 상황을 분석하기 위해서는 그것을 1990년대가 아니라 전혀 다른 두 개의 시간대, 즉 "1945년에서 오늘날에 이르는 시기"와 "1450년경부터 현재에 이르는 시기"[3] 안에서 볼 때 가장 풍성한 분석의 성과를 얻을 수 있다고 말한다. 여기서 월러스틴의 독특한 시간론이 드러나는데, 그는 대략 50년 주기로 변화하는 자본주의 세계경제의 전형적인 주기(일명 콘트라티예프Kondratieff 주기)[4]

---

2 Michael Hardt & Antonio Negri, *Empire,* Cambridge : Harvard Univeristy Press, 2000, p.334.

3 Immanuel Wallerstein, 『미국패권의 몰락』, 65면.

4 소련의 경제학자 콘트라티예프는 자본주의의 경제가 대략 50~60년의 주기로 상승(팽창)과 하강(수축)의 곡선을 반복하며 경기순환을 거듭한다고 분석했는데 그의 이름을

와, 역사적 자본주의의 발생과 진행과 위기를 나타내는 자본주의적 세계경제의 장기적 추세를 구분한다. 마치 차이와 반복의 과정처럼 전자의 주기는 후자의 추세 속에서 반복하면서도 후자의 발생과 진행과 위기의 과정 속에서 끊임없이 차이들을 낳으며, 후자의 추세 또한 전자의 계속적인 반복에 의해 조건 지워져 있다. 만약 그 차이들이 더 이상 반복을 낳지 못하고 반복이 더 이상 새로운 차이를 낳지 못한다면, 즉 차이와 반복의 과정이 더 이상 체제의 틀 내부에서 진행될 수 없는 상황에 도달하면 체제 자체는 위기를 맞이하게 된다.

(우리는) 역사적 체제들은 나름의 수명을 갖고 있다(고 말해왔다). 이 체제들은 시간과 공간 속의 특정한 시점에서 생겨나는데, 우리는 그것이 무슨 이유 때문에 어떤 방식으로 생겨나게 되는지를 분석할 수 있다. 만일 이 체제들이 탄생의 고통을 이겨내고 살아남는다면, 이 체제들은 자신을 구성하는 구조들의 틀과 한계들 내에서 주기적 리듬을 따르고 장기적 추세에 구속된 채 역사적 생명력을 갖게 된다. 이 장기적인 추세는 불가피하게 체

본 따서 이 주기를 '콘트라티예프 주기'라고 부른다. 월러스틴은 자본주의 세계경제를 이해하려면 단기적인 사건보다는 두 가지 시간대, 즉 중기적인 순환주기와 장기적인 구조적 추세에 주목해야 한다고 주장했다. 월러스틴의 설명에 의하면 순환주기 또한 두 가지 주된 순환형태를 보여주었는데 50~60년 주기의 콘트라티예프 주기와 이보다 조금 더 긴 헤게모니 주기로 나누어진다. 예를 들어, 미국의 경우, 헤게모니 주기는 미국이 1873년 무렵 헤게모니 국가의 지위를 둘러싼 투쟁에서 핵심적 세력으로 부상하면서 시작되었다가 1945년경에 헤게모니를 획득했고 1970년대 이후 서서히 쇠퇴하고 있는 순환주기를 가리킨다면, 콘트라티예프 주기는 1945년 A(상승)국면으로 시작하였다가 1967 / 73년 사이를 기점으로 B(하강)국면으로 접어들고 현재 그 쇠퇴를 계속하고 있는 주기를 가리킨다. Immanuel Wallerstein, 「문명적 전환의 정치」, 경희대 강연원고, 2012 참조.

제의 내적 모순을 상당히 악화시키는 점근선에 접근하게 된다. 즉 체계는 자신이 더 이상 해결할 수 없는 문제들과 마주치게 되는데, 이것은 우리가 체제적 위기라고 부를 수 있는 상황을 초래하게 된다.[5]

월러스틴은 우리가 현재 바로 이 체제적 위기의 소용돌이 속에 존재하고 있다고 진단한다. 즉 그는 현재의 시기를 지난 500년간 유지되었던 역사적 체제가 다른 체제로 이행하는 시기로 규정한다. 그의 거시적이고도 구체적인 이론적 체계와 시각을 평가하거나 소개하는 것은 필자의 능력을 벗어나는 일이다. 여기서는 앞으로 우리가 주목하게 될 우리 시대의 지식구조의 변동을 이해하기 위해 월러스틴이 말하는 우리 시대의 콘트라티예프 주기의 변화와 그 핵심적 특징들에만 주목하게 될 것이다. 이 특징들은 우리 시대의 지식구조의 변화와 직결되어 있다. 월러스틴은 우리 시대의 콘트라티예프 주기를 두 국면, 즉 1945년에서 1967 / 1973년에 이르는 경제팽창의 시기인 A(상승)국면과, 1967 / 1973년부터 오늘날에 이르는 경제수축의 시기인 B(하강)국면으로 구분한다. 그에 따르면 A국면이 자본주의 세계경제의 역사에 있어서 가장 가파른 상승과 거대한 팽창을 보였으며 미국 헤게모니의 지배가 전 지구적으로 최고점에 도달한 시기였다고 한다면, B국면은 A국면의 성장이 한계에 도달하고 전 지구의 다양한 국가들의 급부상으로 인해 미국의 헤게모니가 본격적으로 도전받기 시작하는 시기라고 할 수 있다.[6]

---

5 Immanuel Wallerstein, *World-Systems Analysis : An Introduction*, Durham : Duke University Press, 2004, p.76.

역사적으로 볼 때, A국면은 경제적으로 2차 대전의 피해로부터 비교적 자유로웠던 미국이 세계경제를 주도하고, 정치적으로는 얄타회담을 통해 소련과 더불어 세계를 분할, 점령하는 상호 적대적 공생관계를 형성하면서 미국 주도의 헤게모니가 확고하게 정착된 시기였다. 미국의 입장에서는 이 시기는 최고 번영의 시대였다. 하지만 한편에서는 1960년대 들어 미국의 헤게모니하에 있던 유럽과 일본이 급속한 경제 성장과 경기 회복을 통해 미국의 경제적 우위에 도전하기 시작했고, 다른 한편에서는 1945~1948년의 중국, 베트남, 알제리, 1956년의 헝가리, 쿠바, 남아프리카 등 주변부와 제3세계의 국가와 민족들이 미소 중심의 세계질서에 근본적으로 의문을 던지기 시작했다. 월러스틴은 콘트라티예프 주기의 A국면이 하강(침체) 국면으로 넘어가고 있음을 알리는 두 상징적 사건으로, 첫째 미국이 금본위제를 포기한 것과 둘째 1968년 혁명이 세계적 차원에서 일어난 것을 든다. 전자가 미국의 헤게모니 강화를 위해 정치적·군사적 지출을 늘려왔던 미국이 세계시장에서 경쟁력 상실과 재정 고갈에 봉착하면서 이를 타개하기 위해 취한 조치로서 이는 미국 헤게모니에 일종의 경제적 적신호가 켜진 것을 의미하였다고 한다면, "1968년 세계혁명은 잘 구축된 미국 헤게모니 중심의 세계질서에서 배제된 모든 이들의 불만이 표출된 것"[7]이었다. 월러스틴은 1968년 세계혁명에 각별한 의미를 부여한다. 즉 그는 68혁명이 지역과 상황에 따라 그 형태는 달리했지만 미국 헤게모니와 그 헤게모니에 타협하고 공모해온 소련의 지배를 반대하는 한편, 그동

---

6 Immanuel Wallerstein, 『미국패권의 몰락』, 66면.

7 위의 책, 70면.

안 그 공모의 구조와 결탁해온 구좌파들에 대한 환멸을 드러낸 공통적 특징을 갖고 있다고 지적한다.

월러스틴이 1967 / 1973년을 A국면의 전환기로 잡고 있는 이유는 바로 이 시점부터 세계경제가 장기적인 경기침체의 시기로 접어들면서 하강곡선을 그리기 시작했다고 보았기 때문이다. 이 시기부터 생산을 통해 획득한 이윤이 A국면의 수준보다 눈에 띄게 낮아지고 있는 경향을 보였는데 월러스틴은 이를 주기 자체가 일정한 성장의 임계점에 도달하고 있는 것으로 해석한다. 월러스틴이 볼 때, 이 무렵부터 더 많은 이윤을 획득하고자 하는 자본의 대응 역시 이전 시대와는 확연히 다른 형태를 띠기 시작한다. 중심부의 자본가들은 이윤의 중심지대를 생산에서 금융으로, 생산의 중심지를 고임금 지역에서 저임금 지역으로 이동시키기 시작했는데, 반주변부 국가들이 중심부로부터 이윤율이 낮아진 산업들을 대거 수용하게 되고, 특히 일부 동아시아 국가들이 그 수혜의 혜택을 누리게 되는 결과가 생겨난다.

한편 월러스틴은 B국면에 접어든 세계경제를 더욱 악순환 속으로 몰아넣는 사건으로 1970년대 초의 OPEC의 유가인상의 뜻하지 못한 결과를 지적한다. 그의 해석에 따르면 유가인상을 통해 벌어들인 돈은 대부분 석유생산국들과 초국적 석유자본들에게 돌아갔는데, 역설적이게도 그들의 엄청난 돈들이 수입품 구매를 통해 다시 북의 나라들의 수요 회복을 돕는 데 쓰이거나, 선진국 내의 투자를 위해 중심부의 은행으로 흘러들어가게 되었던 것이다. 특히 이 돈들은 국제수지 적자, 극심한 실업, 내정불안을 겪고 있던 제3세계의 가난한 국가들에게 차관으로 재차 제공되면서 1980년대 차관에 대한 이자를 급증시키는 결과를 초래했고, 그 결과 주변부 국가들의 채무액은 감당 불능의 지경까지 이르는 악순환이 형성되었던 것이다. 이런 악순환을 물려받은 1980년대는 라틴아메리카 대부분의 국가들과 중동부 유럽에까지 타격을 준 채무 위기의 악화, 일본 경제를 잇는 동아시아 나라들(한국, 대만, 홍콩, 싱가포르)의 급부상, 외국 특히 일본으로부터 막대한 차관을 들여와 군사력 강화, 경기침체, 높은 실업률을 잡고자 했던 레이건 정부의 군사적 케인즈주의, 그리고 기업들의 생산체계를 희생시켜가면서까지 주식시장에서 단기적인 투기이윤을 얻을 목적으로 엄청난 돈을 차입하여 투기성 자본과 증권들이 급증한 것을 특징으로 한다.[8] 월러스틴은 이런 상황 때문에 극심한 경쟁의 격화, 이윤율 하락, 불만의 고조가 심각한 수준에 이르렀고, 세계경제는 1990년대 후반 들어 콘트라티예프 주기의 B국면의 마지막 국면에 접어들게 되었다고 주장한다.

이 시기에 대한 월러스틴의 해석 중에 단연 우리의 눈길을 끄는 것은 그가 구소련의 해체와 미국의 이라크 침공이 미국 헤게모니를 공고히 하고 지구적 지배체제를 강화했다고 보기보다는 오히려 미국 헤게모니와 그것을 뒷받침했던 재정구조에 치명적 타격을 가했다고 해석하는 점이다. 사실 이런 분석은 매우 신선한 것으로 월러스틴의 입장이 소련의 붕괴 이후 미국 주도의 글로벌 자본주의가 공고해졌다고 주장하는 지구화의 이론이나 미국 중심의 초국적 조직과 기업들에 의해 유지되는 제국의 등장을 강조하는 이론들과 큰 차이가 있음을 잘 보여준다. 그에 의하면 소련의 붕괴는 곧장 미국 헤게모니의 승리로 해석

8 위의 책, 75~77면.

될 수 없다. 오히려 그것은 미국의 재정적자를 눈덩이처럼 불어나게 하여 그동안 소련과의 적대적 공생 속에서 그나마 유지될 수 있었던 미국 헤게모니와 경제에 심각한 타격을 안겨준 계기가 되었다는 것이다. 전쟁에서 사용한 막강한 군사력과 정치권력이 미국의 우월한 지위를 강화해주는 것처럼 보였지만 그것은 일시적이었고 실질적으로는 미국 헤게모니의 약화를 강화했던 것이다. 이와 같이 미국 헤게모니가 약화되고 있는 동안, 지금은 심각한 혼란을 겪고 있지만 서유럽은 유럽통합으로 나아가는 필수적 조치로서 유로화의 통화권을 형성하면서 미국 헤게모니로부터 이탈하는 독자적인 길을 추구할 수 있었던 데 반해, 급성장하던 동아시아는 금융위기를 겪으면서 불안한 모습을 보이기 시작했다. 바로 이런 모습이 월러스틴이 말하는 전후 경제의 콘트라티에프 B국면의 마지막 단계의 모습이다.

하지만 월러스틴의 분석에서 주목할 것은 전후 콘트라티에프 주기가 막바지 국면에 접어들고 있다는 진단만이 아니다. 월러스틴은 이런 위기가 근대세계체제의 장기적 추세의 위기와 결합되면서 자본주의가 더 이상 차이와 반복을 이어갈 수 없는 역사적 체제 자체의 위기로 접어들고 있다고 진단한다. 여기서 월러스틴은 "콘트라티에프 주기에서 역사적 체제로서의 근대세계체제의 장기적 발전으로 눈을 돌려야 한다"[9]고 주장한다. 그가 현재를 체제적 위기로 보는 이유는 장기적으로 볼 때 체제적 위기를 초래하는 세 가지 추세들이 이미 한계점에 도달하고 있는 것으로 보이기 때문이다. 다시 말해, 계급투쟁의 결과로

9 위의 책, 80면.

서 생산비용에서 임금이 차지하는 수준이 계속해서 증가하고 있고, 자본이 그동안 사회비용으로 떠넘겨왔던 폐기물 처리비용, 원자재 생산 지속 비용, 하부시설 비용과 같은 투입비용이 도저히 손을 쓸 수 없을 정도로 급증하고 있으며, 경제적·정치적 민주화에 대한 요구로 대중들의 욕구를 충족시켜줄 수 있는 세금 부담이 증가하면서 체제 자체의 유지가 힘든 상태로 접어들고 있다는 것이다. 월러스틴은 이런 세 가지 추세를 단기적 조정으로는 뚜렷한 성과를 얻을 수 없는 체제적 위기의 상태로 해석하고 이와 같은 체제적 위기 때문에 세계가 이행의 시대period of transition로 접어들었다고 주장한다.[10]

월러스틴의 거시적이고 풍부한 분석을 간략히 살펴보았다. 여기서 월러스틴의 분석에서 주목하고 싶은 것은 그의 시기 구분의 방식이다. 월러스틴은 현 시대와 관련해서 콘트라티에프 주기를 A국면의 상승시기(1967 / 1973년)와 B국면의 하강시기(1967 / 1973년에서 현재)를 나누는 한편, 장기적 추세로는 역사적 체제로서의 근대세계체제가 이행의 시대로 접어들고 있다고 진단한다. 현재의 콘트라티에프 주기의 상승과 하강 국면을 미국 주도의 헤게모니가 다양한 힘들에 의해 도전받고 약화되는 시기로 해석해볼 수 있다면, 그런 주기와 연결된 현재 이행의 시대는 지난 500년간 유럽과 미국에 의해 유지되어온 서구중심적 패권과 지배헤게모니가 더 이상 유지될 수 없는 지점에 도달하고 있는 것으로 이해해 볼 수 있다. 즉 단기적·중기적 주기로는 전후 세계를 주도해온 미국 헤게모니가 붕괴되는 조짐들이 뚜렷해지고 있는가 하면,

10 Immanuel Wallerstein, *World-Systems Analysis : An Introduction*, p.77.

장기적 추세로는 역사적 체제로서의 근대적 자본주의가 체제적 위기로 접어들고 있다는 것이다. 이러한 진단은 다음 장에서 살펴볼 오늘날의 지식구조의 변동을 설명하는 데 시사하는 바 크다. 즉 문화적·이데올로기적 관점에서 볼 때, 근대세계체제의 서구중심적 문화구조와 그것을 재생산해온 미국 헤게모니의 지적·문화적 지배가 약화되면서, 그 체제에 의해 전 지구적으로 유지되어온 근대적 지식체계에 심각한 변화가 생겨날 것으로 예상되기 때문이다. 다음에서는 이런 위기가 근대적 지식구조에 어떤 영향을 끼쳤는지, 그런 변화에 어떤 대응들이 일어나고 있는지를 살펴볼 것이다.

2. 근대적 지식체계의 변동과 지식의 불확실성

월러스틴은 이런 이행의 시기가 "엄청난 투쟁과 엄청난 불확실성의 시대이며 지식구조들에 엄청난 질문들이 제기되는 시대"[11]가 될 것이라고 예측한다. 즉 그는 이와 같은 체제적 위기를 기존 지식구조의 위기와 결부짓는다. 사실 지식구조가 아무리 자율적 방식으로 움직인다고 하더라도 그것은 역사적 체제 내에서 작동하고 이 체제의 헤게모니를 뒷받침하는 핵심적 요인이다. 왜냐하면 지식의 구조는 "더 큰 구조

11 Ibid., pp.89~90.

의 논리에 맞춰지고 더 큰 체제가 설정하는 지적 경계선에 제한을 받으면서 더 큰 구조의 일부"[12]를 이루고 있기 때문이다. 이행기의 특징은 그동안 진리로 통하던 지식의 확실성이 흔들리고 억눌렸던 다양한 지식들의 도전으로 지식구조 전체의 불확실성이 매우 커진다는 데 있다. 앞서 지적했듯이, 1945년 이후 진행되어온 콘트라티예프 주기가 하강국면의 막바지로 접어들고 있을 뿐만 아니라 그 국면이 역사적 체제로서의 근대세계의 위기와 맞물리면서 그런 체계의 헤게모니의 일부였던 지식구조의 변동 역시 더욱더 격렬해진다. 즉 미국의 정치적·경제적·지적 헤게모니가 위기를 맞이하는 한편, 근대세계체제를 주도해온 서구중심적 지식과 체계들이 다양한 도전에 직면하게 되는 것이다.

월러스틴의 시간론을 소개하다보면 자칫 그의 이론이 개별 사건이나 국면을 저평가하고 그런 사건들과 국면들을 지나치게 장기적이고 거대한 서사로 해소하거나 환원하는 것 같은 인상을 줄 수 있다. 하지만 이는 월러스틴의 이론을 잘못 소개하는 것이다. 사실 월러스틴의 이론적 문제의식은 거시적이고 장기지속적인 추세에 주목하는 보편지향적인 법칙정립적 사고와, 개별적이고 특별한 사건이나 주기적 국면에 주목하는 개별기술적 역사 간의 분리를 비판하면서 그것을 동시적으로 사고하는 데 있다.[13] 세계경제의 장기적 추세는 그 내부의 중단기적 주기들의 반복적이고 차이적인 과정들에 의해 형성된다. 즉 장

12 Immanuel Wallerstein, 유희석 역, 『지식의 불확실성』, 창비, 2007, 63면.

13 Richard E. Lee, *Life and Times of Cultural Studies : The Politics and Transformation of the Structures of Knowledge*, Durham : Duke University Press, 2003, p.202.

기적 추세는 다양한 중단기적 주기와 그 속에서 벌어지는 국면적 사건들이 없다면 존재할 수 없다. 반면 개별적 사건이나 국면들 또한 보다 큰 구조와 과정 속에서만 의미를 가질 수 있다. 이런 과정이 이해되지 못할 경우, 개별적 사건 및 단기적 국면은 중요한 체제적 사건의 일부 과정으로 해석될 수 없다.

월러스틴은 이론적으로 한 역사체제의 장기적 추세, 중기적 주기, 그리고 개별적 국면과 사건들이 연동하는 복합적 과정을 설명하는 것을 목표로 했는데, 이는 시공간TimeSpace에 대한 그의 독특한 사고를 잘 보여준다. 월러스틴은 루이 알튀세르Louis Althusser가 말한 복합적 시간들의 과잉결정overdetermination처럼 시공간의 복합성을 사고하지만 알튀세르가 그것을 공시적으로 본다면, 월러스틴은 이를 역사적 과정의 시각에서 사고하고자 했다. 월러스틴은 시공간 개념을 대략 다섯 가지 개념으로 구분했는데, 이것들의 구조적 복합성과 통일성이 체제의 장기적인 추세와 개별적 사건의 독특성을 설명해준다. 그는 그동안의 시공간 개념이 주로 극히 작은 사건으로만 이루어진 '사건적-지리정치적 시공간episodic-geopolitical TimeSpace'과 무한히 큰 연속적 실체로 이루어진 '영원한 시공간eternal TimeSpace'만 다루어 왔기 때문에 보편지향적인 법칙정립적 사고와 개별적 사건에 주목하는 개별기술적 역사 간의 이분법을 뛰어넘기 힘들었다고 주장한다. 이런 이분법을 극복하기 위해 월러스틴은 이들 두 개념 외에 구체적이고 세분화되고 반복적인 다른 시공간 개념들을 추가한다. 즉 주기적-이념적 시공간cyclico-ideological TimeSpace, 구조적 시공간structural TimeSpace, 그리고 변혁적 시공간transformational TimeSpace이 그것들이다. 구조적 시공간은 영원한 시공간과 달리 봉건제에서 자본제로의 이행을 거쳐 20세기 말에 이르는 지난 500년의 장기적 추세를 나타내는 역사적 체제로서의 근대적 세계체제의 시공간을 의미한다. 이 시공간은 직접적으로 변화시킬 수는 없지만 그렇다고 변하지 않는 것이 아닌 것을 보여주는 시공간이다.[14] 변혁적 시간은 극히 예외적이지만 근본적 변화의 순간을 나타내는 시간이며 하나의 역사적 체계가 다른 역사적 체계로 이행하는 시간을 가리킨다. 이와 달리 주기적-이념적 시공간은 앞서 설명한 콘트라티에프 주기나 헤게모니 주기처럼 구조적 시간 내에서 발생하는 것으로 일정한 규제적 메커니즘regulatory mechanism을 갖고 있다. 월러스틴은 주기적-이념적 시공간이 체계의 반복적 패턴을 가장 잘 보여주는 시공간임을 강조한다. 즉 그는 주기적-이념적 시공간의 리듬에 세밀한 주의를 기울이지 않을 경우, 그것은 곧장 사건적-지리정치적 시간으로 환원되거나 영원한 시간 속으로 해소될 가능성이 있음을 경고한다. 이를 막기 위해 월러스틴은 이런 반복적 패턴들이 시간과 공간이 한정된 역사적 체제 내에서 발생하는 것임을 유념할 필요가 있다고 주장한다. 예를 들어, 프랑스 혁명이나 1968년 세계혁명과 같은 사건들은 단기적으로는 사건적-지리정치적 시공간을 나타내기도 하고, 일정한 반복적 패턴에 따라 움직이는 주기적-이념적 시공간 내에서 발생하는 것이기도 하며, 주기적-이념적 시공간을 조건짓는 역사적 체제 내의 변동과 관련된 구조적 시공간 속에서 움직이는 것이기도 하기 때문이다.

우리가 다루고자 하는 지식구조의 변동 또한 사건적-지리정치적 시

14 Immanuel Wallerstein, "SpaceTime as the Basis of of Knowledge", http://fbc.binghamton.edu/iwsptm.htm에서 인용.

공간, 주기적-이념적 시공간, 그리고 구조적 시공간 속에서 구성되고 해체되고 재편성된다. 월러스틴에 따르면, 우리 시대의 지식구조는 직접적으로는 1945년 이후의 정치적 · 문화적 사건들에 의해 영향 받고 있지만 그 지식구조의 주기적-이념적 시공간은 이미 프랑스 혁명에서부터 시작된 것이다. 월러스틴은 근대적 지식구조의 주기적-이념적 시공간을 대략 프랑스 혁명 이후부터 20세기 말에 이르는 시기로 잡고 있다. 그가 볼 때, 프랑스혁명은 근대적 지식구조의 형성에 결정적 영향을 끼친 "근대세계체제의 문화사에서 하나의 전환점"[15]일 뿐만 아니라 향후 근대세계체제의 지리문화geoculture의 형성에 결정적인 두 가지 변화들을 지식체계에 각인시켰다. 월러스틴이 말하는 두 가지 변화란 첫째 프랑스 혁명에서부터 정치에서의 '변화'라는 것이 정상적인 것이 된 것이고, 둘째 대중이 시민으로 전환되면서 시민의 권리와 책임을 새롭게 정의하는 주권 개념이 형성된 것이다. 전자가 모든 사회와 체제란 근본적으로 변할 수밖에 없는 것이라는 사고를 '정상적인 것'으로 만들었다면, 후자는 누가 시민적 주권에 포함되어야 하는가를 둘러싸고 향후 치열한 정치적 논쟁을 불러일으킨 원인이 되었다. 중요한 것은 이 두 가지의 영향은 1945년까지 근대 지식의 핵심적 원리로 작동했을 뿐 아니라 현재 우리들의 지식체계에도 중대한 영향을 끼치고 있다는 사실이다.

월러스틴은 이런 변동을 사고하기 위해 학문의 중심으로 등장한 것이 근대과학과 과학적 사고방식이었다고 말한다. 서구사회를 모범적

---

15 Immanuel Wallerstein, *World-Systems Analysis : An Introduction*, p.60.

사회로 설정하고 그 내부의 진보와 발전을 정상으로 간주하여, 그러한 발전과 진화의 과정을 어떻게 이론화하고 법칙화할 것인지를 둘러싸고 지식과 학문분야들 간의 위계질서가 세워지게 되었다. 그 정상과 모범의 지위를 차지한 것은 단연 '과학'과 '과학적 사고'였고, 과학의 확실성이라는 가치가 지식구조의 결정에 본질적인 것이 되었음을 보여주었기 때문이다. 결국 과학적 사고는 인간 이해의 지배적 양식이 되어 다른 종교적, 정신적, 초월적 가치들과 지식체계들보다 우위를 점유하게 되고 지식구조는 '과학'을 정점으로 위계질서화된다.[16]

월러스틴은 이런 과학적 사고의 모델을 중심으로, 그리고 이 모델과의 관계를 통해 과학, 인문학, 사회과학의 삼분할을 특징으로 하는 근대적 지식구조의 독특한 현상이 형성되었다고 주장한다. 그에 의하면 우선 근대과학에 대한 대립 속에서 인문학의 자리가 형성되었다. 과학에 의해 밀려난 신념과 가치체계들은 일부는 사라지기도 하고, 일부는 과학으로부터 배제된 채 인문학 내에 새롭게 편성되면서 인문학은 과학에 맞서는 감정의 영역이나 전통문화와 습속을 담당하게 되었다. 잘 알려졌다시피 C. P. 스노우는 이를 '두 문화Two Cultures'의 대립으로 지칭한 바 있다. 나아가서 사회과학은 바로 이 과학과 인문학 간의 대립 위에서, 즉 "이 두 문화의 존재에 의해 만들어진 팽팽한 틀 속에서" 구성되었다. 하지만 "자연과학과 인문학이라는 두 거인 간의 싸움"에서 분열되었던 사회과학은 일부는 인문학적이고 서사적인 논리를 수용하는 방향으로 나아가기도 했지만, 대부분은 법칙정립적인 인식론에

---

16 Richard E. Lee, op. cit., p.173.

근거한 과학의 진영으로 나아갔다.[17] 특히 19세기 후반 들어 사회과학은 세 개의 기본 분할에 따라 편성되는 지식구조를 갖게 된다. 그 세 개의 분할이란 "과거(역사학)와 현재(경제학 · 정치학 · 사회학)의 분리, 서구문명사회(역사학 · 경제학 · 정치학 · 사회학)와 나머지 세계('미개한' 민족을 연구하는 인류학과 비서구 '고도문명들'을 연구하는 동양학)의 분리, 마지막으로 시장논리(경제학)와 국가(정치학)와 시민사회(사회학)의 — 근대사회에만 적용되는 — 분리"[18]였다. 이 세 개의 분할은 근대학문의 지식구조의 장이 어떤 기본적 원리에 근거하여 형성되었는지를 잘 보여준다. 특히 두 번째 분할은 서구적 지식구조의 위계질서뿐만 아니라 향후 서구 외부에 존재하는 타자들의 세계에 대한 오리엔탈리즘적 재현을 형성하는 데 핵심적 기능을 수행했으며, 1960년대 이후부터 집중적인 비판과 비난의 대상이 된다. 이러한 지식구조는 1945년까지 안정적으로 유지되었고 1945년 이후 미국 헤게모니하에서 새롭게 재편되었다가 1968년 이후 학문 간 경계의 불확실성이 노골적으로 드러나면서 점차 약화되기 시작한다. 그렇다면 미국 헤게모니가 확실하게 확립된 1945년부터 현재에 이르기까지 지식구조는 어떤 변화를 거쳐왔는가?

월러스틴은 근대적 지식구조는 미국 헤게모니의 확립과 더불어 재편되지만 그 기본구조는 그대로 유지되고 있다고 본다. 근대 들어 사회변동이 정상적인 것으로 간주되었다는 것은 어떤 사회적 변동이 가장 바람직한가, 즉 '진보'와 '발전'을 가장 중요한 가치로 삼는 결정적인 계기를 마련해주었고, 시민권 개념의 정립은 누가 시민적 주권에 포함

---

17 Immanuel Wallerstein, 『지식의 불확실성』, 26쪽.
18 위의 책, 27쪽.

되어야 하는가를 둘러싸고 보수주의, 자유주의, 급진주의 간의 치열한 논쟁을 낳았다. 현재에도 이 과정은 진행 중에 있고, 특히 전후 콘트라티예프 주기나 역사적 체제의 이행과 연관지어볼 때, 그 현재적 의미는 더욱 명확해질 것이다. 앞서 보았듯이, 전후 콘트라티예프 주기의 두 국면 중 1945년에서 1967 / 1973년에 이르는 상승 시기에는 강력한 미국 헤게모니하에서 진보와 발전주의에 근거한 근대화의 모델이 가장 이상적인 모델로 간주되었다. 이는 전후 지식구조의 본질을 형성하는 핵심적 계기가 되었다. 반면 그 다음 국면인 1967 / 1973년에서 현재에 이르는 시기, 특히 1968년 세계혁명 이후에는 미국 헤게모니가 심각한 타격을 받게 되면서 근대화의 모델에 의존하는 지식구조에 의문을 제기하거나, 거기에 대항하는 다양한 지적 도전들이 본격적으로 제기되기 시작했다.

세계체제론자인 리처드 리Richard Lee는 월러스틴의 주장에 근거하여 전후 지식구조의 변화를 체계적으로 다루었다. 우선 그는 월러스틴의 구분을 받아들여 1945년에서 1967 / 1973년까지의 시기와 1967 / 1973년에서 1990년까지의 시기를 나누고, 전자를 미국 헤게모니하의 합의의 시기로, 후자를 그 헤게모니의 약화로 인한 모순과 전화의 시기로 규정한다. 리에 의하면 1945년에서 1967 / 1973년까지의 시기는 "이데올로기적으로 경험주의적이고 실증주의적인 보편과학에 깊이 물들어 있던 시기였고, 궁극적으로 법칙적이고 적어도 이론적으로 예측 가능한 세계 속에서 수행되는, 영원한 진보라는 계몽적 이상"[19]이 지배한

19 Richard E. Lee, op. cit., p.174.

시기였다. 이 시기에 미국은 "이성적인 (서양) 과학을 통한 물질적 진보" 자체를 대변했다. 즉 미국은 과학적·기술적 진보와 경제적·군사적 지배를 통합하여 세계의 지식생산을 주도했다. 특히 그 지적 모델로는 '모든 사실은 과학적으로 관찰하고 검증할 수 있다'는 식의 실증주의와, "모든 체계는 기능적으로 연결된 채 진화해간다"는 기능주의가 압도적이었다. 즉 "1945년 이후의 시기에 헤게모니를 공고히 하고 방어하는 문화양식은 보편화와 객관화를 지향하는 실증과학과, 예측가능성과 조작가능성에 근거한 (사심 없고 비정치적인) 진보로 나아가는 실험적·비교적 방법에 의존했다."[20] 당시 기능주의는 미국 헤게모니의 안정적 질서를 반영했고, 급격한 사회변혁이나 갈등과 같은 요소들은 철저히 배제했다. 이 무렵 미국식 발전에 근거한 근대화 모델이 최상의 모델로 추앙받았는데, 그것은 미국이 냉전하의 소련과의 적대적 공존 속에서 자신의 영향권 내에 있는 국가들을 관리하는 데 활용되기도 했다. 즉 이 모델에 따라 미국은 자신의 관리하에 있는 국가들이 사회주의로 이탈하지 못하도록 견제하는 한편 일부 국가들의 발전을 선전사례로 활용하기도 했던 것이다.

당시 근대화 모델에 기대면서 가장 유력한 학문으로 부상한 것이 바로 지역학area studies이었다. 지역학은 2차 세계대전 이후 냉전체제하에서 미국의 행정부, 사회과학, 그리고 기업의 요구가 결탁하여 만들어낸 산물이었다. 세계체제가 미국과 소련으로 급속하게 재편성되던 시기에 자본주의의 대표 주자였던 미국은 국가 간 경제적·정치적·

20 Ibid., pp.179~180.

문화적 관계를 미국 중심의 체제로 통제하고, 일부 지역들이 공산주의화하는 것을 차단하는 한편 이미 공산주의의 영향권에 편입된 지역에 대해서는 그 지역사정을 면밀하게 파악할 필요성이 있었다.[21] 지역학의 근본 모델은 미국의 발전을 이상적 모델로 선전하고 과시하고자 했기 때문에 이론적으로 우세했던 것은 근대화 모델과 이 모델에 근거한 발전과 개발의 논리였다. 당시 혁명과 개혁을 통한 사회 건설을 내세운 사회주의 모델에 맞서 지역학은 적응과 발전이라는 사회진화론적이고 사회발전론적 개념에 근거한 근대화 모델을 적극적으로 구축했는데, 이 모델은 선진자본주의 국가의 경제성장을 과시하는 한편 후발자본주의 국가들에게는 성장을 위한 지침을 제공하는 이중 기능을 수행했다.[22] 하지만 근대의 지식구조를 강화하는 데 기여한 지역학은 역설적이지만 근대의 지식구조의 분할을 깨는 계기가 되기도 했다. 여전히 유럽중심적인 편견에 심하게 오염되어 있었지만 지역학의 등장을 계기로 "서구중심적인 분과학문들은 서구 외의 다른 세계에 대한 연구로 침입해 들어갔고, 전통적으로 이 지역들을 다루어온 전문적 분과학문들이었던 인류학과 동양학의 기능을 침식해 들어"[23]갔던 것이다.

하지만 1968 / 1973년 콘트라티예프 주기의 하강국면, 특히 1968년 세계혁명 이후 지식구조는 다양한 도전들에 직면하게 된다. 앞에서의 지적처럼 1968년 세계혁명은 성장과 발전을 추동해온 미국 헤게모니, 특히 미국과 소련의 적대적 공모에 의해 유지되던 냉전적 헤게모니 질

---

21 Immanuel Wallerstein, 정연복 역, 「의도하지 않은 결과—냉전시대의 지역연구」, 『냉전과 대학』, 당대, 2001, 138면.

22 Harry Harootunian, 윤영실 외역, 『역사의 요동』, 휴머니스트, 2006, 95면.

23 Immanuel Wallerstein, 『지식의 불확실성』, 28면.

서에 대한 불만과 그 헤게모니에 동조해온 자국 내의 구좌파들에 대한 환멸 때문에 불만과 저항들이 폭발한 것이었다. 그 혁명은 유럽적 현상으로만 그치지 않았고 세계적 차원의 현상으로 나타났다. "체제의 위기가 곧 지식의 위기"라고 말한 월러스틴의 주장처럼 1968년 세계혁명은 체제의 위기를 드러낸 정치적 사건이었을 뿐만 아니라 근대적 지식구조 자체에도 위기를 낳은 지적 사건이기도 했다. 리는 1968년 이후 그동안 굳건히 신봉되었던 세 가지 믿음이 도전받게 되었다고 말한다.

1968년 이후 미국 헤게모니가 쇠퇴하고 세계경제가 위축되는 동안 지식을 정당화하는 전제들에 대한 명백한 도전들이 세 가지 믿음을 중심으로 강화되었다. 첫째 기술을 통해 실행되고 현실세계에 적용되는 공적 지식으로서의 도구적 과학이 진보를 낳는다는 믿음, 둘째 초시간적 진리를 반영하는 보편적 명제가 존재한다는 믿음, 셋째 학문분야들 사이에 지식의 위계질서를 구성하는 실질적 차이가 존재한다는 믿음이 그것이다. 첫째는 진보를 자본의 무한 축적과 동일시할 경우에 잘 드러나는 일직선적 시간론의 위기와 연관되어 있고, 둘째는 진보라는 관념을 전제하는 고전적 과학에 의해 지배되는 지식의 장기적 구조의 위기와 관련되어 있으며, 셋째는 19세기 인간 현실의 영역에서 지식형성의 위기와 연관되어 있다. 이 위기는 아카데믹한 분과학문들, 즉 사회과학들의 (보편화하고 전문화하는) 국면적 재구조화를 낳았는데, 이 재구조화는 19세기 후반 동안 첨예해진 중기적 모순을 해결함으로써 100년 이상 유지되어온 과학 / 인문학의 이율배반을 지탱해왔다.[24]

리의 주장을 좀 더 살펴보면, 우선 근대 서구에서 유행한 진보와 그것을 지탱해온 과학의 지위가 불확실한 것이 되기 시작했다. 지난 500년 동안 근대세계체제하에서 진보란 곧 발전과 팽창을 의미했다. 하지만 이 체계가 더 이상 발전하고 팽창할 수 없는 위기에 봉착한 현 시점에 '진보'라는 관념은 근본적으로 의심의 대상이 되기 시작한다. 리는 이와 같은 진보에 대한 의심이 근본적인 것이라 평가하는데 그 이유는 이 의심의 근거가 바로 체제 자체의 근원적 위기에서 생겨나는 것이기 때문이다. 리는 "오늘날 진보에 대한 의문은 콘트라티예프 B국면에 이어 중심부에서 처음 발생한 현상이지만 팽창의 구조적 역전과 현 국면의 지리정치적 변화 때문에 그 어느 때보다 더욱 강력해지고 있다"고 말한다. 나아가서 리는 장기적이고 지구적 차원에서 볼 경우, 남과 북의 생활수준의 양극화는 "보편적 과학과 기술을 통해 더 나은 세계를 만들 수 있다는 이데올로기"의 허구성을 드러냈을 뿐만 아니라 "선형적 시간의 (무한한) 팽창으로 파악되는 (무한한) 진보"[25]가 소진되고 있음을 폭로하고 있다고 주장한다. 이런 발전과 진보에 대한 회의적 태도 뒤에 진보와 과학의 이데올로기에 도전하는 페미니즘 운동, 인종 및 소수민족 운동, 탈식민 운동, 생태 운동, 성적소수자 운동과 같은 다양한 운동들의 도전이 자리하고 있다. 특히 생태운동과 여성운동의 도전은 매우 강력했다. 생태운동이 자본주의의 무한 축적을 위해 자연과 생명을 무자비하게 착취해온 근대적 세계체제에 대한 급진적 의문을 제기한 것이라면, 여성운동은 근대의 초월주의적 보편성과 진리가 얼

---

24 Richard E. Lee, op. cit., p.193.

25 Ibid., p.197.

마나 백인 남성적이고 부르주아적이며 가부장제적인 특권에 의지한 것이었던가를 여실히 드러냈던 것이다. 가령 여성과학자들은 과학과 진보의 보편성이라는 것이 얼마나 배타적이고 권위적인 것인가를 폭로했다. 샌드라 하딩Sandra Harding에 따르면 "사실상 모든 타자의 범주에 속하는 사람들 — 유태인과 흑인 그리고 그 외의 유색인종들 — 뿐 아니라 여성들을 과학 분야의 높은 신분과 권위적인 위치로부터 배제시키려고 했던 강력한 개인적・제도적 시도들의 역사를 보면, 과학이 보편주의라는 주장은 사실상 단지 지배 계급, 성별, 인종, 문화 내에서만 제한적으로 적용되는 것이었음을 알게 된다."[26] 여성과학자들의 도전뿐 아니라 과학 내부에서도 기계적이고 유기적인 뉴튼적 세계관에서 벗어나는 다양한 과학운동들이 등장하게 된다. 복잡성 이론과 카오스 이론처럼 그 운동들은 대부분 선형성과 단일성에 근거한 진보와 발전의 논리에 도전하고 우연성과 예측 불가능성과 같은 복잡성을 사고하고자 했다.

현재 인문학, 사회과학, 자연과학이라는 삼분할에 근거해온 근대적 지식구조는 흔들리고, 분과학문들 간의 경계 또한 약화되기 시작했다. 연구자들 사이에서도 모든 지식은 초월적이고 보편적인 것이 아니라 근본적으로 사회적 산물이고 상호 연결되어 있다는 인식이 뿌리내리게 된다. 그 한 사례로 리는 인문학 내에서 문학과 과학 간의 위계질서가 사라지고 그 경계가 허물어지면서 포스트모더니즘, 뉴저널리즘, 창조적 논픽션 소설과 같은 새로운 문학들이 출현하게 된 것을 든다. 결

26 Sandra Harding, 조주현 역, 『누구의 과학이며 누구의 지식인가—여성의 삶에서 생각하기』, 나남, 2009, 72면.

론적으로 진보와 과학에 대한 의심, 그리고 학문 간의 경계의 해체는 과학을 정점으로 했던 근대적 지식구조를 불확실한 것으로 만들 뿐 아니라 이행 중인 세계의 지식구조를 더욱 혼란스러운 것으로 만들고 있다. 리는 인문학이 과학적 지식에 개방적이고, "과학의 내재적 발전이 자신이 누려왔던 최고의 권위를 스스로 약화시키고 있다"고 한다면, "과학을 특권적 극점에 두는 지식의 위계질서를 반영하는 분과학문의 경계선들은 사실상 이미 흐려지게 되었고, 더욱이 그 경향은 '모호성'을 점점 증가시키는 방향으로 진행하고 있다"[27]고 말한다.

리의 관심은 과학의 지위 변화를 통해 근대세계체제하에서 지식구조의 변동을 이해하는 데 있다. 그의 주장에 따르면, 근대과학은 근대세계체제의 지식구조에서 다른 모든 지식과 믿음 체계들을 억압하고 최고의 지위를 누렸지만 이제 그 최고의 특권적 지위를 의심받게 되었을 뿐만 아니라 그동안 유지되었던 인문학 / 사회과학 / 과학의 삼분할이 점차 불확실한 것이 되어가고 있다. 월러스틴은 이러한 지식구조의 불확실성 속에서 새로운 대안적 지적 운동으로 등장하고 있는 것이 문화연구cultural studies와 복잡성 연구complexity studies라고 말한다. 그가 볼 때, 문화연구와 복잡성 연구는 모두 "17세기 이래 자연과학의 지배적 양식, 즉 뉴튼 역학에 기반을 둔 과학형식을 공격대상으로 설정하고,"[28] "19세기 과학과 철학의 이론으로 닫혀버린 새로운 가능성들을 향해 지식의 영역을 개방하려고 하며,"[29] 근대세계체제의 지식구조의

27 Richard E. Lee, op. cit., p.203.
28 Immanuel Wallerstein, 『지식의 불확실성』, 28면.
29 위의 책, 30면.

위기로 생겨난 복합성과 불확실성을 다루고자 한다. 특히 월러스틴은 문화연구가 사회과학과 인문학의 허위적 보편주의를 비판하면서 등장했다고 말한다. 그에 의하면 문화연구는 "보편성이란 이름으로 만들어진 사회현실에 대한 주장이 사실은 보편적이지 않은 것이라는 근거를 들어 보편주의를 비판"[30] 할 뿐만 아니라 진, 선, 미의 보편적 가치를 설파하고 그 보편적 가치가 텍스트에 내재한다는 주장하는 전통적 인문주의적 연구방법에 대한 공격을 대표했다. 특히 문화연구는 사회현실을 그것에서 벗어난 초월주의적 보편성의 시각으로 논하는 것이 아니라 항상 "특정한 맥락에서 창조되어 특정한 맥락에서 읽히거나 평가되는 사회적 현상"[31] 으로 다룬다.

이제까지 월러스틴과 리가 근대세계체제의 구조적 위기가 어떻게 근대적 지식구조의 위기와 연결되어 있는가를 설명하는 것을 살펴보았다. 월러스틴의 세계체제분석이 갖는 장점 중의 하나는 그것이 현재의 지식구조의 변동을 설명하는 데 상당한 설명력과 체계성을 갖추고 있다는 데 있다. 그것은 근대세계체제 내의 사건적-지리정치적 시공간과 주기적-이념적 시공간, 그리고 구조적 시공간이 어떻게 복합적으로 작동하는가를 설명할 뿐만 아니라 그것들이 지식구조의 시공간들과 어떻게 연결되어 있는가를 잘 설명한다. 특히 근대세계체제의 변혁적 시공간 속에서 지식의 불확실성과 우연성을 지적하는 한편, 새로운 지식 운동들, 즉 문화연구와 복잡성 연구의 등장을 강조하며 앞으로의 지식구조가 어떻게 변해갈 것인가를 예측하는 데 매우 유용하다.

---

30 위의 책, 29면.
31 위의 책, 29면.

하지만 이러한 장점들과 분석에도 불구하고 월러스틴의 지식구조에 대한 분석은 좀더 확장될 필요가 있다. 다음 장에서 보다 구체적으로 설명하겠지만 세계체제에 대한 분석에 비해 지식구조에 대한 분석에서는 주로 북반부 사회의 지식구조의 변동에만 초점을 두고 있으며 그 시각에서도 북반구의 시각the perspective of the north을 은연중에 전제하고 있다. 월러스틴이 말하는 근대세계체제가 유럽과 영미 주도의 서구중심적 세계체제에 다름 아니며 그가 다루고자 한 것이 이 체제의 가장 일반적 경향이라는 사실을 모르는 바는 아니다. 특히 근대세계체제의 지리문화가 갖는 서구중심주의에 대한 그의 비판은 너무 잘 알려져 있다. 하지만 이행기의 지식구조의 변화를 다루는 데 있어 그의 시각의 폭은 다소 좁아 보인다. 달리 말해, 월러스틴이 오늘날과 같은 세계체제의 이행기에 문화연구와 복잡성 연구를 새로운 이론적 경향의 두 대안적 사례로 제시하는 것은 소극적인 제안으로 보인다. 문화연구와 복잡성 연구가 근대세계체제의 요동치는 지식구조를 새롭게 재편성하는 주요 사례들은 될 수 있겠지만 전 지구적으로 발생하는 이행기의 지식구조의 변화를 설명하는 데는 제한적이다. 근대 과학적 사고의 지배는 북반부의 지식구조에만 국한된 현상이 아니다. 근대적 지식구조에서 과학 내지 과학적 사고의 역할은 다른 학문들 위에 군림하는 특권적 지위만 누린 것이 아니다. 즉 그것은 단순히 근대세계체제의 중심부의 지식구조에서만 최고의 특권과 지위를 누린 것이 아니라 세계체제의 주변부의 지식 및 믿음체계들을 억압하고 통제하고 배제하는 데도 적극적인 권력을 행사해왔다. 전 지구적 관점에서 볼 때, 과학을 정점으로 한 지식구조는 주변부의 지식들을 식민화하고 예속화하는 서발턴화의 전략으로 기능해왔을 뿐만 아니라 세계체제의 중심과 주변 간의 지배-종속의 관계를 지속적으로 재생산해왔던 것이다. 오늘날 과학의 위상이 도전받고, 그동안의 지식들이 불확실성 속으로 빠져들며, 그동안 배제되었던 주변부의 지식과 믿음들이 새롭게 부상하는 현실을 포착하기에 과연 문화연구와 복잡성 연구는 적절한 것일까? 사실 월러스틴과 리의 논의들은 세계체제 중심부의 지식구조의 변동만 다루다보니 그 지식이 중심부를 넘어 전 지구적으로 끼친 영향과 반발들에 대한 논의는 다루지 못하고 있는 것이다. 그렇다면 이들의 이론은 여전히 북반부의 인식론이라는 정치적 무의식에 갇혀 있는 것은 아닐까?

3. 지식의 탈식민화와 문화생태학의 복원

근대적 지식구조의 변동에 대한 월러스틴과 리의 분석은 시사하는 바 매우 크다. 그것은 근대세계체제의 변동과 지식구조의 변화 간의 관계를 상세하게 분석하고 있고, 특히 근대적 지식체계가 어떻게 형성되고 발전하고 위기를 겪고 있는가를 잘 보여준다. 특히 그들의 시기분석, 즉 프랑스혁명 이후 1945년까지의 시기, 1945년 이후 콘트라티예프 주기의 상승과 하강의 두 국면, 그리고 현 이행의 시대를 구분하는 것은 근대적 지식구조의 변화를 단절과 연속으로 이해하는 데 유용할 뿐 아니라 우리 시대의 지식구조가 앞으로 어떻게 전개될지를 예측하는 데도 큰 참조가 될 수 있다. 하지만 그들이 분석하고자 하는 '근대적' 지식체계에서 근대란 사실 '서구'와 거의 동의어로 통한다. 그들이 지식체계의 변화를 논할 때 그것은 대부분 서구적 지식체계의 변화를 염두에 둔 것이다. 지식구조를 논함에 있어 선택과 집중은 불가피할 것이다. 그중에 지배적인 경향을 추출하여 집중하는 것은 이론적 논의에서는 불가피한 전략이다. 하지만 그러한 선택과 집중에는 배제의 전략 또한 작동하는 법이다. 아무리 서구의 지식구조의 변화가 지배적이라고 하더라도, 그 지식구조를 논함에 있어 서구의 지식이 비서구와 주변부의 지식들을 어떤 식으로 종속화하고 지배해왔는가를 염두에 두지 않을 경우, 그런 식의 지식구조에 대한 논의는 서구중심주의에서 벗어나기 쉽지 않을 것이다. 월러스틴이나 리의 논의에서 이 부분에 대한 설명을 찾아볼 수 없는 것은 아쉬움을 넘어 그들의 이론적 한계로 보인다. 근대적 지식구조가 곧 서구적 지식구조라고 한다면, 대안 역시 서구적 지식구조 내에서만 모색될 가능성이 크다. 문화연구와 복잡성 연구가 새로운 이론적 운동으로 등장하고 있다는 월러스틴의 주장이 거시적 분석에 비해 다소 궁색하게 들리는 이유도 바로 여기에 있다.

월러스틴의 분석이 갖는 장점과 한계를 동시에 수용하면서 그 한계를 좀 더 급진적으로 개방할 필요가 있어 보인다. 최근 들어 그런 움직임들이 모색되고 있는데, 월러스틴의 세계체제론을 상당부분 수용하되 그 이론의 서구중심주의를 비판하면서 그의 이론을 비판적으로 전유하는 이론들이 등장하고 있다. 대표적으로는 엔리크 두셀Enrique Dussel, 월터 미뇰로Walter Mignolo, 아니발 키하노Anibal Quijano와 같은 라틴아메리카 이론가들이 중심이 되어 형성된 근대성/식민성 연구그룹

Modernity / Coloniality Research Group[32]을 들 수 있다. 이들은 근대세계체제 내에서 근대성을 곧장 서구성과 등치시키는 서구중심주의적 태도를 비판하는 한편, 세계적 차원에서 볼 때 근대성이 곧 식민성에 다름 아니었음을 강조한다. 그들은 근대성 / 서구성의 등치를 비판하고 근대성 / 식민성이 동전의 양면임을 역설하고자 한다. 다음 장에서 이들의 이론을 보다 상세하게 논할 것이다. 여기서는 그들의 주장을 지식구조의 변동과 관련해서 간략하게 살펴보자. 이들은 근대세계체제가 정치경제적으로 세계를 지배하고 통제해간 과정에만 그친 것이 아니라 인종, 종족, 민족, 젠더, 성, 계급 간의 차별을 통해 전 지구적으로 식민성을 구축한 체계였음을 강조한다. 따라서 이들은 '근대적 세계체제'를 '근대적 / 식민적 세계체제the modern / colonial world system'로 정정하고자 한다. 이 그룹의 이론에서 가장 주목할 부분은 이들이 식민성coloniality과 식민주의colonialism를 구분하는 데 있다. 제국주의 시대의 행정적 · 군사적 · 정치적 지배의 구조를 뜻하는 식민주의와 달리 식민성은 식민주의가 사라져도 여전히 작동하는 인종적 / 종족적 / 민족적 / 젠더적 차별의 구조화 과정을 의미한다. 페루 사회학자인 키하노는 식민주의가 사라져도 여전히 존재하는 인종적 / 민족적 / 계급적 차별과 억압의 복합적 과정을 기술하는 한편 식민 시대와 식민 이후의 독립시대 간의 연속적 관계를 설명하기 위해 '권력의 식민성coloniality of power'이라는 개념을 도입한다. 권력의 식민성이라는 개념은 "근대적 / 식민적 / 자본주의적 세계체제 내에서 국제적 노동분업, 지구적인 인

32 근대성 / 식민성 연구그룹Modernity / Coloniality Research Group에 대한 간략한 소개로는 Walter Mignolo, *The Idea of Latin America*, Oxford : Blackwell, 2007, "Preface" 참조.

종적 / 민족적 위계질서, 헤게모니적인 유럽중심적 인식론들 간의 이질적이고 상호구성적인 뒤엉킨 관계들"[33]을 가리킨다. 이들이 볼 때, 월러스틴의 이론이 국가 간 체계를 다루고 세계체제를 분석하고 있지만 이것만으로는 충분하지 않다. 왜냐하면 월러스틴의 이론은 근대성의 어두운 이면인 식민성에는 제대로 주목하지 않고 있기 때문이다. 미뇰로는 월러스틴의 세계체제론이 식민주의를 드러내기는 했지만 식민성을 근대성의 핵심적 요소로 인식하지 못하고 단순히 파생적 요소로 인식하며 "근대성의 다른(어두운?) 이면인 식민성을 가시화하지는 못했다"[34]고 비판한다.

이러한 비판은 월러스틴의 논의를 훨씬 더 급진적으로 개방하는 이점이 있다. 월러스틴의 세계체제 분석에서 식민성에 대한 분석을 찾아보기는 어렵지만 이 개념을 도입할 경우, 특히 식민성의 개념을 지식구조의 변동을 이해하는 데 도입할 경우, 지식구조에 대한 논의는 훨씬 더 풍부해질 수 있다. 왜냐하면 근대세계체제가 위기에 빠지고 지식구조가 불확실성에 처한 현재와 같은 이행기에 식민성의 구조 역시 위기에 처하게 되기 때문이다. 앞서서 월러스틴은 이 이행기가 "엄청난 투쟁과 불확실성의 시대이자 지식구조들에 엄청난 질문들이 제기되는 시대"가 될 것이라고 예상했는데, 어쩌면 지식구조의 관점에서 볼 때, 점점 더 불확실해지는 것은 보편성과 객관성을 독점해온 서구

33 Ramon Grosfoguel, *Colonial Subjects : Puerto Ricans in a Global Perspective*, Berkeley : University of California Press 2003, p.4.

34 Walter Mignolo, "The Geopolitics of Knowledge and the Colonial Difference", *Coloniality at Large* (Mabel Morano, Enrique Dussel, and Carlos A. Jauregui eds.), Durham : Duke University Press, 2008, p.228.

의 근대적 지식체계 자체일 것이고, 가장 활발하게 벌어지게 될 것은 바로 그동안 식민화로 인해 배제되었던 지식들과 가치들의 탈식민화 decolonization일 것이다. 이러한 사실은 새로운 지적 운동으로서의 문화 연구와 복잡성 연구가 이러한 과정을 모두 담아내기에는 한계가 있을 수밖에 없는 이유이고, 월러스틴의 이론이 인식론적이고 실천론적으로 제한적일 수밖에 없는 이유가 될 것이다. 이행기는 서구의 지식구조가 단순하게 재편성되는 과정으로만 그치는 것이 아니라 그동안 배제되고 종속된 복수複數의 문화들과 지식들의 도전을 본격적으로 경험하게 되는 시기가 될 것이다.

오늘날 우리는 지식의 탈식민화가 세계적 차원에서 일어나고 있는 광경을 목격하고 있다. 마치 질 들뢰즈Giles Deleuze가 말하는 리좀rhizome처럼, 지상으로의 초월적 상승을 꿈꾸지 않은 채 대지 속을 자유롭고 횡단적으로 이동해가는 이종적이고 이질적인 다양한 지식들이 서로 접속하고 혼종하면서 새로운 종의 지식을 생산하며 근대과학이 영토화한 지식구조를 뒤흔들고 있는 형국인 것이다. 앞으로 지식구조의 변화에서 탈식민화는 두 가지 차원에서 큰 변화를 가져올 것으로 예상된다. 하나는 서구적이고 남성적이고 부르주아적이며 가부장제적인 가치를 대변해온 근대적 보편주의에 의해 억압되고 배제된 지식들의 다양한 목소리들을 되찾는 탈식민적인 인식론 비판이 본격적으로 일어날 것이고, 다른 하나는 그동안 근대과학에 의해 종속적인 처지로 내몰린 주변부의 다양한 로컬적 지식과 신념들을 문화생태계의 차원에서 복원하는 작업이 요청될 것이다. 이 두 가지 과정의 진행을 잠깐 살펴보자.

우선 첫 번째 탈식민화 과정이 향후 지식의 구조에 끼칠 변화로는 지식의 지리정치학을 서구의 보편적 지위로부터 '지금-여기' 우리가 서있는 위치로 이동시키며 그동안 서구적 지식체계에 빼앗긴 지식과 인식의 발화지점과 언표위치를 회복하는 작업을 들 수 있다. 라몽 그로스포구엘Ramon Grosfoguel이 질문하듯이, "언표행위의 위치를 유럽인들에게서 아메리카의 원주민 여성에게로 옮긴다면 세계체제는 어떻게 보일까?"[35] 사실 근대적 지식체계가 서구의 남성적이고 부르주아적이며 가부장제적인 시각을 보편적인 것으로 만들면서 그 외의 다른 시각들을 배제하는 방식으로 작동했다면, 이제 배제되고 종속된 지식의 시각을 통해 보편성은 다시 사유될 필요가 있다. 그 출발은 서구의 과학처럼 어떤 초월적이고 보편적인 위치가 아니라 자신이 처한 상황에 입각하는 인식적이고 언표행위적인 지점의 급진적 위치 변경에서 시작될 것이다.

중요한 것은 언표행위의 위치, 즉 발화하는 지리정치적이고 신체정치적인 주체위치이다. 서구철학과 과학에서 발화하는 주체는 항상 분석으로부터 숨겨져 있고 은폐되어 있으며 지워져 있다. 서구철학의 '지식의 자아-정치학'은 항상 상황에서 벗어난 '자아'의 신화를 특권화해왔다. 민족적/인종적/젠더적/성적인 인식적 위치와 발화하는 주체는 항상 분리되어 있다. 발화하는 주체로부터 민족적/인종적/젠더적/성적인 인식적 위치를 단절시킴으로써 서구철학과 과학은 주체가 발화하는 식민적 권력/

35 Ramon Grosfoguel, "Transmodernity, border thinking, and global coloniality", *Eurozine*, 2008, p.3.

지식의 구조가 갖는 지리정치적이고 신체정치적인 인식적 위치뿐만 아니라 발화자를 은폐하는, 즉 숨기는 진정한 보편적 지식이라는 신화를 생산할 수 있었다.[36]

특히 그로스포구엘은 인식적 장소와 사회적 장소를 구분한다. 인식적 위치는 사회적으로 억압당하는 위치에 있다고 해서 자동적으로 보장되지 않는다. 오히려 억압당한 사회적 위치에 있는 존재가 지배자의 억압적 인식론에 더 강하게 오염되어 있을 수 있기 때문이다. 이를 극복하기 위해서 그로스포구엘은 근대적 / 식민적 세계체제의 지식구조에 대항한 "권력관계 내의 헤게모니적 지식에 대해 비판적인 시각"과 "아래로부터의 지식"을 강조하는 서발턴적인 인식적 시각subaltern epistemic perspective을 적극적으로 구성해야 할 필요성을 강조한다. 그의 주장이 서구철학과 과학이 전제하는 보편적 시각에 대한 비판적 성찰을 담고 있다면, 최근 들어 억압되고 배제된 자의 언표행위의 위치를 되찾고자 하는 작업이 과학의 영역 내에서도 본격적으로 제기되고 있다. 샌드라 하딩은 백인 남성적 · 가부장제적 시각이 전통적 과학에 얼마나 침투해 있는가, 그리고 과학의 보편성이 여성연구자를 얼마나 배제해왔는가를 비판한다. 이런 비판을 통해 그녀는 젠더, 인종, 계급의 차이들을 감안하는 입각점 이론standpoint theory을 제안한다. '입각점' 이론이란 여성과학자가 처한 현실적 상황에 기반을 두고 여성의 삶이 기존의 남성중심적 과학과 제도들에 의해 구성되고 제약되어온 방식에 주목하는 것이

36 Ibid., p.3.

다. 나아가 이런 관계를 뒤집어 여성의 삶과 직결된 문제들을 통해 사회관계들을 다시 사유하고자 하는 것이다.[37] 그리하여 입각점 이론은 "더욱 급진적으로 포용적인 민주적 사회질서를 생겨나게 하고 유지하는 데 기여할 수 있는 더욱 유능한 과학들을 경험적이고 이론적으로 제공하는 데 꼭 필요한 과학/인식론의 철학과 연구방법론을 제공"[38]하고자 한다.

이와 같은 인식론적 위치의 변경 작업은 이중의 역할을 수행한다. 우선 기존 지식구조 속에 함축된 허위적 가치와 지배이데올로기를 비판하는 역할을 수행한다. 그것은 과학이 주장하는 보편성과 객관성 속에 내재된 이데올로기를 폭로하고 그것이 배제적이고 통제적으로 작용해온 방식들을 비판하는 작업을 실천한다. 또 다른 역할은 그동안 그런 지식구조에 의해 '비非지식'으로 간주되거나 주변부로 밀려난 지식들을 새롭게 발견하거나 발굴하고, 나아가서 새로운 현실인식에 맞도록 재전환하는 작업을 수행하는 것이다. 근대세계 속에서 서구과학에 근거한 지식들은 과거의 종교적·정신적 지식 및 신념체계들뿐만 아니라 비서구의 수많은 지식들을 '미신'이나 '비지식'으로 강등시키거나 주변화시켜왔다. 하지만 서구의 지식구조가 불확실성 속으로 빠져들 때 그동안 배제되거나 주변화된 지식들을 회복하고 이 지식들을 새로운 시대적 요구에 맞게 재창안하는 작업은 탈식민적 문화생태학의 입장에서 절실히 요구되는 과제가 될 것이다. 월러스틴은 현 세계가

37 Sandra Harding, *Science from Below : Feminisms, Postcolonialities, and Modernities*, Durham : Duke University Press, 2008, p.117.

38 Ibid., p.114.

다보스(세계경제포럼)의 정신과 포르토 알레그레(세계사회포럼)의 정신 간의 투쟁이 다양한 전장에서 벌어지는 상황을 맞이하고 있다고 말한다.[39] '또 다른 세계는 가능하다another world is possible'는 슬로건을 내걸고 자본 중심의 지구화에 대항하는 세력들이 포르토 알레그레Porto Alegre에서 만든 세계사회포럼World Social Forum은 유럽과 미국 주도의 자본주의적 세계체제에 맞서 대안적인 실천과 인식의 지평을 확장하는 계기를 제공하고 있다.

세계사회포럼의 정신을 좇아 포르투갈 법학자이자 사회학자인 보아벤튜라 드 수자 산토스Boaventura de Sousa Santos는 "지구적인 인식적 정의 없이는 지구적인 사회정의란 존재하지 않는다"[40]고 주장하면서 서구 외부의 다양한 문화적 가치들을 강조하는 문화의 생태학을 주장한다. 그가 볼 때, 북부의 인식론은 다양한 지식 및 인식의 시간과 리듬을 파괴하고 선형적 단일시간linear time과 단일문화monoculture를 강제하는 인식적 살해epistemicide의 문화를 조장해왔다. 우선 그는 기존 서구적 단일문화가 다른 지식들의 존재를 말살하거나 은폐하게 만드는 비-존재non-existence의 다섯 가지 양식을 설명한다.[41] 첫째는 가장 강력한 비-존재의 양식으로 근대과학과 고급문화를 진리와 심미적 판단의 유일한 기준으로 삼고 이 기준에 부합하지 않거나 그 내부에서 정당성을 얻지 못하는 모든 것들을 비-존재로 선언하는 지식과 그 경직성에 근거한 단일문화이다. 둘째는 역사가 특정한 방향과 의미를 지향

---

39 Immunuel Wallerstein, *World-Systems Analysis : An Introduction*, p.87.

40 Boaventura de Sousa Santos, *The Rise of the Global Left : The World Social Forum and Beyond*, London : Zone Books, 2006, p.14.

41 Ibid., pp.15~18을 참조.

한다는 발상에 근거한 선형적 시간의 단일문화로서 이 선형적 시간은 진보, 발전, 근대화를 추동하는 시간으로서 진보적이고 발전적인 것과 비대칭되는 것은 무엇이든지 후진적이고 전근대적이고 미개한 것으로 타자화하면서 비-존재를 양산한다. 수자 산토스는 서구적 근대성이 동시적인 것의 비동시대성을 생산하는데, 이 때 비동시성은 역사적 시간들의 비대칭성을 은폐하는 역할을 수행한다고 주장한다. 셋째는 계층화를 자연화하고 그 범주에 따라 사람들을 차별적으로 배치하는, 즉 차이들의 자연화naturalization of differences에 근거한 단일문화의 사회적 분류법칙을 들 수 있다. 이 법칙은 인종적 · 성적 분류법에서 가장 잘 드러나며, 소수인종, 여성, 서발턴과 같이 비-존재에 위치하는 소수자들을 그 분류법에 따라 비정상적이거나 열등한 존재로 자리매김한다. 넷째는 보편적인 것과 글로벌적인 것의 단일문화the monoculture of the universal and the global에 근거하는 척도의 지배 논리로서 이 논리는 특수한 것과 로컬적인 것을 비-존재로 양산한다. 이 논리에 사로잡히게 되면 특수한 것과 로컬적인 것은 지구적이고 보편적인 것으로 존재하는 것에 대한 신뢰할 만한 대안이 될 수 없는 처지가 된다. 마지막 다섯째는 생산성의 논리로서 이는 생산성과 효율성을 강조하는 자본주의적 방식의 성장과 발전을 지상과제로 여긴다. 이 논리에서는 모든 것을 시장과 효율의 논리로 판단하는 신자유주의적 방식이 최상의 방식으로 간주될 것이고, 그에 반대되는 것은 모두 불모적인 비-생산성으로 폄하되어 비-존재가 된다. 이 다섯 가지 논리는 우리로 하여금 근대세계체제 속에서 지구적 지식문화의 생산메커니즘이 어떤 방식으로 전개되어왔는지, 현재의 문화생태학을 복원하기 위해서는 어떤 가치와 전략이 필요한지를 근본적으로 다시 사고할 것을 요청한다.

수자 산토스는 이런 헤게모니적 단일문화의 지배와 배제의 논리에 대항하여 그 대안으로 사회적 실천들의 다양성과 복수성에 입각한 **복수**複數**의 지식, 시간, 인정, 횡단적 척도, 생산성의 생태학**을 제안한다. 그는 과학적 지식을 수평적으로 공유하는 차원을 뛰어넘어 비과학적 지식들이 과학적 지식에 대한 대안이 될 수 있다고 강조하고(지식의 생태학), 단일문화에 근거한 시간성들 간의 위계질서를 해체하고 다양한 문화와 사회적 실천들이 다양한 사회적 시간의 규칙들과 다양한 시간적 코드들을 갖는 복수적 시간성multi-temporality을 역설한다(시간의 생태학). 또한 그는 차이와 불평등을 양산하는 권력의 식민성을 탈식민화하고, 다양한 소수주체들의 사회적·문화적 다양성, 지배와 억압에 대항하는 그 주체들의 다양한 형식들을 인정하고 그 주체들이 참여한 다양한 투쟁의 범위들을 고려할 것을 강조한다(인정의 생태학). 이를테면, 수자 산토스는 서구마르크스주의Western Marxism와 같은 유럽중심적인 계급중심주의에 의해 억압된 페미니즘적, 포스트식민적, 농민적, 원주민적, 생태적, 동성애적 투쟁들이 저항적 공공영역에서 동등한 자격과 인정을 받아야 한다고 주장한다. 나아가서 그는 소수자들을 억압하고 배제해온 서구적 보편성의 허위적 논리에 맞서 우리 시대의 보편주의는 특정 맥락 속에 편입되어 있는 부분적이고 상호경쟁적인 다양한 보편적 희망들 위에 기초해야 한다고 역설한다. 즉 그는 사회정의, 위엄, 상호존중, 연대, 공동체, 자연과 사회의 우주적 조화, 다양한 정신성의 가치들을 수용하고, 지역화 없는 지구화란 존재하지 않는다고 주장하며, 다양한 척도와 가치들 간의 횡단적 연대를 강조한다(횡단적 척도의 생태학). 마지막으로 수자 산토스는 초국적 자본 중심의 획일화된 신자유주의적 생산성 개념에 맞서 다양한 주체들의 민주적 참여, 환경적 지속가능성, 사회적 · 젠더적 · 인종적 · 민족적 평등과 초국적 연대를 목표로 하면서 동시에 대안적 생산체계, 대중적 경제조직, 노동자 협력체, 자주관리 기업, 연대적 생산체계 등 다양한 생산방식을 고민할 것을 주문한다(생산성의 생태학).[42]

수자 산토스의 주장은 우리가 고민하고자 하는 문화생태학을 사고하는 데 매우 유용한 전략이 될 수 있다. 특히 지식, 시간, 인정, 횡단적 척도, 생산성의 생태학은 지식의 인식론적 변경을 요구할 뿐 아니라 새롭고 대안적인 지식과 현실적 실천의 구성으로 나아갈 것을 촉구한다. 특히 수자 산토스의 주장은 문화생태학이 단순히 근대적 지식체계에 의해 배제되거나 주변화된 지식들과 믿음들을 복원하는 차원에만 머물지 않음을 보여준다. 나아가 그것은 현재의 권력구조와 지배적 지식구조를 비판하고 대안을 제시하는 현실적 실천 운동으로 나아가고자 한다. 문화생태학은 근대성에 의해 배제되고 억압된 전근대적이고 전통적인 지식을 복원하고자 하는 과거지향적인 활동에만 한정되어서는 곤란하다. 왜냐하면 근대성의 어두운 이면이 곧 식민성이고 그 식민성이 현재의 세계적 현실 속에서 여전이 억압, 통제, 지배의 메커니즘으로 작동하고 있기 때문이다. 따라서 문화생태학은 근대성과 동전의 양면을 이루고 있는 식민화된 지식들을 탈식민화하는 한편 그 탈식민화를 바탕으로 현존하는 세계의 지배질서와는 다른, 새로운 세계

42 Ibid., pp.18~29를 참조.

질서를 상상하는 이중의 작업을 실천하는 것이 되어야 할 것이다. 생태주의 이론가인 티모씨 모턴Timothy Morton은 근대성이 환경 및 생태질서에 엄청난 타격을 입힌 것은 사실이지만 모든 존재의 공존을 사고하는 거시적인 생태론적 사고는 근대 이전의 인간에게는 가능하지 않았음을 강조한다. 즉 인간과 자연의 공존을 거시적인 차원에서 사고하게 해준 것은 바로 근대가 처음이었다는 것이다.[43] 그러므로 문화생태학은 다시 전체성과 보편성을 거부하고 지역성과 특수성으로 되돌아가거나, 아니면 근대성을 거부하고 전통적 전근대성의 세계로 귀환하는 것을 의미하지는 않는다. 다음 장에서 본격적으로 살펴보겠지만 두셀이 말하는 트랜스모더니티transmodernity(횡단근대성)처럼, 그것은 근대성의 어두운 이면인 식민성 속에 갇혀있는 풍부한 지식의 보고寶庫를 탈식민화시키는 한편, 그 다양한 지식들 간의 수평적이고 혼종적이고 민주적이며 트랜스로컬적인 연대를 통해 — 서구의 초월적 보편성과는 다른 — 새로운 차원의 트랜스모던적 복수보편성을 추구하게 될 것이다.[44]

43 Timothy Morton, *The Ecological Thought*, Cambridge : Harvard University Press, 2010, p.4.
44 Enrique Dussel, "World-System and 'Trans'-Modernity", *Napantla : Views from South*, Vol.3, No.2, 2002, Durham : Duke University Press, p.236.

2장 지식의 식민성과 트랜스모더니티

근대성 / 식민성 그룹의 문화이론

앞 장에서 오늘날 유럽과 미국의 지적 헤게모니가 불확실성을 경험하는 과정과 그에 대한 대응으로 그동안 억압되고 배제되었던 다양한 비서구의 지식들의 회복이 요청되는 사정과 맥락을 살펴보았다. 특히 이런 맥락이 비서구를 비롯한 세계의 다양한 문화생태의 복원과 관련되어 있음을 보았다. 이 장에서는 이런 상황 속에서 문화생태의 복원이 구체적으로 어떤 이론적 틀 내에서 진행될 수 있는지를 최근 활발하게 전개되고 있는 라틴아메리카 문화연구, 특히 '근대성 / 식민성 그룹'의 이론을 중심으로 살펴보고자 한다. 현재 문화생태계의 복원에서 초미의 관심이 되고 있는 것은 근대적 세계체제의 형성과 그 문화논리인 서구적 근대성의 기능에 대한 인식이다. 서구적 근대성은 근대적 세계체제와 더불어 형성되었으며 이 체제에 대한 비판이든 긍정이든 근대적 세계체제의 문화논리로 기능해왔다. 따라서 서구적 근대성을 어떻게 인식할 것인가 하는 문제가 근대적 세계체제를 어떻게 이해할 것인가 하는 질문과 밀접한 관련이 있을 수밖에 없다. 우리는 다음과 같은 질문을 제기해볼 수 있다. 즉 근대적 세계체제는 어떻게 구축되어왔는가? 그 구축 과정 속에 다른 세계들과의 관계는 어떠했는가? 서구적 근대성은 서구의 근대 속에서 탄생해 전 지구적으로 확산되어 간 서구의 산물인가? 아니면 근대적 세계체제의 형성 과정 속에서 전 지구의 무수한 타자들의 문화와 가치를 억압하고 통제한 결과물인가? 뿐만 아니라 서구적 근대성은 근대세계체제 속에서 어떻게 기능해왔는가? 그것이 갖고 있는 계몽, 진보, 합리성의 유산은 전 지구적으로 평등과 자유를 가져다주었는가, 아니면 글로벌 위기와 새로운 형태의 불평등한 계층화와 억압을 가져왔는가?

사실 이런 질문들은 서구적 근대성의 내부에서 제기되기는 쉽지 않다. 근대성의 문제를 서구적 근대성의 내부에서 바라볼 경우 서구적 근대성의 형성과 그 가치들이 역사적으로 형성된 것임에도 불구하고 자연스럽고 당연한 것으로 간주되는 경향이 있다. 그것이 아도르노와 호르크하이머가 해부한 계몽의 변증법처럼 서구의 외부와 내부에서 근대 이전의 가치들을 철저하게 폄하하고 지배해간 형성과정에 대한 탐구를 은폐한 채 곧장 진보와 계몽과 합리성의 가치와 동일시된다. 특히 그것은 서구 밖에 존재하는 수많은 삶과 문화를 '야만'과 '미개'로 둔갑시키는 문명화 논리의 강력한 이데올로기로 작용하기도 했다. 서구적 근대성이 어떻게 형성되었고, 그것이 전 지구적으로 어떻게 작동했는가를 이해하기 위해서는 근대성 바깥outside modernity으로 나가서 그것을 하나의 '대상'으로 이해할 필요가 있다.

다음에서는 이런 작업이 서구적 근대성에 대한 철저한 반성을 위해 필수적인 과정임을 강조한다. 문화생태가 새롭게 복원되는 과정은 결국 서구적 근대성 자체에 대한 반성과 분리될 수 없다. 왜냐하면 서구적 근대성은 계몽과 진보와 합리성에 부합하지 않는 문화와 가치들을 모두 전근대적이고 비합리적이고 미발달된 것으로 폄하했기 때문이다. 문화생태의 복원을 고민하기 위해서는 그런 문화와 가치를 그와 같이 규정하게 한 서구적 근대의 시각과 참조틀을 비판하고 그 틀에 의해 재현된 가치들과 문화를 새롭게 인식하려는 타자의 시각이 요구된다. 이 장에서는 서구적 근대성과 그에 대한 포스트모던적 반성들이 어떤 한계를 갖고 있는가를 살펴보고 근대성에 대한 비판적 대안으로서 트랜스모더니티의 의미를 살펴볼 것이다.

1. 지식의 상황성과 객관성

'사이보그 선언Cyborg Manifesto'으로 유명한 도너 해러웨이Donna J. Haraway는 지식의 상황성과 객관성에 대해서도 중요한 주장을 한 것으로 유명하다. 그녀는 「상황적 지식Situated Knowledges」이라는 탁월한 글에서 지식의 합리성과 객관성이 상황으로부터 분리되거나 상황을 초월하여 가능한 것이 아니라 상황 '내'에서 지식 주체들과 지식 대상들 간의 접속과 연대의 과정 속에서 생산된다고 주장한다. 그녀에 의하면 "합리적 지식은 분리disengagement를 주장하지 않는다. 즉 합리적 지식은 도처에 있으면서도 그 어디에도 있지 않고, 해석과 재현의 과정으로부터 벗어나 있으며, 완전히 자기충족적이거나 완벽하게 공식화될 수 있다는 식으로 주장하지 않는다. 합리적 지식은 해석자들이 활동하는 장 사이에서 벌어지는 지속적인 비판적 해석의 과정이다."[1] 해러웨이는 합리적 지식을 상황 속에서 벌어지는 다양한 위치들 간의 권력관계와 작용에 민감한 대화와 번역의 과정에서 생겨나는 것으로 정의한다.

"페미니즘적 객관성은 상황적 지식에 다름 아니다"[2]라고 주장한 해러웨이의 이 글은 근대과학의 중립적이고 보편적이며 초월적인 위치에 대한 근본적인 문제제기를 통해 당시 과학과 지식을 둘러싼 논쟁의 장에 비판적으로 개입한 글이다. 그녀의 주장은 단순히 지식이 상황을 뛰어넘을 수 없다는 사실을 주장하기 위한 것이 아니라 지식의 객관성이 지식이 처한 상황성에서 생겨날 수밖에 없다는, 즉 지식의 체현된 객관성embodied objectivity의 문제를 제기한 데 있다. 그녀는 이 문제를 제기하기 위해 기존의 두 입장을 비판한다. 즉 상황에 묶인 한계성과 책임성에서 벗어난 무매개적인 초월의 입장에서 지식의 객관성을 확보하고자 하는 기존 과학의 허구적 신화를 비판하는 한편, 그 반대급부로 과학적 대상과 산물이 모두 역사적 · 담론적 구성물임을 강조하는 급진적 구성주의를 동시에 비판하면서 그 성과의 일부를 전유하고자 하는 것이다. 전자가 과학지식의 생산에서 작동하는 지식의 담론적 · 제도적 장치들의 역할을 간과하고 지식의 무매개성과 투명한 인식이라는 허구성에 근거하는 데 반해, 후자는 지식의 급진적인 역사적

1 Donna J. Haraway, "Situated Knowledges : The Science Question in Feminism and the Privilege of Partial Perspective", *Simians, Cyborgs, and Women : The Reinvention of Nature,* London : Routledge, 1991, p.196.

2 Ibid., p.188.

우연성과 구성 양식을 드러내면서도 아이러니하게도 지식주체와 대상의 물질성과 지식의 객관적 가능성을 놓치며 지식의 상대주의로 내딛는 것이다. 달리 말하면, 지식과 대상 간의 관계를 분리하고 지식의 체현적이고 매개적인 인식을 인정하지 않는 전자가 비록 허위적이긴 하더라도 지식대상의 현실적 물질성을 인정하고 있는 데 반해, 지식구성의 제도적 · 생산적 기능에 주목하는 후자는 지식의 역사적 구성을 지나치게 강조하며 지식대상의 현실적 물질성을 수사학적 담론의 산물로 간주할 가능성을 갖고 있는 것이다. 예를 들어, 이를 성sex과 젠더gender의 문제를 통해 단순화시켜보면, 전자가 젠더의 문화적 · 담론적 기능보다는 성의 생물학적 · 물질적 지위에 더 초점을 두는 데 반해, 후자는 성의 생물학적 · 물질적 지위를 부인하고 젠더의 문화적 · 담론적 기능에 초점을 두는 경향이 있다. 결국 이 두 이론의 공통적 문제점은 물질적인 것the material과 기호적인 것the semiotic을 분리된 것으로 인식하면서 그 둘 간의 긴밀한 역동적 관계를 간과하고 있다는 사실이다. 해러웨이에 따르면, 현재 과학지식의 장을 지배하고 있는 전자가 기호의 작용을 배제한 '무표적인unmarked' 범주, 즉 모든 것을 투명하고 초월적인 위치에 있는 — 허구적인 — '물질적인' 것으로 환원하는 전체화의 논리와 관련이 있다면, 후자는 물질적인 것을 간과한 채 기호적인 것에만 매달리며 "모든 것은 담론적 구성물에 불과하다"는 식의 상대주의로 흐를 가능성을 다분히 갖고 있다.

해러웨이가 볼 때, 전자에 대한 대안이 후자일 수는 없다. 왜냐하면 상대주의 역시 다양한 입장들을 인정하는 '입장들의 평등'을 강조하면서 결국 전체화의 논리와 마찬가지로 '모든 곳에 있으면서 그 어디에도 없는' 그런 초월적 시각의 뒤집힌 거울상이 되어버리고 상황에 따르는 윤리적 책임과 비판적 탐구를 인정하지 않기 때문이다. 그녀는 이와 같은 두 입장에 대한 대안으로 "정치에서의 연대와 인식론에서의 공유적 대화라고 불리는 연결망들의 가능성을 유지하는, 부분적이고 장소 특정적이며 비판적인 지식"[3]을 제안한다. 우선 해러웨이는 "모든 지식 주장들과 인식주체의 급진적인 역사적 우연성에 대한 설명, 의미를 형성하는 우리 자신의 '기호적 기술체계들'을 인식하기 위한 비판적 실천, 그리고 '실제' 세계의 충실한 설명에 관한 실질적 관심, 즉 부분적으로 공유될 수 있고, 유한한 자유, 적절한 물질적 풍요, 고통의 겸손한 의미, 그리고 제한적 행복이라는 광범위한 기획에 대한 친숙한 관심을 어떻게 하면 **동시에** 가질 수 있는가"[4]라는 핵심적 질문을 제기한다.

해러웨이는 지식의 객관성이 가능하기 위해서는 그 지식이 처한 특정한 물질적 상황을 뛰어넘는 초월적이고 투명한 지점을 확보하는 것이 아니라 바로 그 물질적-기호적인 지식의 특정한 상황으로 인해 갖게 되는 국지적(부분적) 위치를 자각하고, 그 위치들 간의 연대와 접속을 추구할 필요가 있다고 말한다. 즉 지식의 상황적 위치(인식하는 주체)는 "그 모든 모습에 있어 부분적이고, 최종적으로 완결되지 않고, 전체적이고, 단지 거기에 있을 뿐이며, 근원적이다. 뿐만 아니라 그것들은 항상 구성되고 불완전하게 서로 연결되며, 그 결과 다른 위치(주체)를 지배하지 않으면서 다른 위치들(주체)과 연대하여 함께 보는"[5] 것이다.

---

3 Ibid., p.191.
4 Ibid., p.187.
5 Ibid., p.193.

해러웨이는 객관성의 가능성을 바로 이 부분적인 접속과 연대의 과정에서 찾는다.

해러웨이는 객관성이 어떤 조건 속에서 생겨날 수 있는가에 대한 독특한 사고를 보여준다. 하지만 그녀는 객관성이 그런 부분적 접속과 연결 속에서 어떻게 확보되고 어떤 구체적 모습을 띠게 될지에 대해서는 다루지 않는다. 그렇다고 하더라도 객관성에 관한 그녀의 문제의식은 몇 가지 중요한 의미를 가질 수 있다. 우선 그것이 갖는 의의는 기존의 서구중심적이고 남성중심적인 과학의 이론에 반대하는 페미니즘적 시각에 깊이 공감하면서, 특히 그 페미니즘 내의 급진적 구성주의적 입장을 비판적으로 교정하는 시각을 제시한 데 있다. 나아가서 그것이 갖는 또 다른 의의는 '객관성'이라는 용어 자체가 지식의 장에서 불신당하고 있는 처지에서 '객관성'의 의미를 새롭게 정의하려는 데 있다. 이는 매우 흥미로운 것으로 특히 주변적이고 소수적이고 탈식민적 입장의 이론들에게 상황의 물질성을 거부하고 허위적인 초월성을 주장하는 서구중심적 지식이론을 비판하면서도 그 나름의 객관적 입장을 견지할 수 있는 방식을 제시하고 있다고 할 수 있다. 해러웨이는 특정한 지식이 주변적이거나 종속적인 시각을 갖는다고 해서 무조건 이론적 우위를 점유할 수는 없다고 강조한다. 오히려 그녀는 그런 시각을 낭만화할 가능성을 경계하는 한편, 주변적이고 소수적인 시각 또한 비판적 검토와 의심 그리고 해석의 과정으로부터 자유로울 수 없음을 역설한다. 그렇다면 이런 주변적이고 종속적인 시각이 우위를 가질 수 있는 것은 무엇 때문일까? 해러웨이가 볼 때, 그런 시각들이 그 어떤 입장보다 상황적 객관성을 제시할 가능성이 더 크기 때문이다. 즉 그것이 근본적으로 "세계에 대해 더 적절하고 더 지속적이고 더 객관적이며 더 변혁적인 설명을 약속"[6]하기 때문이다.

해러웨이의 주장을 서두에 길게 설명한 이유는 포스트식민적이든, 페미니즘적이든, 마르크스주의적이든 간에 다양한 소수적이고 비판적인 입장들이 이론적 설득력을 가질 수 있는 것은 그 입장들이 지식의 상황성을 벗어나지 않으면서 다른 지식이나 시각과 비교하여 나름의 객관성을 확보할 수 있는가 하는 문제의식에 의해 판단될 수 있다는 것을 잘 보여주기 때문이다. 이런 문제의식을 바탕으로 근대성 비판에 있어 라틴아메리카 문화연구에서 하나의 강력한 이론적 흐름으로 등장하고 있는 "근대성 / 식민성 연구그룹"[7]의 이론을 소개하고, 이들이 어떤 지식의 상황성을 제기하고, 또한 어떤 이론적 객관성을 확보하고자 하는가를 비판적으로 검토해보고자 한다. 특히 이들의 논의가 서구중심적 근대성의 논의를 어떻게 비판하고 수정하는지, 이들이 어떤 대안적 근대성의 논리를 제안하는지, 특히 그러한 제안 속에서 혼종문화는 어떤 가능성으로 존재할 수 있는지를 살펴보고자 한다.

'근대성 / 식민성 그룹'은 현재 미국과 라틴아메리카에서 활발하게 전개되고 있고, 국내에서도 이제 알려지고 있는 상황이기 때문에 이 그룹의 이론적 성과와 논리들의 전체적인 윤곽을 대략적으로 그려보는 작업은 의미 있어 보인다. 이 그룹은 라틴아메리카 사회의 개인과 삶의 '식민성'을 탈식민화하는 것을 주된 목표를 삼고 있는데, 이들의

6 Ibid., p.191.

7 Arturo Escobar, "Worlds and Knowledges Otherwise : The Latin American modernity / coloniality research program", *Cultural Studies,* Vol.21, No.2-3, 2007, p.2.

특징은 라틴아메리카 출신의 많은 연구자들이 이론 생산에 집단적으로 참여하고, 선후배 세대의 이론가들이 대거 참여하여 지식생산의 지속적 메커니즘을 구축하고 있으며, 무엇보다도 미국, 라틴아메리카, 이베리아반도 간의 이론적 · 실천적 네트워크를 형성하고 있는 점이다. 특히 이들의 이론이 활발하게 전개될 수 있는 것은 그들이 처한 현실적 변화, 즉 신자유주의 이후 현재 라틴아메리카에서 일어나고 있는 다양한 급진적 실험과 실천들 덕분이다. '사회적 존재가 사회적 의식을 조건짓는다'는 마르크스의 주장처럼 이론의 가능성은 현실적 실천과 그것이 예시하는 미래적 가능성에 의해 조건 지어져 있다. 따라서 '근대성 / 식민성 그룹'의 전망 뒤에는 현재 벌어지고 있는 라틴아메리카의 급진적 실험이 자리 잡고 있음을 눈여겨 볼 필요가 있다.

이 그룹의 이론이 어떤 객관성을 확보하고 있는가를 판단하는 작업은 다소 이르고, 해러웨이의 주장처럼 이들의 이론은 아직은 부분적 접속과 연대를 통해 '함께 보기seeing together'를 실천하고 있는 과정 속에 있다. 콜롬비아계 미국 인류학자 아르투로 에스코바르Arturo Escobar는 이 그룹의 형성요인들을 다음과 같이 기술하고 있다.

> 근대성 / 식민성 연구그룹을 적절하게 맥락화하고 그 계보학을 구성하는 작업은 아직 시기상조이다. 당분간은 이 그룹의 사유의 계보학에 적절하게 들어갈 수 있는 많은 요인들을 지적하는 것으로 충분할 것이다. 그 요인에는 1960년대와 1970년대의 해방신학, 해방철학과 자율적 사회과학의 개념들을 둘러싼 라틴아메리카 철학 및 사회과학 논쟁(가령, 엔리케 두셀, 로돌프 쿠쉬, 오를랜도 팔스 보르다, 파블로 콘잘레스 카사노바, 다르시 리

베이로), 종속이론, 1980년대 라틴아메리카 근대성 / 포스트모더니티에 관한 논쟁, 뒤이은 1990년대 인류학, 커뮤니케이션 및 문화연구에서의 혼종성 논의, 그리고 미국에서의 라틴아메리카 서발턴 연구그룹과 같은 요인들이 포함될 수 있다. 분명 근대성 / 식민성 그룹은 근대성과 포스트모더니티에 관한 유럽과 북미의 비판이론들에서부터 남아시아 서발턴 연구, 치카나 페미니즘 이론, 포스트식민 이론, 그리고 아프리카 철학에 이르는 다양한 원천으로부터 영감을 얻고 있다. 그 구성원의 상당수는 수정된 세계체제론적 시각 내에서 활동한다. 하지만 그것의 주된 추동력은 착취당하고 억압당하는 사회집단들의 서발턴 지식을 비롯하여 라틴아메리카 문화적·정치적 현실에 관한 지속적인 반성이라 할 수 있다.[8]

여기서는 이 그룹의 이론적 기초를 마련한 세 명의 이론가들, 즉 엔리케 두셀, 아니발 키하노, 월터 미뇰로의 이론에 한정하고, 특히 이들이 제기한 핵심적 키워드들을 해러웨이가 말하는 지식의 상황성과 객관성의 입장과 관련지어 살펴보고자 한다. 우선 미뇰로가 주장하는 식민적 차이colonial difference는 그 문제의식에 있어 해러웨이의 상황적 지식과 유사하고, 두셀과 키하노의 근대적 / 식민적 세계체제와 권력의 식민성coloniality of power은 그러한 식민적 차이 위에서 이론적 객관성을 확보하려는 시도로 볼 수 있으며, 마지막으로 두셀의 트랜스모더니티transmodernity와 해방liberation의 철학은 식민적 차이와 권력의 식민성에 대한 성찰을 통해 지식의 변혁적 사유와 미래 가능성을 타진하는

---

8 Ibid., p.2.

것으로 대비시켜볼 수 있다. 사실 해러웨이는 다양한 입장들이 가질 수밖에 없는 부분적 시각들의 접속을 통한 '함께 보기'로서의 객관성의 가능성을 제시만 할 뿐 그 부분적 접속들이 어떤 객관성을 낳을 수 있는지에 관한 구체적 형태와 가능성까지 제시하지는 못하고 있다. 이런 한계는 해러웨이의 한계라기보다는 서구 학계 내부에서 페미니즘적 과학과 그 연구자들이 처한 위상과 무관하지 않아 보인다. 객관성의 구체적 가능성은 지식의 상황성, 특히 다양한 현실적 실천의 장에서 다양한 주체들의 연대와 그것이 그려내는 미래 전망과 분리해서 사고될 수 없기 때문이다. 결국 이론의 한계는 현실적 실천의 한계에서 비롯한다.

2. 식민적 차이와 인식론적 전환

근대성 / 식민성 그룹의 이론적 출발은 서구적 근대성과 근대화 모델, 즉 진보와 개발의 이데올로기와 그에 근거한 지구화 담론에 대한 전면적 문제제기라고 할 수 있다. "식민성 없이 근대성은 존재하지 않는다"[9]는 미뇰로의 도발적 주장은 이 그룹의 이론적 입장을 매우 잘 압축하고 있는 말이다. 식민성이 근대성의 다른(혹은 더 어두운) 이면이라

9 Walter Mignolo, *The Idea of Latin America*, Cambridge : Blackwell, 2005, p.xiii.

는 주장은 근대성에 대한 서구중심적 시각에 대한 정면 비판을 담고 있기 때문이다. 별반 새로울 바가 없어 보이지만 이 말의 의미를 풀어가는 과정 속에서 이들의 이론적 급진성이 잘 드러날 것이다. 그동안 우리가 배워온 '근대성'의 기본 정의는 다음과 같다. 즉 근대성은 철학적 원칙으로서의 합리주의, 자연에 대한 설명원리로서의 과학적 합리성, 정치사상으로서의 계몽을 기반으로 하고 있으며 초월적인 종교나 신앙에 의존하는 미성숙한 구질서의 정신과 관습으로부터 탈피하여 발전과 진보의 근대세계로 나아가는 데 발판이 되는 계몽과 합리성의 성숙한 문화와 그 정신을 뜻한다. 그리고 이런 문화와 정신만이 역사의 보편성과 진리를 재현(대표)할 수 있다는 것이다. 바로 근대성의 발달 때문에 이런 보편적 정신의 획득은 유럽이라는 지정학적 위치에서만 가능했고, 서구만이 근대적 세계체제를 지배하고 통치할 수 있었다는 주장이 가능해진다. 결국 근대성은 서구가 세계체제를 지배하고, 또한 그 모델이 될 수 있는 결정적 근거로 자리 잡게 된다. 칸트, 헤겔, 마르크스, 베버와 같은 서구의 이론가들은 모두 서구적 근대성을 대문자 역사History 그 자체와 동일시했고, 비서구 국가들이 서구처럼 발전하기 위해서는 역사, 곧 서구적 근대성과 발전에 대한 추종이 불가피함을 강조했다. 로버트 J. C. 영Robert J. C. Young에 따르면 "헤겔은 아프리카에는 역사가 없다고 주장했고, 마르크스는 영국 제국주의에 비판적이긴 했지만 인도를 서구 역사의 진화론적 서사 속으로 편입시켜 미래의 계급투쟁을 위한 조건을 창출했기 때문에 영국이 인도를 식민화한 것은 최선이었다"[10]고 말한 것으로 알려져 있다. 근대성의 논리에는 기본적으로 서구만이 대문자로 된 보편적 역사를 대표한다는 서구중심적 사고가 전제되어 있는 것이다.

두셀은 1993년 프랑크푸르트에서 한 「유럽중심주의와 근대성Eurocentrism and Modernity」이라는 강연에서 이런 근대성을 '비이성적 신화'라고 비판한다. 그는 위르겐 하버마스Jürgen Habermas와 찰스 테일러Charles Taylor를 비롯한 많은 서구 사상가들이 근대성을 "본질적으로 혹은 배타적으로 유럽적 현상"으로만 인식하였다고 비판한다. 그는 이 글에서 근대성이 유럽적 현상이긴 하나 "그 궁극적 내용으로서 비유럽적 타자성과의 변증법적 관계 속에서 구성된 현상"임을 역설한다. 즉 "근대성은 유럽이 스스로를 세계의 '중심'으로 단언하고, 이 중심을 에워싸고 있는 '주변'이 중심의 자기정의의 일부가 될 때 출현했다"[11]는 것이다. 다시 말해, 근대성은 중세유럽의 자유도시들에서 생겨났고, 유럽 자체의 내부에서 그 성장의 계기를 찾을 수 있다고 하더라도 "유럽이 스스로를 타자와 대립적인 위치에 세웠을 때, 즉 유럽이 타자를 탐구하고 정복하고 식민화하는 — 자기자신의 이미지를 반사하는 — 통일된 자아로 구성할 수 있었을 때"[12] 탄생하게 되었다는 것이다. 두셀은 근대성이 해방의 이성적 개념을 포함하면서 동시에 그 내부에 이미 타자에 대한 종족학살적 폭력을 전제하고 있다고 비판한다. 이런 관점에서 볼 때, 서구적 근대성의 탄생과 관련하여 1492년이 중요한 의미를 띠게 된다. 두셀은 1492년을 타자의 '발견'이 아니라 타자에 대한 학살의 '은폐'를 상징한다고 주장한다. 즉 "만일 1492년이 하나의 개념으로서 '근

---

10 Robert J. C. Young, 김용규 역, 『백색신화 — 서양이론과 유럽중심주의 비판』, 경성대 출판부, 2008, 75~76면.

11 Enrique Dussel, "Eurocentrism and Modernity", *Boundary 2*, Vol.20, No.3, 1993, p.65.

12 Ibid., p.66.

대성'의 탄생 순간, 즉 희생적 폭력이라는 매우 특별한 신화의 기원적 순간이라면, 그것은 또한 비유럽인들의 은폐 내지 오인의 과정의 기원을 나타내기도 한다."[13]

이런 인식이 새롭고 중요한 것은 그것이 근대성이 식민성과 분리불가분하다는 것, 그리고 식민성을 은폐하는 서구적 근대성은 비이성적 신화라는 것, 나아가서 유럽중심적 근대성의 논의는 결국 그러한 신화로부터 벗어날 수 없다는 것을 드러내주기 때문이다. 두셀은 '근대성의 신화'를 다음과 같이 정리한다.

근대성의 신화란 ① 근대(유럽) 문명이 스스로를 가장 발전되고 우월한 문명으로 이해한다. ② 이런 우월성의 의미는 말하자면 정언명령의 형태로 유럽으로 하여금 더욱 원시적이고 야만적이고 저발전된 문명들을 '발전'(문명화하고 고양시키며 교육)시키도록 강제한다. ③ 그런 발전의 길은 고대와 중세로부터 발전해나갈 때 유럽이 따른 길이어야 한다. ④ 야만적인 것이나 원시적인 것이 문명화의 과정과 대립될 때 근대성의 역설은 최종적으로 근대화로 나아가는 과정에 장애가 되는 것들을 제거하는 데 불가피하게 폭력에 의지해야 한다. ⑤ 다양한 방식으로 이 희생자들을 생산하는 이 폭력은 거의 의례적인 성격을 띤다. 즉 문명화의 주인공들이 그 희생자들(피식민지인, 노예, 여성, 대지의 생태적 파괴 등)에게 구원적 희생의 과정에 참여자가 되는 특성을 부여한다. ⑥ 근대성의 관점에서 야만적이거나 원시적인 것은 (다른 무엇보다도 문명화 과정에 반대했다고 하는) 죄

13 Ibid., p.66.

의식의 상태에 놓이게 된다. 이것 때문에 근대성은 스스로를 순진무구한 것으로 제시할 뿐만 아니라 그 희생자들을 죄의식으로부터 해방시키거나 구원하게 될 힘으로 제시될 수 있다. ⑦ 근대성의 이와 같은 '문명적'이고 구원적인 성격을 염두에 둘 때, '미성숙한' 사람들, 노예화된 인종들, 더 약한 성 등에게 부과된 근대화의 고통과 희생(대가들)은 불가피하고 필연적인 것이 된다.[14]

두셀의 이 기술은 근대성 / 식민성 그룹이 근대성에 대해 갖고 있는 기본적 인식을 잘 보여준다. 두셀은 해러웨이의 상황적 지식과 마찬가지로 자신의 상황성 속에 확고하게 자리 잡고서 기존의 유럽중심적 근대성의 허구성을 비판하고자 한다. 특히 그는 근대성을 유럽적 차원을 넘어 글로벌적 차원으로 확장하여 해석하고자 한다. 이런 작업이 어떤 객관성을 확보하고 제시할 수 있는지는 이론적 관건이 될 뿐 아니라 근대성이 세계체제 속에서 어떤 식으로 기능해왔는가를 판단하는 데도 매우 중요한 것이다.

우선 이와 같은 근대성의 신화로부터 탈피하기 위해서는 다차원적인 탈식민화의 전략들이 필요할 터인데, 무엇보다 자신의 억압적 현실에 바탕을 둔 '체현적 시각의 인식론적 전환'이 요구된다. 이런 체현적 시각의 전환을 이루기 위해서는 근대성의 신화가 은폐하고 억압한 타자적 차이, 즉 유럽적 보편성이 갖는 동일성의 논리에 의해 통합되고 배제된 억압된 자들의 보다 급진적인 타자성에 대한 인식이 요구된다.

---

14 Ibid., p.75.

미뇰로는 이런 인식을 '식민적 차이'라고 부른다. 미뇰로가 말하는 식민적 차이는 우선 성차나 인종적 차이와 마찬가지로 근대성 / 식민성 속에 내장된 유럽 / 비유럽, 제국 / 식민, 중심 / 주변 간의 차이에 대한 인식을 가리킨다. 하지만 식민적 차이는 단순히 인식론적 차원에만 머물지 않고 근대세계체제 내에서 형성된 권력관계, 즉 근대적 / 식민적 세계체제하에 형성된 권력과 지식의 식민성에 대한 급진적인 인식으로 확대될 때 보다 더욱 구체적인 의미를 획득하게 될 것이다. 미뇰로에 따르면 식민적 차이는 "근대적 / 식민적 세계체제의 역사를 통해 나타나는 식민적 차이들의 변화하는 모습을 가리키며, 근대성, 포스트모더니티, 그리고 서구문명의 담론들에 의해 침묵하게 된 지구적 차원의 인간역사를 부각시키는 연결고리"[15]가 될 수 있다. 이것이 무엇을 의미하는지에 대해서는 앞으로 논의될 것이다. 우선 식민적 차이가 단순히 근대성의 신화를 비판하고 해체하는 차원에만 머무는 것이 아니라 그 신화 속에 억압되고 은폐된 다양한 타자들의 문화에 대한 적극적 인식까지 염두에 둔 개념임을, 즉 유럽적 단일보편성universality을 비판하는 차원을 넘어 지구문화의 복수複數의 보편들pluriversality의 복원까지 염두에 둔 개념임을 기억해둘 필요가 있다.

단적으로 말해, 식민적 차이는 중심 / 주변, 유럽 / 비유럽, 제국 / 식민, 북부 / 남부, 백인 / 원주민, 남성 / 여성 간의 근본적 차이에 대한 인식이다. 특히 식민적 차이는 이런 근본적 차이를 억압하고 은폐해온 기

---

15 Walter Mignolo, "The Geopolitics of Knowledge and the Colonial Difference", *Coloniality at Large* (Mabel Morano, Enrique Dussel, and Carlos A. Jauregui eds.), Durham : Duke University Press, 2008, pp.229~230.

존의 유럽중심적인 근대적 인식론을 비판하기 위한 것이다. 근대적 인식론은 지배적인 근대과학의 인식론에 대한 해러웨이의 비판처럼 '그 어디에도 없으면서 모든 곳에 존재하는' 보편적이고 초월적인 성격을 띠었다. 산티아고 카스트로-고메즈Santiago Castro-Gomez는 근대적 인식론을 "특정한 관점의 너머에 있는 것처럼 스스로를 은폐하는, 즉 어떠한 관점도 갖지 않는 것처럼 스스로를 재현"한다는 점에서 '영점point zero의 인식론'이라 부른다.[16] 문제는 이런 인식론이 주장하는 객관적이고 보편적이고 중립적이며 초월적인 관점이 특정한 현실적 상황 속에서 생산된 체현된 관점임을 철저하게 억압할 뿐만 아니라 다양한 다른 관점들을 모두 그러한 보편성에 미달하는 특수성의 관점으로 평가절하하는 방식으로 기능한다는 점이다. 해러웨이의 말을 빌리자면, 근대적 인식론은 담론구성의 기호적 작용을 철저하게 은폐함으로써 스스로를 투명한 시각으로 위장하는 허구적 인식론을 창조했다. 결국 근대적 인식론은 자신의 언표행위의 지점이 드러나지 않도록 은폐하면서 다른 지점들의 언표행위들조차 억압하고 은폐하는 기능을 한다.

이것은 단순히 지식생산에 있어서의 사회적 가치에 관한 문제이거나 우리의 지식이 항상 부분적이라는 사실에 관한 문제가 아니다. 여기서 핵심은 언표행위의 위치, 즉 발화하는 주체의 지리정치적이고 신체정치적인 위치이다. 서구철학과 과학에서 발화하는 주체는 항상 분석으로부터 숨겨지고 은폐되고 지워진다. 서구철학의 '지식의 자아-정치학'은 항상 어떠한

16 Ramon Grosfoguel, "The Epistemic Decolonial Turn : Beyond political-economy paradigms", *Cultural Studies*, Vol.21, No.2-3, 2007, p.214.

상황으로부터 벗어난 '자아'의 신화를 특권화해왔다. 민족적 / 인종적 / 젠더적 / 성별적인 인식적 위치와 발화하는 주체는 항상 분열되어 있다. 서구 철학과 과학은 민족적 / 인종적 / 젠더적 / 성별적인 인식적 위치를 발화하는 주체로부터 단절시키면서 주체가 발화하는 식민적 권력 / 지식의 구조 속의 지리정치적이고 신체정치적인 인식적 장소뿐만 아니라 발화하는 주체를 은폐하는, 즉 숨기는 보편적이고 진리적인 지식에 관한 신화를 생산할 수 있다.[17]

두셀은 "나는 생각한다, 고로 존재한다"라고 주장하는 데카르트의 코기토적 자아에서 이런 인식론의 기원을 읽는다. 하지만 그는 그보다 150년 전 아메리카를 향해 떠나간, 즉 "나는 정복한다, 고로 존재한다"는 유럽의 정복하는 자아가 데카르트의 코기토적 인식적 자아의 출현에 선행했음을 강조한다. 데카르트적인 생각하는 자아는 그 이전의 정복하는 자아에 뿌리를 두고 있다는 것이다. 두셀은 시공간 바깥에서 사유하는 주체의 가능성을 열어준 것은 이 정복하는 자아의 역사적, 정치적, 경제적 조건이었고 그것이 신의 시선을 세속화하면서 보편적인 시야를 자기화했다고 주장한다. 이런 근대적 인식론에 대한 비판을 통해 두셀이나 미뇰로가 주장하고 싶은 것은 "우리 모두는 권력관계 안에 있는 특수한 위치와 장소에서 발화할 수밖에 없다는 것," 즉 지식의 체현적 상황성과 인식주체의 지리정치적 위치이다. 이와 같은 지식의 지리정치학에 대한 비판적 각성은 제국과 식민, 유럽과 비유럽, 중

17 Ibid., p.213.

심과 주변, 남부와 북부의 인식론들 간의 환원 불가능한 식민적 차이를 드러내준다. 즉 식민적 차이는 서구의 보편적・초월적 인식론이 특정한 지역 역사의 산물임을 드러내주는, 즉 서구의 지식을 지방화provincialize하는 한편, "우파든 좌파든 서구적 사고가 은폐하고 억압한 다양한 지역 역사들을 가시화"[18]하는 역할을 한다.

이런 식민적 차이를 인식하지 못할 경우, 비서구의 지식인들은 이중구속의 상태에서 벗어날 수 없다. 즉 이들이 식민적 차이를 인식하지 못한 채 계속해서 유럽적 사상의 보편성과 초월성을 신뢰할 경우 다음과 같은 이중구속에 빠지게 된다. 서구사상의 진리성과 보편성을 추종하고 거기에 동화되면서 자신의 존재성을 깨닫지 못하거나, 아니면 거기에 반발하면서 자신의 독특한 차이만을 강조하여 보편적 진리와 사상으로서의 가치를 인정받지 못하게 되는 것이다. 이런 이중구속의 상태는 거의 모든 비서구의 사상과 지식이 처한 딜레마를 잘 보여준다. 식민적 차이는 이런 이중구속의 딜레마로부터의 탈피를 추구한다는 점에서 사상의 탈식민화를 위한 결정적 계기가 된다.

나아가서 미뇰로는 식민적 차이를 서구 이론가들과 비서구 이론가들 간의 사상적 차이를 설명하기 위한 근거로 이용한다. 가령 그는 쟈니 바티모Gianni Vattimo, 자크 데리다Jacques Derrida, 이매뉴얼 월러스틴과 같은 서구 이론가들과, 두셀, 압델케비르 카티비Abdelkébir Khatibi, 에두아르드 글리상Édouard Glissant과 같은 비서구 이론가들 간의 시각 차이를 식민적 차이 개념을 통해 설명하고자 한다.[19] 두 그룹의 세부적

18 Walter Mignolo, op. cit., p.234.
19 보다 자세한 내용은 Walter D. Mignolo, *Local Histories / Global Designs*, Princeton : Princeton

인 이론적 논리는 접고 그 대략적 개요만 요약하자면, 식민적 차이와 지식의 지리정치적 위치 때문에 전자가 근대성 내부에서 근대성을 비판하거나 해체하는 작업을 시도하는 데 반해, 후자는 그러한 근대성에 대한 타자성과 외재성으로부터, 즉 식민성의 관점에서 근대성을 비판하고 해체한다는 것이다. 전자는 식민성의 관점을 갖지 못할 뿐만 아니라 식민적 차이에도 무지한 편이다. 이 점은 전자와 후자의 결정적 차이를 드러내는 것으로, 전자가 근대성의 신화에 의해 억압되거나 은폐된 타자들의 다양한 문화들에 대해서 무관심한 반면, 후자는 그러한 문화들의 관점에서 근대성을 비판하기 때문에 훨씬 더 급진적이고 더 근본적일 수 있다. 나아가서 특히 전자가 다른 문화들의 복수성을 고려하지 않은 채 유럽문화의 보편성을 그 내부에서 비판하는 데 그치기 때문에 근대성에 대한 단일토픽적 비판에 머물러 있다면, 후자는 식민화된 지역문화의 다양한 보편들을 바탕으로 근대성을 비판하기 때문에 다원토픽적 비판이라 할 수 있다. 결국 "근대성 자체의 관점에 입각한 단일토픽적 근대성 비판(이를테면, 근대세계체제 내부로부터 근대세계체제의 상상계를 비판하는 것이 이에 해당되는데, 이러한 비판은 추상적 보편들의 단일토픽에 여전히 사로잡혀 있다)과, 식민성의 관점에 입각한 다원토픽적인 이중적 근대성 비판(예를 들어, 근대세계체제의 상상계를 외부로부터 비판하는 것) 사이에는 환원할 수 없는 차이가 존재한다."[20] 예를 들어, 미뇰로는 데리다가 『타자의 단일언어주의*Monoligualism of the Other Or The Prothesis of Origin*』에서 "여기에서 단도직입적으로 언어의 이러한 정치학을 분석할 수 없

University Press, 2000의 제1장 "Border Thinking and the Colonial Difference"를 참조할 것.

20 ibid., p.87.

으며, '식민주의'라는 낱말을 남용하고 싶지도 않다. 모든 문화는 본래 식민적이다"라고 말할 때 '식민주의'라는 용어를 말하고 사용하는 방식에 문제가 있음을 지적한다. 잠시 그의 비판을 인용해보자.

> 추측컨대 식민주의에 대해서 데리다가 가지고 있는 문제점은 식민적 차이에 대한 그의 반감 혹은 무지와 관련되어 있다. 따라서 문제는 보편적 문화의 식민성이 아니라 근대적 / 식민적 세계체제의 식민성이며, 우리의 경우에는 19세기 이후 북아프리카에서의 프랑스의 식민적 차이와 역할이다. 카티비가 근대적 / 식민적 세계 내에서의 식민적 차이에 입각해서 명쾌하게 사유하고 글을 썼다고 한다면, 데리다는 서구의 로고스중심주의(근대적 / 식민적 세계와 단절된 하나의 보편적 범주)에 대한 자신의 단일토픽적이고 급진적인 비판에 의해 뒷받침되는 어떤 보편적 관점을 고집하고 있다. 데리다의 '타자의 단일언어 사용' 주장은 카티비의 전 저작을 떠받치고 있는 식민적 차이를 놓치고 있다.[21]

데리다가 말하는 '모든 문화의 식민적 구조'가 무엇을 뜻하는지 이 부분만으로는 잘 알 수 없다. 하지만 미뇰로가 데리다의 무엇을 비판하는지에 대한 논점만은 분명하다. 즉 데리다가 식민적 차이에 무지한 채 식민주의를 말하고, 지식의 구체적 상황성을 간과하면서 상황 자체를 보편화하고 있다는 것이다. 데리다에 대한 미뇰로의 비판을 통해 알 수 있는 것은 서구의 지식과 그 이론가들이 진보적인 주장을 하더

21 Ibid., p.83.

라도, 지식의 지리정치적 위치의 차이 때문에 식민적 차이를 인식하는 데는 한계를 가질 수밖에 없다는 것이다.

미뇰로의 식민적 차이는 서구 이론과 비서구 이론 간의 결정적 차이를 잘 부각시킨다. 특히 그것은 지식의 지리정치적 위치로부터 분리된 서구 이론의 보편적·객관적·초월적 성격을 비판하는 한편, 그런 성격을 추종하는 비서구 지식인들의 식민화된 의식을 폭로한다. 하지만 미뇰로의 식민적 차이에는 서구 이론과 비서구 이론, 서구 이론가들과 비서구 이론가들 간의 인식적 차이를 지나치게 과장하는 경향이 있으며, 지식의 지리정치적 성격을 강조하는 차원을 넘어 지식을 지리정치학으로 환원하는 경향이 없지 않다. 지식은 그 지리정치적 상황과 위치에 대해서도 상대적 자율성을 갖지 않은가? 해러웨이가 부분적 시각들과 위치들의 연대와 접속을 통한 객관성의 확보를 주장했듯이, 지리정치적 상황 속에 있는 지식들도 다양한 연대와 접속을 통해 지식들 간의 차이를 횡단하는(혹은 뛰어넘는) 객관적이고 보편적인 과정을 거쳐야 하지 않는가? 과연 미뇰로의 지적처럼 데리다와 카티비의 차이는 환원 불가능할 정도의 차이인가? 사실 미뇰로는 데리다의 이론을 '프랑스적'이라고 단언한다. 정말 그러한가? 로버트 영의 주장처럼 알제리 유태인 출신인 데리다의 이론을 프랑스-마그레브 간의 문화횡단적 산물로 인정한다면,[22] 미뇰로의 주장은 지나치게 단정적이고 단순한 것이 될 수도 있다. 나아가서 식민적 차이가 지나치게 환원적으로 적용할 경우, 그것은 상황적이고 부분적이고 특정위치적일 수밖에 없는

22 Robert J. C. Young, 김택현 역, 『포스트식민주의 혹은 트리컨티넨탈리즘』, 박종철출판사, 2005, 727~28면.

지식의 지리정치학을 잘 보여주지만 그러한 지식들 간의 연대와 접속을 차단하고 지연하는 가능을 할 수도 있다. 하지만 미놀로의 식민적 차이를 유럽 / 비유럽, 중심 / 주변, 남부 / 북부 간의 인식적 차이를 단순한 환원론으로 절대화하지 않을 경우, 그것은 비서구 이론들 간의 연대뿐만 아니라 서구와 비서구의 이론들 간의 횡단과 소통을 위한 반성적 전제와 조건으로 활용될 수 있다.

3. 근대적 / 식민적 세계체제와 권력의 식민성

식민적 차이를 통해 근대성의 문제를 바라볼 경우, 근대성은 기존과는 판이하게 다른 모습으로 보이기 시작한다. 앞서 지적했듯이, 근대성은 철저하게 유럽 내에서 발생한 것, 즉 근본적으로 '유럽적 현상'으로, 그리고 유럽적 발명품으로 간주되었다. 그리고 근대성에 관한 논의들은 대부분 이 전제를 당연한 것으로 수용하고 있다. 가령 앤서니 기든스Anthony Giddens는 근대성을 "대략 17세기 경부터 유럽에서 시작되어 점차적으로 세계적으로 영향력을 확대해가는 사회생활이나 조직양식"[23]으로 간주하는 관례적인 정의를 언급하면서 이와 같은 정의는 "근대성의 시기나 최초의 지리적 위치 등은 설명될 수 있지만, 근대

23 Anthony Giddens, 이윤희 외역, 『포스트모더니티』, 민영사, 1991, 17면.

성이 내포하고 있는 주된 특성들은 감추어진 채로 남게 된다"라는 비판적 단서를 덧붙인다. 기든스는 그 감추어진 근대성의 핵심적 특징으로 "시간과 공간의 분리와 사회생활의 시간-공간에 대한 정밀한 '구획'을 가능하게 하는 시간-공간의 재구성, 사회 체계의 장소귀속탈피, 그리고 개인과 집단의 행동에 영향을 끼치는 지식들의 끊임없는 투입으로 인한 사회적 관계의 성찰적 질서화와 재질서화"[24]라는 세 가지 특성을 언급한다. 여기서 주목할 바는 기든스가 이러한 정의가 근대성의 시기나 최초의 지리적 위치는 설명될 수 있다고 단언하는 대목이다. 근대성이 17세기 경부터 유럽 내에서 시작되었다는 사실은 기정사실화되고 있는 것이다.

이에 반해 근대성 / 식민성 그룹은 근대성의 기원에 대한 이런 관점을 집중적으로 비판한다. 그들은 근대성이 식민성과 분리 불가능한 것임을 강조한다. 두셀은 유럽중심적인 근대성 개념이 근대성의 신화를 조장하고 1492년에 시작된 아메리카의 식민화를 철저하게 은폐해왔다고 주장한다. 그는 근대성에 대한 두 가지 대립적 패러다임, 즉 유럽중심적 패러다임Eurocentric paradigm과 지구적 패러다임planetary paradigm을 비교한다. 그에 따르면, 근대성에 대한 유럽중심적 패러다임은 근대성을 유럽의 중세에서 시작했고 그 뒤 전 세계로 확산되어나간 "오로지 유럽적인" 현상으로 간주하는 것이다. 이 입장은 "근대적 주체성이 공간적으로 르네상스의 이탈리아로부터 종교개혁과 계몽주의의 독일로, 그리고 프랑스 혁명의 프랑스로 발전해가는"[25] 지리정치학을

24 위의 책, 31면.

25 Enrique Dussel, "Beyond Eurocentrism : The World-System and the Limits of Modernity", *The*

갖는다. 이 패러다임에서 중심은 유럽이고 근대성의 보편성은 유럽에서만 가능하다. "유럽의 정신(게르만의 정신)은 그 누구에게도 아무것도 빚지지 않으면서 스스로를 결정하고 실현하는 절대적 진리"[26]임을 강조했던 헤겔이나, 왜 동양이 아니라 서구문명에서만 보편적 의미를 갖는 발전이 가능했는가를 질문했던 막스 베버와 같은 사상가들에게 다른 문화들을 지양할 수 있는 합리성과 보편성을 갖는 것은 유럽문화뿐이다. 이와 달리 지구적 패러다임은 근대성에서 유럽이 차지하는 중심성은 인정하되 유럽이 그 외부와 맺고 있는 관계의 관점에서 사고하고자 한다. 이 패러다임에서 근대성은 "인디오 아메리카Amerindia의 통합을 통한 '세계체제'의 **중심부** 문화"로서, 그리고 "이런 중심성의 **관리**의 결과로서" 개념화된다.

> 유럽의 근대성은 **독립적**이고 자기창조적이며 자기지시적인 체계가 아니다. 오히려 그것은 세계체제의 일부이고 사실상 그 **중심부**이다. 이렇게 볼 때 근대성은 지구적이다. 그것은 스페인을 그 주변부(무엇보다 인디오아메리카 : 캐리비언, 멕시코, 그리고 페루)와의 관계 속에서 **동시적으로** 구성하면서 시작되었다. 동시에 (그 전근대적 선례로서 르네상스 이탈리아 도시들과 포르투칼을 계승하는 통시성으로서의) 유럽은 계속해서 스스로를 점차적으로 늘어가는 주변부들(16세기 인디오아메리카, 브라질, 아프리카 해안의 노예공급지; 17세기 라틴아메리카, 북미, 캐리비언, 그리고 동유럽

Cultures of Globalization (Fredric Jameson and Masao Miyoshi eds.), Durham : Duke University Press, 1998, p.4.

26 Ibid., p.3.

의 확고한 지배; 19세기 초반에 이르기까지 오토만 제국, 러시아, 일부 인디언 지역, 아시아 아대륙, 아프리카 대륙으로의 최초의 침입) 위에 군림하는 (스페인에서 네덜란드, 영국, 프랑스로 이어지는 초패권적 권력으로서) 중심부로서 구성하게 될 것이다. 바로 이러한 지구적 패러다임에서 근대성은 '중심부-주변부' 체계에 고유한 현상이 된다. 근대성은 **독립적** 체계로서의 유럽의 현상이 아니라 중심부로서의 유럽의 현상인 것이다.[27]

두셀의 주장은 명확하다. 유럽의 근대성과 중심성은 "중세 유럽 동안 축적된 내부적 우월성의 산물이 아니라 인디오아메리카의 발견, 정복, 식민화, 그리고 통합(포섭)이라는 간단한 사실의 근본적 결과"[28]라는 것이다. 물론 이 주장은 두셀이 지적하듯이 '가설'에 머물러있다. 이 가설이 객관성을 확보하기 위해서는 충분한 논증과 실증적 분석이 수반되어야 한다. 이 작업은 근대성 / 식민성 그룹이 여전히 넘어야 할 숙제이다. 이 그룹은 현재 해러웨이의 주장처럼 부분적인 접속과 연대를 통해 구체적 분석과 객관성에 접근하기 위해 노력하고 있는 중이다. 이들의 주장이 철학적이고, 문학적이며, 인류학적인 접근에 집중하는 경향이 있으며, 중심부와 주변부 간의 경제적 지배-착취 관계를 분석하는 정치경제학으로서는 여전히 미흡한 편이다. 이 그룹 또한 이 점을 잘 깨닫고 있는 것 같다. 왜냐하면 그들은 이런 분석에 대해 많은 부분을 월러스틴의 근대세계체제론에 기대고 있기 때문이다. 그들은 월러스틴의 세계체제론과의 연대와 비판을 통해 자신들의 논점을 형성

27 Ibid., p.4.
28 Ibid., p.5.

하고자 한다. 즉 그들은 월러스틴의 근대세계체제 분석에 '식민적 차이'와 '식민성' 개념을 핵심 범주로 추가하여 근대적 / 식민적 세계체제로 명명하는 작업을 추구하는 한편, 월러스틴의 근대세계체제가 16세기 이후 유럽의 확고한 중심성을 전제하는 것을 정정하고자 한다.

우선 미뇰로는 식민적 차이 개념에 근거하여 월러스틴의 근대세계체제 분석이 식민성에 충분히 주목하지 않아 이론적 한계를 갖는다고 비판한다. 즉 그의 근대세계체제 분석이 식민주의를 염두에 두긴 했지만 그것을 근대성의 구성요소라기보다는 파생적 요소로 보았기 때문에 근대성의 다른(더 어두운) 이면이라 할 수 있는 '식민성'을 인식하지 못했다는 것이다.[29] 사실 월러스틴의 근대세계체제 분석은 16세기에 유럽이 중심이 되는 근대세계체제가 성립되었다고 주장함으로써 유럽이 자신들의 보편적 가치와 기술발전을 그리스와 로마로부터 시작하여 중세 라틴을 거쳐 내부로부터 발전해왔다는 유럽중심주의에 대한 비판과 대응으로 등장했다.[30] 하지만 미뇰로가 볼 때, 월러스틴이 근대성과 식민성의 연루관계를 제대로 인식하지 못했다고 한다면, 두셀이 볼 때, 월러스틴은 지난 5세기 동안의 근대세계체제에서 서구의 중심성을 과장하고 있다.[31] 하지만 미뇰로와 두셀 — 두셀과 키하노가

---

29 Walter Mignolo, "The Geopolitics of Knowledge and the Colonial Difference", p.228.

30 Enrique Dussel, "World-System and "Trans"-Modernity", *Nepantla : Views from South,* Vol.3, No.2, 2002, p.222.

31 두셀의 핵심주장은 서구적 근대성이 유럽에 발전과 패권을 가져다 준 원인이었다는 통념을 뒤집어 서구적 근대성은 유럽이 아메리카를 식민화하고 착취한 결과라는 것이다. 즉 유럽 헤게모니의 기원이 서구적 근대성이 아니라 유럽 밖에 존재하는 타자들을 착취하고 식민화한 데 있다는 점에서 아메리카의 식민화와 착취가 바로 서구적 근대성의 어두운 이면이라는 것이다. 두셀은 이를 뒷받침하기 위해 월러스틴의 세계체제론을 다시 읽는다. 그는 근대세계체제의 등장을 16세기로 잡는 월러스틴의 입장을 비판하면서 서

미뇰로보다 월러스틴에 대해 훨씬 우호적이다 — 이 월러스틴의 성과를 부정하는 것은 아니다. 오히려 미뇰로의 말을 빌리자면, 그들은 세계체제론이라는 글로벌 디자인global designs을 라틴아메리카라는 로컬 역사들local histories에 맞게 해석하고 번역하고 있다고 할 수 있다. 다음에서 키하노와 두셀이 월러스틴의 근대세계체제론을 어떻게 수정하고 있는가를 살펴보자.

페루의 사회학자이자 근대성 / 식민성 그룹의 대표적 이론가 중의 한 명인 키하노는 식민성과 식민주의를 구분하고 식민성을 근대성의 또 다른 얼굴로, 즉 근대성 / 식민성이 근대세계체제의 양면임을 보여주고자 한다. 나아가서 그는 아메리카의 통합을 통해 15세기 말과 16세기 초의 대서양 연결망의 출현 덕분에 식민성이 근대성의 핵심적 구성요소가 되었다고 주장한다.[32] 특히 그가 이런 과정을 개념화하기 위해 사용한 용어인 '권력의 식민성'은 근대성 / 식민성 그룹의 주요 개념이 된다. 월러스틴 또한 키하노와의 공동작업을 통해 근대세계체제 분

구가 세계체제의 주변부에서 중심부로 등장하는 것은 18세기 프랑스 혁명 이후임을 강조한다. 두셀에 의하면 16세기에서 18세기까지 서구는 세계체제의 중심이 아니라 여전히 주변이었을 뿐이었다. 18세기 이전 "유럽의 '첫 번째 근대성' — 히스패닉적이고 인문주의적이고 금전적이고 메뉴팩처적이고 상인적인 근대성 — 의 시기는 대서양에 대한 패권과 함께 전개되었지만 여전히 세계체제의 지정학적 중심은 아니었다." 영국과 프랑스 중심의 두 번째 유럽의 근대성은 프랑스혁명과 산업혁명과 더불어 시작되었으며 이 무렵이 되어서야 비로소 동양의 헤게모니는 쇠퇴하고 유럽의 헤게모니가 형성되었다는 것이다. 두셀은 "유럽의 헤게모니는 500년이 아니라 단지 200년밖에 되지 않았다"고 단언한다. 그는 이러한 유럽의 헤게모니 역시 유럽 자체의 내재적 발전에 의한 것이라기보다는 동아시아 시장, 특히 중국과 힌두스탄의 쇠퇴로 생긴 '공백'에 대한 유럽의 발빠른 대응 때문에 생긴 것임을 강조한다. 여기서 두셀이 말하고자 하는 바는 서구적 근대성이 오래된 것이 아닐 뿐만 아니라 이런 과정을 낳은 원인이라기보다는 그 결과가 서구적 근대성이라는 것이다. Enrique Dussel, "World-System and "Trans"-Modernity", p.228~30.

32 Walter Mignolo, "The Geopolitics of Knowledge and the Colonial Difference", p.229.

석의 이론적 문제점을 보다 명확히 할 수 있었다. 그들의 공동성과물인 「하나의 개념으로서의 아메리카성, 혹은 근대세계체제 속의 아메리카Americanity as a concept, or the Americas in the modern world-system」는 식민성이 근대성의 핵심 범주임을 드러내고 근대성과 식민성의 결합관계, 그리고 아메리카가 근대세계체제에서 갖는 의의 뿐 아니라 식민성이 인종성과 인종차별과 접합해서 향후 근대적/식민적 세계체제의 권력구조를 형성해가는 과정을 잘 논증하는 글이다. 월러스틴은 『근대세계체제』의 제1권에서 자본주의적 세계경제를 확립하는 데 세 가지 조건들, 즉 세계의 지리학적 규모의 팽창, 세계경제의 다양한 생산물과 다양한 지역들에 맞는 다양한 노동통제의 방식들, 그리고 이런 자본주의적 세계경제의 중핵국가들이 될 곳에서 상대적으로 강력한 국가기구들의 창조가 핵심적이었음을 강조했다. 키하노와 월러스틴은 아메리카가 세 가지 조건 중에서 앞의 두 조건을 제공했고, 특히 '다양한 노동통제의 방식들'을 펼칠 수 있는 발판이 되었다고 주장한다.

근대세계체제는 기나긴 16세기 동안 생겨났다. 그 장구한 16세기에 하나의 지리사회적 구성물로서의 아메리카가 태어났다. 아메리카라고 하는 지리사회적 실체의 창조는 근대세계체제를 구성하는 핵심적 행위였다. 아메리카는 이미 존재하고 있던 자본주의적 세계경제 속에 통합되어 있지 않았다. 아메리카 없이 자본주의적 세계경제는 존재할 수 없었다.[33]

---

33 Anibal Quijano and Immanuel Wallerstein, "Americanity as a concept, or the Americas in the modern world-system", *ISSJ,* No.134, 1992, p.549.

"아메리카 없이 자본주의적 세계경제는 존재할 수 없었다"는 말은 "식민성 없이 근대성은 존재할 수 없다"는 의미와 동등한 것이다. 그렇다면 하나의 개념으로서 아메리카성은 어떻게 정의되고 어떻게 사고될 수 있는가? 월러스틴과 키하노는 아메리카성을 설명하기 위해 식민성, 민족성 / 종족성, 인종주의, 그리고 새로움이라는 네 가지 개념을 제시한다. 그 주장을 간략하게 요약하면, 네 가지 특징들은 모두 중첩적으로 기능하는데, 우선 식민성은 "국가 간 체계 내부에 계층화된 위계질서로 상호 연결된 일련의 국가들의 창조"[34]로 정의된다. 이 위계질서는 정치적이고 경제적일 뿐만 아니라 문화적인 차원을 아우르는, 사회의 거의 모든 차원에서 나타나며 시간과 더불어 지속적으로 재생산된다. 즉 식민성은 오늘날에도 유럽인과 비유럽인 간의 사회문화적 위계질서로 존속하고 있다. 따라서 식민성의 핵심 특징은 형식적 식민지배가 사라져도 계속해서 유지되는 성향을 갖는다. 민족성 / 종족성은 스스로 부여하든 다른 집단들에 의해 부과되든 하나의 국가 속에 정체성과 서열을 결정하는 공동체적 경계들에 의해 규정된다. 베네딕트 앤더슨이 말하는 '상상된 공동체'로서의 민족 개념처럼 민족성 / 종족성은 근대세계체제 이전에 존재하지 않았던 근대의 상상적 구성물이자 "노동의 분화에 상응하는 사회적 경계들"을 위계질서적으로 구성하는 식민성의 문화적 산물이다. 이런 민족성 / 종족성은 인종주의에 의해 뒷받침되고 강화된다. 인종주의는 민족성 / 종족성 속에 이미 함축되어 있으며, 경제적 위계질서를 문화적으로 지탱하는 수단으로서

34 Ibid., p.550.

처음부터 아메리카성과 근대성의 핵심 부분이었다.[35] 마지막으로 '새로움'은 근대화와 진보와 발전의 이데올로기처럼 새로움을 신격화하고 물신화하는 근대 과학에 대한 맹신에 근거한다. 월러스틴과 키하노는 이 네 가지 특징들의 중첩적 결합이 근대세계체제 내에서 하나의 개념으로서의 아메리카성을 형성했다고 주장한다. "아메리카성이란 근대세계체제 위에 덧씌워진 거대한 이데올로기적 체계의 확립이었다"[36]는 주장처럼 이 글의 의의는 근대세계체제 속에서 근대성 / 식민성이 얼마나 긴밀하게 결합되어 있는가를, 즉 근대적 세계체제가 이미 근대적 / 식민적 세계체제임을 잘 보여준 데 있다.

사실 이 글은 공동작업이기 때문에 이 글에서 키하노의 역할이 어느 정도였는지 정확하게 파악할 수는 없다. 하지만 이 글은 월러스틴의 근대세계체제론을 상당부분 라틴아메리카라는 지역 역사들과 맞대면시키고 있다는 점에서 키하노의 역할이 상당했으리라 추측해볼 수 있다. 특히 키하노가 이 네 가지 요소들의 결합을 향후 '권력의 식민성'이라는 자신의 독창적 개념으로 발전시키고 있는 것으로 보아 이런 추측이 지나친 것은 아니다. 여기서 '권력의 식민성'이라는 개념을 조금 더 살펴보자. 키하노의 '권력의 식민성'이란 개념은 미뇰로의 식민적 차이와 마찬가지로 근대성 / 식민성 그룹의 핵심 개념이다. 어떤 의미에서 식민적 차이가 인식론적 전환의 차원을 넘어 구체적인 물질적 토대를 갖는 것은 바로 권력의 식민성 때문이라 할 수 있다. 권력의 식민성은 16세기 이후 형성된 근대적 / 식민적 세계체제가 인종적 / 계급적 / 젠

35 Ibid., p.551.
36 Ibid., p.552.

더적 / 성적인 구분의 우열에 따라 구축되어온 계층화되고 위계질서화된 권력질서를 가리킨다. 키하노에 따르면 "권력의 식민성은 유럽중심적 세계권력 하에서 세계 인구의 '인종적' 사회적 계층화"에 근거하는 것으로 "유럽중심적이고 자본주의적인 식민적 / 근대적 세계권력에 만연되어"[37] 있는 것이다. 권력의 식민성에서 말하는 '권력'은 단순히 경제적, 군사적, 정치적 차원의 권력만을 말하는 것이 아니라, 푸코가 말하는 듯이, 미시적으로 작동하는 권력의 인식적, 문화적, 인종적, 지식적, 이데올로기적 차원까지 포함한다. 이 개념은 흔히 마르크스주의에 의해 상부구조적 현상으로 여겨졌던 것이 그 자체 얼마나 물질적이고 구조적이고 체계적인 것인지를 잘 보여준다. 여기서 특히 주목할 것은 '인종' 개념의 역할이다. 키하노는 '인종'을 식민적 / 근대적 세계체제의 본질적 구성요소로 간주한다. '인종' 개념은 "글로벌 자본주의 권력의 모든 영역들에 스며들어 있는 근대적 식민 지배의 현상이자 결과"이며 "지난 500년 동안 생산된 사회적 지배의 가장 효율적인 도구"[38]였다는 것이다. 이를 근거로 그는 권력의 식민성의 구체적 조건으로 ① 식민주의자들과 피식민지인들 간의 관계의 '인종화,' ② 노예제, 농노, 단순상품생산, 상호성, 자본과 같은 온갖 역사적 형태의 노동통제와 착취를 결합한 새로운 착취체계의 형성, ③ 상상력, 기억, 그리고 지식과 같은 주체성의 생산과 통제의 새로운 양식으로서의 유럽중심주의, 마지막으로 ④ 인종 간 계층화를 재생산하는 국가의 헤게모니

---

37 Anibal Quijano, "Coloniality and Modernity / Rationality", *Cultural Studies*, Vol.21, No.2-3, 2007, p.171.

38 Anibal Quijano, "Questioning 'Race'", *Socialism and Democracy*, Vol.21, No.1, 2007, p.45.

에 중심을 둔 집단적 권위의 새로운 통제체계의 확립을 거론한다.[39] 그 조건들은 권력의 식민화가 생산관계, 인간관계, 지식 및 주체성의 생산관계, 정치적 관계를 비롯한 거의 모든 사회적 관계에 스며들어 있고, 그 속에서 위계질서를 끊임없이 창출하고 있음을 잘 보여준다. 서구마르크스주의가 이전의 모든 생산양식들을 자본주의적 관계로 통합하면서 이전의 생산양식들이 자본주의적 관계 속에서 획일화, 동질화된다고 보았다면, 즉 자본주의가 발전하면 발전할수록 자본과 노동관계가 단순해지고 순수해진다고 보았다면, '권력의 식민성'은 전 지구적으로 다양한 생산 및 착취의 양식들과 다양한 노동 및 임금관계들이 공존하고 그것을 정당화하는 지식체계와 정치체계가 강고하게 지배하는 이유를 잘 설명해준다. 다시 말해, 권력의 식민성은 마르크스주의가 여전히 전제하고 있는 상부구조와 토대 간의 구분을 무너뜨리고 그 관계를 새롭게 사고하는 한편, 인종, 젠더, 성, 지식, 그리고 이데올로기 같이 전통적으로 문화의 영역에서 논의되었던 것들이 사회구조 속에 얼마나 체계적이고 물질적으로 편입되어 있는가를 보여준다.

따라서 설명력의 관점에서 볼 때, 식민성은 매우 구체적이면서도 풍부한 의미를 가질 수 있다. 그것은 이데올로기적일 뿐만 아니라 구조적이고 체계적이며 물질적인 의미를 동시에 갖는다. 그런 점에서 식민성은 식민주의와는 다른 것이다. 키하노는 "식민성은 명시적인 정치질서로서의 식민주의가 종식된 오늘날의 세계에서도 여전히 가장 일반적인 지배형식이다"[40]라고 주장한다. 식민주의가 식민지의 행정적 통

39 Anibal Quijano, "The Challenge of the 'Indigenous Movement' in Latin America", *Socialism and Democracy*, Vol.9, No.3, 2005, pp.56~57.

치기구가 직접적으로 작동하고 제국의 정치적·행정적 지배질서가 유지되는 시기를 전제로 한다면, 식민성은 그러한 행정기구와 지배질서와 상관없이, 특히 그런 기구와 질서가 종식된 뒤에도 지배적 인종/종족/민족 집단들이 종속된 인종/종족/민족 집단을 억압하고 착취하는 정치적·경제적·문화적·인식론적·정신적·성적·언어적 권력구조를 뜻한다. 라몽 그로스포구엘은 권력의 식민성을 전 지구적 차원에서 "지배와 착취의 성적, 정치적, 인식적, 정신적, 언어적, 인종적 형태들의 다양하고 이질적인 전 지구적 위계질서의 얽힘, 혹은 제3세계 페미니즘적 개념을 사용하자면, 교차성"으로 정의하고, 그 내부에는 "유럽적/비유럽적 분할의 인종적/민족적 위계질서가 모든 다른 전 지구적 권력구조들을 횡단적으로 재형성한다"[41]고 말한다. 그가 예로 들고 있는 위계질서/장치들을 구체적으로 나열해보면, ① 다양한 형태의 노동들(노예제, 반농노제, 임노동, 소상품생산 등)이 공존하면서 세계시장에서의 이윤 확보를 위해 자본에 의해 조직화되는 글로벌 계급구성체, ② 주변부의 노동을 강제적이고 권위주의적 형태로 조직화하는 주변부와 중심부 간의 국제적 노동분업, ③ 유럽 남성에 의해 지배되고 식민적 행정기구 속에 제도화된 정치군사적 조직들의 국가 간 체계, ④ 유럽인을 비유럽인보다 우위에 두는 전 지구적인 인종적/민족적 위계질서, ⑤ 남성을 여성보다 우위에 두고 유럽의 가부장제를 다른 형태의 젠더 관계들보다 특권화하는 전 지구적 젠더 위계질서, ⑥ 이

40 Anibal Quijano, "Coloniality and Modernity / Rationality", p. 170.

41 Ramon Grosfoguel, "The Epistemic Decolonial Turn : Beyond political-economy paradigms", p. 217.

성애자를 동성애자보다 특권화하는 전 지구적인 성적 위계, ⑦ 기독교(카톨릭교와 그 뒤의 신교) 교회의 전 지구화로 나타나는, 기독교도를 비기독교도 / 비서구인들보다 특권화하는 정신적 위계질서, ⑧ 글로벌 대학체계 속에서 볼 수 있듯이, 서구적 지식과 우주론을 비서구적 지식과 우주론보다 우위에 두는 인식적 위계질서, ⑨ 유럽언어의 의사소통과 지식 / 이론의 생산을 특권화하고 비유럽언어들을 지식 / 이론의 생산자로 인정하지 않고 단순히 민담이나 문화의 생산자로만 하위종속화하는 방식으로 유럽 언어와 비유럽 언어 사이에 구성된 위계질서 등이다.[42] 이런 위계질서들은 자본주의의 발전이 고도화되고 지구화된다고 하더라도 사라지는 것이 아니라, 오히려 특정지역에서 자본주의가 고도화, 선진화되기 위한 전제조건이 된다고 할 수 있다.

앞서 지적했듯이 식민성은 식민주의와 같은 말이 아니다. 이론적 개념 설정의 중심에 '식민성'을 두느냐, 아니면 '식민주의'를 두느냐 하는 것은 근대성 / 식민성 그룹의 작업에 매우 중요한 쟁점 중의 하나이다. 식민주의를 이론적 개념설정의 중심에 둘 경우, 근대성에 대한 유럽중심적 패러다임은 그대로 유지될 수 있다. 왜냐하면 근대성은 유럽 내에서 발전했고 유럽의 발전이 어느 정도 진행된 뒤에 유럽 밖으로 식민주의가 수출되었다고 전제할 수 있기 때문이다. 결국 식민주의를 중심에 둔다는 것은 식민성을 근대성 이후에 도래하는 것으로 여길 뿐만 아니라 식민주의가 끝나면 식민성도 끝난다는 것을 의미할 수 있다. 그러므로 미뇰로는 식민주의가 "식민성을 근대성의 파생물로 기록하

42 Ibid., pp.216~217.

는 개념"[43]이라고 주장한다. 반면에 식민성을 이론적 개념설정의 중심에 둘 경우, 근대성과 식민성은 동전의 양면, 즉 식민성은 근대성의 어두운 이면이 될 뿐 아니라 근대성이 지구화하는 오늘날의 권력구조를 '전 지구적 식민성global coloniality'으로 개념화하는 데도 도움을 줄 수 있다. 미뇰로는 "포스트모더니티가 근대성이 지구화의 새로운 형태들로 변형되는 것을 가리키는 것과 마찬가지로 포스트식민성은 식민성이 전 지구적 식민성으로 변형되는 것을 가리킬 수 있다"[44]라고 주장한다. 앞에서 언급했듯이 만일 우리가 근대성/식민성의 동시적 접합 관계를 염두에 두고서, 기든스가 포스트모더니티를 근대성과의 단절이 아니라 '시간과 공간의 분리,' '장소귀속 탈피 기제의 발달,' '지식의 성찰적 전유'라는 세 가지 근대적 역동성의 원천들이 마치 '폭주하는 트럭'처럼 근대성을 극단화하고 급진화하는 것으로 규정한다면[45] — 물론 기든스는 근대성/식민성의 관계나 식민적 차이를 인식하지 않았다 — 식민성 역시 그러한 근대성의 역동적 과정에 의해 새로운 형태의 식민성, 즉 포스트식민성 내지 전 지구적 식민성으로 발전해가고 있다고 말할 수 있을 것이다. 이런 인식에 근거하여 미뇰로는 식민성을 "포스트모더니티의 은폐된 측면"[46]으로 볼 수 있다고 말한다.

전 지구적(포스트)근대성과 그에 따른 전 지구적 식민성 간의 관계를 탐구하는 작업은 라몽 그로스포구엘과 아르투로 에스코바르와 같은 근대성/식민성 그룹의 두 번째 세대의 과제가 되고 있다. 이들은 전

43 Walter Mignolo, "The Geopolitics of Knowledge and the Colonial Difference", p.248.
44 Ibid., p.249.
45 Anthony Giddens, 『포스트모더니티』, p.65.
46 Walter Mignolo, op. cit., p.249.

지구적 식민주의가 전 지구적 식민성으로 넘어가는 시대에 제국적 전 지구성과 전 지구적 식민성의 관계를 새롭게 사고하고자 한다. 라몽은 오늘날의 세계체계는 권력의 식민성이 전 지구적 권력체계로 변해가고 있다고 진단하면서 "유럽인 대 비유럽인들의 낡은 식민적 위계질서는 건재하며, 이것이 국제적인 노동분업과 세계적 규모의 자본 축적과 얽혀있다"[47]고 주장한다. 한편 에스코바르는 기든스의 '폭주하는 근대성'이든 아파두라이의 '확장되어가는 근대성modernity at large'이든 이와 같은 근대성들이 "탈영토화하고 혼종화되고 경합적이고 불균등하고 이종적이며 심지어 다양한 것임을 보여주거나, 혹은 근대성과 대화하고 경쟁하며 유희를 즐기고 근대성을 새롭게 가공하고 있는 것임을 보여준다"고 하더라도, 결국에는 그것들이 "유럽중심적인 사회질서의 반사물"[48]이 되고 만다고 비판한다. 그는 "근대성이 확장되고 급진화하는 전 지구적 근대성 속에서 급진적 타자성은 모든 가능성의 영역들로부터 추방당하고, 온갖 세계문화들과 사회들은 유럽문화의 한 형태로 축소당하고 있다"[49]고 주장한다. 결국 확장되어가는 근대성은 확장되어가는 식민성coloniality at large에 다름 아니라는 것이 이들의 생각이다. 확장되어가는 식민성이 구체적으로 어떻게 분석되고, 어떻게 이론적 설득력을 얻게 될 지는 앞으로 지켜보아야 할 것이다.

---

47 Ramon Grosfoguel, op. cit., p.219.

48 Arturo Escobar, "Beyond the Third World : Imperial Globality, Global Coloniality, and Anti-Globalization Social Movements", *Third World Quartely*, Vol.25, No.1, 2004, p.5.

49 Ibid., p.5.

4. 트랜스모더니티와 해방의 윤리

두셀의 트랜스모더니티와 해방철학은 식민적 차이의 인식론적 전환 위에서 '근대성의 신화'를 비판하고 권력의 식민성에 의해 억압되고 은폐된 무수한 타자성의 문화와 가치들의 재평가와 해방을 추구한다. 근대적 / 식민적 세계체제하에서 억압당해온 이 무수한 타자성의 문화들과 존재들은 "무가치하고 무의미하고 하찮고 쓸모없는 것"[50] 으로 폄하되어왔다. 하지만 이 무수한 타자의 문화와 존재들은 그러한 억압과정 속에서도 결코 사라지지 않고 있다. 두셀에 의하면 그런 문화와 존재들은 근대적 / 식민적 세계체제에 대해 타자성과 외재성의 관계를 맺고 있다. 두셀은 레비나스의 외재성exteriority과 마르크스의 살아있는 노동living labor 개념을 통해 그런 문화와 존재들이 근대적 / 식민적 세계체제와 맺고 있는 '외재성'의 관계를 사유하고자 한다. 레비나스에게 '외재성'은 전체성으로 통합될 수 없는 타자와 타자성이 출현하는 장소이자 관계이다. 그에게 외재성은 신의 윤리적 호명처럼 타자가 현세계의 지평 너머에서 개입하여 정의를 요구하는 외재적 초월성 그 자체인 것이다.[51] 두셀은 이와 같은 레비나스적 시각을 통해 마르크스를 보다 실천적으로 재해석한 것으로 유명하다. 그는 총체성을 마르크스

50 Enrique Dussel, "Transmodernity and Interculturality : An Interpretation from the Perspective of Philosophy of Liberation", *Transmodernity : Journal of Peripheral Cultural Production of the Luso-Hispanic World*, Vol.1, No.3, 2012, p.42.

51 Enrique Dussel, *The Underside of Modernity : Apel, Ricoeur, Rorty, Taylor, and the Philosophy of Liberation*, New Jersey : Humanities Press, 1996, p.53.

의 핵심 범주로 삼았던 루카치, 마르쿠제와 같은 서구마르크스주의를 비판하면서 외재성으로서, 즉 "어떠한 계약 이전에 자본의 외부에 있는 무"[52]로서의 살아있는 노동이 마르크스의 생성적이고 근원적인 범주였음을 강조한다. 여기서 레비나스와 마르크스의 외재성에 대한 두셀의 해석을 상세하기 논하기보다는 두셀이 레비나스의 외재성과 타자성 개념을 수용하는 한편, 마르크스의 살아있는 노동에 대한 새로운 해석을 통해 레비나스의 외재성을 구체적이고 현실적인 맥락 속에서 해석하고 번역하고 있다는 점만 지적해두자. 근대성 속에서 부정되고 억압된 문화와 가치들이 뜻밖의 문화적 풍부함을 보여줄 수 있는 것은 근대적 자본주의체제의 전체성 속으로 통합될 수 없는 바로 "외재성' 즉 — 항상 존재하고 동시에 잠재적인 — 타자성" 때문이다.[53] 두셀은 트랜스모더니티를 "수백 년 간의 식민주의의 재의 바다 아래 깊숙이 파묻혀 있는 존재들의 불꽃처럼"[54] "근대성과 그 부정된 타자성(그 희생자들)이 상호 창조적인 풍부화의 과정 속에서 스스로를 공동-실현해가는"[55] 과정으로 그린다. 그러기 위해서는 "식민지적 주변부, 인디오, 노예, 여성, 아이들, 서발턴화된 민중문화들과 같이 근대성의 부정당하고 희생된 '타자적 얼굴'"이 우선적으로 근대성의 비이성적이고 억압적 신화에서 벗어나 "스스로를 순수한 존재로, 희생적 제의의 '순진무구한 희생자'로 발견"할 필요가 있다.[56]

52 Enrique Dussel, *The Underside of Modernity,* p.54.
53 Enrique Dussel, "Transmodernity and Interculturality", p.42.
54 Ibid., p.42.
55 Enrique Dussel, "Eurocentrism and Modernity", p.76.
56 Ibid., p.76.

따라서 두셀의 트랜스모더니티는 근대적 / 식민적 세계체제하에서 억압당해온 타자들, 즉 파농의 '대지의 저주받은' 서발턴들을 해방시켜 지난 500년 동안 전개되어온 세계체제 그 자체를 극복하고자 하는 기획을 상상하는 것이다.[57] 그에 의하면 지난 500년의 근대적 / 식민적 세계체제는 이미 돌이킬 수 없는 세 가지 한계점을 초래하거나 거기에 도달했다. 첫 번째 한계는 '지구의 생태적 파괴'로서, 자연을 자본의 이윤 창출을 위한 대상으로 삼은 결과 자연이 인간을 위한 대상 내지 효용적 가치로만 폄하되어 그 자체 물질적 · 정신적 힘을 갖는 것으로 인식하지 못하게 된 것이다. 두 번째 한계는 '인간성 자체의 파괴'로서, '살아있는 노동'이 잉여가치와 이윤을 창출할 수 있는 자본의 매개물로 전락했고, 자본의 점증적인 지배와 기술 발달로 인해 인간 노동의 중요성이 감소하면서 인간이 '남아도는(제거된) 인간성'으로 타락해가고 있다는 것이다. 중심부이든 주변부이든 실업율과 지불능력을 상실한 주체들이 급속히 증가하면서 자본에 의해 고용될 수 없는 노동이 무수히 늘어나고, 그 결과 빈곤이 자본의 절대적 한계로 등장하고 있다. 마지막 세 번째 한계는 "근대성이 생겨난 이후 끊임없이 공격하고 배제하고 빈곤으로 몰아넣었던 사람, 경제, 민족, 그리고 문화들의 포용 불가능성"이다. 즉 비유럽적 세계에 존재하는 타자들과 그들의 생존의지를 더 이상 배제할 수 없는 지점에 도달하고 있다는 것이다.[58] 두셀이 볼 때, 이런 한계들은 근대적 / 식민적 세계체제와 그것을 떠받치고 있는 근대성의 한계를 드러냄과 동시에 새로운 차원의 인식론적 전환과

57 Enrique Dussel, "Beyond Eurocentrism : The World-System and the Limits of Modernity", p.19.
58 Ibid., p.19~21.

해방의 가능성을 드러내준다. 그에게 해방의 윤리란 "철학적으로 세계체제의 전 지구적 지평으로부터, 문명화 과정의 극단적 위기인 전 지구적 차원의 생태적 파괴와 궁핍과 굶주림으로 인한 대다수의 인간들의 절멸이라는 이중적 한계로부터 성찰하는 것이다."[59] 특히 두셀은 세 번째 한계인 타자의 수렴 불가능성, 즉 "타자의 타자성의 외재성"이 근대적 / 식민적 세계체제에 대한 저항의 장소가 될 수 있고 그 저항의 긍정으로부터 "해방의 부정의 부정의 과정이 시작될 수 있다"[60]고 역설한다.

이상에서 보았듯이, 트랜스모더니티는 식민적 차이에 기반을 둔 인식론적 전환을 요구하고 억압된 타자의 해방을 윤리적 기반으로 삼는다. 뿐만 아니라 해방의 윤리는 타자성과 외재성의 관점에서 근대적 / 식민적 세계체제 속에 억압된 엄청난 문화적 · 인간적 자원의 풍부함을 바탕으로 한 연대의 정치학과 미래의 유토피아적 상상력을 요청하기도 한다. 그것은 "중심 / 주변, 남성 / 여성, 다양한 인종들, 종족집단들, 계급들, 문명 / 자연, 서구문화 / 제3세계 문화들 간의 통합적인 연대incorporative solidarity를 통한 해방의 공동-실현"을 추구한다. 두셀은 "트랜스모더니티는 (정치적, 경제적, 생태적, 에로스적, 교육적, 그리고 종교적인 해방의 기획으로서) 근대성이 스스로 성취할 수 없었던 것의 공동-실현이다"[61]고 주장한다.

---

59 Ibid., p.20.
60 Ibid., p.21.
61 Enrique Dussel, "Eurocentrism and Modernity", p.76.

트랜스모더니티는 식량(보편화하기 가장 어려운 것 중의 하나)조차 자본 속으로 포섭하는 상품 천국('보편적' 상품들의 제국)하에서 초국적 자본주의 시장이 억압하려고 한 엄청난 문화적 · 인간적 풍부함의 출현을 가능하게 한다. 미래의 '트랜스'(횡단) 근대성은 복수문화적이고 다재다능하고 혼종적이고 탈식민적이고 다원적이고 관용적이며 민주적이다(동시에 유럽 국가의 근대 자유민주주의를 넘어선다). 그것은 찬란한 수천 년의 전통을 갖고 있고 외재성과 이질적 정체성들을 존중한다. 인류의 대다수는 일상적이고 각성된 지평 속에서 문화들을 보유하고(전 지구성의 요소들을 혁신하고 포함하여) 재조직하고 창조적으로 개발한다. 이런 복수문화들은 참여자들의 진정하고 특별한 존재의 평가적 '공통감각'을 예각화하고 지구화의 배타적 과정을 반박한다. 바로 이런 과정 때문에 지구화의 과정은 부지불식간에 '트랜스' 모더니티로 나아가게 된다. 이것은 엄청난 다수의 인류들의 의식으로, 그리고 그들의 배제된 역사적 무의식으로의 복귀인 것이다.[62]

두셀은 트랜스모더니티를 근대성의 타자적 얼굴을 통해 근대성의 비이성적 신화, 즉 "식민지, 주변주 자본주의, 그리고 남부에 가하는 비이성적 폭력의 신화에 대한 '이성적' 비판"으로 정의한다. 이 정의는 트랜스모더니티가 갖는 의미를 상당부분 함축하고 있다. 트랜스모더니티는 '근대성의 신화, 즉 근대성의 비합리성을 비판하되 그 비판은 이성적 비판'이라는 말이 갖는 의미는 트랜스모더니티가 근대성과 이중적 관계를 맺고 있음을 잘 보여준다. 다시 말해, 근대성의 폭력적이고

62 Enrique Dussel, "World-System and "Trans"-Modernity", p. 236.

억압적인 비합리성(식민성)을 비판하되 근대성의 이성적 성과는 계승하겠다는 것이다. 이는 근대성을 이해함에 있어 기존 근대성의 옹호론자나 포스트모더니스트들과는 다른 입장이다. 하버마스처럼 포스트모더니스트들을 반근대주의자로 비판하고 '근대성'을 미완의 기획으로 규정하면서 그 완성을 주장할 경우, 결국 미완의 근대성의 완성은 식민성의 완성이 될 가능성이 있다. 반면 포스트모더니스트들은 근대성의 (비)합리성을 비판하면서 근대성 자체를 부정하는 반근대적 경향을 드러낸다. 두셀은 해방의 기획은 "반근대적일 수도 없고 전근대적일 수도 없으며 후근대적(포스트모던적)일 수도 없다. 오히려 그것은 트랜스모던적(횡단근대적)이다"라고 말한다. 두셀에 의하면 '트랜스모던적'이란 "근대성의 '합리적인 해방적emancipatory 핵심'을 전제하면서도 근대성의 '희생적 신화'를 비이성적인 것으로 비판하여 근대성 자체를 뛰어넘고자"[63] 하는 것이다. 두셀은 근대성의 폭력적, 강압적, 학살적 이성에 대한 포스트모더니즘적 비판에 일부 공감하면서도 이성 그 자체에 대한 비판에는 동의할 수 없다고 말한다. 그는 "우리는 계몽의 보편주의적 합리주의라는 합리적 핵심을 부정하지 않는다. 다만 희생적 신화라는 그 비합리적 계기를 부정할 뿐이다. 다시 말해, 우리는 이성을 부정하는 것이 아니라 근대성의 신화가 생성한 폭력의 비합리성을 부정할 뿐이다. 포스트모더니즘적 비합리주의에 맞서 우리는 '타자의 이성'을 주장한다"[64]고 말한다. 타자의 이성이란 세계를 홀로 고독하게 인식하는 주관적이고 고립된 자아의 이성이 아니라 항상 타자와의

63 Enrique Dussel, *The Underside of Modernity*, p.53.

64 Enrique Dussel, "Eurocentrism and Modernity", p.75.

초월적 · 외재적 관계를 전제로 한 채 세계를 인식하는 상호주관적이고 상호문화적이며 상호철학적인 성찰에 근거하는 것을 말한다.

두셀이 볼 때, 포스트모더니티에서 '포스트'는 근대적 이성의 한계에 대한 넘어서기일 뿐 서구를 넘어서는 것은 아니다. 즉 "포스트모더니티는 인류가 '전 지구화'에 걸쳐 근대화할 때만 포스트모던 유럽이나 미국과 똑같은 '문화적 상황'에 도달할 수 있다고 전제하고 있기 때문에 유럽중심주의를 제거할 수 없다."[65] 결국 포스트모더니티는 근대성의 극복이라고 하더라도 근대성을 필연으로 전제할 수밖에 없기 때문에 트랜스모더니티처럼 근대적 / 식민적 세계체제 속에서 배제되고 억압된 타자들의 문화가 갖는 창조적 역할을 상상할 수 없다. 그것은 근본적으로 식민화된 다양한 지구문화들의 가능성을 간과한 채 오직 유럽적 근대성의 한계만 넘어서고자 한다는 점에서 단일토픽적monotopic이고 단일보편적인universal 주제에 머물게 된다. 반면 '트랜스모더니티'는 유럽적 근대성에 의해 배제되었고 포스트모더니티에 의해서도 상상될 수 없었던 다원토픽적이며 다원보편적pluriversal인 다원적 문화성multi-culturality에 대한 긍정이다. 즉 그것은 유럽이나 북미의 근대성에 포함되지 않는 '타자성'과 '외재성'의 장소에서 생성되는 복수의 문화들의 존재에 대한 깨달음이자 그것들의 공동-실현의 과정을 염두에 둔다. 여기서 '트랜스'가 갖는 의미는 "근대성에 의해 '무의미하고' '무가치하고' '야만적인' 것으로, 그리고 '비문화'로, 미지의 불투명한 타자성으로 배제되고 부정되고 무시된 것이면서 동시에 '야만적'이고 문명화되지

65 Enrique Dussel, "World-System and "Trans"-Modernity", p.233.

못하고 미개하며 열등한 것으로 평가된 것을 발판으로 삼는 도약"[66]을 뜻한다. 바로 이 다양한 문화들의 도약이 트랜스모더니티에서 말하는 해방의 전제가 된다. 이런 점 때문에 트랜스모던적 해방liberation과 유럽중심적 해방emancipation은 구분된다. 유럽중심적 해방이 수많은 복수의 지구문화들을 억압한 채 유럽 내부의 단일보편적 해방을 추구한다면, 트랜스모던적 해방은 바로 복수문화들 자체의 다원보편적 해방을 뜻한다. 따라서 트랜스모던적 해방은 전면적이고 지구적이며, 다양한 문화들 간의 민주적이고 수평적이며 혼종적인 성격을 띤다.

라몽에 따르면 트랜스모더니티는 유럽중심적 근대성을 뛰어넘고자 하는 라틴아메리카 철학자 엔리케 두셀의 해방적 기획이다. 즉 두셀의 트랜스모더니티는 "서발턴의 문화들과 세계의 식민화된 민중들의 인식론적 위치에서 유럽중심적 근대성을 비판하고 대안을 제시하는 다양한 탈식민적인 비평적 반응들"[67]을 옹호한다. 수자 산토스는 북부의 인식론을 다양한 지식들과 인식들의 시간과 리듬을 파괴하고 단일시간과 단일문화를 강요하는 인식적 살해epistemicide의 문화라고 비판하면서 "전 지구적인 인식적 정의 없이는 전 지구적 사회정의란 있을 수 없다"[68]는 문화생태학을 주장한 바 있다. 두셀의 트랜스모더니티는 바로 이런 문화의 생태학을 위한 강력한 근거가 된다.

이상에서 근대성 / 식민성 그룹의 이론적 주장을 살펴보았다. 최근

---

66 Ibid., p.234.

67 Ramon Grosfoguel, "Transmodernity, border thinking, and global coloniality", *Eurozone*, 2008, p.17.

68 Sousa Santos, *The Rise of the Global Left : The World Social Forum and Beyond*, London : Zone Books, 2006, p.14.

지식의 장에서 이들의 주장이 크게 호응을 얻는 것은 이들이 21세기 지구화의 세계 속에서 억압된 다양한 문화들과 그 잠재력에 주목한 점 때문이기도 하지만, 앞서도 지적했듯이 이들의 이론적 작업 자체가 다른 이론적 주장들과 달리 식민적 차이에 근거한 인식론적 전환을 바탕으로 전 지구적 식민성의 권력구조를 천착했으며, 근자에 보기 드물게 미래적 대안과 유토피아적 상상력을 통합하는 모습을 보이고 있기 때문이다. 즉 이들은 이론의 상황적 문제의식(식민적 차이), 객관성의 확보(권력의 식민성), 그리고 미래의 대안(트랜스모더니티와 해방의 윤리)까지 제안하는 독특한 집단적인 이론적 업적을 선보이고 있다. 물론 이들의 작업은 현재 진행행이며 앞으로 더 구체화되고 객관화되어야 할 것이다. 에스코바르의 지적처럼 이들의 이론에서 동성애와 여성과 같은 젠더와 성의 문제가 체계적으로 다루어지지 않고 있으며, 장차 이들의 인식론은 그동안 페미니즘적 인식론이 얻은 성과로부터 얻을 바가 많을 것이다.[69] 하지만 이들의 주장 또한 페미니즘적 인식론에 제공할 바가 적지 않다. 앞서 말했듯이, 해러웨이는 다양한 입장들이 가질 수밖에 없는 부분적 시각들의 접속을 통한 '함께 보기'로서의 객관성을 말할 뿐 그 부분적 접속들이 어떤 객관성을 낳을 수 있을지에 관한 구체적 윤곽을 제시하지는 못한 것 같다. 그것은 지식의 객관성이 결국에는 다양한 현실적 실천의 장에서 생겨나는 미래적 가능성과 연결되어 있기 때문이다. 이런 점에서 근대성 / 식민성 그룹은 이론의 새로운 구성과 실천적 가능성을 보여주고 있다고 할 수 있다.

69 Arturo Escobar, "Worlds and Knowledges Otherwise", pp.192~93.

3장

유동적 근대성과 그 비판

지그문트 바우만

1. 민주주의의 위기와 고통의 지구화

오늘날 우리는 전 지구적으로 인간과 자연에 대한 폭력과 착취가 일상적으로 벌어지고 있는 현상들을 종종 목격하게 된다. 과거에는 주변부와 제3세계에 국가권력이나 자본의 억압과 착취, 그리고 삶의 고통이 집중되어 있었다면, 자본의 지구화가 본격적으로 진행된 오늘날 제3세계 뿐 아니라 제1세계의 중심부 내에서도 삶의 뿌리를 뒤흔드는 폭력과 그 결과로서의 고통스러운 삶의 모습들을 어렵지 않게 목격할 수 있다. 즉 제1세계 내부에도 이미 제3세계들이 곳곳에 존재하고 있는 셈이다. 데일 마하리지Dale Maharidge는 『미국을 닮은 어떤 나라*Someplace like America*』에서 미국의 곳곳을 둘러보면서 미국의 탈산업화 정책과 신자유주의적 정책들이 안정된 일자리와 살만한 주거를 제외하고 어떤 것도 요구하지 않는 이름 없는 평범한 시민들의 삶을 어떻게 망가뜨렸고 그들을 제3세계 민중들과 동일한 고통과 나락의 처지로 몰아넣었는지를 추적한다. 그는 "이 땅 사람들의 상당수가 제3세계 같은 조건 속에서 살고 있고 그 숫자가 자꾸 불어나고 있는 판국에 우리는 굶주림과 절망을 이대로 묵과하고 싶은 것인가?"[1]라고 한탄한다. 미국이 이렇다면 제3세계와 주변부에서는 정작 삶의 고통이 어떠할지 짐작이 가지 않을 정도이다. 라틴아메리카나 아프리카의 오지에서는 광산 개발이나 공장 건립과 벌목 등을 이유로 원주민들을 대량학살하거나 삶의 터전으로부터 쫓아내는 일들이 비일비재하게 발생하고 있다. 당장 우리 주변에서도 어제까지만 해도 멀쩡했던 삶들이 하루아침에 벌거벗은 생명으로 전락하고 있는 현실을 쉽게 목격할 수 있다. 오늘날 자본의 지구화 하에서 고통스러운 삶의 모습은 양산되고 있으며 고통의 지구화는 점점 더 명확해지고 있다.

자본의 전 지구적 지배로 인한 고통이 서구사회와 선진국 사회로 확산되는 데는 자본의 지배를 제어할 수 있는 민주주의 자체의 위기가 자리하고 있다. '사람을 사람으로 대하는', 즉 민중에게서 권력의 근거를 찾는 민주주의가 "사람을 사람이 아니라 치워야 할 비용으로 보는 자들의 무자비한 폭력"[2]에 의해 서서히 침식당하고 있는 것이다. 근대적 세계체제 속에서 민주주의와 자본주의는 갈등적이면서도 타협적인 관계를 유지해왔다. 자본주의는 비록 불균등하고 일부 지역에 한정된 것이라고 하더라도 민주주의의 기반을 위협하면서도 민주주의의 주체가 될 대중의 등장을 도왔다면, 반대로 민주주의는 자본주의의 확장을 발

1 Dale Maharidge, 김훈 역, 『미국을 닮은 어떤 나라』, 여름언덕, 2012, 20면.
2 공지영, 『의자놀이』, 휴머니스트, 2012, 88면.

판으로 성장하면서도 자본주의의 확장이 낳은 억압과 착취에 저항하고 그것을 뛰어넘을 힘을 대중들에게까지 확대시켜왔다. 우리가 알고 있는 '자유민주주의'란 자본주의와 민주주의의 대립과 갈등을 — 상상적이든 실제적이든 — 해결한 한 방식이었다. 즉 그것은 그러한 대립과 갈등을 억압하면서 자본주의와 민주주의의 공통적인 — 명목상으로만 동일한 — 가치인 '자유' 개념을 '자본주의'에 유리한 방식으로 해석한 이데올로기이자 체제였던 것이다. 프란시스 후쿠야마가 현실사회주의권의 몰락에 맞서 자유민주주의의 승리를 '역사의 종언'으로 선언했을 때 그것은 바로 이 체제의 승리를 영구히 선언하려는 시도였다. 하지만 자유민주주의가 대내외적으로 자유주의적 기반의 약화와 자본의 지구화가 초래한 혼란이라는 두 가지 측면에 의해 동시에 위협받고 있는 오늘날 프란시스 후쿠야마조차 그러한 승리에 회의적 반응을 보이고 있는 것은 아이러니한 일이 아닐 수 없다.[3] 이제 자본주의는 지구화를 통해 기존 민주주의의 권한과 경계를 훌쩍 뛰어넘고 있으며 그 과정에서 민주주의 자체를 형식적 의미와 가치로만 남겨두려고 한다. 오늘날 많은 이론가들은 지구적 자본의 횡포와 민주주의의 위기의 과정을 민주주의의 종말, 탈민주화, 포스트민주주의라고 부른다.

콜린 크라우치Colin Crouch는 『포스트민주주의*Post-Democracy*』에서 민주주의의 형식적 요소는 그대로 존속하고 있는 것처럼 보이지만 정치권력이 민주주의가 도래하기 이전 시대의 모습처럼 점차적으로 특권적인 엘리트의 통제력 안으로 미끄러져 들어가는 포스트민주주의의 시

3 Werner A. Perger & Thomas Assheur, 이승협 역, 「서문」, 『세계화 이후의 민주주의』, 평사리, 2006, 8면.

대로 진입하고 있다고 주장한다.[4] 그는 "최대민주주의maximal democracy에 근접한 정치체제를 계속 유지하는 것은 어렵게 되었기 때문에 민주주의의 시기로부터 멀어지는 것은 불가피한 일로 받아들여야 한다"[5]라고 말한다. 크라우치가 볼 때, 이렇게 된 주된 원인은 현존 사회복지국가와 제도들을 무력화하는 초국적 기업들의 영향력이 강화되고 있는 데 반해, 그에 맞설 수 있는 대중들은 피로감에 젖어 있고 그들이 주도해야 할 정치운동은 점점 쇠퇴하고 있다는 데 있다.

> 복지국가는 차츰 잔여로만 존재하게 되었다. 시민의 보편적 권리가 아니라 수혜요건을 갖춘 가난한 이들을 위한 것으로 바뀐 것이다. 노동조합은 사회의 주변부로 밀려났다. 국가의 기능은 야경국가의 성격으로 두드러지게 회귀했다. 빈부격차는 커지고 있다. 세금의 재분배 기능은 줄어들었다. 정치가는 한 줌도 안 되는 기업가들의 관심사에만 주로 반응하고, 기업가의 특수 이익이 공공정책으로 둔갑한다. 가난한 사람은 점차 정치과정에서 무슨 일이 벌어지든 상관하지 않게 됐고 심지어 투표도 하지 않게 됐다. 이로써 그들은 민주주의 이전 사회에서 어쩔 수 없이 차지해야 했던 위치, 즉 정치참여가 배제된 위치로 자발적으로 돌아가고 있다.[6]

급진적인 정치학자인 웬디 브라운Wendy Brown은 "정치가 자본에 의해 지배되고, 민주적 합리성이 신자유주의적 합리성에 의해 장악되고,

4 Colin Crouch, 이한 역, 『포스트민주주의』, 미지북스, 2008, 11면.
5 위의 책, 19면.
6 위의 책, 37~38면.

정치가 법에 의해서만 조정되며, 주권이 국민국가로부터 분리될 뿐만 아니라 지구화가 국민국가로 침식해 들어가는"[7] 지금의 현실을 탈민주화de-democratization로 규정한다. 특히 그녀는 탈민주화의 핵심적 특징으로 자본의 초국적 흐름이 주도하는 국가의 신자유주의적 통치화neoliberal governmentalization를 지적한다. 그녀가 말하는 국가의 신자유주의적 통치화란 "20세기 중반에 걸쳐 자본, 사람, 사상, 자원, 상품, 폭력, 정치적·종교적 믿음의 초국적 흐름이 꾸준히 증가하여 국민국가가 이 다양한 속성을 결합하던 독점적 상황이 심각하게 위협"받게 되면서 국가가 대중주권에 근거한 민주주의로부터 멀어져 점차 자본의 요구에 따라 통치되는 합리화 과정을 말한다. 브라운에 의하면 탈민주화는 두 가지 중대한 결과를 낳게 되는데, 우선 민주주의는 그것에 필수적인 정치적 형식과 틀을 상실하게 되고, 국가는 대중 주권을 구현한다거나 대중의 의지를 실행한다는 온갖 명분을 포기하게 된다.[8] 민주주의가 가능하려면 자율적으로 통치할 수 있는 주체적 시민이 있어야 하고 그들이 민주화를 실현하고자 열망하는 권력에 접근할 수 있어야 한다. 하지만 국민국가의 주권이 자본에 대한 통제력을 상실하거나 그 힘과 결탁하여 쇠퇴하면서 대중의 존재기반이 취약해졌고, 신자유주의가 자본의 힘을 제어 불가능한 초국적 권력들에게 맡겨버리면서 대중이 권력에 접근할 수 있는 가능성조차 멀어져가고 있는 것이다.[9]

크라우치나 브라운 외에도 많은 이론가들은 지구화 이후 민주주의

---

7 Wendy Brown, "We are all Democrats now…", *Democracy in What State?* (Giorgio Agamben et al.), New York : Columbia University Press, 2011, p.48.

8 Ibid., p.49.

9 Ibid., p.50.

가 위기를 맞이하고 있다는 데 동의하고 있다. 하지만 향후 이론적 관건은 이와 같은 자본의 지구화와 민주주의의 위기가 우리 삶의 형태와 조건에 어떤 급격한 영향과 변화를 낳고 있는가를 이해하고 해석해내는 일이다. 우선 국가가 자본과 결탁하여 제도적 보호와 안전에 대한 책임이 국가에서 개인으로 넘어가면서 우리 삶의 조건이 그 근본에서부터 극도로 불확실해지고 취약해지고 있다. 특히 주요 책임이 사회와 국가로부터 개인에게 떠넘겨지면서 체제로부터 탈락하는 원자화된 개인들이 양산되고, 그에 따라 고통의 구조 역시 점점 더 전체화되고 동시에 개별화된다.

이런 변화의 과정을 지그문트 바우만Zygmunt Bauman만큼 통찰력있게 포착하고 있는 이론가도 드물 것이다. 그의 글은 이런 변화가 얼마나 깊고 광범위하게 우리 삶을 바꾸어놓고 있는가를 탁월하게 파헤치고 있기 때문에 앞으로 바우만의 주장을 인정과 비판을 위한 대화의 상대자로 삼아 근대성에 대한 그의 입장을 비판적으로 고찰하고자 한다. 특히 그의 근대성 개념이 서구적 근대성의 한 형태이자 그 연장선상에 있음을 비판하고자 한다. 바우만은 우리에게 '유동적 근대성'liquid modernity 개념으로 잘 알려져 있다. 카를 마르크스가 『공산당 선언*The Communist Manifesto*』에서 "모든 견고한 것들이 녹아 대기 속으로 사라지고, 모든 신성한 것이 세속화되며, 그리하여 마침내 인간이 자신의 삶의 현실적 조건과 다른 인간들과의 관계를 냉정하게 대면할 수밖에 없게 되었다"[10]고 말했던 것처럼 유동적 근대성은 마르크스의 주장에 근거

10 Kar Marx & Friedrich Engels, *The Communist Manifesto*, London : Penguin Books, 2002, p.223.

하여 근대적 현상, 즉 개인성, 시간과 공간, 삶, 노동, 공동체와 같이 그동안 장기적이고 견고한 것처럼 보이던 인간관계와 제도들이 모두 용해되어 유동적이고 순간적인 것으로 변해가는 급격한 현상을 가리킨다. 죽음과 삶, 사랑과 미와 같이 지속적이거나 영구적인 것처럼 보이는 인간적 관념들조차 이러한 급격한 변화로부터 벗어날 수 없다. 그는 『유동적 시간—불확실성의 시대에 살기*Liquid Times : Living in an Age of Uncertainty*』에서 유동적 근대성 개념을 토대로 보다 발전된 지역에서 과거에 볼 수 없던 새로운 도전들이 등장하고 있고, 이 도전들이 일련의 새롭고 상호 연관된 문화적 이탈들departures을 만들어내고 있다고 주장한다. 바우만은 이 이탈들을 다섯 가지 특징으로 정리하는데 이를 간단히 살펴보면 다음과 같다.[11] 앞서 말했듯이, 첫째는 근대성이 견고한 단계에서 유동적 단계로 넘어가는 것이다. 유동적 단계란 기존의 견고한 사회형식들이 해체되고, 특히 이 사회형식들의 해체속도가 그것이 견고해지는 데 걸렸던 시간보다 더 빠르기 때문에 이 형식들이 더 이상 현재와 같은 고정적 형태를 유지할 수 없게 되는 상황을 가리킨다. 이런 상황에서는 사회형식들은 견고해질 시간적 여유와 기대감을 가질 수 없으며 인간의 예측 가능한 행위와 장기적 삶을 보장해주는 지속적 틀이 될 수 없게 된다. 둘째는 근대 국민국가의 출현 이후 오늘날까지 마치 부부처럼 긴밀한 관계를 유지해온 권력과 정치가 분리되거나 결별하게 된 것이다. 즉 근대 국민국가가 그동안 행사해왔던 대부분의 효과적 조치와 권력이 정치적으로 통제 불가능하고 치외법

11 이탈departure개념은 바우만의 유동적 근대성 개념에서 매우 핵심적인 의미를 가지며 이탈이 갖는 의미는 마지막 단락에서 상세하게 살펴볼 것이다.

권적인 전 지구적 권력으로 이전되고 있는 데 반해, 정치는 계속해서 지역과 국민국가 내부에만 머물러 있기 때문에 세계적 차원에서 작동하는 권력에 효과적으로 대응할 수 없게 된 것이다. 이와 같은 정치적 통제력의 상실이 곧 민주주의의 위기에 다름 아니다. 이 위기 속에서 개인의 삶은 극도로 불확실해지고, 자본은 유일한 대안세력인 것처럼 활개를 치기 시작한다. 셋째는 개인의 실패와 좌절을 감싸주고 재기를 돕던 공동체적이고 국가적인 차원의 지원시스템이 점차 기능하지 못하면서 사회적 연대와 집단적 행동을 위한 사회적 토대가 허물어지는 것이다. 공동체의 역할이 별로 의미 있게 기능하지 못하고, 개인의 직접적인 이해관계를 조정해주고 지속적이고 막대한 시간과 노력을 기울이면서 형성할 가치가 있었던 공동체적 안전망과 인간들의 사회적 결속들이 해체되거나 극도로 취약해진다. 결국 개인은 사회적 연대에서 이탈하여 원자화되고, 모든 책임은 개인들에게 지워지게 되며, 오직 개인들이 자본의 힘에 의해 소비자로만 묶여지게 되면, 결국 사회는 더 이상 연대의 공동체가 아니라 모래알 같이 느슨한 개인들의 집합체가 되고 만다. 넷째는 사회의 미래를 장기적이고 영속적인 관점에서 사유하고 구상하던 사유체계와 시스템이 붕괴되어 버린 것이다. 그 결과 "정치적 역사와 개인의 삶이 원칙상 무한한 단기적인 프로젝트와 에피소드들로 분할되고 '발전', '성숙', '경력', '진보'(이 단어들 모두 미리 결정된 연속의 질서를 암시한다)와 같은 개념들이 의미 있는 연쇄로 결합되지 못한다." 즉 공동체로부터 분리되고 파편화된 삶들은 연결되지 못한 채 개인과 사회의 의미 있는 성장과 발전과는 무관해지는 것이다. 다섯째는 불안하고 가변적이며 유동적인 현실이 낳은 곤경들을 해결하기 위한 책임이 사회에서 개인으로 옮겨가게 되는 것이다. 특히 개인은 선택의 자유를 갖고 있는 것처럼 보일지 모르지만 실은 그 선택의 대가와 책임만 짊어지게 되는 것이다. 왜냐하면 온갖 선택과 관련된 위험들은 "개인의 파악과 행동 능력을 초월하는 힘들에 의해 생산되고 있지만 그 대가를 지불해야 하는 것은 개인의 운명이자 의무가 되었기" 때문이다. 이런 상황에서 개인은 기존의 안정적 규칙에 순응하는 것이 아니라 그때그때 주어지는 순간적 선택에 대해 유연한 반응만 선택할 수 있을 뿐이다.[12]

이와 같은 이탈과 변화들은 정도와 속도의 차이만 있을 뿐 이미 우리 곁에 존재하고 있다. 그것들은 이미 우리 삶과 그 방식을 규정하는 특징들이며, 특히 이 특징들은 바우만의 많은 책들의 기본전제들이다. 이 특징에 대한 바우만의 진단이 일부 극단적인 경향이 없는 바는 아니다. 하지만 바우만이 이 다섯 가지 특징을 통해 말하고자 하는 것은 그동안 자본과 개인 사이를 매개해주던 견고한 (전)근대적 장치와 결속들, 즉 국가, 공동체, 사회와 그것을 뒷받침하던 가치들이 이제 형식만 남았거나 해체되어 개인과 자본이 아무런 매개 없이 직접적으로 대면하게 된 유동적 상황 속으로 우리가 진입하고 있다는 것이다. 유동적 근대성에서 '유동적'이란 바로 이 매개의 제거와 약화와 소멸로 인해 생겨난 삶의 이탈들을 지칭한다. 이런 변화는 그러한 매개를 지속적인 것으로 만들어주던 법체계에도 결정적인 영향을 끼치게 된다. 그동안 개인을 보호해주던 기존의 법체계들이 그 효력을 상실하게 된다.

---

12 Zygmunt Bauman, *Liquid Times : Living in an Age of Uncertainty*, Cambridge : Polity, 2007, pp. 1~4를 참조하고 인용함.

사실 법이 그런 매개를 유지하기 위한 법체계들과 관련되어 있다면, 매개의 제거와 약화는 곧 그런 법체계의 해체와 약화로 귀결될 수밖에 없다. 특히 현행의 법이 국내법의 영향권을 넘어선 — 글로벌 정치체이든 초국적 기업의 논리이든 — 다른 체제나 권력의 영향을 받거나 지배를 당하면서 법과 법이 아닌 것 간의 경계들이 모호해지고 혼란, 무질서, 무법과 같은 예외상태가 일상적인 것이 된다. 즉 이런 혼란스러운 예외상태가 정상이 되는 것이다. 나아가서 이런 예외적 상황에서 개인은 어떠한 보호나 안전장치 없이 자본의 착취 앞에 '벌거벗은 생명'처럼 무방비 상태로 노출된다. 만약 개인의 생명과 삶이 자본에게 더 이상 유용하지 않을 경우, 그것은 언제든지 '잉여redundancy'로 취급당하게 된다.

바우만은 이러한 변화를 '실업'에서 '잉여'로from 'unemployment' to 'redundancy'라는 패러다임의 전환으로 해석한다. 그에 의하면 실업이란 단어에 전제되어 있는 것은 지금은 고용되어 있지 않지만 장차 고용될 것이라는 가능성이다. 즉 실업失業의 접두어 '실失'은 "하나의 변칙 — 모든 변칙들이 그러하듯이 예외적이고 불규칙적이고 일시적인 현상으로서 그것을 치유하기 위한 조치를 필요로 하며 일단 요구하고 조치가 취해지면 정정될 가능성이 매우 높은 현상"[13]을 뜻한다. 실업이라는 단어에는 정상적 상태가 '고용'이고 그 이상은 '완전고용'이라는 사실이 항상 함축되어 있는 것이다. 반면에 잉여의 정상적 상태는 잉여 그 자체일 뿐이다. 잉여는 사회에서 재활용되지 못하고 버려지는, 즉 쓰레기가

13 Zygmunt Bauman, *Work, Consumerism and the New Poor*, London : Open University Press, 2005, p.69.

되는 삶wasted lives 자체를 의미한다. 거기에는 항상 더 많은 잉여들이 양산될 것이라는 디스토피아적 불안이 그림자처럼 따른다.

> (실업이라는) 낡은 단어와 달리, 새로운 단어(잉여)는 그것이 아무리 간접적이고 암시적이라 하더라도 어떠한 약속이나 전망도 담고 있지 않다. 거기에는 현재의 궁핍이 일시적일 것이라는 사실, 즉 '비정상성', 규칙으로부터 이탈하고 있다는 암시가 전혀 들어 있지 않다. 일자리의 부족이 머지않아 제거될 일시적인 고통에 불과하다는 암시도 전혀 없다. 일시적으로 일자리를 잃었지만 '고용될 수 있을 것이라는', 즉 상황이 '좋아져' 다시 정상으로 돌아가기만 하면 생산자의 지위로 되돌아갈 것임을 의미하는 '실업자'와 달리 '잉여자'는 넘쳐나고 남아돌며 불필요하다. 그들은 (즉 사회의 영속적인 존재를 위해 필요한 재화와 서비스를 생산하기 위하여 더 많은 사람을 필요로 하지 않는다는 의미로) 이미 '만원'인 사회에 태어났거나 향후의 경제적・기술적 진보(즉 재화와 서비스에 대한 요구를 더 적은 노력과 더 적은 인원의 투입으로 만족시킬 수 있는 새로운 능력) 때문에 불필요해졌다. '잉여'로 선포된 사람들은 경제대차대조표의 대변이 아니라 차변에 기입된다. 왜냐하면 그들은 현재도 가까운 미래에도 사회의 부에 보탬이 되지 않으며 오히려 사회의 비용('공공지출')을 가중시킬 뿐이기 때문이다.[14]

잉여사회란 재활용되지 못하고 버려지는 쓰레기가 되는 삶들이 양산되는 사회이다. 즉 이 잉여의 현실은 자본에 의해 언제든지 내던져

---

14 Ibid., p.69.

질 수 있는 벌거벗은 생명들이 무한정 양산되는 현실을 가리킨다. 하지만 문제는 잉여의 양산만이 아니다. 그것보다 더 심각한 것은 잉여적 존재들이 철저하게 무가치하고 위험한 존재로, 즉 "단순히 이물이 아니라 사회의 건강한 조직을 갉아먹는 암적 성장이자 '우리의 생활방식'과 '우리가 갖고 있는 가치'를 위협하는 공공연한 적"[15]으로 규정된다는 것이다. 여기에 바우만의 날카로운 문화비평적 시각이 잘 드러난다. 바우만의 통찰은 실업에서 잉여로의 가치 패러다임의 전환 뒤에 그것을 지탱하고 있는 사회구조와 시스템의 전환이 자리하고 있음을 간파했고 그 속에서 잉여인간들이 어떻게 규정되는가를 정확히 짚어낸 데 있다.

바우만의 논의를 조금 더 살펴보자. 바우만은 잉여적 존재의 구체적 사례들을 열거하는데, 그중에서도 특히 하층계급the underclass과 난민refugees이 대표적이다. 하층계급과 난민은 자본의 전 지구화가 낳은 대표적인 잉여적 존재들이다. 하층계급이 선진국 내부에서 이미 포화상태에 도달한 자본의 지배가 그 내부의 삶과 존재들을 또 다시 착취하는 과정에서 생겨난 잉여들에 해당한다면, 난민은 전 지구적으로 활동하는 자본이 다양한 후발국가나 제3세계에 존재하는 사람들의 삶을 지배해가는 과정에서 양산되는 잉여들과 관련이 있다. 특히 전자가 선진국 내 이미 포화상태에 도달한 잘 훈련된 살아있는 노동들을 대상으로 한 잉여라고 한다면, 후자는 글로벌 자본이 전 지구의 가난하고 빈곤한 지역들을 착취하면서 양산되는 잉여들이다. 하지만 하층계급과

15 Zygmunt Bauman, 정일준 역, 『쓰레기가 되는 삶들』, 새물결, 2008, 83면.

난민은 엄격히 구분되지 않으며 서로 뒤섞여있고 전 지구적으로 만연되어 있는 잉여적 존재들인 것이다.

바우만에 따르면 우선 하층계급은 노동계급으로부터 이탈했거나, 노동계급과는 전혀 다른 방식으로 상상되는 잉여들이다. 실업과 마찬가지로 노동계급working class은 "부유한 사람과 가난한 사람의 임무와 기능이 분할된, 즉 서로 차이가 있으면서 서로 상보적인 관계를 맺고 있는 사회적 이미지", 다시 말해, 가난하지만 사회 전체의 일원이며 해당 사회에 유용한 역할을 담당할 수 있고 사회생활에 유용한 공헌을 할 수 있는 사람들이라는 이미지로 상상되는 데 반해, 하층계급the underclass은 전혀 다른 방식으로 상상되는 계급이다. 하층계급은 "모든 것을 포용하지도 않고 포괄하지도 않는 사회, 즉 부분들의 총합보다 더 적은 사회의 상상적 이미지", 항상 잉여를 남기고 잉여의 몫을 충족시킬 수 없는 사회적 이미지에 속한다. 이런 이미지를 통해 하층계급은 "재진입의 기회도 필요성도 없이 계급의 너머에 존재하고 위로 올라갈 가능성의 바깥에 존재하는 부류"[16]로서 사회 속에서 아무런 역할도 하지 못하고, 다른 사람의 삶에 도움조차 줄 수 없는 구제 불능의 사람들로 상상된다. 특히 잉여사회에서 이들이 중요한 것은 그동안 비정상적이고 탈피의 대상으로 여겨지면서 사회가 책임져야 했던 가난과 빈곤을 일상적이고 정상적인 것으로 만드는 데 공헌하는 데 있다. 이들 때문에 가난과 빈곤은 사회나 국가가 나서서 개선할 필요도 없이 오직 개인의 문제로만 취급된다. 바우만은 서구사회 내부에서 냉전의

---

16 Zygmunt Bauman, *Work, Comsumerism and the New Poor*, p.71.

종식과 더불어 더 이상 외부의 적을 찾을 수 없게 된 상황에서 위협적인 내부의 적을 발견해야 할 필요성이 제기될 때마다 바로 이 하층계급이 그 역할을 대신 수행하게 되었다고 지적한다.

> 현재의 풍요한 사회에 하층계급이 제공하는 최상의 서비스 중의 하나는 외부의 잠재적 적에 의해 더 이상 배출되지 않는 두려움과 불안을 모두 빨아들인 데 있다. 하층계급은 내부의 적이며 집단의 건전성에 결정적인 처방약으로서 외부의 적을 대체할 운명이었다. 그리고 그들은 개인의 불안정에서 생겨난 집단적 긴장을 해소할 수 있는 안전밸브였다.[17]

내부의 적으로 호명되고 있는 것이 하층계급이라면, 내부로 흘러들어온 '외부의 적'으로 호명되는 존재들이 있다. 이주민과 난민이 바로 그들이다. 이들은 모두 외부로부터 흘러들어와 서구사회를 위협하는 존재들이며 서구사회 속으로 완전히 편입될 수 없는 잉여일 따름이다. 즉 "난민, 추방자, 망명자, 이주민, 불법체류자, 그들 모두는 지구화의 쓰레기들"[18]인 것이다. 이들은 서구사회에 진입하지도 못한 채 사회의 변경지역에 영원히 머물면서 자신이 도착한 곳이나 일시적인 체류지에서 아무런 역할도 할 수 없는 인간쓰레기들로 취급된다. 그들은 "'외부인의 화신'이고 절대적 외부인이며 도처에 존재하면서 동시에 그 어디에도 존재하지 않는 — 보통 사람들이 여행할 때 쓰는 지도에는 전혀 등장하지 않는 '어느 곳도 아닌 장소' — 에 있는 외부인"[19]으로 간주

---

17 Ibid., p.78.
18 Zygmunt Bauman, 『쓰레기가 되는 삶들』, 113면.

되거나(난민의 경우), "지구의 먼 곳에서 와서 우리 집의 뒷마당에 풀어 놓은 인간쓰레기"[20]로서 하층계급과 마찬가지로 사회의 안전을 위협하는 존재로 간주되는 것이다(이주민의 경우). 이들은 사회로의 진입 여부와는 상관없이 수용소든 게토든 영원히 고립된 채 쓰레기가 되는 잉여적 삶을 살게 된다. 특히 국민국가가 경제적 불확실성을 개인들에게 전가할 때마다 개인적이고 실존적인 불안과 고통에 사로잡힌 개인들이 자신들의 공포와 두려움을 집단적으로 투영하고 보복할 수 있는 주요 공격대상이 바로 이들이다.

바우만은 이상과 같이 유동적 근대성과 지구화의 과정이 인간의 생명과 그것을 둘러싼 국가, 시민사회, 그리고 공동체와 같은 제도들에 얼마나 급격한 변동을 초래하고 있는지를 탁월하게 분석하고 있다. 쓰레기가 되는 삶과 잉여의 양산에 대한 그의 분석은 자본의 지구화가 인간의 고통을 얼마나 가중시키고 있는지, 특히 사회의 책임이 개인에게 전가되어 개인이 겪는 불안과 고통이 얼마나 급증하고 있는지를 잘 보여준다. 나아가 더 이상 사회 속에서 아무런 기여도 하지 못한 채 쓸모없는 존재가 되어 변경지대로 내몰리는 하층계급, 이주민, 난민과 같은 쓰레기가 되는 삶에 대한 그의 분석은 오늘날 자본의 지구화가 얼마나 많은 서발턴the subaltern과 같은 존재들을 양산하고 있는지를 이해하는 데 중요한 이론적 성찰을 제공하고 있다.

하층계급, 난민, 이주민들과 같이 서발턴들은 기존의 계급 구성이나 그것에 근거하는 담론적 · 제도적 구성의 기준에 의해 재현되지 않는

19 위의 책, 148면.
20 위의 책, 109면.

소수자들로서 사회 속에서 들리지도 않고 보이지도 않으며 어떠한 사회적 몫과 자리도 갖고 있지 못한 존재들이다. 쓰레기가 되는 삶이란 주류 미디어나 다수자의 담론에서 '위협'으로 재현되지 않는 한, 재현조차 불가능한 삶을 의미한다는 점에서 그것은 서발턴과 유사한 처지에 놓여있다. '서발턴' 개념은 안토니오 그람시Antonio Gramsci에 의해 처음 사용되었고 이후 라나지트 구하Ranajit Guha를 비롯한 인도 서발턴 연구그룹에 의해 확장되었으며, 가야트리 스피박Gayatri Chakravorty Spivak에 의해 재현을 뒤흔드는 급진적 사유의 가능성으로 정교해졌다. 그람시는 계급분석에서 서발턴을 한 사회에서 헤게모니 집단을 제외한 나머지 종속집단이라는 의미와 마르크스주의적 혁명주체에서 배제된 부차적 집단이라는 이중적 의미로 사용한 바 있다. 일반적으로 그람시에게서 서발턴은 자본주의적 사회 속에서 계급의식을 갖지 못한 채 지배당하고 착취당하는 다양한 집단을 기술하는 것으로 의미되었던 것이다.[21] 구하를 비롯한 인도 서발턴 연구집단은 서발턴을 보다 적극적으로 해석한다. 즉 그들은 서발턴을 "외래적이든 토착적이든 간에 인도 민족주의의 역사기술을 독점해온 지배집단으로부터 독립하여, 즉 민중들 자신의 힘으로 행한 공헌"[22]의 역사를 기술하기 위해 이 용어를 사용한 바 있다. 스피박은 이들과 깊은 관계를 맺고 있지만 이들로부터 거리를 두고 서발턴의 전복적이고 탈재현적인 가능성을 함축하는, 즉 데리다적 보충대리supplement의 관점에서 사용하였다. 하지만

21 강옥초, 「그람시와 '서발턴' 개념」, 『역사교육』 No.82, 140면.

22 Robert J. C. Young, 김용규 역, 『백색신화—서양 이론과 유럽중심주의 비판』, 경성대 출판부, 2008, 394면.

이런 섬세한 구분을 떠나 오늘날 서발턴 개념은 제국과 민족 엘리트의 주류로부터 버려진 식민주체와 거의 동일한 의미로 사용되기도 한다. 이런 의미에서 바우만의 잉여적 존재들에 대한 설명은 전 지구적 차원에서 서발턴이 얼마나 양산되고 있는지를 보여줄 수 있다는 점에서 서발턴 개념을 확장적으로 사용하는 것이 전혀 의미가 없지는 않을 것 같다.

나아가서 바우만의 잉여적 존재에 대한 논의는 조르조 아감벤Giorgio Agamben이 말하는 호모 사케르homo sacer의 '근대적 존재' 개념을 전 지구적 차원의 문제로 확장하는 데 매우 의미 있는 성찰을 제공한다. 아감벤은 호모 사케르를 통해 정치적 생명bios과 생물학적 생명zoe이 분리되어 있던 근대 이전의 시스템이 근대국가 속으로 통합되면서 모든 근대인이 '벌거벗은 생명'이 될 수 있는 가능성을 탐구한 바 있다. 바우만 또한 아감벤의 분석에 근거하여 호모 사케르를 "질서정연한(법을 준수하는 / 규칙이 지배하는) 주권 영역을 생산하는 과정에서 배출된 인간쓰레기의 일차적 범주"[23]임을 강조한다. 하지만 우리는 하층계급, 난민, 이주민과 같은 잉여적 존재에 대한 바우만의 논의가 단순히 국민국가의 차원이 아니라 오늘날 전 지구적 차원에서 호모 사케르가 어떻게 존재하는지, 그리고 그들은 어떤 존재양식을 갖고 있는가를 드러내는 분석으로 확대·발전되고 있음을 눈여겨 볼 필요가 있다. 다시 말해, 바우만의 잉여적 존재에 대한 분석은 전 지구적 식민성이 강화되는 현재의 불평등한 현실을 잘 보여준다고 할 수 있다.

---

23 Zygmunt Bauman, 『쓰레기가 되는 삶들』, 68면.

2. 유동적 근대성과 잉여적 삶의 양산

이러한 탁월한 성찰과 분석에도 불구하고 바우만의 분석은 분석 이상의 차원, 즉 대안이나 해결의 제시나 모색에서는 매우 빈약한 모습을 드러낸다. 오늘날의 유동적 근대세계의 문화적 변동을 보여주는 데 초점을 두고 있는 바우만에게서 성급하게 해결책이나 대안을 이끌어내고자 하는 것은 무리가 있을 뿐만 아니라 그런 해결과 대안을 적극적으로 찾아내는 작업은 장차 우리의 과제가 될 터이다. 하지만 이런 점을 감안하더라도 바우만 자신이 제시하는 대안과 해결은 비관적일 뿐 아니라 그의 분석의 예리함과 풍부함에 비하면 공소해 보인다. 예를 들면, 바우만은 『쓰레기가 되는 삶들』을 과거와 현재의 빅브라더의 비교로 끝을 맺는다. 즉 과거의 빅브라더가 인간을 통제하고 그들의 일탈과 위반을 감시하고 차단하던 '포함의 빅브라더'였다면, 현재의 빅브라더는 부적합한 자들을 선별해서 그들을 '쓰레기'로 규정하여 추방하는 '배제의 빅브라더'라는 것이다. 하지만 주목할 부분은 그 다음 대목이다. 그는 "새로운 세기의 문턱에서 우리가 대답을 찾아야 할 가장 큰 질문은 인간에게 열려진 유일한 선택이 두 빅브라더 중에서 하나를 선택하는 것인가 하는 것이다. 다시 말해, 포함 / 배제의 게임이 공통적인 인간의 삶이 실행될 수 있는 유일한 방식인지, 아니면 우리가 공유하는 세계가 하나의 결과로서 취하게 될 ― 부여받게 될 ― 것이라 생각할 수 있는 유일한 형식인지 하는 것이다"[24]라고 말한다. 이 질문은 이러한 양자택일의 선택 자체를 뛰어넘을 수 있는, 또 다른 선택이나 대안의 제안을 바라는 기대감을 갖게 하기보다는 우리를 계속해서 그러한 양자택일의 딜레마 속에 머물게 한다. 이 질문이 비관적인 것은 그것이 다른 많은 질문의 가능성을 차단하기 때문이다. 한편 『노동, 소비주의 그리고 새로운 가난한 자들*Work, Consumerism and the New Poor*』의 결론에서 바우만은 『쓰레기가 되는 삶들』과는 다른, 그러면서 보다 적극적인 대안을 제안한다. 그는 현재의 상황에서 탈피하기 위해서는 현 상황을 다양한 해결과 대안들이 존재하는 교차로로 인식하는 자세와 새로운 유토피아를 꿈꿀 수 있는 급격한 전환이 요구된다고 주장한다. 더 구체적으로 수많은 잉여적 삶의 양산이 지불노동만을 유일한 노동의 가치로 인정하는 노동윤리에 그 기원이 있음을 지적하면서 '노동을 노동시장으로부터 분리하는', 즉 인간 노동의 위엄과 존엄을 인정하는 경제로의 전환을 생각해볼 것을 권한다. 가령 자본주의적 경제에 반하는 도덕경제moral economy와 장인의 윤리workmanship ethics와 같은 것 말이다.[25] 하지만 이런 주장이 어떤 모습을 가질 수 있는지, 어떤 이론적 체계 속에서 전개될 수 있는 것인지에 대한 구체적인 논의가 거의 이루어지지 않으며 그러한 전환을 주도할 주체와 힘이 어디에서 연원할 수 있는지에 대해서는 더욱 불분명한 입장을 취하고 있다. 사실 잉여와 쓰레기가 되는 존재들은 바우만에게 자신의 처지를 뛰어넘을 가능성을 전혀 보여주지 못하는 존재들이다. 특히 그의 유동적 근대성은 체제 내부의 단방향적인 이탈이나 변화에만 주목하지 그러한 이탈과 변화를 상쇄하면서 그러한 체제 자체에 저항하는 모순과 갈등과 같은

---

24 위의 책, 241면.

25 Zygmunt Bauman, *Work, Comsumerism and the New Poor*, pp.117~121.

계기들에 대해서는 관심을 보이지 않는다. 결국 비관적 진단과 이상적인 대안 간의 대립만 뚜렷해 보인다.

바우만의 이론이 갖는 한계를 좀 더 비판적으로 살펴보자. 바우만의 예리한 분석이 현실적인 진단과 구체적인 대안을 제시하지 못하는 이유는 그의 분석이 수많은 쓰레기가 되는 삶을 양산하는 유동적 근대성과 자본의 전 지구화가 초래하는 거대하고 일방적인 과정의 영향에만 역점을 둘 뿐 그 내부에서 그런 거대한 과정의 흐름에 역류하고 대항하는 존재들과 삶의 가치들이 어떻게 생성되고 유지되는가에 대해서는 크게 주목하지 않고 있기 때문인 것 같다. 그에게 잉여적 존재들은 무기력할 뿐 아니라 그들의 삶의 모습 또한 타인들의 삶과 단절된 고립적인 존재의 모습일 뿐이다. 결국 바우만은 유동적 근대세계 속에서 하층계급, 난민, 이주민과 같은 존재들이 '쓰레기가 되는 삶'으로 내몰리고 규정되는 거대한 일방적인 과정에만 주목할 뿐, 역으로 그 존재들이 자신들을 잉여와 쓰레기로 만들거나 재현하는 바로 그 사회의 체제적 동질성과 논리적 허구성을 드러내거나 해체할 수 있는 차이화의 가능성을 가질 수 있다는 점은 보지 않는다. 이런 점에서 그의 잉여적 존재는 서발턴의 처지와 유사하면서도 차이가 있다. 즉 그의 잉여적 존재가 철저하게 재현되고 이미 규정되면서 체계가 생산한 잉여지만 이미 체계에 의해 포획된 존재라고 한다면, 서발턴은 더 근원적인, 즉 기존의 언어나 담론에 의해 재현 불가능하면서 체계의 재현의 가능성 자체를 넘어서 그것을 조건 짓는 존재들을 가리킨다. 특히 서발턴의 비가시성은 기존 체제에 의해 보이지 않는 존재로 규정되기도 하지만 그 체제 자체가 이들의 비가시성에 기생하고 있고 그것에 폭력을 행사하면서 유지되는 것임을 드러내는 전복적 역할까지 수행할 수 있다. 가령 스피박은 「서발턴은 말할 수 있는가?Can the Sublatern Speak?」에서 재현의 가능성을 불가능하게 만드는 서발턴 여성의 위치를 드러내면서, 남편이 죽고 난 뒤 남편의 형제들에 의해 자살을 강요당했던 식민시대의 인도 여성을 둘러싸고 벌인 영국 제국주의의 문명화 담론과 인도 남성의 가부장제 담론 간의 공모관계를 예리하게 드러냈다.[26] 약간 다른 차원이지만 이를 자크 랑시에르Jacques Ranciere의 용어로 말하자면, 바우만의 잉여가 치안police의 관점에서 바라보는 것이라면, 서발턴은 정치politics의 관점에서 바라보는 것이라 할 수 있다. 랑시에르는 '정치'와 '치안'의 개념을 인간들이 행하고 존재하고 말하는 방식을 서로 다르게 분할하는 방식과 체제로 정의한 바 있다. 치안은 사회를 구성하는 다양한 자리와 위치들을 정체성에 맞게 위계질서적으로 분할하는, 즉 구분하고 분배하는 기능을 수행한다. 치안은 사회 속에서 몫share을 가진 자와 몫을 갖지 못한 자들을 명확하게 나누고 그들에게 정해진 정체성을 부여하면서 몫을 갖지 못한 자들을 통제하고 배제하는 기능을 한다. 즉 치안은 "정체성, 정해진 자리와 기능의 공동체"[27]인 것이다. 반면 랑시에르는 정치를, 평등의 실천을 무대에 올림으로써 "이런 정해진 자리와 기능들의 분배를 해체하는 주체화의 과정"[28]으로 정의한다. 즉 정치는 몫의 나눔의 방식을 평등의 원리 위에서 해체하고 재조직하는 것이다. 이 구분을 따를 때 잉여적 삶과 존재에 대한 바

26 Gayatri Spivak, "Can the Sublatern Speak?", *Marxism and the Interpretation of Culture* (Cary Nelson & Lawrence Grossberg eds.), Urbana : University of Illinois Press, 1988을 참조.
27 Jacque Ranciere, 양창렬 역, 『정치적인 것의 가장자리에서』, 길, 2008, 28면.
28 위의 책, 30면.

우만의 분석은 주로 치안의 시각에서만 다루어지는 면이 없지 않다. 바우만에게서는 이들이 랑시에르의 말처럼 어떻게 삶의 고통을 양산하는 자본의 지구화에 맞서 '새로운 몫의 나눔distribution of part and share'을 실천할 주체가 될 것인지에 대한 고민 같은 것은 드러나지 않는다. 결국 바우만은 고통의 지구화를 탁월하게 파악하면서도 그 분석 속에서 그것을 헤쳐 나갈 수 있는 새로운 주체적·이론적 가능성을 제시하지는 못한다. 이는 고통의 지구화 과정을 유동적 근대성의 일방적 흐름의 결과로 간주한 결과이면서 그 과정이 역으로 지구적으로 체재 밖의 수많은 새로운 주체들의 생성을 가져올 수 있다는 점을 간과한 결과이다. 이러한 점이 바우만의 하층계급, 난민, 이주민과 같은 쓰레기가 되는 삶들이 대지의 저주받은 자들로서의 서발턴의 삶과 유사하면서도 상당히 다른 이유이다. 사실 서발턴은 바우만이 말하는 쓰레기가 되는 삶에서는 찾아보기 힘든 탈규정적이며 탈재현적인 급진적 차원을 갖는다. 서발턴은 잉여적 주체들이지만 랑시에르가 말한 '정치'의 시각에서 평등을 실천하는 주체들인 것이다. 스피박의 서발턴이 말할 수 없다는 사실보다는 그 말할 수 없음이 종국적으로 영국제국주의와 인도가부장제 사이의 공모관계를 해체하는 데리다적 보충대리로 기능하듯이, 또한 랑시에르의 지적처럼 그 사이에서 새로운 감각적 배치를 형성하듯이, 잉여적 존재들은 잉여적 삶을 양산하는 지역적·민족적·지구적인 폭력의 메커니즘을 폭로하고 잉여를 평등의 주체화로 전환할 수 있는 가능성을 제시하는 존재자들일 수도 있다. 앞으로 살펴보겠지만 이것이 바우만의 이론이 갖고 있는 한계와 밀접히 관련이 있어 보인다.

여기서 바우만의 이러한 한계를 조금 더 깊이 살펴보자. 바우만의 이런 한계는 근본적으로 그의 독특한 유동적 근대성 개념, 나아가서 근대성에 대한 유럽중심적 시각과 연결되어 있는 것으로 보이기 때문이다. 바우만의 유동적 근대성 개념을 근대성에 대한 다른 이론들과 구분할 때, 다음 세 가지 특징을 갖는 것으로 정리해볼 수 있다. 첫째, 그의 유동적 근대성론은 프레드릭 제임슨Fredric Jameson, 장 보드리야르Jean Baudrillard, 장 프랑스와 리오타르Jean-Francois Lyotard가 주장하는 포스트모더니즘론처럼 현대문화가 근대성과 단절한 새로운 문화적 현상이나 문화논리가 아니라 그 유동의 속도만 다를 뿐 이미 근대성 속에서 시작된 것임을 전제하고 있다. 즉 유동적 근대는 여전히 근대성의 연장이고 근대문화를 이해하면서 그 변화를 파악할 수 있다는 것이다. 이 점은 울리히 벡Ulich Beck, 앤서니 기든스Anthony Giddens의 후기 근대성late modernity 이론과 비슷하다. 따라서 자본의 지구화는 근대성과의 단절이 아니라 시공간, 인간성, 삶, 정서 등 거의 모든 차원에서 근대성의 유동적 문화가 더욱 가속화된 결정적 결과일 뿐이다. 이것이 바우만 이론이 갖는 두 번째 특징이다. 마지막 세 번째는 이런 인식을 바탕으로 바우만은 유동적 근대성이 이전의 견고한 근대성과는 분명한 차이가 있다고 주장한다. 즉 유동적 근대성은 노동의 생산윤리를 강조한 막스 베버Max Weber, 감시와 통제의 근대적 훈육체제를 분석한 미셸 푸코Michel Foucault, 통제와 동일성의 논리에 근거한 전체주의와 문화산업적 사회를 비판한 아도르노Adorno와 하버마스와 같은 비판이론가들의 근대성 비판이 대상으로 삼았던 현실보다 더 급격하게 달라진, 즉 유동적이고 순간적이며 해체적인 문화현실을 가리킨다. 바우만

분석의 가장 독특한 점은 바로 기존의 근대성 비판이 간과하는 새로운 근대성의 문화현상과 논리를 포착한 데 있다. 즉 기존의 근대성론들이 분석하고자 한 문화현실과 이미 우리가 몸을 담구고 살아가는 현실은 다르다는 것이다. 결국 유동적 근대성은 포스트모더니즘처럼 근대성과의 단절break도 아니고 기존의 근대성 논리처럼 근대성의 단순한 연장continuity도 아니다. 그것은 근대성의 연장이지만 동시에 그 내부적 이탈들departures을 사고하는 개념이다.

이와 같은 차별적 특징에도 불구하고 바우만의 근대성 개념이 근본적인 차원에서 다른 근대성 개념들과 다른 것은 아니다. 오히려 그의 유동적 근대성 개념은 포스트모더니즘적 문화현상을 탈근대적 현상이 아니라 근대성 내부의 이탈로 해석하는 경향이 강하다. 하지만 근대성 내부의 단절 내지 이탈이냐, 아니면 근대성 자체로부터의 탈피냐 하는 질문은 매우 논쟁적 이슈이긴 하지만 이 질문 자체가 '근대성' 자체에 대한 특정한 관념을 미리 전제하고 있다는 점에서 그리 급진적인 것이 아닐 수도 있다. 이 관념은 근대성에 대한 두 가지의 근본적인 전제를 전혀 의심하지 않으며 오히려 그 전제들에 근거하고 있다. 첫 번째 전제는 근대성이 철학적 원칙으로서의 합리주의, 자연에 대한 설명 원리로서의 과학적 합리성, 정치사상으로서의 계몽을 기반으로 하고 있고, 이런 원리를 발판으로 인간주체가 미성숙한 예속의 상태에서 성숙한 자율적 주체로 '발전'해갔다는 것이다. 두 번째 전제는 근대성이 그 내부에 몇 차례의 단절과 이탈이 있었음에도 불구하고 근대 유럽 내부에서 발생한 현상이며 폭력적 착취에 의한 제국주의이든 문명화의 사명을 띤 선진문명의 확산이든 간에 그 뒤 전 세계로 확장되어 나갔다는 것이다. 이 두 전제는 서로 상보적이며 근대성에 대한 유럽중심적 시각을 뒷받침하는 가장 중요한 두 전제들이다. 전자가 서구 문명의 정치적·사상적·기술적 우월성의 근거를 제공해주었고, 나아가서 서구 외부의 세계를 문명화시켜야 할 사명감을 불어넣어준 계기로 작용했다면, 후자는 제국주의와 식민주의의 폭력이 낳은 근대적 폐단에도 불구하고 근대성은 근대유럽만의 산물이었음을 전제한다. 하지만 문제는 두 가지 전제가 긴밀히 관련되어 있으면서도 따로 기능한다는 점이다. 즉 후자를 비판하더라도 전자는 그 비판으로부터 자유로울 수도 있다. 다시 말해 근대 제국주의와 식민주의는 비판할 수 있지만 근대성이 낳은 철학적·정치적·과학적 성과는 비판할 수 없다는 것이다. 바우만의 유동적 근대성 개념 또한 이 두 전제에 대한 자기 나름의 수용과 해석에 근거하고 있다. 유동적 근대성이 전자의 전제를 변경하고 새롭게 해석한 것이라면, 자본의 지구화는 후자의 전제를 변경하고 새롭게 해석한 것이라 할 수 있다. 유동적 근대성이 첫 번째 전제들이 심화되면서 그동안 장기적이고 지속적이며 영원한 것처럼 보이던 제도와 인간관계들이 모두 유동적이고 순간적이며 유행적인 것으로 변해가는 급격한 현상을 나타낸다면, 자본의 지구화는 유럽 내에서 시작된 이런 유동적 근대성이 전 세계로 확장되면서 쓰레기가 되는 수많은 삶과 잉여적 존재들의 고통을 양산하는 과정을 나타낸다.

3. 유동적 근대성에 대한 트랜스모던 비판

바우만의 유동적 근대성은 근대성에 대한 유럽중심적 시각을 크게 벗어나지 못하고 있다. 오늘날 이와 같은 '근대성에 대한 유럽중심적 시각'은 이미 다양한 곳에서 도전받고 있다. 이 시각이 갖는 결정적인 문제점은 그것이 서구 내부는 물론이고 서구 외부에 존재하는 무수한 지역의 삶의 형태들과 가치들을 근대성 밖으로 추방해버리는 점이다. 네그리와 하트는 자신들의 최근 저작인 『공통체*Commonwealth*』에서 근대성을 이성, 계몽, 전통과의 단절, 세속주의 등 기존의 관점에서 보기보다는 '권력관계power relation'로 볼 것을 강조한다.[29] 근대성을 '권력관계'로 본다는 것은 근대성을 서구의 특권적이고 지배적인 지위에서 본다거나 근대성을 기원과 확산의 관점에서 보기보다는 서구 내부의 모순과 갈등, 나아가서 서구과 비서구 간의 지배와 투쟁의 관계를 중심에 두고 본다는 것을 의미한다. 특히 그것은 근대성 자체 내부에 이미 반근대적인 저항과 투쟁들이 항상적으로 내재해 있음을 주목하고자 하는 것이다. 이런 관점은 근대성뿐만 아니라 그것이 끼친 현재의 질곡과 곤경을 이해하고 극복하기 위해서도 필수적으로 요구된다.

여기서 흥미로운 것은 네그리와 하트가 근대성의 기존 서사들이 무엇을 '폐제foreclosure' 해왔는가를 질문하면서 라캉의 '폐제' 개념을 원용하여 설명하는 점이다. 라캉에게 폐제는 억압repression과는 전혀 다

29 Antonio Negro & Michael Hardt, *Commonwealth*, Cambridge, Harvard University Press, 2009, p.67.

른 심리적 메커니즘을 갖고 있다. 라캉은 신경증자the neurotic와 정신증자the psychotic를 구분하면서 폐제와 억압을 구분한 바 있다.[30] 그에 의하면 신경증자의 경우에는 억압이 문제인 반면 정신증자에게는 폐제가 관건이다. 이 구분에 의하면 억압은 억압된 것이 상징질서 내에 진입하되 그 질서 속에서 인정받지 못함으로 상징질서 내부에서 고정적인 위치를 점하지 못한다. 하지만 억압된 것은 늘 복귀하여 신경증자의 주위를 배회하면서 신경증자를 지속적으로 괴롭힌다. 반면 폐제는 폐제된 것이 애초에 상징질서 속으로 진입하지 못함으로 상징질서의 외부로 추방되어 버리는 것이다. 특히 주체는 그 추방을 전혀 자각하지도 못한다. 네그리와 하트는 이러한 폐제 개념을 이용하여 기존의 근대성 개념을 비판한다.

> 폐제된 요소는 비유럽적 민중들과 문명들이 근대문화와 사회에 한 공헌들의 역사—그러므로 유럽이 모든 근대적 혁신의 근원인 것처럼 보이게 만들었다—뿐만 아니라 더 중요한 것은 유럽의 지배적인 자기정의를 위협하는 일차적 요인이 되는, 근대성 내부에서 근대성에 대항하는 무수한 저항들이다. 하지만 '반근대적' 타자들을 내몰기 위해 온갖 격렬한 에너지들이 다 쓰였다고 하더라도, 저항은 내부에 남아있다.[31]

이 시각은 근대성의 시작을 지배와 저항의 권력관계를 통해 인식하

30 정신증과 신경증에서 폐제와 억압의 기능에 대한 상세한 설명은 Bruce Fink, 맹정현 역, 『라캉과 정신의학』, 제7장과 8장을 참조.

31 Antonio Negro & Michael Hardt, op. cit., p.70.

여 앞에서 언급한 근대성의 기존 서사들이 전제하던 기원과 확산의 관점을 거부한다. 특히 권력관계의 관점에서 근대성을 인식하는 것은 서구문명의 특권적 이념으로서의 근대성을 비판하는 것이다. 네그리와 하트는 기원과 확산의 관점을 거부하고 조우encounters의 관점을 채택한다. 이 관점에서 볼 때, 근대성은 오직 유럽 안이든 밖이든 특정 장소와 기원에서 발생한 것이 아니라 바로 근대성 내부의 다양한 힘들 간의 충돌과 타협, 나아가서 서구와 비서구 간의 조우에서 일어난 것이 된다. 네그리와 하트에 따르면 근대성을 식민적 조우의 관점을 통해 이해할 경우, 두 가지 사실들, 즉 "식민 이전의 문명들이 여러 경우에 아주 선진적이고 풍부하고 복합적이며 세련된 것이었다"는 사실과 "피식민지인들이 근대문명에 이바지한 기여가 실질적이었지만 대부분 인정받지 못했다"[32]는 사실이 드러나게 된다.

이런 시각은 기존의 근대성의 서사에서 폐제된 근대성 내부의 다양한 억압되고 저항적인 문화들과 힘들을 우리의 시각 속으로 들여와서 근대성을 유럽에서 벗어나 전 지구적 차원에서 보게 만든다. 네그리와 하트가 직접 언급하지는 않았지만 근대성이 이미 식민성과 긴밀히 연루되어 있음을 강조한 것은 엔리케 두셀이다. 네그리와 하트는 근대성과 반근대성 간의 권력관계에 주목하면서 기존 근대성에 대한 비판으로 알터모더니티altermodernity(대안근대성) 개념을 제안한다. 이 제안은 『제국』의 서구중심주의에 대한 반성의 결과이며, 특히 제국에 대한 제3세계와 주변부 지식인들의 비판에 대한 부분적 수용의 결과라고 할

32 Ibid., p.68.

수 있다. 하지만 네그리와 하트의 '알터모더니티'는 두셀의 '트랜스모더니티'와 상당히 유사하면서도 그들의 논의에서 두셀에 대한 언급을 거의 찾아볼 수 없는 것은 매우 흥미로운 사실이다. 비록 '식민성이 근대성의 어두운 이면'임을 강조한 월터 미뇰로에 대해 언급하고 있지만, 네그리와 하트의 주장에서 두셀의 트랜스모더니티는 언급조차 되지 않고 있다. 사실 네그리와 하트는 폐제의 '기능'과 저항의 '존재'에 관해 얘기할 뿐 폐제가 낳은 구조, 즉 식민성의 권력구조나 권력의 식민성에 대해서는 크게 주목하지 않는 듯하다. 그렇게 된 이유는 이미 그들이 『제국』에서 제1세계와 제3세계 간의, 그리고 중심부와 주변부 간의 경계들이 내파되어 버렸다고 보는 제국의 논리를 기반으로 식민주의와 식민성에 대한 논의들이 시효 상실된 것이라 말한 바 있기 때문이다. 사실 '알터모더니티'는 기존의 근대성에 대해 새로운 관점을 제공하려고 시도할 뿐 『제국』과 마찬가지로 여전히 유럽중심적 시각을 탈피하지 못하고 있다고 말할 수 있다.

앞에서 상세히 살펴보았듯이, 반면에 두셀은 근대성에 대한 유럽중심적 서사는 일종의 '비이성적 신화'임을 비판한다. 두셀은 네그리와 하트가 말한 근대성 내부의 반근대적 계기들의 작용을 네그리와 하트보다 훨씬 더 급진적으로 해석한다. 그는 근대성 개념이 아메리카의 식민화와 그 결과들에 대한 철저한 은폐 위에 만들어진 것임을 강조했다. 나아가서 그는 근대성에 대한 두 가지 대립적 패러다임, 즉 유럽중심적 패러다임과 지구적 패러다임을 구분한 바 있다. 근대성에 대한 유럽중심적 패러다임은 앞에서 말한 기원과 확산의 논리에 근거한다. 즉 근대성은 16세기에 "근대적 주체성이 공간적으로 르네상스의 이탈리아로부터 종교개혁과 계몽의 독일로, 그리고 프랑스 혁명의 프랑스로 발전해가는"[33] '오로지 유럽적인' 현상이라는 것이다. 이 패러다임에서 중심은 유럽이고 근대성의 보편성은 유럽만 가질 수 있다. 이 패러다임에서 근대성은 다른 세계들에 비해 서구에 비교우위와 특권을 부여해주고 특히 다른 세계들의 질시와 선망의 대상이 된다. 반면에 지구적 패러다임은 근대성에서 유럽이 차지하는 중심적 지위를 부정하지는 않지만 그 지위를 상대화할 뿐만 아니라 근대성을 권력관계로 파악하고자 한다. 이 패러다임은 유럽의 중심성이 그 자체에서 발전된 것이 아니라 그것이 유럽 외부에 존재하는 타자들과의 관계 속에서, 즉 타자들의 외재성과 타자성을 철저하게 부정한 결과로서 형성된 것임을 강조한다. 즉 유럽적 근대성은 "**독립적**이고 자기창조적이며 자기지시적인 체계가 아니다. 오히려 그것은 세계체제의 일부이며 사실상 그 **중심부**인 것이다." 특히 유럽 근대성이 중심적 지위를 갖게 된 것은 "중세 유럽 동안 축적된 내부적 우월성의 산물이 아니라 인디오아메리카의 발견과 정복과 식민화, 그리고 통합(포섭)이라는 단순한 사실의 근본적 결과"[34]인 것이다. 이처럼 지구적 패러다임의 관점에서 볼 때, 근대성 자체는 서구적 창안물이 아니라 "중심부-주변부" 체계에 고유한 현상, 즉 "**독립적** 체계로서의 유럽의 현상이 아니라 중심부로서의 유럽의 현상"이 된다.[35]

---

33 Enrique Dussel, "Beyond Eurocentrism : The World-System and the Limits of Modernity", *The Cultures of Globalization* (Fredric Jameson and Masao Miyoshi eds.), Durham : Duke University Press, 1998, p.4.

34 Ibid., p.5.

35 Ibid., p.4.

이 주장이 얼마나 구체적인 논증에 근거하고 있는지는 좀 더 구체적으로 살펴봐야겠지만 서구적 근대성 개념을 전 지구적 차원으로 확장하는 한편 그 개념에 대한 근본적 수정을 요구한다. 이 시각이 강조하고자 하는 것은 근대성의 어두운 이면이 곧 식민성이었다는 사실이다. 두셀이 근대성에 대한 이와 같은 인식적 전환을 강조한 것은 이를 통해 근대성 / 식민성에 의해 억압되거나 근대성의 동질적 체계 속에 은폐된 무수한 이질적 타자들의 문화들과 가치들에 대한 전면적 재평가와 그것들의 해방을 추구하기 위해서이다. 두셀은 이 작업을 위해 기존 근대성에 대한 대안으로 트랜스모더니티라는 개념을 제안한 바 있다. 두셀의 트랜스모더니티는 이 억압된 무수한 타자들과 그들의 문화를 복원하고 이를 발판으로 서구적 근대성의 한계와 성과를 비판하고 극복하는 이중 과제를 실천해가는 작업이다. 즉 서구적 근대성이 타자와 그 문화를 부정하고 자아의 동일성을 주장하는 '이성적 신화'의 문화에 근거해왔다면, 두셀은 그 자아의 문화에 의해 억압된 타자들의 이성the reason of others에 근거한 트랜스모던적 해방을 역설한다. 서구적 근대성 속에서 타자와 그 문화들은 식민화되거나 철저하게 무가치하고 무의미하고 하찮고 쓸모없는 것으로 폄하되어왔다.[36] 두셀이 볼 때, 이런 문화들과 존재들은 숱한 폭력과 억압의 과정 속에서도 사라지지 않았다. 그 이유는 이 타자들과 그 문화가 근대적 / 식민적 세계체제의 전체성에 통합되지 않은 채 그것과 타자성과 외재성의 관계를

36 Enrique Dussel, "Transmodernity and Interculturality : An Interpretation from the Perspective of Philosophy of Liberation", *Transmodernity : Journal of Peripheral Cultural Production of the Luso-Hispanic World*, Vol.1, No.3, 2012, p.42.

유지하는 살아있는 노동living labor이기 때문이다. 여기서 외재성이란 레비나스Levinas의 개념으로 전체성으로 통합될 수 없는 초월적 타자성을 뜻하며 두셀에게 그것은 전체성으로부터의 해방의 가능 조건을 의미하기도 한다. 두셀은 서구적 근대성의 전체성의 논리 속으로 통합될 수 없는 외재성exteriority, 즉 "항상 존재하고 동시에 잠재적인 타자성"[37] 때문에 이런 문화들이 여전히 생생한 문화적 풍부함을 간직하고 있다고 말한다. 두셀은 이런 풍부한 타자의 문화들에 의지하여 "(정치적, 경제적, 생태적, 에로스적, 교육적, 그리고 종교적인 해방의 기획으로서) 근대성이 스스로 성취할 수 없었던 것을 공동-실현"[38]해가는 과정을 트랜스모던적 해방의 과정이라고 규정한다. 즉 그것은 "중심 / 주변, 남성 / 여성, 다양한 인종들, 종족집단들, 계급들, 문명 / 자연, 서구문화 / 제3세계 문화들 간의 통합적인 연대incorporative solidarity를 통한 해방의 공동-실현"을 추구한다. 두셀의 트랜스모더니티는 대지의 버림받은 자들과 서발턴 개념을 보다 풍부하게 해석하는 한편 그들의 정치적 연대의 필연성을 구체화하는 데 기여하는 개념이다. 다시 말해, 서발턴은 단순히 기존의 억압적 공간을 급진적으로 개방하는 잠재적인 인식적 역할만 제공하는 것이 아니라 정치의 무대 위에서 수평적 평등을 추구할 수 있는 존재들의 정치적 연대로 새롭게 등장하게 되는 것이다.

근대성에 대한 이와 같은 시각들은 바우만의 유동적 근대성이 갖는 한계를 잘 드러낸다. 우선 바우만의 유동적 근대성은 네그리 / 하트의 '알터모더니티'나 두셀의 '트랜스모더니티'에 비해 서구적 근대성의 흐

37 Ibid., p.42.
38 Enrique Dussel, "Eurocentrism and Modernity", *Boundary2*. Vol.20, No.3, 1993, p.76.

름을 과대평가하는 경향이 있다. 유동적 근대성의 흐름에 저항하거나 대립하는 힘은 모두 '견고하거나 고정적인 것'으로 이해된다. 바우만은 유동적 근대세계에서 진행되는 유동성의 속도가 우리가 추구하는 목적이나 이상에 도달하는 데 걸리는 시간보다 더 빠르고, 우리가 파악하고자 하는 현실과 대상이 우리의 파악능력보다 앞서 흘러간다고 말한다. 지구화의 과정은 이러한 유동성의 속도가 더욱 빨라져 이탈의 현상들이 더욱 과격해지는 과정을 나타낸다. 쓰레기가 되는 삶이나 잉여적 존재의 양산은 유동적 근대성의 필연적 귀결이다. 하지만 유동적 근대성을 이와 같이 일방향적인 거대한 과정과 흐름으로만 이해할 경우 유동적 근대성을 극복하거나 그에 맞서고자 하는 힘을 사고하는 것은 힘들어진다. 바우만의 이론이 제시하는 대안이나 해결책이 공허하고 이상적으로 들리는 이유는 바로 여기에 있다. 결국 근대성에 대한 바우만의 시각은 근대성에 의해 억압되거나 은폐된 수많은 문화와 존재와 가치들을 보지 못한다는 점에서 근대성에 대한 유럽중심적 시각에서 크게 탈피하지 못하게 된다.

근대성에 대한 바우만의 이와 같은 인식은 자본의 지구화가 낳은 쓰레기가 되는 삶과 잉여적 존재들에 대한 이해에서도 되풀이된다. 하층계급이나 난민과 이주자 모두 유동적 근대성과 지구화가 낳은 쓰레기들이다. 하지만 바우만에게 쓰레기가 되는 삶 자체는 쓰레기 이상도 이하도 아니다. 그들은 철저하게 통제되고 감시된 치안의 대상일 뿐이다. 바우만은 자본의 지구화가 세계적으로 고통의 지구화를 가져온다는 것, 즉 그것이 얼마나 많은 잉여적 존재와 쓰레기가 되는 삶을 낳는지, 얼마나 많은 고통을 양산하는지를 탁월하게 해명한다. 하지만 그들의 고통은 철저하게 개별적인 것이 되어서 그들 간에는 어떤 공감과 연대의 가능성도 존재하지 않는다. 즉 그들에게 고통은 서로 단절된 채 타인의 고통과 서로 공명하지 못하게 되는 것이다.

하지만 두셀의 주장에 따르면 우리는 잉여의 다른 가능성을 상상할 수 있다. 즉 잉여가 잉여가 되는 것은 바로 그들을 잉여로 만드는 체제에 더 이상 유용하지 않는 관계, 즉 외재성과 타자성의 관계를 유지하기 때문이다. 우리는 바우만과는 반대의 시각에서, 즉 바우만의 시각과는 다른 인식적 전환을 통해 자본의 지구화를 바라볼 필요가 있다. 바우만이 자본의 지구화의 관점에서 잉여가 어떻게 양산되는가에만 역점을 두고 있다면, 두셀은 대지의 버림받은 자들과 서발턴의 잉여적 — 외재적이고 타자적인 — 관점에서 자본의 지구화를 인식하고자 한다. 이는 단순히 관점의 차이가 아니라 고통에 대한 다른 시각과 연대의 정치학을 제공한다. 서발턴은 근대 자본주의의 착취와 지배에도 불구하고 두셀이 말하듯이, 그 체제와 외재성의 관계를 맺고 있는 살아있는 노동을 구현한다. 따라서 우리는 바우만의 시각과 반대의 위치에서, 즉 서발턴의 시각에서 자본의 지구화를 다시 볼 필요가 있다. 바우만이 자본의 지구화의 관점에서 잉여와 쓰레기가 어떻게 양산되는가를 사고했다면, 우리는 살아있는 노동에 근거한 서발턴의 시각에서 자본의 지구화를 바라볼 필요가 있다. 바우만이 위로부터의 시각에서 바라보고 있다면 우리는 아래로부터 볼 필요가 있다. 이런 입장의 전환은 단지 관점의 차이가 아니라 삶에 대한 전혀 다른 인식과 전혀 다른 연대의 정치학을 상상할 수 있게 한다. 바우만에게 잉여적 존재와 쓰레기가 되는 삶은 일방적으로 자본의 지구화에 의해 쫓기는 죽어있는 삶이다. 오늘날의 자본주의적 삶에서 고통이란 무엇인가? 그것은 살아있는 노동이 자본주의적 관계 속에 속박된 채 자본주의적 가치만 일방적으로 생산하면서 소모되거나, 아니면 그러한 관계에서 탈락하여 쓰레기가 되는 삶으로 전락했음에도 스스로를 살아있는 노동으로 인식하지 못하는 것이다. 즉 고통은 자본주의적인 유동적 근대성의 노예가 되거나 잉여가 되는 것이다. 하지만 자본의 지구화가 초래한 고통의 지구화는 살아있는 노동들을 잉여와 쓰레기로 만들면서 동시에 세계적으로 살아있는 노동을 갖고 있는 수많은 서발턴들을 또한 양산하고 있다. 고통의 지구화에 맞서는 대안은 이들의 고통을 개별적 차원에 머물게 하지 않으면서 서로 묶어세우는 데 있을 것이다. 다시 말해, 타인의 살아있는 노동을 잉여로 만드는 생존경쟁의 게임의 고리를 끊고 타인의 삶과 함께 서로의 삶을 북돋는 관계성을 깨닫고 그 위에서 새로운 관계성을 구축할 필요가 있을 것이다.

4장

로컬리티의 문화정치학과 비판적 트랜스로컬 연구

1. 로컬적인 것의 부상과 로컬리티 연구

최근 들어 문화연구와 사회이론에서 로컬, 로컬문화, 그리고 로컬리티가 중요한 쟁점으로 등장하고 있다.[1] 그 이유는 계급, 인종, 민족, 젠더, 섹슈얼리티와 같은 문화적 키워드와 마찬가지로 로컬리티 또한 우리 사회 내부의 변동과 긴밀히 연관되어 있기 때문이다. 특히 외부에서 부여되는 시각, 특히 발전과 진보의 서구적 모델에 근거한 시각을

---

1 로컬적인 것과 로컬리티를 지역적인 것이나 지역성으로 번역하지 않고 원어대로 두었다. 로컬과 로컬리티를 지역과 지역성으로 옮길 경우 우리말 지역성이 갖는 의미가 너무 다양하고 국민국가를 넘어서는 영역 또한 지역으로 불리기 때문이다. 반면 로컬적인 것과 로컬리티를 지방적인 것과 지방성으로 옮길 경우 지방과 지방성이 이미 중심과 대립적인 이데올로기적 가치를 함축하게 되기 때문에 로컬 현실에 대한 사실적인 분석적 개념으로 사용하는 데 한계가 있다. 로컬과 로컬리티가 지역성이나 지방성과 중첩되는 부분이 있음을 간과하지 않으면서 용어들 간의 긴장을 사고할 필요가 있다.

바로 잡고 자신이 자리 잡고 있는 로컬 상황 내부의 시각을 강조하는 것이 중요해지고 있기 때문이다. 앞 장에서 살펴보았듯이, 서구적 근대성을 극복하기 위한 트랜스모던적 인식이 가능하기 위해서는 가장 우선적으로 자각되어야 할 과제는 자신의 로컬적 지위에 대한 인식론적 전환, 즉 서구적 근대성과 같은 외부 모델의 시각에 더 이상 의존하지 않으면서 자신의 시각을 로컬 현실 속에서 구성하는 작업과 그렇게 확보된 로컬의 시각을 다른 로컬적 시각들과 연대해서 '함께 바라보는' 트랜스로컬translocal 인식을 형성하는 작업이다.

우선 이 개념이 서구 학계에서 문화연구의 핵심어로 등장하게 된 이유부터 살펴보자. 그곳에서 로컬 문화와 로컬리티 연구의 부상은 차이, 타자성, 다양성, 혼종성을 강조하는 포스트모던적인 문화인식과 깊이 연관되어 있는 경향이 있다. 이런 경향은 나름대로 설득력이 없지 않다. 차이와 타자 그리고 이질성을 통합하고 흡수하고자 하는 전체성의 거대서사와 이에 근거한 근대성의 동질적 논리를 거부하고 그 내부에 억압된 가치들, 즉 차이, 타자성, 이질성, 주변성, 지역성과 같은 주변적 가치들의 복권을 주장하는 포스트모더니즘적 인식 내에서 그런 가치들과 분리 불가능한 로컬의 위상은 당연히 중요한 의미를 지니지 않을 수 없다. 역사적으로 볼 때도 중심과 주변의 논리에 근거하고 있는 대부분의 근대 국민국가와 그 문화구조 내에서 로컬과 로컬문화는 중심부 문화에 의한 관리와 통제의 대상이 되는 경우가 허다했다. 이런 상황에서 로컬과 로컬리티의 차이와 타자성과 이질성을 강조하는 것만으로도 긍정적이고 진보적인 입장처럼 보일 수 있다.

하지만 로컬리티를 곧장 포스트모던적 문화논리와 연결짓는 것은 로컬을 인식하는 또 다른 편향을 가져온다는 점에서 문제가 있다. 우선 포스트모던적 논리는 로컬리티 자체에 근대성과 대립하는 온갖 가치들을 의식적이든 무의식적이든 부여하려는 경향이 있다. 그 결과 로컬리티는 구체적이고 사실적인 분석이 진행되기에 앞서 이미 특정한 이념으로 가치화될 가능성이 농후하고, 나아가 면밀한 분석과 탐구의 대상이 되기보다는 항상 이미 특정한 가치로 재현될 위험에 놓이게 된다. 데이비드 하비David Harvey는 포스트모더니즘이 "공동체와 로컬리티, 장소와 지역적 저항, 사회운동, 타자성에 대한 존중"과 같은 긍정적 측면도 있지만 이런 측면이 자본의 보편적 권력 앞에서 편협성, 근시성, 자기지시성으로 물화될 가능성이 있음을 경고한 바 있는데,[2] 이는 로컬리티에 대해서도 그대로 적용된다.

로컬리티 연구를 천착해온 공간이론가이자 지리학자인 도린 매씨Doreen Massey에 따르면 로컬리티 연구는 포스트모더니즘과 곧장 연결될 수 없다. 그녀가 볼 때, 로컬리티 연구의 '로컬'의 의미와 포스트모더니즘에서 말하는 '로컬'의 의미는 용어상의 동일성에도 불구하고 상당한 의미 차이를 보인다. 즉 "로컬리티 연구의 맥락에서 이 용어(로컬)의 의미는 가령 리오타르가 '로컬적(국지적) 결정론'을 주장하고 거대이론들을 포기하면서 사용했을 때의 로컬이 갖는 의미와 동일하지 않다"[3]는 것이다. 오히려 그녀는 로컬리티에서의 '로컬'을 광의의 사회구조적 문제들, 특히 자본주의의 사회경제적 · 공간적 변화와의 관련 속

---

2 David Harvey, *The Condition of Postmodernity*, Oxford : Basil Blackwell, 1989, p.351.

3 Dorin Massey, "The Political Place of Locality Studies", *Space, Place and Gender*, Minneapolis : University of Minnesota Press, 1994, p.133.

에서 보아야 할 문제임을 강조한다. 이럴 경우 로컬리티에서 '로컬'이 갖는 의미는 메타이론에서 말하는 '메타' 개념과 굳이 대립적인 것으로 이해될 필요는 없게 된다. 매씨는 이런 주장을 뒷받침하기 위해 하비의 다음 주장을 인용한다.

> 포스트모더니즘은 우리에게 사물화와 구획화, (…중략…) 로컬리티, 장소, 혹은 사회적 집단의 온갖 물신숭배를 받아들일 것을 요구하면서도, 다른 한편에서는 일상생활에 미치는 그 깊이와 영향력, 범위와 힘에서 점점 더 보편적인 것이 되어가는 정치적·경제적 과정들(화폐의 흐름, 국제적 노동분업, 금융시장 등)을 파악할 수 있는 메타이론은 부정한다.[4]

매씨는 로컬리티를 바라보는 포스트모더니즘의 논리를 경계하면서 로컬리티 연구를 새롭게 정리한다. 우선 로컬리티 연구는 로컬리티를 특정 가치로 물신화하는 것과는 아무런 관련이 없고, 국제적 노동분업과 같은 정치경제적 과정을 파악할 수 있는 이론을 부정하지 않으며 ("로컬 지역들을 연구하는 것이 그 지역이 더 넓은 공간적 범위를 갖고 있다는 점과 훨씬 더 추상적인 차원이라는 점에서 반드시 지역에 적용될 수 있는 것보다 더 광의의 이론들을 필요로 한다는 것은 명백하다"),[5] 국제적 차원의 연구뿐만 아니라 로컬 연구에서도 거대서사는 필수적이라는 것이다. 이런 주장에 따라 그녀는 로컬리티 연구를 고정적이고 정태적인 공간과 장소를 다루는 연구가 아니라 그 내부에 모순과 갈등이 상존하는 "역동적이고 가

4 Ibid., p.133.
5 Ibid., p.134.

변적인 (…중략…) 사회적 활동들과 사회적 관계들의 상호교차"에 대한 연구로 인식할 필요가 있음을 강조한다.

매씨의 주장에서 주목할 바는 그녀가 로컬리티의 문제를 로컬 사회의 구체적인 경험이나 특수성을 다루는 문제가 아니라 로컬 내외부의 다양한 사회적 관계들과 과정들을 분석하는 **이론적** 문제로 인식하고 있다는 점이다.

> 로컬리티는 적어도 한 가지 점에서 일련의 장소들locales의 상호교차로 이론화될 수 있을 것이다. 그러나 그것이 무엇이든지 간에 로컬리티는 공-현존co-presence의 상황 속에서 구체적인 사회관계와 사회과정으로부터 생겨난 **구성물들***constructions*이다. (…중략…) 이것이 의미하는 바는 로컬리티가 우리가 임의로 선을 그을 수 있는 공간영역이 아니라는 점이다. 로컬리티는 일련의 사회적 관계들과 과정들의 관점에서 정의되어야 할 것이다. 중요한 것은 로컬리티가 **상호작용***interaction*에 관한 것이라는 점이다. 더욱이 이러한 상호작용은 갈등들을 포함할 가능성이 높다. 로컬리티는 차이와 갈등을 포함할 것이고 부분적으로 그것들에 의해 **구성**될 것이다. 또한 사회관계를 통해 볼 때, 로컬리티는 비-공간적인 관점에서 직접적으로 '관련되어 있지' 않을 수도 있는 사회현상들 간의 상호작용도 포함할 수 있다. 사회적 현상들이 서로서로에게 직접적인 영향을 끼치게 되는 것은 그것들이 바로 이 공-현존의 상태에 있기 때문일 것이다.[6]

---

6 Ibid., pp.138~139.

로컬리티 연구가 모순과 갈등이 존재하는 더 큰 사회구조 속에서 다양한 사회관계와 과정들을 연구하는 작업이라는 정의는 매우 설득력이 있다. 특히 매씨는 영국의 경우를 예로 들면서 로컬리티 연구가 1980년대 초에 부상하게 된 주된 원인이 이 시기에 영국의 전통적 제조업의 급격한 쇠퇴, 실업률의 급증, 그로 인한 산업구조의 재조정과 같은 격변이 있었고, 그 격변이 로컬의 지리적 · 공간적 변화에 직접적으로 끼친 영향과 관련이 있다고 말한다. 즉 영국에서는 1980년대 초에 전통적 제조업 중심의 산업도시들의 몰락과 중공업 지역들의 쇠퇴로 인해 사람들이 전통적 제조업 도시를 떠나 대도시와 교외 지역으로 이주하게 되었고, 특히 전통적 제조업 대신에 최첨단 기술산업, 은행 및 금융업, 그리고 전문서비스 부분이 도시 중심을 차지하게 됨에 따라 남성노동자들의 역할이 줄고 여성 고용인구가 증가하게 된다. 로컬리티 연구가 중요한 관심사로 떠오른 것은 이와 같은 사회변화들이 로컬사회에 깊은 영향을 끼쳤고 그에 따라 로컬리티에 대한 인식에 중대한 변화를 낳았기 때문이다.

로컬리티 연구에 대한 매씨의 지적에 공감하면서도 그녀가 말하는 로컬리티 연구에는 일부 수정이 필요해 보인다. 그녀가 보여주는 포스트모더니즘에 대한 비판이나 공간지리학자로서의 입장이 로컬과 로컬문화에 대한 다양한 문화적 · 재현적 접근에 제약으로 작용하는 측면이 없지 않기 때문이다. 우선 그녀의 주장은 로컬과 로컬리티 연구가 주로 차이와 주변성과 다양성과 같은 포스트모더니즘의 논리와 연결되어 논의되는 것을 비판하면서 사회공간 내에서 일어나는 변화들을 이론적 관점에서 사고하려다보니 자신이 비판한 바 있는 바로 그

대립구도, 즉 포스트모더니즘의 '로컬'과 로컬리티 연구의 '로컬' 간의 분리를 반복하는 경향이 있다. 프레드릭 제임슨이나 데이비드 하비의 경우, 그들의 주장에는 기본적으로 이론적 차이가 있음에도 불구하고 두 사람 모두 포스트모더니즘이 자본주의의 정치경제적 변화와 연결되어 있음을 강조했다. 전자가 포스트모더니즘을 자본에 의한 상품화와 사물화가 사회의 곳곳에 침투한 더욱 순수한 형태의 후기자본주의의 문화논리로 간주하고 있는 데 반해, 후자는 대량생산이라는 규모의 경제를 추구하던 포디즘적 생산체제에서 고도로 전문화되고 소규모적 시장개척과 제품 혁신을 근간으로 한 포스트포디즘적인 유연적 생산체제로의 전환이 낳은 문화적 현상으로 보고 있다.[7] 두 사람 모두 포스트모더니즘이 자본주의적 현실의 변화에 대한 인식과 분석을 차단하고 차이와 다양성만을 물신화하는 점에 대해서는 비판적이지만 포스트모더니즘이 자본주의적 현실변화와 별개의 현상이 아님을 강조한다. 사실 포스트모더니즘에서 말하는 '로컬'의 의미와, 자본주의적 축적구조와 공간적 재구조화의 과정으로 인해 생겨난 '로컬'의 의미는 서로 별개일 수 없다. 분석과 논증의 차원에서 이 둘을 구분할 수는 있지만 영역 자체가 다른 것으로 분리할 경우 현실적 인식에 있어 얻는 것보다 잃는 것이 더 많을 수도 있다. 다시 말해, 공간적 재구조화의 과정 못지않게 문화적 현상과 가치들이 로컬과 로컬문화에 끼치는 영향들을 로컬리티 연구에서 배제할 가능성이 있기 때문이다. 문화적 가치의 영향이 제외되고 정치경제적 변화와 공간적 재구조화 과정, 그리고

---

7 Fredric Jameson, *Postmodernism or, The Cultural Logic of Late Capitalism*, Durham : Duke University Press, 1991과 David Harvey, *The Condition of Postmodernity*, Oxford : Basil Blackwell, 1986 참조.

문화적 변동 간의 상호작용이 복합적으로 사고되지 못할 경우, 로컬리티 연구가 추구하고자 하는 통합적이고 횡단적인 사고는 제약받게 되고 또 하나의 전문적 연구로 전락하고 말 것이다. 근대적인 가치이든 포스트모던적 가치이든 트랜스모던적 가치이든, 문화적 가치와 이데올로기는 정치경제적 변화와 공간적 재구조화와 별개로 작동하는 것으로 볼 수 없다는 점에서 그러한 관계에 대한 연구는 로컬리티 연구에서 간과될 수 없다. 그러므로 로컬리티에 대한 매씨의 정의는 보다 확장될 필요가 있다. 즉 로컬리티를 "공-현존의 상황 속에서 구체적인 사회관계와 사회과정들로부터 생겨난 **구성물**"이라고 정의한다면, 거기에는 문화적 · 이데올로기적 가치들이 추가되어 "**공-현존의 상황 속에서 구체적인 사회관계와 사회과정들과 문화가치들 간의 상호작용으로부터 생겨난 구성물**"로 재정의될 필요가 있는 것이다.[8]

둘째, 로컬리티 연구에서 문화적 가치를 배제하는 것은 결코 가벼운 문제가 될 수 없다. 로컬과 로컬문화가 모순과 갈등과 타협의 공간이라면, 레이먼드 윌리엄스Raymond Williams가 말한 바 있듯이, 로컬문화의 공간은 지배적 가치, 부상하는 가치, 잔존하는 가치들이 헤게모니를 둘러싸고 서로 경쟁하고 경합하고 타협하는 공간으로 인식할 필요가 있다. 이런 관점에서 볼 때, 이 공간에서는 로컬리티에 대한 인식적이고 비판적인 차원의 질문들, 즉 현재 로컬리티에 대한 인식은 누구의 시각에 의해 이루어지고 있는가, 역사적으로 볼 때 그동안 로컬적인 것과 로컬문화는 누구의 관점에서 담론적 · 제도적으로 구성되어

8 도린 매씨가 문화적 가치와 철학적 가치를 배제하는 것은 결코 아니다. 하지만 이 글에서의 논의는 그런 부분을 되도록 배제하려는 경향을 보인다.

왔는가, 로컬리티의 새로운 구성과 비판적 트랜스로컬 연구를 위해서 어떤 주체위치와 언표위치가 필요한가 하는 질문들이 제기될 수밖에 없다. 이런 논의들이 로컬리티 연구에서 제외될 경우, 로컬리티 연구의 범위와 깊이는 극히 제한적일 수밖에 없고 트랜스로컬 연대의 시각을 확보하는 것조차 불가능하게 된다. 특히 이런 논의의 배제는 자신도 인식하지 못한 채 자신의 논의를 보편화하는, 즉 특수성의 논리를 보편화하는 근대적이고 서구중심적인 시각에 빠져버릴 가능성이 없지 않다. 이런 측면은 영국과 자본주의의 성격변화에만 주목한 매씨와 달리 로컬리티 연구를 비서구나 주변부, 그리고 제3세계의 지식의 장으로 옮겨놓을 경우 곧바로 드러난다. 비서구나 제3세계에서의 로컬리티 연구는 사회관계와 사회과정 간의 상호작용에서 생겨난 구성물이라는 관점에서만 탐구될 것이 아니라 그 내부에는 발전과 진보라는 서구적 근대성의 가치와 그에 근거한 선형적이고 목적론적인 근대화의 개발 논리가 철저하게 스며들어 있다고 해도 과언이 아니다. 서구적 근대성의 가치와 논리들은 제3세계와 비서구의 문화 속에 마치 식민적 무의식colonial unconscious처럼 내면 깊숙이 잠재된 하나의 이상적 모델로 자리잡고 있다. 따라서 비서구와 주변부에서의 로컬리티 연구에서 자본주의적 변화와 포스트모더니즘적 논리 간의 이분법적 분리의 논리는 통하지 않는다. 여기서는 로컬과 로컬문화를 장악하고 있는 가치에 대한 철저한 비판과 탐구가 절실하고, 이 비판은 비서구와 주변부가 처한 사회관계와 사회과정의 상호작용에 대한 적절한 인식에도 필수적인 과제가 될 것이다.

실제 로컬리티 연구가 세계적으로 중요한 쟁점으로 등장한 이유 중의 하나는 제1세계 내부의 산업구조의 변화와 공간적 재구화의 과정, 그리고 그 과정에 대한 포스트모더니즘적 반성도 중요했지만, 80년대 이후 서구적 근대성의 한계들을 노출시킨 일련의 역사적 사건들의 출현과 전 지구화 이후의 근대성에 대한 새로운 사고의 부상과 관련이 깊다. 현실사회주의의 붕괴와 글로벌 자본주의의 등장, 80년대 이후 중국을 비롯한 동아시아 국가들의 부상과 변화, 그리고 90년대 말 이후 라틴아메리카 국가들의 강력한 등장과 같은 글로벌 변화들은 발전과 진보에 근거한 근대적 세계체제를 뒤흔들 뿐만 아니라 서구적 근대성 모델의 한계를 드러내는 계기가 되고 있다. 우선 현실사회주의의 붕괴는 사회주의의 붕괴를 초래했을 뿐만 아니라 서구적 근대성의 한계를 동시에 노정하는 계기가 되었다. 즉 현실사회주의 자체가 더욱 냉혹한 근대성과 그 이데올로기의 한 형태였음이 드러났고, 근대 자본주의에 대한 대안을 현실사회주의에서 찾았던 지식인들의 환상이 깨지는 역사적 계기가 되었다. 동아시아 국가들의 부상은 서구적 근대성에 도전하고 동아시아 내부에서 발전의 가치들을 찾는, 즉 일종의 유교자본주의처럼 동아시아 내부에서 고유한 발전의 문화 논리를 찾고자 하는 계기를 마련했는데, 비록 이런 시도는 근대 자본주의의 이데올로기로부터 벗어나지 못하는 한계를 갖고 있다고 하더라도 서구적 근대성이라는 절대적 모델을 상대화하고 그것이 유일한 근대성 모델이 아님을 깨닫게 하는 중요한 계기가 되었다. 특히 근대적 자본주의가 글로벌 자본주의로 팽창하고 초국적 분업구조와 새로운 형태의 근대적 / 식민적 세계체제가 형성되면서 세계가 진보와 발전으로 나아가는 포스트식민의 세계가 아니라 오히려 '강화된 식민주의intensified colonialism'[9]를 띠면서 새로운 형태의 중심부와 주변부, 제1세계와 제3세계 간의 분리를 초래하고 민족, 계급, 인종, 젠더, 성 등의 위계구조에 근거하는 전 지구적 차원의 식민성을 생산하고 있다. 이에 맞서 중심부 내부에서뿐만 아니라 주변부에서도 서구적 근대성과 유럽중심주의적 문화가치에 대한 도전들이 본격적으로 제기되고 있다. 이런 변화들은 서구적 근대성이 암암리에 전제하고 있던 발전과 진보의 유럽중심적 근대성의 한계를 노정하고 주변부 자체의 문화적 생태계, 즉 트랜스모더니티 자체에 대한 급진적 재인식을 촉구하고 있다. 이런 반성들이 비서구와 주변부에서의 로컬리티 연구에 중대한 영향을 끼쳤다고 볼 수 있고, 포스트모더니즘 또한 비록 그것이 중심부 내부에서의 근대성에 대한 반성, 즉 '근대성에 대한 유럽중심적 비판'이라는 한계에도 불구하지만 로컬리티 연구와 분리될 수는 없다.

로컬리티 연구가 부상하게 된 또 다른 이유이자 보다 직접적인 근거가 된 것은 이런 일련의 변화들 속에서 자본의 전 지구화가 전통적으로 글로벌적인 것과 로컬적인 것 사이에 완충 역할을 담당해온 국민국가의 기능에 중대한 변화를 초래했고, 그 결과 글로벌적인 것, 민족적인 것, 그리고 로컬적인 것 간의 관계가 전혀 새로운 방식으로 편성되고 있기 때문이다. 즉 국민국가의 역할이 쇠퇴하고 그 기능이 변하면서 글로벌적인 것과 로컬적인 것이 보다 직접적인 차원에서 조우하게 된 것, 그로 인해 글로벌적인 것이 로컬 내부에 변화를 초래하는 결정

9 Masao Miyoshi, "A Borderless World? From Colonialism to Transnationalism and the Decline of the Nation-State", *Global / Local* (Rob Wilson and Wimal Dissanayake eds.), Durham : Duke University Press, 1996, p.97.

적 계기로 등장한 것이 로컬리티 연구가 부상하게 된 주요한 이유 중의 하나인 것이다.

여기서는 로컬리티 연구 자체가 국내에서는 아직 생소한 주제이고 깊이 있는 논의 자체를 찾아보기 힘든 상황이기는 하지만 트랜스모더니티의 일차적 목적이 로컬에 대한 위로부터의 국가적이고 전 지구적인 유럽중심적인 사고를 비판하고 인식적 틀의 로컬화, 혹은 로컬에 대한 아래로부터의 주체적이고 미시적이며 생태론적인 사고로 전환하는 데 있다는 근거에서 로컬리티 연구의 일반적 가능성을 살펴보고, 비판적 트랜스로컬 연구의 가능성과 조건들을 이론적으로 살펴보고자 한다. 이를 위해 우선 로컬리티와 로컬문화가 근대문화에서 역사적이고 문화적으로 구성되어온 과정을 비판적으로 검토하고, 그 다음으로는 로컬리티 연구가 비판적 의미를 갖기 위해서는 그동안 로컬리티와 로컬문화를 규정지어온 지역학area studies에 대한 비판이 필수적인바 이에 대한 비판을 시도할 것이며, 마지막으로 하나의 시론으로 비판적이고 트랜스모던적인 로컬 연구의 방향을 제안하고자 한다.

2. 재편되어가는 로컬의 위상 변화—민족국가에서 전 지구로

로컬과 로컬리티 개념은 매씨의 지적처럼 경험적 차원에서 구체적 현실이나 실체를 곧장 지시하지는 않는다. 지도가 구체적 현실을 반영하거나 가리키는 것이 아니라 지도제작자가 속한 사회와 집단의 욕망과 재현을 반영하듯이, 로컬리티 개념 또한 구체적 현실을 지칭하는 경험적 용어라기보다도 그 현실 내부의 사회관계와 과정을 둘러싼 제도적 · 담론적 형성물이라는 이론적 차원에서 사고될 필요가 있는 개념이다.[10] 그렇다면 우리가 주목해야 할 것은 로컬적인 것과 로컬리티가 누구(언표주체)에 의해 어떻게(언표전략) 담론으로 생산되는가(언표행위), 즉 그것은 어떤 담론적 · 제도적 전략에 의해 형성된 담론형성물인가 하는 점이다. 미셀 푸코는 구체적이고 살아있는 현실이란 담론적 · 제도적 구성이 생산한 효과에 다름 아니라고 주장한다.[11] 이 주장은 현실 자체를 부정하자는 것이 아니라 현실의 구체성조차 바로 담론적 · 제도적 의미구성의 과정을 통해 생산되고 해석된다는 의미로 받아들일 필요가 있다. 담론으로서의 로컬리티가 현실정치의 차원 뿐 아니라 문화정치의 차원에서도 다루어져야 하는 이유는 바로 로컬리티가 특정한 현실적 사회관계와 과정을 둘러싸고 언표적 주체와 전략들이 복합적으로 얽혀있는 담론적 · 제도적 장을 통해 특정한 의미로 구성되어 있기 때문이다.

10 로컬리티와 로컬적인 것이 구체적 현실이나 경험적 실체가 아니라 이론적 개념임을 강조하는 글로는 John Urry, *Consuming Places*, London : Routledge, 1995, p.71을 참조.

11 이 주장은 푸코의 담론 개념에 근거한다. 푸코는 담론과 진리의 관계, 특히 언표의 결합구조와 담론의 형성 및 변형을 포괄하는 아카이브를 탐구하는 작업을 고고학이라 불렀다. 고고학은 하나의 담론이 무엇으로 구성되어 있고 어떻게 구성되어 있는가, 그리고 어떻게 특정한 진리(의 효과)를 생산하는가, 그 전략은 무엇인가, 나아가서 특정 담론이 다른 담론들과 서로 어떻게 관계 맺고 있는가 하는 문제를 집중적으로 살펴본다. 여기서 담론이란 맥락을 떠난 명제의 집합이 아니라 맥락 속에서 움직이는 '언표들statements'들 간의 체계적인 관계, 즉 담론은 언표들을 생산하고 조직하고 분배하는, 일종의 쓰여지지 않은 규칙들의 체계로 정의될 수 있다. 상세한 것은 이정우, 『담론의 공간』, 민음사, 1999를 참조.

로컬리티 연구에 대한 반성은 이런 인식과 분리될 수 없다. 우선 담론적 · 제도적 차원에서 반성이란 무엇을 의미하는가? 담론적 · 제도적 차원에서의 반성이란 특정한 현실적 과정과 제도적 관계를 두고 언표주체가 자신이 서있는 언표행위의 위치를 비판적으로 성찰하는 작업을 의미한다. 다시 말해, 현재의 담론에서 언표행위의 주체는 누구인가, 그 주체는 어떻게 언표행위의 전략을 펼치고 담론을 생산해왔는가, 그리고 그 주체는 자신의 언표행위에 대하여 얼마나 자기성찰적인가 하는 일련의 질문들을 제기하는 작업을 뜻한다. 이를 로컬리티의 담론에 적용해보면, 근대성 속에서 로컬리티 담론의 언표화는 어떤 식으로 구성되어 왔는가, 그리고 그 구성을 주도해온 언표주체는 누구였는가를 질문해볼 수 있다. 이런 질문을 제기하는 이유는 근대 들어 비서구 혹은 주변부 로컬리티 담론의 언표주체가 그 로컬 내부보다는 외부에 있었음을 분명하게 드러내주기 때문이다. 그동안 이들 지역에서 로컬리티 담론의 실질적 주체는 로컬적 주체와 그들의 가치였다기보다는 계몽과 진보와 합리성이라는 서구적 근대성과 그에 근거한 발전과 개발의 모델과 같은 기준과 척도였고 그것을 대변했던 권력이었다.[12] 이들 가치들과 모델은 근대성 속의 로컬과 로컬문화의 담론들에 강제적으로 부과된 초월적 가치나 다름없었다.

이런 시각은 근대 국민국가의 기능과 역할을 인식하는 데 중대한 수정을 요구한다. 근대 사회에서 그런 가치의 직접적 전달자이자 매개체

---

12 진보적이든 보수적이든 서구의 역사이론은 목적론적 역사주의에 근거할 수밖에 없다는 지적에 대해서는 Robert J. C. Young, 김용규 역, 『백색신화』(경성대 출판부, 2008)의 1장 「백색신화」와 2장 「마르크스주의와 역사의 문제」를 참조.

가 국민국가였다는 점에서 로컬과 로컬리티 담론은 일차적으로 국민국가와 민족 담론과 따로 분리해서 인식하기란 거의 불가능하다. 사실 국민국가는 서구에서든 비서구에서든 간에 서구적 근대성과 그 가치들을 국민국가의 경계와 영역 내에 실현하고자 했기 때문에 로컬이 서구적 근대성과 그 발전 모델과 직접적으로 대면하게 된 것은 주로 국민국가의 역할을 통해서였다. 그러므로 로컬문화와 로컬리티를 분석하기 위해서는 서구적 근대성과 그 실현의 핵심적인 제도적 장치인 국민국가의 역할에 대한 성찰이 요구된다.

최근 들어 국민국가와 민족주의의 역할에 대한 연구들이 많이 소개되고 있다. 국민국가와 민족정체성이 자체의 내적인 본질을 구현하기보다는 외부의 특정한 역사적 계기와 마주치면서 구성된 것이라는 '상상된 공동체'로서의 민족 개념에 대한 베네딕트 앤더슨의 연구를 필두로 포스트식민국가로의 전환과정에서 민족부르주아지와 엘리트계급들이 다양한 소수민족과 서발턴 그룹들의 목소리를 억압해가면서 국민국가를 건설해간 과정을 분석한 포스트식민 연구들과, 여성을 민족적 주체에서 배제하거나 이용해온 과정에 대한 포스트식민 페미니즘 연구와 같은 새로운 시각처럼 근대 국민국가와 그 이데올로기적 기능에 대한 연구들이 속속 발표되고 있다. 그 결과 민족, 인종, 성, 계급 간의 관계를 새롭게 인식할 수 있는 이론과 시각들이 마련되고 있다. 로컬과 로컬리티에 대한 반성도 이런 연구들과의 연장선상에서 제기될 필요가 있다. 국민국가를 바라보는 문제는 각 민족과 국민이 처한 역사적 경험에 따라 다르고 그것을 일반화하는 것도 곤란한 측면이 있다. 특히 서구의 민족 담론에 대한 논의를 근거로 제3세계나 주변부에서 민족과 민족주의가 수행한 역할과 기능을 일방적으로 재단하는 오류는 피해야 한다. 근대세계체제에서 국민국가와 민족의 위상조차 확보하기 힘들었던 식민 국가나 제3세계의 주변부 국가들에서 국민국가를 형성하는 것 외에 현실적 대안이 없는 경우가 허다했다. 특히 국민국가와 민족주의의 부정적 성격이나 그 구성적 특성을 지나치게 강조하는 것은 민족과 민족주의가 근대세계에서 가졌던 긍정적이고 진보적인 측면을 낮게 평가할 가능성이 있다. 하지만 우리가 민족에 대한 급진적 해체론에 기대지 않고 특히 포스트식민 국가에서의 민족이나 국가의 기능을 구분해서 인식하는 한, 국민국가와 그 이데올로기가 낳은 결과에 대한 비판과 평가는 향후 지구화 시대의 국민국가의 역할을 사고하는 데도 중요한 의미를 가질 수 있다. 국민국가가 근대의 역사적 산물임에도 불구하고 그것이 마치 자연적 실체인 것처럼 간주되어 의심의 대상이 될 수 없었던 것은 역설적이지만 사후적으로 구성된 국민적 정체성을 근거로 그 내부의 사람들을 '민족적 주체'로 호명한 이데올로기적 결과 때문이었다. 롤랑 바르트Roland Barthes는 이질적 기호들과 코드들의 인위적인 은유적 결합을 은폐하고 자연화하는 과정을 '신화myth'라고 정의한 바 있는데, 민족은 근대의 다양한 코드들(인종, 역사, 정신, 정체성, 기억 등과 같은 독립적 코드들)의 인위적 결합을 숨기고 자연화한 신화(민족사, 민족정신, 국민정체성)라고 할 수 있다. 근대성 속에 존재한다는 것은 곧 국민적 · 민족적 주체로 존재한다는 것을 의미한다. 이런 닫힌 순환의 틀 밖에서 그 구성의 인위성을 깨달을 수 있는 반성적 공간을 마련한다는 것은 국민적 · 민족적 주체에게는 쉬운 일이 아니다. 따라서 민족과 국민국가의 억압적이고 구성적인 기능에 초점을 두는 것은 민족 신화와 민족 이데올로기의 환상을 비판하고 민족적 주체 형식의 외부에서 새로운 주체형식을 사고하는 데 불가피한 것이다.

국민국가의 통합이 폭압적으로 진행되고 민족주의가 강력하게 작동한 시스템일수록 로컬과 로컬리티의 담론에 대한 인식은 제기되는 것조차 쉽지 않았다. 이를테면 동아시아의 많은 나라들에서처럼 국민 총동원의 시스템을 통해 대중을 '국민화(민족화)'하는 폭압적 과정이 실시된 곳에서는 로컬이나 로컬리티 문제는 인식은커녕 제기조차 될 수 없었다. 하지만 약간의 정도 차이만 있을 뿐 거의 모든 근대 국민국가의 형성은 로컬과 로컬리티에 대한 통제와 억압을 필수적으로 수반하였다. 르페브르는 『공간의 생산*The Production of Space*』에서 로컬 공간의 문제를 근대 국민국가의 역할과 관련해서 이해할 만한 중요한 단서를 제공한 바 있다. 그는 근대 국민국가는 "하나의 공간, 즉 국민국가의 공간을 생산했다"고 말하면서 그 공간생산의 결정적 조건으로 시장과 국가적 폭력을 든다.

> 공간과 관련해서 볼 때, 민족은 두 가지 계기 혹은 조건을 갖는 것으로 볼 수 있다. 첫째, 국민성은 다양한 역사적 시기에 걸쳐 점진적으로 확립된 **시장**의 존재를 내포한다. 그런 시장은 상업적 관계와 의사소통 네트워크들의 복합적 총합인 것이다. **시장은 로컬이나 지역 시장들을 국가적 시장에 예속시키는 한편 다양한 층위들의 위계질서를 갖는다.** 기존의 농업적이고 농촌적이며 봉건적인 토대 위에서 작은 도시가 성장한 곳과 비교했을 때 하나의 국가적 시장이 갖는 사회적・경제적・정치적 발전의 성격은 아주 일찍부터 도시가 농촌을 지배하고 있는 장소에서는 다소 차이가 있다. 하지만

> 그 결과는 모든 곳에서 거의 동일한 특징을 띠었는데, 중심들(대부분 상업적 중심들뿐만 아니라 종교적 중심이나 '문화적' 중심 등등)의 위계질서와 중핵 — 즉 국가적 시장 — 으로 구성된 중심적 공간이 그것이다.[13]

시장이 로컬과 그 시장들을 국가적 시장에 예속시키고 시장의 위계질서, 즉 국가적 자본과 로컬 자본 간의 차이와 불균형에 근거한 서열화된 공간을 구축한다면, 국민성이 내포하는 두 번째 조건인 폭력은 그런 시장을 유지하고 관리하기 위한 정치적·행정적 권력을 구성한다.

> 둘째, 국민성은 **폭력** — 봉건적이든 부르주아적이든 제국주의적이든 혹은 어떤 다른 형태이든 군사적 국가의 폭력 — 과 관련이 있다. 즉 그것은 시장의 법규를 유지하고 촉진하기 위해 시장의 자원이나 생산력의 성장을 통제하고 이용하는 정치권력을 함축한다.[14]

르페브르의 주장은 앤소니 기든스의 『국민국가와 폭력*The Nation-State and Violence*』에서 보다 확대 발전된 모습으로 나타난다. 기든스는 근대 국민국가는 이전에 존재하던 다양한 형태의 폭력들을 독점하고 그 내부의 영토를 하나로 통합하는 단일한 행정체제를 구축했다고 주장한다. 즉 국민국가는 교통수단과 통신수단의 발달을 등에 업고 단일한 행정체제를 구축하기 위해 민족 내부의 인적·물적 자원들에 대한 정

---

13 Henri Lefebvre, *The Production of Space*, Donald Nicholson-Smith trans, Oxford : Blackwell, 1991, pp.111~112.

14 Ibid, p.112.

보와 자료를 체계적으로 수집하고 정리하는 한편, 법질서와 행정력을 동원하여 폭력을 국가 중심으로 일원화했다는 것이다. 여기서 기든스는 근대국가에서는 원시적이고 개인적인 형태의 폭력들은 사라졌지만 푸코가 말하는 것과 같은 훈육과 감시체제를 기반으로 한 훨씬 교묘한 국가의 일상적 억압형태들이 생겨나게 되었다고 주장한다. 이런 주장은 로컬과 로컬리티를 바라보는 데도 매우 중요한 관점을 제공한다. 즉 국가는 국가의 재정운영의 통일성을 위해 조세와 금융부문의 자료를 수집하고 체계화하고 국내질서를 유지하기 위하여 중앙에서 행정을 총괄하는 구조를 구축했는데, 이것이 로컬을 철저히 국가와 중앙의 통제하에 두게 만든 것이다.[15] 제임스 퍼거슨James Ferguson과 아킬 굽타Akhil Gupta는 이런 국민국가의 통합과정을 수직성verticality과 포위성encompassment이라는 두 가지 공간적 이미지로 설명한 바 있다.

수직성은 시민사회, 공동체 그리고 가족의 '상위above'에 존재하는 제도로서의 국가라는 중심적이고 지배적인 개념을 지칭한다. 그래서 국가 계획은 본질적으로 상명하달식이고 국가의 조치는 '상위로부터' 조작하고 계획하려고 노력하는 반면, '일반 사람들'은 '아래'에 존재하고 대지에 가깝고 더 진정하며 더 '뿌리깊다'는 점에서 국가와 대조적이다. 두 번째 이미지는 포위성의 이미지이다. 여기서 국가(개념적으로 민족과 통합된다)는 가족과 지역공동체에서 시작하여 국민국가의 체계와 더불어 완성되는, 계속적으로 넓어져가는 원환들의 계열 내에 위치한다. 이는 스케일, 즉 작은 로컬

---

15 Anthony Giddens, *The Nation-State and Violence*, Berkeley : University of California Press, 1987, pp.172~191.

> 리티locality는 넓은 지역region에 의해 포위되고, 큰 지역은 국민국가에 의해 포위되며, 국민국가는 국제 공동체에 의해 포위되는 스케일에 대한 깊은 이해를 담고 있다. 이 두 가지 은유가 결합하고 작동하여 상위에 정착되자 로컬리티, 지역, 공동체를 포함하는 국가에 대한 당연한 공간적 · 단계적 이미지를 생산하게 된다.[16]

로컬의 사회경제적 구조가 "더 넓은 국가적이고 국제적인 공간적 노동분화 내에서의 연속적인 역할들이 결합된 복합적 결과"[17]이듯이, 로컬리티와 로컬문화에 대한 연구 또한 그런 복합적 결과로서 생산된다. 하지만 문화의 영역은 사회경제적 논리와 달리 좀 더 복잡할 수 있다. 문화적 과정의 시간과 사회경제적 과정의 시간은 서로 접합되어 있으면서도 서로 다른 자율적 시간성들 — 이 시간성들을 동일한 것으로 보는 것은 경제에 의해 모든 시간들이 결정된다고 보는 경제주의적이고 환원주의적 입장이 된다 — 을 갖기 때문이다. 문화적 시간은 경제적 시간에 의해 조건지워지고 제약되기도 하지만 정치와 경제의 시간이 끝난 뒤에도 지속하는 경향이 있을 뿐만 아니라 간혹 의식의 차원을 넘어 집단적 무의식 속에 내면화되어 하나의 성향으로 결정화되는 경향이 있다. 무엇보다도 근대 국민국가 내부에서 민족주의와 국민문화는 대부분 지배부르주아지 주도의 중심부 문화에 의해 결정되기 때문에 그것들이 로컬문화와 맺는 관계는 보다 복잡한 메커니즘에 따라

16 James Ferguson & Akhil Gupta, "Spatializing States : Toward an Ethnography of Neoliberal Governmentality", *Anthropologies of Modernity* (Jonathan Xavir Inda ed.), Oxford : Blackwell, 2005, p.106.

17 John Urry, *Consuming Places*, p.70.

형성되는 경향이 있다. 무엇보다 민족주의와 국민문화는 그 자체 근대화의 산물로서 자신의 영역 내에 있는 로컬사회들을 동질화하고 그런 로컬적 만남들과 그 만남들이 함축하는 '이질성'을 억압하는 기능을 담당한다. 베네딕트 앤더슨이 말하는 '상상된 공동체'로서의 민족이란 모든 로컬적 시간과 이질적 시간들을 동질화하는, 즉 발터 벤야민이 말하는 '동질적이고 텅 빈' 시간을 전제로 한다.[18] 이 시간 속에는 로컬과 로컬문화의 시간과 기억은 국민적·민족적 시간 속으로 통합될 뿐 아니라 그 시간의 일부로 기억될 뿐이다. 민족을 상상하는 데 신문이나 소설 같은 인쇄자본주의가 결정적으로 기여했다는 베네딕트 앤더슨의 지적을 달리 말하면, 그것은 국민문화의 시간이 로컬 시간을 동질화하고 로컬문화를 흡수하고 통합했음을 의미한다. 하지만 앤더슨을 비롯하여 최근의 민족주의 이론이 제대로 살피지 못하는 것은 '동질화에 근거한 로컬과 로컬문화의 통합'에만 집중하다보니 로컬문화가 그 과정에서 독특하게 재배치되는 현상에는 주목하지 않는 경향이 있는 점이다. 근대 국민문화가 민족 내부의 중심적·지배적 문화임을 감안할 때, 로컬과 로컬문화가 근대적 국민문화 속으로 동질화되고 통합되는 것은 단순히 로컬문화의 약화와 소멸로만 끝나는 것이 아니라 로컬의 새로운 재편성을 뜻하기도 한다. 즉 중심과 주변의 이분법적 논리에 따라 로컬과 로컬문화의 대부분이 주변부의 위치에 배치되면서 '주변'으로 귀속되거나 '시골'로 정형화된다.[19] 국민문화로의 통합이

---

18 Benedict Anderson, *Imagined Communities : Reflections on the Origin and Spread of Nationalism*, London : Verso, 1991, p.24.

19 스튜어트 홀은 영국 국민성의 구성과정을 이와 비슷한 논리로 이론화한다. Stuart Hall, "The Local and the Global : Globalization and Ethnicity", *Culture, Globalization and the World-System*

문제인 것은 바로 후자의 과정이 제대로 인식되지 못하기 때문이다. 근대 국민국가들이 서구적 근대성의 개발 모델을 맹렬하게 추종하면서 근대 국민문화 내에서 로컬과 로컬문화는, 그러한 모델에 입각한 식민화의 전략이 전개되고 중심부의 논리가 실행되는 일차적 공간이 된다. 유리 로트만에 의하면 "모든 문화 체계에서 중심-주변 간의 관계는 상부-하부 관계라는 보충적인 가치론적 특징을 획득한다. 따라서 기호학적 유형의 체계는 역동성의 측면에서 항상 상부-하부, 가치 있는 것-가치 없는 것, 존재하는 것-존재하지 않는 것, 기술될 수 있는 것-기술될 가치가 없는 것 등의 교체 현상을 동반하게 된다."[20] 따라서 로컬과 로컬문화 내에는 중심과 주변, 상부와 하부, 도시와 시골, 문명과 미개, 문화와 가난과 같은 이분법적 가치들이 반복적으로 재생산되는 독특한 로컬리티가 형성된다.

로컬문화와 로컬리티는 근대성 속에서 '주변성'—중심의 주변화 전략에 의해 구성된 주변성에서 로컬리티의 비판적 의미를 즉각적으로 추론하는 것은 경계할 필요하고, 중심의 주변화 전략에 의해 구성된 주변성과 로컬이 자신의 주변성을 비판적으로 인식하면서 구성해낸 자율적인 주변화의 전략은 구분될 필요가 있다—을 마치 영원한 낙인처럼 자신의 문화 속에 각인할 수밖에 없다. 그러므로 로컬은 "진보에서 낙오된 후진성의 장, 도시와 산업적 자본주의 문명의 역동성과는 대립적인 시골적 정체성의 장, 보편적 과학적 합리성에 대립되는 특수주의적 문화의 영역, 마지막으로 정치적 근대성의 형식인 국민국가의

(Anthony D. King ed.), Minneapolis : University of Minnesota Press, 1997, p.23.

20 유리 로트만, 김수환 역, 『기호계—문화연구와 문화기호학』, 문학과 지성사, 2008, 198면.

완전한 실현의 장애"로 인식된다. 즉 로컬리티는 근대성 속에서 중심과의 비대칭적 관계 속에 놓이게 되고 항상 중심에 미달하는 주변으로 폄하되는 것이다. 그 결과 "문명과 발전을 정치적・사회적・문화적 동질화와 동일시하고 일반성과 보편성을 위하여 로컬의 억압을 정당화하는 역사적 의식"[21]이 국민적・민족적 주체의 무의식 속에 심어지게 된다.

이와 같은 시각에서 볼 때, 오늘날 로컬리티와 로컬문화를 강조하는 것 자체는 그것이 국민문화의 이념적 통합을 뒷받침하는 중심부의 지배논리를 비판하고 로컬문화의 예속과 억압을 자각하기 위한 것이라는 점에서 중요한 의의를 갖는다. 로컬 주체들에게 로컬 현실에서의 실존적 삶(현실)과 그 현실에 대한 담론적 논리(이론)가 철저히 분리된 채 따로 작동해왔다. 로컬 내부의 구체적 삶을 바라보는 시각들은 억압되거나 형성되지 못하고, 오히려 로컬 현실을 외부적이고 초월적인 중심의 논리로 인식하는 분리된 시각이 압도적이다. 로컬 사회 내부에는 로컬의 구체적 현실과 로컬리티 담론 간의 갈등과 모순이 근원적으로 자리하고 있다. 로컬의 진보적 지식인들조차 로컬의 주변화된 현실의 왜곡된 삶을 바로잡기보다 중심부 문화를 지향하는, 즉 주변과 중심 간의 왜곡된 구조와 로컬의 소외된 삶을 재생산하는 경향을 보인다. 그러므로 '로컬'을 '지방'으로 번역하는 데는 주의가 필요하다. '로컬'을 '지방'으로 번역할 때, 자신도 깨닫지 못한 채 그런 분열을 수용하고, 나아가 중심에 의해 구성된 주변성의 논리를 고민 없이 수용할 수

---

21 Arif Dirlik, "The Global in the Local", *Global / Local* (Rob Wilson & Wimal Dissanayake eds.), Durham : Duke University Press, 1996, p.23.

있기 때문이다. 그런 의미에서 오늘날 로컬리티를 강조하는 것은 로컬 지식인들에게 로컬에서의 실존적 삶과 로컬리티 담론 간의 분열을 정정하고자 하는 실천적 노력이 될 수 있다.

하지만 이러한 인식의 수준에만 그치게 될 경우, 로컬리티와 주변성의 가치들이 곧바로 긍정적이고 비판적인 가치와 똑같은 것으로 간주될 가능성이 생겨난다. 로컬의 자본이 거대 자본이나 글로벌 자본에 대항한다고 해서 무조건 진보적이라고 평가될 수 없듯이, 로컬리티와 주변성 자체를 진보적이고 급진적인 가치와 곧장 동일한 것으로 취급하는 것은 문제의 핵심을 간과할 수 있다. 일반적으로 차이의 정치학 the politics of difference을 강조하는 포스트모더니즘이나 일부 포스트식민주의의 이론가들은 로컬리티와 주변성을 상황과 맥락에 따라 다양한 의미를 갖는 복합적 개념으로서보다는 그 자체 비판적이고 급진적이고 전복적인 가치로 간주하려는 경향이 강하다. 로컬 현실이 중심에 의한 흡수와 배제의 이중적 전략의 대상으로 간주되고 로컬 주체들의 분열된 의식이 무의식 속으로 내면화될 때, 로컬과 로컬문화의 자율성을 강조하는 것은 분명 긍정적인 의미를 갖는다. 하지만 로컬리티와 주변성이 로컬 주체들에 의해 중심부의 논리를 비판하기 위한 가치로 구성되기 이전에 항상-이미always already 긍정적이고 진보적인 가치인지는 의문이다. 왜냐하면 근대 국민국가 하에서 로컬리티가 가질 수밖에 없는 질곡과 곤경으로서의 주변성과 이들이 강조하는 비판적이고 진보적인 가치로 구성된 주변성 간의 구분이 명확하지 않기 때문이다. 앞서 지적했듯이 로컬 현실보다 로컬리티 담론과 그 변화의 구조를 집중적으로 분석하는 한편, 로컬리티와 로컬적인 것만을 따로 분리해 긍정적 가치로 격상시키기보다는 로컬리티 담론 속에서 로컬의 모순적 갈등과 변화의 배치구조를 탐구하는 작업이 더 생산적일 수 있다. 사실 로컬리티의 관점에서 볼 때, 근대 국민국가의 논리가 중심과 주변 간의 차별적 대립을 통해 작동한다고 할 때 그 논리는 로컬과 로컬문화 내부에서 훨씬 더 격렬하고 갈등적으로 되풀이될 수도 있다. 그러므로 우리가 질문해야 할 것은 오늘날 로컬리티를 주장하는 숱한 논리들 내에 모순적이고 상충적인 갈등들이 존재하고 있는 것은 아닌지, 그리고 그 내부에는 단일하고 동질적인 주체Subject가 존재하는 것이 아니라 이질적이고 다양한 복수의 '주체들subjects'이 존재하는 것이 아닌지, 나아가 그 내부의 특정 주체들이 자신들의 이해관계를 관철하기 위해 다른 로컬주체들을 배제한 채 로컬을 새로운 방식으로 전유하고 있는 것은 아닌지 하는 점이다. 이런 질문은 로컬리티를 비판적 가치로 구성하기에 앞서 로컬리티에 대한 비판적 분석이 선행되어야 하는 이유를 잘 보여준다. 이와 같은 비판적 분석을 우선시함으로써 로컬과 로컬문화 내부의 주체들은 자신들의 비판적이고 주체적인 언표위치를 확보할 수 있기 때문이다. 아이러니한 것은 중심의 주변화 전략에 의해 구성된 주변성에는 로컬주체의 언표위치가 존재하지 않는다는 사실이다. 그 주변성의 언표위치는 주변의 목소리가 아니라 결국 중심의 목소리인 것이다. 가장 급진적인 대중운동에서조차 로컬 운동들은 중심부의 운동의 논리 속으로 흡수되거나 그 논리를 통해 대리적으로 기억될 뿐이다. 가령 한국에서도 로컬의 민주화 운동은 '한국'의 민주화 운동, 특히 중심부 민주화 운동 속에서 소외된 채 제대로 기억되지 못한다. 그 예가 중심부에서 진행된 민주화 운동은 운동가 중심의 개별 주체 중심으로 기억되는 데 반해 주변의 민주화 운동은 항상 익명적 집단으로만 기억될 뿐이다. 바로 이런 이유 때문에 중심의 주변화 전략에 의해 구성된 주변성과 로컬이 자신의 언표위치를 주체적으로 인식해가는 비판적 주변화의 전략은 구분될 필요가 있다.

오늘날 로컬리티와 주변성이 곧장 긍정적 가치로 간주될 수 없는 또 다른 이유는 로컬현실과 로컬문화를 규정하는 새로운 계기들이 등장하고 있기 때문이다. 로컬리티 개념이 국민국가와 국민문화의 주변화 전략의 논리에 맞서 비판적이고 주체적인 인식을 확보하기도 전에 로컬은 국민국가보다 훨씬 더 추상적인 힘 앞에, 그동안의 중심부 문화보다 훨씬 더 유연하고 복합적인 권력과 대면해야 할 처지에 놓여있다. 글로벌 자본의 등장과 그 지배의 전 지구화가 그것이다. 오늘날 자본의 지구화는 로컬과 로컬문화에 영향을 끼치는 데 있어 국민국가를 넘어서는 결정적 요인으로 등장하고 있다. 자본의 지구화와 더불어 로컬 문화와 로컬리티를 둘러싼 담론적 · 제도적 장의 구조가 급변하고 있는 것이다.

자본의 전 지구화를 주장하는 이론가들이 이구동성으로 말하는 사실 중의 하나는 글로벌 자본주의 하에서 국민국가의 역할이 약화되거나 그 기능이 조정되고 있다는 점이다. 혹자는 오늘날의 민족주의와 인종주의가 낳고 있는 과도한 폭력의 양산을 목격하면서 국민국가의 기능이 약화될 것이라는 예상이 빗나갔다고 주장하지만 이런 주장은 국민국가의 약화나 기능 조정이 갖는 실질적 의미를 오해한 데서 비롯한다. 국민국가가 더 폭력적으로 변해가거나 더 배타적인 국민성과 민족주의에 의존하는 것은 국민국가와 민족주의의 강화가 아니라 사실 국민국가의 약화를 알리는 징후이다. 국민국가가 점차 폭력적인 형태를 띠어간다는 것은 대중에 대한 설득과 동의에 근거한 국민국가의 통합적 헤게모니의 기능이 점차 약화되고 있음을 방증하는 것이고, 나아가서 편협한 민족주의가 강화된다는 것은 대중들이 자본의 지구화에 대한 반발로서 보다 '근원적이고 순수한' 민족성이나 종족성과 같이 폐쇄적이고 무기력한 근본주의적 이념에 매달리고 있음을 보여주는 징후에 다름 아닌 것이다.

마사오 미요시Masao Miyoshi는 국가를 초월하는 초국적 기업의 지배가 이미 국민국가의 차원을 뛰어넘어, 그리고 국민문화를 전혀 감안하지 않는 독자적 문화를 형성해가고 있다고 말한다. 그는 다국적 기업과 초국적 기업이 기원국가로부터 얼마나 떨어져 있는가의 정도에 따라 구분하는데, 다**국적** 기업multi*national* corporation이 다양한 나라들에서 활동하지만 핵심본부는 한 나라에 두고 있고 핵심인력은 대부분 기원국가의 국적을 가진 사람들로 구성되어 있으며 기업의 충성심도 비록 약화되고 있다고는 하지만 여전히 기원국가에 두고 있는 데 반해, **초**국적 기업*trans*national corporation은 기원국가로부터 이탈하여 유동적이고 이익이 존재하는 곳이라면 어디든 찾아가서 그 국가기구를 이용하려고 한다고 말한다. 미요시는 오늘날 다**국적** 기업들은 국민국가의 장치에 계속해서 의지하고 있음에도 불구하고 탈국적화를 통해 **초**국적 기업으로의 전환을 모색하고 있다고 주장한다.[22] 특히 놀라운 사실은 1986년 세계은행과 유엔자료에 따르면 120개국 중에서 64개 국가가 국

---

22 Masao Miyoshi, op. cit., pp.86~87.

민총생산량이 10억 달러 미만인 데 반해, 68개의 초국적 기업들의 년간 매출액이 10억 달러를 넘어섰고 세계의 가장 큰 100대 경제단위 중에서 50개 이상이 초국적 기업이라는 점이다.[23] 나아가서 미요시는 이런 초국적 기업의 지배가 낳는 초국적 문화의 특징으로 다음과 같은 다섯 가지를 들고 있다. 첫째 초국적 기업은 최대의 이윤을 남기는 것이 존재이유이기 때문에 국민국가 내부의 국민들의 복지는 안중에도 없다. 둘째 국민문화로부터 벗어나 여흥과 관광을 비롯한 강력한 소비주의에 근거한 새로운 초국적 계급문화가 형성되고 있다. 셋째 시골에서 도시로, 도시에서 도시로, 한 국가에서 또 다른 국가로 노동자들이 대거 이주하면서 전 지구적 차원의 인구통계학에 지각변동이 발생하고 있고, 특히 이들 중 다수가 초국적 계급들과 달리 적절한 급료와 복지 혜택을 전혀 받지 못한 채 대도시의 빈민으로 전락하고 있다. 넷째 초국적 기업의 이동에 따라 국가가 속수무책일 정도로 로컬지역의 생태계들이 파괴되고 있다. 마지막으로 대학문화 또한 초국적 기업문화에 대한 비판자가 아니라 오히려 협력자로 전락하고 있다는 것이다.[24] 이런 특징들은 자본의 전 지구화로 독자적인 초국적 계급문화가 형성되고 있으며, 이들의 영향력 또한 이미 국민국가의 차원을 넘어서고 있음을 잘 보여준다.

이러한 글로벌 자본주의가 하나의 강력한 흐름을 형성할 때 국민국가와 국민문화의 기능과 변화를 냉정히 인식하고 현재의 상황 속에서 그 기능을 어떻게 진보적 방향으로 전유할 것인지를 고민하지 않을

23 Ibid., pp.88~89.
24 Ibid., pp.93~96.

때, 국민국가의 기능이 강화되는가 아니면 약화되는가 하는 논쟁은 의미를 상실할 수도 있다. 그런 논쟁 자체는 달보다 달을 가리키는 손가락을 비판하듯이, 글로벌 자본주의가 작동하는 방식과 그 의미를 간과할 수 있는 것이다. 오늘날 국민국가의 기능은 초국적 경제기구와 기업문화 뿐 아니라 국제적 정치기구가 주도하는 권력관계 속으로 보다 실질적으로 통합되어가고 있으며 그런 관계 속에서 새롭게 편성되고 있는 중이다. 그 결과 국민국가의 기능은 초국적 통치성transnational governmentality[25]의 한 단위로 재조정되고 있으며 운신의 폭도 대폭 줄어들고 있다.

로컬리티의 관점에서 보면 이런 현상은 그동안 로컬이 로컬리티와 로컬문화를 일차적으로 규정해왔던 국민국가의 지배논리(흡수와 배제의 주변화 논리)를 넘어서 글로벌 자본주의의 지배논리(새로운 형태의 차이와 통합의 주변화 논리) 속으로 재편되어가는 과정에 있음을 보여준다. 로컬리티와 주변성 그 자체를 긍정적이고 대안적인 가치로 평가하는 것이 근대 국민국가에서 로컬리티가 가질 수밖에 없었던 주변성과 혼동되는 경향이 있듯이, 오늘날 로컬과 로컬리티를 지나치게 강조하기 어려운 것은 로컬리티 개념이 '전 지구적으로 사고하고 지역적으로 행동하라'는 글로벌 지역주의를 앞세우는 글로벌 자본주의의 문화논리 속으로 흡수될 가능성이 농후하기 때문이다. 다시 말해, 국민국가가 로컬을 국민화의 과정 속으로 통합하였다면(로컬의 국민화), 이제 초국적 자본은 로컬을 전 지구화의 과정 속으로 통합하려고 하는 것이다(로컬의 지구화).

25 James Ferguson & Akhil Gupta, op. cit., p.114.

이런 상황 속에서 로컬과 로컬리티의 장은 이전보다 훨씬 더 격렬한 모순과 갈등의 장이 되고 있다. 아리프 딜릭Arif Dirlik에 따르면 로컬적인 것은 하나의 가능성이자 동시에 곤경의 장소이다. 로컬리티가 곤경인 이유는 그것의 가능성을 과도하게 강조할 경우 글로벌 자본이 로컬을 파편화하면서 그것을 자본 이윤의 대상으로 삼으려고 한다는 사실을 간과할 수 있기 때문이다. 글로벌 자본주의의 관점에서 볼 때, "로컬은 해방의 장이 아니라 조작의 장이다. 그것은 사람들이 자신들로부터 해방되어(즉 자신들의 정체성을 박탈당한 채) 자본의 글로벌 문화 속으로(그에 따라 재구성된 정체성과 함께) 동질화되어 가는 장이다." 오늘날 이런 현실을 주도하는 것은 초국적 자본이고, 초국적 통치성의 한 단위로서의 국민국가이며, 그들의 지배논리가 로컬로 파고드는 전 지구화의 전략, 즉 글로벌 지역주의인 것이다. 글로벌 지역주의는 세계경제에 작용하는 동질화와 파편화의 동시적 작용을 포착하여 생산기지는 "민족 이하의 지역으로 로컬화하는 한편, 그 관리는 초국적 통제와 감독"[26]의 시스템을 구축하는 데 기여하고자 한다.

이제까지 우리는 로컬과 로컬리티가 특정한 가치로서 평가되기 이전에 동시대 사회의 다양한 모순들과 가치들이 갈등하고 경쟁하는 실천적 · 담론적 장임을 보여주었다. 더욱이 오늘날의 로컬은 근대 국민국가적 사고 속에서 사유되던 로컬리티 담론과 시각으로 이해하기에는 그 차원이 상당히 달라지고 있다. 포스트모더니즘과 포스트식민주의의 논리에 따라 로컬리티와 주변성 자체를 긍정적이고 저항적인 가

26 Arif Dirlik, op. cit., p.31.

치로 간주하는 것은 주로 국민국가와 로컬 간의 관계라는 관점, 특히 식민과 제국 간의 문화적 · 정치적 억압관계가 포스트식민적 시대에도 국민국가와 서발턴집단, 그리고 국민국가와 로컬 사이의 관계를 어떤 식으로 재생산해왔는가를 고찰해서 얻은 값진 성과라고 할 수 있다. 하지만 그것은 글로벌 자본주의의 부상과 문화의 세계화의 문제로 넘어오게 되면 로컬리티와 주변성을 강조하는 포스트모더니즘과 포스트식민주의의 일부 논리들은 심각한 한계를 드러내게 된다. 차이와 타자성을 강조하는 포스트식민주의의 입장은 차이와 타자성이 처한 달라진 상황의 지반을 감안하지 않을 경우, 글로벌 지역주의 전략의 일환이 되거나 글로벌 자본의 논리 속으로 통합될 가능성을 갖게 된다.[27]

3. 지역학 비판과 비판적 트랜스로컬 연구

중심의 주변화 전략에 의해 구성된 주변성(분열된 주변성)과 로컬의 주체적 언표행위와 실천을 구성하여 중심의 지배논리를 해체하고자 하는 주변화의 전략(비판적 주변성)은 구분될 필요가 있다. 전자가 유럽중심적 보편주의와 개발과 발전 모델에 근거한 근대화의 논리가 곳곳에 침윤되어 있는 주변성이라고 한다면, 후자는 자신의 삶의 주체적

27 M. Hardt & A. Negri, *Empire*, Cambridge : Harvard University Press, 2000, p.138.

원리 위에 언표위치를 설정하고 중심과 초월의 논리를 해체하면서 다른 문화들의 타자성을 인정하며 그것들과 수평적 연대를 모색하는 트랜스로컬적인 복수보편성translocal pluriversality의 전략을 염두에 둔 것이다. 이런 주변성의 전략은 단순히 인식의 전환을 통해서만 획득되는 것이 아니라 "어떤 다른, 혹은 제국주의적 시선에 의해 결정되지 않으면서 자기 자신에 대한 재현형식을 되찾으려는 주변부의 투쟁들"[28]을 통해 획득된다. 스튜어트 홀Stuart Hall은 이런 주변성과 로컬에 의한 도전들이 이미 전개되고 있음을 강조한다.

> 역설적이게도 우리 세계에서 주변성은 강력한 공간이 되었다. 그것은 취약한 권력의 공간이라고 하더라도 어쨌든 권력의 공간이다. 나는 현대예술에서 창조적으로 등장하는 것에 관심을 갖고 있는 그 어떤 사람도 그것이 주변의 언어와 관련되어있다는 사실을 알게 될 것이라고 말하고 싶다. 지금까지 문화적 재현의 주요형식들로부터 배제되면서 자신을 탈중심화되고 종속적인 존재로만 위치지을 수밖에 없었던 새로운 주체, 새로운 젠더, 새로운 종족성, 새로운 지역, 새로운 공동체가 투쟁을 통해 매우 주변화된 방식이긴 하지만 처음으로 자신을 대변할 수 있는 수단을 확보하고 있다. 우리사회의 권력의 담론들, 즉 지배체제의 담론들은 확실히 주변적인 것과 로컬적인 것의 탈중심적인 문화적 힘에 의해 흔들리고 있다.[29]

---

28 Stuart Hall, "The Local and the Global : Globalization and Ethnicity", *Culture, Globalization and the World-System* (Anthony D. King ed.), Minneapolis : University of Minnesota Press, 1997, p.34.

29 Ibid., p.34.

이런 투쟁은 여전히 진행 중인 과정이다. 비판적 트랜스로컬 연구는 이런 투쟁을 통해 기존의 로컬리티 담론을 비판하고 해체하는 작업에서 많은 시사점을 얻을 수 있다. 우선 비판적 트랜스로컬 연구의 우선적 과제는 그동안 로컬을 지배하고 구성해온 지배담론인 지역학area studies의 인식적 틀을 비판하는 작업에 있다. 물론 지역학 담론에서 말하는 지역area과 로컬리티 담론에서 말하는 로컬local은 동일하지 않다. 지역학에서 말하는 '지역'은 '로컬'을 포함한 더 넓은 지역, 즉 로컬을 비롯하여 일본, 중국, 한국 같은 국민국가의 단위나 동아시아, 라틴아메리카와 같은 국가 간 체제까지 포괄하는 경향이 있다. 하지만 비판적 로컬리티 연구를 위해서는 지역학의 핵심적 특징에 대한 비판이 필수적으로 요구되는바, 그 주된 특징은 로컬을 바라보는 지역학의 특유한 관점과 그것이 전제하고 있는 유럽중심주의적 논리이다.

지역학은 2차 세계대전 이후 미소 냉전체제하에서 미국 행정부와 기업계, 그리고 사회과학의 요구와 필요가 서로 타협하여 만든 산물이다. 세계체제가 냉전으로 급속하게 재편되던 시기에 자본주의를 대표하던 미국은 자신을 중심으로 국가 간 경제적 · 정치적 · 문화적 관계를 관리하고, 이미 공산주의 정권이 들어선 지역을 잘 살피는 한편 특히 일부 지역들이 공산권으로 넘어가는 것을 막기 위해 그 지역 사정을 알아야 할 필요성을 절실히 느끼고 있었다.[30] 이 과정에서 미국 사회과학계는 미국 밖의 지역들에 대한 정보 부족을 시급히 해결해야 할 과제로 인식하게 되었다. 따라서 지역학의 과제는 미 정부, 특히 국방

30 Immanuel Wallerstein, 정연복 역, 「의도하지 않은 결과－냉전시대의 지역연구」, 『냉전과 대학』, 당대, 2001, 138면.

부와 기업계에 관련 지역에 대한 긴요한 정보를 제공하는 것이었고, 바로 이런 이유로 인해 지역학은 학계의 중요한 분야로 급부상할 수 있었던 것이다.[31] 사회과학자 모겐쏘H. Morgenthau는 당시 지역학의 부상 이유를 다음과 같이 설명한다. "장래성 있는 정부관료의 훈련이라는 동기부여는 접어두더라도 지역학은 흔히 세계사에서 미국의 지배적 위치에 대한 인식에 의해 동기 유발되었고, 이 같은 인식은 미국이 적이나 우방으로 다루어야 할 세계에 대한 지식을 필연적으로 요구한다. 이런 고도의 실용주의는 전세계의 모든 지역에 관한 모든 사실을 배우고자 하는 갈망을 불러일으켰다."[32]

여기서 우리가 주목할 것은 주변부 국가들에 대한 지배와 통제를 위해 지역 정보를 획득하고자 한 지역학이 어떤 가치와 방법론에 근거하고 있었는가 하는 점이다. 지역학은 다른 지역과 문화에 대한 보다 구체적이고 실용적인 이해를 위해 지역 현실에 대한 분석적이고 과학적인 이해를 지향하기도 했지만, 그 이면에는 그런 지역현실에 대한 지배와 통제를 전제하고 있었기 때문에 서유럽과 미국의 우월성에 대한 이데올로기적 가치를 확산시키는 데 적극 기여했다. 특히 후자의 경향이 매우 강력했는데 그것은 냉전 구도 속에서 우위를 선점하고자 했기 때문이다. 우선 이상적 모델로서의 미국의 우월성을 선전하고 전시하고자 했기 때문에 지역학의 모델로는 근대화 모델과 그에 근거한 발전주의 담론이 압도적으로 우세했다. 당시 미국으로서는 혁명과 급진주의적 개혁을 통한 사회 건설이라는 사회주의적 모델과 경쟁해야 했기

31 Harry Harootunian, 윤영실 외역, 『역사의 요동』, 휴머니스트, 2006, 90면.
32 Immanuel Wallerstein, 앞의 책, 148면.

때문에 자신에게 적합한 모델과 전시사례들이 절실히 필요했다. 이런 요구에 따라 지역학은 급진적 개혁과 혁명보다는 진화론적 적응과 발전이라는 사회발전론적 이념을 다듬어서 근대화론과 개발 모델을 구축하였는데, 이 모델은 "선진자본주의 국가의 경제성장을 보여주는 동시에 후발주자들에게는 성장을 위한 지침을 제공하는"[33] 이중적 기능을 수행했다. 이 모델을 따를 경우 주변부 국가들은 자본주의적 발전뿐만 아니라 민주주의의 발전을 이룩할 수 있을 것이라는 환상을 품을 수 있었다. 라몽 그로스포구엘은 발전론적 이데올로기가 미국 주도의 세계질서의 구축 과정에서 주변부 국가에 대한 서양의 헤게모니를 강화하기 위한 상징적 / 물질적 전략의 일부였음을 강조한다.

> 미국은 개발주의적 모델을 지향하는 상징자본을 획득하기 위해 자신에게 도전하는 주변지역이나 종족집단에 맞서 특정한 주변지역이나 민족 집단을 전시해서 냉전 동안 전 지구적인 상징적 / 이데올로기적 전략을 전개했다. 이 전략들은 상부구조적이거나 현상적인 것이 아니다. 오히려 그것은 물질적이면서 동시에 전 지구적인 정치적 · 경제적 과정을 구성한다. '상징 자본'의 전략은 채권이나 원조프로그램과 같이 직접적인 이익과 무관한 형식의 자본 투자를 필요로 하기 때문에 많은 비용이 든다는 사실에도 불구하고 그것이 종국적으로는 경제적 이익으로 전환될 것이라고 생각했다. 예를 들어 이른바 동남아시아의 기적은 그러한 전 지구적 / 문화적 전략 없이는 설명될 수 없었다. (…중략…) 대개는 몇 십 년 동안 성공을 경

33 Harry Harootunian, 앞의 책, 95면.

험하다가 실패하고 말았다. 하지만 그것들은 제3세계 민중들에 대해 발전주의적 프로그램을 지향하는 이데올로기적인 헤게모니의 생산에 결정적 역할을 수행했다. 개발주의적 이데올로기는 '서양'의 헤게모니에서 결정적인 구성요소이며 자본주의적 세계체제는 소수의 성공적인 주변부의 사례들을 개발해내면서 신뢰성을 획득했다. 이것은 동의를 획득하고 '서양'의 '우월성'을 입증하는 문명적 · 문화적 전략이었던 것이다.[34]

이 주장을 통해 알 수 있듯이 근대화 모델과 발전 이데올로기는 지역학의 근간을 형성했을 뿐만 아니라 서양의 헤게모니하에서 세계체제를 중심부와 주변부의 논리로 편성하고 주변부에 새로운 형태의 '식민성'을 각인시키는 전략이었다. 그러므로 발전주의적 근대화 모델 내에는 이미 강력한 서구중심적 논리가 작동하고 있었다. 근대화와 발전주의 모델 내에서 서양은 항상 이미 목적지에 도달한 이상태로 간주되는데 반해, 주변부는 그에 미달하는 위치로 설정된다. 즉 주변부는 서양의 거울에 비춰진 결여와 미완으로만 존재하는 것이다. 이는 에드워드 사이드Edward Said가 말한 동양에 대한 서양의 이미지로서의 오리엔탈리즘의 구조를 그대로 재생산한다. 사이드는 『오리엔탈리즘*Orientalism*』의 마지막 장에서 미국의 중동지역학이 얼마나 오리엔탈리즘에 물들어있는가를 통렬하게 비판한 바 있다. 그는 중동과 이슬람은 항상 '발전의 안티테제'[35]로만 존재하고 "서구적 관점에 근거한 자기해석을 통해서

---

34 Ramon Grosfoguel, *Colonial Subjects : Puerto Ricans in a Global Perspective*, Berkeley : University of California Press, 2003, p.3.

35 Edward Said, 박홍규 역, 『오리엔탈리즘』, 교보문고, 2007, 526면.

만 근대화에 도달"[36]할 수 있는 상태에 놓여있다고 말한다.

오리엔탈리즘의 중심적 도그마가 오늘날 가장 순수한 형태로 존재하는 곳은 무엇보다도 아랍과 이슬람 연구라고 할 수 있다. 그 도그마를 요약해 보자. 첫째, 합리적으로 발전해온 인도주의적이고 우월한 서양과, 탈선적이고 정체되고 열등한 동양 사이에 절대적·체계적 차이가 있다고 하는 도그마이다. 둘째, 동양에 대한 추상 개념, 특히 '고전적' 동양문명을 표상하는 여러 문헌에 근거한 관념이, 현대 동양의 여러 현실로부터 직접 나오는 증거보다도 언제나 더욱 바람직한 것이라는 도그마이다. 셋째, 동양은 영원히 획일적이고 자기를 정의할 수 없다고 하는 것, 따라서 서양의 관점에서 동양을 서술하기 위해서는 고도로 일반적이고 체계적인 어휘가 불가결하며, 학문적으로 '객관적'이라는 주장이 생겨나게 된다. 넷째, 동양이 본질적으로 두려운 것이라고 하는 것 또는 통제되어야 한다는 것과 같은 사고방식이다. 이러한 사고방식은 이상할 정도로 현대의 중동에 관한 학술적 연구와 정부의 연구에서 아무런 저항 없이 유지되어왔다.[37]

사이드의 『오리엔탈리즘』은 동양에 관한 서양 담론들이 모두 '오리엔탈리즘'의 변주들임을 보여주는 데 그 목적이 있다. 그러다보니 그는 오리엔탈리즘의 변주들이 어떤 공통점을 갖는지에 대해서만 관심이 있을 뿐 그 변주들이 어떤 차이를 드러내는지에 대해서는 중요하게 생각하지 않는 경향이 있다. 위의 문장은 미국의 중동지역학에서 오리엔

36 위의 책, 510면.
37 위의 책, 514~515면.

탈리즘이 반복되고 있음을 잘 지적하고 있다. 하지만 지역학의 개발주의 이데올로기는 전통적 오리엔탈리즘과는 다른 방식으로 기능한다. 어떤 점에서는 그것은 훨씬 더 교묘하고 세련된 논리로 움직인다. 사실 미국의 지역학은 전통적 오리엔탈리즘 연구를 대체하면서 등장했다. 지역학의 개발주의 이데올로기는 오리엔탈리즘처럼 왜곡해야 할 동양을 전제하지 않는다. 그것은 서양 자체의 발달된 근대화와 발전 모델을 스펙터클하게 전시하면서 서양에 의해 왜곡될 동양의 이미지 없이도 보편성을 확보할 수 있다. 즉 지역학은 보편적・과학적 진리로서의 서양 자체의 물질적 이미지에 근거한다. 서양만이 이성적 해방과 계몽의 근대성을 성취했고 발전과 진보의 개발 모델을 이룩했다는 것이다. 따라서 지역학의 개발이데올로기에는 보편적이고 과학적인 진리로서의 서구적 근대성이 핵심적 가치로서 전제되어 있다고 할 수 있다.

이러한 가치는 지역학의 방법론에도 그대로 침투되어 있다. 지역학은 국가 간 경쟁에서 개발의 모범사례를 보여주기 위해 연구대상을 주로 국가단위로 축소했고, 특히 정책결정, 국가이익에 대한 봉사, 계약연구의 요구에 따라 애초 지역학 출범 당시 약속했던 전체적이고 통합적인 방식보다 편협하고 전문화된 연구로 변해갔다. 특히 지역학에서 현장조사가 중요한 방법론으로 활용되었다. 하루투니언Harry Harootunian은 현장조사의 이면에는 사람이 사는 장소place를 조사 현장field으로 탈바꿈시키는 서구중심주의가 자리하고 있다고 주장한다.

> 나는 프랑스, 이탈리아, 영국 등은 공부나 연구를 위해 가야 하는 나라로 간주되는 반면, 일본, 아시아, 아프리카는 단순히 현장으로, 즉 관찰과 기

록, 때로는 개입을 위해 가야 하는 장소로 간주된다는 사실을 알게 되었다. 현장에 대한 이런 인식은 서양인들의 식민지적 무의식과 이 지역들이 맺고 있는 뿌리 깊은 관계를 보여준다. 즉 서양인들의 식민지적 무의식은 여전히 이 지역들을 관찰하고 표상될 필요가 있는 '원주민'들이 살고 있는 공간으로 파악하는 것이다. 현장과 국가 간의 이런 구분은 원주민과 우리 서양인들 사이에 물리적인 의미에서든 수사적인 의미에서든 거리가 존재하며, 또한 근대와 전근대를 가르는 다양한 시간성이 존재함을 시사한다. 학생 시절 우리가 '현장'에서 시간을 보내도록 권고 받은 것은 현재라는 시간을 살아가고 있는 우리로 하여금 다른 시간성에 속해있는 사회를 관찰하도록 하기 위해서였다. 물론 우리가 살고 있는 '현재'란 시계로 표현되는 '근대적' 시간이며 이에 기초한 서양적 현재일 뿐이지만 말이다.[38]

이 글에서 하루투니언은 서구적 근대성, 발전의 근대화 모델, 그리고 현장조사가 서로 얼마나 긴밀하게 연결되어 있는지를 잘 지적하고 있다. 특히 이 지적은 비판적 트랜스로컬 연구의 진정한 가능성이 어디에 있어야 하는지를 분명하게 보여준다. 즉 이 연구의 출발점은 현장조사, 개발 이데올로기, 서구적 근대성 속에 스며들어 있는 로컬에 대한 서구중심적 시각에 대한 비판이다. 우선 비판적 트랜스로컬 연구를 구축하기 위해서는 로컬과 로컬문화의 모든 차이와 이질성을 말소하고 그것들을 중심과 주변의 이분법으로 배치하는 발전과 개발의 이데올로기와 단절하는 것이 필수적이다. 개발의 이데올로기의 폐단은

38 Harry Harootunian, 『역사의 요동』, 104면.

발전과 가난, 진보와 정체, 선과 악에 대한 근대 유럽중심적 문명화의 이념들을 보편화하여 서구자본주의에 의한 지배를 정당화하는 데 있다. 개발 이데올로기는 로컬의 개별적이고 구체적인 장소성을 말소하고 개발을 통해 로컬을 '일반적 공간'으로 창조함으로써 국민국가로 하여금 로컬과 구체적 장소를 효과적으로 통제하고 지배할 수 있게 해주었다. 즉 개발 이데올로기는 로컬의 고유한 장소성을 지우고 그것들을 추상적이고 획일적인 공간으로 만들어서 국가의 행정적·관료적 지배를 수월하게 하는 기능을 수행한 것이다.[39]

아리프 딜릭은 이런 개발주의 이데올로기에 대항하기 위한 전략으로 장소place와 장소기반적place-based 문화의 창조를 제안한다. 그는 개발주의 이데올로기와 글로벌 자본주의가 자본의 지배를 위해 위로부터 장소와 로컬을 '국민화'하거나 '지구화'하고 있다면, 이제 아래로부터 민족과 전 지구를 '장소화'하기 위한 다양한 전략들을 창조할 필요가 있다고 주장한다. 여기서 장소란 사람들이 자신의 삶의 공간을 주체적이고 자율적으로 형성해가는 실천적 행위와 분리될 수 없다. 딜릭은 장소에 기반한 로컬리티의 전략에는 "지역학의 '인식적 지도'와 지역학이 전제하는 공간적 형식들과 단절할 뿐만 아니라 동시대의 헤게모니적인 글로벌 자본주의에 대항하는 대항적 지도그리기countermapping를 전제로 하는 정치적·지적 의제설정"[40]이 필수적이라고 말한다. 딜릭의 장소기반적 문화는 개발주의를 비판하고 로컬문화의 주체적 전략을

39 Arif Dirlik, "Place-Based Imagination : Globalism and the Politics of Place", *Places and Politics in an Age of Globalization* (Roxann Prazniak & Arif Dirlik eds.), Lanham : Rowman & Littlefield Publishers, 2001, p.30.

40 Ibid., p.35.

구상하는 데 매우 시사적이다.

개발주의 이데올로기에 대항하는 구체적 전략 뿐 아니라 지역학의 이념적 근간인 서구적 근대성에 대한 비판 또한 비판적 트랜스로컬 연구의 핵심과제 중의 하나이다. '서구적 근대성'이란 앞에서도 말했듯이, 초월적인 종교나 신앙에 의존하는 미성숙한 구질서의 정신과 관습에서 탈피하여 발전과 진보의 근대세계로 나아가는 데 근간이 되는 과학과 계몽과 합리성의 성숙한 정신을 뜻한다. 특히 이런 정신이 역사의 보편성과 진리를 대변하는 것으로 간주된다. 문제는 이런 정신의 획득이 서구에서만 가능하다는 점과, 바로 이 서구적 근대성 때문에 서구가 세계체제를 지배하고 통치할 수 있게 되었다는 점이다. 여기서 문제는 서구적 근대성이 서구의 자체적 우월성과 서구가 세계체제를 지배하게 된 결정적 이념과 가치로 거론되고 있는 점이다. 칸트, 헤겔, 마르크스, 베버와 같은 서구 이론가들은 모두 서구적 근대성을 '역사' 자체와 동일시했고, 비서구의 국가들이 서구처럼 발전하기 위해서는 역사, 즉 서구적 근대성의 도입이 필수적임을 강조했다. 헤겔은 아프리카에는 역사가 없다고 주장했고, 마르크스는 영국 제국주의에 비판적이긴 했지만 인도를 서구 역사의 진화론적 서사 속으로 편입시켜서 미래의 계급투쟁을 위한 조건을 창출했기 때문에 영국이 인도를 식민화한 것은 최선이었다고 말했다.[41] 서구적 근대성의 논리 이면에는 유럽만이 '보편적 역사'를 대변한다는 생각이 전제되어 있는 것이다.

비판적 트랜스로컬 연구는 바로 이런 서구중심적 근대성에 대한 비

41 Robert J. C. Young, 앞의 책, 76면.

판에서 출발할 필요가 있다. 앞장에서 살펴본 라틴아메리카 철학자 엔리크 두셀의 견해는 매우 시사적이다. 두셀은 서구적 근대성이 하나의 신화에 불과하다고 주장하고 자신의 독특한 역사적·철학적 시각을 통해 서구적 헤게모니와 서구적 근대성을 상대화하는 작업에 몰두했다. 그의 핵심주장은 유럽에 발전과 헤게모니를 가져다 준 원인이 서구적 근대성이라는 통념을 뒤집어 유럽이 아메리카를 식민화하고 착취한 결과가 바로 서구적 근대성이었다는 것이다. 두셀은 유럽이 세계체제에서 헤게모니를 갖게 된 것은 서구적 근대성 때문이 아니라 유럽 밖에 존재하는 타자들을 착취하고 식민화하였기 때문에 가능했음을 강조하고 아메리카의 식민화와 착취를 서구적 근대성의 어두운 이면으로 규정한다. 이를 입증하기 위해 두셀은 월러스틴의 세계체제론을 다시 읽는다. 그는 근대세계체제의 등장을 16세기로 잡는 월러스틴의 입장을 비판하면서 서구가 세계체제의 주변부에서 중심부로 등장한 것은 18세기 프랑스 혁명 이후에야 비로소 가능했다고 주장한다. 두셀에 의하면 16세기에서 18세기까지 서구는 세계체제의 '중심부'가 아니라 여전히 '주변부'였을 뿐이었다. 18세기 이전, 즉 15세기 말의 "유럽의 '첫 번째 근대성' — 히스패닉적이고 인문주의적이고 금권적이고 메뉴팩처적이며 상인적인 근대성 — 의 시기는 대서양에 대한 패권과 함께 전개되었지만 유럽은 여전히 세계체제의 지정학적 중심부는 아니었다."[42] 영국과 프랑스 중심의 두 번째 유럽의 근대성은 프랑스혁명과 산업혁명과 더불어 시작되었고 이 무렵이 되어서야 비로소 동양의

---

[42] E. Dussel, "World-System and "Trans"-Modernity", *Nepantla : Views from South*, Duke University Press, 3 : 2, 2002, p.228.

헤게모니는 쇠퇴하고 유럽의 헤게모니가 본격적으로 형성되었다는 것이다. 두셀은 "유럽의 헤게모니는 500년이 아니라 단지 200년밖에 되지 않았다"[43]고 단정한다. 그는 이러한 유럽의 헤게모니 역시 유럽 자체의 내재적 발전에 의한 것이라기보다는 동아시아 시장, 특히 중국과 힌두스탄의 쇠퇴로 생긴 '공백'에 대한 유럽의 발 빠른 대응 때문에 생긴 것임을 강조한다. 여기서 두셀이 강조하고자 하는 것은 서구적 근대성이 이런 과정을 낳은 결정적 원인이 아니라 바로 이런 과정으로 인해 생겨난 결과라는 사실이다. 이렇게 볼 때 서구적 근대성은 유럽 헤게모니의 원인이 아니라 근대적 / 식민적 세계체제의 산물이며 서구적 근대성을 기원으로 간주하는 것은 이 체계의 지배를 억압하고 은폐하는 비이성적 신화에 지나지 않게 된다.

이에 대한 대안으로 두셀은 포스트모더니티보다 트랜스모더니티 개념을 제안한다. 그가 볼 때, 포스트모더니티에서 '포스트'는 근대적 이성에 대한 넘어서기일 뿐 유럽 자체를 넘어서는 것은 아니다. 즉 "포스트모더니티는 인류가 전 지구적으로 근대화할 때만 포스트모던 유럽이나 미국과 동일한 '문화적 상황'에 도달할 수 있다고 전제하기 때문에 유럽중심주의를 제거할 수 없다"[44]는 것이다. 결국 근대성의 극복임을 자처하지만 실제 근대성을 필연적으로 전제할 수밖에 없는 포스트모더니티는 근대적 / 식민적 체제에 의해 배제되고 억압된 문화들의 창조적 역할을 원천적으로 상상할 수 없다. 이에 반해 '트랜스모더니티'는 유럽 근대성이 배제했고 포스트모더니티에 의해서도 상상될

43 Ibid, p.230.
44 Ibid, p.233.

수 없는 복수적 문화성을 긍정한다. 즉 트랜스모더니티는 서구적 근대성과는 다른, 오히려 서구적 근대성에 의해 억압되고 은폐된 '타자성'과 '외재성'의 장소와 공간에서 생성되는 복수문화들을 포용하면서 횡단하는 근대성인 것이다. 특히 그것은 이런 복수문화의 특수한 보편의 지위를 인정하고 그 인정을 바탕으로 한 트랜스로컬적인 연대를 통한 다원보편성을 지향하고자 한다. 여기서 '트랜스'가 갖는 의미는 "근대성에 의해 '무가치하고' '무의미하고' '야만적인' 것으로, 그리고 '비문화'와 미지의 불투명한 타자성으로 배제되고 부정되고 무시되면서 동시에 '야만적'이고 문명화되지 못하고 저발전적이며 열등한 것으로 평가된 것을 발판으로 삼는 도약"[45]을 의미한다. 두셀의 이론에서 눈여겨 볼 바는 트랜스모더니티에서 트랜스의 대상에 서구적 근대성이 이룩한 성과 또한 포함되어야 한다는 점이다. 그는 서구적 근대성이 낳은 과학기술혁명의 성과는 인정하되 그것이 자연과 사람들에게 자행한 반생태적이고 폭력적인 측면은 철저하게 포기해야 한다는 점을 강조한다. 다시 말해, 서구적 근대성이 전제하는 정복적이고 자아적인 코키토의 이성을 비판하고 타자의 윤리에 입각한 이성을 주장한다. 두셀은 미래문화의 가능성이 바로 트랜스모더니티에 있음을 역설한다.

미래의 '트랜스' 모더니티는 복수문화적이고, 다재다능하고, 혼종적이고, 탈식민적이고, 다원적이고, 관용적이며, 민주적이다(뿐만 아니라 유럽 국가의 근대 자유민주주의를 넘어선다). 그것은 수천 년의 찬란한 전통을

45 Ibid, p.234.

갖고 있고 외재성과 이질적 정체성들을 존중한다. 인류의 대다수는 일상적이고 각성된 지평 속에서 문화들을 보유하고, (전 지구성의 요소들을 혁신하고 포함하여) 재조직하고, 창조적으로 개발한다. 이런 복수문화들은 참여자들의 진정하고 특별한 삶의 평가적 '공통감각'을 예각화하고, 지구화의 배타적 과정을 반박한다. 바로 이런 과정 때문에 지구화의 과정은 부지불식간에 '트랜스' 모더니티로 나아가게 된다.[46]

두셀의 트랜스모더니티는 개발 모델에 입각한 지역학의 논리를 비판할 뿐만 아니라 글로벌 자본의 논리에 의해 배제되고 억압된 다양한 가치들을 회복하고자 하는 비판적 트랜스로컬 연구에도 시사하는 바가 적지 않다. 그것은 항상 로컬의 외부에 존재하면서 로컬을 통제하고 부정해온 서구적 근대성과 개발 모델의 지배를 비판하는 한편, 로컬리티와 주변성을 새롭게 구성할 수 있는 로컬 문화, 나아가 그 근대성에 의해 억압된 다양한 로컬문화들의 가치들 간의 연대와 그것을 바탕으로 한 새로운 복수적 보편가치의 공동실현을 추구하는 트랜스로컬 문화의 새로운 가능성을 사고하는 데 중요한 시사점들을 제공해준다.

이상에서 로컬, 로컬문화, 로컬리티가 우리 시대의 문화연구의 중요한 개념으로 등장한 이유와, 초국적 시대에 로컬과 로컬리티 개념이 새롭게 구성되는 과정, 마지막으로 비판적 트랜스로컬 연구를 위한 전제로서 지역학에 대한 비판을 살펴보았다. 이런 검토는 비판적 트랜스

46 Ibid., p.236.

로컬 연구가 나아갈 방향을 결정하는 가능성의 조건들을 설명하는 것이고 이 조건들의 탐색을 통해 로컬리티 연구의 방향성도 예측해볼 수 있을 것이다.

우선 현 상황 하에서 트랜스로컬 연구는 **비판적**(비판적 연구)이고 **종합적**(수평적 차원에서의 학제간 통합연구)이고 **입체적**(다양한 스케일에 근거한 전 지구적이고 복수적인 문화연구)이며 **대안적**(통합과 분절, 그리고 중심과 주변의 이분법적 대립을 뛰어넘는 통합적이고 생태지향적인 로컬리티 담론의 구축)인 특징들을 가질 수 있을 것 같다.

우선, 트랜스로컬 연구가 비판적 연구이어야 하는 이유는 로컬리티가 제도적·담론적 구성물인 한 트랜스로컬 연구는 비판적 연구일 수밖에 없다. 즉 로컬을 둘러싼 담론적·제도적 경계가 국민국가에서 전 지구적 차원으로 확장되고 있고, 로컬리티를 지배하는 조건 역시 그에 따라 새롭게 구성되는 현실에 대한 인식이 필요하고, 다른 한편에서는 담론적 차원에서 그동안 로컬리티 담론의 지배논리들을 구성해온 언표주체, 언표행위 그리고 언표전략에 대한 담론적 탐구 자체가 필요하다는 점에서 트랜스로컬 연구는 근본적으로 비판적 연구일 수밖에 없다. 특히 글로벌 자본주의와 문화의 세계화는 정치적 연대의 차원이든 비판적·담론적 인식의 차원이든 간에 로컬리티 담론이 로컬 연구에서 트랜스로컬 연구로 나아갈 수밖에 없음을 보여준다. 로컬 연구와 로컬적 사유가 특수성의 차원에 머물지 않으면서 서구의 근대적 사고가 강요한 초월적 보편성도 용인하지 않는, 트랜스모던적인 수평적 연대의 차원을 사고하기 위해서도 비판적 로컬 연구는 트랜스로컬 연구로 이동해 가야 할 것이다. 특히 트랜스로컬 연구는 기존의 서구적 근대성이 전제하는 초월적이고 보편주의적인 서구중심주의에 맞서 다양한 장소와 로컬들의 연대에 근거한 트랜스로컬적 복수보편성을 추구할 필요가 있다.

둘째, 비판적 트랜스로컬 연구는 수평적 · 수직적 차원에서 학제 간 연구가 되어야 한다. 로컬의 정치경제적 변화와 그 문화적 · 의식적 구조의 변화가 긴밀히 연동되어 있음을 염두에 둘 때, 로컬리티에 대한 인식은 경제적이거나 정치적이거나 문화적이거나 분과학문적이고 전문화된 차원에서만 접근하는 것은 한계를 가질 수밖에 없다. 오히려 그동안 로컬리티 담론을 결정해온 사회과정들뿐만 아니라 문화적 지배구조와 그 무의식적 구조에 대한 탐색은 다양한 학문간 연계를 필요로 하며(로컬리티의 정신적 역학과 아비투스를 탐구하는 정신분석학도 포함), 단순히 학제 간 병렬적 연구의 차원을 넘어 경제적, 정치적, 문화적, 의식적 차원의 입체성을 확보하는 작업이 필요하다.

마지막으로 비판적 트랜스로컬 연구는 새로운 가능성을 제안하는 대안적 연구여야 한다. 그동안 로컬리티 담론을 결정해온 요인들이 로컬 내부에서 자생적으로 성장했다기보다는 국민국가나 글로벌 자본처럼 외부의 힘들에 의해 지배, 통제되어왔고 로컬리티 담론뿐만 아니라 로컬의 삶조차 중심과 주변, 문명과 미개, 선과 악, 총체성과 파편화 등의 이분법적 논리들에 의해 식민화되어왔다. 이런 구조에서 벗어날 수 있는 비판적 트랜스로컬 담론은 그 과정에서 억압된 다양한 트랜스모던적 가치들을 복원하고 이를 발판으로 미래의 문화적 담론을 구축하는 데 기여해야 할 것이다. 다양한 로컬 운동들(중앙에 의해 지배되고 억압된 지역운동사의 새로운 구성), 로컬 지향적 운동들(제국의 논리에 대항하는 다중의 운동들), 로컬리티에 기반한 트랜스모던적 · 트랜스로컬적인 사고 및 새로운 사회운동들, 나아가서 중심과 주변, 문명과 야만, 동질성과 이질성 등을 뛰어넘을 수 있는 생태론적 대안 담론의 구축이 필요하다. 여기서 생태론적 사고란 서구적 근대성과 글로벌 자본주의 속에서 고착화된 이분법적 지배논리들을 해체하고 로컬리티 속에서 지역 사람들의 삶(언표주체)이 주체가 되는 담론의 구축, 나아가 인간과 자연의 생태론적 공존이 로컬리티에도 필수적이라는 인식을 갖는 것을 말한다.

5장

로컬적인 것과 세계문학, 그리고 문화번역

1. 팽창하는 로컬과 로컬적인 것의 가능성

오늘날 로컬과 로컬적인 것을 규정하는 결정적 계기가 국민국가의 정치적·경제적 통제에서 초국적 자본의 경제적 지배로 전환되고 있다. 즉 로컬적인 것은 그동안 로컬을 지배해온 국민국가의 정치적·행정적 통제와 국민문화의 이념적 지배로부터 일정한 자율성을 확보해가는 동시에 초국적 자본이 지배하는 생산과 소비의 네트워크 속으로 급속하게 편입되어가고 있다. 이런 전환은 로컬적인 것의 위상과 내용에 큰 변화를 초래하고 있다. 근대성 속에서 국민국가와 국민문화는 로컬과 그 문화를 자신의 하위단위로 설정하는 한편, 글로벌과 로컬 간의 매개적 역할을 담당해왔다면, 이제 그러한 역할은 약화되거나 불안정한 것이 되었고, 로컬과 글로벌 간의 관계는 보다 직접적인 성격을 띠어간다. 오늘날 로컬과 로컬문화가 쟁점이 되는 것은 바로 이런 전환의 과정에서 로컬이 문제적인 것이 되고 있기 때문이다. 이런 전환은 로컬과 로컬문화를 이전보다 훨씬 더 격렬한 갈등과 경쟁의 장으로 만든다. 아리프 딜릭에 따르면 오늘날 로컬과 로컬문화는 하나의 가능성의 장이기도 하지만 곤경의 장이기도 하다. 그것이 곤경인 이유는 초국적 자본이 로컬을 파편화하면서 그것을 자본 이윤의 장으로 재편성하고 있기 때문이다. 초국적 자본의 관점에서 볼 때, "로컬은 해방의 장이 아니라 조작의 장이다. 그것은 사람들이 자신들로부터 해방되어(즉 자신들의 정체성을 박탈당한 채) 자본의 글로벌 문화 속으로(그에 따라 재구성된 정체성과 함께) 동질화되어 가는 장이다."[1]

하지만 자본과 문화의 전 지구화 과정은 로컬에 새로운 가능성을 제공해주기도 한다. 그러한 과정 속에서 로컬은 글로벌적인 힘들과 직접적으로 조우하면서 그러한 힘들에 대한 적극적 인식을 갖게 될 뿐만 아니라 그런 힘들에 대한 제대로 된 인식을 통해 이전에 가능하지 않았던 자율적이고 주체적인 로컬의 가능성을 고민할 수도 있게 되었다. 즉 국민국가의 약화와 초국적 자본의 강화라는 이중적 상황 하에서 글로벌과 로컬 간의 관계가 보다 직접적인 관계로 전환하고, 더욱이 근대에 작용했던 이데올로기적 통합이 더 이상 원활하게 작동하지 않는 현실에서, 로컬에서는 로컬 외부의 힘들에 대한 첨예한 각성이 이루어지고 있는 것이다. 로컬의 사회경제가 "더 넓은 국가적이고 국제적인 공간적 노동분화 내에서의 연속적인 역할들이 결합된 복합적 결과"[2]

1 Arif Dirlik, "The Global in the Local", *Global / Local* (Rob Wilson & Wimal Dissanayake eds.), Durham : Duke University Press, 1996, p.31.

이듯이, 로컬과 로컬문화 또한 그런 복합적인 결과로서 생산된다. 그런 점에서 로컬 자체는 더 이상 국민국가 내의 고립된 주변부나 하위단위로만 존재하는 것이 아니라, 마이클 크로닌Michael Cronin이 말하는 팽창하는 세계 내부의 미시적·프랙탈적 공간,[3] 즉 그 내부에 문화적인 질적 가치들을 집적하고 있고 다른 로컬들과의 네트워크를 통해 개방된 경계지대로 인식될 수도 있는 것이다. 만일 로컬 내부의 이런 가능성에 주목할 경우, 로컬은 이미 자신을 개방하는 트랜스로컬적 가능성을 자체 내에 내포하고 있다고 할 수 있다.

따라서 로컬을 규정하는 주된 일차적 힘이 국민국가에서 초국적 자본으로 전환되는 현재는 로컬에 대한 새로운 사유의 가능성이 생겨날 수 있는 순간이기도 하다. 특히 그동안 로컬적인 것을 국가적인 것이나 글로벌적인 것과의 관련성 속에서 인식하다보니 로컬적인 것을 항상 외부의 힘들, 즉 위로부터의 통제적 시각을 통해 정의하려는 경향이 강했다. 그러다보니 정작 로컬과 로컬문화가 갖고 있는 자율적이고 복합적인 가능성에 대한 사고는 항상 뒷전이었다. 이제는 로컬과 로컬문화의 의미와 가치를 아래로부터 미시적으로 인식하는 방법이 요구된다. 월터 미뇰로의 용어로 말하자면, 위로부터의 글로벌적 구상global designs의 관점이 아니라 아래로부터의 로컬적 역사들local histories의 관점을 견지할 필요가 있으며, 국가적이고 글로벌적인 구상의 통제에서 벗어나 로컬의 미시적 개방성과 복합성을 다시 사고할 필요가 있다.

---

2 John Urry, *Consuming Places*, London & New York : Routledge, 1995, p.70.

3 Michael Cronin, 이효석 역, 「세계는 정말 줄어들고 있는가?」, 『팽창하는 세계』, 현암사, 2013 참조.

번역과 로컬문화의 특성을 설명하는 자리에서 마이클 크로닌은 거시적 코즈모폴리터니즘과 미시적 코즈모폴리터니즘을 구분한 바 있는데 이는 로컬과 로컬문화를 사고하는 데 매우 유용한 관점을 제공해준다. 크로닌에 따르면 거시적 코즈모폴리터니즘은 "자유에 대한 관심, 타자에 대한 개방과 관용, 차이에 대한 존중"[4]과 같은 이상을 강조하면서 세계와 민족, 도시와 시골, 중심과 주변, 수도와 지역, 보편주의와 특수주의, 세계성과 편협성 등 이분법에 근거하여 주로 후자에 비해 전자에 특권적 지위를 부여하는 태도이다. 즉 거시적 코즈모폴리터니즘은 전자를 진보적인 것으로, 후자를 보수적이거나 반동적인 것으로 규정한다. 이러한 거시적 코즈모폴리터니즘은 민족주의와 관련하여 애매한 태도를 취한다. 즉 그것은 민족주의에 대해 '이중구속double bind'의 상태에서 벗어나지 못한다. "민족적 동일시가 최악의 민족통일주의적인 편견과 결부되어 있다고 생각하여 어떠한 형태의 민족적 동일시도 모두 포기하면서 코즈모폴리턴적 신조를 끌어안거나, 그렇지 않으면 민족적 특수성을 계속 주장함으로써 우리는 코즈모폴리터니즘의 경계 바깥으로 나가 타자에게 자신을 개방할 수 없는 존재로 서있을 수밖에 없다"[5]는 것이다. 이런 이중구속의 상태는 코즈모폴리터니즘을 민족주의, 특수주의, 지역주의와 대립적인 것으로 설정하는 한 벗어나기 힘들다. 이러한 안이한 이원론에 맞서 크로닌은 미시적 코즈모폴리터니즘을 주장한다. 크로닌은 미시적 코즈모폴리터니즘은 정치단위의 크고 작음을 떠나 "코즈모폴리턴적 이상이라는 일반 맥락 속에서 더 작은

---

4 Michael Cronin, 김용규・황혜령 역, 『번역과 정체성』, 동인, 2010, 38면.
5 위의 책, 39면.

집단들을 다양화하고 복합화하려고 시도하는 방식"으로서 "위로부터가 아니라 아래로부터의 코즈모폴리터니즘"[6]이라 정의한다. 미시적 코즈모폴리터니즘에 대한 크로닌의 설명을 로컬에 적용해볼 경우, 주목할 것은 거시적 코즈모폴리터니즘이 코즈모폴리터니즘의 대립으로 설정했던 민족 집단 내부의 크고 작은 로컬에도 코즈모폴리터니즘과 동일한 정도의 다양성과 개방성과 복합성이 존재하고 있다고 주장할 수 있다는 사실이다. 극히 작은 단위에서조차 이와 같은 차이와 다양성과 복합성을 발견할 수 있다는 것은 "코즈모폴리턴적 이상에 대한 고립된 엘리트들의 독점에 도전하고, 탐구의 범위가 무한히 작든 또는 무한히 크든 다른 뭔가가 바로 우리의 직접적 환경에 가까이 있음"[7]을 보여줄 수 있는 것이다. 크로닌은 이 뭔가를 프랑스 수학자 만델브로Benoit Mandelbrot가 말한 프랙탈적 차이화fractal differentialism를 통해 설명한다.

> 만델브로는 다음과 같이 질문했다. '영국 연안은 얼마나 길까?' 그의 대답은 해안이 무한히 길기 때문에 답이 없을지도 모른다는 것이다. 왜 그럴까? 위성에서 내려다보는 관찰자는 영국 연안의 모든 내해, 만, 후미를 여행했던 폴 써루Paul Theroux와 같은 여행 작가가 측정한 것보다는 해안선이 짧다고 추정할 것이기 때문이다. 또한 써루의 측정도 조약돌을 헤쳐 나가는 작은 곤충의 그것보다는 훨씬 짧을 것이다.(…중략…) '만델브로는 측정 규모가 더 작으면 작을수록 측정된 해안선의 측정 길이는 무한히 증가하고, 만과 반도는 그보다 작은 만과 반도를 적어도 원자의 규모까지 드러내준다는

6 위의 책, 41면.
7 위의 책, 44면.

것을 알았다.' 만델브로가 발견한 것은 해안선이 독특한 정도의 울퉁불퉁하고 불규칙적인 특징을 갖고 있으며 그것의 정도는 규모가 달라져도 그대로 유지된다는 것이었다. 만델브로는 자신이 발견한 새로운 기하학을 프랙탈 기하학이라 불렀다. 이 새로운 기하학에서 형태 혹은 프랙탈은 **유한한 공간 속에 무한한 길이**를 포함할 수 있도록 해준다.[8]

크로닌은 프랙탈적 차이화를 '유한한 공간 속의 무한한 길이', '작은 축소된 공간의 풍요로움', '차이와 다양성에 의해 형성된 지역성'과 같이 다양하게 표현한다. 이 표현들은 오늘날 우리가 사는 로컬 공간에도 적용해볼 만하다. 크로닌의 미시적 코즈모폴리턴적 시각으로 볼 때, 로컬공간은 국가적이고 초국적인 단위 못지않게 차이와 다양성을 내포한 프랙탈적 차이화의 형태를 띠고 있다. 뿐만 아니라 미시적 코즈모폴리턴적 시각은 로컬적인 것의 차이와 복합성을 인정하면서 "이런 관계들의 트랜스로컬적 확산, 즉 로컬적**이거나 또는** 글로벌적인 것이 아니라 로컬적**이면서 동시에** 글로벌적인 연대의 확립"[9]을 사고할 수 있게 해준다. 크로닌의 시각은 오늘날의 로컬과 로컬문화를 사고하는 데 매우 시사적일 수 있다. 우선 로컬이 수동적이고 외부에 의해 규정되는 동질적이고 단일한 공간이 아니라 매우 복합적이고 개방적이며 혼종적인 공간일 수 있음을 보여준다. 로컬이 더 이상 국가적이거나 초국가적인 단위들과 대립적인 작고 고립된 하위단위가 아니라, 비록 한정된 공간이라 하더라도 그 내부에 복합적이고 개방적이며 프랙

---

8 위의 책, 42면(강조 — 필자).

9 위의 책, 49면.

탈적인 차이를 내포한 공간일 수 있음을 보여줄 수 있는 것이다. 나아가서 로컬은 이러한 플래탈적 차이와 다양성과 미시성이 소통하기 위해 상호 번역되면서 서로를 풍요롭게 하는 문화번역적 혼종공간이 될 수 있다. 즉 로컬은 닫힌 협소한 공간이 아니라 외부로 열린 개방적 공간이며 타문화들에 대한 번역과 전유가 일상적으로 벌어지는 복합적인 네트워크의 공간일 수 있는 것이다.

이런 인식은 문화연구뿐만 아니라 앞으로 살펴볼 세계문학론을 인식하는 데도 매우 유용할 수 있다. 현재 문화연구는 한 국가의 국민문화의 정체성을 규명하는 작업에 매진해온 근대적 패러다임에서 다양한 문화들 간의 혼종과 번역이 일어나는 경계와 횡단의 문화를 주된 연구대상으로 삼는 새로운 탈근대적 패러다임으로의 전환의 와중에 있다. 이런 전환의 과정 속에서 민족중심적 문화연구에 의해 억압되거나 주변화되었던 로컬은 재평가의 대상이 되고, 문화적 경계와 번역의 공간으로 새롭게 설정될 수 있다. 즉 로컬은 고립적이고 자기충족적인 지점이 아니라 차이와 다양성에 개방되어있고 다른 로컬들과의 네트워크를 형성하고 있는 상호문화적 연결점의 역할을 할 수 있다. 오늘날 경계와 횡단의 공간으로서의 로컬은 우리의 존재와 정체성이 복수의 타자들과 만나 변화하고 그들과 섞이거나 그들의 문화를 번역하는 일이 일상적으로 일어나는 독특한 공간이 된다. 로컬에 대한 이러한 인식은 최근의 세계문학론을 비판적으로 검토하는 데도 유용한 시각을 제공해줄 수 있다. 다음에서는 세계문학론 속에서 로컬의 위상은 어떻게 인식되고 있고, 로컬적인 것이 세계문학론을 읽어내는 데 어떤 유용한 가치를 가질 수 있는지를 살펴볼 것이다.

2. 세계문학론의 유럽중심주의 비판

–모레티와 카자노바의 세계문학론

오늘날 문학 논쟁에서 중요한 이슈로 등장하고 있는 것이 '세계문학론'을 둘러싼 논쟁이다. 이 논쟁이 부상하는 것은 자본과 문화의 전 지구화가 본격적으로 이루어지고 국민국가의 고정적이고 닫힌 경계들을 뛰어넘는 전 지구적 차원의 글로벌 문화의 출현이 눈앞에 다가와 있기 때문이다. 문학, 영화, 음악을 비롯한 다양한 문화시장이 민족의 경계를 넘어 세계적 차원으로 확장되고 있는 글로벌 문화의 출현은 세계문학을 논할 만한 중요한 가능조건이 되고 있다. 가령 매년 발표되는 노벨문학상만 보더라도 그것이 한 작가에게 주어지면서 해당 국민문화의 영광으로만 그치지 않는다. 수상자가 발표되는 순간, 수상자와 그의 작품은 세계출판시장 속으로 편입되고 세계문학의 장으로 곧장 편입되게 된다. 심지어 세계출판 시장은 수상자가 발표되기도 전에 수상이 점쳐지는 후보작가들을 발굴, 선별, 평가하여 세계문학시장에 소개하고 있다. 일부 작가들은 노벨상 수상을 겨냥하여 애초부터 유럽에서 활동하기도 하고, 일부 작가들은 국민국가의 경계를 넘어서는 초국적, 초문화적 주제들을 작품의 소재로 삼는 경우도 심심치 않게 일어나고 있다. 한국의 사정도 별반 다르지 않다. 롭 윌슨Rob Wilson은 노벨상에 대한 한국의 지나친 열정을 지적하면서 글로벌 문화 속에서 '소수언어'를 사용하는 한국과 같은 나라들이 처한 불리한 처지 때문에 한국은 노벨상 수상에 더 적극적이고 정부 또한 그 수상을 겨냥해 막대한 기금을 제공하기도 한다고 지적한다.[10] 노벨상이 국민문화의 세계적 지위를 높여줄 것이라는 소망 때문이겠지만 역설적이게도 이런 국민문화의 소망이 문학을 국민문화를 넘어서게 만드는 결과를 초래하고 있는 것이다. 이와 같은 세계 문학 시장의 형성이 오늘날 세계문학의 등장 이유를 설명해줄 수는 없다고 하더라도 세계문학의 등장에 대한 논의에서 빼놓을 수 없는 주요 동인이라 할 수 있다. 다음에서는 주로 최근에 제기되는 세계문학론을 둘러싼 논의를 중심으로 이 이론들이 갖는 서구중심주의를 문화번역의 관점에서 비판적으로 검토하는 한편, 그것이 로컬적인 차원에서 세계문학을 사고하는 데 어떤 도움을 줄 수 있는지 파악해보고자 한다.

1) 보편적 이념과 기획으로서의 세계문학

세계문학론은 19세기의 초・중반 유럽의 독특한 시대적 상황 속에서 괴테와 카를 마르크스에 의해 본격적으로 제기되기 시작했음은 주지의 사실이다. 유럽에서는 나폴레옹 전쟁이 끝난 뒤 1815년 유럽의 문제를 해결하기 위해 비엔나 회의가 개최되었는데, 그 회의에서의 결의 내용은 유럽의 안정성을 회복하기 위하여 현재의 중부 유럽의 분열상태를 그대로 유지시킨다는 것이었다. 독일 또한 이런 분열된 상태가

10 Rob Wilson, "World Gone Wrong": Thomas Friedman's *World Gone Flat* and Pascale Casanova's *World Republic* against the Multitudes of "Oceania", *Concentric : Literary and Cultural Studies*, Vol.33, No.2, 2007, p.12.

유지되면서 정치적 통일성은 부재했지만, 오히려 이런 현실로 인해 획일적 국민문화가 아니라 커뮤니케이션 매체들, 운송수단의 발달, 문화번역의 활성화를 등에 업고 새로운 코즈모폴리터니즘의 정신이 활성화된다.[11] 이런 상황 속에서 괴테는 당시 아시아를 비롯한 다양한 지역의 작품들이 유럽과 독일로 흘러들어오고, 특히 문화 간 번역이 왕성하게 벌어지는 상황을 목격하면서 보편적 이념으로서의 세계문학의 가능성을 주장하게 된다. 1827년 1월 31일 에커만Eckemann과의 대화에서 괴테는 "우리들이 우리를 둘러싼 협소한 울타리를 넘어 보지 못할 때 너무 쉽게 현학적인 기만에 빠질 가능성이 있다"는 점을 지적하면서 "현재 민족문학은 무의미한 용어가 되었다"고 주장한다. 나아가서 그는 민족문학을 뛰어넘는 "세계문학의 시대가 목전에 와있으며 모든 사람들은 그 날을 앞당기기 위해 노력해야 한다"[12]고 주장한다. 이 대화를 쓸 무렵 괴테는 중국 작가의 번역 작품을 읽고 있었다. 이 글에서 괴테는 시가 한 민족의 것이 아니라 '인류의 보편적 자산'임을 강조한다. 그는 낯설고 새로운 것을 평가할 때 보편적이지 못한 특수한 것에 우리 자신이 구속되어서도 안 되고 그 특수한 것을 모델로 삼아서도 안 된다고 말한다. 이런 말이 가능했던 것은 괴테 자신이 유럽의 여러 지역들을 여행하면서 다양한 문화들을 직접 접할 수 있었고, 특히 이미 자신의 문학작품이 유럽 내의 다양한 언어로 번역된 현실을

---

11 John Fizer, *The Idea of World Literature*, Baton Rouge : Louisiana State University Press, 2006, p.18.

12 Goethe, J. W. von & J. P. Eckemann, "Conversation on World Literature", *The Princeton Sourcebook in Comparative Literature* (David Damrosch, Natalie, Mbongiseni Buthelezi eds.), Princeton : Princeton University Press, 2009, p.23.

잘 깨닫고 있었기 때문이다. 물론 괴테가 민족문학을 무조건 비판한 것은 아니었다. 괴테는 복수의 민족문학들이 서로 대화하고 공존하면서 그 민족문학이 자신의 특수한 차원을 뛰어넘어 보편적인 것이 되는 세계문학의 도래를 점칠 수 있었다. 피처Fizer는 괴테가 세계문학을 여러 곳에서 언급했는데 이 언급들을 연결해주는 핵심 동기가 "분열적이고 파괴적인 나폴레옹 전쟁 이후 유럽 민족들 간의 생산적이고 평화로운 공존에 대한 욕망"[13]이었다고 해석한다.

물론 오늘날의 시각에서 볼 때, 괴테의 세계문학론에는 다분히 유럽중심적인 시각이 전제되어 있다. 사실 괴테는 페르시아와 중국의 문학정신을 파악할 수 있는 예리한 문학적 감각을 소유했고 민족문학을 뛰어넘는 보편적 정신을 설파했지만, 괴테가 생각한 세계문학의 보편성이 오늘날 우리가 생각하는 것처럼 과연 진정으로 '세계적인 것'과 '보편적인 것'에 육박하는 것이었는지를 좀 더 생각해볼 일이다. 괴테가 독일의 민족문학의 우월성을 강조하지 않은 것은 분명한 사실이다. 오히려 그는 독일문학의 지방성을 비판하고 프랑스 문학이 독일 문학보다 더 우수하고 더 보편적임을 강조한 바 있다. 하지만 그는 세계문학의 기준을 항구적인 것constant과 역사적인 것historical으로 구분하면서 항구적인 것의 기준을 오직 고대 그리스인 문화에만 귀속시킨 것 또한 사실이다. 괴테는 "만일 우리가 진정 하나의 패턴을 원한다면, 우리는 항상 고대 그리스인에 의지해야 한다. 그들의 작품 속에서 인류의 아름다움이 항구적으로 재현된다. 그 외의 다른 작품들에 대해서는 우리

13 John Fizer, op. cit., p.21.

는 오직 역사적으로만 보아야 한다"[14]라고 말한다. 이는 영문학에서 영국문화의 편협성과 지방성을 비판하고 프랑스 문화의 보편성을 선망하면서 고대 그리스 문화에서 이상적 모델을 찾았던 매슈 아널드의 시각과 매우 유사하다.[15] 사실 괴테의 세계문학론에서 '보편적'인 것은 공간적으로 유럽에, 시간적으로 고대 그리스문학에 한정되어 있는 것이다. 게일 피니Gail Finney는 "괴테에게 세계문학은 단지 유럽문학을 의미할 뿐이며 이는 그의 문학 활동을 오늘날의 비교문학이라는 학문 분야와는 의미심장하게 구분지워주는 것이다"[16]라고 말한다. 괴테의 세계문학을 유럽중심주의라고 비난하는 것은 지나치게 오늘날의 시각에 의지하는 시대착오적 견해에 가깝다. 과연 그 당시 세계문학을 논하는 것이 유럽 외에서 가능했을까? 하지만 그렇다고 하더라도 괴테의 세계문학적 보편성이 당시 계몽주의적 독일 문학계의 유럽중심적 시각에 의해 조건지워져 있었음은 명확한 사실이다.

괴테와는 다른 차원에서 세계문학의 가능성을 그 출현의 조건인 세계시장의 등장과 관련지어 이해한 것은 카를 마르크스였다. 마르크스는 1848년 『공산당 선언*The Communist Manifesto*』에서 세계시장의 형성과 세계문학의 가능성 간의 긴밀한 연관성을 깨달았다. 그는 세계문학의 출현을 상품 판매 시장을 확장할 수밖에 없는 부르주아지의 팽창적 이윤 추구와 그것이 낳은 상호의존적인 세계시장의 형성과의 관계 속에서 날카롭게 읽어낸다.

---

14 Goethe, J. W. von & J. P. Eckemann, op. cit., p.23.

15 Matthew Arnold, *The Portable Matthew Arnold* (Lionel Trilling ed.), Harmondsworth : Penguin Books, 1980, p.279.

16 John Fizer, op. cit., p.25에서 재인용.

부르주아지는 세계시장의 착취를 통하여 각 나라의 생산과 소비에 코즈모폴리턴적 성격을 부여해왔다. 복고주의자들에게는 매우 유감스럽겠지만 부르주아지는 산업의 발밑으로부터 바로 그 산업이 딛고 서있는 민족적 기반을 빼앗아버렸다. 모든 기존의 민족적 산업들은 이미 파괴되었거나 나날이 파괴되어 가고 있다. 그것들은 모든 문명민족들이 생사를 걸고 도입하려 하는 새로운 산업, 이제 더 이상 토착적 원료자원을 가공하지 않고 가장 먼 데서 원료자원을 가공하면서도 그 생산물은 국내만이 아니라 지구상의 구석구석에서 소비되는 새로운 산업에 의해 추방되고 있다. 그 나라의 생산물로 충족되었던 낡은 욕구 대신에 우리는 멀리 떨어진 땅과 기후에서 만들어진 생산품에 의해 충족될 수 있는 새로운 욕구를 소망한다. 낡은 지역적·민족적 고립과 자급자족 대신에 모든 방면에서의 상호교류, 민족들 간의 보편적 상호의존이 나타난다. 이는 물질적 생산에서뿐만 아니라 지적 생산에서도 마찬가지이다. 개별민족의 지적 창조물이 공동의 재산이 된다. 민족적 편향성과 편협성은 더욱더 불가능해지며, 수많은 민족적·지역적 문학들로부터 **하나의 세계문학**이 생겨나는 것이다.[17]

변증법적 유물론자인 마르크스는 세계문학이 등장하기 위한 조건으로, 비록 부르주아지가 착취하는 이윤 추구의 장이라 하더라도, 민족적·지역적 경계를 초월하는 세계시장의 출현에 주목한다. 세계시장의 출현은 개별 민족이 갖고 있는 물질적 자원의 상업적 교류 뿐 아니라 문화적 자산의 상호 교류와 대화를 가능하게 하여 그 문화들을

17 Karl Marx & Friedrich Engles, *The Communist Manifesto*, London : Penguin, 2002, pp.223~224.

개별 민족의 차원을 넘어 인류공동의 자산으로 만들고 있다는 것이다. 역설적이게도 부르주아지의 이윤과 착취에 의해 개방되고 연결된 세계시장이 세계문학의 출현을 위한 가능조건을 형성한다는 마르크스의 통찰은 오늘날의 글로벌 시대의 세계문학론의 등장에도 그대로 적용될 수 있다. 문학을 인류의 보편적 자산으로 여긴 괴테와 마찬가지로 마르크스도 세계문학의 보편성이 지역적·민족적 문학의 편협성과 폐쇄성을 뛰어넘는 인류공동의 자산이 될 수 있음을 강조한다. 마르크스는 이 글에서 세계문학에 대한 논의를 더 깊이 진척시키지는 않았다. 하지만 마르크스가 말하는 세계문학이 민족문학의 편협성과 세계문학의 보편성 간의 대립을 설정하고 있는 것처럼 보이지만 실제는 그렇지 않다. 즉 세계문학의 모태는 지역적·민족적 문학들이고, 세계문학은 지역적·민족적 문학들이 상호교류와 대화를 통해 그 편협성을 극복하고 지향해나갈 이념적 이상임을 함축하고 있는 것이다.

괴테와 마르크스의 세계문학론은 세계문학의 논의에서 늘 참조점이 되고 있다. 하지만 지난 200년을 되돌아볼 때, 이들의 예측은 바로 현실로 나타나지 않았다. 오히려 그 반대가 사실이다. 1848년 이후 유럽에서는 코즈모폴리터니즘을 몰아내는 민족주의가 매우 강력한 바람을 일으킨다. 특히 이 시기부터 2차 대전이 종식될 때까지 대부분의 독일사상가들은 세계문학의 근간이 된 "코즈모폴리턴적 시각을 국민국가로서의 독일의 부상에 장애물로 보았다."[18] 뿐만 아니라 마르크스가 말한 세계시장의 등장은 지역적·민족적 문화들의 상호의존과 대

---

18 John Fizer, *The Idea of World Literature*, p.67.

화의 시대를 열기보다는 상호약탈적인 제국주의의 시대를 도래하게 만들었다. 그 결과 세계시장은 세계문학의 가능조건이 아니라 세계문학의 출현을 가로막고 오히려 민족문학들 간의 경쟁을 부추기는 조건으로 작용했다고 할 수 있다. 19세기 중후반부터 제국주의는 세계시장을 제국과 식민으로 양분했고 식민지 세계를 세계시장으로 병합하였으며 식민지 세계의 발전을 철저히 차단하면서 문명과 대립하는 미개와 야만의 세계로 묶어두었다. 뿐만 아니라 세계시장은 민족의 경계를 뛰어넘는 호혜의 시장이 아니라 민족들 간의 경합과 투쟁의 각축장으로 변해버렸다. 이와 같은 민족들 간의 경쟁과 각축은 세계문학의 보편적 가능성을 가져오기보다는 오히려 편협한 민족주의와 민족문학의 지위를 더욱 강화했다. 그 결과 민족의 편협성을 뛰어넘는 세계문학의 보편적 이념보다는 유럽민족의 우월성과 그 문화적 편협성을 보편화하려는 유럽중심적 보편주의가 득세하게 된다. 하지만 괴테와 마르크스의 세계문학론은 세계와 세계시장에 대한 낙관적 태도에도 불구하고 인류가 자신의 편협성을 극복하고 공동으로 추구해야 할 이념의 조건이자 "상호적인 목표를 향해 나아가는 보편적"[19] 이상이 될 수 있다고 보았다. 하지만 오늘날 세계문학론의 논의에서 괴테와 마르크스가 보여준 보편적이고 이상적인 이념과 기획으로서의 세계문학의 역할은 간과되는 측면이 없지 않다.[20]

---

19 Ibid., p.20.

20 괴테와 마르크스의 세계문학론을 '괴테-마르크스의 기획'이라는 관점에서 근대적 해방의 기획과 관련지어 설명하는 글로는 백낙청의 「지구화 시대의 민족문학」(김영희 · 유희석 편, 『세계문학론』, 창비, 2010)을 참조할 수 있고, 괴테의 세계문학이 이상주의적, 휴머니즘적, 평화주의적 요소에 근거하고 있음을 추적하는 글로는 전영애의 「비교문학

2) 중심과 주변의 불균형 관계—모레티와 카자노바의 세계문학론

최근 들어 세계문학론은 영미권 비교문학계 내에서 본격적으로 제기되고 있다. 오늘날 세계문학론의 등장 배경에는 다양한 이유들이 있겠지만 영미권 학계의 비교문학의 제도적·학문적 위기와 텍스트로부터 점차 멀어져가는 이론의 과잉이 자리하고 있다. 우선 자본과 문화의 지구화가 초래한 국민국가의 약화는 점차 국민문학의 '경계'를 전제로 한 단순 비교 연구의 의미를 퇴색시킬 뿐만 아니라 국민문화들 간의 경계를 뛰어넘어 문화들 간의 대화와 소통을 보다 일상적인 것으로 만들고 있다. 특히 글로벌과 로컬이 마주치는 접촉과 타협의 지대들, 즉 글로컬적glocal 경계지대들이 곳곳에서 생겨나고 있다. 어떤 점에서 마르크스가 예견한 바 있는 민족의 경계를 뛰어넘는 글로벌 시장이 구체적 현실이 되었고, 지구화 시대의 로컬문학이 세계문학이 될 가능성이 점차 커지고 있다. 드디어 세계문학의 가능성이 출현하고 있는 것처럼 보인다. 하지만 이런 현실에도 불구하고 세계문학론의 등장 배경에는 미국학계 내에서 비교문학이 처한 위기 또한 무시하기 힘들다. 아이자즈 아마드Aijaz Ahmad는 세계문학의 등장이 기존 국민문학에 대한 대안으로 제기되기보다는 비교문학을 수행하는 기존 방식을 근본적으로 변형하는 하나의 방식으로 이해될 필요가 있다고 말한다.[21]

의 장場—"세계문학Weltliteratur"」(『독일문학』 88집)을 참조할 수 있으며, 괴테의 세계문학의 풍부한 함의를 설명하는 글로는 John Fizer의 *The Idea of World Literature*(Baton Rouge : Louisiana State University Press, 2006) 제2장을 참조할 것.

21 Aijaz Ahmad, "Show me the Zulu Proust : some thoughts on world literature", *Revista Brasileira de Literatura Comparada,* No.17, 2010, p.30.

국민국가의 약화와 국민문학의 퇴조도 문제지만 미국의 비교문학 내부에서도 지난 20년간 많은 변화가 있었다. 우선 대학의 가치가 아카데미즘에서 직업주의로 전환되면서 사회 속에서 인문학이 차지하고 있던 위상이 급속하게 약화되었고, 비교문학 내에서도 에리히 아우엘바하Erich Auerbach, 에른스트 로베르트 쿠르티우스Ernst Robert Curtius, 레오 스피츠Leo Spitzer, 그리고 에드워드 사이드와 같이 풍부한 인문주의적 지식과 언어능력에 바탕을 둔 연구가 급속히 퇴조했으며, 다양한 국가와 계급 그리고 인종 출신의 학생들의 유입과 이론 중심의 연구 풍토가 지배적이게 되었다. 특히 비교문학 내에서 이론은 편협한 서양 정전을 구성하려는 보수주의적 태도를 비판하는 데 유용했고, 문헌학에 기반을 둔 전통적 인문주의를 대체하면서 다양한 배경을 가진 학생들이 손쉽게 문학연구를 할 수 있는 유용한 도구의 역할을 해왔다. 하지만 그 속사정을 들여다보면, 이런 변화는 비교문학 내에서 연구자들의 외국어 독해능력과 풍부한 인문주의적 지식이 급속하게 퇴조하고 있음을 보여준다. 따라서 미국학계 내부에서 세계문학론은 이런 학문적 여건을 타개하기 위한 하나의 해결책이며 동시에 문학연구의 위기의 징후라고 할 수 있다. 그것이 해결인 이유는 세계문학론이 아직은 이론의 차원에 머물러 있긴 하지만 세계문학의 보편적이고 이념적인 차원을 사고하면서 국민문화의 안정적 경계를 전제하는 비교문학의 한계를 뛰어넘을 가능성을 제시하기 때문이고, 그것이 위기의 징후인 이유는 세계문학론이 그 내부에 기존의 비교문학의 한계를 그대로 간직하고 있기 때문이다. 즉 외국어 능력에 기반을 둔 세밀한 읽기, 즉 근거리 읽기close reading의 쇠퇴와 이론의 과잉이 여전히 두드러져 보이고 세계문학의 정의와 지향이 모호해보인다. 앞서 지적했듯이, 특히 최근의 세계문학론에서 괴테와 마르크스에게서 엿볼 수 있었던 세계문학의 보편적 이념과 휴머니즘적 기획은 좀처럼 찾아보기 어렵다.

프레드릭 제임슨은 「다국적 자본 시대의 제3세계 문학Third World Literature in the Era of Multinational Capitalism」(1986)이라는 글에서 제3세계 문학의 독특한 위치를 통해 제3세계 문학의 보편적 위상을 주장했는데, 제임슨의 주장을 세계문학의 가능성과 관련지어 생각해볼 수 있다. 이 글에서 제임슨은 중국의 루쉰Lu Xun과 셈벤 우스만Sembene Ousmane의 작품을 중점적으로 다루면서 제3세계 문학의 공통적 미학을 세우고자 하는 야심찬 주장을 펼쳤다. 제임슨은 제3세계 문학의 엄청난 다양성을 생각할 때 제3세계 문학에 관한 일반 이론을 주장하는 것은 무리겠지만 제3세계의 일반적 지위, 즉 제1세계의 자본이 제3세계로 침투해 들어가는 경제적 상황, 달리 말해, 서구적 근대화의 급격한 과정을 겪는 상황을 공유하고 이런 현실 위에서 제1세계의 문화제국주의의 지배에 맞선 생사를 건 투쟁을 벌인 공통점을 갖고 있다고 주장한다.[22] 이런 투쟁과 공통적 경험 때문에 제3세계는 제1세계의 문화형식과 근본적으로 다른 공통적인 것을 소유하게 되었고[23] 그 결과로서 제3세계의 문학은 모두 서구소설의 재현문법에 의해 지배당할 때조차 이 공통적인 역사적 경험을 형상화한 '민족적 알레고리national allegory'로 이해될 수 있다는 것이다. 따라서 제임슨은 제1세계가 갖고 있는 문학에 대한

22 Frederic Jameson, "Third World Literature in the Era of Multinational Capitalism", *The Jameson Reader*, Oxford : Basil Blackwell, 2000, p.318.

23 Ibid., p.319.

편협한 생각을 비판하고 제3세계 문학의 공통적 경험을 토대로 이제야말로 괴테가 말한 진정한 세계문학의 가능성을 진지하게 생각해보아야 할 때라고 주장한다. 제임슨은 서구적 정전을 다시 짜려는 보수주의적 기획을 자민족중심적이고 빈약한 서구문명의 고전 목록을 짜려는 나르시시즘적 논리라고 비판하는 한편, 서구 밖에 거대한 세계가 존재하고 기존의 서구중심적 세계관이 흔들리는 작금의 상황은 세계문학에 대한 진지한 반성을 제공한다고 지적한다.[24] 하지만 제임슨은 제3세계의 인식적 미학을 구축하는 과정에서 세계문학의 가능성을 제안할 뿐 세계문학론을 더 깊이 진전시키지는 않았다. 그렇지만 그의 주장은 현재의 세계문학론에서는 찾아보기 힘들지만 향후 세계문학론의 의미와 세계문학의 가능조건과 그 지정학적 상황을 탐구하는 데 매우 시사적일 수 있다. 즉 제임슨의 주장은 오늘날 괴테와 마르크스가 말한 세계문학의 보편적 이념을 계승할 수 있는 문학은 제3세계의 문학이며 세계문학의 논의를 굳이 서구중심적으로 전개할 필요가 없음을 보여준다. 이 점은 뒤에 보다 구체적으로 살펴볼 것이다.

제1세계와 제3세계의 문학이 마주치는 독특한 지점을 이어받아 세계문학론에 대한 본격적 문제제기를 한 것은 프랑코 모레티Franco Moretti이다. 모레티는 『근대적 서사시*Modern Epic*』, 「세계문학에 관한 견해Conjectures on the World Literature」, 「추가 견해More Conjectures」, 「진화론, 세계체제, 세계문학Evolution, World-Systems, *Weltliteratur*」 등의 글에서 세계문학론에 대하여 본격적으로 문제를 제기했다. 여기서는 가장 많은 논쟁을 불러일으킨

24 Ibid., p.318.

「세계문학에 관한 견해」와 「추가 견해」를 중심으로 살펴보고자 한다.

「세계문학에 관한 견해」(앞으로 「견해」로 표기함)는 시론試論적 성격의 글에 불과하지만 발표 후 세계문학에 대한 논쟁을 촉발한 계기가 되었으며 미국 내 비교문학의 한계를 극복하고 세계문학의 가능성을 새롭게 제시했다는 점에서 매우 의미있는 글이다. 특히 「견해」는 그 가설적 테제뿐만 아니라 방법론적 문제제기에서도 매우 창의적인 글이다. 「견해」의 제안 중에 가장 참신한 것은 기본적으로 세계문학의 방대한 텍스트들에 대한 세밀한(근거리) 읽기보다는 간접적이고 이차적인 문헌에 근거하더라도 문제제기와 접근방법과 개념적 범주의 전환을 통해 세계문학의 가능성을 새롭게 사고하고자 한 것이다. 모레티는 "더 많이 읽는 것은 좋은 일이지만 해결책은 아니다"[25]라고 말하면서 방법과 범주의 전환이 결정적인 것임을 역설한다.

> 아마도 세계와 읽지 못한 것들과 동시에 맞붙어야 하기 때문에 그것(더 많이 읽는 것)은 너무 무리이다. (…중략…) 그것은 달라야 한다. **범주들**이 달라야 한다. 막스 베버에 의하면 "다양한 문학의 범위를 규정하는 것은 '사물들'의 '실질적인' 상호연관성이 아니라 **문제들**의 **개념적** 상호연관성이다. 새로운 '문학'이 출현하는 것은 새로운 문제가 새로운 방법에 의해 추구될 때이다." 이것이 핵심이다. 즉 세계문학은 하나의 대상이 아니라 하나의 **문제**, 그것도 새로운 비평적 방법을 요청하는 문제이다. 그리고 어느 누구도 단지 더 많이 읽음으로써 하나의 방법을 발견한 적은 결코 없었다. 그것

25 Franco Moretti, "Conjectures on World Literature", *New Left Review,* No.1, January-February, 2000, p.55.

은 이론들의 존재방식이 아니다. 이론들은 시작하기 위해서 도약과 내기—즉 가설을 필요로 한다.[26]

이 진술은 「견해」에서의 모레티의 이론적 관점을 잘 드러내고 있다. 모레티는 접근방법과 범주와 문제제기의 전환을 통해, 세계문학의 정전적 텍스트들에 대한 세밀한 근거리 읽기에 맞서 텍스트들로부터 일정한 거리를 유지하면서 텍스트들의 공통적 윤곽을 멀리서 조망하는 원거리 읽기distant reading를 제안한다. 즉 텍스트에 대한 거리두기를 통해 "더 적게 보는 것이 더 많은 것을 본다less is more"[27]는 것이다. 모레티는 거리 자체가 인식의 조건이 되는 원거리 읽기가 "텍스트보다 훨씬 더 적거나 훨씬 더 큰 단위들, 즉 장치와 주제와 비유—혹은 장르와 체계들"[28]에 초점을 둘 수 있게 해준다고 주장한다. 현실은 엄청나게 풍부하고, 개념은 추상적이고 빈약하지만 그 무한히 풍부한 현실을 다룰 수 있게 해주는 것은 다름 아니라 바로 이 개념적 빈약함 때문이라는 것이다.[29] 이론적 개념과 범주 설정의 전환을 통해 자료로부터 일정한 거리를 유지할 수 있다는 것은, 엄청난 자료 앞에서 항상 위축된 채 선별적일 수밖에 없는 기존 비교문학의 텍스트주의를 감안하면 정말 큰 위안이 아닐 수 없다. 하지만 비록 이론적 명확성을 위한 것이긴 하지만, 원거리 읽기가 근거리 읽기와 대립적인 것으로 설정되는 것은 여전히 세계문학론이 처한 현실적 곤경을 드러내는 듯하다. 사실 세계

26 Ibid., p.55.
27 Ibid., p.57.
28 Ibid., p.57.
29 Ibid., p.58.

문학론에서 '세계'란 굳이 문학의 외부에 존재하면서 문학을 조건 짓는 세계로 한정될 필요는 없다. 세계를 창조하고 구성하는 것이 문학이라고 할 때 문학에 의해 창조되는 세계에 대한 세밀한 읽기 또한 세계문학론에서 다루어져야 할 필수적 조건이기도 한 것이다. 모레티의 주장이 수많은 텍스트들로부터 일정한 거리를 둔 읽기를 제안한 것이 다시 텍스트로 돌아가기 위한 것이라면 이는 매우 긍정적인 기획이라 할 수 있다.

모레티는 이와 같은 개념의 전환과 원거리 읽기라는 이론적 문제설정을 세계체제 내의 중심부와 주변부 간의 역동적 관계에 주목한 월러스틴의 세계체제론과, 문학들 간의 간섭interferences 현상을 분석한 이븐 조하르Even-Zohar의 폴리시스템 이론polysystem theory과 연결짓는다. 이와 같은 방법론과 이론들을 결합하면서 모레티가 내세우는 가설적 주장은 문학적 진화의 법칙으로서 세계문학체제의 내부, 특히 근대소설의 국제적 관계체제 내의 중심부와 주변부 간에 비대칭적 관계가 존재한다는 것이다. 더 구체적으로 말하면, "문학체계의 주변부에 속하는 문화들(이는 유럽 내부와 외부의 거의 모든 문화들)에서 근대소설은 애초에 자율적 발전으로 등장한 것이 아니라 서구적 형식의 영향(일반적으로 프랑스 및 영국의 소설의 영향)과 로컬적 제재들 간의 타협a compromise between a western formal influence and local materials으로 등장했다"[30]는 것이다. 모레티가 이 타협을 '서구적 형식과 로컬적 현실의 조우', 그리고 '서유럽적 패턴과 로컬 현실 간의 타협' 등 여러 가지로 표현하였지만,

---

30 Ibid., p.58.

그의 요지는 세계체제 내부에서 근대소설은 서구적 소설형식과 로컬 제재 간의 타협의 산물로 출현했고, 이 타협이 근대의 보편적 문화현상이자 세계문학의 가능조건이라는 것이다. 나아가서 모레티는 형식과 제재, 형식과 내용이라는 이분법을 보다 치밀하고 복잡하게 만들기 위해 이국적 형식(혹은 이국적 플롯)과 로컬적 제재(혹은 로컬적 성격)에 로컬적 형식(혹은 로컬적 서사목소리)이라는 제3의 범주를 추가하여 삼각형의 구도를 제안한다. 모레티가 볼 때, 서구적 형식과 로컬적 제재 간의 타협과 그 타협의 불안정성이 가장 잘 드러나는 곳이 바로 로컬적 형식, 즉 로컬적인 서사적 목소리에서다. 왜냐하면 서술자는 소설 내에서 "해설, 설명, 평가의 축"으로 기능하여 서구적 소설형식과 로컬 제재 사이를 매개하기 때문이다. 모레티는 "외국의 '형식적 패턴'(혹은 실제의 이국적 존재들)이 등장인물들을 이상하게 행동하도록 만들 때, (…중략…) 해설이 수다스러워지고, 괴상해지며, 통제력을 잃게 된다"[31] 고 말한다. 이 목소리를 통해 서구적 형식과 로컬적 제재 간의 타협은 불안정성과 불일치를 드러내게 되는 것이다.

「견해」는 근대문학, 특히 근대소설을 국민문학의 경계 내에서 바라보는 민족주의적 문학사 기술에 반대하는 한편, 세계문학의 보편적 위상과 그것이 가능한 지정학적 위치를 서구적 형식과 로컬적 현실 간의 타협이 벌어지는 세계문학체제 내의 수많은 접촉과 타협의 지점들로 과감하게 이동시켜서 근대 유럽문학의 서구중심적 보편주의를 부정한다. 하지만 「견해」는 세계문학에 대한 예리한 통찰 못지않게 그 과

31 Ibid., p.65.

감한 주장 때문에 일부 문제점을 드러냈다. 멀리서 볼수록 더 많은 것을 볼 수 있다는 도전적 주장은 구체적이고 경험적인 근거리 읽기를 강조해온 이론가들에 의해 반발을 불러일으켰다. 특히 세계문학에서 소설의 지위를 얼마나 대표적인 것으로 볼 수 있느냐, 중심부와 주변부 간의 관계를 단방향적인 것으로만 볼 수 있느냐, 또는 그 관계는 문학형식에 어떤 식으로 표현되느냐 등 여러 이론가들의 비판과 지적을 받았다. 모레티는 「견해」가 발표된 3년 뒤 이러한 비판에 대한 대답으로서 「추가 견해」를 발표했다. 이 글에서 모레티는 다양한 비판들에 대체로 수긍하면서 자신의 이전 주장에 대한 수정을 제안했는데, 그중에 자신의 한계를 비판하는 두 가지 중요한 수정만 살펴보자. 우선 세계체제 내의 경제적 지위와 문학적 지위 간의 불균등한 관계를 감안하지 않은 채 그 두 체제 간의 관계를 평행적인 것으로 간주했다는 비판에 대해 모레티는 수긍한다. 그는 "물질적 헤게모니와 지적 헤게모니가 매우 긴밀하면서도 전적으로 동일한 것은 아니라는"[32] 사실을 과소평가했음을 인정하면서 "문학적 세계체제를 중심부와 주변부로 환원하여 문화들이 중심부로 들어가고 중심부에서 나오는 이행적 지대(반주변부)를 간과했다"[33]고 인정한다. 모레티는 문학의 혁신적 실험들이 대부분 중심부가 아니라 "중심부에 가깝거나 중심부 내에 존재하지만 경제적 영역에서는 헤게모니를 갖고 있지 않은 문화들," 즉 반주변부의 문화적 역할을 세계문학적 체제의 중심적 위치로 설정하여 세계문학적 체제의 자율성을 다시 사고할 필요가 있음을 강조한다. 모레티는

---

32 Franco Moretti, "More Conjectures", *New Left Review*, No.20, March-April, 2003, p.77.
33 Ibid., p.77.

그 대표적 예로 프랑스의 문학적 지위를 언급한다. 즉 "정치적 · 경제적 영역에서 영원한 2등이라는 것이 (의기양양한 빅토리아인들의 만찬 후의 졸음과 달리 포스트-나폴레옹 시대의 열광적인 창조성에서처럼) 문화에 대한 투자를 장려했던 것처럼 프랑스가 대표적인 예가 될 수 있다"[34]는 것이다. 모레티가 반주변부의 지위를 새롭게 평가한 이유는 세계문학체제의 불균등성, 즉 "경제적 불균등성과 일치하지 않지만 어떤 이동성—이 이동성은 불균등한 체제에 대한 대안이 아니라 그 체제에 내재하는 이동성—은 허락하는 불균등성"[35]을 지적하기 위한 것이다. 바로 이 이동성의 지리적 위상을 모레티는 세계체제 내부의 문학적 반주변부에서 찾고자 한다.

하지만 이런 수정은 「견해」에서의 모레티의 주장을 근본적으로 변경하도록 만든 것이다. 「견해」는 세계문학의 보편성을 새롭게 자리매김하는 탁월한 성찰을 보여주었지만 세계체제 내부에서 경제적 지위와 문화적 지위 간의 불균등성을 제대로 인식하지 못해서 수정이 불가피하게 되었다. 한편 모레티보다 세계문학체제의 불균등성을 보다 더 체계적이고 구조적으로 분석하여 모레티의 견해를 더욱 발전시킨 것은 파스칼 카자노바Pascale Casanova였다. 카자노바는 2004년 영어로 번역된 『세계문학공화국*The World Republic of Letters*』(1999)과 「세계로서의 문학Literature as a World」(2005)에서 세계문학체제가 세계경제체제로부터 어떻게 독립적으로 움직이는가에 주목하는 세계문학체제의 불균등성과 자율성을 주장하는 한편, 세계문학체제 내부의 중심부와 주변부 간의

34 Ibid., p.78.
35 Ibid., p.78.

권력관계와 같은 역동적 관계를 분석하고자 한다. 여기서는 『세계문학 공화국』과 카자노바의 핵심적 주장이 잘 요약된 「세계로서의 문학」을 잠시 살펴보자. 카자노바 또한 모레티의 원거리 읽기와 유사하게 "나의 기획은 텍스트들로부터 겉보기에 가장 먼 노선을 취할 때에만 보일 수 있는, 즉 텍스트들이 출현하는 전체적 구조의 일관성을 회복하는 것"[36]이라 주장한다. 바로 이 전체적 구조를 드러낼 수 있는, 보이지 않으면서 거대한 영역을 그녀는 '세계문학공화국'이라 부른다.

> 이 문학적 공간(세계문학공화국)은 현재의 형태로 생겨난 것은 아니었다. 그것은 역사적 과정의 산물로서 출현했고, 그로부터 점차 더욱더 자율적인 것으로 성장했다. 세부적으로 들어가는 것을 자제하면서 우리는 이 문학공간이 16세기 유럽에서 등장했고, 프랑스와 영국이 그것의 가장 오래된 영역을 형성했다고 말할 수 있다. 그리고 그것은 18세기와 특히 19세기에 공고해졌고 중동부 유럽으로까지 확장되었으며 헤르더Herder적인 민족이론에 의해 가속화되었다. 한편 이 문학공간은 20세기에도 확장되었는데, 그중에서도 특히 지금도 계속되는 탈식민화 과정을 통해 확장되었다. 문학적 존재와 독립의 권리를 공포하는 선언들이 계속해서 출현했고, 종종 민족자결의 운동들과 연결되기도 했다. 비록 세계 도처에서 이러한 문학의 공간이 다소간 구성되었다고 하더라도 지구 전체를 아우르는 그것의 단일화는 결코 완성되지 않았다.[37]

---

36 Pascale Casanova, "Literature as a World", *New Left Review*, No.31, January-February, 2005, p.73.

37 Ibid., pp.73~74.

카자노바는 세계문학공화국이 16세기 영국과 프랑스와 같은 유럽에서 시작해 다양하고 우연한 역사적 계기 때문에 전 지구적으로 확장되어나갔다고 말한다. 하지만 그녀는 세계체제 내부에서 문학공간의 확산이 중심부에서 주변부로 순조롭게 이루어지는 것이 아니라 문화 전반에 걸쳐 일련의 투쟁들, 경쟁들, 대항들을 촉발했으며, 세계문학적 공간이 가시화될 수 있었던 것은 바로 이것들이 낳은 충돌 때문이라고 주장한다. 특히 세계문학공간이 자율적인 만큼 그 문학공간의 기준 역시 기존의 경제적 기준과 달라야 하는데, 카자노바는 이와 같이 세계문학의 공간에 참여하는 참가자들이 스스로를 판단하는 공통적인 시간적 기준점을 '문학의 그리니치 자오선Greenwich Meridian of literature'이라 부른다. 그녀에 따르면 문학의 그리니치 자오선은 "우리가 문학적 공간 내의 주인공들이 중심부로부터 취하는 거리를 측정할 수 있도록" 해주고 특히 "문학적 시간의 측정—즉 미학적 근대성의 평가—이 결정되는 장소"[38]가 된다. 작가와 그의 작품이 어느 정도 근대적인가를 판단하는 기준점이 되는 이 자오선은 문학공간의 중심부가 지배하는 인정과 명성의 척도가 되기도 하지만 주변부와 중심부 간의 끊임없는 경쟁과 충돌과 투쟁을 판단하는 기준이 되기도 한다. 이러한 경쟁과 충돌이 항구적일 수밖에 없는 이유를 카자노바는 근대성 자체가 매우 불안정한 개념이기 때문이라고 주장한다. '근대적'이라 선언된 작품들은 "근대성의 원리의 근원적인 불안정성 때문에 고전의 반열에 들어가지 못하면 곧장 진부한 것이 되고 마는 운명"[39]에 처한다. 특

38 Ibid., p.75.
39 Ibid., p.76.

히 "중심부에서의 총체적 신성화 체계에 의해 구축되는 문학적 현재로부터 멀리 떨어져 있는 실천들은 시대에 상당히 뒤떨어지는 것으로 선언"[40]될 것이다. 여기서 '근대적'이라 함은 근원적으로 가변적이고 불안정한 개념이기 때문에 중심부에 있다고 해서 자연스럽게 보장되는 것은 아니다.

카자노바는 세계문학공간의 특징으로 문학공간의 수직구조와 불평등성, 그리고 상대적 자율성을 들고 있다. 우선 세계문학공간의 첫 번째 특징은 문학적 자원의 불평등한 구조이다. 이 공간에서 정치적·민족적·경제적 제약으로부터 가장 자유로우면서도 오래된 문학적 유산과 자원이 가장 많이 축적된 공간이 가장 큰 자율성의 극점을 형성하고 있는 반면, 정치적·민족적·경제적 기준이 강력하게 작용하면서도 문학적 자원이 가장 적은 공간은 반대로 가장 큰 타율성의 극점을 형성한다. 이 두 극점을 모두 포괄하는 세계문학공간에서 "가장 오래된 지역들, 문학적 장에서 가장 오랫동안 구축되어온 지역들은 이런 의미에서 '가장 부유한'−가장 많은 권력을 가지는−것으로 믿어진다."[41] 특히 수직구조와 불평등성이 문학공간에서 드러나는 구체적인 예가 작가와 작품의 명성인데, 이는 "문학권력이 취하는 가장 본질적인 형식이고, 그것은 가장 오래되고 고귀하며 가장 적법한 문학들, 가장 신성시되는 고전들, 그리고 가장 찬양되는 작가들에게 주어지는 의심할 바 없는 무형의 권위"[42]를 형성한다. 둘째 세계문학공간은 그 자체로 상

---

40 Ibid., p.76.
41 Ibid., p.83.
42 Ibid., p.83.

대적 자율성을 갖고 있다. 카자노바는 정치경제적 영역의 쟁점들이 문학공간의 쟁점들과 중첩되고 혼종되기도 하지만 문학적 공간은 그런 쟁점들로부터 상대적으로 자율적인 성격을 갖는다고 주장한다.

사실 카자노바의 세계문학론은 모레티의 세계문학론이 안고 있던 이론적 문제점들을 상당부분 해결해준다. 모레티 자신도 인정하듯이 카자노바는 세계문학공간이 세계경제체제로부터 상대적 독립성을 갖고 있다는 점, 즉 세계경제체제의 중심부가 세계문학체제의 중심부와 일치하지 않는다는 점, 나아가서 세계문학공간 내에는 갈등과 투쟁의 권력관계가 상존하고, 항상 불균등발전이 내장되어 있다는 점을 강조한다. 카자노바는 모레티의 세계문학론이 문학체제의 통일성과 근원적 불평등성을 주장한 것에 대해서는 동의하지만, 모레티가 페르낭 브로델에 의지하여 중심부와 주변부 간의 대립을 설정한 것은 관련된 (문학적인) 투쟁적 관계를 중성화하고 그것의 불평등성을 모호하게 하는 경향이 있다고 비판한다. 그녀는 중심부와 주변부의 공간적 이분법 대신에 그것들 사이에 지배와 저항의 권력관계를 재도입할 것을 제안한다. 특히 그녀는 지배와 저항의 권력관계를 모레티처럼 단순히 두 가지 대립적 범주들로 분할하기보다는 "굉장히 다양한 의존의 정도를 나타내는 다양한 상황들의 연속체a continuum of different situations in which the degree of dependence varies greatly"[43]로 인식할 필요가 있음을 강조한다. 이는 모레티의 「견해」을 정교하게 발전시키는 것이면서 동시에 중심부와 주변부의 관계를 단순화하는 것을 차단하는 것을 의미한다. 나아가

---

43 Ibid., p.80, note No.14를 참조.

서 카자노바는 모레티가 문학적 공간이 경제적 공간과 다르다는 점을 주장하고 중심부와 주변부를 연결하기 위한 매개적 개념으로 도입한 '반주변부'라는 용어 역시 "의존의 정도에 대한 정확한 측정을 제공하지 않으면서 지배와 피지배의 관계를 중성화하고 완곡하게 만들고 있는 것처럼 보인다"[44]라고 비판한다. 카자노바는 모레티의 세계문학론이 '하나이면서 불균등한one but unequal' 세계체제의 통일성을 드러낸 점은 높이 평가하면서도 중심부와 주변부 간의 관계를 이분법적으로 분할했고, 특히 세계문학공간 내부의 갈등과 투쟁의 불균등한 권력관계를 간과했다고 지적한다.[45]

카자노바의 비판이 모레티의 한계를 정확히 지적한 것은 사실이고, 세계문학적 공간이 세계경제적 공간으로부터 일정정도 자율성을 갖는다는 것과 그 내부가 갈등과 투쟁의 권력관계들이 상존하는 곳이라고 지적한 것은 세계문학론의 논의에 있어 상당한 이론적 진전이라 할 수 있다. 하지만 이런 진전이 세계문학공간에 대한 서구중심적 사고 자체를 근본적으로 수정하는 것은 아니다. 오히려 그런 정교함은 더 교묘한 방식으로 그러한 서구중심성을 당연한 것으로 간주하는 경향이 있다. 모레티가 세계문학의 중심부와 주변부 간의 관계를 '서구적 형식과 로컬적 제재들 간의 타협'으로 규정하며 서구적 소설의 유럽중심성과 서구적 영향력의 특권적 지위를 전제했듯이, 카자노바 역시 세계문학공간의 불균등성과 상대적 자율성을 주장하며 모레티의 이론적 한계를 극복하면서도 보다 교묘하고 정교한 방식으로 세계문학체

44 Ibid., p.80.
45 Ibid., p.80.

제의 유럽중심성을 전제한다. 아무리 세계문학공간 내부의 지배와 피지배의 불균등하고 경쟁적인 권력관계를 강조하더라도 명성과 인정을 통제하는 문학적 척도의 그리니치 자오선이 파리와 같은 유럽 중심부에 있는 것은 의문의 여지가 없다. 롭 윌슨은 카자노바의 "세계문학공화국이 마오리 뉴질랜드에서부터 포스트식민적 아일랜드, 그리고 노벨상을 추구하는 한국에 이르기까지 문화자본과 '문학적 지배'로 기능하는 방식에 대해 지나치게 확장된 모델을 제시하려고 한다는 점에서 세계적이지만 동시에 프랑스중심적"[46]이라고 비판한다.

특히 모레티와 카자노바의 세계문학론에서 공히 눈에 띄는 것은 그들이 생각하는 세계문학이 세계적 인정과 보편적 위치를 어느 정도 확보한 문학텍스트일 뿐, 앞서 괴테와 마르크스에게서 볼 수 있는 바와 같이 민족문학의 특수성과 편협성을 뛰어넘어 민족문학들이 상호문화적 대화를 통해 확보해가는 보편적 이념과 휴머니즘적 기획에 대해서는 전혀 언급하지 않는다는 점이다. 모레티가 세계문학의 가능성을 '서구적 형식과 로컬적 제재 간의 타협'이라는 테제로 제시했고, 세계문학의 보편적 지위를 서구의 중심부와 비서구의 주변부 간의 접촉지점으로 확장시켰지만 그 지점이 세계문학이 추구하는 이념이 무엇인지, 그것을 드러내줄 수 있는 방법은 무엇인지, 그 지점이 서구적 지배를 어떻게 되받아칠 수 있는 지점인지, 나아가서 주변부과 제3세계의 입장에서 어떤 해방적 · 유토피아적 기획과 가능성을 제공할 수 있는 지점인지에 대해서는 전혀 언급하지 않는다. 세계문학의 보편적 가치와 정치적 기

46 Rob Wilson, "World Gone Wrong : Thomas Friedman's *World Gone Flat* and Pascale Casanova's *World Republic* against the Multitudes of "Oceania", p.3.

획이라는 점에서는 모레티와 카자노바는 프레드릭 제임슨의 제3세계 문학론에 못미치는 것으로 보인다. 제임슨이 제국주의에 맞서 생사를 건 투쟁을 실천해온 제3세계의 민중의 공통적 경험을 바탕으로 제3세계의 인식적 미학을 구성하고, 특히 서구소설의 재현문법을 수용할 수밖에 없을 때조차 제3세계의 문학은 이 공통적인 역사적 경험을 형상화한 '민족적 알레고리'로 이해될 수 있다고 주장했을 때, 우리는 바로 이 민족적 알레고리에서 세계문학의 새로운 보편적 이념과 지리정치적 기획을 엿볼 수 있기 때문이다. 따라서 세계문학론은 단순히 세계문학의 가능지점이나 보편적 위치를 포착하는 작업 못지않게 세계문학이 어떤 인간 이해와 세계 형성을 추구하는지, 그것이 어떤 보편적 기획과 가치를 고민해야 하는지를 모색하는 작업이 요구된다고 할 수 있다.

3. 로컬적인 것과 트랜스모던 문화번역

1) 세계문학론 속의 로컬의 위상과 문화번역

오늘날의 세계문학론에서 로컬적인 것과 주변부의 위상은 미미하거나 그리 큰 중요성을 갖지 못한다. 즉 그것들은 세계문학론에서 자율적 위상을 갖지 못하며 명성의 인정구조에서도 제외된 채 주변화된 객체로만 존재할 뿐이다. 서구적 형식과 로컬적 제재 간의 타협이라는 테제를 제기하는 모레티의 세계문학론에서 (비서구) 로컬들은 마치 주변부가 제국주의적 세계시장에 원료를 제공하는 공급지의 역할을 하듯이, 서구적 형식과 대립하는 로컬적 제재와 원료의 제공지로 존재한다. 중심부의 문학형식은 주변부로부터 아무런 도전을 받지 않은 채 주변부로 이동해 그곳의 문학적 질료들과 만나고 섞이는 타협 과정을 거치게 된다는 것이다. 중심부에서 주변부로 향하는, 즉 위에서 아래로 향하는 모레티의 세계문학 모델은 주변부 로컬의 가능성을 수동적이고 종속적이며 부차적인 지위로 귀속시킨다. 이런 이분법은 중심부의 문학을 이해하는 것 또한 방해할 수 있다. 왜냐하면 중심부의 형식 역시 항상 중심부에서 원래부터 존재했던 형식이라기보다는 중심부와 주변부 간의 갈등과 타협의 산물일 수도 있기 때문이다. 카자노바의 세계문학론은 형식과 질료의 이분법과 같은 모레티의 소박한 이분법은 거부하지만 모레티와 마찬가지로 세계문학체제의 표준적 자오선을 비롯하여 세계문학의 척도를 여전히 유럽이라는 중심부에 두고 그 외 다른 로컬문학들은 그 척도로부터의 거리에 따라 판단하는 "유럽중심적 중심부-주변부 모델"[47]에 근거하고 있다. 그녀가 볼 때, 주변부의 로컬문학들은 파리와 같은 세계문학체계의 인정구조를 통해 명성이라는 문화자본을 쟁취하려고 노력하거나, 그렇지 않으면 인정구조에서 완전히 탈락하고 만다. 즉 중심부의 인정구조와 명성의 메커니즘을 통과하지 못하는 주변부 로컬문학들은 철저히 소외되거나 외면당하고 마는 것이다.

47 Ibid., p.10.

상호문화적 번역과 문화횡단의 시각에서 볼 때, 모레티가 문학, 특히 근대소설의 이동을 사고하는 방식은 한계가 있다. 모레티는 근대소설이 중심부에서 주변부로 이동하면서 중심부의 형식과 주변부의 로컬적 제재들 간의 타협이 발생한다고 주장한다. 모레티에게 근대소설의 이동은 한쪽 방향, 즉 중심부에서 주변부로만 흐른다. 모레티는 "19세기 후반 근대소설이 퍼져서 정기적으로 주변부 문화에 도달했을 때 주변부 문화의 훌륭한 작가들은 모두 서구 유럽의 모델을 문체의 과잉결정stylistic overdetermination이라는 동일한 과정에 끌어들였다"[48]고 말한다. 주변부 로컬 작가의 역할은 중심부의 형식과 모델을 근간으로 해서 로컬 제재들을 가공함으로써 자신의 독특한 문체를 만들어낸 데 있다는 것이다. 모레티는 "이탈리아, 브라질, 인도네시아, 필리핀, 일본, 벵갈, (…중략…) 각각의 경우에 따라 세부적 제목들은 분명히 다르지만 형식의 논리는 언제나 같다"고 말한다. 이 형식이란 "중심부의 플롯과 주변부의 문체 간의 결합"[49]이다. 여기서 모레티가 플롯과 문체를 전혀 다른 두 개의 층위로 구분하는 점은 주목할 만 하다. 그에 의하면 플롯은 상당히 안정된 상태를 유지하고 다양한 맥락들로 쉽게 이동하는 데 반해, 문체는 그러한 안정성을 갖고 있지 않다. 즉 그것은 쉽게 사라지거나 변화하는 것이다. 플롯은 거의 변하지 않은 채 언어에 독립적인 데 반해, 문체는 언어이기 때문에 늘 변화무쌍하다는 것이다.

여기서 모레티가 말하는 중심부의 플롯은 마이클 크로닌이 말하는 불변적 이동체mutable mobile 개념과 매우 유사하다. 크로닌은 문화번역

---

48 Franco Moretti, 「진화론, 세계체제, 세계문학」, 『안과밖』 Vol.18, 2005 상반기, 112면.
49 위의 글, p.112.

의 두 형태를 불변적 이동체와 가변적 이동체mutable mobile라는 개념으로 구별짓는다. 그는 출발지의 사실들이 확실하게 목적지에 도달하고 수용자 측에서도 그 실체를 인식할 수 있을 정도로 사실과 맥락의 형태가 비교적 안정적인 대상형태를 '불변적 이동체'[50]로 정의한다. 불변적 이동체는 재제와 질료가 다르고 가변적이라 하더라도 그 본질과 형태에는 거의 변화가 없으며 불변적인 네트워크가 형성되어 있는 경우를 일컫는다. 이는 모레티가 말하는 중심부의 플롯이나 근대소설의 이동과 흡사한 면이 있다. 하지만 크로닌은 실제 문화번역의 과정은 불변적 이동체보다는 가변적 이동체 개념에 가깝다고 주장한다. 그는 가변적 이동체를 짐바브웨 관목펌프bush pump에 빗대어 설명하는데, "그것은 마을마다 똑같지가 않고" "펌프의 한 부분이 부서지면 다른 것으로 덧대지면서 이 펌프 장치는 마을마다 달랐다. 즉 여기서는 모든 것을 정확히 같은 장소에서 작동하게 만드는 안정적인 네트워크가 존재하지 않는다"[51]라고 말한다.

> 물체가 이동하는 것은 그 특정한 형태가 형태를 불변적으로 유지하기 때문이 아니라 펌프 그 자체가 유동적인 물체이기 때문이다. 이 물체들이 공간을 통과하는데 이 공간의 형태도 유동적인 것이다. 즉 물체를 지탱하는 연결기관들이 단계적이고 증강적으로(일부는 첨가되고, 일부는 떨어져나가는 식으로) 변하는 것이다. 이는 물체가 같은 것(관목펌프로 인식될 수 있다)이면서도 다른 것(그 형태가 마을마다 다르다)임을 의미한다.[52]

---

50 Michael Cronin, 『번역과 정체성』, 64면.
51 위의 책, 65면.

이와 같은 가변적 이동체의 시각에서 보자면 중심부의 플롯 자체도 변하지 않는 것이 아니라 항상 유동적인 것, 즉 "일부는 첨가되고, 일부는 떨어져나가는" 것이 된다. 크로닌이 가변적 이동체 개념을 통해 말하고 싶었던 것은 문화번역과 횡단의 과정에는 주변부로 안정적으로 전달될 중심부의 의미와 의도보다는 로컬문화가 중심부의 문화를 주체적으로 번역하여 중심부든 주변부든 모든 형식과 내용을 변형시킬 수 있는 자율적인 문화번역의 능력을 갖고 있다는 것이다. 다시 말해, 크로닌이 불변적 이동체와 가변적 이동체를 구분한 이유는 문화번역의 과정을 새로운 시각으로 설명하기 위함이었다. 만일 번역을 가변적 이동체의 시각에서 본다면, 번역을 원본에 미달하는 것으로 보는 태도, 즉 "번역을 실패, 기형, 빈약한 유사성과 손실로 무시해온 전통적 관행"[53]을 불식시키고 로컬의 자율적이고 주체적인 입장, 즉 "아래로부터의 로컬화"[54]라는 미시적 시각에서 "번역을 잠재적으로 변형 가능한 실천"[55]으로 볼 수 있다는 것이다. 반면 중심부와 주변부 간의 위계구조를 전제하는 모레티와 카자노바의 세계문학론은 번역을 불변적 이동체로 보는 '위로부터의 로컬화'에 가깝다. 모레티 또한 「추가 견해」에서 근대소설이 불변적 이동체가 아니라 가변적 이동체와 유사하다는 점을 인정한다. 모레티의 근대소설론이 근본적으로 유럽소설을 규범으로 삼고 있고, 나아가서 그의 소설론이 중심부에서 주변부로 나아가는 간섭의 불균형성에 근거하고 있다는 아일린 줄리언Eileen Julien

52 위의 책, 65~66면.
53 위의 책, 67면.
54 위의 책, 69면.
55 위의 책, 67면.

과 같은 학자들의 주장[56]에 대해 모레티는 가령 필딩에서처럼 "초기 영국소설이 세르반테스의 방식을 모방해서 씌여졌고, 그리하여 영국소설 자체에서도 로컬적 **형식**과 이국적 **형식** 간의 타협이 일어났었다는 사실은 명백하다"[57]고 인정한다. 여기서 주목할 것은 영국소설의 형식 또한 영국이라는 로컬적 **형식**과 스페인의 이국적 **형식** 간의 타협에 의해 형성되었다는 사실이다. 이는 중심부 플롯의 안정성이 결코 안정적인 것이 아니고, 중심부의 문학형식 또한 주변부와의 타협의 산물임을 보여준다. 결국 모레티 역시 문학형식이 가변적 이동체에 가깝다는 사실을 인정한다. 여기서 모레티가 영국소설을 설명하면서 로컬적 **제재**와 서구적 **형식** 간의 타협이 아니라 로컬적 **형식**과 이국적 **형식** 간의 타협이라고 말하는 점에 주목할 필요가 있다.

오늘날 문화번역이 핵심적 키워드로 떠오른 것은 로컬과 로컬적인 것의 잠재적 가능성에 대한 평가와 무관하지 않다. 냉전의 이데올로기적 경쟁의 시대가 막을 내리고 제국과 주변, 지구화와 로컬화, 강한 로컬과 약한 로컬 간의 권력 관계들이 새롭게 형성되어가면서 오늘날의 문화들은 다양하고 새로운 방식으로 접촉하고 대화하는 동시에 그들 간에는 여전히 불균형과 불평등이 지속하고 있다. 그 중심에 문화번역의 로컬적 가능성이 핵심적 문제로 자리하고 있다. 오늘날 문화번역의 문제가 본격적으로 등장하는 것은 지구화의 과정 속에서, 그리고 중심부와 주변부 간의 불균형적 관계들을 보다 주체적으로 사고하는 데 (트

56 Eileen Julian, 「최근의 세계문학 논쟁과 (반)주변부」, 『안과밖』 Vol.18, 2005 상반기, 117~133면을 참조.

57 Franco Moretti, "More Conjectures", p.79.

랜스)로컬적 시각trans / local perspectives의 적극적 역할이 필수적이라는 인식 때문이다. 전 지구화의 과정에서 중심부 글로벌 문화는 여전히 주변부 로컬문화들을 새로운 방식으로 통제하고 흡수하고 변형시키는 강력한 힘으로 작용하고 있다. 그 결과 일부 문화연구자들은 이런 과정을 헤게모니 문화에 의한 주변부 문화의 동질화 내지 표준화라는 관점에서 설명하려고 한다. 이런 시각은 헤게모니 문화의 폐해를 지적하는 비판적 의미를 갖지만 역설적이게도 주변부 문화를 수동적이고 비관적 시각으로 바라보는 한계 또한 갖는다. 즉 이런 시각 속에서 주변부 로컬문화는 자체의 자율성과 역동성을 인정받지 못한 채 중심부 문화에 의해 일방적으로 통제되고 지배되는 신세로 취급당하게 된다. '문화번역'이 핵심적 개념으로 등장하는 이유는 바로 이런 현실을 정정하고 문화횡단에 있어 주변부 혹은 로컬문화의 주체적 역할을 강조하기 위해서이다. 로컬문화의 주체적 입장에서 볼 때, 전 지구화의 문화를 비롯한 모든 문화는 주변부의 자율적이고 물질적인 문화번역의 메커니즘을 통과할 수밖에 없는 번역된 문화에 다름 아닌 것이다.

로컬의 문화연구에서 문화번역의 가치는 지구화이든 국민문화이든 로컬문화를 단순화하는 논리들을 비판하면서 복합적이고 다양하며 역동적인 네트워크에 의지하는 로컬의 가능성을 강조하는 데 있다. 크로닌은 번역을 원본의 독창성이 점차 줄어들어가는, 즉 번역을 아무리 잘해도 모방이나 아류로 폄하하는 "문화적 중재와 교환에 대한 기존의 엔트로피적 관점에 도전"하고 로컬과 글로벌 간의 연계성을 "번역의 반엔트로피적이고 역엔트로피적 관점"[58]에서 사고하고자 한다. 그에 따르면 번역적 실천은 로컬문화가 헤게모니 문화에 의해 일방적으로 지배되거나 소멸된다고 보는 부정적 시각이 아니라 로컬적인 것과 민족적인 것, 로컬적인 것과 글로벌적인 것 간의 연계성 속에서 훨씬 더 풍부해질 수 있다는 적극적 시각과 연결될 필요가 있다. 앞서 보았듯이, 크로닌은 그 구체적 방안으로 아래로부터의 미시적 코즈모폴리터니즘을 제안한다. 미시적 코즈모폴리터니즘은, 주변부 로컬문화를 고립되고 닫힌 문화의 일종으로 평가절하하고 중심부의 세계문화만을 추종하는 거시적 코즈모폴리터니즘과 달리, 로컬 문화와 주변부 문화, 심지어 주변부 내의 작은 로컬조차 매우 복잡한 프랙탈적 미시성과 복합성을 갖고 있음을 강조하는 것이다. 크로닌이 말하는 로컬문화는 안정적이고 고정적인 경계를 갖는 문화가 아니라 항상 문화번역과 문화횡단이 빈번하게 일어나는 미시적이고 복합적인 문화를 의미한다.

2) 세계문학의 또 다른 가능성

필자가 볼 때, 로컬에 대한 모레티와 카자노바의 부정적 인식과, 그들의 세계문학론에서 괴테와 마르크스의 세계문학론에서 엿볼 수 있던 민족문학의 편협성과 특수성을 뛰어넘는 세계문학의 보편적인 이념과 기획과 같은 것의 부재 사이에는 연관성이 있어 보인다. 보다 직접적으로 질문하자면, 그들의 세계문학론은 오늘날의 근대성 내부에서 세계문학이 어떤 내용을 가질 수 있는가, 그리고 세계문학을 가능

---

58 Michael Cronin, 『번역과 정체성』, 266면.

하게 하는 지리정치적 가능조건, 즉 오늘날 세계문학이 추구할 수 있는 보편적인 이념과 휴머니즘적 기획이 가능한 지점이 어디인가 하는 문제를 간과하고 있다. 이 지점은 오늘날 세계체제와 세계문학 공간의 주변부에 위치한 개방적 로컬들이 아닐까? 제임슨이 제3세계 문학의 공통 경험에서 세계문학의 가능성을 엿보았듯이, 오늘날 우리는 인간에 대한 억압과 폭력이 집중되어 있고 그런 억압에 맞선 반항과 해방의 의지 역시 활발하게 전개되는 바로 이런 주변부 로컬에서 인간해방의 보편적 이념을 엿볼 수 있지 않을까? 바로 이러한 점을 간과함으로써 모레티와 카자노바와 같은 최근의 세계문학론은 세계문학론이 가질 수 있는 가장 중요한 차원을 놓치고 있다. 즉 그들의 세계문학론은 로컬에 대한 시각의 결여 때문에 불가피하게 오늘날 세계문학을 움직여나갈 주체나 세계문학의 가능한 지리정치적 조건에 대한 긍정적 시각을 가질 수 없었던 것이다. 크로닌을 통해 엿보았듯이, 로컬은 차이와 번역이 동시에 진행되고 로컬적이면서 동시에 글로벌적인 차원을 갖고 있다. 특히 주변부 로컬들이 새로운 세계문학의 토대가 될 수 있는 것은 그곳이 근대문화 속에 억압되었지만 여전히 복수의 문화적 가치들이 잠재되어 있기 때문이다.

모레티와 카자노바의 세계문학론에는 근대소설과 근대문학은 모두 유럽에서 시작되었고 그것이 전 지구적으로 확장되어 나갔다는, 문학적 근대성의 유럽중심적 입장이 전제되어 있다. 유럽중심적 근대성은 대략 두 가지의 전제에 기반하고 있다. 첫 번째 전제는 근대성이 철학적 원칙으로서의 합리주의, 자연에 대한 설명원리로서의 과학적 합리성, 정치사상으로서의 계몽을 기반으로 하고 있으며 이런 원리를 발판으로 인간주체가 미성숙한 예속의 상태에서 성숙한 자율적 주체로 발전해갔다는 것이다. 두 번째 전제는 근대성이 그 내부에 몇 차례의 단절과 변화가 있었음에도 불구하고 근대 유럽 내부에서 발생한 현상이며 과학혁명이든 제국주의적 지배이든 그 뒤에야 전 세계로 확장되어 나갔다는 것이다. 이 전제들은 근대성에 대한 유럽중심적 시각을 뒷받침하고 있는 주요 전제이다. 하지만 오늘날 이와 같은 '근대성에 대한 유럽중심적 시각'은 곳곳에서 도전받고 있다. 이런 근대성 개념이 갖는 문제점은, 그것이 서구 내부의 이질적 존재는 물론이고 서구 외부의 무수한 로컬적 지식들과 가치들을 근대성 밖으로 추방해버렸다는 점이다.

엔리케 두셀은 근대성에 대한 유럽중심적 서사를 15세기 말에 시작된 전 지구적 식민화의 과정을 은폐하는 일종의 '신화'라고 비판한다. 나아가서 두셀은 근대성의 패러다임을 유럽중심적 패러다임과 지구적 패러다임의 두 가지로 구분한다. 그에 의하면 유럽중심적 패러다임은 근대성을 16세기 유럽에서 시작되어 전 세계로 확산되어나간 오로지 유럽적 현상으로 간주한다. 근대성에 대한 기원과 전파의 입장을 뒷받침하는 이 패러다임에서 중심은 유럽이고 근대성의 보편성은 유럽에서만 가능하다. 반면에 지구적 패러다임은 근대성에서 유럽의 중심성은 인정하되 그 중심성을 유럽 내부의 자율적 발전 때문에 생겨난 것으로 인식하기보다 유럽이 유럽 외부에 존재하는 무수한 타자들을 지배하고 착취하고 억압한 식민화 과정의 결과로 인식한다. 즉 서구적 근대성이 갖는 중심성은 유럽 내부에 축적된 우월한 문명의 산물이 아니라 아메리카의 발견과 정복과 통합을 통해 확보하게 된 식민화의 결과라는 것이다.[59] 이런 인식은 근대성이 애초부터 식민성과 동전의 양면을 이루고 있음을 보여주는 것으로 기존의 서구적 근대성 개념을 급진적으로 수정하는 것이다.

근대성에 대한 이런 인식적 전환을 통해 두셀은 근대성 / 식민성에 의해 억압되고 은폐된 무수한 타자들의 문화와 가치, 즉 "무가치하고 무의미하고 하찮고 쓸모없는 것"[60]으로 폄하된 서구 바깥의 무수한 로컬적 타자의 문화들을 재평가하고 그것들의 해방을 역설한다. 두셀에 따르면 이런 복수의 문화와 가치들이 사라지지 않는 이유는 그것들이 근대성 / 식민성의 전체성의 논리 속으로 완전히 통합될 수 없는 외재성 －레비나스Levinas가 말한 전체성으로 통합될 수 없는 타자성－의 관계를 맺고 있기 때문이다. 그러므로 그것들은 지금도 여전히 생생한 문화적 풍부함을 간직하고 있는 것이다. 두셀은 이런 타자들의 억압된 풍부한 문화적 가치들을 갖고 서구적 근대성을 비판하고 횡단하며 극복하는 작업을 '트랜스모더니티'라고 정의한다. 그에 의하면 트랜스모더니티는 주변부 타자의 풍부한 로컬문화를 발판으로 서구적 근대성를 횡단하고 그것이 성취할 수 없었던 해방을 공동으로 실현해가는 과정이며, 서구적 근대성이 추구하는 단일보편성이 아니라 다양한 가치들이 공통의 보편성을 추구하는 횡단적 다원보편성pluriversality을 지향한다.

---

59 Enrique Dussel, "Beyond Eurocentrism : The World-System and the Limits of Modernity", *The Cultures of Globalization* (Fredric Jameson and Masao Miyoshi eds.), Durham : Duke University Press, 1998, p.5.

60 Enrique Dussel, "Transmodernity and Interculturality : An Interpretation from the Perspective of Philosophy of Liberation", *Transmodernity : Journal of Peripheral Cultural Production of the Luso-Hispanic World*, Vol.1, No.3, 2012, p.42.

만일 우리가 두셀의 트랜스모더니티와 크로닌이 주장하는 로컬의 미시적 문화번역 개념을 접합시킨다면, 즉 트랜스모던 문화번역의 개념을 새롭게 정의할 수 있다면, 모레티와 카자노바의 세계문학론이 간과하는 세계문학의 보편적 이념과 휴머니즘적 기획을 사고할 수 있고, 오늘날 괴테와 마르크스의 세계문학론이 갖는 기획을 글로컬적 차원에서 새롭게 계승할 수 있는 방안을 모색할 수 있을지 모른다. 과연 오늘날 글로벌 문화 속에서 가장 다양하면서도 보편적인 이념의 문화가 생성될 수 있는 지점은 어디이고, 트랜스모던적 문화번역과 횡단이 가능한 지점은 어디일까? 우선 그 지점은 전 지구화의 과정 속에 존재하는 무수한 리좀적인 주변부 로컬들일 것이다. 바로 이 지점이 괴테와 마르크스의 세계문학론이 추구했던 보편적 이념과 인간 해방적 기획이 오늘날 가능한 지점이 될 것이다. 어떤 의미에서 모레티가 세계문학의 가능성이 드러나는 장소로 서구적 문학형식과 로컬적 제재들 간의 타협이 일어나는 지점을 설정한 것은 옳았다고 할 수 있다. 오늘날 글로컬 문화에서 문화 및 문학현상이 가장 보편적이고 세계적인 차원에서 일어나는 지점은 바로 중심부 문화와 주변부 문화 간의 충돌이 일어나는 접촉지점이기 때문이다. 하지만 모레티에게 그 지점은 서구적 중심부의 문화가 주변부로 흘러드는 지점으로만 보일 뿐 주변부가 서구적 근대성과 대결하면서 그것을 횡단하고 극복하면서 새로운 가치와 의미들을 생성해가는 지점으로 보이지는 않는다. 그에게는 로컬들이 제재와 원료만 제공하는 것이 아니라 형식까지 뒤바꾸는 트랜스모던적 문화번역의 혼종적 공간이라는 점이 사유되지 않고 있다. 오늘날 세계문학의 가능성을 제대로 사고하기 위해서는 세계적 문학공간에서 소통적이고 보편적인 이념이 생성 가능한 지점이 어디인가 하는 것뿐만 아니라 그러한 지점에서 문학이 어떤 보편적 이념과 기획들을 추구할 수 있는가에 주목할 필요가 있다.

6장 반주변부 (로컬)문화와 혼종문화

1. 근대적 야누스로서의 반주변부

오늘날 우리는 근대세계체제의 급격한 이행을 경험하고 있다. 현재 진행되고 있는 문화의 세계화와 자본의 지구화는 그동안 우리의 삶을 지탱해주던 안정적인 제도적 구조들을 뒤흔들 정도로 유례없는 수준으로 진행되고 있다. 이미 카를 마르크스나 아담 스미스에 의해 세계시장의 가능성이 점쳐지기도 했지만 그 예측이 점차 현실로 나타나고 있다. 전 지구적으로 활동하는 글로벌 자본은 생산과 산업의 국제적 분업을 촉진하는 차원을 넘어 세계를 자신들의 투자와 투기의 시장으로 삼는 전혀 새로운 관점에서 재편성하고 있다. 그 과정에서 경제와 자본의 무제한적 이동을 통제하고 세금의 안정적 조달을 통해 국가적 사업을 실시하거나 사회보장을 추구해온 국민국가의 역할은 급격히 약화되고 있다. 현재 자본의 지구화는 자본주의가 진정으로 전 지구적

추상으로 출현하고 있다는 예측을 현실화하고 있다고 할 수 있다.[1]

지구화를 설명하고자 하는 많은 연구자들은 작금의 지구화를 제어 능력을 상실한 폭주기관차에 비유하고 있다. 존 그레이John Gray와 같은 경제학자는 신자유주의적 논리를 기반으로 한 작금의 지구화가 종국적으로 세계경제의 무정부 상태를 초래할 것임을 경고했고 이는 현실화되고 있다. 그는 지구화의 생존경쟁 속에서 모든 국가들이 앞 다투어 기업들에 세금을 감면해주고 복지국가의 정책을 철회하여 국가의 공적 역할을 약화시킨 결과 홉스가 말한 만인에 대한 만인의 투쟁의 상태가 재연되고 있다고 주장한다.[2] 이론가들은 대체로 그레이와 비슷한 진단을 내놓고 있다. 그들은 지구화의 과정이 근대적 자본주의의 태생적 조건과 관련되어 있음을 강조하면서 현재는 그 조건들이 보다 강화되어 나타나고 있는 것으로 이해한다. 예를 들어, 데이비드 하비는 자본의 운동이 처음부터 지구화를 지향했음을 강조하면서 최근의 움직임에는 탈규제적 금융정책, 엄청난 기술변화와 혁신, 정보혁명, 시공간의 급격한 축소와 같이 예전과는 전혀 다른 경향들이 추가되어 있다고 지적한다. 그는 현재의 지구화를 이전 경향의 연속과 불연속의 과정으로 이해할 것을 강조한다.[3]

이런 지구화의 과정이 종국적으로 개별 국민국가들이나 국가 간 체제에서 어떻게 관철될지는 여전히 진행 중인 과정이기 때문에 그 결과를 예단하기에는 아직 시기상조이다. 하지만 현재 자본의 지구화의 영

---

1 Arif Dirlik, "The Global in the Local", *Global / Local* (Rob Wilson & Wimal Dissanayake eds.), Durham : Duke University Press, 1996, p.30.

2 John Gray, *False Down*, New York : The New Press, 1998의 1장과 4장을 참조.

3 David Harvey, *Spaces of Hope*, Berkeley : University of California Press, 2000, pp.60~63.

향이 가장 직접적으로 미치고 있는 지역은 중심부의 세계보다 (반)주변부의 세계다. 이수훈에 따르면 "90년대 세계금융위기의 표출은 반주변부 지대에 집중되었고 당연히 반주변부 경제들이 최대 피해당사자"였으며 현재의 "지구적 양극화 심화현상은 반주변부 지대의 훼손의 원인이자 결과다."[4] 지구화를 분석하는 이론가들 중에 현재의 자본의 활동을 분석하는 데 중심부, 반주변부, 주변부 간의 구분이 무의미해졌다고 주장하는 이론가들도 있지만 이 주장은 미래의 예측을 끌어들여 현재의 상황을 재단하는 측면이 없지 않다.[5] 현재 경계를 넘나드는 자본의 지구화는 기존의 국민국가의 경계나 국가 간 체제의 경계 자체를 없애버리기보다는 경계들 간의 차이를 활용하고 그 차이를 통해 막대한 이윤을 획득하고 있는 경향이 매우 강하다. 그리고 국민국가의 약화는 우선 국민국가의 소멸보다는 국민국가의 폭력성의 강화, 국가 내의 시민사회의 약화, 국민국가 내의 종족집단들 간의 분규와 같은 양상들로 표출되고 있으며, 그 결과 국민국가 내부의 국민들은 예전보다 훨씬 더 권위주의적이고 강력한 성격의 국가와 마주치고 있는 실정이다. 사실 이는 국민국가 약화의 징후라고 할 수 있다. 그런 점에서 자본의 지구화는 국가들 간 경계를 활용하는, 특히 반주변부들 간의 경쟁이나 반주변부와 주변부 간의 경쟁을 통해 중심부의 위기를 해소하려는 경향을 갖고 있다.

따라서 '반주변부'는 비록 그것이 급속한 변화의 과정 속에 있다고 하더라도 현재의 지구화를 설명하는 데 여전히 유효한 개념이라 할 수

---

4 이수훈, 「세기말에 세계체제를 보는 한 주변인의 사유」, 『오늘의 문예비평』, 1999 겨울, 260면.

5 Micahel Hardt & Antonio Negri, *Empire*, Cambridge : Harvard University Press, 2000, p.334를 참조.

있다. 임마누엘 월러스틴에 따르면 역사적으로 반주변부의 존재는 자본의 전 지구적 지배와 근대세계체제의 안정을 위한 필수 조건이었다. 반주변부는 "고이윤, 첨단기술, 고임금, 다양한 생산을 향유하는 소수의 중심부"와 "저이윤, 낮은 기술수준, 저임금, 다양하지 못한 생산을 갖고 있는 주변부"[6] 간의 심각한 불균형 때문에 생겨날 계급 갈등과 투쟁을 완충하는 역할을 하고, 특히 중심부의 잉여 자본과 사양화되는 기술들을 안정적으로 소화하면서 계속해서 이익을 제공해줄 수 있는 역할을 수행한다. 지난 50년을 되돌아 볼 때, 반주변부가 중심부에 매력적이었던 것은 여러 가지 이유 때문이다. 그중에서 60년대 중반부터 중심부 내에서 조직적으로 벌어진 노동운동과 주변부에서 치열하게 전개된 민족해방운동 때문에 반주변부가 자본 이전移轉의 유리한 조건이 되었고(정치적 이유), 대부분의 반주변부가 주변부보다 중심에 더 가깝고(지리적 이유), 주변부보다 문명적으로 중심에 더 근접하며(문화적 이유), 노동시장을 포함한 내수시장이 주변부의 내수시장보다 발달해 있는 점(경제적 이유) 등을 들 수 있을 것이다.[7] 이런 점에서 볼 때, 반주변부는 사실 중심부의 전략적 산물에 가깝다. 중심부는 반주변부의 존재를 이용하면서 주변부와의 직접적이고 노골적인 갈등을 피할 수 있고

6 Immanuel Wallerstein, *The Capitalist World-Economy*, Cambridge : Cambridge University Press, 1979, p.97. 반주변부는 16세기 이후 근대자본주의 체제 내부의 역동적 변화를 설명하기 위하여 월러스틴이 고안한 개념이다. 그는 『근대세계체제』 2권에서 자본주의 세계경제의 구조는 위계적인 분업구조이며 위계적 분업구조의 중간을 차지하고 있는 반주변부는 주로 "내려가고 올라가는 국가들"로 구성되어 있다고 말한다. Immanuel Wallerstein, 유재건 외역, 『근대세계체제』 2, 까치, 1999, 267면.

7 Giovanni Arrighi, "The Developmentalist Illusion : A Reconceptualization of the Semiperiphery", *Semiperipheral States in the World-Economy* (William Martin ed.), New York : Greenwood Press, 1990, p.27과 각주 No.11 참조.

그 갈등들을 반주변부로 전가시킬 수 있으며 나아가서 반주변부를 중심의 이데올로기적 전시장으로 활용하여 중심부 문화와 문명의 발전에 대한 환상을 계속해서 재생산할 수 있는 것이다. 사실 반주변부는 서구적 근대성에 대한 환상과 개발 및 발전에 대한 욕망이 중심부보다 훨씬 강한 경향이 있다.

하지만 반주변부에서의 이런 환상은 공고하지도 영원하지도 않다. 지금처럼 자본이 보다 높은 이윤을 찾아 계속해서 이동하는 상황에서 반주변부들 간의, 그리고 반주변부와 주변부 간의 경쟁은 격화되고, 주변부가 중심부로 진입하는 것도 점점 요원해 보이기 때문에 그런 환상은 깨어지기 쉽다. 현실사회주의의 붕괴, 냉전의 종식, 그리고 자본의 초국적 이동과 생산의 국제적 분업이 전 지구적으로 일어나는 상황에서 중심부의 자본을 끌어들이기 위한 주변부의 유치경쟁은 반주변부의 입지를 하향시키고 반주변부를 치열한 경쟁과 계급투쟁의 과정 속으로 몰아넣는 조건이 되고 있다. 따라서 반주변부의 정치경제적 조건은 ① 더욱 낮은 임금과 유리한 조건들을 제공하며 경쟁에 뛰어들고 있는 다른 주변지역들의 밑으로부터의 압박, ② 중심부와 그 자본에 의한 위로부터의 압력과 견제, ③ 유리한 입지를 먼저 장악하려는 반주변부들 간의 치열한 경쟁이라는 삼중의 압박을 받고 있는 실정이다. 바로 이런 이유 때문에 반주변부에는 항상 심리적 불안과 사회적 긴장이 상존한다. 따라서 중심부로부터의 정치경제적 압력과 주변부로부터의 경쟁적 압박에 직면해 있는 반주변부는 항상 발전과 좌절, 진보와 야만, 환상과 불안과 같은 근대적 야누스의 짐을 짊어지고 있는 상황이다.[8]

근대세계체제 속의 이런 경제적 상황은 격렬한 정치적 갈등으로 표출되는 경우가 빈번하다. 반주변부는 항상 긴장과 모순의 중심에 위치한다. 급속한 근대화와 그에 따른 노동계급의 발달은 중심부의 노동계급이 향유하던 정치적 권익과 민주화를 가져다주기는 했지만 그에 부합하는 경제적 복지와 안녕을 보장해주는 데에는 심각한 한계가 있다. 이런 한계를 구조적으로 안고 있는 반주변부의 협소한 위치는 중심부와 같은 정상적 민주주의의 발전과 실현을 제약한다. 그 결과 반주변부에서는 정치적이고 경제적인 위기로 치닫는 경우가 빈발하고, 전통과 근대, 그리고 급진과 보수 간의 이데올로기적 갈등이 격렬하며, 그 내부에 살고 있는 사람들은 턱없는 희망과 심한 심리적 좌절 사이를 동요한다. 하지만 일부 이론가들은 바로 이런 불안정성 때문에 반주변부를 세계에 대한 새로운 사고와 반체제적이고 변혁적인 행동을 위한 비옥한 토양으로 간주하기도 한다.[9]

2. 반주변부 문화의 곤경과 가능성

근대세계체제 속에서 반주변부가 차지하는 중간자적 위치 때문에 반주변부에는 계몽과 진보와 합리성과 같은 서구적 근대성의 가치들

8 William G. Martin, "Introduction : The Challenge of the Semiperiphery", *Semiperipheral States in the World-Economy* (William G. Martin ed.), New York : Greenwood Press, 1990, p.8.

9 Arrighi, op. cit., p.31.

과 발전과 개발의 근대화 모델에 대한 환상이 중심부나 주변부에 비해 훨씬 강력하게 작동한다. 하지만 그런 근대화에 대한 환상이 실현될 물질적 · 정신적 토대와 가능성이 미약하기 때문에 그에 대한 반발로 전통주의적이고 토착주의적이며 반근대주의적인 담론들의 강한 반발 또한 만만치 않다. 특히 대부분의 반주변부가 식민적 근대에서 포스트식민 (반)주변부 근대로 발전해간 역사적 경험을 갖고 있기 때문에 과거 문화의 유산과 전통의 영향은 무시할 수 없는 수준이다. 따라서 한편에서는 이런 저항들이 새로운 사상의 유입에 대한 강한 거부감으로 작용하기도 하지만, 다른 한편에서는 서구적 근대성과 그 발전의 근대화 모델의 우수성에 대한 환상 때문에 국민문화와 로컬문화가 철저히 저평가되는 경향이 있다. 일반적으로 말해, 반주변부의 문화는 국민문화와 외래문화가 접점을 찾지 못한 채 공전空轉하는 일종의 문화적 상황을 특징으로 갖고 있다.

우선 반주변부는 서구적 근대성의 가치와 모델을 맹목적으로 추종해왔으며 그것의 논리는 대부분 발전과 개발의 근대화론과 그 이론적 전제인 역사주의적 목적론에 의존하는 경향이 있다. 특히 오늘날 자본의 지구화는 반주변부 국가들로 하여금 중심부로의 진입을 위한 생존경쟁 속에서 서구적 근대화의 신화를 더 강력하게 받아들일 것을 강요하고 있다. 그 결과 서구적 근대성의 논리는 반성과 의심의 대상이 되기보다 의심할 수 없는 절대적인 이념으로 수용되는 아이러니한 상황이 발생하고 그 결과 국민문화와 로컬문화의 지적 연속성은 외면당한다. 학계에서는 신속한 이론 수입과 그 이론에 대한 해설과 주석은 난무하지만 그것을 자신의 문화적 현실과 연결하여 주체적으로 번역하려는 시도들은 잘 보이지 않는다. 왜냐하면 반주변부 삶의 준거는 그 내부에 있지 않고 런던, 파리, 뉴욕과 같은 중심부의 시간에 맞추어져 있기 때문이다.[10] 다음 인용은 우리와 비슷한 반주변부의 처지에 있는 브라질의 문학비평가인 호베르토 슈바르스Roberto Schwarz가 자기 문화와 문학의 장을 비판적으로 검토한 것이지만 브라질을 한국으로 바꾸면 곧 우리의 문화 상황에 대한 진단이라 해도 무방할 것 같다.

> 우리 브라질 사람들과 라틴아메리카인들은 우리의 문화생활의 인위적이고 진정하지 못하며 모방적인 성격을 끊임없이 경험하고 있다. (…중략…) 문학적 관점에서 이 문제를 살펴보자. 문학을 가르치며 보낸 지난 20년 동안 나는 문학비평의 분야에서 인상주의로부터 실증주의적 역사주의, 미국 신비평, 문체론, 마르크스주의, 현상학, 구조주의, 포스트구조주의, 그리고 오늘날의 수용이론으로의 이행을 목격해왔다. 이 목록은 매우 인상적이며 지방주의를 극복하려는 우리 대학들의 노력을 보여준다. 하지만 한 이론에서 다른 이론으로의 이 같은 변화가 하나의 프로젝트의 철저한 탐구를 위해 생겨난 것이 아니라는 사실을 쉽게 볼 수 있다. 이 변화는 브라질 문학인들이 미국과 유럽에서 수입된 가장 최신 이론에 대하여 갖는 높은 존경심을 표현할 뿐이다. 이런 실망스러운 인상은 어떠한 내부의 필연성도 어떠한 가치도 없는 변화와 발전의 모습이다. 용어와 이론의 새로움에 대한 갈증은 지식을 확대하려는 노동보다 우세하며 우리 문화적 생활의 모방적 성격의 또 다른 예인 것이다.[11]

---

10 김영민, 『지식인과 심층근대화－접선의 존재론』, 철학과현실사, 1999, 28면.

11 Roberto Schwarz, *Misplaced Ideas : Essays on Brazilian Culture*, London : Verso, 1992, p.2.

자기 현실에 대한 반성과 그것을 실천하기 위한 고민이 없는 최신 이론의 계속적 수입은 국민문화와 자기 현실의 비평가들을 폄하하는 동시에 반주변부 지역의 학문세계의 지적 연속성의 단절과 결여를 의미한다. 서구적 근대성의 논리는 반주변부 문화의 지배적 위치를 점하고 있을 뿐만 아니라 반주변부의 지식인들과 그들의 지적 장에 완전히 굳어져 있다고 할 수 있다. 그 결과 서구적 근대성의 논리가 곧장 우리 현실의 논리로 혼동되는 지적 환상이 지식인들의 의식 속에 심어지게 된다. 반주변부의 지식인들은 스스로도 잘 인식하지 못한 채 자기 담론의 구체적 조건을 따져 묻기보다 서구의 이론을 소개하는 지식의 수입상처럼 되는 것이다. 더 심각한 문제는 서구 이론들이 자신의 현실적이고 실천적인 문제를 해결하는 과정에서 생성된 것이 아니다보니 이론의 논리와 삶의 실천적 과정이 서로 분리되는 경우 또한 빈번하다. 그 결과 이론적으로는 진보적이지만 실천적으로 극히 보수적인 지식인의 경우들을 종종 목격하게 된다. 이런 현상은 반주변부 사회의 학문과 존재의 식민성을 방증하는 것이며 그것을 강화하는 역할을 한다.

앞서도 지적했듯이 반주변부의 근대주의적 열망은 그 실현에 많은 물질적 장애와 심리적 제약을 갖는다. 이런 한계 때문에 전통주의적이고 반근대주의적 논리들의 반발이 항상 예비되어 있다. 즉 근대화에 대한 방어기제로 토착주의적이고 전통주의적이며 민족주의적인 논리들의 저항과 반발이 만만치 않다. 하지만 여기서 눈여겨 볼 것은 반근대적이고 전통적인 가치들이 서구적 근대성의 가치와 하나의 거울상의 관계를 형성하고 있다는 사실이다. 그 내부에 서구적 근대성의 논리적 구조를 그대로 재생산하고 있는 것이다. 따라서 반주변부에서의 전통은 서구적 근대성에 대한 대안이라기보다는 반주변부의 고유한 근대성의 중요한 양상이라고 할 수 있다. 왜냐하면 그런 반근대적이고 전통적인 계기들은 (반)주변부 국가의 근대적 국민문화와 민족정체성을 형성하는 데 중요한 역할을 담당하고 있기 때문이다.[12] 전통적 제도와 가치를 일소하고 근대화를 국가의 모토로 삼는 권위주의적 국가들조차 전통을 조작하고 창안함으로써 자신의 정체성을 얻으려 한다. 따라서 서구적 근대성에 대한 대항으로 등장한 반근대적 전통주의는 대안이 되기보다는 근대주의적 논리의 한계를 보충하는 근거로 기능한다. 즉 반주변부에 유행하는 전통주의는 서구적 근대성에 대한 대응이긴 하지만 그것과 경쟁하고 타협하고자 하는 국가적 · 민족적 문화의 필요성에 따라 과거 문화를 선별하여 구성한 근대의 창안물인 경우가 많다.

이런 반주변부의 곤경이 더욱 심하게 되풀이되는 장소가 반주변부의 로컬지역들이다. 이미 지적했듯이, 자본과 문화의 지구화의 목표 중의 하나가 반주변부에 대한 재편이기 때문에 그것은 국민국가의 약화된 간극을 파고들어 로컬들을 자본의 조작과 관리의 대상으로 변화시키고 있다. 그런 점에서 반주변부의 로컬들에는 반주변부의 한계와 곤경이 보다 집중되어 있는 경향이 있다. 이곳 역시 중심을 지향하는 근대적 의지와 욕망은 강력하지만 그 의지와 욕망을 실현할 만한 인적 · 물적 자원은 매우 취약한 편이다. 반주변부의 중심부가 세계체제의 반주변부라는 위치 속에서지만 금융 · 교육 · 경제 · 정치의 중심지로서의 역할을 일정정도 담당하면서 세계도시로서의 면모를 과시할

12 Néstor García Canclini, *Hybrid Cultures*, Minneapolis : University of Minnesota Press, 1995의 제4장 "The Future of the Past"를 참조.

수 있는 데 반해 주변부나 반주변부의 로컬은 여전히 그런 중심에 종속된 상황 속에서 중심에의 열망과 의지만을 질시하고 선망하는 것이다. 하지만 그 실현의 물적 · 문화적 조건이 미약한 관계로 의지는 현실적 토대를 확보하지 못한 채 유동하게 된다. 즉 반주변부의 로컬에서 근대화란 하버마스가 말한 미완의 기획처럼 계속 추구되어야 할 가치나 조건이라기보다 영원히 미완일 수밖에 없는 것인지도 모른다. 로컬의 근대주의적 열망이 중심부에 존재하는 상징자본과 문화자본의 인정을 통해 완성되듯이, 근대주의적 욕망이 실현될 수 있는 힘이 로컬에는 미약하기 때문에 근대적 욕망과 그 실현 사이의 단절이 로컬에는 구조적으로 각인되어 있다. 따라서 반주변부 로컬에서는 이런 단절과 분열로 인해 지식인들의 지적 안정감의 결여와 조급함, 그리고 이 분열을 메우기 위한 강렬한 욕망이 대중의 저항이나 불만으로 표출되기도 하는 반면, 보수적이고 도덕주의적이며 심지어는 권위주의적 성향의 감정구조로 형성되기도 한다.

다른 한편 반주변부의 불안정한 정치경제적 상황과 비현실적인 모더니즘적 열망은 오히려 반주변부의 문화적 상황을 보다 역동적으로 움직이게 하는 요인이 되기도 한다. 즉, 반주변부의 유토피아적 열망과 그 좌절로 인한 불안감의 확산은 상징적 해결과 승화를 통해 중심부 문화와는 전혀 다른 문화적 생동감으로 나타나는 경우가 종종 있다. 최근 서구의 몇몇 이론가들은 중심부 문화가 봉착한 인식적 맹목과 한계를 극복하기 위해 제3세계와 반주변부의 문화에 대한 관심을 갖기 시작하고 있다.[13] 이런 점이 과장되는 것은 곤란하지만 중심부의 물질적 여유에서 비롯하는 향유와 만족의 세계에 자족하고 타자들과 그들의 세계를 도외시한 중심부의 논리가 한계에 이르고 있음을 보여준다. 반주변부에는 압축적이고 격렬한 근대화의 과정으로 인해 잔존적인 것the residual, 지배적인 것the dominant, 부상하는 것the emergent의 가치와 계기들이 점진적이고 단계적인 순서를 통해 나타나기보다는 동시에 공존하고 혼종하며 갈등하고 있다. 물론 근대화의 격렬한 과정 속에서 시간을 달리하는 다양한 계기들과 가치들이 근대주의에 적응하거나 그에 맞게 전환하기도 하지만 여러 가지 조건 때문에 그런 적응과 전환은 불완전할 수밖에 없다. 따라서 그런 계기들은 계속해서 병렬하고 혼재하는 경향이 있다. 특히 자본과 문화의 지구화 과정 속에서 로컬적인 것과 글로벌적인 것 간의 직접적인 만남과 충돌이 발생하고 그 과정에서 새로운 문화적 계기들의 도입과 기존 가치들 간의 혼종과 타협은 더욱 빈번해질 것이다. 이럴 경우에 중심부 문화에 대한 선망을 통해 자신의 불안한 욕망을 채우고자 하는 주변부의 근대주의적 충동은 맹목적인 비난과 의심의 대상만은 아니게 된다. 오히려 문제가 되는 것은 그 충동을 주변부의 자기의식을 위한 힘으로 번역하고 재전환해내지 못하는 주변부 이론의 무능력이다. 문화사적 관점에서 볼 때, 근대 들어 새로운 사고와 실험이 활발하게 발생한 곳은 반주변부처럼 이질적 생산양식들 간의 공존과 혼합에서 비롯하는 다양한 가치와 계기들이 하나의 단일한 지배가치 중심으로 동질화되지 않고 중층적으로 혼종되어 있는 공간이었다. 페리 앤더슨Perry Anderson은 모더니즘의 가능조건으로 ① 농업적이고 귀족적인 지배질서가 상당히

13 III-2장에서의 프레드릭 제임슨에 대한 논의를 참조.

잔존하는 상황 속에서 급속한 산업화를 겪고 있는 반半산업적인semi-industrial 사회, ② 혁신적인 발명과 그 참신한 영향이 감지되는 기술의 수준, 그리고 ③ 지배질서에 대항하는 혁명적 격변이 예상되거나 그 격변이 두려움의 대상이 되는 정치 상황이라는 세 가지 좌표를 설정한 바 있다.[14] 이는 새로운 문화적 창안으로서의 아방가르드와 모더니즘의 문화적 역동성이 생산양식들의 전환기와 교체기, 즉 전근대적 전통, 근대적 기술혁명, 그리고 미래에 대한 혁명적 비전이 동시에 혼합된 반주변성을 가능조건으로 갖는다는 것을 의미한다. 이와 같은 모더니즘적 실험뿐만 아니라 위대한 세계문학과 문화적 실험이 이루어진 곳이 거의 대부분 세계체제 내의 반주변부였다는 지적 또한 있다. 프랑코 모레티Franco Moretti는 '반주변부'를 세계문학의 중요한 가능조건으로 간주한다. 그는 괴테의 『파우스트*Faust*』, 멜빌의 『모비 딕*Moby Dick*』, 바그너의 『니벨룽겐의 반지*The Niebelungen's Ring*』, 조이스의 『율리시즈*Ulysses*』, 가브리엘 마르께스의 『백년 동안의 고독*One Hundred Years of Solitude*』 등과 같은 세계적 텍스트들이 세계체제 내부의 특정한 지리적·공간적 위치와 관련되어 있다고 주장한다. 즉 이 텍스트들이 "세계체제 내의 독특한 위치," 즉 비교적 동질적인 문화를 형성하고 있는 중심부와 달리 여러 생산양식들의 불균등한 결합과 발전에서 생성되는 비공시적인 시간성을 가지고 있고 문화적 가치들의 경쟁과 타협과 혼종의 과정이 일상적으로 벌어지는 세계체제 내부의 반주변부semi-periphery의 산물이라는 것이다.

---

14 Anderson, Perry, *The Origins of Postmodernity*, London : Verso, 1998, p.81.

한편에는 영국과 프랑스가 있고, 다른 한편에는 독일이 있다. 블로흐가 제안하듯이, (근대적 서사시에서 볼 수 있는) 비공시성은 세계체제 내부의 독특한 위치와 관련되어 있다. 상대적으로 동질적인 중심부 국가들에서는 전혀 찾아볼 수 없는 비공시성은 결합발전이 지배적인 반주변부의 전형적 특징이다. 그리고 근대적 서사형식의 걸작들을 자주 보게 되는 곳도 바로 이곳에서이다. 다시 말해, 괴테(와 초기 바그너)의 분열된 독일에서, 멜빌의 미국(피쿼드호의 피에 주린 사냥과 산업생산)에서, 조이스의 아일랜드(점령자와 동일한 언어를 사용하는 식민지)에서, 그리고 라틴아메리카의 특정 지역에서이다. 이곳은 불균등한 결합발전의 장소로서 여기에서는 서로 상이한 장소에서 생겨난 역사적으로 비동질적인 사회적・상징적 형식들이 제한된 공간 속에 공존하고 있다 이런 의미에서 『율리시즈』가 '아일랜드적'이지 않듯이, 그리고 『백년 동안의 고독』이 '콜럼비아적'이지 않듯이, 『파우스트』는 독일적이지 않다. 그들은 모두 세계적 텍스트들이며 그들의 지리학적 준거틀은 더 이상 국민국가가 아니라 더 넓은 실체, 즉 하나의 대륙 혹은 전체로서의 세계체제인 것이다.[15]

반주변부가 세계문학의 가능조건이 될 수 있는 것은 중심에 대한 근대주의적 열망과 그 실현의 불가능성이 지식인이나 작가들로 하여금 자신의 세계적 조건을 끊임없이 의식하고 반성하게 만들고 있기 때문일 것이다. 헤겔이 말한 주인과 노예의 변증법은 세계체제 내부의 중심부와 (반)주변부 간의 관계를 설명하는 데 유용할 뿐만 아니라 이 변

15 Franco Moretti, *Modern Epic : The World System from Goethe to Garcia Marguez*, London : Verso, 1996, p.50.

증법 자체가 18세기 유럽의 반주변부인 독일에서 제기된 것이라는 점도 시사적이다. 헤겔은 『정신현상학』에서 정신의 자기발전의 한 단계인 의식의 발전을 주인과 노예의 변증법을 통해 설명한 바 있다. 그에 따르면 이 변증법의 과정에서 주인과 노예는 인정을 얻기 위한 생사를 건 투쟁을 벌인다. 주인은 자신의 목숨을 걸었다는 이유에서 승리하고 권위와 권력을 독점하지만 노예는 자신의 목숨을 걸 용기가 없기 때문에 노예가 되고 주인의 위엄과 권력에 대한 두려움을 갖게 된다. 승리한 주인은 노예가 노동을 통하여 생산한 물건을 향유할 뿐 노예의 노동에 대해서는 안중에도 없다. 하지만 뒤집어 보면 주인이 향유하는 것과 주인이 인정을 얻는 결정적 근거는 바로 노예의 노동과 그 산물이다. 주인은 이를 인정하고 싶지 않다. 이를 인정하는 순간 주인의 권위와 권력은 노예의 인정에 의지하는 것에 불과하기 때문에 여지없이 깨어지고 만다. 그 결과 주인은 나르시시즘적이고 자기만족적인 존재에 머물 수밖에 없는 것이다. 이와 달리 두려움과 노동이라는 이중고 속에서 노예는 자신의 생산물에 대한 개조와 변형의 경험을 통하여 자신의 산물이 주인의 인정의 근거가 된다는 사실을 깨닫게 된다. 노동은 그에게 주인의 향유에는 미달하지만 세계 변화의 기쁨을 제공해줄 뿐 아니라 자기개조의 즐거움을 안겨준다. 하지만 이는 주인의 향유보다 훨씬 값진 것이다. 그는 대상세계를 개조하는 노동을 통하여 대상세계와 호흡하고 그것을 의식하며 그 의식을 자신에게로 돌린다. 즉 노예는 대상에 대한 의식과 자신에 대한 의식을 통해 세계와 자신에 대한 주관적이면서 동시에 객관적인 인식을 획득하게 되는 것이다.[16]

미국의 문학이론가인 프레드릭 제임슨은 이런 관계를 이용하여 중심부의 지식인들의 타성과 자기기만을 비판한다. 그는 중심이 자신을 타자화할 능력을 상실한 채 "인식론적으로 불구적이고, 자신의 주체들을 파편화된 주체성들의 환상으로, 고립된 단자들의 개별적이고 빈약한 경험으로, 나아가서 사회적 총체성을 파악할 수 있는 온갖 가능성을 박탈당한, 즉 집단적 과거 혹은 미래 없이 죽어가는 개별적 신체들로 환원하고 있는" 데 반해 주변은 "자신이 처한 필연적인 상황 때문에 자신에 대한 진정한 의식을 성취할 수 있다"[17]고 주장한다.

하지만 반주변부나 제3세계의 세계체제 내부의 위치에서 새로운 문화적 가능성을 읽어내려는 태도는 반주변부의 일면, 즉 그 가능성을 지나치게 과장하는 경향이 없지 않다. 반주변부 문화에 대한 긍정적 태도에는 반주변부의 문화적 처지와 정치경제적 상황 간의 분열이 과소평가되는 경향이 들어있다. 중심부의 비평가와 이론가들이 반주변부에서 새로운 가능성을 찾고자 하는 것과 반주변부 지식인들이 자신의 내부에서 자신의 상황적 처지를 말하려고 하는 것 간에는, 월터 미뇰로가 말한 '식민적 차이'[18]에 가까운 시각의 차이가 있음을 덧붙일 필요가 있다. 전자가 반주변부를 자기인식의 한계를 겪고 있는 서구 이론의 맹목을 보상해줄 추상적이고 관념적인 이상으로 간주할 가능성이 농후한 데 반해, 후자에게 반주변부는 곤경과 해방의 가능성이

---

16 Alexander Kojeve, *Introduction to the Reading of Hegel,* New York : Basic Books, 1969의 제1장 "In Place of Introduction"을 참조.

17 Fredric Jameson, "Third-world Literature in the Era of Multinational Capitalism", *The Jameson Reader* (Michael Hardt & Kathi Weeks eds.), Oxford : Blackwell Publisher, 2000, p.336.

18 Walter Mignolo, "The Geopolitics of Knowledge and the Colonial Difference", *Coloniality at Large* (Mabel Morano, Enrique Dussel, and Carlos A. Jauregui eds.), Durham : Duke University Press, 2008, pp.229~230.

동시에 혼재된 구체적이고 도전적인 현실일 수밖에 없는 것이다.

3. 반주변부 근대성과 혼종성

1) 반주변부 근대성의 모색 – 보편주의와 특수주의를 넘어

오늘날 자본의 지구화는 반주변부 지식인들로 하여금 중심부로의 진입을 위한 생존경쟁 속에서 서구적 근대성과 발전주의의 신화를 받아들이도록 강력하게 요구하기도 하지만 자신들과 처지가 다른 (반)주변부라는 경쟁적 타자들이나 로컬 지역의 생존과 긴밀히 연결되어 있음을 깨닫게 한다. 주변부에는 발전과 개발이라는 근대화 모델에 대한 반半강제적인 동의와 그에 대한 반성이 동시적으로 일어나고 있다. 이러한 반성을 제대로 수행하기 위해서는 우선 반주변부의 근대적 경험, 곧 '반주변부 근대성'이 갖는 특이성에 대한 탐구가 보다 현실적이고 실천적으로 수행될 필요가 있다. 그동안 반주변부 근대성은 서구적 근대성의 논리에 의해 압도되거나 표상되어 왔다고 해도 과언은 아니다. 즉 반주변부의 근대성은 서구적 근대성의 보편주의적이고 초월주의적인 논리에 의하여 항상 '특수한 것'으로, 혹은 '서구적 근대성에 미달하는 것'으로 간주되었고 그 미달하는 정도가 서구적 근대성에 대한 주변의 강렬한 욕망을 가늠하는 척도가 되었다. 따라서 반주변부의 근대성에 접근하기 위해 무엇보다 서구적 근대성의 유럽중심적 보편주의를 비판하고 그것을 괄호에 묶어두고 사고하는 작업이 우선적으로 요구된다. 서구적 근대성은 자신의 보편주의를 내세워 다른 세계와 타자들을 선과 악, 문명과 미개, 발전과 가난과 같은 비대칭적 이원론에 따라 재단해왔다. 우리는 그런 이원론의 메커니즘을 깊이 있게 자각하지 못한 채 우리 자신 속에 내면화해왔다. 문제는 서구적 근대성이 우리 내면을 장악하면서 우리 자신의 실존적 삶과 그 삶에 대한 인정과 인식 간의 단절이 은폐되어버린다는 점이다. 이를 극복하기 위해서는 서구적 근대성의 보편주의를 앞장에서 살펴본 '근대성 / 식민성 그룹'처럼 역사적으로 다시 천착하는 맥락화의 이론적 작업이 필요하다. 그러할 때 자신의 특수한 위치를 보편화하고 주변부의 수많은 타자들의 위치를 특수의 자리에 묶어두는 서구적 근대성의 보편주의적 논리에서 벗어날 수 있을 것이다. 우선 서구적 근대성은 그 보편성과 초월성을 주장하기에 앞서 일차적으로 서구의 자기이해의 한 방식이고 서구라는 지리정치적 공간을 넘어 자신의 모델을 따르지 않는 것들을 모두 '비지식', '비존재', '특수성'로 폄하했던 전 지구적 권력관계의 산물로 드러날 것이고, 나아가서 전 지구적 근대성들 중의 하나로 자리매김될 것이다.

하지만 반주변부 근대성의 실증성에 접근하기 위해서는 서구적 근대성의 보편주의에 대한 비판만으로는 한계가 있다. 서구적 근대성의 보편주의에 대한 비판으로 등장하는 주변부의 특수주의와 토착주의 또한 경계의 대상이 될 필요가 있다. 주변부의 특수한 처지를 강조하는 것은 그동안의 서구적 근대성의 보편주의의 지배에 대한 강력한 거부라는 점은 이해하지만 그것은 그런 논리에 의해 지배된 (반)주변부의 근대역사를 도외시하거나 서구적 보편주의를 지나치게 일면적으로 이해하는 경향이 있다. 여기서 주변부적 특수주의란 서구 근대성의 영향으로부터 자유롭다고 생각하는 — 그런 의미에서 환상적인 — 토착적 전통주의나 민족주의를 의미하며, 넓게는 문화적 차이와 문화적 특수성을 지나치게 강조하는 일부 편향된 포스트식민 이론들도 포함될 수 있다. 토착적 전통주의나 민족주의는 서구의 침략 이전에 존재하던 '진정하고' '순수한' 전통문화를 주장하지만 그런 문화는 현존한다기보다는 어디까지나 서구적 근대성의 영향에 대한 반발의 결과로 창안된 것들이다. 그런 전통들 중 다수는 식민지 출신의 문화적 엘리트들이 서구적 근대성에 대한 대항으로 창안해낸 주변부 근대성의 산물이며, 따라서 서구적 근대성의 틀을 벗어나지 못한다. 특히 그것은 미래에 대한 가능성보다 과거를 지향하며 미래의 전망이 암울하면 암울할수록 더욱 활개 치는 경향이 있다.[19] 물론 전통을 새롭게 창안하려는 토착적 전통주의와 민족주의의 이런 한계를 지적한 것은 포스트식민주의의 중요한 이론적 성과 중의 하나이다. 포스트식민주의가 서구적 보편주의와 제3세계의 전통적 토착주의 사이에서 제3의 길을 모색했음은 주지의 사실이다. 하지만 그 모색이 현실적 사회구조의 변화와 연결되지 못한 채 문화적 차이와 특수성만을 강조하면서 토착적 전통주의와 민족주의와 마찬가지로 주변부적 특수주의로 나아갈 위험을 안고 있다. 이런 위험은 차크라바르티Dipesh Chakrabarty의 저작인 『유럽을 지방화하기*Provincializing Europe*』에서도 엿볼 수 있다. 차크라바르

19 Abdallah Laroui, *The Crisis of the Arab Intellectuals*, Berkerley : University of California Press, 1974, pp.38~41.

티는 발전의 근대화 모델에 근거하는 서구의 목적론적 역사주의를 비판하는 한편, 비서구 근대성의 다른 역사성과 시간성을 제시하여 유럽의 지배적 위치를 다양한 위치들 중의 하나로 지방화(주변화)하고자 한다. 그가 비서구의 경험 자체가 유럽 근대성의 역사주의적 관점으로 설명될 수 없다고 주장할 때 그동안 비서구의 시간적 표상체계를 지배해온 서구적 근대성의 논리와 그 짝인 목적론적 역사주의에서 벗어나 비서구적 근대성의 구체적 경험에 접근할 가능성을 제시하는 것은 사실이다. 그의 주장이 벵갈의 근대성처럼 그동안 서구적 근대성의 논리에 의해 억압되고 은폐된 또 다른 주변부 근대성을 회복하고자 하는 적극적 의미를 갖지만 그 근대성이 차이와 특수성만 갖는 것이 아니라 이미 근대적 / 식민적 세계체제의 틀에 의해 규정되고 그 틀 내에서 자신의 고유한 특이성을 갖게 된다는 점이 깊이 있게 사유되지 못하고 있다. 오히려 서구적 근대성의 유럽중심주의와 목적론적 역사주의에 대한 전면적 비판이나 무조건적 거부는 자칫 비서구의 특수성을 지나치게 부각시킬 위험이 있으며, 나아가서 서구적 근대성과의 관계, 그리고 그 공과를 판단하는 작업을 간과할 수 있다.[20]

반주변부는 중심의 지배논리인 근대적 보편주의와 주변의 저항논리인 전통적 특수주의 간의 대립관계를 넘어 보편적 가치와 특수한 가치, 일반적인 것과 개별적인 것뿐만 아니라 서구적 근대성에 의해 억압된 수많은 타자들의 가치들이 조우하고 혼종하는 공간이며 그것을 사고하기 위해서는 보편주의에 대한 복합적이고 다원적인 새로운 사

20 Dipesh Chakrabarty, *Provincializing Europe : Postcolonial Thought and Historical Difference*, Princeton : Princeton University Press, 2000.

고가 요구된다. 이런 사고는 서구적 근대성의 보편주의의 한계와 성과를 동시에 끌어안으면서 서구적 근대성에 의해 억압된 복수의 주변부 문화와 가치들을 복원하고 연결하는 '함께-보기seeing-together'의 작업을 필요로 한다. 이러한 함께-보기의 과정 속에서 (반)주변부 근대성이 갖는 트랜스모던적인 가능성도 생겨날 수도 있을 것이다.

2) 혼종공간으로서의 반주변부 문화

반주변부 근대성의 공간에는 압축적이고 격렬한 근대화 과정을 경험함으로써 이전의 가치들이 점진적으로 계승, 발전, 지양되기보다는 단절적이고 중첩적이며 혼종적인 경향이 강하게 뿌리내리고 있다. 그 결과 다양한 가치들이 상호 소통하기보다는 단절되거나 충돌하면서 별개로 작용하는 상호 배타적인 관계를 형성하기도 한다. 예를 들어, 새로운 이론들의 소개는 엄청난 속도로 이루어지지만 이론들 간의 교체만 이루어질 뿐 그것들 간에 의미 있는 소통과 대화는 잘 이루어지지 않는다. 중심부에서는 이전의 가치들이 점진적으로 계승되고 발전되면서 전통적 가치들이 현재의 현실적 요구에 맞게 점진적으로 전환되는 데 반해, 반주변부에서는 이런 압축적 과정 때문에 과거의 가치들이 점진적으로 동화되기보다는 급격히 소멸되거나, 현재화의 과정을 통과하지 못한 채 기억이나 무의식 속에 잔존하는 경우가 많다. 다시 말해, 다양한 가치와 계기들이 시간적 · 동질적 연속성 속으로 통합되지 못한 채 비동시적이고 비동절적으로 혼재하는 것이다. 이런 혼재의 상태는 그동안 부정적인 것으로만 판단되었지만 그러한 판단에 앞서 그런 혼재의 현실에 대한 현실적 분석이 선행될 필요가 있다. 어떤 점에서 반주변부 내의 다양한 가치와 계기들의 혼재는 미하일 바흐친Mikhail Bakhtin이 말한 다성성polyphony이나 대화성dialogism의 상황과 유사한 측면도 있다. 바흐친에 의하면 특정한 시점의 언어는 단일한 언어라기보다는 다양한 시기의 다양한 사회적 이념들을 표현하는 이질적 언어들의 공존체, 즉 "현재와 과거, 과거의 서로 다른 시기, 현재의 서로 다른 사회·이념적 집단들, 기타 여러 유파나 학파, 소그룹 사이의 사회·이념적 모순의 구체적 공존"[21] 속에 존재한다. 이와 같이 다양한 계기들이 특정한 지배적 계기를 중심으로 단성화 내지 단일화되기보다 다양하게 공존한다는 점은 대화성과 다성성이 반주변부의 문화적 상황에 대한 적절한 비유가 될 수 있다. 바흐친의 사회문화적 배경 역시 왕정에서 초기 자본주의를 거쳐 사회주의로 이행해가는, 급격한 근대화 과정 속에 있던 서구의 반주변부, 곧 러시아였다는 점을 눈여겨 볼 필요가 있다.

따라서 반주변부에는 압축적 근대화의 과정 속에서 다양한 문화와 가치들이 갈등 없이 타협하는 것이 불가능하고 전통적 계기(잔존적인 것), 근대적 계기(지배적인 것), 그리고 미래적 계기(부상하는 것)가 갈등하고 경쟁하며 혼재되어 있다. 다음 장에서 살펴보겠지만 라틴아메리카 문화이론가인 네스토르 가르시아 칸클리니Néstor García Canclini는 전통과 근대 간의 대립과 분열을 전제하는 근대주의적 문제설정을 비판하

21 Mikhail Bakhtin, 전승희 외역, 『장편소설과 민중언어』, 창작과비평사, 1988, 100~101면.

면서 라틴아메리카의 근대성이 갖는 혼종적이고 복합적인 성격을 강조한다. 그는 지구화의 과정에서 글로벌 문화가 동질화될 것이라고 예측하는 중심부의 포스트모더니즘의 논리나, 전통이 근대화 과정 속에서 소멸될 것이라고 보았던 주변부의 근대주의에 맞서 전통적 계기는 사라지거나 소멸되기보다 오히려 새로운 현실 속에서 변형되고 적응되는, 즉 재전환reconversion의 과정을 겪고 있다고 주장한다. 그는 라틴아메리카를 "(다양하고 불균등한) 전통들과 근대성들의 더욱 복합적인 절합, 즉 복수의 발전 논리들이 혼재하는 다양한 나라들로 구성된 이질적 대륙"[22]으로 규정한다. 물론 그의 주장은 라틴아메리카에 관한 것이고 반주변부의 혼종문화가 그것이 세계체제 내부에서 차지하고 있는 지리정치적 위치에 따라 다양한 형태로 나타날 것임은 사실이다. 그럼에도 불구하고 칸클리니의 주장은 반주변부의 근대성을 설명하는 데 중요한 참조가 될 수 있다. 특히 그의 혼종문화 개념이 갖는 장점은 사회제도나 구조를 간과한 채 혼종성과 차이 자체를 긍정적이고 전복적인 가치로 절대화하는 포스트모던 이론들과 달리 라틴아메리카의 사회구조, 특히 그 생산양식의 중층적이고 복합적인 구조와 관련되어 논의되고 있는 점이다. 그에게 혼종성은 긍정과 부정의 가치판단에 앞서 반주변부 근대성의 구조적 특징과 같은 것이다. 그에게 중요한 것은 혼종성 자체가 아니라 혼종문화 속의 다양한 열려진 가치들과 가능성들을 이용할 주체가 누구인가, 그 메커니즘을 어떤 방식으로 주도해나갈 것인가, 그리고 어떻게 하면 그 가능성을 초국적 자본의 수중

22 Néstor García Canclini, *Hybrid Cultures*, p.9.

에 넘겨주지 않으면서 공동체적으로 운영되는 시민의 권력을 방어하는 데 활용할 수 있을까 하는 고민이다.[23]

혼종문화 개념이 라틴아메리카와 달리 우리처럼 동질적 국민문화의 성격을 장기간 유지해온 문화에도 적용가능한가 하는 의문은 들지만 우리 근대성의 압축적이고 격렬한 성격을 염두에 둘 때, 우리의 반주변부 근대성이 갖는 혼종적 성격에 대한 탐구도 흥미로울 것 같다. 가령 한국 근대소설의 역사가 외국소설의 이식과 접목의 과정이었다는 지적은 계속 있어왔지만 그 접촉과정에 대한 보다 구체적 연구는 아직까지 제대로 이루어지고 있지 않은 것 같다. 최근 들어 서구적 문학 개념이 수용되어 우리의 '근대문학' 개념으로, 즉 그것을 번역하고 전유하는 문화횡단의 주체적 과정을 연구하는 작업들이 본격적으로 이루어지고 있다.[24] 하지만 이런 연구는 보다 심층적 차원에서, 즉 소설구조와 시점 그리고 화법처럼 문학텍스트 내부의 다양한 계기들이 타협하고 접목하는 과정에 대한 정밀한 분석으로 이어질 필요가 있다. 다시 말해, 바흐친의 지적처럼 단일문화조차 이미 다성적이고 다의적이라는 지적은 좀 더 발전되어 그 구성요소들 간의 타협과 혼종의 과정에 대한 탐구로 이어질 필요가 있다. 타자의 이질적 문화들의 유입이 일상화된 지구화의 과정 속에서 자기문화의 본질과 경계를 고수하는 것은 현실을 외면하는 것이 될 수 있다. 오히려 국민문화도 이런 변

---

23 Ibid., pp.105~114.

24 서양의 '문학' 개념의 유입으로 한국에서의 문학 개념이 번역되는 과정에 대한 자세한 내용은 권보드래, 『한국 근대소설의 기원』, 소명출판, 2000과 황종연, 「문학이라는 역어—「문학이란 何오」 혹은 한국 근대문학론의 성립에 관한 고찰」, 『탕아를 위한 비평』, 문학동네, 2012를 참조할 것.

화하는 현실 속에서 재전환의 과정을 통과할 필요가 있다. 현재는 반주변부가 갖는 중간적 위치를 십분 활용하여 국민문화와 문학, 나아가서 로컬문화와 문학의 세계적 가능성을 생각해볼 필요도 있다. 한국의 경우 1980년대는 국민국가의 경계 내에서 민중적 전형성의 창조를 민족문학의 과제로 삼았다면, 현재는 세계체제의 변화하는 경계와 틀 속에서 횡단문화적이고 트랜스로컬적인 전형적 인물을 창조할 필요가 있다. 반주변부는 그런 전형성이 창조될 수 있는 가능조건을 어느 정도 구비하고 있는 곳이다. 그런 조건을 현실화하기 위해서는 반주변부 근대성에 대한 실증적 인식을 통해 얻게 된 자기의식을 토대로 그 의식을 비슷한 처지의 다른 로컬의 근대성과 연대해서 세계를 함께 보는 작업으로 발전될 필요가 있다.

3) 비판적 지역주의와 반체제 운동

반주변부 근대성에 대한 인식은 좀 더 실천적 현실운동을 상상하는 데도 기여할 수 있다. 인식과 운동 간에는 깊은 단절이 놓여있지만 원론적으로 말해, 반주변부 로컬의 문화운동들은 반주변부의 곤경과 한계를 극복하면서 그 가능성을 극대화하는 일에 기여할 필요가 있다. 반주변부가 근대세계체제 내부의 위치에 의해 규정되는 만큼 그 위치에서 비롯하는 경쟁적이고 상호 파괴적인 경향을 저지하기 위해 노동운동, 지역운동, 환경운동, 여성운동, 소수자 운동처럼 세계체제 내부의 다양한 반체제 운동들과 연대하는 방안을 고민하는 것이 요구된다.

특히 반주변부 로컬들이 글로벌 자본에 의한 조작과 관리의 장으로 변질되고 있는 오늘날 로컬의 문화운동은 로컬적 연대, 나아가서 트랜스모던적 상상력에 근거한 트랜스로컬적 연대를 형성할 필요가 있을 것이다. 여기서는 그 반체제 운동과 연대의 일환으로서의 비판적 지역주의를 간략히 살펴보는 것으로 마무리하자.

반주변부 지역의 다양한 조건들을 검토해볼 때 비판적 지역주의는 로컬 시민의 삶과 유리된 추상적이고 권위적인 중앙권력의 지배나 그런 추상을 더욱 확장하는 글로벌 자본의 관리로부터 로컬의 자율성과 자치성을 강화하는 한편, 로컬들 간의 연대를 강화하는 것이 될 필요가 있다. 특히 그 과정에서 로컬문화 자체가 곧바로 대안이 아니라는 사실, 즉 로컬은 다양한 세력들이 자신의 이해관계를 관철하려는 장이기 때문에 그 내부의 모순적 힘들을 파악하고 그것을 로컬 시민의 주체성을 민주적으로 강화할 수 있는 방안을 고민하는 작업이 중요하다. 그러기 위해서는 로컬 주체들이 국가적・초국가적 권력기관과의 협상능력을 향상시키고, 또 다른 한편에서는 로컬주체들 간의 연대를 위한 트랜스로컬적이고 초국적인 문화정치의 공간을 형성해서 국가권력의 지나친 간섭과 억압 뿐 아니라 로컬의 결정적 규정자로 새롭게 등장하고 있는 글로벌 자본에 대응할 필요가 있다. 이런 상황에서 국가의 변화하는 역할에 대한 인식을 보다 유연하게 가져갈 필요도 있다. 앞서도 지적했듯이, 현재 국민국가의 약화는 시민사회의 약화나 권위주의적인 정부의 등장으로 나타나는 등 글로벌 자본에게 유리한 방향으로 전개되고 있는 것이 사실이지만, 또 다른 한편에서 볼 때 국민국가의 약화를 계기로 국가의 기능과 국가와 시민사회 간의 관계를 새롭게 인식할 수 있는 계기로 삼을 수도 있다.[25] 그 과정에서 무엇보다 중요한 것은 시민의 현실적인 정치능력뿐만 아니라 그들의 문화적 능력, 나아가 그들의 삶에 대한 장기적인 전망을 향상시킬 수 있는 방안을 모색하는 작업이다. 로컬주체들이 다양한 문화제도에 접근할 수 있는 통로를 넓히고 나아가서 제도 자체를 민주화하는 일에 참여해야 한다. 그러할 때 비판적 지역주의는 추상적 관념으로 그치지 않고 시민의 민주적 능력을 고양시키고 로컬 현실에 새로운 지배력으로 등장하고 있는 글로벌 자본 중심의 전 지구적 지역주의에도 대응할 수 있을 것이다.

반주변부의 로컬 운동으로서의 비판적 지역주의는 로컬문화 자체나 로컬의 문화적 동질성과 순수성을 강조하는 것과는 다르다. 오늘날 글로벌 자본주의와 그 문화의 영향으로부터 자유로운 사회는 더 이상 존재하지 않는다. 따라서 오늘날의 문화운동의 근거를 로컬문화의 전근대적 과거에서 찾거나 로컬문화의 순수성을 대안으로 내세우는 것은 지역주의, 심하게는 한국 현대정치가 악용한 바 있는 지역갈등처럼 반동적 정치형태에 기여하거나 그것을 변호하는 구실을 할 수도 있다.[26] 오늘날 국민국가의 약화로 가장 중요한 화두로 등장하고 있는 개념은 글로벌적인 것 / 로컬적인 것 간의 관계이다. 이 관계를 대립적이고 갈등적인 권력관계로 사고하는 것보다는 그 둘 간의 관계를 보다 역동적인 관계로 사고하는 것이 필요하다. 글로벌적인 것을 동질적이

---

25 지구화 과정 속에서 국가의 역할과 국가와 시민사회의 관계를 새롭게 이론화할 것을 제안하는 책으로 Néstor García Canclini, *Consumers and Citizens : Globalization and Multicultural Conflicts*, Minneapolis : University of Minnesota Press, 2001, pp.133~134를 참조.

26 Arif Dirlik, "The Global in the Local", p.36.

고 보편적이며 추상적인 힘으로 간주하면서 로컬적인 것에는 그것과 대립하는 온갖 가치들을 부여하는 것은 지구화가 가져올 변화를 지나치게 부정적이고 일면적으로 바라보는 태도가 될 수 있다.[27] 그런 태도는 로컬이 한계와 곤경의 장이기도 했다는 사실, 그리고 역사적으로 "로컬이 종종 가장 억압적이고 가부장적이고 후진적인 지배의 공간이었으며 또한 글로벌적이고 보편주의적인 힘들이 그런 지배와 억압을 약화시키는 데 진보적인 영향을 끼쳤다"[28]는 측면을 간과하게 된다. 따라서 지구화가 이전의 인간적·사회적 관계들을 해체하고 세계를 자본 중심의 관계로 새롭게 재편하고 있는 것은 사실이지만, 만일 지구화가 이미 하나의 기정사실로서 확립되어간다면, 지구화의 과정을 이용하거나 그 과정에 대처할 수 있는 주체적 방안을 모색하는 것은 중요하다. 자본의 지구화와는 다른 차원에서 문화의 지구화는 "전통적 형식들과 새로운 형식들을 의문시하고 긍정적 특징과 부정적 특징을 구분하는 반성 능력"[29]을 증진시킬 수 있는 계기가 될 수 있고, 지구화 내부의 모순들이 "진보적인 형태의 정치적인 행동을 위한 기회와 잠재성"[30]을 창출할 수도 있기 때문이다. 이런 점을 감안할 때 로컬은 자본의 지구화에 대항하면서 동시에 상호소통적인 문화교류를 위한 긍정적이고 비판적인 장소가 될 수도 있을 것이다.

---

27 Ann Cvetkovich & Douglas Kellner, *Articulating The Global and The Local : Globalization and Cultural Studies* (Ann Cvetkovich & Douglas Kellner eds.), Boulder : Westview Press, 1997, p.13.

28 Ibid., p.13.

29 Ibid., p.12.

30 David Harvey, *Spaces of Hope*, p.86.

문화횡단과 혼종성의 문화이론

문화연구의 패러다임 전환

1장

혼종문화와 문화연구의 패러다임 전환

1. 글로벌 문화현상으로서의 혼종문화

1) 문화횡단과 혼종성 이론의 등장

문화횡단transculturation과 혼종성hybridity이라는 단어가 지구화의 시대 문화연구의 가장 중요한 키워드로 등장하고 있다. 이미 단일하고 동질적인 국민문화의 경계를 넘어서는 문화들 간의 횡단과 혼종이 문화소통과 교류의 강력한 힘으로 등장하면서 문화가 특정한 국민문화에만 귀속되던 시대는 서서히 종언을 고하고 있다. 오늘날 순수예술을 추구하고자 하는 예술가나 문화를 상품문화의 전략으로 삼는 문화기획가 모두 자신이 살아가는 국민공동체의 경계 밖에 존재하는 사람들을 문화소비자로 상정하고 있는 것이 현실이다. 그들은 자신의 문화생산과 창조가 그 국민문화에 소속된 사람만을 대상으로 할 경우, 소비의 범위가 협소하고 그 생명력이 오래가지 않을 것이라는 사실을 누구보다 잘 알고 있다. 이런 의미에서 오늘날 문화생산과 기획은 소위 민족의 경계를 넘어 초국적 영역을 대상으로 삼고 있으며, 문화들 간의 횡단과 혼종 현상은 우리 삶의 일상적 조건이 되고 있다. 그러므로 글로벌 문화라는 말이 실감 있게 다가오는 현재의 상황은 기존 고정적이고 본질주의적인 성격의 국민문화 중심의 문화연구의 틀을 해체하고 문화를 바라보는 시각 자체를 새롭게 반성하고 전환할 것을 요구한다.

문화횡단과 혼종성이 문제적 개념으로 등장하게 된 것은 문화 간 이동과 횡단의 역학관계, 특히 주변부와 제3세계의 문화가 기존의 헤게모니를 갖고 있는 중심부 문화를 수동적으로 수용하거나 반복하기보다는 그 문화에 대항하여 그 문화를 주체적으로 번역하는 새로운 문화적 대안과 해방의 가능성을 갖고 있다는 인식에서 비롯되었다. 더 구체적으로 말하면, 문화횡단과 혼종성 개념의 부상에는 중심부 문화에 의한 주변부 문화, 그리고 지배문화에 의한 종속문화의 문화지배에 대한 탈식민화의 작업이 활발하게 전개되고 있다는 사실과, 나아가서 그동안 단순히 서구문화의 소비자로만 여겨지던 주변부 문화들이 중심부 문화 못지않은 문화적 역동성과 창조성을 보여주고 있다는 생각이 깔려 있다. 예를 들어, 카리브 해 연안의 다양한 섬들에서 펼쳐지고 있는 아프리카계 흑인문화의 역동적 혼종문화와 라틴아메리카의 트랜스모던적인 혼종문화가 전자를 증명한다면, 아시아에서 크게 유행하고 있는 '한류'의 열풍 같은 것이 후자의 예가 될 수 있을 것이다. 전자가 식민과 포스트식민의 지배구조 속에서 하위집단에 머물 수밖에 없었고, 오늘날 자본의 지구화에서도 해체와 이주의 고통스러운 경험을 공유하는 주변부 민중들의 삶을 반영하고 있다면, 보는 시각에 큰 차이가 있고 한국 자본주의의 전환에 따른 자본 주도의 문화산업적 성격이 강하지만 후자는 역사적으로 동아시아의 문화적 주변부에 불과했고 미국 대중문화의 소비자에 불과했던 한국이 동아시아의 문화변화를 이끄는 문화횡단적 주체로 부상하고 있음을 보여주는 현상이다. 특히 라틴아메리카의 문화변화가 주목을 요하는 것은 그 문화가 미국문화의 소비자의 처지에서 문화횡단적이고 혼종문화적 주체로 등장하여 세계문화의 시장을 주도할 뿐만 아니라 90년대 이후 진보적 정치개혁과 인디오 및 서발턴 문화의 본격적인 부상을 보여주는 등 글로벌 문화의 지형변화를 이끌고 있기 때문이다. 이런 문화횡단과 혼종성의 문화는 중심부 문화와 주변부 문화 간의 분리이든, 한 국민문화 내의 헤게모니 집단과 서발턴 문화 간의 구분이든 간에 온갖 형태의 이분법적 논리를 비판하고 해체하면서 새로운 형태의 틈새적이고 혼종적인 전략을 구사하고자 한다.

이런 변화에 자극받은 미국 및 서구의 문화연구에서도 문화횡단과 혼종문화의 가능성은 이미 일상적인 것이 되었다. 문화횡단과 혼종문화에 관한 담론은 이미 미국에서는 대중매체의 핵심용어가 되었다. 미국 주류신문과 인터넷 검색에서 '혼종문화', '문화횡단', '문화융합' 등의 단어를 검색해 본 크레이디Marwan M. Kraidy에 의하면 문화적 혼합의 어휘들은 그 빈도수에 있어 이미 공적인 문화담론의 핵심어로 자리잡고 있다.[1] 하지만 문화횡단과 혼종성이 미국과 같은 중심부의 문화산업이나 대중매체에서 상당한 위상을 누리는 것은 비서구나 주변부의 상황과는 분명 차이가 있으며 이 점을 간과하는 것이 혼종문화에 관한 논의를 단순화하고 동질적인 것으로 취급하는 원인 중의 하나가 되고 있다. 서구의 주류담론에서 문화횡단과 혼종문화에 대한 관심은 그 용어들이 대부분 이미 글로벌 자본주의의 문화 속으로 편입되어 문화산업의 전략적 일부가 되었음을 보여준다. 그런 점에서 대중매체에서 다루어지는 문화횡단과 혼종문화에 관한 논의는 대부분 경제적 관점을 취하고 있는 경향이 있다. 예를 들어, 테일러 코웬Tyler Cowen의 『창조적 파괴*Creative Destruction*』나 파스칼 자커리Pascal Zachary의 『글로벌 미*The Global Me*』는 이런 경향을 잘 보여준다. 코웬은 문화적 주변부가 중심부의 문화적 식민지가 된다는 암울한 진단은 틀린 것이라고 비판하면서 오히려 '창조적 파괴'라는 시장의 혼종문화의 논리로 인해 주변부 문화가 다양한 장르와 양식에서 엄청난 혁신과 고품질의 창조물을 양산하고 있다고 주장한다.[2] 그는 20세기의 문화적 폭발이 미국이나 캐나다뿐 아니라 멕시코, 브라질, 쿠바, 아이티로 퍼져가고 있으며 특히 후자의 국가들이 "문화적 후진국에서 전 지구적 영향력과 찬사를 누리는 활력 있는 창조적 중심들로 옮겨가고 있다"[3]고 말한다. 여기서 코웬은 자신의 혼종문화의 논리를 "기술과 부가 경제적으로 덜 발달된 나라들에서 혁신적인 문화적 생산을 어떻게 자극하는가"에 초점을 두는 '교역 모델trade model'[4]에 근거한다고 소개한다. 이 모델에 따르면 주변부

1 Marwan M. Kraidy, *Hybridity, or the Global Logic of Globalization*, Philadelphia : Temple University Press, 2005, p.73.

2 Tyler Cowen, *Creative Destruction*, Princeton : Princeton University Press, 2002, p.18.

3 Ibid., p.24.

4 Ibid., p.20.

의 문화는 중심부의 문화와의 역동적이고 혼종적인 문화교류를 통해 중심부 문화 못지않은 활력을 보여줄 수 있다는 것이다. 하지만 코웬의 논리에는 중심부와 주변부 간의 정치경제적, 문화적 불평등이라는 권력관계의 문제가 누락되어 있으며 이런 문화교류가 주변부의 삶과 문화구조에 어떤 변화를 초래하는가 하는 점을 논외로 하고 있다. 『글로벌 미』 역시 비슷한 입장이다. 자커리는 "돈이 혼종을 따르고 혁신은 혼종을 선호하기" 때문에 혼종화가 현재의 지구화 경향에 적합한 문화전략이라고 말한다. 자커리의 이론적 특징은 혼종성의 경제적 이점을 강조하는 것이다. 혼종성은 고도의 이윤을 남기며 "변화하는 세계적 조건으로부터 이익을 보고자 하는 사람들은 혼종성을 자신의 최고, 최상의 선택으로 삼아야 한다"[5]는 것이다. 코웬과 자커리는 모두 주변부에서 볼 수 있는 혼종문화의 정치적 지향이나 이데올로기적 권력관계에는 관심이 없으며 주로 혼종문화를 경제적 이익의 관점에서만 인식하려는 경향을 보이고 있다.

그런 점에서 문화횡단이나 혼종문화가 중심과 주변의 이분법적 모델을 허물고자 한다고 하더라도 그 해체의 방식은 주변부와 중심부 간에 서로 차이를 보인다. 주변부에서는 주로 서구의 문화지배에 대한 탈식민적 저항과 주변부 문화번역의 역동적 과정이 적극적으로 긍정되고 있는 데 반해, 중심부에서는 혼종문화 내부의 문화적 저항과 권력의 문제는 잘 드러나지 않은 채 혼종성에 대한 문화산업적 전략에 근거한 자본의 논리가 두드러지게 나타나고 있다. 크레이디는 혼종성

---

5 Marwan M. Kraidy, *Hybridity, or the Global Logic of Globalization*, p.87에서 재인용.

의 의미가 공적 담론에서 사용되는 방식을 크게 세 가지 특징으로 분류하는데, ① 문화적 동질성과 서구의 문화 지배에 대한 부정, ② 서구 문화 속으로의 주변부 문화의 역류현상과 지구화와 자유로운 교역에 대한 긍정, ③ 창조적 개인주의와 개인적 자유가 그것이다.[6] 하지만 이 세 가지 특징들의 발현은 중심부와 주변부에 따라 다르게 나타난다. 중심부에서는 주로 ②의 특징 중 지구화와 자유로운 교역과 특히 ③의 특징이 강조되는 데 반해, 주변부에서는 ①의 특징과 ②의 특징 중 주변부 문화의 역류현상이 주로 강조된다. 이 세 가지 특징들이 중심부와 주변부 모두에서 나타난다고 하더라도 그것들은 중심부와 주변부에 따라, 그리고 로컬사회의 구조에 따라 함의가 달라질 수 있다. 가령 ③의 특징의 경우, 주변부에서는 포스트식민 국가 주도의 정체성 강화로부터 벗어나려는 탈식민적 저항과 예술가 개인의 저항적이고 비판적인 의식을 의미하는 경향이 있다면, 중심부에서 그것은 신자유주의적인 초국적 문화자본의 논리와 쉽게 결합되는 경향이 있다.

여기서 중심부와 주변부 간의 차이와 사회구조에 따라 혼종문화와 문화횡단의 의미가 달라질 수 있다는 점을 강조하는 것은 문화횡단과 혼종성을 그 자체로 다루기보다는 해당 사회구조의 맥락 속에 두고 볼 필요가 있음을 지적하기 위한 것이다. 만일 혼종성이 맥락에서 분리되어 긍정 혹은 부정으로 가치화될 경우, 혼종성의 사회문화적 구조는 은폐되고 혼종성은 경제적 이윤의 논리에 따라 글로벌 자본주의의 문화논리로 귀착될 가능성이 높을 것이다. 오늘날 혼종문화는 주변부에

6 Ibid., p.75.

서든 중심부에서든 가장 강력한 문화현상과 논리로 자리잡아가고 있다. 만일 혼종성이 온갖 대립적인 의미를 포괄하는 용어로 사용된다면, 그것은 용어로서의 차별성을 잃게 될 수도 있다. 아리프 딜릭Arif Dirlik은 혼종성이 사회적 · 정치적 의미에서 매우 문제성 있는 개념인 것은 이 개념이 "대단히 반동적이고 착취적인 주장들을 포함해 다양한 주장들에 의해 전유될 수 있기 때문"[7]이라고 말한다. 물론 딜릭이 혼종성 개념을 전면 부정하는 것은 아니다. 그가 강조하는 바는 만일 혼종성이 의미 있는 개념이 되려면, 그 의미는 혼종성을 만들어내는 구체적인 역사적 · 구조적 위치와 맥락에서 찾아야 한다는 데 있다. 혼종성은 구체적인 역사적 · 구조적 위치로부터 분리되어 추상화되는 순간 반동적으로 전유될 가능성이 농후하기 때문이다. 따라서 혼종성은 온갖 잡동사니의 의미들을 포괄하는 보편적인 용어일 수 없다. 즉 맥락을 떠난 보편화는 곧 물신화에 다름 아니며 혼종성이 가질 수 있는 긍정적 의미조차 박탈할 수 있다.

딜릭은 혼종성을 부정하지는 않지만 그에 대해 유보적인 태도를 취한다. 그는 혼종성에서 긍정적이고 대안적 가치를 곧장 찾아내려고 하지 않는다.[8] 하지만 딜릭의 주장처럼 혼종성의 탈맥락화를 인정하지 않고 그것을 사회구조의 맥락으로 되돌려놓을 때, 혼종성은 어떤 긍정적이고 진보적이며 역동적인 문화가치로 새롭게 구성될 수는 없을까?

---

7 Arif Dirlik, *Postmodernity's Histories : The Past as Legacy and Project*, Lanham : Rowman & Littlefield Publishers, 2000, pp.182~183.

8 Arif Dirlik, "Place-Based Imagination : Globalism and the Politics of Place", *Places and Politics in an Age of Globalization* (Roxann Prazniak & Arif Dirlik eds.), Lanham : Rowman & Littlefield Publishers, p.28.

나아가서 혼종성을 해당사회의 구조 속에 맥락화하여 그것의 메커니즘의 과정을 분석하고 그것을 진보적이고 민주적인 주체를 구성하는 계기로 활용할 수는 없을까? 이와 같은 질문은 혼종성에 대한 딜릭의 유보적 입장과 일정부분 거리를 두면서도 혼종성이 글로벌 공적 담론의 장으로 편입되었기 때문에 그것을 지구화의 문화논리로 단정하려는 입장과도 일정한 거리를 유지하게 한다.

크레이디의 『혼종성, 혹은 지구화의 문화논리*Hybridity, or the Cultural Logic of Globalization*』(2005)의 제목은 프레드릭 제임슨Fredric Jameson의 『포스트모더니즘, 혹은 후기자본주의의 문화논리*Postmodernism, or the Cultural Logic of the Late Capitalism*』의 제목을 연상케 한다. 이 연상은 제임슨의 유명한 책이 갖는 권위에 의존하면서 동시에 그 권위에 갇히는 한계를 갖기도 한다. 제임슨은 포스트모더니즘을 선과 악, 긍정과 부정과 같은 도덕적 평가의 관점에서만 보는 좌파의 도덕주의를 넘어서기 위해 포스트모더니즘을 후기자본주의사회의 문화논리로 규정한 바 있다. 그는 포스트모더니즘을 단순히 도덕적 취향이나 판단의 대상으로 삼기보다는 후기자본주의의 경제적 생산양식의 변화와 결부 지으면서 후기자본주의의 지배적 문화소로 간주하였다. 제임슨의 논리에 따라 크레이디는 혼종성을 지구화의 문화논리로 규정하고자 한다. 하지만 혼종성을 지구화의 문화논리로 보는 것과 포스트모더니즘을 후기자본주의의 문화논리로 보는 것은 비유 이상의 의미를 갖기는 힘들다. 제임슨이 포스트모더니즘을 후기자본주의의 문화논리로 규정한 것은 포스트모더니즘에 대한 찬반 여부를 떠나 점차 순수해지는 후기자본주의의 생산양식의 변화와 사물화와 상품화가 극단으로 치닫는 그 문화적 논리를 정의하기 위해서였다. 사실 크레이디가 제임슨이 포스트모더니즘에 관해 취한 것과 동일한 입장을 혼종성에 대해 취하는 것은 곤란하다. 왜냐하면 혼종문화는 그 내부에 글로벌 자본의 논리에 흡수된 반동적 의미뿐만 아니라 그런 논리에 저항하는 진보적 의미까지 모두 포함하고 있으며 다양한 방식으로 전유될 가능성을 갖고 있기 때문이다. 스튜어트 홀Stuart Hall이 말한 바와 같이 문화연구의 장 내부에는 혼종성의 의미를 둘러싸고 지배적-헤게모니적dominant-hegemonic 전유, 타협적negotiated 전유, 비판적oppositional 전유 간의 투쟁이 항상적으로 벌어지고 있는 것이다.[9] 사실 크레이디는 혼종성을 지구화의 문화논리로 규정하면서도 그 내부에는 혼종성을 둘러싼 의미갈등과 투쟁이 존재한다는 것을 인정한다. 그렇지만 혼종성을 지구화의 문화논리로 규정하고 들어가는 것은 혼종성의 진보적 전유의 가능성을 축소시킬 수 있다. 이를 잘 보여주는 것이 크레이디가 혼종성을 지구화의 문화논리로 규정한 후 그 대안으로 비판적 문화횡단주의critical transculturalism를 제시하는 점이다. 하지만 혼종성이든 문화횡단이든 중요한 것은 그 내부에서 문화적 전유와 횡단을 이끄는 주체가 누구인가, 그리고 그 주체는 혼종성의 주체적 전유를 통해 민주적이고 대중적이며 해방적인 가능성을 획득할 수 있는가 하는 점이다. 그런 점에서 여기서는 혼종성과 문화횡단을 지구화의 문화논리로 단정하기보다는 다양한 의미 전유가 가능한 글로벌 문화현상으로 보고자 한다.

9 Stuart Hall, "Encoding / decoding", *Culture, Media, Language : Working Papers in Cultural Studies, 1972 ~79* (the Centre for Contemporary Cultural Studies ed.), London : Hutchinson, 1980, pp.137 ~ 138.

혼종성과 문화횡단 개념이 화두로 떠오른 주된 배경으로는 사회주의권의 붕괴 이후 세계가 하나의 단일한 체제로 재편성되는 글로벌 자본주의의 출현과 국가 간 경계를 넘어서는 초국적 기구들과 금융 및 정보 네트워크의 형성을 들 수 있으며, 특히 국민국가의 위기와 국민문화 간 경계의 해체, 그리고 그에 수반된 노동과 문화의 대대적인 이동을 들 수 있다. 아리프 딜릭은 이런 자본주의의 등장을 '글로벌 자본주의global capitalism'로 정의한다. 그에 따르면 글로벌 자본주의는 새로운 국제적인 노동 분업과 하청계약을 통해 생산과정이 지구화되는 생산의 초국적화를 의미한다.[10] 여기서 초국적이라는 의미는 국민국가적 성격이 강하게 남아있고 국가간 교역이나 자본의 이동에도 불구하고 국가적 실체가 그대로 남아있는 다국적multinational이라는 의미와 달리 국가 간 경계가 희박해질 뿐만 아니라 기업의 국가적 실체조차 불분명해지는 것을 의미한다.[11] 이 자본주의는 불가피하게 국민국가의 정치적 경계를 초월할 뿐만 아니라 문화 간 경계 또한 쉽게 횡단한다. 딜릭은 글로벌 자본주의가 과거의 자본주의와 다른 특징으로, 자본의 지구화의 결과로서 다양한 새로운 중심들이 등장함에 따라 현존 자본주의가 탈중심화하고 있는 점, 전 지구적 단일성과 전례 없는 체계적인 분열을 동시에 양산하는 생산의 초국적화가 점차 지배해가는 점, 그리고 역사상 처음으로 자본주의가 탈유럽화하면서 전 지구적 추상개념으로 등장한 점 등을 거론한다. 이런 글로벌 자본주의는 국민국가

10 Arif Dirlik, *Postmodernity's Histories : The Past as Legacy and Project,* p.153.

11 Masao Miyoshi, "A borderless world? : From colonialism to transnationalism and the decline of the nation-state", *The Global / Local* (Rob Wilson & Wimal Dissanayake eds.), Durham : Duke University Press, 1996.

의 위상과 중심과 주변의 관계에도 매우 중요한 변화를 초래한다. 그에 따르면 우선 국민국가는 더 이상 지구화에 대한 분석에 있어서 유용한 입지가 될 수 없으며 국민국가 개념을 새롭게 정식화할 때는 초국적 권력과 국가 내부의 다양한 힘, 즉 로컬적 힘을 고려해야 한다. 이제 '제3세계들' 내지 국가의 경계적 공간성을 명확하게 선긋기가 어렵게 됨에 따라 "제3세계 로컬들에서 제1세계를 찾는 것이나, 제1세계에서 제3세계를 찾는 것이 가능"[12]해진 것이다.

이와 같은 자본주의적 변화는 문화지형을 근본적으로 바꾸어놓고 있다. 국민문화의 창조적 기여자였고 문화의 동질성 강화를 통해 국가통합을 주도했던 근대 국민국가 시스템의 약화는 그 내부의 로컬과 로컬문화들이 글로벌 환경과 직접적으로 조우하도록 만든다. 다시 말해, 로컬적인 것과 글로벌적인 것 간의 매개적・완충적 중계의 역할을 담당했던 국민국가의 기능 약화는 로컬적인 것과 글로벌적인 것이 서로 직접적으로 만나게 한다. 로컬적인 것은 글로벌적인 것과 더 이상 대립적이지 않으며 오히려 그것들 사이에서 새로운 형태의 혼종문화가 생겨난다.[13] 이런 혼종문화가 가장 왕성하게 펼쳐지고 있는 곳이 지구화의 과정 속에 있는 로컬들이고, 그중에서도 특히 제3세계와 제1세계의 메트로폴리스들인 것이다. 그곳은 글로벌 자본의 유연한 이동뿐만 아니라 다양한 초국적 정보네트워크가 형성되어 있으며, 문화적으로도 초국적이고 문화횡단적이며 혼종적인 다양한 문화들의 형성이 빈번하게 이루어지는 공간이 된다. 이 공간에서는 복수의 문화들과 가치

12 Arif Dirlik, op. cit., p.156.
13 Arif Dirlik, "Place-Based Imagination : Globalism and the Politics of Place", p.26.

들이 서로 교차하고 타협하고 혼종하면서 새로운 문화를 구성하기도 하고, 특히 지배문화의 헤게모니를 정당화하는 국민문화의 억압적 양상들을 전복하는, 즉 조지 립시츠George Lipsitz가 말한 '위험한 교차로 dangerous crossroad'가 되기도 한다. 립시츠는 이런 지대가 새로운 네트워크와 연대를 가능하게 하는 복잡한 정체성의 도가니가 되고 있다고 말한다.[14]

물론 이런 혼종문화의 장소들을 낭만화하거나 이상화하는 것은 위험하다. 이 공간에서는 여전히 권력과 자본의 지배와 헤게모니가 발휘되고 있을 뿐만 아니라 상징적 · 물질적 의미를 둘러싼 투쟁과 경합이 항상 펼쳐지기도 한다. 따라서 이런 장소를 이해하기 위해서는 복합적 관점이 필요하며, 특히 사회구조적 관점과 문화적 관점 간의 통합적 시각이 요구된다. 이런 시각은 이 공간에서 일어나는 문화적 작용이 갖는 상대적 자율성과, 이 문화들을 조건 짓는 사회구조적 관계를 동시에 고려하는 것이 될 것이다. 이런 시각을 사고하는 데 스튜어트 홀의 시각은 매우 유용하다. 홀에 따르면 문화가 어떻게 생산되고 코드화되는가 하는 문제와, 문화가 어떻게 소비되고 탈코드화되는가 하는 문제 사이에는 비대칭적이고 불균형적인 관계가 존재한다. 이는 문화 소비가 문화생산에 의해 결정되지는 않는다는 의미로 문화 생산에 관한 사회구조적 관점과 문화 소비 및 전유의 문화주체적 관점 간의 불일치를 통해 문화의 상대적 자율성을 강조하는 것이다. 특히 그의 주장에서 주목할 것은 문화는 다의미적인 자율성을 소유하지만 그것이

---

14 George Lipsitz, *Dangerous Crossroads : Popular Music, Postodernism and the Poetics of Place*, London : Verso, 1997, p.6.

무제약적인 다원주의와는 다르다고 주장하는 대목이다.[15] 홀은 문화를 권력과 지배의 사회관계를 외면한 채 문화를 과도하게 문화주의적 시각으로 해석하는 것을 경계하고자 한다. 홀의 이런 주장은 혼종문화와 문화횡단의 공간에도 그대로 적용될 수 있다. 이 공간은 초국적 자본의 공간이기도 하지만 문화 간 횡단과 번역에 의하여 새로운 주체성과 집단적 상상력이 생성될 수 있는 장소이기도 하다. 라틴아메리카 문화이론가 네스토르 가르시아 칸클리니Néstor García Canclini는 자본의 지구화가 비생산적인 문화생산을 도태시키고 주변부 문화를 약화시키는 힘으로 작용하는 현실을 인정하는 한편,[16] 그 내부에서 주체들은 "사회적 창의성을 강화시킬 조직망과 문화 사이의 상호연결점"[17]을 새롭게 개척할 수 있다고 주장한다.

이런 인식을 인정할 때 새로운 횡단적이고 혼종적인 문화번역과 접촉의 공간은 동질성과 정체성을 추구하는 국민국가의 관점에서 주변화되거나 동화되어야 할 문화적 변방이나 불모지가 아니라 새로운 전지구적 상상력이 형성되고 이질적인 주체성들이 구성될 수 있는 장소가 되기도 한다. 아르준 아파두라이Arjun Appadurai는 자신의 책 『확장되는 근대성*Modernity at Large*』에서 이런 공간에서 상상력이 갖는 의미와 역할을 강조한다. 그는 미디어와 이주가 근대적 주체성의 구성적 특징으로서의 상상력에 미치는 영향에 주목한다. 그에 따르면 글로벌 전자매체의 등장과 노동의 대대적 이주 현상은 국민국가의 경계를 넘어 '민족

15 Stuart Hall, "Encoding / decoding", p.134.

16 Néstor García Canclini, 김창민 외 편역, 「세계화와 정체성 논의에 대한 또 다른 시각」, 『세계화 시대의 문화논리』, 한울, 2005, 121면.

17 위의 글, 132면.

이후'의 상상력, 소위 '포스트국가적 상상력'을 가능하게 하는 물질적 기반으로 작용한다. 바로 이런 상상력 속에서 횡단적이고 디아스포라적인 새로운 주체성이 구상되어야 한다. 아파두라이는 이 상상력이 순수하게 해방적으로 기능하는 것도, 그렇다고 순수하게 감시적인 방식으로 작용하지도 않으며 "개인이나 집단이 전 지구적인 것을 자신들의 근대성의 실천들 속으로 통합해가는 경합의 공간"[18]이라 말한다. 이런 공간에서 상상력은 현실적 기획과 관련된 구체적 감각에 근거한다는 점에서 개인적으로 작용하는 환상이나 허구와는 다르다. 오늘날 이런 상상력의 범위는 엄청나게 확장되고 있다. 물론 아파두라이가 말하는 디아스포라적 공간은 딜릭이 말하는 로컬적 공간과는 다르다. 아파두라이가 이주와 미디어를 통해 형성되는 새로운 초국적인 디아스포라적 공간의 가능성을 염두에 두고 있다면, 딜릭은 초국적이고 글로벌적인 문화의 유입에 의해 국가의 통제력이 약화되면서 드러나는 로컬적 장소를 염두에 둔다. 전자가 로컬에 근거한 계급적 관점보다 주로 코즈모폴리턴적 시각을 가진 디아스포라적 지식인의 관점에 근거한다면, 후자는 로컬에 기반을 둔 민중적인 관점을 강조하는 분명한 시각적 차이를 드러낸다. 딜릭이 혼종성 개념에 유보적인 태도를 취하는 이유는 바로 이런 관점, 즉 혼종성보다 더 중요한 것이 지구화 속의 로컬적 삶의 생존 문제라고 생각하기 때문이다. 하지만 두 사람 모두 국가적 경계가 약화되고 초국적 문화의 유입이 본격화된 공간을 공통으로 전제하고 자신의 주장을 전개하고 있다고 할 수 있다.

---

18 Arjun Apadurai, *Modernity at Large : Cultural dimensions of Globalization*, Minneapolis : Minnesota University Press, 1996, p.4.

2) 새로운 '문화' 개념의 등장

상상력은 문화연구의 패러다임 전환에도 중요한 역할을 한다. 우선 '순수하고' '진정한' 문화 개념이나 '자기충족적인' 문화의 개념이 더 이상 유효하지 않으면서 문화 간 횡단, 번역, 혼종이 문화연구의 일차적 탐구의 대상으로 부각되고 있다.[19] 근대 국민국가의 시대에도 문화들 간의 접촉과 이동이 빈번했지만 그것을 문화연구의 본질적 계기로 삼지는 못했다. 왜냐하면 근대에는 주로 한 민족 내부의 문화적 본질을 탐구하고 국민문화의 단일하고 동질적인 정체성을 찾아내고 구성하는 작업이 주요 과제였기 때문이다. 그리하여 문화연구는 한 국민문화 내부의 문화에만 몰두하고 다른 문화와의 조우와 혼종의 현상을 주변적인 것으로 취급하면서 한 국민문화가 다른 문화들과 접하고 있는 접경지대나 번역지대는 이론적 탐구에서 제외시켜왔다. 즉 '한국' 문화, '일본' 문화, '미국' 문화 등 국민문화의 정체성에 초점을 두는 문화연구는 국민문화의 경계들을 통제하고 그 문화의 경험적 본질을 구성하고자 하면서 외부로부터 흘러드는 문화적 유입들을 차단하거나, 부차적인 것으로 폄하하려는 경향이 강했다. 하지만 문화횡단과 혼종문화에 관한 관심은 소위 국민적 정체성을 정의해온 근대적 문화구성을 불안하게 만들고 해체하는 새로운 문화적 주체들과 정체성들을 생산한다. 이들은 "'미국적'이라거나 '멕시코적'이라는 단순논리적 명칭에 의해 무시된 섬세한 문화적 혼합들을 자신의 정체성 속으로 끌어들이거나,

---

19 Renato Rosaldo, *Culture and Truth : The Remaking of Social Analysis*, London : Routledge, 1989, p.217.

민족적, 인종적, 종교적 경계들을 닫고자 하는 열망을 비롯하여 근본주의적 반동들의 생성을 위협적인 것으로 느끼기"[20] 시작한다. 칸클리니에 따르면 횡단적이고 혼종적인 문화연구는 정체성, 차이, 문화적 다원주의, 문화적 진정성, 인종차별주의를 비롯하여 예술, 인문학, 사회과학에 의해 다루어졌던 과거의 학문적 주제들을 재이론화하는 데 기여한다. 즉 그것은 문화 간 혼합과 혼종의 확산을 사고할 때 유용한 패러다임이 될 수 있다.[21] 그동안 영국문화연구를 주도해온 스튜어트 홀 또한 문화연구의 지형변화를 강조한다. 그는 영국 국민성Englishness이 글로벌 문화체계 내의 다양한 타자들과의 관계 속에서만 구성될 수 있는 것이기 때문에 영국문화연구는 영국사회, 영국문화, 영문학에 갇혀있을 수 없게 되었다고 말한다. 즉 그는 문화연구의 지구화 내지 국제화를 역설한다.[22]

우리는 더욱더 지구화된 문제들로 나아가고 있다. 그것은 새로운 문제들과 새로운 번역의 어려움들을 제기한다. 그러나 그것은 또한 새로운 기회들을 제공하기도 한다. 왜냐하면 우리가 문화의 형성이라는 관점에서 우리가 다루고 있는 문제들이나, 어떤 단일한 국민문화의 틀에 더 이상 속하거나 자리 잡을 수 없는 과정들에 관하여 경계를 가로질러, 그리고 다양한

20 Néstor García Canclini, "Rewriting Cultural Studies in the Borderlands", *Postborder City : Cultural Spaces of Bajalta* (Michael Dear & Gustavo Leclerc eds.), London : Routledge, 2003, p.280.

21 Ibid., p.281.

22 Stuart Hall, "Cultural Identity and Diaspora", *Colonial Discourse and Post-Colonial Theory : A Reader* (Patrick Williams & Laura Chrisman eds.), New York : Columbia University Press, 1994, p.399.

위치들로부터 하나의 공통어를 말할 수 있을 것이기 때문이다.[23]

문화연구의 이러한 전환 속에서 더 이상 국민문화는 문화연구의 주된 대상이 아니다. 그동안 자명하고 당연한 것으로 여겨져 온 국민문화의 본질과 기원은 그 자연성을 상실하게 되면서 오히려 집중적인 의심의 대상이 되고 있다. 포스트식민적 연구들은 국민문화의 고유한 역사성이 사실 민족 내부의 다양한 문화적 차이와 이질적 시간성을 억압한 결과로 등장한 것임을 드러내고 있다. 근대 민족의 시간은 "로컬적 시간을 억압하고 모든 것을 동시적으로 전제하며 시계와 달력에 의해 측정하도록"[24] 만들어 동질적이고 공허한 시간이 된 것이다. 최근 글로벌 문화와 혼종문화의 등장은 '동질적이고 공허한' 근대적 시간이 세계적으로 확장되는 것으로 볼 수도 있지만 반대로 근대 국민문화 내부의 억압된 이질적 시간성과, 나아가서 글로벌 세계 내부의 로컬들의 다양한 이질적 시간성들을 재차 부각시키고 있다. 아이러니한 것은 시공간의 압축 현상이 세계의 수축과 축소만 낳는 것이 아니라 무수한 이질적 시간성들과 수많은 로컬의 헤테로토피아의 등장을 낳기도 한다는 사실이다. 이는 포스트모던적 시간현상이 서구적 근대성으로부터의 이탈이나 급진적 강화로만 끝나는 것이 아니라, 서구적 근대성에 의해 억압되거나 주변화된 문화나 가치들을 복원하는 트랜스모던적인 횡단과도 밀접히 관련되어 있음을 보여준다.

---

23 Ibid., p.399.

24 Benedict Anderson, *Imagined Community : Reflections on the Origins and Spread of Nationalism*, London : Verso, 1991, p.24.

새로운 시공간 개념에 의존하는 문화연구의 전환은 이전의 문화담론의 배치를 새롭게 재편성할 것을 요구한다. 끊임없이 이동하고 변화하는 초국적·초문화적 사회에서 주체성이나 정체성은 더 이상 안정적이지 않으며 유동적인 것으로 변한다. 즉 주체는 변화하는 사회구성체 속에서 주체의 탈중심화에 따라 접합과 탈접합의 지속적인 과정을 통해 새롭게 구성되는 것이다. 홀은 영국의 흑인 정치학을 탐구하는 자리에서 흑인의 정체성 내부의 근본적 변화를 나타내는 두 단계를 읽어낸다. 첫 번째 단계에서 '흑인black'이라는 용어는 영국사회에서 인종차별주의와 주변화라는 공통적 경험과 그에 맞선 저항의 정치학을 위한 본질적 범주를 지칭했다. 여기서 흑인 경험은 다양한 흑인공동체들 사이의 문화적 차이를 뛰어넘어 그들의 통일된 정체성을 나타내는 것으로 받아들여졌다. 이는 흑백이라는 서구의 이분법적 재현논리 속에서 백인중심주의에 의해 억압되고 주변화된 흑인의 긍정적 경험을 되살리기 위해서는 불가피한 측면이 있었다. 하지만 홀은 최근 들어 첫 번째 단계를 대체하거나 그것과 중첩되어 있긴 하지만 흑인정치학이 흑인의 본질적 경험이라는 순진한 발상이 더 이상 통하지 않는 단계로 접어들고 있다고 말한다. 즉 '흑인'이란 초월적이고 고정적이며 본질적인 경험이나 공통적 범주가 아니라 "근본적으로 정치적이고 문화적으로 구성된 범주"[25]라는 인식이 대두하게 된 것이다. 그 결과 흑인의 문화적 실천을 미리 보장하고 그 미적 가치를 사전에 결정하는 흑인 인종 개념은 약화될 수밖에 없게 된다. 중요한 것은 흑인 인종 개념의

---

25 Stuart Hall, "New ethnicities", *Stuart Hall : Critical Dialogues* (David Morley & Kuan-Hsing Chen eds.), London : Routledge, 1996, p.443.

변화에는 앞서 설명한 문화연구의 패러다임 전환이 자리하고 있다는 점이다. 이미 폴 길로이Paul Gilroy처럼 디아스포라적이고 혼종적인 블랙 애틀랜틱Black Atlantic을 주장하는 문화횡단적인 초국적 문화연구는 흑인의 개념 규정을 국민문화의 경계를 넘어선 대서양의 초국적 네트워크 속에서 횡단적이고 번역적이며 혼종적인 것으로 인식할 것을 요구하고 있는 것이다.[26]

인종 개념의 변화에서 알 수 있듯이 문화연구의 전환에서 '문화' 개념 또한 재규정될 필요가 있다. 문화들 간 경합과 혼종이 빈번하게 일어나는 오늘날의 문화적 상황에서 문화 개념은 더 이상 본질이나 확고한 경험이라는 발상이 아니라 구성construction과 실체substance의 발상으로 전환할 것을 요구한다. 즉 문화의 실체성은 인정하되 거기에서 본질을 추출할 것이 아니라 그 실체가 다른 문화적 실체들과의 관계를 통해 역동적으로 구성된다는 인식이 필요하다. 여기서 '실체' 개념은 본질적이거나 고정적인 의미로서의 실체가 아니라 주체에 의해 구성되면서 동시에 주체를 구성하는 유동적이고 물질적인 실체 개념을 의미한다. 이는 문화를 실체로 보는 것을 경계하는 아파두라이의 입장과는 다소 차이가 있다. 그는 문화를 실체화하는 것의 위험을 지적하면서 '명사로서의 문화'와 '형용사로서의 문화적'을 구분하고자 한다.[27] 그는 명사로서의 문화 개념이 물질적이든 정신적이든 문화를 일종의 대상, 사물, 실체로 간주하고 그 내부에는 인종 문제를 포함한 생물학

26 Paul Gilroy, *The Black Atlantic : Modernity and Double Consciousness*, Cambridge : Harvard University Press, 1996.

27 Arjun Apadurai, *Modernity at Large : Cultural dimensions of Globalization,* p.12.

적 결정론의 냄새가 난다고 말한다. 그 대안으로 그는 문화에 대한 형용사적 접근을 제안한다. 이 접근은 문화의 구성적이고 맥락적인 성격과 차이로서의 문화라는 개념을 부각시켜주기 때문이다. 하지만 문화의 실체화에 대한 아파두라이의 의심이 나름 근거가 없지 않지만 실체로서의 문화 개념을 무조건 거부하는 것은 문제가 될 수 있다. 문화의 맥락 내부에는 다양한 권력과 주체들이 서로 경쟁하고 타협하며, 그것들 간의 차이는 단순히 기호작용적인 차이로만 그치는 것이 아니라 물질적, 실천적 힘으로 작용하는 차이적 실체로 존재한다. 우리가 혼종문화의 내부 동학과 주체의 문제를 사고하고자 할 때, 그리고 그 내부의 다양한 권력 / 역능을 민주적이고 진보적으로 전유하고자 할 때, 전략적 차원에서라도 유동적인 실체로서의 문화 개념은 필요하다.

2. 문화제국주의론과 문화횡단–페르난도 오르티즈와 앙헬 라마

1) 문화제국주의론과 그 비판

로컬적인 것과 글로벌적인 것 간의 접경 및 혼종의 공간을 타협과 번역의 장으로 이론화하는 것은 서구의 문화제국주의의 일방적 논리를 비판하는 의미를 갖는다. 문화제국주의론의 핵심은 "부유한 서구의 국민국가들이 자신의 문화생산물을 수출하고 개발도상국의 더 가난한 국가들에게 자신의 사회문화적 가치를 강요한다"[28]는 것으로 선진국 문화산업의 이윤추구가 후진국 문화를 지배하고 나아가서 후진국 토착문화를 파괴한다는 것을 전제로 한다. 원래 문화제국주의 이론은 1970년대 초에 기능주의적 미디어 이론을 비판하면서 등장한 '미디어제국주의'에서 비롯되었다. 선진국 통신사들이 뉴스의 흐름을 독점하고 헐리우드와 미국의 미디어회사들이 세계 영화와 텔레비전 프로그램 시장을 장악한다고 본 미디어제국주의처럼, 문화제국주의론은 미국의 문화산업이 전 세계 주변부의 국민문화를 자신의 기준에 맞게 '동질화'하고 '획일화'한다고 보았다.[29] 문화제국주의론의 대표적 이론가인 허버트 쉴러Herbert Schiller는 문화제국주의를 월러스틴이 말한 세계체제의 불평등한 위계구조를 문화정치와 문화산업의 차원에서 재생산하는 것으로 정의한다. 그에 의하면 월러스틴의 세계체제의 구조는 세 가지 특징을 갖는다. 그것은 ① 최대의 수익성을 얻기 위해 상당 기간 동안 생산활동의 양, 전문화의 정도, 노동, 재화 및 용역에 대한 보상양식 그리고 기술개발의 유용성 등을 결정하는 단일한 세계시장이 존재하고, ② 국제체계 속의 각 국가들은 국내적으로나 국가와 국가 간의 국제적 관계에 있어서나 힘의 정도에 따라 서열화된 국가 간의 위계질서를 형성하고 있으며 그에 따라 국가들 사이에 여러 가지 차별적 관계가 생겨나고 있고, ③ 착취과정에서 생긴 잉여 노동의 분배는

28 Marwan M. Kraidy, *Hybridity, or the Global Logic of Globalization,* p.22.

29 존 싱클레어, 「문화제국주의를 탈중심화하기」, 김창민 외 편역, 『세계화 시대의 문화논리』, 한울, 2005, 229면. 문화제국주의론의 기본 텍스트들은 대부분 1970년대 쏟아져 나왔고 그 이론가로 허버트 쉴러Herbert Schiller와 제레미 턴스톨Jeremy Tunstall, 아르망 마텔라르Armand Mattelart 등이 있다. Marwan M. Kraidy, Ibid., p.22.

두 계층 간의 관계가 아니라 세 계층 간의 관계를 통해 이루어진다는 것이다.[30] 여기서 세 계층이란 자본가 계급과 노동자 계급, 혹은 제1세계와 제3세계 외에 이들 간의 갈등을 완화시켜주면서 착취관계를 유지시켜주는 중간계층이나 제3세력을 의미한다. 여기에 직접 언급되고 있지 않지만 반주변부 국가들도 포함될 것이다. 쉴러는 바로 이런 불평등한 국제관계의 기본 특징들과 관련지을 때 문화제국주의에 대한 이해가 가능하다고 주장한다. 즉 "오늘날의 문화제국주의는 세계의 시장이 단일화되고 그 세계시장의 중심세력에 의하여 생산의 조건과 성격이 결정되고 확산되는 그런 세계체제에서 발전된다"[31]는 것이다. 여기서 문화제국주의는 이중적 기능을 수행한다. 이런 국제적 경제질서의 서열화된 구조를 지속적으로 재생산하고 유지하는 데 기여하면서 동시에 전 세계적으로 주변부의 다양한 문화들을 획일화하고 동질화하는 데 기여하는 것이다.

세계체제의 한 부분으로서 문화 커뮤니케이션은 필연적으로 국제체계가 정한 목적과 목표에 따라 발전이 진행되었으며, 또 그 목적과 목표를 위하여 기능을 수행하게 된다. 사회의 중심 영역으로부터 주변 영역으로 정보가 거의 일방적으로만 흐르게 되어 있는 정보의 유통구조는 바로 힘의 구조의 현실을 그대로 보여주고 있는 것이다. 세계가 영어라는 단일 언어를 발전시킨 것도 역시 마찬가지의 이유이며 현상이다. 보다 신속하고도 광범위하게 커뮤니케이션할 수 있는 테크놀로지, 즉 인공위성이나 컴퓨터

30 Herbert Schiller, 강현두 역, 『커뮤니케이션과 문화제국주의』, 현암사, 1984, 5~6면.
31 위의 책, 6면.

와 같은 기술이 필요하게 되었으며, 그렇기 때문에 그런 테크놀로지가 개발되었고 발전되었다. 때문에 새로운 커뮤니케이션 테크놀로지의 발달과 이용은 국제체계의 중심부에 있는 지배세력이 갖는 권력구조 및 그들의 필요와 밀착되어 있음을 알게 된다. (…중략…) 새로운 커뮤니케이션들이 등장하는 의미는 현재는 지배구조에 계속 봉사하면서 현재의 질서를 계속 유지시키는 기능을 하고 장차에는 현재의 착취구조를 대신할 새로운 형태의 착취구조에로의 전환을 위해 그 기반을 마련할 것이라는 정도로만 이해하면 족하다고 본다.[32]

쉴러는 "문화와 정보 내용은 세계 자본주의 경제의 이데올로기적 표현"이라고 주장한다. 사실 문화제국주의론은 문화와 정보가 경제의 이해관계를 그대로 반영하고 특히 그런 이해관계를 유지하는 데 기여한다고 본다는 점에서 광의의 경제결정론에 가깝다. 문화가 경제로부터 자유로울 수 없는 것은 분명한 사실이지만 경제가 문화를 일방적으로 결정한다고 보는 견해는 오늘날 문화연구에서 거의 대부분 거부의 대상이 되고 있다. 그것은 대중의 의식과 그들이 만들어낸 문화적 역량을 수동적인 것으로 인식하도록 하여 경제의 이해관계에 반작용하는 문화의 자율적 역할을 전혀 인정하지 않는다. 나아가서 문화제국주의론은 중심과 주변의 관계를 지극히 일방향적으로 고착화된 관계로 인식한다.

물론 문화제국주의론을 주장하는 것은 실천적 관점에서 볼 때 70년대 미국 중심의 일방적 문화전파를 견제하고 제3세계 국민문화의 정

32 위의 책, 6~7면.

체성을 보호하는 데 중요한 역할을 했다. 그것은 당시 유네스코의 논쟁을 통해 「새로운 세계정보와 커뮤니케이션 질서New World Information and Communication Order」라는 용어를 만들었고, 1977년 이를 뒷받침하는 유엔 결의까지 얻어내기도 했다. 특히 유네스코 보고서에 "문화적 정체성은 전통, 역사, 그리고 과거 세대들에 의해 전수된 도덕적·정신적·윤리적 가치의 옹호이다"[33]라는 진술이 반영될 수 있었다. 하지만 문화제국주의론은 1980년대 이후부터 서서히 그 빛을 잃어가기 시작한다. 그 이유는 문화제국주의론이 갖고 있는 이론적 문제점과 한계뿐만 아니라 사회주의의 몰락 이후 글로벌 자본주의의 팽창과 초국적 네트워크의 등장은 문화제국주의론으로는 설명될 수 없는 글로벌 문화 환경의 변화를 가져왔기 때문이다. 문화제국주의론의 가장 큰 문제점은 크게 세 가지로 지적해볼 수 있다. 우선 문화제국주의론의 문화 개념은 고정적이고 본질적인 국민문화 개념을 전제하고 있다. 그것은 국민문화를 이질적이고 다양한 힘의 관계들을 통해 구성된다는 생각보다는 문화는 기원과 본질을 갖는 통일적 실체로 간주하고 있다. 그러므로 문화제국주의론은 외래문화의 영향이 초래하는 타락으로부터 국민문화의 진정성을 보호하기 위해 국가의 적극적 역할을 전제하는 경우가 많다.[34] 둘째, 그것은 중심-주변의 모델에 따라 중심부 문화에 의해 주변부 문화가 획일화되고 동질화된다는 명제에 근거한다. 하지만 오늘날과 같은 글로벌 자본주의의 등장과 다양한 중심의 형성은 복합적이고 혼종적인 문화질서를 만들어내면서 중심-주변의 모델로 설

33 Marwan M. Kraidy, *Hybridity, or the Global Logic of Globalization,* p.24에서 재인용.

34 Ibid., p.24.

명하기가 곤란해졌다.[35] 셋째, 이런 중심-주변의 모델은 경제적 결정론에 근거하여 문화를 경제에 의해 일방적으로 지배되고 그 이익에 따라 작동한다는 기능주의적 해석에 의지한다. 주변부 문화는 수동적인 소비자로만 간주되어 주변부 문화가 외부로부터의 문화 유입을 주체적으로 전유하고 번역할 가능성은 평가절하되었다.

분명히 문화제국주의론은 제3세계 문화들이 유럽이나 미국의 대중문화에 맞서 자신의 전통문화를 지킬 수 있는 이론적 논리를 제공했고 지금도 글로벌 자본주의에 의한 주변부 문화의 획일화와 일방적 통합을 비판하기 위한 반대의 논리로 사용될 수 있다. 즉 그것은 글로벌 문화자본에 의해 이루어지는 불평등 관계나 국민문화의 약화를 비판하는 데 여전히 유효성을 갖고 있다. 경제적 관점에서 볼 때, 지구화는 "지금까지 자율적이었던 민족시장과 생산지대의 단일한 영역 속으로의 급속한 동화, 민족생존기반의 소멸, 전 지구에 존재하는 다양한 나라들을 새로운 글로벌 노동분업 구조 속으로의 강제적 통합"을 초래하여 문화적 다양성과 차이보다 문화적 동질성과 획일성을 가져오는 것은 분명한 사실이다.[36] 하지만 문화제국주의론에는 제3세계나 주변부가 스스로의 주체적인 문화적 능력과 잠재력을 부인할 때만 자신을 보호할 수 있다는, 주변부 문화에 대한 부정적이고 소극적인 역할론이 전제되어 있다. 문화제국주의론에서 제3세계나 주변부 문화를 지켜주는 대표적 논리는 유네스코와 같은 국제적 기관들의 개입에 의한 보호

35 존 싱클레어, 「문화제국주의를 탈중심화하기」, 『세계화 시대의 문화논리』, 232면.

36 Fredric Jameson, "Notes on Globalization as a Philosophical Issue", *The Cultures of Globalization* (Fredric Jameson and Masao Miyoshi eds.), Durham : Duke University Press, 1998, p.57.

와 보존의 논리들이다. 이런 논리들은 분명 현재도 필요하다. 미국 주도의 영화산업과 통신질서를 감안할 때 문화제국주의론은 시효가 끝났다고 볼 수 없다. 특히 주변부 문화와 제3세계의 문화가 일시적으로 세계적으로 유행한다고 하더라도 그것이 세계체제의 문화적 위계구조를 바꾸는 수준은 아니다. 하지만 앞서 지적했듯이 이런 현실을 인정하더라도 그것이 주변부 문화와 제3세계의 문화를 지극히 비관적이고 정태적으로 보는 것은 문제이며, 특히 주변부와 제3세계 대중의 문화적 창조력과 의식고양을 통해 기존 경제적 질서를 비판하고 극복하는 것 또한 불가능하지는 않다는 점을 인식할 필요가 있다.

2) 페르난도 오르티즈와 앙헬 라마의 문화횡단

이런 인식에 근거하여 나온 이론들이 주변부 문화의 창조성과 주변부와 중심부 간의 쌍방향적인 역동적 관계를 강조하는 문화횡단과 혼종성의 문화이론들이다. 우선 문화횡단이라는 용어를 먼저 살펴보자. 문화횡단은 오늘날 매우 유행하는 용어이다. 하지만 이 용어가 어떤 의미로 처음 사용되어왔는지, 그리고 현재는 어떻게 사용되고 있는지를 정확하게 이해하고 사용하는 경우는 드물다. 영국의 인류학자 브로니슬라브 말리노브스키Bronislaw Malinowski가 인정했듯이, 문화횡단이라는 용어는 쿠바의 인류학자 페르난도 오르티즈Fernando Ortiz가 자신의 책 『쿠바의 대위법—담배와 설탕*Cuban Counterpoint : Tobacco and Sugar*』(1940)에서 처음 사용한 용어이다. 오르티즈는 쿠바와 같은 주변부 문화가 서구의 중심부 문화에 일방적으로 적응한다는, 즉 당시 유행하고 있던 유럽중심적 문화동화acculturation의 대체 개념으로 '문화횡단' 개념을 사용하였다.[37] 오르티즈는 하나의 문화에서 다른 문화로의 이행과 그 이행의 다차원적 사회적 반향의 문제를 다루고자 할 경우 문화동화보다는 문화횡단이 더 적절하다고 주장한다. '문화횡단'은 단순히 문화의 이동과 통합을 강조한 것이 아니라 오히려 주변부와 중심부 간, 혹은 국민문화 내의 토착문화와 외래문화 간의 "탈적응과 재적응, 문화동화와 문화탈피"[38]라는 대위법적이고 "비선형적인 복합성"[39]을 강조하고자 했다.

나는 **문화횡단**이라는 단어가 하나의 문화에서 또 다른 문화로의 전달과정의 다양한 단계들을 더 잘 표현한다는 견해를 갖고 있다. 왜냐하면 이런 과정은 'acculturation(문화동화)'이라는 영어단어가 의미하는 것과 같이 단순히 또 다른 문화를 획득하는 데만 있는 것이 아니기 때문이다. 이 과정은 반드시 이전 문화의 상실 혹은 뿌리 뽑힘과도 관련되어 있다. 이런 현상은 'deculturation(문화탈피)'로 정의될 수 있다. 게다가 이 과정은 'neoculturation (문화창조)'이라 불릴 수 있는 새로운 문화적 현상들의 창조라는 관념을 담지하고 있다. 말리노브스키 학파의 이론가들이 주장하듯이, 결국 모든 문화의 통합의 결과는 개인들 간의 재생산 과정의 그것과 유사하다. 즉 자손

37 Fernando Ortiz, *Cuban Counterpoint : Tobacco and Sugar* (Harriet de Onis rans.), Durham : Duke University Press, 1995, p.97.

38 Ibid., p.98.

39 Fernando Coronil, "Introduction to the Duke University Press Edition", Fernando Ortiz, *Cuban Counterpoint : Tobacco and Sugar*, p.xlii.

은 항상 두 양친과 닮았으면서도 항상 그들 각자와는 다른 것이다.[40]

이 설명에서 알 수 있듯이, 문화횡단은 문화동화보다 훨씬 더 복합적인 의미를 함축하는 개념이다. 즉 그것은 문화동화, 문화탈피, 문화창조의 세 단계가 동시에 일어나는 과정을 의미한다. 외래문화든 토착문화든 모든 문화는 다른 문화를 그대로 수용되거나 그것에 동화되기보다는 그 문화적 의미의 일부를 탈각하고 거기에 새로운 의미들을 추가하는 과정을 거치게 되며 종국에는 외래문화 / 토착문화의 경계를 뛰어넘는 새로운 문화가 창조된다는 것이다. 이런 점에서 문화횡단은 원천문화를 목표문화에 맞게 주체적으로 번역함으로써 새로운 의미를 창조하는 문화번역의 과정과 유사하다. 오르티즈가 문화횡단의 복합적 과정을 사고할 수 있었던 것은 쿠바의 역사적 현실 때문이다. 오르티즈가 볼 때, 쿠바는 아메리카의 그 어떤 국가들보다 "인간 집단들의 문화횡단의 강렬하고 복합적이며 중단없는 과정"을 경험했으며 "늘 이행의 상태에"[41] 있었다. 그렇기 때문에 "문화횡단 개념은 쿠바의 역사 뿐 아니라 아메리카 전체의 역사를 이해하는 데도 근본적이며 필수불가결하다."

『쿠바의 대위법』을 읽을 때 눈에 띄는 것은 문화횡단에 대한 이론적 설명이 극히 짧고, 오히려 문화횡단이 거의 문학작품에 가까울 정도로 상징과 비유의 이야기를 통해 제시된다는 점이다. 오르티즈는 외래문화와 토착문화 간의 문화횡단을 이론적으로 설명하기보다는 쿠바문

---

40 Fernando Ortiz, op. cit., p.103.

41 Ibid., p.103.

화의 두 상징적 축인 담배와 설탕의 대위법에 대한 서사를 전개한다.

> 사탕수수와 담배는 온통 대조를 이룬다. 그것들은 그 기원에서부터 서로 경쟁관계에 있었던 것 같다. 하나는 풀과의 식물이고 다른 하나는 가지과의 식물이다. 하나가 땅 속에 뿌리내린 줄기를 잘라주어 성장한다면, 다른 하나는 작은 씨앗이 싹을 틔우면서 자란다. 하나의 가치가 줄기에 있고 잎은 버려야 한다면, 다른 하나의 가치는 잎에 있고 줄기는 버려야 한다. 사탕수수는 몇 년 동안 살지만 담배는 몇 달밖에 살지 못한다. 전자가 빛을 찾는 반면, 후자는 그늘을 찾는다. 낮과 밤, 태양과 달인 것이다. 전자가 하늘에서 내리는 비를 사랑한다면 후자는 땅에서 올라오는 열기를 사랑한다. 사탕수수가 수액을 얻기 위해 땅에 뿌리를 내린다면, 담배의 잎은 수액을 제거하고 말려야 한다. (…중략…) 둘은 항상 너무나 대조적이다! 음식과 독, 깨어남과 졸림, 활력과 꿈, 육체의 기쁨과 정신의 기쁨, 관능과 사고, 욕구의 만족과 일순간의 환상의 사고, 영양분이 많은 칼로리와 한 모금의 환상적 연기, 요람에서부터 차이가 사라지는 평범한 익명성과 어딜 가나 알아볼 수 있는 귀족적 개인성, 약과 마법, 현실과 기만, 덕과 악. 그녀는 설탕이고 그가 담배다. 설탕은 신의 선물이고 담배의 악마의 선물이다. 그녀는 아폴로의 딸이고, 그는 페르소포네의 자손인 것이다.[42]

이와 같은 담배와 설탕의 절묘한 대위법이 쿠바문화를 형성한다. 하지만 담배와 설탕은 단순히 문학적 비유나, 경작 및 재배의 조건이나

---

42 Ibid., p.6.

소비 방식에 대한 차이를 드러내는 상징으로 멈추지 않는다. 책이 전개되면서 담배와 설탕은 각각 토착문화와 외래문화, 개인성과 집단성, 예술성과 일상성, 남성성과 여성성, 고급문화와 대중문화를 상징하는 쿠바문화의 알레고리로 사용되기도 한다. 담배가 쿠바의 토착 산업으로서 토착문화를 의미하며 섬세하고 공들인 경작 방식과 소품종의 고급화를 지향한다는 점에서 개인성, 예술성, 남성성, 고급문화를 나타낸다고 한다면, 반대로 설탕은 외국에서 들어온 외래문화를 나타내며 라티푼디움처럼 거대한 농장과 대량생산을 위해 많은 노예노동이나 저임금노동을 필요로 한다는 점에서 집단성, 일상성, 여성성, 대중문화를 상징한다. 이와 같이 발생과 역사적 전개의 차이에도 불구하고 담배와 설탕은 서로 대위법을 이루며 쿠바 문화의 역동성을 지속적으로 형성한다.

위의 설명에서도 알 수 있듯이 『쿠바의 대위법』이 흥미로운 것은 단순히 문학적 상징과 알레고리로 사용되던 담배와 설탕이 비유적 수사의 경계를 넘어 쿠바문화의 사회적, 경제적, 정치적 현실에 대한 분석으로 확장되고 있는 점이다. 이런 점 때문에 『쿠바의 대위법』은 마치 문학작품처럼 읽을 수 있을 뿐만 아니라 인류학적, 경제적, 정치적 텍스트로도 읽을 수 있을 정도로 다의미적 텍스트로 평가받고 있다. 우선 오르티즈는 담배와 설탕을 쿠바 경제를 상징하는 두 가지 축으로 확장한다. 그에 의하면 설탕이 외국자본에 의해 외국으로의 수출을 겨냥해 대량생산되기 때문에 계획 경제planned economy에 적합하다면, 담배는 토착자유농들에 의해 쿠바 중산층 남성이나 외국 기호가들의 고급스러운 취향을 위해 생산되기 때문에 자유기업free enterprise에 적합하다. 오르티즈는 설탕의 계획경제가 "과학의 연금술을 적용하여 생겨나는 것"이라면, 자유로운 기업으로서의 "담배의 기원은 민담에서 찾아볼 수 있다"[43]라고 말한다.

쿠바에서 설탕은 쿠바에서 얻을 수 있는 것을 죄다 얻으려고 하는, 항상 외부에서 내부로 들어오는 외생적外生的 힘, 즉 쿠바를 약화시키는 억압적 힘이었던 데 반해, 담배는 쿠바에서 밖으로 나가서 소득을 가져오는 내생적內生的 힘, 즉 확장적이고 통합적 힘이었다. 설탕의 경제적 포물선이 쿠바를 가로질러가는 곡선이지만 그 시작과 끝은 쿠바의 바깥에 있다고 한다면, 담배의 포물선은 다른 나라들을 가로질러서 그 기원의 장소로 되돌아온다. 그렇기 때문에 담배의 경제는 섬의 자본에 대한 핵심적 통제력을 갖고 있고, 항상 더 쿠바적이었고, 더 구체적으로는 아바나적이었다고 한다면, 설탕의 경제는 결코 한 번도 쿠바인에 의해 통제된 적이 없으며 부재지주와 거의 항상 미지의 외국인들에 의해 통제되어왔다.

담배가 항상 경제적이고 정치적으로 국내정부의 통제하에 있었고, 쿠바에서 권력을 잡은 그 어떤 정당도 좋든 나쁘든 담배를 손아귀에 쥐고 있었다고 한다면, 반대로 설탕은 섬의 정부에 강제된 외국의 통제하에 있었다. 정복의 날에서 현재의 순간에 이르기까지 쿠바의 역사는 본질적으로 설탕에 대한 외국의 통제에 의해 지배되어왔다. 생산의 가치가 크면 클수록 지배도 더 커졌다.[44]

---

43 Ibid., p.71.
44 Ibid., p.70.

담배와 설탕의 경제양식의 차이는 그러한 경제에 의해 결정되고 경제를 반영하는 쿠바의 정치문화의 차이로 재현된다. 오르티즈는 담배가 자주적이고 독립적이며 거드름피우는 남성의 문화라는 점에서 진보적인 데 반해, 설탕은 외세적이고 종속적이며 굴종의 문화를 요구하기 때문에 보수적이라고 말한다. 즉 "담배의 생산에서는 지혜가 핵심적 요인이다. (…중략…) 담배가 혁명적이라고 말할 수는 없더라도 자유주의적이라고 한다면, 설탕의 생산에서는 권력이 문제이다. 설탕은 반동적이지 않다면 보수적이다."[45] 오르티즈에 의하면 이는 계급의식의 발전에서도 그대로 드러난다. 담배농장에서는 노예노동을 찾아보기 힘들고 대부분 손작업으로 이루어지며 가끔 여유와 독서도 가능하기 때문에 담배노동자들 사이에 프롤레타리아트의 계급의식이 쉽게 발전하는 데 반해, 기계공업과 컨베이어 벨트에 의해 움직이는 설탕공장에서는 노동자들 간의 여가와 대화 부재로 계급의식이 발전하지 못했다는 것이다. 그 결과 담배농장에서는 자유로운 숙련된 노동자들이 세계를 뒤집을 혁명을 꿈꾸었다면, 설탕공장에서는 미숙련된 노예나 노동자들이 공장주의 학대와 열악한 작업환경에 대항해 주로 봉기를 일으키는 수준에 머물렀던 것이다.[46]

오르티즈의 『쿠바의 대위법』은 이와 같이 단순한 비유의 차원에서 쿠바인의 의식으로, 나아가서 쿠바의 경제적·정치적 문화의 형성으로 확장되어 간다. 담배와 설탕의 대위법은 외래문화와 토착문화 간의 복합적인 문화횡단을 상징한다. 즉 담배와 설탕은 외래문화와 토착문

45 Ibid., p.56.
46 Ibid., pp.87~89.

화 간의 갈등적이고 혼종적인 대위법적 어울림 속에서 쿠바인들이 자신들의 독특한 국민문화를 생성해 간 과정을 가리키는 상징으로 기능하는 것이다. 오르티즈의 문화횡단 개념이 갖는 의미는 담배와 설탕이 상징하는 의미의 복합성만큼이나 다양한 의미를 갖는다. 무엇보다 문화횡단 개념은 이중적인 의미를 갖는다. 그것은 서구적 근대성의 이념과 순수한 국민문화의 허구성에 동시에 도전한다. 한편으로는 서구적 근대성의 기준에 비춰 볼 때 항상 미완일 수밖에 없는 사회, 서구적 근대성의 모델을 뒤쫓는 것 외에 다른 길을 찾을 수 없던 주변부 사회가 외래문화의 의미와 가치를 그대로 수용하고 거기에 적응하기보다는 그것들을 자신의 현실에 맞게 능동적으로 변형하고 번역해가는 횡단문화적 주체가 될 수 있다는 것이고, 다른 한편으로는 국민문화가 외래문화에 대항하거나 그것을 배제하면서 구성되는 '진정하고 순수한' 문화가 아니라 외래문화의 의미를 일부는 수용하고 일부는 탈각시키면서 새로운 문화를 만들어가는 과정에 있다는 것이다. 달리 말하면, 국민문화는 이미 문화횡단의 과정을 겪는 혼종적 문화라는 것이다. 결국 이러한 문화횡단이 갖는 문화적 의의는 한 국민문화의 내부가 동질적인 문화로 구성되어 있다는 생각을 비판하는 한편 민족적인 것과 국제적인 것, 중심과 주변, 주체와 타자, 지배와 종속, 근대와 전근대의 이분법을 재생산하는 유럽중심적인 근대성의 시각을 해체하고 그것들이 어떻게 상호작용하는가를 살핀 데 있다.[47] 오르티즈의 탁월한 연구자 중의 한 사람인 페르난도 코로닐Fernando Coronil 또한 오르티즈의

47 Fernando Coronil, "Introduction to the Duke University Press Edition", p.xliv과 이성형, 『콜럼버스가 서쪽으로 간 까닭은?』, 까치, 2003, 200~201면.

『쿠바의 대위법』이 갖는 가장 중요한 의미를, 그것이 "민족적인 변형과 글로벌적 변형 간의 상호작용"에 대한 새로운 시각을 제공했고 이 시각이 유럽중심주의를 비판하는 데 크게 기여를 했다는 데서 찾는다. 그는 오르티즈의 『쿠바의 대위법』이 갖는 세 가지 의의를 지적한다. 첫째, 쿠바문화에 대한 오르티즈의 분석은 유럽이나 미국이 아니라 "아메리카로부터 아메리카를 평가하는 시각an appreciative view of the Americas from the Americas"을 제공하여 "자기충족적이고 자기생산적인 유럽의 영웅적 서사로서의 근대성에 대한 통상적 의미에 의문을 제기"[48]하였다. 둘째, 오르티즈의 문화횡단은 서구의 이론을 그대로 수용한 것이 아니라 그것과 대결하고 변형시킨 것이며 우리에게 "이론이 단순히 유럽적이거나 서구적인 업적이 아니라 문화횡단적 생산물임"[49]을 깨닫게 해주었다는 것이다. 마지막 세 번째는 비유에서 현실로 나아가는 오르티즈의 시각이 서구에서는 점점 더 커져가는 학문 간 장벽들, 특히 정치경제적 시각과 문화적 시각 간의 간극을 이을 수 있는 새로운 다리의 역할을 제공해주었다는 것이다. 하지만 오르티즈가 문화횡단과 문화적 대위법을 통해 쿠바문화의 주변부 근대성에 대한 긍정적 인식을 제공해주었음에도 불구하고 쿠바의 미래를 암울하게 바라보았다는 점은 기억해둘 필요가 있다. 『쿠바의 대위법』은 1940년에 발간되었는데 이 무렵 오르티즈는 자본주의가 심화되면서 담배 생산의 기계화와 외국의 값싼 저질 담배의 유입으로 쿠바의 담배 역시

---

48 Fernando Coronil, "Transcultural Anthropology in the Americas(with an Accent) : The Uses of Fernando Oritiz", *Cuban Counterpoint : The Legacy of Fernando Ortizi* (Mauricio A. Font & Alfonso W. Quiroz eds.), Lanham : Lexington Books, 2005, p.140.

49 bid., p.140.

설탕과 동일한 운명으로 변해가고 있다고 진단한다. 즉 "자본주의는 담배와 설탕의 산업적 양상 사이에 유사성을 확립함으로써 담배와 설탕을 점차적으로 외국의 지배에 맡겨버리고, 쿠바에는 파괴적인 결과를 초래하고 있다"[50]는 것이다.

이런 암울한 예견에도 불구하고 오르티즈의 문화횡단은 향후 라틴아메리카 이론가들에 의해 적극적으로 계승된다. 그중에서도 특히 우루과이의 대표적 문학비평가인 앙헬 라마Angel Rama는 문화횡단이 자신의 전통문화를 "어떤 종류의 창조적 대응도 없이 전적으로 수동적이거나 심지어 열등한 실체로서 외부 세력들의 영향 하에서 변해가는 것"[51]으로 간주하는 것에 저항하는 라틴아메리카 근대성을 분석하기 위한 가장 적합한 도구라고 주장한다. 그는 오르티지의 문화횡단 개념을 보다 확장하고 심화시킨다. 문화횡단의 개념적 역사에서 라마의 문화횡단이 갖는 위상은 대략 두 가지 측면에서 살펴볼 수 있다. 첫째, 라마는 문화횡단을 인류학의 영역에서 문학의 영역으로 옮겨놓았다. 문학비평가인 라마는 가브리엘 가르시아 마르께스Gabriel García Márquez, 후안 룰포Juan Perez Rulfo, 호세 마리아 아르게다스José María Arguedas와 같은 라틴아메리카 작가들이 자신의 토착적 지역성을 바탕으로 하면서 서구적 근대성에 대해 어떻게 문화횡단적으로 대응할 수 있었는가를 살펴본다. 특히 그는 문화횡단을 근대화와 관련하여 두 가지의 형식으로 구분하기도 했다. 그것은 도시 근대화의 아방가르드의 주도 하

50 Fernando Ortiz, *Cuban Counterpoint*, p.79.

51 Abril Trigo, "On Transculturation : Toward a Political Economy of Culture in the Periphery", *Studies in Latin American Popular Culture*, Vol.15, 1996, pp.91~110 참조.

에 이루어진 코즈모폴리턴 문화횡단cosmopolitan transculturation과, 전통 문화가 근대화에 대한 순응과 저항을 넘어 그것과 타협하는, 지역문화적 기반에 근거한 지역적 문화횡단regional transculturation이다. 라마에게 중요한 것은 후자였는데, 그것은 지역적 문화횡단이 도시의 아방가르드들보다 외부로부터 수입된 근대화의 영향에 굴복하지 않는 토착적인 근대성의 힘을 보다 주체적으로 보여줄 수 있는 이점이 있었기 때문이다. 라마에 따르면 "만일 문화횡단이 — 우리가 구체적으로 (지역적인) 문화횡단적 방향이라고 불렀던 것만큼이나 코즈모폴리턴적인 방향에서도 — 라틴아메리카 전체에 걸쳐 하나의 규범이라면, 우리가 판단컨대 코즈모폴리턴들보다 훨씬 더 큰 공을 성취했던 것은 전자, 즉 (지역적) 문화횡단적 방향이다. 왜냐하면 그들은 사회적 대중들이 심오하게 형성해놓은 문화적 형식의 역사적 연속성을 유지하고 그것을 그 시대의 국제적 배경에 의해 정해진 새로운 조건들에 맞춰 자신의 정체성을 조금도 상실하지 않으면서 조정하였기 때문이다."[52] 라마는 라틴아메리카의 수도나 대도시에서 서구적 근대성을 모방하고 그것과 타협을 모색하던 아방가르드 코즈모폴리턴들보다는 비록 지역에 근거를 두기는 했지만 지역의 오랜 문화와 전통에 근거하면서도 서구적 근대성의 사상을 주체적으로 번역하고 변용할 수 있었던 (지역적) 문화횡단적 작가들이나 사상가들, 특히 인디오의 문화적 전통에 주목하고 그들에 대한 착취에 저항했던 인디헤니스모Indigenismo 운동을 주도했던 페루의 호세 카를로스 마리아테기José Carlos Mariátegui와 작가 아

52 Angel Rama, *Writing across Cultures : Narrative Transculturation in Latin America* (David Frye ed. and trans.), Durham : Duke University Press, 2012, p.49.

르게다스를 매우 높이 평가했다. 앙헬 라마가 문화횡단의 개념적 계보에서 갖는 두 번째 의미는 첫 번째에서 보았듯이 문화횡단 개념을 라틴아메리카 전체로 확대한 점이다. 오르티즈가 문화횡단이 라틴아메리카 전체에서 유효하다고 말했지만 대부분 쿠바문화의 분석에만 주목했다면, 라마는 그것을 라틴아메리카 전역으로 확장한다. 이는 두 사람이 살았던 시대적 상황의 차이에서도 연유한다. 라마는 1970년대 서구자본주의로부터의 경제적·문화적 독립을 주장한 종속이론이나 70년대 등장한 라틴아메리카주의의 이념적 영향 속에 있었기 때문이다. 특히 라마의 경우, 사상의 수용이나 이념적 연대가 보다 손쉽고 자유로운 문학 영역에 초점을 두었고, 나아가서 당시 라틴아메리카 전역에서 불고 있던 토착적 인디오문화에 대한 진보적 관심 때문에 이런 확장은 불가피한 측면이 있었다. 이런 인식을 갖고 있었기 때문에 라마의 문화횡단 개념은 문화횡단이 갖는 변증법적 의미를 잃고 문화횡단의 진정한 / 허위적이라는 이분법으로 빠져들었다는 비판을 받기도 했다. 그는 한 문화의 진정성은 문화횡단의 효과로 환원 불가능한 진정성을 갖는다고 보았기 때문이다. 하지만 라마의 문화횡단은 시대적 상황 덕분에, 혹은 거기에 제약되어 있었음에도 불구하고 문화횡단 개념을 대도시가 아니라 로컬문화와의 연계를 통해 외래문화, 특히 서구적 근대성을 비판적으로 전유하고자 한 이점을 갖고 있었다. 어떤 점에서 그의 문화횡단은 토착적 문화횡단vernacular transculturation의 대표적 사례가 될 것이다.

라마의 문화횡단 개념의 핵심적 특징 하나를 들자면, 그가 문화횡단을 문학으로 확장하면서 그것을 문학의 사건, 세계관, 그리고 문학형식 속에서 해석하고자 한 점이다. 라마는 오르티지의 문화횡단의 의의를 십분 인정하면서 문화횡단 개념이 갖는 의미를 다음과 같이 정리한다.

> 이 개념(문화횡단)의 변형은 그것이 포함할 수 있는 부정확한 해석을 비롯하여 라틴아메리카의 시각을 명확하게 번역한 것이다. 이 개념은 이 나라의 전통적 문화가 마치 수동적이고, 전통문화를 — 그것에 엄청난 손실이 불가피하게 — 수정하게 될 외래문화보다 열등하며, 창조적으로 대응할 그 어떤 수단도 갖고 있지 않은 것처럼 생각하는 것을 거부한다. 반대로 이 개념은 이중적인 증거들에 입각해 전개되고 있다. 한편에서 그것은 (그 자체 장기적인 문화횡단의 산물이자 끊임없는 진화 속에 존재하는) 라틴아메리카 공동체의 현재 문화가 아주 머나먼 과거부터 활동해온 것으로 확인할 수 있는 독특한 가치들로 구성되어 있음에 주목한다. 또 다른 한편으로 문화횡단 개념은 그것을 추진하는 창조적 에너지를 보여준다. 이런 점은 그것을 규범들, 행동들, 믿음들, 그리고 문화적 대상들의 단순한 총합과는 분명하게 구분지워준다. 왜냐하면 그 에너지는 외부로부터 오는 기여들뿐만 아니라 자체의 발전에서 생겨나는 상황들에 어렵지 않게 작용을 가할 수 있는 힘이기 때문이다. 그것이 생생하고 창조적인 사회의 문화임을 보여주는 것은 심지어 고통스러운 역사적 상황 하에서라고 하더라도 정확히 바로 이와 같은 창조적 독창성의 능력이다. 그리고 그런 속성들은 비록 그것들이 가장 깊은 층의 배후지역에서 가장 복잡한 형식으로 나타난다고 하더라도 문화의 전 영역에 걸쳐 발견될 수 있다.[53]

53 Ibid., p.19.

자체의 발전이든 외래문화의 유입이든 그것을 주체적으로 바꿀 수 있는 라틴아메리카 문화의 창조적 힘에 대한 강조에서는 오르티즈와 유사하지만 이 글은 라마의 문화횡단이 갖는 독특한 특징들을 드러내고 있다. 우선, 라마는 인디헤니스모 운동에 대한 열렬한 관심을 표명했듯이, 라틴아메리카의 개별 국가의 국민문화가 아니라 인디오들이 거주하는 매우 열악한 처지의 배후지역이 문화횡단의 주체적 세력이 될 수 있다고 생각했다. 둘째 라마는 문화횡단을 문학의 분야로 가져올 때 오르티즈의 문화횡단 개념은 수정이 불가피하다고 주장한다. 그는 오르티즈의 문화횡단 개념에서 창조적 에너지를 읽어내고 선별할 수 있는 능력이 감안되고 있지 않다고 말한다. 이는 문학에 관심을 갖고 있는 라마에게는 불가피한 지적으로서 문학작품에서는 어떤 사건, 세계관, 문학형식을 선택하는 문제, 즉 문학작가들이 문화횡단의 문학적 주제와 형식의 문제를 어떻게 결정할 것인가 하는 주체적이고 창조적인 선택의 문제로부터 자유롭지 않은 것과 관련이 있다. 라마는 오르티즈가 문화동화, 문화탈피, 문화창조의 세 계기들이 기하학적geometric 관계와 구조를 이루고 있을 뿐 "모든 문화적 유연성의 경우에 항상 혼합체의 일부가 되어야 하는 선별과 독창성의 기준the criteria of selection and inventiveness"에 충분히 주목하지 않았다고 비판한다. 그에 따르면 주체적 문화횡단의 과정 속에는 항상 미리 결정된 규범이나 기준이 엄격하게 강제될 수 없고 광범위한 외래문화의 기여들로부터 선별하거나 지배문화의 숨겨진 요소들 사이에서 다른 기여들을 찾아낼 수 있는 선별적 능력이 작용하고 있다.[54]

> 선별적 능력은 외래문화를 겨냥할 뿐만 아니라 특히 대부분의 문화들이 파괴되거나 상실된 공동체 자체의 문화를 겨냥하기도 한다. 전통을 선별하는 이와 같은 과업, 즉 공동체 자체의 문화 속에서는 거의 잊혀져버린 원시적 가치들의 재발견으로 이어질 수 있는 과업이 (…중략…) 수행되고 있다. 사실 선별적 작업은 문화횡단의 해로운 영향에 맞설 수 있는 저항적 가치들에 대한 탐색이다. 그리하여 그것은 두 접촉문화에 동시에 영향력을 끼치는 — 오르티즈가 문화창조라고 말하는 것과 비슷한 — 창조적 과업으로 간주될 수 있다.[55]

라마의 이러한 지적은 문화횡단의 선별적이고 창조적인 주체의 문제를 거론하는 것으로 문화횡단 개념의 보폭을 넓히는 것임과 동시에 문화횡단을 더욱 정치精緻하게 만들고 있다. 라마는 이런 선별적 능력을 페루 소설가 호세 마리아 아르게다스의 『깊은 강*Los ríos profundos*』에 적용한다. 그는 이 작품에서 문화횡단의 네 과정을 읽어낸다.

> 우리는 아르게다스의 중요한 소설인 『깊은 강』의 구성에서 다음 네 가지 사례들을 찾아볼 수 있다. ① 문화탈피의 사례들, ② 그가 외래의 사상들, 대부분 유럽적 근대화를 거부했던 이단적 사상들로부터 어떻게 선별했는가의 사례들, ③ 근대화 과정에 맞설 수 있는 내부의 문화적 요소들에 대한 탐구와 발견, ④ 이런 모든 요소들을 혼합하여, 특히 특정문화 이면에 존재하는 힘들에 대한 전반적인 재구성을 통해 그가 만들어낸 문학적 문화창조.[56]

---

54 Ibid., p.22.
55 Ibid., p.23.

대체적으로 말해, ①과 ④가 오르티지의 문화횡단에서 중심적 개념들이라면, 라마는 ②와 ③의 요소를 문화횡단 개념에 새롭게 추가하여 문화횡단의 개념을 풍부하게 만든다. 오르티즈가 문화횡단의 과정에만 주목했다면, 라마는 문화횡단의 선별적 능력의 문제를 제기했다. 향후 문화횡단의 개념적 발전에 라마가 어떤 영향을 끼쳤는지는 정확히 가늠할 수 없지만 라마의 주장은 나중에 살펴볼 로버트 J. C. 영의 문화횡단 개념과 유사하다. 라마가 인디오와 지역의 창조적 작가들에 주목했다면, 영은 트리컨티넨탈의 서발턴 민중들과 그들을 대변하는 지식인들에 관심을 가지고 있다는 점에서 서로 차이가 있지만 대체로 영의 문화횡단적 포스트식민주의는 라마의 해석을 보다 실천적으로 해석하고 있는 것으로 보인다.

오르티즈와 라마의 문화횡단이 본격적으로 영미권 학계에 소개되면서 최근 들어 문화횡단은 문화접경 혹은 접촉문화를 살펴보는 데 핵심적 용어로 등장하고 있다. 메리 루이스 프래트Mary Louise Pratt는 문화횡단을 종속적이고 주변적인 집단이 중심부의 지배문화에 의해 그들에게 전수된 재료들을 선별하고, 그것을 바탕으로 새로운 문화를 창안하는 방법이라고 정의한다. 특히 그녀는 이 용어를 문화적 접촉지대contact zone의 현상을 설명하기 위한 용어로 확장한다. 그녀에 의하면 '접촉'은 "침략자의 시각에서 들려주는 정복과 지배의 이야기들에 의해 쉽게 무시되거나 억압된 제국적 조우의 쌍방향적이고 즉흥적인 차원을 부각시키는"[57] 개념이다. 그녀는 이러한 접촉지대에서 제국의 중

---

56 Ibid., p.50.

57 Mary Louise Pratt, *Imperial Eyes : Travel Writing and Transculturation*, London & New York :

심이 주변부의 문화를 일방적으로 결정하는 것으로 보는 통념을 거부하고 주변부가 중심부 문화를 전유하고 번역하는 문화횡단의 방식을 탐구해야 한다고 주장한다.[58]

뿐만 아니라 오늘날 문화횡단 개념은 단순히 쿠바와 라틴아메리카 문화이론을 넘어 전 지구적 주변부 문화연구의 핵심용어로 부상하고 있다. 보다 일반화된 방식으로 사용할 경우, 문화횡단은 근대세계 속에서 서구 제국주의의 폭력적 지배를 받았거나 서구적 근대성을 모델로 수용해야 했던 거의 모든 주변부 문화에 적용 가능한 부분이 있다. 왜냐하면 이 용어는 근대 국민문화의 공간을 단일 문화적 공간으로 보는 것을 순진한 생각으로 만들면서 주변부 근대성을 이식을 넘어 번역과 주체적 전유라는 새로운 시각에서 보는 것을 가능하게 해주기 때문이다. 가령 리디아 류Lydia Liu는 문화횡단적 실천을 수용하여 근대 동아시아에서 서구의 사상을 받아들이면서 생겨난 신조어들, 특히 중국-일본-서구의 신조어들이 근대 중국어 속으로 들어와 자리 잡는 행적을 추적한다. 그녀에 의하면 문화횡단적 연구, 그녀가 말한 소위 '언어횡단적 실천들translingual practices'은 단순히 하나의 언어가 다른 언어로 번역되는 과정이 투명한 것이 아니라 물질적이고 불투명한 성격의 복잡한 번역과정을 거친다는 점을 설명하고자 한다. 그러므로 "객체 언어와 주체 언어의 접촉/충돌에 의하여 새로운 단어, 의미, 담론 및 재현양식이 생성되고 유포되어 그것들이 주체 언어 내부에서 적법성을 획득하는 과정"[59]이 드러나게 된다. 그녀는 한 개념이 객체언어에서

Routledge, 1992, p.8.

58 Ibid., p.8.

주체언어로 이동할 때, 그 의미는 단순히 변형되는 것이 아니라 주체언어의 지역적 환경 속에서 새롭게 창조된다고 주장한다. 여기서 그녀가 강조하는 주체언어와 객체언어 간의 불가피한 충돌과 타협의 과정은 오르티즈가 말하는 대위법을 보다 정교화하여 문화횡단적 번역의 복잡한 과정을 이론화하는 것이라 할 수 있다.

특히 오르티즈의 대위법 개념은 나중에 에드워드 사이드Edward Said에게도 중요한 아이디어를 제공한 것 같다. 비록 사이드가 오르티즈를 알았는지는 정확히 알 수 없지만, 사이드는 『문화와 제국주의*Culture and Imperialism*』에서 중심부의 작가들이 제국주의의 문화적 영향으로부터 자유롭지 않으며 제국의 인식적 맹점을 재생산한다고 비판하면서 그 대안으로 중심부와 주변부의 시선을 동시에 결합하는 "전 지구적이고 대위법적 분석방법"[60]을 제안한다. 가령 그는 제인 오스틴, 샤롯 브론테, 찰스 디킨즈와 같은 소설가들의 작품 내의 공백이나 침묵을 읽을 때, 그것을 영국적 맥락 속에서만 읽은 것은 곤란하며 오히려 19세기 영국제국주의가 낳은 제국과 식민 간의 대위법적 관계 속에서 읽어야 그 의미가 제대로 파악될 수 있다고 주장한다. 이런 주장은 오르티즈의 대위법 개념을 그대로 차용하기보다는 국민국가의 경계를 뛰어넘어 식민과 제국, 중심과 주변 간의 국제적 관계로 옮겨놓도록 만든다. 오르티즈의 대위법이 주로 근대 국민문화 내부의 문화적 역동성에 초점을 두었다면, 사이드는 국민문화를 넘어선 문화들 간의 권력관계에

59 Lydia H. Liu, *Translingual Practice : Literature, National Culture, and Translated Modernity : China, 1900 ~1937*, Stanford : Stanford University Press, 1995, p.26.

60 Edward Said, *Culture and Imperialism*, New York : Vintage Books, 1994, p.318.

초점을 두었던 것이다.

3. 혼종성 / 혼종화의 문화이론
—호미 바바와 네스토르 가르시아 칸클리니

오늘날 자본의 지구화로 인한 국민국가의 약화, 초국적 자본의 팽창, 그리고 시공간 압축을 선도하는 디지털 기술혁명을 특징으로 하는 급변하는 문화상황은 글로벌적인 것과 민족적인 것과 로컬적인 것 간의 관계를 변화시키고 문화들 사이의 접경과 번역 지대를 문화의 중심적 장으로 부각시키고 있다. 이런 현실을 이해하기 위해 문화횡단과 혼종문화의 이론들이 부상하고 있다. 하지만 이론적 급진성과 설명적인 현실이라는 측면에서 볼 경우, 혼종문화의 이론은 현실 인식에 있어 문화횡단와는 차이를 보이고, 문화횡단보다는 문화변화의 좀 더 급진적인 변동을 보이는 현실에 더 잘 들어맞는다. 앞서도 지적했듯이 문화횡단의 출발은 주변부 민족들이 주로 서구적 근대성의 영향 속에서 그것과의 타협과 번역과 전환 속에서 자국의 국민문화를 형성해 간 과정을 보다 주체적으로 사고하고자 하는 데 있었다. 이런 초점은 국가를 뛰어넘는 이주의 초국적 문화상황과 주변과 중심 간의 경계들이 해체되는 혼종문화를 인식하는 데는 한계가 될 수 있다. 중심부 문화에 맞서 주변부 문화의 역동성을 제기한 오르티즈의 독창적 사고는 민족주의적 성격의 탈식민운동이 서서히 무르익어가던 1940년대 후반이라는 시대상황 속에서 이루어진 것이다. 그러므로 그의 문화횡단 개념은 일정정도 국민문화의 틀이 유효하게 작용하고 국민문화 간 문화의 이동이 어느 정도 두드러져 보이는 국민문화 내부에서 중심부와 주변부 간의 쌍방향적인 문화적 역동성을 사고하고자 한 것이었다. 다시 말해, 오르티즈와 라마의 경우에서 볼 수 있듯이, 문화들 간의 다양한 역동적 관계와 주변부 문화의 주체적인 번역 능력을 인정하지만 그것은 어디까지나 국민문화의 특수성을 설명하기 위한 것이라는 것이다. 이런 시각은 문화에 관한 일방향적인 문화제국주의론이나 유럽중심적 문화론에 맞서 중심과 주변 간의 쌍방향적 문화대위법을 제기했지만 국민문화를 넘어선 문화들 간의 대위법을 탐구하지 않았고 그럴 필요성도 크게 느낄 필요가 없었다. 앙헬 라마의 문화횡단 개념 역시 우루과이의 문화가 어떻게 유럽문화, 특히 서구적 근대성을 주체적으로 자기화할 수 있었는가를 탐구하여 오르티즈의 문화횡단을 계승하면서 1960~70년대의 라틴아메리카의 종속적 근대성 논의라는 맥락을 어느 정도 전제로 하고 있다. 이런 의미에서 문화횡단 개념은 아직 주변부 근대성이나 국민문화들 간 문화적 경계가 여전히 강하게 남아있거나 국민문화의 역할이 여전히 지배적인 곳에서 주로 유효하며 문화 간 번역과 혼종이 보다 일상화된 된 곳에서는 혼종문화론이 좀 더 적합한 경향이 있고, 문화횡단 개념을 새롭게 확장할 필요가 있다. 나중에 살펴보겠지만 트리컨티넨탈 포스트식민주의를 주장하는 로버트 J. C. 영의 경우, 초국적 문화횡단의 시각에 근거를 두고 서구마르크스주의의 한계를 비판하면서 마르크스주의를 주변부 현실에 맞게 주체적으로 변용하는 시각을 보여주고 있다. 그러므로 이론적 시각의 급진성이 곧바로 현실적 적합성을 의미하지는 않는다는 점을 기억해둘 필요가 있다.

혼종문화론은 문화횡단보다는 경계들이 좀 더 급진적으로 해체되는 현실적 상황 속에서 주요 이론으로 부상했다. 문화횡단이 동질적이든 다원적이든 국민문화의 존재론적 진정성을 여전히 염두에 두는 경향이 있었다면, 혼종문화는 그런 진정성에 별로 집착하지 않는다. 오히려 그것은 새로운 포스트 혹은 트랜스모더니티 상황 속에서 그런 진정성에 구애받지 않으면서 다양한 접합적 실천을 통해 새로운 종류의 정체성을 사고하고자 한다. 아브릴 트리고Abril Trigo는 이런 전환을 "정체성의 존재론으로부터 정 / 체성의 접합적 실천으로의 이행from the ontology to the articulatory politics of id / entity"이라 말한다. 그는 혼종성 개념의 실천적 의미는 발터 벤야민의 아우라aura 개념을 빌어 진정성의 아우라 미학에 갇혀있는 문화의 정체성을 기꺼이 포기하는 탈아우라적 실용주의post-auratic pragmatism에 있다고 주장한다.

> 혼종성은 아우라적 미학이 완성된 생산품 내에 심어놓은 진정성의 물신숭배를 단념하는 문화사용자의 포스트-아우라적 실용주의를 지칭하고, 정체성의 존재론으로부터 정 / 체성의 접합적 정치학으로의 이행을 가리킨다. 이런 의미에서 만일 근대적인 문화횡단(그 코즈모폴리턴적 형태이든 문화횡단된 형태이든)이 '하나의 헤게모니적인 문화라기보다 헤게모니를 획득하기 위한 문화적 대리자'로 정의된다면, (초국적인 것이라는 기호하에서) 혼종적 문화횡단은 헤게모니적 접합의 문화적 생산으로, 다시 말해, 에르네스토 라클라우Ernesto Laclau와 샹탈 무페Chantal Mouffe의 헤게모니

개념을 좇아 적대적인 사회적 주체들이 본질적으로 불안정하고 관계적이며 봉합 불가능한 새로운 정치적 · 문화적 구성체들과 교섭해가는 과정으로 간주되어야 한다. 총체성이 끊임없이 탈총체화되는 운동으로서, 그리고 위기의 영구적인 전개로서의 이와 같은 헤게모니의 접합적 개념은 우리로 하여금 근대성의 목적론적 변증법을 극복하고 초국적인 계기에 초점을 둘 수 있게 해준다. 이와 같은 틀 속에서 문화횡단에 혼종화를 적용하여 변환시키는 것은 오늘날의 문화적 초국적화와 대면하려는 정확한 이론적 장치를 제공한다. 이 초국적화는 명백히 자본의 재구성의 일환으로서 프레드릭 제임슨이 자민족중심적인 포스트모던적 환원주의에도 불구하고 정확하게 후기 내지 다국적 자본주의라고 명명했던 것이다. 이 초국적 계기는 두 가지 확고하게 연결된 특징들을 보여주는데, 그것은 국민국가의 위기(스스로 탈민족화한 첫 번째가 자본이다)와 문화산업의 헤게모니적 팽창에 따른 매스 미디어에서의 기술혁명이다.[61]

국민문화든 특정집단의 문화이든 그 문화의 진정성에 대한 집착에서 생겨나는 아우라에서 탈피하는 탈아우라적 실용론으로서의 혼종문화론은 기원이나 진정성을 과감히 떨쳐버리고 자신의 정체성을 미래적 수행성 속에서 끊임없이 실험하고 새롭게 구성해가는 이론이다. 이런 이론들을 가장 치밀하게 전개하고 있는 이론으로 호미 바바와 네르토르 가르시아 칸클리니의 혼종문화론을 들 수 있다. 앞으로 좀 더 깊이 있게 살펴보겠지만,[62] 이들의 혼종문화론은 공통점도 있지만 차

61 Abril Trigo, "On Transculturation : Toward a Political Economy of Culture in the Periphery", *Studies in Latin American Popular Culture*, Vol.15, 1996, p.112.

이점도 많다. 두 사람 모두 근대성에서 포스트모더니티로의 전환 속에 등장하는 다양한 시간성들의 동시성을 이론화하기 위해 혼종성 혹은 혼종화 개념을 주장하고 있다. 호미 바바의 이론이 주로 정신분석적 무의식과 문화담론적인 차원에서 혼종성의 작용을 탐구한다면, 칸클리니는 혼종화를 인류학적이고 사회학적 관점에서 접근한다.[63] 이런 차이는 두 사람이 처한 현실적 맥락의 차이에서 기인하는 것이며 단순히 학문영역의 차이에만 그치는 것이 이 아니라 두 사람의 이론적 특징, 논의의 전개방식, 나아가서 그들의 사고에까지 의미 있는 차이를 만들어낸다.

우선 호미 바바의 이론적 관심은 근대적 식민공간 내부의 혼종성, 특히 식민주의자와 피식민지인 사이의 담론적·무의식적 문화경제의 공간에 두어져 있다. 바바에게 이 공간은 지배와 저항이라는 물리적 힘이 부딪히는 대립적 공간이라기보다는 오히려 그런 지배와 저항의 대립이 끊임없이 미끄러지고 갈라지는 탈구와 이접의 담론적 공간에 가깝다. 특히 이런 이접과 탈구의 비동일성과 비동시성의 발생은 무의식적인 담론적 실천과 연결되어 있다. 바바는 푸코에 의지하여 식민주의자든 피식민지인이든 모든 주체는 식민공간의 의미화과정과 담론적 실천으로부터 자유롭지 않다고 주장한다. 이는 『오리엔탈리즘』에서 식민주의자를 오리엔탈리즘의 식민 담론의 '외부'에 두었던 에드워

62 호미 바바와 네스토르 가르시아 칸클리니의 혼종성에 대한 보다 구체적이고 자세한 논의는 II의 제4과 제5장을 참조할 것.

63 John Kraniauskas, "Hybridity in a transnational frame : Latin-Americanist and post-colonial perspectives on cultural studies", *Hybridity and Its Discontents : Politics, Science, Culture* (Avtar Brah & Annie E. Coombes eds.), London : Routledge, 2000, p.239.

드 사이드를 비판하기 위한 주장으로서 식민공간 내부의 담론적 주체화 과정으로부터 재현되는 피식민지인 뿐아니라 재현하는 식민주의자 또한 벗어날 수 없음을 강조하기 위한 것이다. 이 담론적 공간은 식민주의자든 피식민지인이든 그 누구도 동일성을 확보할 수 없는, 즉 "주체들의 구성적 비동일성"[64]을 특징으로 한다. 이런 이유 때문에 이 공간은 식민주의자든 피식민지인이든 개별주체의 의식적 공간이 아니라 양자가 충돌하고 타협하며 서로의 정체성을 뒤흔드는 혼종적 '공간'이다. 이 공간에서 피식민지인에 대한 식민주의자의 지배는 일방적일 수 없다. 여기서 '문화적 차이'와 '타자성'이 출현하고, 식민주의자의 재현적 위상과 그것에 근거하는 동질적이고 일방적인 권위가 불안해지며, 식민공간의 양의성과 혼종성이 억압된 것들의 회귀처럼 부각된다. 바바가 말하는 혼종성, 양의성, 흉내 내기, 제3의 공간 등과 같은 용어들은 모두 이 공간의 경제를 사고하기 위한 원리들이다. 예를 들어, 바바의 흉내 내기mimicry 개념은 이 경제원리의 구체적 예가 된다. 우선 식민지인들은 제국의 중심에 존재하는 것으로 상상된 진정한 지배자의 상을 흉내 내고자 한다. 그 흉내에는 있는 그대로를 고지식하게 모방하려고 하는 적절한 흉내 내기와, 그런 모방의 불가능성과 관련된 비웃음이나 얼버무림 그리고 거리두기와 같은 역설적인 혼란을 부추기는 부적절한 흉내 내기라는 상호모순적인 두 현상이 동시에 일어난다. 흉내 내기가 중요한 것은 유사성을 추구하는 듯 보이지만 실제로는 그 과정에 유사성을 뒤집는 전복적인 위협의 효과 또한 동시에 불

---

64 Ibid., p.241.

러일으킨다는 점이다. 바바는 흉내 내기 개념을 통해 식민공간에서 식민주의자와 피식민지인 간의 무의식적 욕망의 관계를 드러내고 이 관계가 일방적인 굴복이나 순종이 아니라 순종과 저항이 동시에 발생하는 양의적이고 혼종적인 관계임을 확인시켜주고자 한다.

식민주의자의 모국에서는 투명하고 가시적이며 합리주의적인 산물처럼 보였던 것이 혼종적인 식민공간의 번역과정을 통과하면서 불안정하고 불투명해지며 양의적인 의미를 띠게 된다. 이를테면 '자유'와 '평등'과 같은 부르주아적 계몽주의의 가치들이 서구문명의 우월성을 합리화하는 문명화의 이념들이지만 이 개념들이 식민공간의 불투명한 번역과정을 거치게 되면 식민지배 자체를 의문시하는 부정의 힘이 될 수도 있다. 즉 그것은 식민 권력의 우월한 권위가 피식민지인에게 강요하는 모방적이고 동일시적인 요구를 불안하게 만드는 동시에 그 동일시를 식민주의자 자신에게 되돌리는 차이의 전략이 될 수 있는 것이다. 바로 이런 작용을 상징적으로 표현하는 용어가 '혼종성' 개념이다. 바바는 혼종성을 "식민권력과 그 변환적 힘들, 그리고 고정성을 낳는 생산성의 기호들"이며 동시에 "차이적 정체성의 효과들의 반복을 통해 식민적 정체성의 전제를 재평가"[65]하게 만드는 결정적 계기로 평가한다.

하지만 바바의 이론이 혼종적 식민공간의 독특성을 논하는 데만 머문 것은 아니다. 그는 자신의 혼종 논의를 식민공간으로부터 오늘날의 초국적 공간으로 확장하고 있다. 그는 「새로움이 세계에 들어오는 방식How Newness Enters the World : Postmodern Space, Postcolonial Times and the

65 Homi Bhabha, *The Location of Culture*, London & New York : Routledge, 1994, p.112.

Trials of Cultural Translation」이라는 글에서 프레드릭 제임슨에 대한 비판을 통해 식민 공간 이후의 초국적 상황 속에서 혼종문화론을 전개한다. 잘 알려져 있다시피 제임슨은 후기자본주의의 문화논리로서의 포스트모더니즘 내에서 저항의 가능성이 사라졌다고 보았고, 특히 제3세계나 제1세계 내의 주변부가 후기자본주의의 확장 앞에서 풍전등하의 운명에 있다고 보았다. 이는 주변부를 수동적으로 보고 대상화하는 제임슨의 서구중심적 시각을 엿보게 하는 대목으로서 바바는 제임슨의 주장이 불투명한 문화번역의 공간을 단순화하고 재현 불가능한 문화적 차이를 억압하며 이접적 시간성들을 봉쇄한다고 보았다. 이런 한계에 맞서 바바는 억압과 봉쇄를 뒤흔들어 그 틈새로 문화적 차이와 이접적 시간성들을 되불러오고자 한다. 즉 그는 제임슨식의 추상적이고 동질적인 포스트모던 문화공간을 거부하고 차이와 타자성이 회복되는 문화번역의 불투명한 공간, 즉 소위 제3의 공간으로 나아가고자 한다. 이 공간에서는 "차이적 정체성의 수행적 성격, 즉 끊임없이 우연적으로 개방되고 경계들을 재형성하며 — 계급이든 성이든 인종이든 — 단일하고 자율적인 차이의 기호를 내세우는 모든 주장의 한계가 드러나는, 공간들의 규제와 협상들"[66]이 벌어진다.

오늘날 바바의 문화번역과 혼종의 정치학은 자본의 사물화와 문화의 상품화에 의해 전적으로 지배될 수 없는 세계, 오히려 자본의 추상적 작용과 투명한 재현의 논리를 뒤흔들고 그것을 불가능하게 만드는 데리다적 보충대리처럼 기능하는 문화적 차이와 타자성의 세계를 그

66 Ibid., p.219.

리고자 한다. 그것은 서구중심적 논리도 아니고 주변부의 전통적인 민족주의적 정체성의 논리 또한 아니며, 오히려 중심과 주변 사이의 양가적이고 전복적이며 혼종적인 공간에서 벌어지는 문화적 번역의 전략에 근거한다. 하지만 바바의 혼종문화에는 그대로 전유하기 곤란한 몇 가지 이론적 맹점이 있다. 우선 바바의 이론은 혼종성을 권력의 사회구조적 맥락으로부터 분리하여 담론적이고 문화적인 전략으로 간주하는 문화주의적인 경향을 드러내고 있다. 그러다보니 현실의 실제적 불평등과 관련된 혼종성의 사회구조적 맥락에 대한 관심이 결여되어 있다.[67] 혼종문화론을 검토할 때, 혼종성의 탐구에 있어 사회구조적 관점과 문화적 관점 간의 균형과 통합이 필요하다는 점을 상기하면, 바바의 이론은 사회구조로부터 분리된 추상화된 문화담론으로 나아가는 경향이 있다. 이 점 때문에 바바의 혼종성은 이론적 유희이며 주변부 민중의 고통스러운 삶의 현실과는 관계없다는 비판을 받기도 했다.

이와 관련하여 바바의 혼종성 개념은 혼종성이 의식을 넘어선 담론적 층위에 존재하다보니 의식 층위에서의 정치적·문화적 실천들, 즉 주체화의 전략으로 전환될 수 있는 가능성이 항상 애매하게 남아있다. 혼종성 자체가 무의식적 구조 속에서 항상-이미 지배에 대한 저항으로 존재하기 때문에 굳이 의식화될 필요가 없을지도 모른다. 하지만 혼종성이 의식적 실천으로 전환될 수 없는 점이나 사회구조로부터 분리되어 추상적으로 다루어지는 점은 바바가 혼종성 자체를 저항적이고 전복적인 가치로 사전에 인정하고 들어가고 있다는 것을 의미한다.

---

67 Marwan M. Kraidy, *Hybridity, or the Global Logic of Globalization,* p.58.

따라서 바바의 혼종성 개념은 사회구조 및 현실과 관련해서 분석되어야 할 개념도 아니고 주체들이 그 내부의 동학을 활용하여 주체적으로 전유할 수 있는 대상 또한 아니다. 혼종성 자체를 분석과 전유의 대상이 아니라 곧장 저항적 · 진보적 가치로 여긴다면, 바바의 혼종성 개념은 그것이 다른 방식으로, 즉 딜릭이 주장하듯 반동적으로 전유될 가능성을 애초에 배제하게 된다. 딜릭은 바바가 혼종성을 역사적이고 구조적으로 따져 묻기보다는 현실에 뿌리를 두지 못한 추상적인 개념으로 만들어버렸다고 비판한다.[68]

이에 반해 네스토르 가르시아 칸클리니의 혼종문화는 구체적 현실과 밀접히 관련되어 있으며 저항성 자체와 등치되지 않는다. "혼종성이 비판적 목적을 위해 사회역사적 장치들에서 떨어져나갔다가 곧 하나의 추상적 개념으로 사회에 돌아왔다"[69]는 딜릭의 비판은 칸클리니의 혼종성 개념에는 적용되지 않는다. 칸클리니는 혼종성 그 자체를 바바처럼 진보적 · 저항적 가치와 동일시하기보다는 혼종성 내의 다양한 계기들을 구별해내고 그것들의 새로운 접합과 전환의 과정에 역점을 둔다. 그는 근대와 전통 간의 단절을 상정하는 서구적 근대성 모델을 비판하고 라틴아메리카 현실을 전통, 근대, 탈근대의 계기들이 동시적으로 작용하는 혼종적 근대성 개념을 제안한다. 칸클리니의 혼종문화가 집중적인 비판의 대상으로 겨냥하고 있는 것은 전통과 근대성 사이에 건널 수 없는 단절을 상정하는, 즉 "전통과 근대 간의 마니교적 이분법"이다. 그는 라틴아메리카 근대성에 관한 기존 논쟁들이 근

68 Arif Dirlik, *Postmodernity's Histories : The Past as Legacy and Project,* p.183.
69 Ibid., p.184.

대와 전통, 고급문화와 민중문화, 헤게모니 집단과 하위집단 간의 이분법에 근거했으며 이 이분법은 라틴아메리카의 근대성을 서구문화의 논리에 종속시키는 한편 전통의 일소一消를 부르짖으면서 민중문화를 억압했던 권위주의적 정권과 그 문화에 기여하는 방식으로 기능했다고 비판한다.[70] 칸클리니는 서구적 근대성 모델을 추종하는 근대주의자나 발전론자들에 맞서 라틴아메리카 대륙을 "(다양하고 불균등한) 전통들과 근대성들의 더욱 복잡한 절합, 즉 다양한 발전의 논리들이 공존하는 다양한 나라들로 구성된 이질적 대륙"[71]으로 규정한다.

칸클리니는 라틴아메리카의 혼종적 현실과 혼종문화를 이해하기 위해서는 점진적인 발전을 통해 서구적 근대성이라는 이상에 도달할 것이라는 진화론적 근대주의와 단절하는, 포스트모더니즘의 반反진화론적 반성antievolutionist reflection of postmodernism이 절실하다고 주장한다. 그는 자신의 주저인 『혼종문화』에서 라틴아메리카 문화현실과 관련하여 세 가지 가설적 주장을 제안한다. 첫째, 라틴아메리카에서 근대성의 의미와 가치가 불확실한 이유는 민족, 인종, 계급을 다양하게 분할하고 있는 문화적 복잡성과, 전통적인 것과 근대적인 것 간의 사회문화적 혼종현상에서 비롯한다는 것이다.

> 같은 커피 테이블에 토착공예품과 전위예술의 목록들이 나란히 놓여있는 것을 어떻게 이해할 것인가? 화가들이 그림을 그릴 때 콜럼버스 이전이

70 Néstor García Canclini, *Hybrid Cultures : Strategies for Entering and Leaving Modernity* (Christopher L. Chiappari & Silvia L. Lopez trans.), Minneapolis : University of Minnesota Press, 1995, pp.145~46.

71 Ibid., p.9.

나 식민 시대의 이미지들을 오늘날의 산업 이미지와 나란히 인유하거나 컴퓨터나 레이저를 이용하여 그것을 보다 정교하게 만들 때 그들이 추구하는 바는 무엇인가? 전자매체가 고급문화와 토속문화를 대체할 것이라 법석이지만 오히려 그 문화들을 대대적으로 홍보하는 데 기여하고 있는 것이 바로 전자매체다. 메트로폴리스에서 록과 고전음악이 아시아계와 아프리카계 미국인들의 민중적 멜로디와 결합하여 새로운 형태를 띠어가고 있다.[72]

칸클리니는 이런 혼종화의 현상을 헤게모니적 집단과 그들의 제도에 의해 추구되는 전략으로만 보는 것은 곤란하다고 지적한다. 왜냐하면 그 혼종화의 과정 속에는 문화들을 부단히 자신의 열악한 처지에 맞추어 바꾸어가는 "경제적 · 상징적 재전환reconversion"[73]의 전략을 구사하는 도시이주자들이나 가난한 민중들이 있기 때문이다. 두 번째 가설은 전통적인 것과 근대적인 것 간의 극명한 대립이 유용하지 않듯이 고급문화, 민중문화, 대중문화 간의 구분 역시 유용하지 않다는 것이다. 오히려 칸클리니는 이렇게 나누어진 전문화된 영역이나 학문 영역들 사이를 자유롭게 이동할 수 있는 유목적 사회과학이나 다양한 학문들간의 수평적 접속을 모색하는 사회과학이 필요하다고 주장한다. 이 사회과학은 서구적인 것이 전통적인 것과 토착적인 것을 대체하면서 라틴아메리카의 현실을 무시하는 왜곡된 방식이 아니라 라틴아메리카의 다시간적 이질성multitemporal heterogeneity을 드러낼 수 있을 것이다. 세 번째 가설은 이런 혼종문화의 연구가 문화연구의 영역을 넘어

72 Ibid., p.2.
73 Ibid., p.2.

서는 의미를 갖는다는 점이다. 칸클리니는 "종족문화와 새로운 기술체계, 장인적 생산형식과 산업적 생산형식이 왜 공존하는가하는 문제는 정치적 과정들, 가령 엘리트 사회계층뿐만 아니라 민중적 사회계층이 근대민주주의를 낡은 형태의 권력과 결합하는 이유를 밝혀줄 수 있다"[74]고 주장한다. 즉 혼종문화 내부의 다시간적 이질성은 문화적 문제만이 아니라 사회구조적 차원의 문제와 직결되어 있다는 것이다.

칸클리니에게 혼종문화는 문화적·담론적 차원의 문제가 아니라 라틴아메리카의 사회문화적 현실 속에서, 즉 "위기에 처한 서구적 근대성 속에서 전통, 문화적 모더니즘, 사회경제적 근대화 사이의 관계들이 어떻게 변형되는가를 이해하는"[75] 열쇠가 되는 문제다. 그런 의미에서 칸클리니의 혼종문화는 바바의 것과는 상당히 차이를 보인다. 칸클리니는 혼종성을 맹목적으로 예찬하지 않는다. 그에게 혼종성이란 딜릭의 지적처럼 다양한 방식으로 전유될 수 있는 가능성을 갖고 있기 때문이다. 실제 라틴아메리카에서도 혼종문화가 진보적이고 해방적이기보다는 보수적이고 반동적으로 전유된 예가 적지 않다.[76] 따라서 칸클리니가 제기하는 가설들은 오히려 라틴아메리카의 혼종문화에 대한 안이한 예찬을 경계하게 만든다. 그의 일차적인 비판의 대상이 라틴아메리카의 근대성은 서구적 근대성의 규범화된 모델에 비해 미약하고 비천할 수밖에 없다는 서구중심적 논리였지만 또 다른 한편, 라틴아메리카에서 유행하고 있는 혼종문화의 포스트모더니즘적

---

74 Ibid., p.3.

75 Ibid., p.6.

76 Marwan M. Kraidy, *Hybridity, or the Global Logic of Globalization,* pp.52~53.

예찬이기도 하다. 그는 라틴아메리카의 경이적인 현실을 예찬하는 마술적 리얼리즘이나 초현실주의처럼 "라틴아메리카가 다양한 시대와 미학들이 동시적으로 인용되는 혼성모방과 브리콜라주의 고향이기 때문에 지난 몇 세기 동안 이미 독특한 방식으로 포스트모던적이었다는 테제"[77]는 라틴아메리카 현실을 신비화하는 것이고 이런 신비화는 혼종문화의 사회구조적 현실을 은폐할 수 있다고 본 것이다.

이는 칸클리니가 혼종성을 무조건 옹호하는 것이 아님을 잘 보여준다. 오히려 그는 라틴아메리카 현실에서 혼종화가 기능하는 방식과 그 메커니즘을 분석하여 그것을 민중들이 전유할 수 있는, 즉 그것을 민주적 훈련의 장으로 활용할 수 있는 방안을 고민할 것을 역설한다. 칸클리니는 혼종문화가 라틴아메리카 현실에서 다국적 문화산업이나 신자유주의적 시장논리에 지배될 가능성이 농후하다는 사실을 충분히 인식하고 있다. 하지만 그는 혼종문화를 그동안 지배와 불평등을 조장하고 지배헤게모니를 영속화해온 "종교적, 정치적, 민족적, 인종적, 예술적 근본주의를 상대화할 수 있는 기회"[78]로 활용할 수 있다고 생각한다. 현재의 문화상황에서 초국적 자본이 가장 유리한 입지를 장악하고 있는 것이 사실이라고 하더라도 이런 현실을 비관하거나 포기할 것이 아니라 그런 현실을 새로운 열린 가능성으로 전환하여 그 열린 가능성을 누가 주도해날 것인지, 혼종문화와 글로벌 문화의 메커니즘을 누가 장악할 것인지, 나아가서 어떻게 하면 이런 가능성을 초국적 기업에 넘겨주지 않고 공동체적으로 운영되는 시민의 힘을 방어할

---

77 Néstor García Canclini, op. cit., p.6.
78 Ibid., p.227.

것인지를 고민할 필요가 있다는 것이다.[79] 칸클리니에게 정작 중요한 것은 지구화의 사회경제적 변동 한 가운데에서 사회적 창의성을 강화시킬 조직네트워크와 문화 사이의 연결점을 만들어가는 사회의 행위자가 누구인가 하는 점이다.[80]

칸클리니의 입장은 여러 가지 점에서 시사하는 바 크다. 우선 제3세계나 주변부를 임의적으로 재현해온 중심부 이론가들의 주장을 내부로부터 뒤집고 주변부 문화의 역동성을 강조한 점이 인상적이다. 그의 혼종이론은 제3세계나 주변부를 후기자본주의와 그 문화논리인 포스트모더니즘에 의해 동질화되고 상품화될 공간으로 보았던 제임슨 식의 논리에 맞서 다양한 시간성들이 중첩되고 융합되는 주변부 문화현실 내부의 역동적 과정을 사실적으로 탐구하고자 한 것이다. 둘째, 그의 혼종문화 개념은 포스트식민주의나 포스트구조주의에서 말하는 혼종성과는 분명한 차이를 갖는다. 그것은 주체의 정신분석이나 문화주의적 담론에 한정되어 있는 혼종성을 사회구조 및 사회동력과 연결하는 것으로 주변성이나 혼종성을 진보적 · 저항적 가치로 당연시하는 포스트식민주의의 혼종성과는 구별된다. 특히 바바처럼 정신분석학에 의지하여 식민주의적 통제와 지배에 권위를 부여하는 상징질서의 전복을 위한 심리전을 수행하는 경우, 특히 그것이 사회구조와 역사 현실과 연결되지 못한 채 추상화될 경우, 혼종성을 심리화하고 주관화하는 경향이 있다. 이와 달리 칸클리니는 혼종문화를 사회의 생산

79 Néstor García Canclini, *Transforming Modernity : Popular Culture in Mexico*, Austin : University of Texas Press, 1993, pp.105~114.

80 Néstor García Canclini, 「세계화와 정체성 논의에 대한 또 다른 시각」, 『세계화 시대의 문화논리』, 한울, 2005, 132면.

양식과 문화양식 간의 역동적 관계라는 관점에서 사고한다.

문화연구의 패러다임의 전환과 혼종문화론이 어떤 관계가 있으며 혼종문화론이 어떤 이론적 과정을 통해 전개되고 있는지를 대략적으로 살펴보았다. 특히 혼종문화가 비판적 전유의 대상이지 그 자체 전복적이고 저항적인 가치로 평가될 수 없다는 점을 강조했다. 오늘날 혼종문화적 전략을 통해 최고의 이윤을 창출하는 세력을 들자면 단연 초국적 문화산업들이다. 과거에도 혼종문화는 국민적 정체성을 형성하는 데 보수적이고 반동적인 기제로 활용되기도 했다.[81] 따라서 여기서 강조하고 싶은 것은 혼종문화 그 자체가 아니라 혼종문화 내부의 문화적 역동성을 활용하여 그 내부의 힘을 비판적이고 진보적이며 민주적인 기획으로 전유하고 그것을 바탕으로 새로운 미래의 기획을 모색하는 것이다.

앞으로 중요한 과제가 될 것은 혼종문화의 이론을 구체화하고 그 내부의 동력을 분석하는 작업이 될 것이다. 여기에서는 그런 구체화 작업이 어떤 차원에서 이루어질 수 있는지를 간략히 언급하면서 마무리 짓고자 한다. 우선 혼종문화와 문화횡단 이론의 장점은 주변부이든 제3세계이든 부정적인 존재로 간주되어온 문화적 주체들의 능동적 역할을 회복시킨 점이다. 그동안 타문화를 수용할 때 번역주체의 능동적 기능은 무시되거나 억압되기 일쑤였다. 그것은 문화번역의 주체가 자기충족적인 국민문화라는 허구를 구성하기 위해서는 억압되어야 했

81 Marwan M. Kraidy, *Hybridity, or the Global Logic of Globalization,* p.52.

기 때문이다. 특히 문화번역의 과정은 이식을 위한 일시적 혼란, 자기 문화에 대한 폄하, 나아가서 원본의 진정한 가치가 소멸되어가는 엔트로피적 감소로 여겨졌다. 하지만 문화적 번역에 대한 이런 폄하는 외래문화를 전유해가는 주변부의 문화적 역량을 부정하는 것에 다름 아니다. 외래문화들과의 접속과 번역을 중심에 두는 문화횡단과 혼종문화는 외래문화와의 관계를 근원적으로 새롭게 사고하기 위한 것이다. 즉 그것은 단순히 외래문화를 이식하는 것이 아니라 주변부의 문화적 역량과 주체적 능력에 따라 그것을 재전환하고 재가공하여 새롭게 창조하는 것을 중요시한다. 따라서 혼종문화의 이론은 단순한 이식에서 번역translation으로, 수용에서 재전환reconversion으로의 전환을 통해 주변부의 문화적 역량을 강조하는 데 그 목적이 있다.

두 번째, 혼종문화와 문화횡단은 생산과 소비의 관계를 새롭게 사고하고자 한다. 그동안의 문화연구의 관점은 생산과 소비를 분리하여 생산에 특권적 지위를 부여하고 소비에는 항상 부차적인 역할만 부여하였다. 생산과 소비의 이와 같은 분리는 중심부는 생산을 담당하고 주변부는 그것을 소비만 한다는 문화적 지배와 종속의 논리를 되풀이 한다. 그러므로 중심부의 이론을 소비하는 주변부는 항상 소비만 하기 때문에 새로운 이론을 생산할 수 있는 창조적 가능성을 박탈당하게 된다. 혼종문화는 생산과 소비 간의 역동적 관계, 즉 소비가 갖는 생산적 성격과 생산적 소비와 소비적 생산 간 역동적 관계를 종합적으로 사고할 필요성을 제기한다. 아브릴 트리고의 말처럼 문화적 종속이란 소비만 한다는 것이 아니라 그것이 생산과 연결되지 못한 채, 즉 생산과 단절된 소비만 하는 것이다. 혼종문화는 소비를 다시 생산과 연결하는 재전환의 방식을 새롭게 정립하고자 한다.

마지막으로 혼종문화와 문화횡단은 혼종문화의 생산과정에 그 사회공동체에 유리한 민주적 기획을 도입하여 수평적 연대와 접속을 가능하게 하는, 소위 들뢰즈가 말하는 리좀처럼 새로운 정치학을 구상할 필요가 있다. 앞서도 지적했듯이, 오늘날 혼종문화를 주도하는 것은 다국적 혹은 초국적 자본들이다. 혼종문화에서 가장 중요한 것은 그러한 지배로부터 혼종문화의 다양한 힘들을 탈영토화시키고 그 힘을 문화민주주의를 위해 활용할 수 있는 방안을 고민하는 것이다. 그 방안은 혼종문화의 내부에서 갈등, 분쟁, 협상, 타협을 통해 자신들의 기획을 추진하고자 하는 다양한 사회적 주체들 간의 헤게모니 투쟁의 문제와 분리될 수 없다. 탈아우라적 실용주의처럼 여기에는 미리 그려진 지도나 기존 재현으로의 복귀를 거부하면서 계속해서 새로운 연대와 접속을 생성하는 문화적 시도들이 중요해진다. 그러할 때 문화민주주의의 훈련의 장으로서의 혼종문화는 초국적 문화산업에 의한 지배를 거부하고 수평적 접속을 통한 새로운 연대와 변혁을 추구해나갈 수 있는 문화연구의 중심적 영역이 될 수도 있는 것이다. 들뢰즈의 말을 빌자면, 자본은 모든 경계를 허물어뜨리면서 탈주한다는 점에서 리좀과 닮았지만 모든 것의 독특성을 빼앗아 그것들을 재영토화해버린다는 점에서 지속적인 접속과 새로움의 생성을 강조하는 리좀과는 다르다. 혼종문화의 리좀적 가능성은 자본의 지구화 시대 초국적 문화산업의 영토화에 맞서 새로운 민주적 문화연대를 생각하는 데 중요한 비유를 제공해줄 수 있다. 이상에서 혼종문화론이 초국적 자본주의의 문화논리가 아니라 비판적 문화연구의 도구로 전유될 수 있는지를 살펴보았다. 혼종문화는 그 자체 긍정적이든 부정적이든 도덕적 가치가 아니라 사실적 분석과 비판적 전유의 대상이라고 지적해두자.

2장

프레드릭 제임슨의 포스트모더니즘론과 서구중심주의

1. 제임슨의 포스트모더니즘론과 정치적인 것의 부재

미국의 대표적 마르크스주의 비평가인 프레드릭 제임슨Fredric Jameson은 독특한 변증법적 사고로 잘 알려져 있다. 그의 변증법적 사고는 독창적이면서도 아주 난해한 편이다. 제임슨의 이론을 이해하고 그것이 갖는 비평적 의의를 살펴보기 위해 그의 변증법적 사고를 개관하는 일에서 출발해보자. 테리 이글턴Terry Eagleton이 『문학 이론 입문*Literary Theory : An Introduction*』에서 신비평, 현상학, 해석학, 구조주의, 포스트구조주의, 신화비평 등 다양한 이론들을 주로 정치비평적이고 유물론적인 관점에서 그 이론들의 계급성과 정치적 이데올로기를 통렬히 비판하고 있는 데 반해, 제임슨은 『정치적 무의식—사회적 상징행위로서의 서사*The Political Unconscious : Narrative as a Socially Symbolic Act*』에서 정치적 비판보다는 대문자 역사Hisotry의 변증법적이고 총체적인 통합에 초점을 두고 다양한 이론들의 지양-통합(끌어안기)에 역점을 두고 있다. 제임슨에게 마르크스주의의 변증법적 방법은 다양한 이론들 간의 "외견상 적대적이고 통약 불가능한 비평적 작용들을 수렴할 수 있는 초월할 수 없는 지평"[1]과 같은 것이다. 제임슨과 이글턴의 이론이 보여주는 비평적 전략의 차이가 영국비평계와 미국비평계 내에서 좌파지식인이 처한 상황적 맥락의 차이에서 비롯하는 것이기 때문에 두 사람의 이론적 전략 중 누가 더 적실適實하다고 판단하는 것은 곤란한 일이다.

일단 그런 판단을 접어 두면, 제임슨의 변증법적 사고는 지금까지도 그의 이론에 중심적 위치를 차지하고 있다고 할 수 있다. 제임슨은 자신의 초기 저서인 『마르크스주의와 형식*Marxism and Form*』에서 변증법적 방법dialectical method이란 "세부적인 것에 대한 구체적 작업을 통합으로써만, 그리고 그 내적 필연성에 의한 한 체계의 점진적 구성을 내적으로 공감하고 경험함으로써만 획득될 수 있는 것"[2]이라고 말한다. 이러한 변증법적 사고가 곧 "변증법적 문장의 정교화"[3]와 긴밀하게 연결되어 있다는 점에서 제임슨에게 변증법은 서사와 문체의 차원에서 동시에 작동하는 것이다. 『정치적 무의식』에서 제임슨의 문체가 독특하면서도 복잡한 사고의 흐름과 연결을 형성하는 것은 언어적 비유를 통해 "실재의 운동을 감지한다는 느낌"을 전달하려는 데서 비롯하는 것이기

---

1 Fredric Jameson, *The Political Unconscious : Narrative as a Socially Symbolic Act*, Ithaca : Cornell University Press, 1982, p.10.

2 Fredric Jameson, *Marxism and Form : Twentieth-Century Dialectical Theories of Literature*, Princeton : Princeton University Press, 1974, p.xi.

3 Ibid., p.xii.

도 하지만, 그의 변증법적 문장이 지극히 난해하고 복잡한 것은 현실의 운동이 복잡하다는 것이며, 나아가서 현실의 변증법적 운동을 그만큼 포착하기 쉽지 않다는 것을 방증하는 것이다. 그렇다면 현실을 어떻게 이해할 것인가? 제임슨의 변증법적 사고에서 중심적 지위를 차지하고 있는 것이 오늘날 후기자본주의 사회를 어떻게 인식하고 규정할 것인가 하는 점이라는 것은 전혀 이상할 것이 없다. 여기서 우리는 포스트모더니즘을 '후기자본주의의 문화적 지배소'로 규정하는 제임슨의 포스트모더니즘론이 그의 변증법적 사고의 연장에 있다는 것을 어렵지 않게 예감할 수 있다. 하지만 제임슨은 이미 『마르크스주의와 형식』에서 포스트모더니즘을 직접적으로 다루고 있지는 않지만 포스트모더니즘을 문화적 지배소로 삼는 사회의 출현을 예견한 바 있다. 이 책에서 제임슨은 미국 사회를 '후기산업사회의 독점자본주의'로 정의하고 언론 매체, 광고, 그리고 선전 등을 통해 대중 현혹의 기법을 행사하여 계급 구조의 가시성과 연속성이 사라졌으며 동시에 "우리의 경험의 전체성이 상실"[4]되었다고 단언한 바 있다.

제임슨에게 변증법적 사고는 이런 사회구조 속에서 "우리가 어떻게 사회생활의 한 차원에서 다른 차원으로, 심리적 차원에서 사회적인 차원으로, 나아가서 사회적인 차원에서 경제적 차원으로 옮겨 갈 수 있는지"[5]를 묻는 '매개mediation'와 '약호전환transcoding'의 문제와 분리될 수 없다. 그런 점에서 대립물이나 다양한 심급들을 연결하는 헤겔적 매개라는 문제틀은 제임슨에게 여전히 유효하다고 할 수 있다. 특히

4 Ibid., p.xvii.
5 Ibid., p.xiv.

변증법적 매개와 총체성의 문제는 제임슨의 포스트모더니즘 속에서도 일관되게 주장되고 있다. 그는 80년대 말과 90년대 초의 복잡한 상황을 변증법적으로 새롭게 사고할 필요가 있다고 계속해서 강조하는데[6] 이는 그의 이론을 총체성이나 실재the Real의 존재를 부정하는 장 프랑스와 리오타르Jean-François Lyotard나 장 보드리야르Jean Baudrillard와 같은 포스트모던 이론가들과 구별 지어 주는 핵심적 특징이라 할 수 있다.

제임슨의 변증법적 사고가 갖는 또 다른 독특한 점은 변증법적 과정이 "필요에서 자유로의 도약"을 꿈꾸는 역사의 유토피아적 비전을 늘 함축하고 있다는 데 있다. 이미 『마르크스주의와 형식』에서 아도르노와 블로흐를 통해 근대적 서사의 중핵에 유토피아적 열망이 있음을 읽어 내는가 하면, 『정치적 무의식』에서도 유토피아적 사고가 개인적 차원이 아니라 '집단적'(계급적) 차원의 것임을 다양한 이론과 소설을 통해 분석한다. 서사적 형식을 사회현실의 모순과 갈등을 상징적으로 해결하는 독특한 행위로 간주하는 것은 알튀세르 계열에 속하는 이글턴이나 피에르 마슈레Pierre Macherey와 같은 영국과 프랑스의 문학생산론자들과 유사하지만 현실의 모순과 집단적 무의식이 알레고리 형식으로 상징화되면서 동시에 그러한 상징화의 해결 속에는 항상 유토피아적 소망이 자리하고 있음을 강조한다는 점에서 제임슨의 변증법적 사고는 이들과 명확히 구별된다. 포스트모더니즘 이론가들에게 근대적 악몽으로 취급되고 있는 '유토피아'의 관념은 제임슨에게는 계속해서 유효한 개념인 것이다.

---

6 Fredric Jaemson, *Postmodernism or The Cultural Logic of Late Capitalism*, Durham : Duke University Press, 1991, p.263.

제임슨의 포스트모더니즘 이론이 갖는 독특성은 이와 같은 다양한 문화적 현상들을 약호전환하는 변증법적 사고를 통해 가장 잘 드러난다. 그것은 초현실주의적 병치의 방법으로 가장 별개의 현상들, 예를 들어 해석학적 심층 모델에 대한 이론적 비판과 포스트모던 건축의 이차원적이고 깊이 없는 공간을 자본주의 생산양식이라는 맥락 속에서 연결하려는 데 있다. 우선 제임슨은 포스트모더니즘을 후기자본주의 단계의 상부구조적 문화현상으로 해석한다. 이러한 이해는 에른스트 만델의 『후기자본주의*Late Capitalism*』(1975)에 근거한 것이다. 만델은 오늘날의 세계에서도 마르크스주의의 현실적이고 현재적인 가능성을 신뢰하는 이론가이다. 그는 자본주의 발전의 후기산업적 소비사회의 현 국면이 마르크스의 초기 분석과 모순되기는커녕 사실상 마르크스가 말한 더욱 발달된 형태의 순수한 자본주의라고 주장한다.[7] 그는 후기자본주의 사회를 자본에 의한 상품화와 물신화가 사회적·개인적 삶의 거의 모든 영역은 물론이고 지식, 정보, 심지어 무의식에까지 침투한 사회로 간주한다. 물론 후기자본주의를 순수한 자본주의라고 부를 때, 많은 평자들은 그 순수성의 함의를 해석하는 데 만델과 제임슨의 입장 간에는 분명한 차이가 있다고 주장한다. '순수한'이라는 의미가 만델에게는 모든 것이 상품화되고 물신화된다는 의미보다는 후기자본주의에서는 노동과 자본 간의 대립이 보다 명확해지고 보다 첨예한 계급적 갈등으로 변해간다는 의미를 내포하고 있다. 이는 나중에 다시 살펴보기로 하자.

---

7 Ernest Mandel, *Late Capitalism*, London : Verso, 1999 참조.

제임슨의 「포스트모더니즘, 혹은 후기자본주의의 문화 논리Postmodernism, Or the Cultural Logic of Late Capitalism」는 포스트모더니즘 이론을 가장 체계적으로 제시하는 매우 중요한 글 중 하나이다. 그에 따르면 포스트모더니즘은 자본주의 발전의 최근 단계의 문화현상이고 문화의 급격한 전환을 알리는 징후이다. 제임슨은 포스트모더니즘을 후기자본주의의 문화적 지배소로 간주하고 그 문화적 특징으로 고급문학과 대중문학 간의 구분이 사라진 점, 모더니즘 작품들이 정전화되면서 체제로 흡수되어 비판적이고 전복적인 날카로움을 상실한 점, 사회의 거의 전 영역들이 상품화되어 문화가 현실에 대해 갖고 있던 비판적 거리가 소멸한 점, 주체성의 급격한 파편화와 해체로 불안, 소외, 부르주아적 개인주의와 같은 근대적 문제설정이 더 이상 유효하지 않게 된 점, 역사적 과거와 미래에 대한 의식이 사라진 허약한 현재주의가 팽배한 점, 방향감각을 상실한 포스트모던적인 하이퍼리얼 공간이 도래한 점 등 여러 가지 징후들을 나열하고 있다.

제임슨이 포스트모던 문화현상의 특징을 이런 식으로 제시할 수 있었던 것은 그가 포스트모더니즘적 현상의 출현을 도덕적 취향이나 판단과는 무관한 사실성의 차원에서, 제임슨의 말로 하자면, 생산양식의 현실적 변화라는 시각에서 문화현상을 인식하고자 했기 때문이다. 이러한 점 때문에 제임슨의 이론은 새롭게 등장하는 문화현상들을 냉정하게 들여다보기에 앞서 그것을 특정한 취향을 갖고 긍정과 부정으로 섣불리 재단하려 했던 당대의 급진적 이론들과 구분된다. 뿐만 아니라 제임슨의 이론은 이러한 새로운 생산양식의 출현과 문화현상의 도래를 인정하지 않고 지나간 과거의 시각을 통해 도덕적 비판을 일삼는 보수적 좌파나 문화적 보수주의자들을 정면으로 문제 삼는다. 제임슨은 포스트모더니즘적 현상에 대한 도덕적 비판에는 취향(또는 견해), 분석, 그리고 평가가 뒤섞여 있다고 지적하면서 이런 현상을 이해하기 위해서는 이것들 간의 구분을 엄밀히 할 필요가 있음을 강조한다.[8] 제임슨은 도덕적 취향에 근거한 비판이 현실의 사회문화적 변화를 제대로 천착하지 못하고 오히려 과거의 기준에 집착하여 현재의 변화를 읽어내는 데 분석적 장애로 작용한다고 말한다. 그는 포스트모더니즘을 그것을 가능하게 하는 조건, 즉 가능조건 속에서 볼 것을 강조하는데, 이를 위해서는 특정한 의견이나 취향보다는 '분석'과 '평가'의 시각을 유지할 것을 강조한다. 제임슨에 의하면 평가는 분석, 즉 "어떤 작품이 좋은가 그렇지 않는가에 더 이상 의존하지 않고 오히려 개별 텍스트와 예술 작품에 의거하여 사회적 삶의 성격을 심문하는 사회적, 정치적 종류의 검토들을 생생하게 보존하고자 노력하는 것"[9]을 뜻한다. 이런 입장을 통해 제임슨은 "포스트모더니즘의 자기만족을 하나의 말기적 퇴폐의 증세로 비난하거나, 아니면 새로운 형식들을 새로운 기술과 기술주의 사회의 이상 국가를 가져오는 전조로 환영하고자 하는 유혹에 빠지는 대신에, 하나의 체계로서 후기자본주의의 사회적 재구성의 일

8 취향은 개인적 선호라는 느슨한 의미에서, 고상하게 그리고 철학적으로 '심미적 판단'이라는 이름으로 불려져 왔던 것이고, 분석은 문학적, 문화적 연구의 특정한 작업을 구성하고 있는 형식적, 역사적 분석의 특이하고 엄격한 국면을 가리킨다. 분석은 취향과 견해에 중심을 둔 문화적 저널리즘과는 매우 다른 종류의 작용인 것이다. 마지막으로 평가는 어떤 작품이 '좋은가' '그렇지 않는가'에 더 이상 의존하지 않고 오히려 텍스트와 개별적 예술 작품에 의하여 사회적 삶의 성격을 심문하는 사회적, 정치적 종류의 검토들을 생생하게 보존하고자 하는 것을 의미한다. Fredric Jameson, *Postmodernism or, The Cultural Logic of Late Capitalism,* Durham : Duke University Press, 1991, pp.298~299.

9 Fredric Jameson, *Postmodernism or, The Cultural Logic of Late Capitalism,* p.298.

환으로 문화 자체의 전반적 수정이라는 작업가설 속에서 새로운 문화적 산물을 평가하는 것이 더 적절한 행위"[10]라고 주장한다. 따라서 제임슨에게 후기자본주의의 문화 논리로서 포스트모더니즘은 적극적 찬양이나 도덕적 비난의 대상이 아니라 인식되고 분석되고 평가되어야 할 현실 자체인 것이다. 즉 그것은 후기자본주의의 문화현실 자체이지 그 현실에 대한 찬성이나 반대가 문제는 아니라는 것이다. 제임슨은 "포스트모더니즘에 대한 안이한 예찬이 자족적이고 타락한 것인 만큼 안이한 반박도 불가능하다는 점에서 우리가 이미 포스트모더니즘 문화의 내부에"[11] 있다고 말한다. 이를 제대로 평가하기 위해서 그는 우리에게 섣부른 도덕적 예단보다 '진정한 역사적 · 변증법적 분석'이 필요하다고 주장한다.

제임슨이 볼 때, 새로운 현실의 변화를 제대로 읽고 있는 것은 포스트모더니즘적 문화현상에 대해 도덕적 비난을 일삼는 보수적 마르크스주의자나 문화담론적 정치주의를 내세우며 마르크스주의에서 벗어나고자 하는 포스트마르크스주의자들과 달리 보수적이고 반동적인 시장주의자들이다. 왜냐하면 정치적 좌파들이 생산양식의 토대 변화에 주목하지 않은 채 도덕적 · 이데올로기적 비판을 지나치게 앞세우고 있는 데 반해, 시장주의자들은 이미 경제적 변화 자체를 제대로 알고 있기 때문이다. 그들은 경제적 변화가 문화적 변화와 긴밀히 연결되어 있다고 인식하였고 이데올로기와 현실 간의 관계를 자신들에게 유리하게 이용하려 들었기 때문이다. 즉 그들에게 "시장이데올로기는

10 Ibid., p.62.

11 Ibid., p.62.

경제 문제와 분리되어 문화적, 혹은 상부구조적 시체보관소로 보내질 수 있는 보충적 이념이나 재현적 사치 내지 장식이 아니다. 그것은 물 자체에 의해 객관적으로 필연적인 잔영으로 생성된 것이다. 그러므로 두 차원(이데올로기와 현실, 즉 물 자체)은 그 차이에서뿐만 아니라 동일성에서도 함께 기록되어야 한다."[12] 이는 우파적 시장주의자들이 자유와 경쟁이라는 이데올로기가 단순히 상부구조의 문화적 구호에 그치지 않고 경제적 토대에 변화를 주는 물질적 힘으로 작용한다는 것을 간파하고 있었음을 보여준다. 이에 반해 80년대 초의 정치적 보수화에 경제적 변화를 외면하고 담론적 문화주의로 맞섰던 포스트마르크스주의적 좌파들은 오히려 담론과 현실 간의 관계를 끊어버리고 급진적 정치주의로 나아가면서 현실적인 물적 토대의 변화를 간과했던 것이다. 여기서 제임슨이 비판의 대상으로 삼고 있는 것은 스튜어트 홀이나 라클라우와 무페의 포스트모던적 마르크스주의, 즉 포스트마르크스주의Post-Marxism이다. 제임슨은 이런 담론적 정치주의에서 담론 개념이 "잠재적으로 현실과는 무관하며 그 자체로 유동하는 것이라는 생각이 깔려있다"[13]고 비판한다. 나아가서 그는 시장은 이들이 생각하는 것과 달리 단지 담론이나 개념의 차원이 아니라 "사회계급의 본질적으로 적대적인 집단적 담론의 최소 의미단위"[14]인 이데올로기소ideologeme로 보아야 한다고 주장한다.

이런 인식은 영국 대처주의의 보수화에 맞서 급격하게 담론적 문화

12 Ibid., p.62.
13 Ibid., p.264.
14 Ibid., p.264; *The Political Unconscious*, p.76.

주의와 정치주의로 나아갔던 포스트마르크스주의를 비판했던 테리 이글턴의 비판과 유사한 측면이 있다. 이글턴은 제임슨처럼 포스트마르크스주의가 정치경제적 현실의 변화를 외면한 채 현실적 실천을 담론적 실천으로 조급하게 대체하려고 했다고 비판했다.[15] 현실에 대한 도덕적 비판이나 정치적 담론주의를 비판하고 마르크스주의의 현실적 유효성을 지속적으로 인정한다는 점에서 제임슨과 이글턴은 신보수주의적 반동의 시대에 동일한 입장을 공유했다고 할 수 있다. 물론 두 이론가 사이에는 유사한 점만큼이나 차이점도 많다. 제임슨이 정치투쟁이나 계급투쟁보다 생산양식의 변화에 중점을 두거나 유토피아적 해방으로 나아간 데 반해, 이글턴은 현실자본주의의 토대 변화에 주목하면서도 유토피아적 해방보다는 현실적 정치비평을 주장한 바 있다. 여기서는 두 이론가를 비교하는 자리가 아닌 만큼 제임슨의 주장이, 특히 그의 변증법적 방법이 현실적이고 토대적인 변화를 놓치지 않으면서 이론적 · 현실적 논리를 확보하려고 했다는 점에 주목할 필요가 있다.

제임슨의 분석을 좀 더 살펴보자. 그의 포스트모더니즘 이론이 절대 양보할 수 없는 이론적 개념이 있다면 그것은 바로 '재현representation'과 '총체성totality' 개념이다. 이 개념이 갖는 의미는 제임슨이 생산양식의 변화를 통해 포스트모더니즘의 가능조건을 사고하고자 하는 데서 비롯한다. 우선 제임슨의 포스트모더니즘 이론은 재현 불가능성을 강조하는 포스트구조주의와 달리 여전히 '재현' 개념을 주장한다.[16] 그는

---

15 Terry Eagleton, *Against the Grain : Essays 1975-1985*, London : Verso, 1986, p.4.

16 Fredric Jameson, "Cognitive Mapping", *Marxism and Interpretation of Culture* (Cary Nelson & Lawrence Grossberg eds.), London : Macmillan, 1988, p.348.

포스트구조주의나 포스트마르크시즘에 의해 '나쁜' 이데올로기 혹은 소박한 사실주의와 같은 것으로 비난받아온 '재현' 개념을 새로운 방식으로 전환하고자 한다. 알튀세르가 개념의 창안을 곧 계급투쟁이라고 주장했던 것처럼, 제임슨도 재현 개념을 둘러싼 이론 논쟁을 이론의 장으로 약호전환된 문화투쟁과 진배없는 것으로 간주한다. 그는 '재현'을 단순히 역사적이고 이데올로기적인 형식이 아닌 '형상적 비유figuration'로 보고 모든 형식의 미적 생산은 이런 저런 방식으로 재현을 위한 투쟁이었음을 강조한다. 우선 제임슨은 자본 발전의 세 단계를 구분하고 그 단계들은 각각 그에 고유한 문화적 공간들을 위한 가능조건들이 된다고 말한다. 자본의 발전에 따라, 즉 자본이 불연속적으로 확장하고 양적 도약을 이룬 결과 이 세 공간은 자본이 지금까지 상품화되지 않은 영역에까지 침투하고 식민화하는 정도에 상응하는 문화형식을 갖게 된다.[17]

첫 번째 공간은 고전적 시장자본주의에 조응하는 공간으로 그 이전의 신성시되고 균질화되지 않았던 이질적 공간을 기하학적이고 데카르트적인 동질성을 기준으로 재조직한 공간의 모습에 가깝다. 이 공간은 형상적 비유의 문제, 곧 재현의 문제를 그 다음 자본주의 발전단계에서 우리가 직면하게 될 만큼 첨예한 방식으로 제기하지는 않는다. 제임슨에 의하면 우리는 이 공간에서 이성적 계몽의 논리와 관련된 친숙한 과정들, 가령 세계의 탈신성화, 낡은 형식의 신성하고 초월적인 가치들의 세속화, 교환가치에 의한 사용가치의 점진적 식민화, 『동키

17 다음 부분은 Fredric Jameson, "Cognitive Mapping", pp.347～356을 정리한 내용임.

호테』와 같은 소설에서 볼 수 있는 오래된 초월적 서사의 현실주의적 탈신비화, 주체와 객체의 표준화, 욕망의 탈자연화 등과 같은 문화현상들을 목격할 수 있다.

형상적 비유가 본격적으로 문제되는 것은 그 다음 단계 즉 자본이 시장자본에서 독점자본으로 넘어가는 단계이다. 이 단계는 자본주의가 제국주의 시대로 이행해가는 단계이기도 하다. 제임슨에 따르면 이 단계에서 개인의 생생한 현실적 체험과 개인이 차지하고 있는 상징적 구조 사이에 어긋남이 발생한다. 즉 개인의 삶에 대한 현상학적 기술과 그러한 경험의 존재 조건에 대한 구조적 모델 간의 모순이 점차 커져가는 것이다. 이런 모순이 더욱 격렬해지면서 "개인의 경험이 진정하면 그것은 진리가 될 수 없고, 동일한 내용의 과학적·인식적 모델이 진리가 되면 그것은 개인의 경험을 피해 가는"[18] 역설적 상황, 즉 개인의 현실적 경험과 그것을 파악하려는 인식적 모델 간의 길항 관계에 문제가 발생하면서 그것들이 서로 어긋나는 상황이 생겨난다. 이러한 상황에서 예술 작품은 재현에 있어 엄청난 어려움에 봉착하게 된다. 바로 이런 상황을 재현하고 있는 것이 모더니즘이다. 모더니즘은 바로 이런 딜레마와 곤경을 극복할 수 있는 새로운 문학적·형식적 전략들을 찾아내려는 이유 때문에 등장했다. 제임슨은 이런 문학형식을 현실적 생산양식의 변화, 즉 "비가시적인 전 지구적 식민 체계에 대한 새로운 의식을 시적 언어의 통사구조 자체에 새겨 넣는 형식"으로 이해하고자 한다. 거대한 비가시적인 전 지구적 현실은 개인의 주체나 의식

18 Ibid., p.349.

에 더 이상 드러나지 않는다. 이런 현실은 궁극적으로 재현될 수 없는 것이다. 제임슨은 이를 알튀세르가 말하는 '부재 원인absent cause'과 같은 의미로 이해하면서 이를 '형상적 비유의 유희'라는 개념을 통해 설명한다. 그에 의하면 부재 원인은 다양한 원인들이 중첩적으로 작용하여 어느 하나의 원인으로 환원할 수 없는 과잉결정을 의미하는 것이기 때문에 그 자체로서는 결코 드러날 수 없다. 제임슨은 이런 재현 불가능한 현실 속에서 개인의 자율적 의식이라는 밀폐된 세계 위에서 이른바 '단자적 상대주의monadic relativism'를 표현하기 위한 형식이 바로 모더니즘이었음을 강조한다. 그는 모더니즘 형식을 단순히 부르주아적 의식의 반영이 아니라, 비록 그 내용에 있어서 부르주아지의 개인화된 사적 생활을 다루는 듯이 보이지만 실은 중산계급의 현실적 경험에 비가시적인 새로운 전 지구적 식민지 연결망이 침투한 징후이자 그것의 뒤틀린 표현으로 해석한다.

세 번째 공간은 두 번째 공간의 모순이 극단화된 포스트모던 세계의 공간이다. 이 공간은 만델이 '후기자본주의'라 부른 바로 그 공간으로서 다국적 연결망으로 이루어져 있고 이 공간에서는 자본의 양적인 팽창과 글로벌적인 지배로 오랜 도시뿐만 아니라 국가도 더 이상 중심적 기능과 역할을 하지 못한다. 이 새로운 공간에서는 비판적 거리가 소멸되는 현상을 비롯하여 자본주의적 상품화가 사회의 모든 공간에 침투해 들어가고, 윌리엄 깁슨William Gibson의 『뉴로맨서*Neuromancer*』에서처럼 "포스트모던적 육체는 모든 보호막과 매개가 제거되어 직접성의 지각적 연속 공격에 무차별적으로 노출되어 있다."[19] 이 공간에서 모더니즘 자체도 이미 낡은 것이 되어버린다. 즉 모더니즘적 모델은 주체의 죽음과 파편화, 그리고 주체의 정신분열적 탈중심화에 대한 적절한 비유를 더 이상 제공할 수 없다. 이 단계에서 모더니즘은 그 문화적 종언을 고하게 된다. 혁명적이었고 충격적이었던 파운드, 엘리엇, 월러스 스티븐스의 위대한 모더니즘 시, 르 코르뷔지에, 그로피우스, 미스 반 데어 로에와 같은 국제적인 건축양식, 스트라빈스키, 조이스, 프로스트, 토마스 만과 같은 예술가들은 이제 기존 제도권 내로 편입되어 정전이 되면서 타도되어야 할 우상으로 간주될 뿐이다. 제임슨은 모더니즘 문화는 "이미 죽었고, 질식당하고, 정전이 되었으며, 새로운 뭔가가 가능하기 위해서는 파괴되어야 할 사물화된 기념비들"[20]이 되어 버렸다고 말한다.

제임슨은 반 고흐의 그림과 앤디 워홀의 그림 간의 대조를 통해 모더니즘과 포스트모더니즘 간의 차이를 드러내고 있다. 그에 의하면 반 고흐의 그림에서는 하이데거의 존재의 드러남처럼 "농기구, 농부의 신발 한 켤레가 진정 무엇인가, 즉 예술작품을 매개로 한 존재의 드러남"[21]이 나타나고, "대지의 조용한 부름, 익어가는 곡식의 조용한 선물, 겨울철 들녘 휴경지의 신비스러운 자기포기"[22] 같은 것이 감지된다. 반면에 앤디 워홀의 작품인 「다이아몬드 가루 슈즈*Diamond Dust Shoes*」는 전혀 다른 느낌을 제공한다. 이 작품은 반 고흐 신발이 드러내는 존재의 직접성을 전혀 현시하지 않으며 사물의 진정성을 통해 우리에게 말을 걸어오지도 않는다.

---

19 Ibid., p.351.

20 Fredric Jameson, *The Cultural Turn : Selected Writings on the Postmodern 1983-1998*, London : Verso, 1998, p.2.

21 Fredric Jameson, *Postmodernism or, The Cultural Logic of Late Capitalism,* p.8.

22 Ibid., p.8.

> 여기서 우리는 아우슈비츠에서 타다 남은 신발 더미나 사람들로 가득 찼던 댄스홀에 이해할 수 없는 비극적 화재가 남겨놓은 잔재들처럼 이전의 생활세계와 절단된 채 마치 순무처럼 죽은 대상들의 임의적인 컬렉션이 캔버스에 함께 매달려있는 모습을 본다. 따라서 워홀에게서 (모더니즘과 같은) 해석학적 제스처를 완성하고 이런 잔재들에 댄스홀이나 무도장, 제트족 패션이나 매혹적인 잡지의 세계와 같은 전체적이고 더 거대한 살아있는 맥락을 회복할 길은 없다. (…중략…) 여기서 사람들은 포스트모더니즘 자체와 그것의 가능한 정치적 차원에 관한 핵심적 쟁점들 중의 하나를 제기하고 싶은 유혹을 느낀다. 즉 앤디 워홀의 작품은 사실상 상품화를 중심으로 회전하고 있으며 코카콜라 병이나 캠벨 수프캔의 거대한 광고판 이미지는 명시적으로 후기 자본으로의 이행이 내포하는 상품물신숭배를 전경화하는데, 이 이미지는 강력하고 비판적인 정치적 진술이어야 했다.[23]

제임슨은 포스트모던 공간이 갖는 특성을 새로운 역사적 딜레마로, 즉 개인적 주체가 근본적으로 불연속적인 다차원적 현실 속에 분산되어버리는 딜레마의 징후이자 표현으로 간주한다. 이런 세계에서 주체는 전혀 세계와 연결되지 못한 채 단절되어버린다. 오로지 세계에 대한 환상만 품고 있는 '나르시시즘적 개인주의' 속에 갇혀 있다. 그러므로 "후기자본주의 소비사회의 무게와 사물의 관성을 박탈당한 실제 삶의 외형만이 아니라 현실에 사는 우리 이웃들의 행동이 배우나 엑스트라의 연기처럼 느껴질 뿐만 아니라 '실제의 사회적 삶' 자체가 어느 정

23 Ibid., pp.8~9.

도 연출된 가짜의 특징을 지니게 된다." 이 단계에서 "자본주의의 공리적인 탈정신화의 세계에서 궁극적인 진리는 '실제 삶' 그 자체의 탈물질화, 즉 실제적 삶이 스펙터클한 쇼로 전도"되어 버린다. 제임슨에게 영향을 준 보드리야르 또한 미국과 같은 포스트모던 사회를 "꿈도 현실도 아니며 하이퍼리얼리티"이며 "인공적 파라다이스"[24]라고 지적한 바 있다. 이제까지 제임슨이 논한 세 공간을 도식적으로 표현하면 다음과 같다.

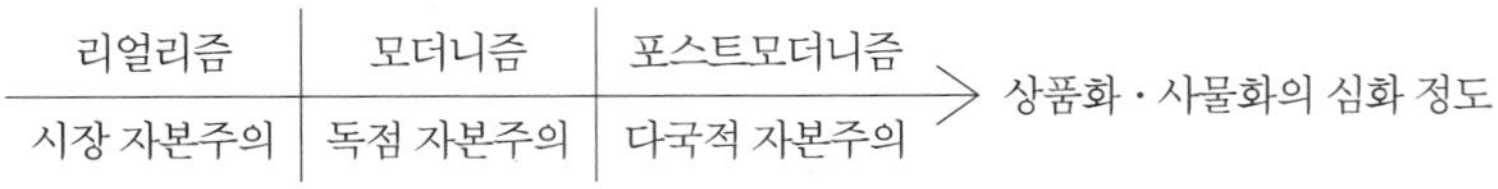

리얼리즘	모더니즘	포스트모더니즘	→ 상품화 · 사물화의 심화 정도
시장 자본주의	독점 자본주의	다국적 자본주의	

앞서 지적했듯이, 제임슨의 포스트모더니즘은 기본적으로 만델의 후기자본주의론에 근거하고 있다. 그는 자본주의 단계적 발전에 따라 각 단계는 그에 조응하는 문화양식을 갖는다고 주장한다. 즉 리얼리즘(사실주의), 모더니즘, 그리고 포스트모더니즘은 각각 시장자본주의, 독점자본주의, 그리고 다국적 자본주의의 생산양식에 조응하는 문화적 지배소들이다. 이는 자본주의적 생산양식의 발전과 그에 조응하는 문화양식들 간의 변증법적 관계를 총체적 재현의 시각에서 이해하고자 하는 제임슨의 해석에 함축된 기본전제이다. 그의 포스트모더니즘 문화에 대한 분석은 다른 포스트모던 이론가들이 환원적이라고 거부한 바로 그 총체적 방법론을 새로운 방식으로 회복하고자 하는 것이다. 제임슨은 총체성totality과 전체주의totalitarianism를 구분하지 못하는 프

---

24 Jean Baudrillard, *America*, London : Verso, 1989, p.28.

랑스 신철학자들을 비판하면서 총체성의 중요성을 재차 강조한다. 제임슨의 이론을 전반적으로 살펴볼 때 그는 두 가지 기본적 관점에서 총체성을 강조한다. 첫째 차이 자체는 항상 관계적이며 체계적인 맥락 밖에서는 제대로 이해될 수 없기 때문이고, 둘째 자본주의의 동질적이고 체계적인 현상들을 그려내기 위해서는 총체적 분석이 필수적이기 때문이다.[25] 총체성의 관점에 근거하여 제임슨은 차이, 파편, 그리고 이질성만을 지나치게 강조하는 포스트모더니즘적 이론이 차이와 특수성을 현실과 분리하여 물신화하면서 자본주의의 일반적 경향과 전개에 대해서는 외면하는 매우 혼란스러운 입장을 보이고 있다고 비판한다. 그가 볼 때, 총체성 개념이 진정으로 문제가 되는 것은 전체주의 때문이 아니라 현실과 매개되지 못하는 지나치게 추상적인 개념을 내세운다거나, 혹은 너무 단순하고 직접적이며 무매개적인 방식으로 상호 연관성을 지으려는 태도 때문이다. 사회적 층위들을 다른 층위들, 특히 경제적 층위의 과정으로부터 분리하려는 관념론적 태도를 피하고자 할 때, 진정한 과제는 적절한 매개를 사용하고 문화적 텍스트와 사회적 실천 간의 고도의 복잡성을 비환원적 방법으로 읽어낼 수 있는 매우 정교한 틀을 구축하는 데 있을 것이다. 이런 관제는 문화와 경제, 토대와 상부구조 간의 경계처럼 사회의 다양한 층위들 간의 관계가 붕괴되는 포스트모던 사회에서 더욱 절실한 이론적 · 비판적 과제가 될 수밖에 없을 것이다.[26]

25 Steven Best & Douglas Kellner, *Postmodern Theory : Critical Interrrogations*, New York : Guilfor Press, 1991, p.187.

26 Fredric Jameson, *Postmodernism or, The Cultural Logic of Late Capitalism,* p.xxi.

하지만 제임슨의 총체적 분석은 이론적 · 현실적 필요성에 근거하고 그 이론적 설득력이 대단함에도 불구하고 이론적 맹점이 없지 않다. 그것은 생산양식의 변화에 지나치게 초점을 두다보니 문화분석과 생산양식의 변화를 불연속적으로 이해하려는 경향을 보인다. 자본주의 단계론의 설정과 그에 상응하는 문화 현상을 구분하고 단계들 간 혹은 문화 현상들 간에 불연속적 관계를 상정하고 있는 듯한 인상을 준다. 그렇다면 제임슨에게는 만델에게서 볼 수 있는 자본주의적 특성의 연속적 관철과 순수화에 대한 이해, 그리고 그것들이 문화 현상과 맺고 있는 불균등한 전개를 간과할 가능성이 없지 않다. 특히 경제와 문화의 조응 관계는 그의 '문화소' 개념에도 불구하고 여러 이론가들로부터 경제주의 혹은 환원주의라고 비판 받을 소지를 제공한다. 이는 제임슨이 자본주의 내부의 계급투쟁보다는 경제적 생산양식의 변화에 초점을 두고 있고, 정치적 갈등이나 정치적인 것의 기능보다 자본주의의 상품화와 사물화의 심화 정도를 분석적 기준으로 삼고 있기 때문에 어느 정도는 불가피해 보인다. 이런 오해를 불식시키기 위해 제임슨이 제공하는 개념적 장치가 바로 지배소the dominant 개념이다. 지배소 개념은 생산양식이나 문화논리 내에 이질적이고 다양한 차이들을 부정하지 않으면서 지배적인 경향을 추적하고자 하는 개념이다. 하지만 이 개념이 사회 내부의 계급적 권력관계나 계급투쟁과 같은 마르크스주의의 정치적 개념과 만나지 않을 때는 관념적이고 정태적이며 추상적인 차원에 머물 수 있다. 그러므로 제임슨의 포스트모더니즘론은 그의 뜻과 달리 문화에 대한 자본의 전일적 지배를 강조하는 방향으로 나아가거나, 그 과정에서 생길 자본주의의 불균등발전의 경향을 간과할 가능성도 있다. 제3세계가 제1세계의 지배를 받고 있는 이상 제3세계도 제1세계처럼 자본의 지배가 관철되리라는 제임슨의 입장은 상당한 설득력을 갖고 있지만 그 관철의 방식이 로컬적인 것과 만나 어떻게 실현될 것인지, 즉 월터 미뇰로가 말하는 글로벌적인 구상들global designs과 로컬적 역사들local histories이 마주치는 복잡한 횡단과 혼종의 과정들에 대한 구체적인 차별성에 대한 인식은 뚜렷하지 않은 편이다. 제임슨의 자본주의적 단계론의 설정이 자본의 발전과 사물화와 상품화의 심화 정도에 근거한다면, 자본주의의 생산관계와 계급관계 내부의 모순적 갈등과 변화는 제대로 제기될 수 없을 가능성이 크며 미국 사회 내부의 존재하는 다양한 힘들의 관계에 대한 인식은 매우 취약한 편이다. 역설적이게도 포스트모더니즘의 이해를 위해 정치주의를 비판한 것이 오히려 제임슨 자신으로 하여금 생산양식 내부의 불균등한 발전과 문화와 정치 내부에서 벌어지는 계급투쟁을 외면하게 만들고 있으며, 문화 현상을 과장하여 그것을 시대적 단절로까지 확대 해석할 가능성을 보여준다. 특히 제임슨은 모더니즘과 포스트모더니즘의 관계를 지나치게 대립적 · 단절적 관계로 설정하다보니 그 연관성을 간과하는 면도 없지 않다. 그가 포스트모더니즘의 주된 특징이라 규정하는 것들이 이미 모더니즘에서도 나타난 현상들이고 보면, 포스트모더니즘은 모더니즘 자체와의 단절이 아니라 모더니즘의 경향적 심화 혹은 악화로 볼 수 있는 대목도 있다. 제임슨의 이론 속에서는 라틴아메리카 문화 연구자인 네스토르 가르시아 칸클리니와 같은 이론가가 제기하는 '포스트모더니즘 이후의 근대성'이나 근대성 / 식민성 그룹이 제기하는 트랜스모더니티와 같은 논의들이 쟁점으로 떠오르는 것이 애초에 차단되어 있다. 켈너가 제임슨의 이론에 대해 "동시대 사회생활의 제한된 부문들에 적용 가능한 견해를 부풀려 모든 사회 영역들을 재현하는 지극히 일반적 개념으로 사용하여 각 부문의 특수성을 분석하지 못하는 경향이 있다"[27]고 지적한 것은 다소 수긍이 가는 점이 있다.

마이크 데이비스Mike Davies도 켈너와 비슷한 차원에서 제임슨을 비판한다. 우선 데이비스는 제임슨의 만델 수용을 문제 삼는다. 즉 제임슨의 포스트모더니즘은 만델의 후기자본주의에 의지하면서도 어디까지나 만델에 대한 일정한 오해, 즉 만델에 대한 제임슨 나름의 해석에 따라 이루어졌다는 것이다. 데이비스에 의하면 제임슨이 1960년대를 자본주의와 그 문화가 이전과의 급격한 단절을 이루는 지점으로 간주하고 포스트모더니즘, 새로운 기술, 그리고 다국적 자본주의 간의 '구성적' 관계를 설정하는 작업에 열중했다면, 만델은 2차 대전 이후 자본주의의 장기적 성장의 흐름이 1974~75년 경기 침체로 끝이 났다고 보았고, 그 주된 특징으로 제국주의 경쟁의 악화와 계급갈등이 보다 첨예하게 나타나는 '순수한' 자본주의를 들었다는 점에서 제임슨과는 분명한 인식차이를 드러냈다.[28]

특히 데이비스는 포스트모더니즘을 상품화와 사물화, 특히 유통 서비스의 관점에서 볼 것이 아니라 미국문화 내부의 계급 관계로 인식할 것을 강조한다. 그는 포스트모더니즘을 새롭게 해석하기 위한 두 가지 특징으로 현재의 위기 국면에서 새로운 국제적인 금리생활계층의 부

27 Steven Best & Douglas Kellner, op.cit., p.188.
28 Mike Davies, "Urban Renaissance and the Spirit of Postmodernism", *Postmodernism and Its Discontents*, London : Verso, 1988, p.82.

상과 미국에서 발생하고 있는 새로운 계급적 양극화를 들고 있으며, 특히 후자는 미국도시 개혁의 이상에 대한 결정적인 포기로 나타나고 있다고 주장한다. 특히 데이비스는 제임슨이 포스트모더니즘의 주요 특징으로 간주하는 금융 서비스 부문의 지나친 확대가 자본주의의 새로운 단계를 의미하는 것이 아니라 미국의 노동운동의 쇠퇴와 생산자본의 붕괴 위기의 수명을 연장시키는 금융적 과잉축적의 타락한 징후라고 주장한다.[29] 데이비스의 비판은 제임슨의 이론에 존재하는 정치적인 것의 부재라는 맹점을 정확히 겨냥한 것이다. 제임슨의 주된 관심이 생산양식과 문화적 논리 간의 상관성에 있기 때문에 아이러니하게도 정치적인 것의 차원은 그에게 불분명한 채 남아 있다. 정치적인 것에 대한 인식 부재는 역설적에게도 제임슨으로 하여금 미국 내의 다양한 여성 및 소수인종 운동이나 현실적 계급운동의 가능성을 실천적으로 파악하지 못하도록 차단한다. 이러한 점은 포스트모더니즘과 미국 내부의 운동에 대한 인식적 한계로 작용할 뿐만 아니라 실제 지구화에 대한 그의 시각, 특히 제3세계와 주변부를 바라보는 제임슨의 시각에도 반복해서 나타난다.

29 Ibid., p.82.

2. '슬픔'으로서의 제3세계와 반주변부

—제임슨의 (반)주변부론 비판

정치적인 차원이나 계급갈등보다 생산양식과 문화양식 간의 상관성에 주안점을 둔 제임슨의 변증법적 이론은 그의 이론에서 강점으로뿐만 아니라 한계로도 작용하고 있다. 제임슨이 후기자본주의 문화의 전 지구적 현상에 주목할 수 있었던 것은 정치적 시각이 아니라 생산양식의 변화라는 시각을 통해 문화현상을 이해하고자 했기 때문이다. 생산양식의 시각은 미국이라는 한 나라뿐만 아니라 국가들 간의 관계 변화, 특히 자본의 전 지구적 변화를 총체적으로 인식하는 데도 큰 장점이 될 수 있다. 미국 좌파이론가 중에서 자본의 지구적 확장과 그것이 문화에 끼치는 영향을 가장 날카롭게 인식해온 이론가는 단연 프레드릭 제임슨이다. 하지만 앞서 보았듯이 제임슨의 통찰은 일정한 맹목을 동시에 갖고 있다. 전 지구적이고 지리정치적인 문화에 대한 제임슨의 이론 속에는 그가 포스트모더니즘에서 보여주었던 한계가 그대로 반복되고 있는 것이다. 여기서는 제임슨이 제3세계와 주변부를 어떻게 바라보는가에 초점을 두고 살펴보자.

제임슨의 포스트모더니즘에 대한 이해를 길게 살핀 이유는 그의 시각이 자본의 지구화뿐만 아니라 제3세계 그리고 주변부에서의 삶을 인식하는 데도 그대로 적용되고 있기 때문이다. 미국 사회 내부의 계급적 갈등이나 다양한 정치적·문화적 운동에 대한 그의 간과는 역설적이지만 제3세계나 주변부를 바라보는 데로 고스란히 확장되고 있다.

특히 이런 확장 속에서 제1세계 지식인의 서구중심주의가 은근히 스며들게 된다. 포스트모더니즘 이론 이후 제임슨의 이론적 작업에서 눈여겨 볼 것은 그의 관심이 세계체제의 (반)주변부 내지 제3세계로 점차 이동하고 있는 사실이다. 포스트식민주의의 등장 이후 제3세계와 주변부 출신의 이론가들에 의해 미국비평계가 도전받게 되면서 제1세계 비평가들은 제3세계와 관련된 전 지구적 이슈에 대해서는 대체적으로 침묵하거나, 그렇지 않으면 이론적 문제설정을 축소하고 있는 실정을 감안할 때, 제임슨의 이와 같은 행보는 우리의 주목을 끌기에 충분하다. 사실 제임슨이 이렇게 광범위한 이론적 시각을 보여줄 수 있었던 것은 그가 90년대 들어 동아시아와 라틴아메리카의 많은 지식인들과 연대하고 그들의 투쟁에 적극적으로 공감한 결과라고 할 수 있다.

이미 포스트모더니즘에 대한 이론을 전개하면서 제임슨은 자신의 탐구를 문학에만 국한하지 않았고 문화현상 전반, 특히 건축과 영화와 같은 다양한 예술장르로 확장하는 한편 후기자본주의의 공간적 지배에도 주목한 바 있다. 제임슨은 오늘날의 문화가 공간과 공간적 논리에 의하여 지배되고 있음을 강조하고 "우리 자신의 상황에 적합한 정치문화의 모델은 필연적으로 공간의 문제를 근본적 관심사로 제기해야 할 것이다"[30]라고 말하면서 이런 공간의 정치학을 '인식적 지도그리기cognitive mapping'로 표현한 바 있다. 하지만 제임슨의 포스트모더니즘에서 다루어지는 공간은 제1세계의 공간을 크게 벗어난 것이 아니었고 그가 케빈 린치Kevin Lynch가 말한 도시공간 속의 현대적 체험을 "광

30 Frederic Jameson, *Postmodernism or The Cultural Logic of Late Capitalism,* p.51.

대하고 재현할 수 없는 전체인 도시구조의 총체상에 종속된 개인이 자신의 상황을 재현"[31]하는 것으로 언급하는 것으로 보아 그의 공간 개념은 재현의 전략이나 은유의 수준에 머물러 있었던 것으로 보인다.

하지만 90년대 들어 제임슨의 관심은 단순히 공간적 은유의 차원을 뛰어넘어 그 지리정치적 경계를 제1세계에서 일본, 중국, 한국, 타이완, 필리핀, 동아시아 신흥공업국들, 라틴아메리카 등과 같은 비서구와 (반)주변부 그리고 제3세계 국가들로 확장하였고 그에 맞추어 문화에 대한 세계체제적 관점이나 지리정치적 관점을 정교하게 만든다. 우선 제임슨의 이 같은 관심이 일회성 관심이 아니라는 것은 지난 10년 동안 그가 발표한 글들의 대략적 목록만으로도 충분히 확인된다.[32] 주로 제1세계의 후기자본주의의 문화논리를 다루고 있는 「포스트모더니즘 혹은 후기자본주의의 문화논리」와 달리, 「다국적 자본주의 시대의 제3세계 문학Third-World Literature in the Era of Multinational Capitalism」에서 그는 중국의 루쉰Lu Xun과 세네갈의 셈벤 우스만Sembene Ousmane의 작품을 중점적으로 다루면서 제3세계 문학의 인식적 미학을 세우고자 한다. 제임슨은 제3세계 문화의 엄청난 다양성을 염두에 둘 때, 제3세계 문학의 일반 이론을 주장하는 것은 주제넘은 행위일 수 있음을 경계하면서도 제3세계는 제1세계의 자본에 의해 관철되는, 곧 근대화 과정을 겪는 경제적 상황을 공유하고 이를 반영한 "제1세계의 문화적 제

---

31 Ibid., p.51.

32 Frederic Jameson, "Third World Literature in the Era of Multinational Capitalism", *Social Text*, Fall, 1986. 나중에 *The Jameson Reader*, Oxford : Basilblackwell, 2000에 재수록됨. "In the Mirror of Alternate Modernities", *South Atlantic Quarterly*, Spring 1993. 후에 Karatani Kojin, *Origins of Modern Japanese Literature*, Durham : Duke University Press, 1994에 다시 수록됨.

국주의와의 생사를 건 투쟁"[33]을 벌인 공통의 경험을 갖고 있다고 주장한다. 제임슨은 이런 역사적 투쟁과 문화적 경험 때문에 제3세계는 "제1세계의 문화형식과 근본적으로 구분되는 공통적인 것"[34]을 갖게 되었고 그 결과 모든 제3세계의 문학이 서구소설의 재현 문법에 의하여 지배될 때조차 이 공통적인 역사적 경험을 형상화한 "민족적 알레고리national allegory"로 이해될 수 있다고 말한다. 특히 그는 제3세계의 공통적인 인식적 미학이 가능할 수 있는 것은 제1세계 문학이 사적인 것과 공적인 것, 시적인 것과 정치적인 것, 성적이고 무의식적인 것과 경제적이고 정치적인 것 사이의 근본적 분열을 반영하고 있는 데 반해, 제3세계의 문학은 "사적이고 개인적인 운명의 이야기가 공적인 제3세계의 문화와 사회의 전투적 상황의 알레고리"[35]가 되기 때문이라고 역설한다. 가령 제임슨은 루쉰의 『아Q정전』의 아Q를 중국민족의 알레고리로 읽을 수 있다고 주장한다.

> 아Q는 알레고리적으로 중국 그 자체라고 할 수 있다. 하지만 내가 언급하고 싶고 문제를 더욱 복잡하게 만드는 것은 아Q의 박해자들, 아Q와 같은 그런 비참한 희생자들을 괴롭히면서 일상적 즐거움을 얻는 게으름뱅이들이나 공갈배들, 바로 그들 역시 알레고리적 의미에서 중국이라는 것이다. 바로 이 간단한 예는 알레고리적 의미tenor와 전달체vehicle가 서로 자리를 바꾸면서 다양한 의미와 메시지들을 동시에 생성하는 알레고리의 능력을 보

33 Frederic Jameson, "Third World Literature in the Era of Multinational Capitalism", *The Jameson Reader*, p.318.

34 Ibid., p.319.

35 Ibid., p.320.

여주고 있다. 다시 말해, 아Q는 외국인들에 의하여 창피를 당하는 중국, 자기를 합리화하는 정신적 기술에 너무 숙달된 나머지 그런 창피와 굴욕을 상기하기는커녕 기록조차 못하는 중국 그 자체인 것이다.[36]

제임슨은 '민족적 알레고리' 개념을 ① 이야기의 리비도적 차원, ② 알레고리의 구조, ③ 제3세계 문화생산자의 역할, ④ 이야기의 이중적 해결에 의해 투영되는 미래라는 추가적 분석을 덧붙여 보다 구체화시킨다. 그 구체적 내용을 살펴보면, ① 정치적인 관심이나 인간관계가 공적인 것과 사적인 것의 분리에 의하여 항상 심리화되고 성욕화되는 서구에 반해 제3세계 문학에서는 심리적 문제나 리비도적 집중이 주로 정치적이고 사회적인 관점에서 읽혀진다는 점, ② 앞서도 인용했다시피 개인적 삶의 이야기가 곧 집단의 알레고리로 읽히게 된다는 점, ② 분과학문의 높은 벽 속에서 관료적이고 전문적인 문학교사로 전락한 제1세계의 문학인의 지위에 비해 제3세계의 문학자는 시와 실천을 동시에 생산하는 정치적 지식인의 신분을 갖는다는 사실, 나아가서 ④ 아직 도래하지 않은 미래의 집단적 기획과 관련하여 서로 양립하기 곤란한 메시지들의 복합한 작용에 의해 서사적 결말이 현실적 미래에 대한 구체적 전망을 열어놓는다는 점이 거론된다. 이런 분석을 통해 제임슨이 주장하고자 하는 바는 민족적 알레고리와 제3세계 지식인의 지위가 갖는 상황적 의식situational consciousness 때문에 제3세계 문학이 인식론적 우월성을 가질 수 있다는 점이다. 즉 스스로를 타자화할 능

36 Ibid., p.325.

력을 상실한 채 "인식론적으로 불구적이고 자신의 주체들을 파편화된 주체성들의 환상으로, 고립된 단자들의 개별적이고 빈약한 경험으로, 나아가서 사회적 총체성을 파악할 수 있는 모든 가능성을 박탈당한, 즉 집단적 과거 혹은 미래 없이 죽어가는 개별적 신체들로 환원하고 있는" 주인의 쇠락하는 의식과 달리, 노예는 "자신이 처한 필연적 상황 때문에 자신에 대한 진정한 유물론적인 의식을 성취할 수 있다"[37]는 것이다.

제임슨의 이 글은 그 내부의 다양한 이질적 경험들을 무시한 채 제3세계의 경험을 제국주의와 민족주의 간의 대결이라는 기준으로 일반화하고 있다는 점 때문에 제3세계 출신의 이론가들의 거센 비판을 받았다. 그 대표적 경우가 아이자즈 아마드Aijaz Ahmad의 비판일 것이다. 아마드는 제임슨의 입장에는 "제1세계와 제3세계 사이의 차이가 타자로서 절대화되어 있는가 하면, 소위 제3세계 내의 사회구성체들의 엄청난 문화적 이질성이 '경험'이라는 단일한 정체성 속에 용해되어 있다"[38]고 비판한다. 나아가 그는 비서구와 제3세계의 경험의 상당 부분은 동질화될 수 없는 것이기 때문에 제3세계 문학에 대한 단일한 인식적 미학을 구축하는 작업은 애초에 불가능하다고 주장한다. 예를 들어, 아마드는 서구의 영향을 비교적 받지 않았던 우르드족 문학을 사례로 들면서 그 문학은 항상 계급의 문제와 관련되어 있지 서구의 영향과 민족 문제가 지나치게 확대 해석될 필요는 없다고 주장한다. 특히 그는 오늘날 세계는 제1세계나 제3세계처럼 민족이라는 추상적 관

37 Ibid., p.336.
38 Aijaz Ahmad, *In Theory : Classes, Nations, Literatures*, London : Verso, 1992, p.104.

념에 의해 통합되어 있다기보다는 자본주의라는 단일한 생산양식의 전 지구적 작용, 즉 자본주의적 생산양식의 지배와 이 지배에 대한 저항으로 통합되어 있으며 "제3세계는 하나의 단일한 문화적 총체로 자본주의의 글로벌적 구조 속에 통합되어 있는 것이 아니라 고도로 차별적이며 각각은 중심부와의 (불균등한) 교환회로를 형성하고 있으며 독자적인 계급구성체를 형성하고 있다"[39]고 주장한다. 결국 아마드는 비서구와 제3세계의 경험의 상당부분은 동질화될 수 없기 때문에 제3세계 문학의 단일한 인식적 미학을 구축하는 작업은 불가능하다고 주장한다. 이 주장에 대한 짧은 답변에서 제임슨은 우선 자신의 글이 갖는 일차적 의도는 "오늘날 미국의 무대에서 특정한 문학적 기능과 지적 참여가 소멸되었음을 강조하려는" "제1세계의 문학적・비평적 상황에 대한 하나의 개입"[40]이었음을 밝힌다. 나아가서 그는 제3세계 내부의 이질적 경험을 강조하는 아마드의 태도에도 "방법론적 문제로서 차이란 미리 확립된 더 큰 정체성 속에서만 가능하며," "공통점이 없다면 차이의 확립은 무용하고 미리 주어진 것이 된다"[41]라고 반박한다. 즉 공통점이 없다면 차이가 차이로 간주될 수 없다는 것이다. 사실 이 글이 제3세계가 자본주의에 의해 침투되는 순간 제3세계의 문화들이 어떻게 변형되고 전개되었는가 하는 문제의식을 생산양식이라는 마르크스주의적 관점에서 보여주고자 했던 제임슨의 원래 의도에 충실했더라면 아마드의 반박이나 제임슨의 반응이 보여주듯, 서로 상반되기

---

39 Ibid., p.104.
40 Frederic Jameson, "Brief Response", *Social Text*, 1978, p.26.
41 Ibid., p.26.

보다는 동일한 문제에 대한 강조의 차이 정도로 좁혀질 수도 있었을 것이다. 하지만 이 글에는 그의 포스트모더니즘 논의에서처럼 도덕적이고 가치론적 판단을 지양하고 제3세계 문학과 그 인식적 미학의 가능 조건을 탐구하고자 했던 제임슨의 방법론적 태도가 충분히 구현되어 있지 않다. 제임슨의 지적처럼 이 글이 제1세계의 이론이 처한 곤경과 맹목을 비판하고 제1세계 이론지형에 개입하기 위한 목적이었음을 감안하더라도 제3세계의 구체적 '경험'을 그리고자 했던 점에서는 분명히 한계가 있다. 다른 지적은 접어두더라도 제1세계와 제3세계의 차이를 사고할 때 현실의 제3세계의 모습이 아니라 산업화 이전의 사회와 산업화된 사회의 차이가 제1세계와 제3세계의 관계에 투영되어 있다는 아마드의 지적은 설득력 있어 보인다.[42]

『정치적 무의식』에서 볼 수 있듯이 제임슨 비평이 갖는 장점은 보수적이고 반동적인 이론에서조차 유토피아적 충동을 읽어내고자 했던 그의 독특한 변증법적 사고처럼 자신에 대한 비판과 한계를 끊임없이 지양하려는 그의 변증법적 노력에 있다. 90년대 초반에 발표된 그의 책과 글들, 『지리정치학적 미학—세계체제의 영화와 공간*The Geopolitical Aesthetic : Cinema and Space in the World System*』(1992), 「다른 근대를 거울삼아In the Mirror of Alternate Modernities」(1993), 그리고 「문학 혁신과 생산양식들—하나의 해설Literary Innovation and Modes of Production : A Commentary」(1994)은 이전의 한계와 비판을 지양하려는 태도를 보여준다. 제임슨은 자신의 관심을 제3세계(필리핀), 비서구(일본), 반주변부(타이완)를 비롯한 세계

42 Aijaz Ahmad, op. cit., p.109.

체제 전체로 관심영역을 확대할 뿐만 아니라 비서구의 문화적 현상들을 세계체제와 생산양식의 관점에서 보다 구체적으로 분석하고자 한다. 카라타니 고진Karatani Kojin의 『일본 근대문학의 기원*Origins of Modern Japanese Literature*』의 영역본 서문인 「다른 근대를 거울삼아」에서 제임슨은 시간성의 차원에서 근대 이전, 근대, 탈근대의 동시적 압축 현상을 읽어내고 있다면, 중국 소설들을 다루고 있는 「문학 혁신과 생산양식들」에서는 공간성의 차원에서 이 세 계기들의 동시적 공존에 주목한다. 이런 초점의 차이는 이론적 문제의식보다는 근대화를 압축적으로 성공시킨 일본과 반식민 상태로 전락하여 근대화에 실패한 중국의 역사적 경험의 차이에서 연유할 것이다. 우선 「다른 근대를 거울삼아」에서 제임슨은 "중심은 주변이 온갖 불만에도 불구하고 다룰 필요가 없는 맹점을 안고 있는" 데 반해 주변은 "원치 않더라도 의식을 일깨우는" 구조적 가능성을 갖고 있다고 지적하면서 「다국적 자본주의 시대의 제3세계 문학」에서처럼 주변의 인식론적 특권을 재차 강조한다. 하지만 그는 카라타니 비평의 주된 특징인 전도inversion를 민족적 알레고리나 비서구적 경험처럼 애매한 개념보다 지난 100년 동안 일본에서 전개된 생산양식의 급속한 교체와 압축, 즉 근대 이전, 근대, 그리고 근대 이후의 계기들의 압축적 공존과 관련짓는다. 그에 의하면 서구에서는 2백년에 걸쳐 세 단계를 거치면서 전개된 근대가 "한 세기로 압축되어 있으며"[43] 이러한 압축적 근대의 도정 때문에 근대를 전도하는 카라타니의 작업은 서구에서처럼 통시적이고 자연스러운 성격을 띠기보다

43 Frederic Jameson, "In the Mirror of Alternate Modernities", Karatani Kojin, *Origins of Modern Japanese Literature,* Durham : Duke University Press, 1994, p.ix.

공시적이며 인위적인 성격을 띤다고 탁월하게 지적한다. 특히 일본의 근대가 서구인들에게 깊은 매력을 주는 이유는 그것이 "마치 우리 자신의 발전의 특징들을 슬로모션으로, 그리고 새로운 형식으로 볼 수 있게 해주기" 때문이라고 말한다. 여기서 제임슨은 카라타니의 비평이 미국이나 영국처럼 자본주의 이전의 자취들이 완전히 사라져버린 포스트모더니티의 공간보다는 최근에 '발전된' 지역이나 '반주변부'에서 가능하며 이들 지역이 서구와는 다른 근대화의 도정을 밟아간 것과 관계가 있다고 주장한다.

「문학 혁신과 생산양식들」은 주로 라오서老舍(Lao She)의 소설 『낙타 샹즈*Camel Xiangzi*』와 왕멍Wang Meng의 소설에서 볼 수 있는 복합적인 현실 실험을 다양한 생산양식들이 동시에 공존하는 중국 현실과 관련짓는다. 제임슨은 『낙타 샹즈』에서 인력거에 대한 샹즈의 집착적인 태도에 주목한다. 제임슨에 의하면 이 태도는 이윤에 의해 움직이는 자본주의적 관점에 의해서는 설명될 수 없다. 그것은 부의 축적을 통한 정신적 만족을 추구하거나 인력거의 개인소유자의 처지에서 벗어나 인력거 기업의 소유자로의 신분상승을 꿈꾸는 소부르주아지의 태도와는 근본적으로 다른 것이다. 제임슨은 이와 같은 태도를 자본주의 이전의 서사적 패러다임의 흔적들과 결부 짓는다.[44] 샹즈는 소기업가의 딸로 태어나 작품 속에서 자본주의와 시장의 가치를 대변하는 그의 아내와 달리, 인력거를 이윤 창출의 수단으로서보다는 자신의 신체의 실질적 연장으로 간주하는 샹즈의 태도에서 "하나의 특별하고 특이한 열정",

---

44 Fredric Jameson, "Literary Innovation and Modes of Production : A Commentry", *Modern Chinese Literature*, September 1994, p.68.

곧 "예술가와 그의 도구 간의 친밀감"과 "소외되지 않은 노동"[45]에 근거하는 유토피아적 열정을 감지한다. 따라서 샹즈와 그의 아내의 전혀 다른 태도는 단순히 두 사람의 다른 가치관의 차이가 아니라 서로 다른 경제적 동력을 가진 생산양식들 간의 교체와 중첩의 시기를 반영한 것이며 『낙타 샹즈』의 복합적 양식의 가능조건은 당시 중국 현실에 존재하는 "몇 개의 다른 생산양식들과 그 문화적 형태들의 공존"[46]이 된다.

「다른 근대를 거울삼아」와 「문학 형식과 생산양식들」은 주로 전자본주의에서 자본주의로, 그리고 사회주의 시기에서 포스트 혁명기로 접어들고 있는 중국이나, 주변부에서 중심부로 진입한 일본을 대상으로 하여 문학과 비평의 가능조건을 생산양식과 관련지으면서 일본이나 중국의 문학적 현실을 서구적 기준으로 재단하지 않고 해당 사회의 구체적 맥락에 접근하려는 제임슨의 안목을 보여준다. 『지리정치학적 미학－세계체제하의 영화와 공간』은 이러한 관심을 더욱 확장하고 보다 심화한다. 여기서 그의 주된 탐구의 대상은 세계체제하의 문제적인 영화들이다. 제임슨은 "각 국민문화들이 사라지거나 그러한 문화들이 세계 수출을 겨냥한 집중화된 상업생산 혹은 대량 생산된 신전통적 이미지들neo-traditional images에 의하여 대체되는 현실을 반성하는 데 있어" "19세기적 범주와 21세기적인 현실은 서로 어울리지 않다는 점이 분명해지고 있다"고 진단하는 한편, 이를 이해하기 위해 후기자본주의의 지배가 전 지구적으로 관철되는 '세계체제' 개념을 전면에 부각시킨다. 특히 그는 "민족적 알레고리를 우리의 세계 내적 존재를 파악하기

---

45 Ibid., pp.68~69.

46 Ibid., p.70.

위한 개념적 도구로 다시 형성할" 필요가 있다고 주장하면서 이를 '지리정치적 무의식geopolitical unconscious'이라 부른다.[47] 이 책의 목적은 일종의 '전형적' 영화를 통해 후기자본주의적 세계체제하에서 다양한 민족들의 지리정치적 무의식을 탐구하는 것이다. 여기서는 주로 논의를 반주변부와 제3세계에 대한 제임슨의 태도에 국한하겠지만, 그 전에 제임슨의 의도를 좀 더 분명하게 드러낼 필요가 있다. 우선 이 책의 주된 관심이 제1세계의 인식적 한계를 지적하고 동시에 세계체제를 총체적으로 조망할 수 있는 주변부적 가능성을 강조한다는 점에서 「다국적 자본 시대의 제3세계 문학」과 유사하지만 그 논의의 수준은 훨씬 구체적이고 분석적이다. 그동안 제임슨의 포스트모더니즘론이 제1세계의 경험을 전 지구적인 경험과 혼동하고 있다는 비판을 받아왔지만 여기서는 포스트모더니즘이 후기자본주의의 문화논리로서 전 지구적으로 관철되고 있는 현실을 인정하면서도 그 범위가 일차적으로 제1세계와 중심부의 문화논리로 한정되고 있다. 제임슨의 주장처럼 세계체제론적 관점을 채택할 때 그의 『포스트모더니즘, 혹은 후기자본주의의 문화논리』(1991)라는 책은 세계체제를 제대로 재현하지 못하는 제1세계의 인식적 한계와 그 지리정치적 무의식을 드러내는 징후로도 읽을 수 있다. 예컨대 그는 제1세계의 다양한 영화를 통해 제1세계의 문화적 징후들을 읽어낸다. 우선 데이비드 크로넨버그David Cronenberg의 『비디오드롬*Videodrome*』에서 정치, 문화, 경제 간의 전통적 구분이 사라지고 특히 문화 영역이 모든 것을 포괄할 정도로 엄청나게

47 Fredric Jameson, *The Geopolitical Aesthetics : Cinema and Space in the World System,* Bloomington : Indiana University Press, 1992, p.3.

확장된 현상, 미디어와 다양한 지역의 문화산업들의 국제적 독점화의 경향, 그리고 새로운 다국적 세계체제 속에서 개인의 경험이 갖는 악몽적 성격을,[48] 그리고 『화염 속에서*Under Fire*』(Spottiswoode, 1983)와 『살바도르*Salvador*』(Stone, 1986)와 같은 정치 영화에서는 역사적 사실 자체보다 인물이 더 부각되면서 "집단적 과정을 상상할 수 없는 미국인들의 이데올로기적 무능력이 일반화되고 도처에서 개인화된 서사적 패러다임이 주는 정서적 편안함에 안주하려는 경향"[49]을, 마지막으로 알란 파큘라Alan Pakula의 『대통령의 사람들*All President's Men*』과 『암살단*The Parallax View*』과 같은 음모영화에서는 "진정한 역사적 장르들의 쇠퇴와 무용화", 그리고 "후기자본주의에서 시민사회의 경향적 죽음의 징후"[50]를 읽어낸다.

제1세계의 이런 경향과 대척점에 위치하고 있는 것이 반주변부(타이완)와 제3세계(필리핀)이다. 제임슨에게 반주변부와 제3세계는 후기자본주의의 문화논리의 지배를 피할 수는 없지만 세계체제 내부에서 새로운 인식을 제공할 수 있는 가능성의 공간으로, 그리고 소외되지 않은 노동이 가능한 예외적 장소로 간주된다. 여기서 제임슨은 타이완 감독 에드워드 양Edward Yang과 필리핀의 감독 겸 배우인 키들랏 타히믹Kidlat Tahimik의 영화를 예로 들어 설명한다. 이 영화들은 각각 타이완처럼 "제1세계에 결코 동참할 수 없는 포스트 제3세계 국가"[51]와 필리핀처럼 "국제적 오락산업에 흡수되어가면서도 전통적 인간관계가

48 Ibid., pp.25～26.
49 Ibid., p.41.
50 Ibid., pp.48～49.
51 Ibid., p.145.

여전히 존재하는 국가"[52]의 민족적 알레고리로 평가된다. 우선 제임슨은 에드워드 양의 『공포분자*Terrorizer*』의 주인공 리이청이라는 인물의 운명을 세계체제 내부에서 타이완이라는 반주변부의 운명과 관련지어 읽어낸다. 즉 리이청의 운명에 늘 붙어있는 슬픔의 정조는 개인적 차원의 슬픔이 아니라 "아무리 성공적인 모습을 보인다고 하더라도 현재 자신의 번영에 수반되는 우울함을 아주 질적인 방식으로 개선할 가능성이 없는 전망"만 제공하는 "후기자본주의의 새로운 세계체제 속에서 (반주변부라는) 민족적 실체가 갖는 의존적 위치에 대한 (집단적이고) 무의식적인 사고의 증거"[53]로 이해된다. 제임슨은 이 슬픔을 "제1세계에 결코 동참할 수 없는 (자본 수출과 세계체제의 새로운 중심이 된다는 의미에서 운명적으로 일본이나 미국의 구조적 위성국가가 될 수밖에 없는) 포스트 제3세계 국가의 민족적 알레고리"[54]와 결부시킨다.

제임슨에게 세계체제 내부의 이러한 특이한 위치로 인하여 반주변부의 인식은 특정지역의 차원을 넘어 보편적 차원의 의미를 띠게 된다. 다시 말해, 반주변부와 제3세계는 세계체제라는 공간 속에서 인식적 지도그리기가 가능하고 유토피아적 비전이 생겨날 수 있는 예외적 공간으로 상상된다. 제임슨이 반주변부의 문화에 부여하는 의미는 다음의 글에서 확인해볼 수 있다.

> 내가 '반주변부' 국가의 이 영화(『공포분자』)로부터 발견하는 의미는 전

---

52 Ibid., p.187.
53 Ibid., p.145.
54 Ibid., p.146.

통적인 의미에서 지역적인 것은 아니다. 오히려 이 영화를 그 미학적 가치에 있어서 보편적인 것으로 만들고 있는 그 무엇이다. 최근의 자본주의적 경험을 겪고 있는 주변적으로 불균등한 국가들과 불균등하게 발전하는 국가들의 강력한 표현이 취약해져버린 중심이 말하고자 하는 것보다 더 강력하고 더 표현적이며, 무엇보다 더 징후적이고 더 의미 있는 것은 후기자본주의에서 그리고 그 세계체제에서 중심조차도 주변화되어 있기 때문이다.[55]

제임슨은 키들랏 타히믹 감독의 영화 『향기나는 악몽*Perfumed Nightmare*』에서 주연배우인 타히믹에 대해서도 비슷한 주장을 펼친다. 타하믹이 마치 장인처럼 손수 장식하고 손질하는 소형지프니jeepney는 샹즈의 인력거와 마찬가지로 테일러주의나 포드주의의 지배로부터 자유로운, 소외되지 않은 노동, 즉 "미학과 생산이 일체가 되는"[56] 공간의 알레고리이며 "끊임없는 파괴도 새로운 더 큰 산업에 의한 대체도 아닌 제3세계적 생산방식의 장"[57]을 나타낸다.

제임슨의 민족적 알레고리와 지리정치적 무의식은 전통적으로 리얼리즘에서 말해온 전형성typicality 개념을 세계체제 속으로 확장한 것으로 제1세계에서는 이미 사라진 다양한 비동시적 계기들이 혼종된 제3세계의 문화적 상황을 설명하기 위한 것이다. 특히 그것은 근대주의자들의 주장과 달리 반주변부와 제3세계의 현실에서 전통이 사라지기보다 새로운 방식으로 배치되어 있는 방식을 생산양식들의 압축과

55 Ibid., p.155.
56 Ibid., p.210.
57 Ibid., p.211.

중첩이라는 관점에서 고찰한다. 그러므로 제임슨의 주장은 전통에서 근대로의 일직선적 발전을 전제하는 유럽중심주의적 발전론이나 근대화 이론에서 벗어나 비서구나 제3세계의 근대성에 보다 사실적으로 접근하려고 하는 동시에 글로벌 자본주의의 지배에도 주목하는 장점을 갖는다. 이전에 은유와 재현의 차원을 벗어나지 못했던 공간에 대한 제임슨의 탐구도 매우 구체적이고 체계적인 면모를 보인다.

하지만 이런 세부적 성과에도 불구하고 제3세계에 대한 제임슨의 논리에는 여전히 후기자본주의의 문화논리로서의 포스트모더니즘론에 대한 제임슨의 시각이 깊이 스며들어 있다. 즉 포스트모더니즘을 바라보던 제임슨의 시각이 전 지구적으로 확장되고 있는 것이다. 제3세계나 반주변부가 제임슨에게 제1세계의 인식적 맹목을 극복할 수 있는 인식적 가능성의 공간으로 간주되는 것도 문제가 있지만 그 공간이 후기자본주의의 문화논리에 의하여 점차 소멸되거나 획일화되어 가는 공간으로 간주되는 것은 더 큰 문제가 된다. 제3세계가 제1세계가 성취할 수 없는 인식의 공간으로 그려질 때, 그것은 제3세계 대중들의 실질적인 삶의 모습과는 거리가 있는, 즉 어디까지나 제1세계의 맹목에 대한 추가적 보충으로 기능할 가능성이 농후하다. 나아가서 제3세계가 소멸과 동질화의 장소로 그려질 때 제3세계 내부에서 생성되는 이질적 차이들뿐만 아니라, 동질화가 그대로 관철되는 것이 아니라 주변부 내에서 주변부 대중에 의해 주체적으로 변용되는 다양한 문화 번역과 횡단의 실천적 가능성은 사고되지 못한 채 남게 된다.

포스트모더니즘론에서 제3세계을 바라보는 제임슨의 시각은 제3세계의 구체적 현실에 접근하지 못한 채 저항과 소멸 사이를 계속적으로 이동하고 동요하는 모습을 보인다. 그에게 제3세계는 한편으로는 후기자본주의의 불균등발전에 의하여 생산되는, 즉 "후기자본주의의 제1세계가 그 자체의 내적 역학에 의하여 자체 내에 생산하는" "대항적 문화의 공간"[58]으로 평가되면서, 또 다른 한편에서는 다국적 자본의 새로운 단계에서 전 지구적 상품화와 자본의 일반적 경향에 의하여 일소되는 자연이나 무의식과 동일한 처지에 처해있는 것이다.[59] 특히 제임슨의 글에서 대체적으로 더 강조되고 있는 것은 후자이다. 왜냐하면 제임슨은 후기자본주의의 상품화의 지배를 "세계적 규모에서의 차이의 소멸"과 동일한 의미로, 그리고 "글로벌적 공간의 관점에서 이질성들에 대한 환상이 여전히 존재할 수 있다고 하더라도 공간적 동질성의 철회할 수 없는 승리의 비전"[60]을 전달하는 것으로 이해하고 있기 때문이다. 제3세계를 소멸과 동질화의 공간으로 인식하는 것은, 앞에서 보았듯이 자본주의의 발전에 대한 제임슨의 단계론적 인식과 무관하지 않아 보인다. 앞서 보았듯이 그는 자본주의를 세 단계로, 곧 시장자본주의, 독점자본주의, 그리고 후기자본주의로 구분하고 이에 상응하는 각각의 문화적 지배양식을 리얼리즘, 모더니즘, 포스트모더니즘으로 구분한 바 있다. 이런 불연속적이고 단계적인 구분뿐만 아니라 생산양식과 그 문화양식 간의 — 거의 직접적인 — 조응을 상정하는 것은 자본주의적 특성의 연속적 관철과 문화현상들 간의 불균등관계를 간과할 소지가 있다. 특히 제임슨이 채택하는 생산양식의 관점이 정치

58 Frederic Jameson, *Postmodernism or The Cultural Logic of Late Capitalism*, p.159.
59 Ibid., p.49 · 36; Fredric Jameson, *The Seeds of Time*, New York : Columbia University Press, 1994, p.27.
60 Fredric Jameson, *The Seeds of Time*, p.27.

적인 것의 개입이나 도덕적이고 가치론적인 판단으로부터 벗어나기 위한 것이었다고 하더라도, 이론적 차원에서 정치적인 것과 가치론적 판단의 배제는 미국과 같은 포스트모던 사회뿐만 아니라 제3세계와 주변부 사회의 문화적·정치적 변화를 다분히 결정론적인 시각으로 바라볼 가능성이 있다. 어떤 의미에서 제임슨에게는 새로운 사회문화적 현상을 정치적으로 바라보는 것을 경계하는 것과 이론 내부에서 정치의 차원이나 정치적인 것의 심급을 배제하는 것이 혼동되고 있는 것은 아닌지 궁금하다.

이런 경향이 제임슨의 지리정치적 관점에도 스며들어 있다. 제임슨이 타이완의 반주변부적 특성으로 번영과 한계의 동시적 공존, 자연의 상실, 고전적 의미의 주체의 정신적 실패와 고전적 도시공간의 소멸, 도시의 일상성 속에서 그 존재성을 잃지 않으면서 동시에 포스트모더니즘에서처럼 이미지의 보조물로 전락해가는 빛의 이중성[61]을 들면서 그 주조음을 '슬픔'으로 규정할 때, 그리고 키들랏의 영화를 설명하면서 사물화와 상품화가 거의 제2의 천성이 될 정도로 자연스러운 형태가 되었음을 인정하고 "그 편재성 속에서 명멸하는 자의식을 유지하려고"[62] 해야 한다고 주장할 때, 나아가서 후기자본주의에 의한 사물화와 상품화의 논리에 의례ritual나 소외되지 않은 노동처럼 자본주의 이전의 문화논리를 대립시킬 때 주변부를 바라보는 그의 단순하고도 비관적인 인식이 잘 드러난다. 그런 점에서 『지리정치학적 미학』은 그의 포스트모더니즘론이 갖는 한계를 반복하는 모습을 보여준다. 제임슨

61 Fredric Jameson, *The Geopolitical Aesthetics : Cinema and Space in the World Syste*, p.155.
62 Ibid., p.213.

이 자신의 포스트모더니즘론을 넘어서 포스트모던 상황이 동질화의 경향만 가져오는 것이 아니라 다양한 불균등발전과 이질성을 낳으며 동시에 세계체제하에서의 복수의 근대성들에 대한 사실적 탐구와 대안적 예술의 가능성을 모색하는 성과를 보여준 것은 사실이다. 하지만 제임슨이 글로벌 문화현상들을 이해할 때 계속해서 포스트모더니즘적 논리를 강조하고 제3세계와 주변부를 구체적인 실존적 공간이 아니라 제1세계의 지배와 시각이 침투해있는 저항과 소멸의 공간으로만 간주하는 것은 그가 제3세계와 주변부에 대한 '외부자적 위치'에 머물러 있음을 의미한다. 포스트식민주의 페미니스트인 가야트리 스피박Gayatri Spivak은 제임슨의 포스트모더니즘 이론이 지배소 내부에 레이먼드 윌리엄스가 구분한 잔여적인 것, 부상하는 것, 지배적인 것이 서로 각축하면서 만들어내는 문화적 갈등과 모순을 구별해내지 못하고, "런던, 파리, 리버풀, 네바다에서 통하는 문화논리가 홍콩, 반큐라, 베이루트에도 통한다"[63]는 식의 논리에 근거한다고 비판한다. 숀 호머Sean Homer 또한 제임슨의 후기자본주의라는 용어에는 서구자본주의의 발전을 당연시하는 목적론적 함의가 내포되어 있으며 그의 제3세계론이 "다양한 문화들이 서구, 특히 북미자본의 단일한 역사적 시각으로 환원되는 전략"[64]이 될 수 있다고 주장한다. 이외에도 산티아고 콜라스Santiago Colas는 후기자본주의의 논리에 의한 전 지구적 동질화를 주장하는 제임슨의 논리에 대해 그것은 자본주의의 핵심이 아니라

---

63 Gayatri Chakravorty Spivak, *A Critique of Postcolonial Reason : Toward A History of the Vanishing Present*, Cambridge : Harvard University Press, 1999, p.334.

64 Sean Homer, *Fredric Jameson : Marxism, Hermeneutics, Postmodernism*, New York & London : Routldge, 1998, p.170.

자본주의의 효과, 곧 시각적 환상이며 실제 자본주의는 차이의 제거가 아니라 차이와 이질성의 지속적인 증식 위에 기생한다고 주장한다.[65] 나아가서 조지 유디스George Yudice 또한 소외되지 않는 생활양식으로의 복귀를 꿈꾸는 제임슨의 민족적 알레고리 개념에 대해 비서구 사회를 영원한 지체로 간주하는 진화론적 발전모델로부터 자유롭지 못하다고 비판한다.[66]

여기서 제임슨의 이론이 갖는 가능성과 한계, 그리고 통찰과 맹목을 자세하게 논의하고 비판을 제기한 이유는 그가 오늘날 서구, 특히 미국학계를 대표할 수 있는 이론가일 뿐만 아니라 그의 이론이 제3세계나 주변부에 있는 지식인들이 자신들의 근대성을 이론적으로 탐색해 갈 때 중요한 참조점이 되기 때문이다. 그의 시각은 치밀하고 정교할 뿐만 아니라 매우 구조적이고 변증법적인 성격을 갖고 있어 분명히 주변부나 제3세계의 지식인이 자신의 현실을 바라볼 때보다 훨씬 많은 통찰을 제공하고 있다. 이런 점에서 그의 정교한 이론적 시각을 단순히 서구중심주의나 서구 지식인의 태생적 한계로만 환원하려는 것은 역으로 제3세계 지식인의 치명적 한계로 작용하거나 주변부 지식인의 자기만족에 불과할 수 있다. 하지만 그렇다고 해서 그의 이론 속에 은밀히 스며들어 있는 서구중심적 시각은 지적되어야 하고, 진보적인 마르크스주의 이론가라고 하더라도 서구의 지식인의 경우 제3세계를 바

---

65 Santiago Colas, *Postmodernity in Latin America : The Argentine Paradigm*, Durham : Duke University Press, 1994.

66 Geroge Yudice, "Postmodernity and Transnational Capitalism in Latin America", *On Edge* (George Yudice, Jean Franco, and Juan Flores eds.), Minneapolis : University of Minnesota Press, 1992.

라볼 때는 그 시각에 일정한 한계와 맹목이 불가피하게 수반된다는 점은 지적되어야 한다. 로버트 J. C. 영은 『백색신화』에서 사르트르, 알튀세르, 푸코 등 서구의 진보적 이론가들의 이론조차 유럽중심적 백색신화로부터 자유로울 수 없었다고 주장하면서 거기에 제임슨 또한 예외가 아니라고 주장한다. 사실 제임슨이 진보적이고 오늘날 제1세계의 그 어떤 이론가보다 제3세계와 주변부에 대해 애정을 갖고 접근했고 특히 그 세계에 대한 탁월한 통찰들을 제공하기는 했지만 그의 언표위치는 제1세계의 진보적 백인지식인의 시각에서 자유롭지 않은 것 같다. 월터 미뇰로가 말한 것처럼 이와 같은 언표위치의 차이에는 중심부와 주변부, 제1세계와 제3세계 간의 식민적 차이가 어느 정도 작용하고 있다고 할 수 있다. 하지만 우리에게 중요한 것은 이와 같은 식민적 차이를 갖고 제임슨의 이론을 비판하거나 거부하는 것이 아니라 제임슨의 이론이 갖고 있는 인식과 맹목을 동시에 살펴봄으로써 제1세계와 제3세계에 대해 제임슨이 갖고 있는 날카로운 통찰을 전유하는 한편 그의 외부자적 위치를 '내부자적' 언표위치와 대비시키면서 그것을 이론적으로 발전시켜나가는 이중적 작업을 실행해나가는 것이다. 앞서 살펴보았듯이 전 지구적 현실과 문화를 통찰하는 데 제임슨의 이론은 제3세계 출신의 어느 이론가들보다 훨씬 예리하면서 폭넓은 시각을 보여주었다. 이런 이론적 성과를 단순히 식민적 차이만으로 재단하는 것은 온당한 일이 아니며 제임슨의 이론적 성과를 올바로 자기화하는 것도 아닐 것이다. 서구이론을 경직되게 서구중심주의로만 비판하는 이론들이 갖고 있는 함정은 서구이론에 대한 이런 이중적 작업을 제대로 인식하지 못한 채 그 이론을 일방적으로 거부하는 태도에 있다. 그 역 역시 마찬가지이다. 다음 장부터는 이런 외부자적 시각을 내부자적 언표행위의 위치로 옮기고자 하는 시각 전환, 즉 문화횡단과 번역을 위한 이론적 노력들을 살펴볼 것이다.

3장

문화횡단적 마르크스주의와 트리컨티넨탈리즘

로버트 J. C. 영

1. 문화횡단과 트리컨티네탈

역사와 이론을 플로리다의 마이애미가 아니라 쿠바의 말레콘에서 본다는 것은 무엇을 의미할까? 이론의 발화지점을 지배와 폭력을 행사해온 제국이 아니라 고통받고 억압당한 식민 역사 위에 둔다는 것은 무엇을 뜻할까? 이런 질문에 가장 치열하게 답하고자 하는 이론가가 바로 포스트식민주의 이론가인 로버트J. C. 영Robert J .C. Young이다. 그는 자신의 포스트식민주의를 트리컨티넨탈 포스트식민주의tricontinental postcolonialism를 부르는데, 이를 간단하게 요약하자면, 그것은 남부의 세 대륙, 즉 아시아, 아프리카, 아메리카의 억압받는 서발턴 민중의 시각에서 마르크스주의를 비롯한 서구의 역사이론들을 비판하는 한편, 그 이론들의 진보적 유산과 계기를 트리컨티넨탈의 시각과 현실에 맞게 번역하고 자기화하고자 하는 이론을 말한다.

우선 이론적 관점에서 영의 트리컨티넨탈 포스트식민주의는 그 이론적 입각점을 두셀과 마찬가지로 "1492년에 상징적으로 시작된 장구하고 폭력적인 식민주의의 역사"라는 엄연한 역사적 현실 위에 둔다. 즉 그것은 "노예제의 역사, 억압받거나 방치되면서 셀 수 없이 죽음을 당한 사람들의 말해지지 않은 역사, 수백만 명에 달하는 아프리카인, 아메리카인, 아랍인, 그리고 아시아인과 유럽인의 강제 이주와 이산의 역사, 영토와 토지의 탈취의 역사, 인종주의의 제도화와 역사, 문화들의 파괴와 다른 문화들의 중첩의 역사가 포함되어 있는 그런 역사"[1]의 입장에서 역사를 다시 쓰는 것이다. 영은 제3세계, 비서구, 남부라는 용어보다는 '트리컨티넨탈'이란 용어를 더 선호하는데, 이 용어의 선택 자체가 영의 이론적 정치성을 잘 보여준다. 영에 따르면 제3세계라는 용어가 제1세계와 제2세계와의 위계적인 관계에서 부정적인 위치로 설정되거나, 빈곤과 기아와 전쟁과 채무와 결부된 부정적 개념으로 비춰지거나, 제3세계를 동질적인 부류로 파악하여 그 세계 내부의 계급 간 불평등을 은폐하는 등 한계를 갖는 개념이라고 한다면, 남부라는 용어는 남반부에 있는 모든 사회를 동질화할 위험이 있고, 또 비서구는 서구와 서구 이외의 나머지 세계를 나누는 이분법을 전제한다. 반면 '트리컨티넨탈'이란 용어는 아시아, 아프리카, 아메리카라는 남부의 세 대륙 위에 살고 있는 서발턴 민중의 적극적이고 긍정적인 역할을 함축하고 있다. 왜냐하면 이 용어는 1966년 아바나에서 열린 아프리카, 아시아, 라

1 Robert J. C. Young, 김택현 역, 『포스트식민주의 혹은 트리컨티넨탈리즘』, 박종철출판사, 2005, 22면.

틴아메리카 민중회합의 첫 회의에서 처음 사용되었기 때문이다.

> 반둥 회의는 자기의식적 정치철학으로서의 포스트식민주의의 시작을 나타낸다. 하지만 서양의 제국주의에 저항하는 지속적인 전 지구적 연대로서 제3세계의 정치학의 더욱 전투적인 유형은 그 11년 뒤인 1966년 아바나에서 개최된 그 위대한 트리컨티넨탈 회합에서 등장하게 되었다. 이 회합은 (캐리비언 지역을 비롯한) 라틴아메리카를 아프리카와 아시아와 처음으로 결합시켰다. 바로 이 남부의 세 대륙에서 '트리컨티넨탈'이라는 명칭이 생겨났다. 여러 가지 점에서 트리컨티넨탈이 '포스트식민적'이라는 용어보다 사용하기에 더 적절하다. 트리컨티넨탈 회합은 (『트리컨티넨탈』이라는) 잡지를 만들었는데, 이 잡지는 '포스트식민' 이론가들과 정치가들(아밀카 카브랄, 프랑크 파농, 체 게바라, 호치민, 장 폴 사르트르)의 글들을 실었다. 이 잡지는 단일한 정치적·이론적 입장이 아니라 민중해방이라는 공통 목적을 가진 초국적인 활동체계로서 다듬어지게 된다.[2]

영이 '트리컨티넨탈'이라는 용어를 사용하는 것은 그의 포스트식민주의가 기존의 포스트식민주의와는 상당한 차이가 있음을 보여준다. 우리는 대략 두 가지 점에서 영의 트리컨티넨탈 포스트식민주의와 기존의 포스트식민주의 간의 차이를 지적해볼 수 있다. 우선 첫째, 기존의 포스트식민주의가 마르크스주의에 비판적이거나 마르크스주의로부터 상당한 거리를 두고 있는 데 반해 영의 포스트식민주의는 마르크

---

2 Robert J. C. Young, 김용규 역, 『아래로부터의 포스트식민주의』, 현암사, 2013, 39면.

스주의의 역사적 변화와 분리 불가능한 관계를 갖고 있을 뿐만 아니라 그것과의 대결을 통해 이론적으로 구성된다. 영은 자신의 포스트식민주의를 문화횡단적 마르크스주의transculturated Marxism, 트리컨티넨탈 마르크스주의, 포스트식민적 마르크스주의라고 부르기도 한다. 여기서 '문화횡단적'이라는 뜻을 이해하는 것이 영의 포스트식민주의를 이해하는 중요한 단서가 될 수 있다. 앞에서 보았듯이, 문화횡단란 용어가 외래문화, 특히 근대 식민주의자의 문화를 수용할 때 그동안 폄하되었던 문화수용자의 주체성과 능동성을 강조하기 위한 개념임을 감안할 때, 문화횡단적 마르크스주의란 마르크스주의를 트리컨티넨탈 사회현실 속으로 단순히 이식하는 것이 아니라 그것을 트리컨티넨탈의 사회현실 속으로 전유하고 변용하는 번역translation의 과정을 거치게 하는 것을 뜻한다. 이식이 마르크스주의를 트리컨티넨탈 현실 속으로 수입하되 그것이 사전에 전제하고 있는 서구적 보편성과 근대성의 논리를 보편적 가치로 인정하면서 트리켄티넨탈 현실은 그런 논리가 적용되어야 할 단순한 대상의 지위로 축소되는 데 반해, 번역은 정반대의 의미를 내포한다고 할 수 있다. 왜냐하면 번역 과정에서 능동적 가치를 부여받는 것은 마르크스주의가 아니라 트리컨티넨탈의 구체적이고 풍부한 현실이기 때문이다. 오히려 마르크스주의는 트리컨티넨탈 현실을 거치면서 철저하게 변용되고 번역된다. 번역과정에서 원천텍스트 및 원천 문화의 가치가 새로운 맥락과 마주치고 교섭하면서 더 풍부한 의미와 가치를 획득해가듯이, 문화횡단적 마르크스주의, 즉 트리컨티넨탈 포스트식민주의는 마르크스주의를 트리컨티넨탈의 현실에 비춰 비판적으로 검토하고 번역과정의 물질적 기반을 통과시켜 그것을 자기화하려는 것이다. 영에 의하면 포스트식민 이론은 "마르크스주의적 비판의 역사적 유산 안에서 작동하며, 마르크스주의적 비판에 근거하면서 동시에 위대한 트리컨티넨탈 반식민 지식인과 정치가들의 전례를 따라 마르크스주의적 비판을 변형"[3]하는 것이다. 특히 그것은 "마르크스주의적 혁명이론의 번역 가능성과 특수하게 비유럽적인 역사적·문화적 맥락들의 번역 불가능성을 매개"[4]하는 것이다. 영이 번역과정에 주목하고자 하는 이유는 역사와 진보라는 서구적 근대성의 모델을 보편화하면서 트리컨티넨탈 현실을 그 모델의 적용 대상 정도로 특수화하는 서구마르크스주의의 유럽중심주의를 비판하기 위해서이다.

영의 트리컨티넨탈 포스트식민주의가 기존의 포스트식민주의와 다른 두 번째 점은 이미 첫 번째 차이에서 예측해볼 수 있다. 기존의 포스트식민주의가 주로 이론적이고 인식적인 차원의 새로운 시각을 열어줄 뿐 현실 정치에는 관심이 없고 특히 그것이 지배와 억압의 문화적·담론적 차원에만 관심을 기울이고자 했다면, 영의 포스트식민주의는 그런 담론적·문화적 인식을 보다 급진화하여 오늘날 세계의 억압 구조를 변혁하기 위한 실천적 연대와 정치운동을 지향하고자 한다. 즉 트리컨티넨탈 포스트식민주의는 서구 지배의 억압구조와 이론의 유럽중심주의에서 탈피하여 전혀 "다른 방식으로 세계의 모든 민중들 간의 정의롭고 평등한 관계를 생산하고, 로컬적 지식체계와 자원에서 가져온 지속가능한 사회변화를 통해 개인보다 공동체의 가치에 근거

3 Robert J. C. Young, 『포스트식민주의 혹은 트리컨티넨탈리즘』, 26면.
4 위의 책, 27면.

한 사회를, 중앙집권화된 통제보다는 민중의 참여를, 착취보다 권능을 부여"[5]하고자 하는 실천운동을 지향하는 것이다. 식민주의와 식민성의 담론적 · 문화적 차원만을 강조하는 기존의 포스트식민주의가 주로 서구 학계 내부의 목소리만 대변하면서 제3세계의 민중투쟁과 민족해방에 근원을 두고 있는 포스트식민의 풍부한 역사적 기원들과 파농, 카브랄, 마리아테기 등과 같은 반식민 투쟁가들의 유산을 철저히 외면했다면, 영의 트리컨티넨탈 포스트식민주의는 바로 이들 투쟁의 이론적 · 정치적 유산을 발굴하고 복원하는 한편 "과거에 역사적 객체들이었던 이들을 역사의 새로운 주체들로 전환하는" 문화정치와 문화혁명을 강조한다.

포스트식민 이론의 지적 책무는 역동적인 이데올로기적 · 사회적 변혁의 창조에 항상 기여하는 현실참여적인 이론적 노동의 새로운 형태들을 발전시키려고 노력하는 일이 될 것이다. 그것의 목표는 카브랄이 정의한 것처럼, 정치적 독립의 달성 후에 해방을 추구하는 것이다. 그것은 하나의 방향이 설정된 지적 생산이거니와, 이 지적 생산은 해방 정치의 여러 다른 형태들과의 접합을 모색하고 공통 목표의 실현을 향해 서로 다른 유형의 작업을 종합하고자 한다. 그 공통 목표에는 물질적 · 자연적 · 사회적 · 기술적 자원들에 평등하게 접근하는 일, 경제적이든 문화적이든 종교적이든 종족적이든 젠더적인 것이든 모든 지배형태들에 이의를 제기하는 일, 집단적 형태의 정치적 · 문화적 정체성들을 분명하게 형성하고 표명하는 일 등이

5 Robert J. C. Young, 김용규 역, 『백색신화—서양이론과 유럽중심주의 비판』, 경성대 출판부, 2008, 72면.

포함된다. 무엇보다도 포스트식민적 비판을 이끌고 있는 것은, 오늘날의 세계에서 서로 다른 형태의 지적 참여와 행동주의 사이의 의미 있는 결속을 발전시켜 포스트식민적 비판의 분야 안에서 그리고 그 분야를 넘어서 효과적인 정치적 개입을 이루어 내는 것이 가능하다는 가정이다.[6]

사실 영의 트리컨티넨탈 포스트식민주의는 서구의 지적 담론의 장, 특히 서구 마르크스주의의 담론장 내부의 치열한 논쟁을 거쳐 형성된 것이다. 이론을 실천과 개입으로 간주했던 루이 알튀세르Loius Althusser처럼, 영은 이론을 지적 담론의 장에 뛰어드는 실천적·이론적 개입으로 인식했다. 다음에서는 그러한 개입으로서의 영의 트리컨티넨탈 포스트식민주의가 어떻게 형성되어 왔는가를 검토하는 한편, 그것이 어떠한 이론적 인식을 가져다주는지, 나아가서 그것이 문화횡단적 실천을 수행하고 있는지를 비판적으로 검토해보고자 한다.

2. 서구마르크스주의의 백색신화 비판

영의 이론적 사유의 출발점은 알튀세르, 미셸 푸코, 그리고 자크 데리다를 포함하는 프랑스 포스트구조주의의 전통이었다. 『백색신화

6 Robert J. C. Young, 『포스트식민주의 혹은 트리컨티넨탈리즘』, 35~36면.

White Mythologies』를 쓰기 전 영의 이론적 활동은 주로 포스트구조주의의 관점에서 영문학 작품이나 이론들을 비판적으로 읽는 것이었다. 1960년대 이후 영국 비평과 이론의 흐름에서 보자면, 영은 1960년대 이후 프랑스에서 수용된 알튀세르와 데리다의 '**이론적** 반인간주의*theoretical* anti-humanism'에 의지하여 '경험'과 '전통'에 근거해온 영국의 반反이론적 지형을 비판하고자 한 신세대 좌파지식인에 속한다고 할 수 있다. 하지만 영은 1990년에 출간된 『백색신화』를 계기로 중요한 이론적 전환을 보이기 시작한다. 포스트구조주의의 중요성을 지속적으로 강조하고 있음에도 불구하고 영은 논의의 초점을 서구마르크스주의에 대한 비판, 나아가서 그 외부로 점차 이동하고 있었다. 영은 이 책을 계기로 서구의 역사이론을 비판하고 전유하는 포스트식민 이론가로 변신해간다. 아이자즈 아마드Aijaz Ahmad는 영의 이와 같은 변화를 "불과 10여 년 전까지만 해도 예전의 식민지에 대해서는 전혀 안중에도 두지 않은 채 프랑스 포스트구조주의를 영국에 전파하는 데만 거의 전적으로 혈안이었던 영이 갑자기 '포스트식민 비평'이라고 불리게 된 것의 주도적 이론가로 출현했다"[7]고 비꼬기도 했다.

비판이라기보다 비난에 가까운 아마드의 지적은 물론 영의 이론적 변화를 제대로 보지 않으려는 성급한 측면이 있다. 영의 이론적 변화를 추적해보면, 그가 포스트구조주의에서 포스트식민주의로 이론적 변신을 했다기보다는 포스트구조주의의 의미를 서구의 경계를 넘어, 즉 포스트식민의 경계와 시각 속으로 확장하고 번역하는 문화횡단의

7 위의 책, 725~726면에서 재인용.

작업에 시종일관 매달려왔음을 알 수 있다. 사실 『백색신화』에서 영은 트리컨티넨탈 포스트식민주의의 이론적·정치적 함의를 직접적으로 보여주지도 않고 트리컨티넨탈 포스트식민주의 자체를 주장하고 있지도 않다. 그런 점에서 영의 지적처럼 "헤겔적 역사주의의 패러다임의 바깥에서 역사를 재구성"하는 데 주안을 두고 있는 『백색신화』는 트리컨티넨탈 포스트식민주의의 정치적 상상력을 보여준다고 말할 수 없다. 영은 자신의 이론적 작업이 "『백색신화』가 시도한 유럽중심적인 마르크스주의적 역사철학 내의 이론적 개입에서 반식민 운동의 역사적 발전으로, 그리고 그 차이에도 불구하고 민족해방의 요구와 지역문화의 재구성을 위하여 마르크스주의를 서구적 틀에서 분리하여 현재의 트리컨티넨탈 정치학의 이론작업으로서의 포스트식민주의로 번역하는 방식으로 나아갔다"[8]라고 설명한다. 이러한 발언은 『백색신화』의 성과와 한계를 동시에 함축한다. 즉 헤겔적 역사주의와 서구마르크스주의의 유럽중심주의를 비판하는 『백색신화』의 작업이 곧장 트리컨티넨탈 포스트식민주의와 동일시될 수는 없다고 하더라도 이러한 비판 작업 없이 영의 포스트식민주의는 가능하지 않았을 것이다.

앞서 지적했듯이, 『백색신화』는 영 자신의 이론적 사유에 있어 하나의 전환의 지점에 위치하고 있다. 이런 위치에 있는 작업들이 대부분 그렇듯이, 책이 씌어질 무렵에는 자신이 결정적 전환에 위치하고 있음을 깨닫지 못하는 경우가 종종 있다. 왜냐하면 그런 깨달음은 대개 글이 쓰여진 후 사후적으로 찾아오기 때문이다. 『백색신화』 또한 그런

8 Robert J. C. Young, 『백색신화—서양이론과 유럽중심주의 비판』, 71면.

경향이 있다. 『백색신화』는 자타가 공인하듯이 읽기가 녹록치 않으며 영 자신도 인정하고 있듯이 이론에 대한 분석의 밀도가 매우 높은 책이다. 이 책을 읽기가 쉽지 않은 까닭은, 우선 영이 다양한 이론가들의 이론을 그 맥락을 따라가면서 면밀히 읽고 있을 뿐만 아니라 다양한 서구의 이론들을 긍정과 부정, 통찰과 맹목의 해체적 독법을 통해 읽어내고 있기 때문이다. 하지만 그 무엇보다 이 책이 읽기 힘든 것은 영 자신이 기존의 유럽중심주의적 역사이론에 대한 비판에서 벗어나 자신의 언표지점, 즉 트리컨티넨탈 포스트식민주의의 시각을 점차적으로 확보해가는 '과정'에 위치하고 있었기 때문일 것이다.[9]

하지만 영 자신의 이론적 변화라는 의미를 넘어 『백색신화』는 당시 영국의 비판적 이론의 지형 내에 이론적으로 개입한 매우 논쟁적이며 문제제기적인 책이다. 어떤 책이 문제적이냐 아니냐의 판단은 그것이 당대의 이론적 지형 속에서 그 내부의 다양한 이론들과 어떤 관계를 형성하고 있고, 나아가서 그 지형에 어떤 개입을 하고 있는가 하는 질문에 답하는 데 달려 있다. 다시 말해, 그 책이 문제적인 것은 그것이

9 이러한 점은 『백색신화』를 그 이후에 출간된 책들과 비교해보면 쉽게 이해할 수 있다. 2001년과 2003년에 각각 출간된 『포스트식민주의 또는 트리컨티넨탈리즘*Postcolonialism : A Historical Introduction*』과 『아래로부터의 포스트식민주의*Postcolonialism : A Very Short Introduction*』는 『백색신화』에 비해 그 주장과 분석이 아주 명료하고 읽기 또한 그리 어렵지 않은 편이다. 전자가 서구이론에서 탈피하여 트리컨티넨탈 세계의 다양한 이론들을 발굴하고 정리하고자 한다면, 후자는 서발턴 민중들의 다양한 에피소드들을 통해 독자들로부터 그들의 처지와 투쟁에 대한 공감을 자연스럽게 이끌어내고자 하는 책이다. 이에 반해 『백색신화』에서 영은 자신의 이론적 방향을 수립해가는 과정에 있었을 뿐 아니라 난해한 이론들과의 직접적 대면을 통해 그것들의 이론적 모순과 비일관성, 그리고 한계를 폭로하고자 했기 때문에, 그 이해를 위해서는 서구이론 뿐 아니라 서구이론에 대한 나름의 독서능력을 요구한다.

당대의 이론적 · 정치적 장에 어떻게 개입하고 기존 이론들을 어떻게 비판하고 있는가, 즉 그것이 갖는 비판적 실천과 개입으로서의 이론적 지위에 달려있다고 할 수 있다.

그런 점에서 볼 때, 『백색신화』는 서구마르크스주의의 이론장 내부에서 상당히 문제적인 개입과 비판을 실천하고 있다. 영은 이 책에서 크게 세 가지 비판을 수행하고 있고 이 실천을 통해 트리컨티넨탈 포스트식민주의로 나아갈 가능성을 이미 선보이고 있다. 우선 첫째, 이 책은 서구 사회를 모델로 삼아 발전과 진보를 보편적인 것으로 간주하는 목적론적인 역사주의와, 그러한 역사주의를 보편적 진리와 합법칙적 목적으로 설정하면서 서구 밖의 트리컨티넨탈 민중들의 투쟁을 외면하거나, 그들을 가르치려는 서구마르크스주의의 특권과 오만함을 비판하는 작업이고, 둘째, 이런 비판을 위하여 영은 자신의 이론적 틀로 삼고 있는 포스트구조주의의 통찰과 맹목을 드러내는 동시에 그것을 문화횡단적 시각을 통해 확장하고 번역하는 작업이다. 마지막으로, 첫째와 둘째를 통해 확보된 이론적 · 정치적 시각을 통해 사이드, 바바, 스피박의 포스트식민주의의 성과를 비판적으로 검토하는 작업이다. 이 세 작업은 모두 영의 트리켄티넨탈 포스트식민주의를 이해하기 위해 전제되어야 할 핵심적 사안들이다. 이 장에서는 첫 번째와 세 번째 비판을 중심으로 살펴보고, 다음 장에서 두 번째 작업을 살펴볼 것이다.

『백색신화』가 서구의 이론적 장과 포스트식민주의의 논의에서 갖는 일차적 의의는 아마 거의 최초로 이론적 차원에서 '타자'로 총칭되어온 다양한 소수집단들을 억압하고 '진보'와 '발전'을 참칭해온 서구마르크스주의를 정면으로 반박한 데 있다. 우선 이 책의 주된 주장은 이렇다. 즉 서구의 그 어떤 지식도 오리엔탈리즘으로부터 자유로울 수 없었음을 보여주었던 사이드의 『오리엔탈리즘』처럼 루카치, 사르트르, 제임슨, 알튀세르 등 서구의 진보적 이론가들의 이론조차 타자와 차이를 억압하는 유럽중심적 백색신화로부터 자유로울 수 없었다는 점을 보여주는 것이다. 여기서 계급해방과 진보를 부르짖었던 서구마르크스주의 또한 예외일 수 없다. 이 책은 오늘날의 서구마르크스주의가 서구 외부의 세계를 얼마나, 그리고 어떻게 도외시했는지, 아니면 자기 임의로 서구 밖의 세계를 어떻게 폭력적으로 재현해왔는지를 통렬하게 비판한다. 그들에게 '역사'는 서구에만 한정될 뿐 그 외부의 세계는 모두 역사가 없는 사회 혹은 합법칙적 역사주의에 끼지 못하는 원시적 야만사회로만 인식되었다.[10] 그 결과 타자의 세계는 서구라는 동일자의 거울에 비춰지고 서구사회에 미달하는 사회로 여겨지거나, 아예 역사 속으로 편입되지 못한 영원한 미개와 원시로 남는 것 외에 어떠한 선택지도 부여받지 못하게 되었다. 영이 볼 때, 숱한 식민지적 타자들을 억압하고 진보와 발전의 대문자 '역사'를 보편화하는 목적론적 서구마르크스주의의 보편서사는 유럽중심주의에 다름 아니다. 즉 마르크스주의가 서구의 발전과 진보를 보편적 서사로 삼고 모든 타자들을 그런 서사의 동일적 구조 속으로 끌어들이는 "헤겔 변증법의 체계를 물려받고 있는 한, 그것은 지난 200년 동안의 지식구조와 억압 형식 간의 관계, 소위 유럽중심주의로 알려진 현상에 연루"[11]되어 있을

10 이에 대한 고전적 저작은 Eric R. Wolf, *Europe and the People Without History,* Berkeley : University of California Press, 1997을 참조.
11 Robert J. C. Young, 『백색신화—서양이론과 유럽중심주의 비판』, 75면.

수밖에 없다는 것이다. 가령 헤겔은 "아프리카는 역사를 전혀 갖지 않는다"고 주장했고, 마르크스는 영국 제국주의를 비판하기는 했지만 "인도를 서구 역사의 진화론적 서사 속으로 편입시켜 미래의 계급투쟁을 위한 조건을 창출했기 때문에 영국이 인도를 식민화한 것은 궁극적으로 최선이었다"[12]라고 결론지었다. 이와 같이 영은 가장 진보적인 서구의 이론들조차 '서구'의 서사를 세계의 서사로 보편화하는 유럽중심주의로부터 자유롭지 않았음을 강조한다.

> 문제가 되는 것은 자본주의에 반대하는 지배적 힘인 마르크스주의가 하나의 지식체계로서 자신과 대립하는 체계와 공모하거나 심지어 그 체계를 확장했다는 주장이다. 헤겔은 타자의 전유라는 철학적 구조를 19세기 제국주의의 기획을 기이하게 모방한 지식형식으로 표현한 바 있다. 즉 모든 것이 타자의 박탈과 통합의 형식을 통해 작동하는 지식의 구성은 개념적 차원에서 서구에 의한 비유럽 세계의 지리적·경제적 통합을 흉내 내고 있다는 것이다. 헤겔을 뒤집고자 한 마르크스주의의 시도는 그의 관념을 뒤집었을지는 모르지만 유럽중심주의와 공모하는 개념체계의 작동양식을 변화시키지는 못했다. 헤겔적 마르크스주의가 일반적으로 '서구마르크스주의'로 알려지게 된 것은 매우 적절하다고 할 수 있다.[13]

영은 대문자 H로 시작하는 '역사'의 변증법적 보편서사에는 타자와의 어떠한 대화나 교환의 가능성도 존재하지 않으며 타자는 오직 "자

12 위의 책, 76면.
13 위의 책, 78면.

신의 부정을 통해 동일자에 의해 타자로 구성"될 뿐이라고 주장한다. 즉 "타자를 총체적 체계 내부의 하나의 지식형식으로 전유하는"[14] 이 서사 속에 "타자로서의 타자를 위한 장소는 존재할 수 없다"[15]는 것이다. 이런 서사는 지적 오만으로 이어질 뿐 아니라, 영이 볼 때, 타자를 폭력적으로 통제하는 유럽제국주의의 역사와 상동적 구조를 갖고 있다. 사실 영이 비판하고자 하는 바는 타자를 동일자로 수렴하는 헤겔 변증법의 총체성에 입각한 서구마르크스주의의 보편서사가 초래하는 이론적 장애뿐이 아니다. 이런 이론적 장애는 현실적 실천에서도 심각한 한계로 작동한다. 영의 비판은 헤겔의 변증법적 보편서사에 의지하는 서구마르크스주의와, 당시 영국의 진보적 이론지형을 주도하고 있던 신좌파지식인들, 특히 이른바 영국의 '남성 앵글로색슨 강단마르크스주의male Anglo-Saxon Marxist academia'를 겨냥하고 있었다.[16] 이들은 서구 외부의 타자의 삶에 대해서는 안중에도 없었고, 설령 있다고 하더라도 그들을 동일성의 구조 속에 통합되어야 할 타자들로만 여겼다. 서구마르크스주의가 이런 방식으로 사고할 때, 그것은 오늘날 서구 내에 존재하는 다양한 소수집단들 뿐 아니라 서구의 밖에서 펼쳐지는 해방의 다양한 형태들을 사고할 수 없게 된다.

마르크스주의가 다른 비판집단들의 정치적 개입을 적절하게 다루지 못하는 것은 마르크스주의의 역사가 모든 변화과정들을 포용할 수 있다고 더

14 위의 책, 78면.
15 위의 책, 82면.
16 위의 책, 20면.

> 이상 주장할 수 없게 되었음을 의미한다. 자본과 계급 간의 직접적 대립구조는 더 이상 유용하다고 할 수 없다. 우리가 헤겔의 주인 / 노예의 변증법의 관점에서 사고한다고 해도 노동계급만이 보편적인 주체-희생자일 수는 없다. 많은 타자들, 특히 여성, 흑인 그리고 여타의 다른 종족 및 소수집단들 또한 억압당하고 있기 때문이다. (…중략…) 더 이상 한 명의 주인과 한 명의 노예가 존재하는 것이 아니라면, 마르크스주의가 의지하고 혁명 이론을 정초한 바 있는 헤겔적 전도의 모델은 더 이상 적절하지 않게 된다.[17]

서구마르크스주의에 대한 영의 비판은 그런 변증법적 모델에 수렴되지 않는 약자와 타자들, 즉 포스트식민 서발턴 주체들의 가능성을 예비하고 있다. 하지만 이 가능성은 『백색신화』에서는 가능성으로만 남아 있다. 그것이 본격적으로 펼쳐지는 것은 『포스트식민주의 또는 트리컨티넨탈리즘』과 『아래로부터의 포스트식민주의』에서다. 그렇지만 영의 비판이 이론의 장에서 어떤 문제적 의미를 갖고 있는가를 이해하기 위해서는 잠시 페리 앤더슨Perry Anderson의 『서구마르크스주의에 대한 고찰*Considerations on Western Marxism*』(1979)을 살펴볼 필요가 있다. 영과 마찬가지로 앤더슨은 이 책에서 서구마르크스주의의 특징과 그 한계에 대한 날카로운 비판을 제시한다. 앤더슨은 그람시와 사르트르를 제외하고는 서구마르크스주의가 고전적 마르크스주의와 달리 주로 현실적 정치운동에 참여한 경험이 미약하고, 경제구조와 정치구조보다는 철학과 문화와 같은 상부구조에만 초점을 두었으며, 현실적 실

17 위의 책, 80~81면.

천과 구조적으로 분리되어있었다고 비판한다. 즉 앤더슨은 서구마르크스주의의 일차적 특징을 '이론과 실천의 분열'로 규정한다. 본 논의와 관련하여 이 책에서 주목할 부분은 서구마르크스주의의 한계를 비판하고 그 대안을 고민하는 5장 「대립과 결론Contrasts and Conclusions」이다. 앤더슨은 이 장에서 이론과 실천 간의 분리를 극복할 가능성으로 선진자본주의 사회 내에서 1968년 5월 프랑스혁명과 같은 대중봉기의 영향을 언급하면서 그것이 마르크스주의 이론과 대중투쟁 간의 혁명적 결합을 가능케 해줄 새로운 계기가 될 것이라 주장한다.[18] 나아가서 앤더슨은 또 하나의 이론적·실천적 가능성으로서 정통마르크스주의나 서구마르크스주의와 전혀 다른 성격을 갖고 있는 트로츠키의 이론과 유산(일명 트로츠키주의)의 부상을 들고 있다. 앤더슨에 따르면 스탈린주의와 일정한 거리를 유지하면서도 거기에 적극적으로 대항하지도 않았던 서구마르크스주의와 달리 트로츠키주의는 소련의 공식적 마르크스주의에 적극적으로 대항해왔다. 앤더슨이 볼 때, 트로츠키주의의 부상이 의미 있는 것은 이 유산이 서구마르크스주의의 한계를 뒤집고 이론과 실천의 분리를 메울 수 있는 새로운 실천적 가능성을 제시하고 있는 것처럼 보였기 때문이다. 하지만 앤더슨의 주장에서 주목할 부분은 5월 프랑스혁명과 트로츠키주의의 부상이 서구마르크스주의 내부에서 발생하고 있는 새로운 사건들이라면, 그가 젊은 이론가들 사이에서 나타나는 새로운 전환, 즉 그들이 "소련 공산주의로부터 중국 공산주의로 인식의 지평을 옮긴"[19] 것을 예로 들면서 처음으

18 Perry Anderson, *Considerations on Western Marxism*, London : Verso, 1976, p.95.
19 Ibid., p.102.

로 '비서구'를 언급하고 있는 점이다. 특히 앤더슨은 이런 이동에 대한 정확한 평가가 아직 시기상조임을 강조하면서도 기본적으로 이런 이동이 서구마르크스주의의 정치적 타율성을 지속시킬 것이라고 평가한다. 결국 앤더슨은 서구마르크스주의의 한계는 "선진자본주의 국가들에서 조직화된 구속들에서 자유로운 — 관료주의적 조직들에서 자유로운 — 대중적 혁명운동이 일어날"[20] 때 극복 가능하며 그 속에서만 "사회주의 이론과 노동자계급의 실천 간의 새로운 통합이 가능하게 될 것이고 이런 통합이 오늘날 마르크스주의에 필요한 지식 생산에 힘을 불어넣어줄 것이다"[21]라고 결론짓는다. 서구마르크스주의의 대표적 이론가인 앤더슨에게 서구 사회 속에서 이론과 실천을 극복할 가능성과 대안을 찾는 것은 당연한 일이다. 하지만 앤더슨이 서구마르크스주의에 대한 논의를 지나치게 서구 내에 한정하면서 서구마르크스주의가 60년대 들어 등장하고 있던 비서구의 진보적 해방운동이나 민족운동에 준 영향이나 그것으로부터 받는 영향에 대해서는 지나치게 인색한 평가를 내리고 있다. 그러한 면을 단적으로 보여주는 부분이 서구의 젊은 이론가들이 중국과 같은 비서구에서 새로운 이론적·실천적 가능성을 찾는 것을 서구마르크스주의의 정치적 타율성을 지속시킬 것이라 평가하는 부분일 것이다. 이런 평가는 순간적으로 앤더슨이 주장하고자 하는 것이 정말 현실의 변혁인지, 아니면 서구마르크스주의의 유지인지를 의심하게 만든다.

앤더슨과 달리 영의 주장은 서구마르크스주의가 애초부터 타자를

20 Ibid., p.104.
21 Ibid., p.104.

철저하게 억압하거나 동질화하는, 즉 '역사의 변증법적 이론에 근거한 총체적 지식'에 기대고 있으며 그것이 비서구 국가들을 철저하게 침탈하고 억압해온 서구 제국주의의 정치적 논리를 역전된 형태로 반복하고 있다는 것이다. 영의 비판이 문제적인 것은 바로 앤더슨과 같은 서구지식인들이 비서구에 대해 갖고 있는 안이하고 오만한 인식 자체를 근본적으로 비판하고자 했기 때문이다. 테리 이글턴이나 앤더슨이 E. P. 톰슨이나 레이먼드 윌리엄스와 같은 자신들의 선배 좌파지식인들이 유럽대륙의 지적 흐름에 강한 반감을 갖고 있었다는 비판한 바 있는데, 영은 "만일 대부분의 영국마르크스주의가 페리 앤더슨의 주장처럼 유럽마르크스주의의 이론적 발전에 대해 무지하거나 혹은 반감을 갖고 있었다면 유럽 바깥의 마르크스주의에 대해서는 훨씬 더 심하지 않았을까?"라고 의문을 던지고 있는데 사실 이 유럽 외부의 마르크스주의에 대한 무지에 있어서 과연 앤더슨 또한 크게 달랐다고 할 수 있을까? 영이 말했듯이 『백색신화』는 "유럽의 한계 내에서 움직이는 좌파의 역사적 시각을 유럽 외부의 세계에서 시작된 시각과 대결"[22]시켜 역설적이지만 서구마르크스주의의 정치적 타율성을 더욱 강화하고자 했다. 하지만 서구마르크스주의의 정치적 타율성은 훨씬 강화되었을지 모르지만 마르크스주의의 실천적 가능성은 더욱 확장되었을 것이라고 예상해볼 수 있다.

> 『백색신화』는 (…중략…) 이른바 '백색마르크스주의White Marxism'를 해체

---

22 Robert J. C. Young, 『백색신화—서양이론과 유럽중심주의 비판』, 20면.

하려는 시도였다. 이 책이 유럽의 급진 좌파의 담론에 이론적으로 개입한 것은 마르크스주의 자체를 비판하기 위한 것이 아니라 그 당시 유럽 좌파의 사유를 지배했던 헤게모니 담론을 유지하면서 정통 교리를 엄격하게 고수하려고 한 비타협적 서구마르크스주의의 한 측면을 비판하기 위해서였다. 이 책의 의도는 마르크스주의 전체를 공격한 것이 아니라 유럽과 북미에서 그 당시까지 거의 가시화되지 않았던 마르크스주의의 특정한 문제, 즉 그 냉혹한 백인성과 유럽중심주의를 공격하는 것이었다.[23]

뿐만 아니라 영은 1968년 프랑스혁명에 대해서는 앤더슨과 전혀 다른 방식으로 해석한다. 앤더슨에게 68년 혁명이 서구마르크스주의의 '이론과 실천의 분리'를 돌파하게 해줄 서구사회 내부의 사건이었다면, 영에게는 새로운 대중적 정치학이 "**서구의** 공식적 좌파의 틀을 깨뜨려 버린 순간"[24]이었으며 "반식민 투쟁에서 생산된 엄청난 지적 활동들이 점진적으로 결합되고, 비판적·반체제적 서구 담론들과 접합하며, 헤게모니적인 유럽중심적 지식과 권력에 대항했던",[25] 즉 포스트식민의 출현을 알리는 사건이었다. 결국 영에게 1968년 사건은 단지 유럽 내부의 사건으로 그치는 것이 아니라 유럽 외부의 사건들이 유럽 내부로 밀려들어온 사건이기도 했던 것이다.

이런 시각에 근거하여 영은 사르트르, 제임슨, 알튀세르와 같은 서구마르크스주의자들의 이론을 치밀하게 분석하는 한편, 사이드, 바바,

---

23 위의 책, 21~22면.
24 위의 책, 40면.
25 위의 책, 41면.

스피박처럼 당시 막 부상하고 있던 포스트식민주의자들의 이론이 갖고 있던 인식의 통찰과 맹목에 대한 섬세한 읽기를 수행한다. 여기서는 『백색신화』의 전체 내용을 소개하는 자리가 아닌 만큼 그 주장의 일단만 소개하면 다음과 같다. 사르트르의 경우, 그가 파농이나 알제리 민중과 연대하는 등 제3세계 현실에 깊은 공감을 갖고 있었지만, 이론적으로 볼 때 그의 역사주의가 서구사회의 외부의 현실을 인식하는 데 방해로 작용했다면, 알튀세르 역시 사르트르와 같은 서구마르크스주의의 역사주의를 비판하면서 중층적이고 차이적인 복합적 시간 개념을 사고할 때 비서구(중국의 마오주의)의 정치적 영향을 받았지만 그의 계급중심적 사고는 제3세계에서 등장하고 있던, 즉 계급으로 전유되지 않는 다양한 서발턴 민중투쟁의 역사와 역할을 폄하했다. 제임슨의 마르크스주의의 경우에서도 영은 그것이 제3세계를 대변하고 재현하려고 했지만 제3세계의 구체적 현실을 감안하지 못한 채 그것을 동질화하고 일반화시켜버렸다고 주장한다. 제임슨의 이론이 그렇게 될 수밖에 없었던 이유는 "항상 역사화하라"는 그의 명령이 "모든 마르크스주의를 하나로 수렴하고, 그것들을 역사, 즉 '대문자 역사 그 자체'의 거대한 품 안으로 동화시킴으로써"[26] 다양한 이론적 도전들에 맞서 마르크스주의를 방어하고자 했기 때문이다. 사실 제임슨에게 모든 이질적인 것과 이율배반적인 것들은 변증법적 해결을 통해 더 큰 총체화의 활동 속으로 수렴되어 버린다. 그 속에서 차이와 타자 역시 역사의 총체화 과정 속으로 동화되고 통합된다. 이런 논리는 제3세계의 역할에

---

26 위의 책, 265면.

도 적용된다. 그에게 제3세계는 단순히 제1세계에 대한 안티테제이거나 수렴되고 동질화되어야 할 공간으로만 남아있는 것이다.

『백색신화』가 갖는 또 다른 의의는 영의 말처럼 당시 서서히 등장하고 있던 '포스트식민the postcolonial'의 윤곽을 드러내는 한편, 사이드, 바바, 스피박과 같은 포스트식민 이론들을 세밀하게 읽은 데 있다. 스튜어트 홀은 『백색신화』에 대해 흥미로우면서도 다분히 냉소적인 지적을 한 바 있다. 홀은 『백색신화』가 포스트식민과 서구 형이상학적 전통 간의 연관성을 잘 인식하고 있다는 점을 인정하는 한편, "궁극적으로 가장 올바른 이론적 입장을 찾아내고자 하는 프로메테우스적 욕망—즉 그외 다른 모든 이론들의 이론적 지위를 내쫓고자 하는 욕망—에 의해 움직이고 있는"[27] 문제점을 갖고 있다고 말한다. 다시 말해, 영 자신이 이론적 준거로 삼고 있는 데리다에 대해서는 전혀 비판적으로 검토하지 않으면서 "나쁜 이론(사르트르, 마르크스주의, 제임슨)으로부터 그리 나쁘지는 않지만 틀린 이론(사이드, 푸코)을 거쳐 무난한 이론(스피박, 바바)으로 나아가는 서열화된 질서"[28]를 구축하고 있다는 것이다. 홀의 이와 같은 지적은 영의 이론적 의도를 건드리는 것이면서 동시에 영의 의도를 왜곡하는 부분도 없지 않다. 실제 『백색신화』에는 이론적 준거로서 데리다의 해체이론이 줄곧 활용되고 있지만 구체적 논의의 대상에서는 제외되어 있다. 뒤에 살펴보겠지만 데리다에 대한 영의 검토는 『포스트식민주의 또는 트리컨티넨탈리즘』에서 전혀 다른 시각

---

27 Stuart Hall, "When was 'the post-colonial'? Thinking at the limit", *The Post-Colonial Question : Common Skies, Divided Horizons* (Iain Chambers & Lidia Curti eds.), London : Routledge, 1996, p.249.

28 Ibid., p.249.

에서 펼쳐질 것이다. 아마 영이 데리다의 해체를 검토하지 않은 것은 이 당시 그가 데리다의 해체를 검토되어야 할 이론적 대상으로서보다는 기존 이론들의 유럽중심주의를 해체적으로 읽기 위한 방법으로 삼고 있었기 때문일 것으로 추측해볼 수 있다. 하지만 영이 이론적 정확성을 위해 이론들을 하나의 위계질서를 구축하고 있다는 홀의 지적은 지나친 해석이라 할 수 있다. 정말 영이 데리다의 해체를 다양한 이론들을 검토하기 위한 준거로 삼고 있다면, 이론들은 모두 해체의 대상이 되어야지 새로운 질서 구축의 대상이 되어서는 안 되기 때문이다. 사실 『백색신화』를 관통하는 주된 작업은 타자와 차이를 총체성 속으로 수렴하고 종합하는 서구의 목적론적 역사이론을 비판하는 한편, 거기에서 벗어났다고 할 수 있는 이론들이 실제로 그러한가를 면밀하게 검토하는 일이다. 여기에 사이드와 바바, 그리고 스피박이라는 세 명의 포스트식민 이론가들 역시 예외일 수 없다. 우선 영은 사이드가 동양에 대한 서구의 재현체계, 즉 오리엔탈리즘을 폭로했지만 그것을 지나치게 획일적이고 동질적인 것으로 인식하여 그 내부의 모순과 갈등을 보지 못했고 그 결과 여전히 서구 인간주의의 이데올로기로부터 자유롭지 못한 모호한 인간주의에서 대안을 찾고자 했다고 비판한다. 사실 영은 푸코보다 포스트식민이론가인 사이드에 훨씬 더 비판적인 태도를 취한다. 왜냐하면 영은 사이드가 오리엔탈리즘의 담론 외부에서, 즉 인간의 '경험'과 '의식'에서 이론적 대안을 찾는 의심스러운 인간주의에 기대고 있다고 생각했기 때문이다.

사이드가 동양의 서구적 재현에 대립시킨 인간적인 것이라는 관념은 서구의 인간주의 전통에서 유래한 것이다. 그것은 반인간주의적 오리엔탈리즘뿐만 아니라 사이드 자신의 지적처럼 '백인의 우월성'이라는 인종주의적 이데올로기를 구축한 바로 그 동일한 문화로부터 생산된 것이다. 아널드적인 '고급문화적 인간주의'라는 백인의 수사학은 식민지의 지적·문화적 타락과의 대립 속에서 정의되었다. 반인간주의적 오리엔탈리즘이 인간주의적 문화의 산물이었다는 것은 사이드가 논하고 싶지 않았던 복잡성을 보여준다. 파농의 주장처럼 인간주의가 갈등적인 개념이라면, 사이드의 인간주의는 과연 어느 정도 반인간주의에 의해 규정될 것인가? (…중략…) 사이드가 동양의 현실성을 유럽 고급문화의 보편주의적 주장에 따라 규정하려고 할 때처럼, 간혹 사이드의 오리엔탈리즘 분석은 오리엔탈리즘적 작업 그 자체와 놀라울 정도로 가까워지는 듯하다.[29]

영이 볼 때, 사이드가 이렇게 된 데에는 오리엔탈리즘의 내부와 외부를 지나치게 엄격하게 분리하면서, 즉 사이드가 오리엔탈리즘 내부의 모순이나 갈등에 주목하기보다 그것을 동양에 대한 일방적 지배의 공간으로 인식하면서 오리엔탈리즘에 대한 저항을 외부에서 찾으려 했기 때문이다. 사이드에 대한 영의 이러한 비판은 제임슨이나 사르트르에 대한 비판과 동일한 차원에서 이루어지는 것이지 포스트식민 이론가라고 해서 더 높은 특권적 의미를 부여받고 있는 것이 아님을 눈여겨볼 필요가 있다. 물론 영이 사이드보다 바바와 스피박에 이론적 특권을 부여하고 있는 것은 사실이다. 하지만 영은 바바와 스피박이

29 Robert J. C. Young, 『백색신화—서양이론과 유럽중심주의 비판』, 339면.

식민 담론이든 연구자의 역할이든 외부 / 내부의 이원론적 틀을 경계하고 그것을 극복하기 위한 시도들을 했음을 높이 평가하면서도 그 한계를 지적하는 것을 게을리 하지 않는다. 즉 바바는 사이드보다 더 치밀하게 식민 담론의 불확실성과 양가성을 읽어냈지만 담론의 장 자체를 특권적 저항의 장으로 만들어 구체적인 현실정치의 갈등과 투쟁을 피해갔고,[30] 스피박은 서구의 지적 담론과 서구 학계 간의 공모관계를 비판하는 한편 서발턴 여성주체의 재현불가능한 지위를 강조했으면서도, 즉 식민 담론의 안팎의 근원적 분리불가능성을 강조하면서도 결정적인 순간에는 마르크스주의에 의지하여 사이드가 보여준 외부로부터의 정치적 효과를 요구하고 있다고 비판한다.[31]

그런 점에서 홀의 주장은 영의 의도를 지나치게 단순화한 측면이 없지 않다. 사실 『백색신화』는 '올바른' 이론의 순서를 결정하려고 했다기보다는 서구마르크스주의이든 포스트식민이론이든 간에 유럽중심주의가 이론 내부에서 기능하는 방식을 해체적으로 읽어내는 작업을 실천하고 있다. 영 자신의 말처럼 막 새롭게 부상하던 '포스트식민'의 윤곽을 그려내되 그것을 철저하게 포스트구조주의적 읽기, 즉 데리다적 읽기를 통한 비판적 검토를 거치게 만드는 것이다. 따라서 『백색신화』는 변증법과 총체성을 근간으로 한 서구의 역사이론과 서구마르크스주의에 맞서 그런 틀에 수렴되지 않는 차이와 타자를 강조하는 포스트구조주의적이고 포스트식민적인 이론의 가능성을 그리고 있다. 그렇다면 영이 기존의 포스트구조주의와 포스트식민주의에 대한 혹독

30 위의 책, 384면.
31 위의 책, 419면.

한 비판들을 어떻게 피하면서 자신의 이론을 펼쳐나갈 수 있을까? 이 질문에 보다 본격적으로 답하고자 하는 것이 『백색신화』 이후 영이 심혈을 기울이고 있는 작업이다.

3. 트리컨티넨탈리즘, 혹은 포스트식민의 급진화

앞서도 지적했듯이 서구마르크스주의를 비판하면서 영은 주로 알튀세르, 데리다, 푸코와 같은 프랑스 포스트구조주의 이론에 크게 의지하고 있다. 헤겔 변증법과 그 목적론적·총체적 보편서사에 기대고 있는 서구마르크스주의의 유럽중심주의를 비판할 수 있었던 것도 바로 이러한 포스트구조주의적 이론을 활용하였기 때문이다. 그렇다면 다음과 같은 질문을 제기해볼 수 있다. 프랑스 포스트구조주의 이론에 의지하여 서구마르크스주의를 비판하는 것이 과연 그가 비판하고 있는 서구 이론의 유럽중심주의를 넘어설 수 있는 길인가? 영의 비판 역시 유럽 내부에 존재하는 시각에 의지하여 서구 이론들의 유럽중심주의를 비판하는 데 불과한 것이 아닌가? 『백색신화』에 대한 대개의 비판들은 주로 영이 이론적 근거로 삼고 있는 포스트구조주의를 비판하는 경향이 있다.[32] 세계역사의 보편서사를 참칭하는 서구마르크스주

32 Alvares Claudia, "On *White Mythologies* : Detotalising the Legacy of Modernity", *Culture, Theory and Critique*, Vol.46, No.2, 2005, p.94.

의의 오만한 유럽중심주의를 비판하는 작업이 영의 비판적 개입이 갖는 첫 번째 의도였다고 한다면, 영의 이론적 개입의 다음 단계는 이런 질문들에 어떻게 답할 것인가 하는 것이다. 영은 포스트구조주의 이론을 유지하고 그것을 새로운 문화횡단적 시각을 통해 읽으면서 포스트구조주의에 대한 비판들을 우회하고자 한다. 이런 우회가 영의 이론에서 핵심적인 것은 영 자신이 깊이 의지하고 있는 포스트구조주의에 대해 서구마르크스주의자들이 그동안 집중적으로 비판해왔기 때문이다. 이미 테리 이글턴은 『문학이론입문*Literary Theory : An Introduction*』에서 포스트구조주의가 현실과 역사로부터 도피한 채 기표의 유희만 즐긴다고 비판한 바 있다. 그는 포스트구조주의가 당대의 정통 좌파정치의 실패에 대한 반응이었음을 인정하지만[33] 국가의 권력구조를 파괴할 수 없게 되자 역사를 거부하고 언어로 도피하여 "언어의 구조를 뒤엎고자"[34] 한 정치적 환멸의 산물에 불과하다고 비판한다. 페리 앤더슨 또한 『역사유물론의 궤적*In the Tracks of Historical Materialism*』에서 포스트구조주의에 대해서 우선 현실로부터 언어를 벗어나게 하여 언어의 지나친 과잉을 초래하고the exorbitation of language, 진리의 현실적 기반을 박탈하고 진리를 불확정적인 것으로 만들어버렸으며the attenuation of truth, 그 결과 역사를 이해할 수 없는 것으로 임의화해 버렸다the randomization of history고 비판한다.[35] 비판 그 자체로 볼 때 이런 비판이 그리 틀린 것이라고 말할 수는 없지만 대체로 포스트구조주의의 수많은 이론적 가

---

[33] Terry Eagleton, *Literary Theory : An Introduction*, 2nd ed, Oxford : Blackwell, 1996, p.128.

[34] Ibid., p.123.

[35] Perry Anderson, *In The Tracks of Historical Materialism,* London : Verso, 1984, pp.32~55.

능성을 일반화하거나 특정한 상투적 형태로 환원하는 경향이 있다. 어쨌든 이런 비판의 가혹함을 기억할 때, 서구마르크스주의를 비판하기 위해 영이 포스트구조주의에 의지하는 것은 이미 한계를 갖는 것은 아닐까? 특히 포스트구조주의에 대한 이러한 비판을 액면 그대로 수용하여 서구 이론의 논리를 거부한 채 제3세계의 특수성을 강조하려는 주장들에 어떻게 대응할 수 있을까? 영이 이런 회의와 의문에 제대로 답변하지 못할 때 그의 이론적 개입은 실패하고 말 것이다. 사실 영의 이론적 변화를 흥미롭게 관찰할 수 있는 한 가지 방법은 영이 이런 질문에 어떤 식으로 대답하고 있는가를 따라가 보는 것이다.

우선 영은 포스트구조주의에 대한 서구마르크스주의의 비판들을 해체적으로 읽는다. 영은 포스트구조주의가 역사를 무시한다는 주장 자체가 이미 '역사'의 다양한 가능성을 무시하는 것이고, 특히 대문자 '역사'에 의문을 제기하는 데 대한 불만에 근거하는 것에 불과하다고 주장한다. 서구 역사를 보편적 서사로 간주하는 유럽중심주의적 입장을 비판하는 영의 의도를 감안할 때, 포스트구조주의를 역사에 대한 거부로 비판하는 것은 기존의 대문자 '역사' 개념을 그대로 유지하려는 태도나 진배없다. 영은 포스트구조주의가 역사의 임의화를 초래했다는 앤더슨의 비판에 대해 그 비판이 임의적인 것과 차이적인 것을 구분하지 못한 처사라고 반박한다.

> (그런 주장에 의하면) 역사가 단일한 의미를 갖는다는 발상에 대한 유일한 대안은 역사가 아무런 의미도 갖지 않는다는 것이어야 한다. 그러나 물론 누구도 역사에 대한 해석이 사실상 의미를 주장해야 한다는 명백한 이

유 때문에 역사가 아무런 의미도 갖지 않는다고 주장하지는 않는다. 여기서 논쟁이 되는 것은 역사가 '대문자 역사'와 같이 하나의 의미를 갖는가 하는 것이다. 한 가지 대안은 역사가 구체적이고 특수한 역사들의 복수적 의미들 — 이 의미들이 반드시 근본적인 이념이나 힘이라는 더 거대한 의미의 일부가 되지 않으면서 — 로 이루어질 수 있다는 것이 될 것이다. 차이적인 것의 개념과 임의적인 것의 개념을 융합해버리는 앤더슨의 비난이 겨냥하는 것은 실제 다양한 의미를 가질 수 있는 가능성이다. 그러나 역사가 복수의 의미를 가질 수 있다는 사실을 왜 부인하는가? 사실 역사는 이미 복수적 의미를 갖고 있다.[36]

영은 이런 역사 개념의 근원으로 게오르그 루카치를 언급하면서 포스트구조주의에 대한 반박들은 루카치가 꿈꾼 "타락하지 않은 존재의 총체성을 향한 낭만주의적 향수의 가장 최신 판본"[37]일 뿐이라고 비판한다. 영은 포스트구조주의가 이러한 역사 개념을 근본적으로 의심한다는 점에서 기존의 서구마르크스주의와 갈라선다고 주장한다. 즉 "포스트구조주의는 실현 불가능한 이상을 추구하기 위해 이론적 문제점들을 억압하기보다는 그 문제점의 함의들을 부각시킨다는 점에서 서구마르크스주의와는 차별성을 갖고 있다"[38]는 것이다.

하지만 이런 식의 반박으로 포스트구조주의에 대한 기존 비판들이 논박되는 것은 아니다. 서구마르크스주의자들이 포스트구조주의가 역

36 Robert J. C. Young, 『백색신화—서양이론과 유럽중심주의 비판』, 113면.
37 위의 책, 118면.
38 위의 책, 117면.

사를 거부하고 회피했다고 비판한다면, 그런 비판에 대한 근본적 대응이 될 수 있는 것은 포스트구조주의 자체를 역사적 현실 속에 두고 그것을 재해석하는 작업이 될 것이다. 그러할 때 포스트구조주의가 어떤 방식으로 역사에 의문을 제기하는지, 혹은 어떤 식으로 이론적 쟁점들을 부각시키는지를 살펴볼 수 있을 것이기 때문이다. 영은 알튀세르, 데리다, 그리고 푸코의 이론을 포스트구조주의로 '일반화'하기보다는 현실적 이론 지형 내에 움직이는 것으로 맥락화하면서 그것을 하나의 비판이자 개입으로 다시 읽고자 한다. 이런 읽기는 현실적 실천으로서의 이론을 맥락에서 분리시켜 일반화하는 방식에 맞서 그것을 다시 현실적 실천과 맥락 속으로 다시 기입하는 일종의 '**급진화**radicalization' 작업이라 할 수 있다. 영의 다시 읽기에서 흥미로운 것은 이런 급진화 작업에 이미 서구의 경계를 넘어서는 초국적인 문화횡단적 시각이 전제되어 있는 점이다. 영은 포스트구조주의를 유럽의 산물도 프랑스의 산물도 아니라, 정확하게 말하자면 프랑스와 알제리 간의, 즉 식민주의자의 문화와 피식민지인 간의 문화적·정치적 갈등과 대립 속에서 생산된 '프랑스-마그레브 이론'으로 간주할 것을 역설한다. 그에 의하면 "포스트구조주의가 하나의 단일한 역사적 시간의 산물이라면, 그 순간은 1968년 5월이 아니라 알제리의 독립전쟁이 될 것이다. 포스트구조주의는 의심의 여지없이 알제리 독립전쟁의 징후이자 산물이다."[39] 사실 『백색신화』는 포스트구조주의가 알제리 경험과 얼마나 긴밀하게 관련되어 있었는가를 언급하고 있지만 이 문제를 깊이 있게 천착하지는 않았다. 이

39 위의 책, 73면.

에 대한 보다 깊은 탐구는 『포스트구조주의 혹은 트리컨티넨탈리즘』에서 본격적으로 이루어진다. 앞서 홀이 『백색신화』에서 데리다에 대해서는 준거로만 삼을 뿐 비판적 검토를 하지 않았다는 지적에 대응이라도 하듯이, 영은 데리다의 이론이 얼마나 알제리에 근거하고 있는지를 논하며 데리다에 대한 문화횡단적 읽기를 수행한다.

영은 파농, 멤미, 사르트르, 알튀세르, 부르디외, 데리다, 리오타르, 식수 등이 모두 알제리에서 태어났거나 알제리에서 활동했으며, 그것도 아니면 알제리와의 개인적인 인연을 맺고 있었음을 강조한다. 이들은 모두 고유한 알제리인들이 아니라 프랑스인도 알제리인도 아닌, 순수하지 않은 알제리인들Algerians improper이었던 것이다.

> 구조주의는 동쪽에서 왔고 포스트구조주의는 남쪽에서 왔다. (…중략…) 고등사범에서 데리다의 스승이었던 알튀세르와 같은 이들은 까뮈와 마찬가지로 지중해 연안의 가장 빈곤한 지역에서 알제리로 이주해 왔던 가난한 백인들의 혼합 공동체 출신이었다. 그의 가족은 1871년 프랑스-프로이센 전쟁과 독일의 알사스-로렌 병합으로 인해 수천 명의 다른 사람들과 함께 알제리로 추방당했다. 데리다와 식수 같은 이들은 원래 15세기에 페르난도와 이사벨라에 의해 스페인에서 무어인들과 함께 쫓겨났던 이른바 토착 유대인 공동체 출신이었다. (…중략…) 또 한 사람의 마그레브 유대인인 멤미는 튀니지에서 태어나 알제리 대학교에서 공부한 뒤 소르본으로 유학했다. 파농이나 리오타르 같은 이들은 일을 하거나 병역을 마치기 위해 알제리에 갔다가 혁명에 적극적으로 관여하게 되었다(피에르 부르디외 역시 1950년대에 인류학적-사회학적 조사를 하느라고 알제리에 있었고 병

역을 치르기 위해 알제리에 갔을 때 데리다와 자주 만났다). 그러므로 이들의 이름과 결부되어 있는 포스트구조주의는 **프랑스-마그레브 이론**이라고 하는 게 더 나을 수도 있을 것이다. 왜냐하면 그 이론적 개입들은 프랑스 식민주의의 이데올로기적인 유산을 파괴하는 임무에, 그리고 그 식민주의의 자기중심적이고 제국적인 문화의 전제들과 가정들과 프로토콜을 재사유하는 일에 적극적으로 관심을 가졌기 때문이다.[40]

이런 주장은 포스트구조주의를 서구 바깥의 현실과 무관한 순전히 프랑스의 이론으로만 보는 것이 아니라 서구와 그 외부, 중심과 주변, 제국의 문화와 식민지의 문화 간의 문화횡단이 낳은 이론적 산물로 이해하게 해준다. 영이 볼 때, 바로 이런 독특한 위치 때문에 포스트구조주의는 "서구의 바깥에 배치하면서 하나의 비판을 제공하는 것이 아니라 오히려 서구의 해체를 수행하기 위해 서구 자체의 타자성과 이중성을 사용"할 수 있었고, "서구 지식의 유럽중심적 전제들에 대한 적극적 비판"[41]이 될 수 있는 것이다. 영은 포스트구조주의가 정말 '포스트'(탈)하고자 한 것은 바로 "식민장치, 제국적 기구"[42]였다고 주장한다. 포스트구조주의에 대한 이와 같은 인식은 포스트구조주의를 일반적으로 규정해온 기존 서구마르크스주의자들의 주장을 반박하기 위한 것이다. 가령 이글턴이나 앤더슨에게 데리다는 진리, 확실성, 현실 등의 확고한 토대를 허물어뜨리고, 진리와 진지한 것을 "기호들의 헝크러진

40 Robert J. C. Young, 『포스트식민주의 혹은 트리컨티넨탈리즘』, 727~728면.
41 Robert J. C. Young, 『백색신화—서양이론과 유럽중심주의 비판』, 110면.
42 Robert J. C. Young, 『포스트식민주의 혹은 트리컨티넨탈리즘』, 730면.

유희에 지나지 않은 것으로 폭로한다는 점"에서 일견 과격해보이지만 "아무것도 긍정하지 않는다"는 점에서 "보수적인"[43] 부류에 속하거나, "진리와 의미의 고정성이라는 환상을 냉정하게 비난하고"[44] "절대적인 우연, 발생적 미결정성, 흔적의 기원적 모험"[45]이라는 언어 유희를 즐기면서 역사를 거부하는 이론가였다. 하지만 영에게 데리다는 전혀 다른 이론적 의미를 갖는다. 즉 중심, 기원, 현존에 대한 데리다의 비판은 그런 개념들에 근거한 서구중심주의의 백색신화에 대한 비판이자 해체와 같은 것이다. 영에 따르면 데리다의 해체가 겨냥한 것은 "서구의 형이상학적·이데올로기적 체계들을 유지시켜주고 있는 존재론적 폭력과 식민적·제국적 정책들을 펼칠 수 있도록 서구의 민족들을 지탱해준 강제적이고 현실적인 폭력의 동일성이라는 구조적 권력관계"[46]였다. 이런 주장은 영이 데리다를 포스트식민적 문화횡단이라는 맥락 속에서 급진적으로 재해석하고 있음을 잘 보여준다.

나아가서 포스트구조주의에 대한 영의 문화횡단적 읽기는 이글턴이나 앤더슨처럼 포스트구조주의에 대한 비판들을 그대로 수용하는 아마드와 같이 서구 이론을 거부하는 제3세계 지식인들에 대한 비판을 겨냥한 것이기도 하다. 영 자신에 대한 아마드의 비판을 반박하면서 영은 아마드의 것과 같은 시각에는 서구마르크스주의자들 못지않은 심각한 한계가 내장되어 있음을 강조한다. 영은 아마드의 주장에 서구이론과 제3세계 경험의 특수성 사이에 건널 수 없는 대립을 설정

43 Terry Eagleton, *Literary Theory : An Introduction*, p.125.
44 Perry Anderson, *In the Tracks of Historical Materialism*, p.46.
45 Ibid., p.54.
46 Robert J. C. Young, 『포스트식민주의 혹은 트리컨티넨탈리즘』, 733면.

하여 제3세계의 특수한 경험을 보존하고자 하는 논리가 전제되어 있다고 보는데,[47] 이런 논리에 따르면 포스트식민 이론이 포스트구조주의에 의지하는 한, 그 이론이 서구에 강력한 문제제기를 한다고 하더라도 그것은 서구이론의 일부에 지나지 않는다는 것이다. 영은 이런 주장이 서구이론이 비서구의 현실을 이해하는 데는 전혀 도움이 되지 않는다는 식의 논리와 같은 것으로 그 이면에는 비서구 지식인의 '문화적 열등감' 같은 것이 깔려있다고 주장한다.

사실 포스트구조주의에 대한 영의 문화횡단적 읽기에는 이미 포스트식민주의에 대한 영 나름의 해석이 반영되어 있다. 그러므로 우리의 논의는 자연스럽게 포스트식민주의로 넘어가게 된다. 『백색신화』에서 영은 포스트식민주의의 가능성을 암시만 하고 있을 뿐 그것을 본격적으로 다루지는 않았다. 주로 서구 역사이론의 백색신화를 비판하는 작업에 몰두했고 그러한 백색신화에 대한 비판과 관련해서 사이드, 바바, 스피박의 이론을 해체적으로 읽고 있을 뿐 포스트식민주의에 대한 영 자신의 입장을 강하게 드러내지는 않았다. 하지만 영은 『포스트식민주의 또는 트리컨티넨탈리즘』에서 포스트식민주의를 본격적으로 다루기 시작한다. 영은 이 책을 『백색신화』에 대한 후속편이라고 주장한다. 그는 이 책의 의의를 "『백색신화』를 트리컨티넨탈 대항근대성의 역사적 도전이라는 더 넓은 전망 속에서 다시 쓴 것"[48]이라고 밝힌다. 『백색신화』에서도 그러했지만, 영의 작업이 항상 문제적인 것은 그것이 이론을 '개입과 실천'으로 인식하고 그런 인식을 실천하기 위해 이론

---

47 위의 책, 726면.
48 위의 책, 751면.

을 현실적 맥락 속으로 개방하는 급진화의 전략을 구사하기 때문이다.

포스트식민주의에 대해서도 영은 급진적 개방의 전략을 구사한다. 앞서도 지적했듯이 영은 자신의 포스트식민주의를 아프리카와 아시아와 라틴아메리카의 세 대륙의 억압당하는 서발턴 민중들이 자신들의 삶의 조건을 바꾸고자 하는 대항적 지식이라는 의미에서 그것을 '트리컨티넨탈리즘'이라 부른다.[49] 특히 영의 트리컨티넨탈 포스트식민주의는 "현재 (서구와 비서구의) 격차를 반박하는 한편 과거의 반식민투쟁을 새로운 방식으로 계승하는 행동의 철학이자 정치학"[50]을 지향한다. 영은 유달리 서발턴의 역할과 그들의 현실적 투쟁과 실천을 역설하면서 포스트식민의 급진화를 주장한다. 그런 점에서 그는 포스트식민주의를 '트리컨티넨탈 마르크스주의'로 명명하기도 한다. 영의 이런 주장이 의미하는 바를 제대로 이해하기 위해서는 포스트식민주의를 둘러싼 기존의 치열한 논쟁을 잠시 살펴볼 필요가 있다. 우선, 사이드와 바바 그리고 스피박을 비롯하여 영미권 강단에 자리 잡고 있는 포스트식민주의는 정치경제적 억압과 불평등보다는 문화적 지배와 억압에만 과도하게 초점을 둔 경향이 있다. 심한 경우에는 지배와 억압의 문화적·담론적 차원에만 주목하여 현실적 불평등과 폭력을 간과하기조차 했다. 그러므로 포스트식민주의는 억압적 현실을 외면한 채 문화와 담론의 지배-저항의 관계만 살피는 담론적 '문화주의'로 흘러가는 경향을 보이기도 했다. 바바와 사이드의 경우에도 그런 경향이 있었지만, 한 가지 예를 들자면, 초기 스페인 지배시기 필리핀의 타칼

---

49 Robert J. C. Young, 『아래로부터의 포스트식민주의』, 164면.
50 위의 책, 20면.

로그 사회에서 벌어진 카톨릭 개종의 문제를 다루면서 비센트 L. 라파엘Vicente L, Rafael은 카톨릭으로의 개종이 억압적이고 폭력적이었지만 타칼로그 민중의 입장에서 능동적이기도 했다고 주장한다. 즉 그는 당시 스페인의 엄청난 학살과 폭력에도 불구하고 타칼로그 민중들이 카톨릭으로 강제적으로 개종당하는 와중에서도 카톨릭을 자신들의 기존 종교로 번역하는 능동적인 문화적 실천을 실행했다고 말한다.[51] 이는 문화의 능동성과 자율성에 대한 참신한 주장처럼 들리지만 자칫 문화의 능동적 역할을 지나치게 강조하다보면 현실의 구체적 억압과 폭력이 간과되어버리는 아이러니한 결과가 생겨나기도 한다. 뿐만 아니라 기존 포스트식민주의가 갖는 또 다른 문제점은 그것이 포스트식민 개념을 무분별하게 확장해왔다는 사실이다. 한때 식민지였지만 현재는 제국주의적 성향의 국가가 된 경우까지 포스트식민의 개념이 무차별적으로 적용되어 포스트식민이 아닌 것이 없는 상황이 벌어진 것이다. 그 결과 현재의 제국 / 식민의 불평등한 억압관계들이 희석되는 경향이 나타났다. 포스트식민주의의 이러한 경향에 대해 서구마르크스주의자들과 제3세계 출신의 마르크스주의자들은 강한 의구심을 갖게 되었다. 특히 포스트식민주의의 문화주의적 경향이 대부분 포스트구조주의의 영향을 받다보니 포스트식민주의에 대한 비판은 대부분 포스트구조주의에 대한 비판과 동일한 연장선상에서 진행되었다. 따라서 이론 논쟁에서 포스트식민주의 / 포스트구조주의 대 마르크스주의 간의 첨예한 대립각이 세워지게 되었다. 아리프 딜릭은 "'포스트식민'

---

51 Vicente L. Rafael, *Contracting Colonialism : Translation and Chrisitian Conversion in Tagalog Society Under Early Spanish Rule*, Durham : Duke University Press, 1993 참조.

이 정확하게 언제 시작되었는가?"를 질문하면서 그것은 "제3세계 지식인들이 제1세계 학계에 들어섰을 때"[52]라고 조롱한다. 딜릭은 포스트식민주의가 제3세계에서 일어나는 실질적인 억압과 폭력에는 별로 관심이 없는 제3세계의 부유한 가정 출신의 자식들이 제1세계의 강단에 자리 잡으면서 기존 백인중심의 헤게모니에 대항하기 위해 펼친 이론에 지나지 않는다고 주장한다. 딜릭에 따르면 포스트식민성에 대한 그들의 관심은 제3세계 지식인의 정체성에 대한 고통과 고민의 표현이라기보다는 단지 제1세계 내에서 기존 문화권력에 맞선 새로운 권력의 표현일 뿐인 것이다.[53] 특히 딜릭은 그들의 포스트식민 담론의 언어가 "제1세계 포스트구조주의의 언어"에 근거하고 있다고 비판한다. 딜릭의 비판은 포스트식민 지식인들에 대한 노골적인 공격적 발언에 가까운데, 그것은 포스트식민주의와 마르크스주의 간의 격렬한 대립과 갈등을 보여준다. 아이자즈 아마드 또한 딜릭과 유사한 주장을 펼친다. 포스트식민 지식인들을 거론하면서 아마드는 이들의 이주의 수사학에 이데올로기적 애매성이 존재하는 이유를 "문제의 이주자들이 제국주의적인 국가 간 관계체제에 종속된 **민족** 출신이지만 동시에 대부분 그 민족 내에서 지배적 위치를 차지하고 있는 **계급** 출신들이라는 사실"[54]에서 찾는다. 아마드가 볼 때, 이런 계급적 지위와 이들이 누리는 부 때문에 이들은 "제국의 중심부에 도착하되 노동계급보다는 전문직 중간층에 소속될 수 있었고, 그리하여 계급 문제는 은폐하고 이주

52 Arif Dirlik, *Postcolonial Aura : Third World Criticism in the Age of Global Capitalism*, Colorado : WestviewPress, 1997, p.52.

53 Ibid., p.62.

54 Aijaz Ahmad, *In Theory : Classes, Nations, Literatures*, London : Verso, 1992, pp.12～13.

를 존재론적 조건으로 다루었다"[55]고 주장한다. 딜릭과 아마드와 같은 제3세계 출신 마르크스주의자들은 주로 이들 지식인들이 미국 학계 내에서 차지하고 있는 학문적 지위와 이론적 경향을 비판했던 것이고 당시 유행하고 있던 포스트식민주의가 이런 비판으로부터 자유로울 수 없었던 것 또한 엄연한 사실이다.

영은 포스트식민주의의 문화주의적 경향과 포스트식민 개념의 지나친 확장에 대한 마르크스주의적 비판에 대해 자기 나름의 독특한 이중 작업을 통해 우회적으로 답하고자 한다. 우선 앞서 포스트구조주의에 대한 영의 급진적 해석에서도 엿보았듯이, 영은 포스트식민주의에 대한 아마드와 딜릭의 비판이 영미권 강단 내의 포스트식민 지식인들과 그 이론적 경향을 문제 삼는 것임을 감안하여 포스트식민주의를 영미권 강단 너머로, 즉 아시아, 아프리카, 라틴아메리카 세 대륙의 트리컨티넨탈 현실 속으로 개방하고자 한다. 영은 서구학계는 물론이고 해당지역을 제외한 트리컨티넨탈의 다른 지역에서조차 거의 알려지지 않았던 트리컨티넨탈 포스트식민주의의 풍부한 이론적 유산과 경험들을 대거 소개한다. 이를테면, 라틴아메리카에서는 트리컨티넨탈 회합을 주도한 체 게바라와 카스트로, 그리고 마르크스주의의 유럽중심주의 문제를 처음으로 제기한 마리아테기를 비롯한 다양한 문화횡단의 사례들이 소개되고, 아프리카에서는 은크루마와 생고르와 같이 범아프리카주의와 프랑스어권 아프리카 사회주의 전통들이 상세히 소개되며, 아시아에서는 간디의 복합적 위치와 인도의 마르크스주의 전

55 Ibid., p.13.

통, 특히 서발턴 주체들의 작업이 소개된다. 이와 같이 세 대륙을 망라하는 포스트식민의 풍부한 전통을 상세하게 소개하는 것은 기존 포스트식민주의를 둘러싼 논쟁에 상당히 중요한 정치적·이론적 의미를 갖는다. 이는 포스트식민주의를 트리컨티넨탈의 정치적·현실적 상황 속에 필연적으로 둘 수밖에 없기 때문에 기존의 포스트식민주의의 지나친 문화주의적 경향을 유지 불가능한 것으로 만들 뿐만 아니라 영미권 학계 내에 갇혀 있는 포스트식민주의에 맞서 트리컨티넨탈 포스트식민주의의 풍부한 계보학을 복원해주는 의미를 갖기도 한다. 영의 이런 시도에서 특기할 것은 그가 제3세계 민족주의를 옹호하려고 하는 것이 아니라 포스트식민주의를, 그런 민족주의를 뛰어넘는 초민족적 문화횡단의 역사적 경험을 갖고 있는 마르크스주의와 결합하려고 하는 점이다. 영은 트리컨티넨탈 포스트식민주의가 마르크스주의의 유럽중심주의를 비판하는 등 마르크스주의 이론 내부에서의 반대이지 마르크스주의 자체에 대한 비판이 아님을 강조한다. 즉 트리컨티넨탈 포스트식민주의는 서구에서 인식되지 못했던, "식민 영역 또는 트리컨티넨탈 영역에서 상이한 사회적·문화적 맥락에 따라 발전한"[56] 마르크스주의에 기반을 두고 있다는 것이다. 영에 따르면 트리컨티넨탈 지역에서의 마르크스주의는 "자기중심적이고 오직 자신의 지지기반과만 대화하는" 민족주의와 달리 "한 식민 장소의 반식민 투쟁을 다른 식민 장소의 반식민 투쟁으로 번역할 수 있게 하는 도구"로서 다양한 현실 속으로 "번역가능한 정치와 정치 언어를 제공"했으며 "매우 다

56 Robert J. C. Young, 『포스트식민주의 혹은 트리컨티넨탈리즘』, 293면.

른 상황에 처해있던 활동가들을 서로 소통"[57]할 수 있게 해주었다. 영은 "포스트식민 이론이 탈식민화의 문화적 산물이라면, 그것은 또한 반식민 영역에서의 마르크스주의의 역사적 산물이기도 하다"[58]고 주장한다. 따라서 포스트식민주의를 트리컨티넨탈 현실 속으로 개방한다는 것(급진화)은 다양한 의미를 가질 수 있다. 그것은 영미권 학계 내부에 존재하던 포스트식민주의의 문화주의적 경향을 비판할 뿐만 아니라, 나아가서 트리컨티넨탈의 문화횡단적 마르크스주의의 풍부한 전통을 상기시켜 서구 학계 내부에서 벌어진 포스트식민주의에 대한 마르크스주의적 비판을 우회하는 것이다.

나아가서 영의 또 다른 작업은 트리컨티넨탈 현실 속에서 억압받는 서발턴들의 인식적 관점을 명확하게 세우는 것이다. 이것은 기존의 포스트식민주의 개념의 지나친 확장에 긴장감을 불어 넣는 한편 계급중심적인 마르크스주의를 비판하는 이중적 의미를 가질 수 있다. 영은 『아래로부터의 포스트식민주의*Postcolonialism : A Short Introduction*』에서 포스트식민주의는 "산업노동자들뿐만 아니라 하위계급들, 젠더, 혹은 종족성에 의해 주변화되었고 지금까지 급진적 계급정치학에 낄 자격을 박탈당해온 집단들의 대의"[59]를 옹호한다고 주장한다.

> 포스트식민주의는 서발턴, 농민, 가난한 자, 그리고 온갖 부류의 버림받은 자들에 대해 근본적 공감을 갖고 있다. 그것은 엘리트들의 고급문화를

57 위의 책, 295면.
58 위의 책, 294면.
59 Robert J. C. Young, 『아래로부터의 포스트식민주의』, 163면.

회피하고, 역사적으로 중요하지 않다고 여겨졌지만 문화와 대항지식의 풍부한 보고로 간주되는 서벌턴 문화와 지식을 지지한다. 그리하여 포스트식민주의의 공감과 관심은 사회의 주변부에 위치한 자들, 글로벌 자본주의의 세력들에 의해 지위를 박탈당했거나 불확실하게 된 문화적 정체성을 갖고 있는 사람들 — 난민들, 시골에서 도시 빈민가로 옮겨간 이주자들, 제1세계 사회의 최하층에서 일하면서도 더 나은 삶을 위해 투쟁하는 이주자들 — 에 초점을 둔다. (…중략…) 포스트식민주의는 급진적 사회주의, 페미니즘, 그리고 환경주의로부터 가져온 다양한 요소들을 결합하고 의지한다. 포스트식민주의가 일반적으로 정의되는 이런 개념들과 구분되는 차이점은, 포스트식민주의가 근본적으로 트리컨티넨탈적이고 제3세계적이며 서발턴적인 시각에서 출발한다는 점이다.[60]

'서발턴'은 다양한 의미로 사용되어온 용어이다. 영에 따르면 '서발턴subaltern' 내지 '서발터니티subalternity' 개념은 그람시에 의해 하위계급적'이고 '종속적'이라는 뜻을 가지며 "일반적으로 '계급의식'을 소유하지 않는 다양한 피지배 · 피착취 집단"[61]을 설명하기 위해 사용되었지만, 인도 서발턴 연구가인 구하Guha에 의해서는 "계급, 카스트, 연령, 젠더, 직위 등의 관계로 표현되든 아니면 다른 방식으로 표현되든, 남아시아 사회에서의 종속의 일반적 상태"를 지칭하게 되었으며, 스피박에 의해서 여성과 젠더의 문제로까지 확장되었다.[62] 영은 이 개념이

---

60 위의 책, 164면.

61 Robert J. C. Young, 『포스트식민주의 혹은 트리컨티넨탈리즘』, 621면.

62 위의 책, 622면.

계급, 젠더, 종족성의 지반 위에서 주변화되거나 권력에서 배제된 모든 소수집단을 총칭적으로 나타낼 뿐 아니라 그들에게 새로운 역동적인 정치적 주체행위성을 돌려주는 용어라고 주장한다.[63] 이와 같이 서발턴의 시각을 트리컨티넨탈리즘의 핵심으로 분명하게 내세우는 것은 몇 가지 의의를 지닐 수 있다. 우선 기존 포스트식민주의와 그에 대한 마르크스주의적 비판과 관련해서 볼 때, 그것은 포스트식민 개념이나 포스트식민주의라는 개념을 이전의 식민지였지만 지금은 제국이 되거나 준準제국이 된 국가들에게까지 무분별하게 적용하는 것을 차단하게 해줄 뿐만 아니라, 딜릭이나 아마드가 비판하듯이, 포스트식민주의 이론이 제3세계 출신의 부유한 엘리트 지식인들의 상징자본으로 전유되는 것 또한 피할 수 있게 해준다. 나아가서 이는 철저하게 계급중심적 시각을 갖고 있는 서구마르크주의를 비판하는 의미 또한 갖는다. 영이 볼 때, 계급중심주의는 곧 유럽중심주의에 다름 아니다. 이미 영은 『백색신화』에서 계급과 역사와 변증법의 삼중주에 근거한 서구마르크스주의의 동일성이 다양한 타자와 차이들을 통제하고 억압하는 일종의 '영토화'라고 비판한 바 있다. 이제 영은 이 동일성의 구조를 '탈영토화'하여 거기에 전유되지 않은 모든 타자와 차이, 즉 '대지의 저주받은 자'로서의 서발턴을 적극적으로 옹호한다.

결론적으로 말해 포스트식민주의를 트리컨티넨탈 현실 속으로 개방하면서 동시에 서발턴의 인식적・실천적 관점을 세우고자 하는 것은 앞서의 지적처럼 기존의 포스트식민주의와 그에 대한 비판들에 동

---

63 위의 책, 622~623면.

시에 답하고자 하는 것으로 볼 수 있다. 특히 '포스트식민의 급진화'라고 부를 수 있는 이런 이중 작업은 계급이 대지의 저주받은 자들 전체를 대변(표상)할 수 없는 트리컨티넨탈의 복합적 현실 속에서 '번역'된 '문화횡단적' 마르크스주의, 즉 트리컨티넨탈 포스트식민주의를 구성하기 위한 기본전제가 된다고 할 수 있다. 마르크스주의든 포스트식민주의이든 포스트구조주의이든 그 어떤 이론을 트리컨티넨탈 현실 속으로 개방한다는 것이 그 이론을 창조적으로 문화횡단시키고 번역하도록 만드는 트리컨티넨탈 현실의 물적 토대를 전제한다면, 서발턴은 그 번역의 물질성 내에서 그것을 주체적으로 번역해가는 주체들임을 분명하게 해준다고 할 수 있다.

지금까지 포스트식민주의 내에서 하나의 개입과 비판으로서의 영의 트리컨티넨탈 포스트식민주의가 구성하고자 했던 문제의식을 살펴보았다. 영의 이론은 서구의 역사이론과 서구마르크스주의의 유럽중심주의에 대한 이론적 개입과 비판에서 출발하였고, 나아가서 그 영역을 트리컨티넨탈 현실 속으로 확장하여 포스트식민주의의 풍부한 계보학을 회복하는 작업으로 나아갔다고 할 수 있다. 그 과정에서 영은 서구 학계의 이론적 · 지적 대립구도, 즉 포스트식민주의 / 포스트구조주의와 마르크스주의 간의 이론적 대립을 포스트식민의 급진화를 통해 해결하고자 했다. 그의 이론 작업에서 눈여겨볼 것은 서구 학계 내의 갇혀있는 협소한 의미의 포스트식민주의 이론을 트리컨티넨탈 현실로 개방하여 기존의 포스트구조주의의 한계를 뛰어넘어 실천적 · 해방적 운동으로서의 포스트식민주의를 구성하고자 했으며, 특히 포스트식민주의와 마르크스주의의 대립을 문화횡단과 번역의 정치학으로 극복하고자 한 점이다. 이런 점에서 영의 이론은 포스트식민주의 이론의 역사 내에서 나름의 독특한 이론적 위상과 의미를 갖는다고 할 수 있다.

하지만 트리컨티넨탈 포스트식민주의, 혹은 문화횡단적 마르크스주의가 그러한 이론적 대립을 뛰어넘고자 한 시도이긴 하지만, 그러한 시도가 보다 성공적이기 위해서는 이론적 개입의 차원을 넘어서서 오늘날의 현실에 적합한 구체적인 이론적・실천적 분석을 보여주어야 한다. 다시 말해, 풍부한 포스트식민의 이론적 계보학을 회복하는 차원을 넘어서서, 오늘날 신자유주의 주도의 글로벌 자본주의가 트리컨티넨탈 현실을 어떻게 지배하고 통제하려드는지, 그것에 저항하는 반대의 전선은 어떻게 그려질 수 있는지에 대한 나름의 종합적이면서 구체적인 관점이 요구된다. 하지만 이런 문제는 서구마르크스주의의 동일적 구조 속에 억압된 차이와 타자들을 재평가하고, 서구학계에 갇힌 포스트식민주의를 트리컨티넨탈 현실 속으로 개방하며, 서구 학계에 소개되지 않은 풍부한 트리컨티넨탈 포스트식민주의의 전통을 회복하는 것으로, 그리고 그 과정에서 마르크스주의와 포스트식민주의가 하나였음을 확인하는 것만으로는 해결되지 않는다. 사실 영의 이론에는 트리컨티넨탈 현실 역시 그 영향권에서 제외될 수 없는 글로벌 자본주의에 대한 구체적 분석이나 언급이 눈에 띄지 않는다. 특정 이론에서 이런 점이 부재한다고 비판하는 것이 바람직한 비판은 아니지만 이론적 차원에서 간과되어서는 안 되는 분석적 차원은 존재하는 법이다. 영이 서구마르크스주의의 유럽중심주의를 비판하고 트리컨티넨탈의 다양한 실천적 운동을 소개하고 있지만 그의 이론에서 글로벌 자본주의에 의해 억압당하고 착취당하는 트리컨티넨탈의 구체적 현실에 대한 분석은 찾아볼 수 없다. 영이 말하듯이, 포스트식민주의가 마르크스주의와 분리 불가능한 관계를 갖고 있다면, 글로벌 자본주의 속에서 포스트식민주의가 파헤치고자 하는 식민성과 포스트식민성이 어떤 식으로 작동하는지를 보여줄 필요가 있다. 현실이 실천과 운동만으로 이루어진 것은 아니기 때문이다. 영의 이론에는 글로벌 자본주의 속에서 움직일 수밖에 없는 트리컨티넨탈 현실에 대한 분석이 거의 없으며, 다양한 포스트식민적 저항들에 대한 이론적 사례들만 존재할 뿐이다. 그러다보니 글로벌 자본주의와 새로운 제국의 등장 속에서 중심과 주변, 제1세계와 제3세계, 남부와 북부 간의 전통적 구분은 별로 의미가 없어졌다는 아리프 딜릭이나 안토니오 네그리와 마이클 하트와 같은 마르크스주의자들의 주장에 대한 대응을 찾아보기 힘들다. 포스트식민주의와 마르크스주의 간의 진정한 대화와 소통이 가능하려면 이에 대한 포스트식민적인 이론적 대안이 나와야 할 것이다. 향후 트리컨티넨탈 포스트식민주의의 이론적 가능성은 여기에 있지 않을까 추측해볼 수 있을 것 같다.

4장

포스트식민주의의 혼종성과 문화번역

호미 바바

1. 에드워드 사이드의 오리엔탈리즘론을 넘어서

호미 바바는 문화들 간, 특히 식민종주국의 문화와 식민지 문화 간의 번역과 혼종이 이루어지는 경계공간을 문화연구의 주된 관심사로 삼아온 이론가이다. 그의 이론은 식민종주국의 문화와 식민지 문화 간의 사이 내에서 벌어지는 혼종성의 문화적 전략을 추구한다. 바바는 자신의 주저인 『문화의 위치*Location of Culture*』에서 '현재'의 순간을 "공간과 시간이 교차하여 차이와 동일성, 내부와 외부, 포함과 배제의 복합적 형상들을 생산하는 이행의 순간"으로 간주하여 근대적 공간과 그 내부의 고정적 주체 개념을 급진적으로 반성하고자 한다. 이런 반성을 통해 바바는 "근원적이고 기원적인 주체성의 (민족의) 서사들을 넘어서서 사고하여 문화적 차이들이 접합하는 순간에 생산되는 계기들과 과정들"[1]을 해명하고자 한다.

대략적으로 말해, 바바의 관심은 크게 세 가지로 구별해볼 수 있다. 우선 그의 일차적 관심은 식민주의자와 피식민지인, 제국의 문화와 식민지 문화 사이에 존재하는 양가적이고 혼종적인 식민공간의 기능과 특성을 밝혀내는 작업이다. 두 번째 관심은 이질적인 복수의 하위문화들의 시간들을 억압하고 동질화시켜가는 국민문화의 내부적 작동방식을 비판하는 것이고, 마지막 관심은 첫 번째와 두 번째 관심을 확장하여 오늘날 자본의 지구화 속에서 초국적이고 번역적인 문화의 복잡하고 불투명한 중간지대를 설명하는 작업이다. 그동안 바바에 대한 많은 논의들은 첫 번째와 두 번째 관심에 집중되어왔고, 바바 또한『문화의 위치』의 대부분을 이 두 관심에 집중해온 감이 없지 않다. 하지만 여기에서는 첫 번째 관심이 갖는 한계를 비판하고 바바의 글에 산종되어 있는 두 번째 관심에서 세 번째 관심으로 넘어가는 과정을 드러내고자 한다. 그리하여 바바의 혼종성 개념이 한계를 드러내면서 동시에 그 외연을 확장하고 있음을 드러낼 것이다. 사실 이런 관심의 구분은 호미 바바의 이론적 발전과 긴밀히 연결되어 있다. 사실 바바는 자신의 초점을 첫 번째에서 두 번째, 그리고 세 번째 쪽으로 점차 옮겨왔다. 바트 무어-길버트Bart Moore-Gilbert에 의하면 호미 바바의 연구 이력은 크게 두 단계로 구분된다. 첫 번째 단계는 대략 1980년대에서 1988년까지로 그의 관심이 식민담론 분석, 즉 영국의 인도 통치하에 있었던 제국과 식민 사이의 문화적 교환의 과정에 두어져 있었다면, 두 번째

1 Homi Bhabha, *The Location of Culture*, London & New York : Routledge, 1994, p.1.

단계는 1988년 이후 현재의 포스트식민주의의 문화적 결과와 포스트식민주의와 포스트모더니즘 사이의 복합적이고 갈등적인 관계를 분석하고 천착하는 작업에 두어져 있다.[2] 무어-길버트는 이를 편의적인 구분이라고 말하면서 이 구분을 지나치게 확대해석하는 것을 경계한다. 하지만 바바의 관심이 점차 식민지적 문화공간에서 현재 자본의 지구화에 의해 초래되는 불투명한 문화번역의 공간으로 옮겨오면서 관심의 변화가 일어나고 있는 것만은 사실이다.

우선 바바는 식민 공간, 즉 식민주의자와 피식민지인 사이의 정신분석적이고 문화적인 교환의 공간을 집중 분석하는데, 그가 말하는 정형, 양가성, 혼종성, 흉내 내기, 교활한 공손함, 문화적 차이, 수행성과 같은 용어들은 이 공간에서 식민 권력을 뒤흔들고 불안하게 만드는 포스트식민적 저항의 전략들에 해당한다. 식민 공간에서의 권력작용을 분석하는 이 용어들은 사실 에드워드 사이드의 『오리엔탈리즘』에 대한 비판으로 볼 수 있다. 바바는 처음에 여러 글에서 사이드의 이론적 성과와 한계를 지적하면서 자신의 이론적 입각점을 세우고자 했다. 우선 포스트식민주의 이론의 동업자로서 바바는 사이드의 『오리엔탈리즘』이 "'동양'을 세계의 하나의 통합된 인종적·지리적·정치적·문화적 지대로 구성하는 다양한 유럽의 담론을 검토하여 '오리엔탈리즘적' 권력의 기호학을 제안했다"[3]고 높이 평가하는 한편, 사이드에 대한 비판을 통해 자신의 이론적 특성을 구축하는, 즉 사이드에 대한 '교활한 공손함'을 전략적으로 펼치고 있다.

---

2 Bart Moore-Gilbert, *Postcolonial Theory : Contexts, Practices, Politics*, London : Verso, 1997, p.114.
3 Homi Bhabha, op. cit., p.71.

바바의 이론이 갖는 독특한 점을 이해하기 위해 잠시 사이드의 포스트식민주의와 오리엔탈리즘을 살펴보고 넘어가자. 사이드는 경계의 지식인이자 포스트식민주의 이론가로 너무나 잘 알려져 있다. 여기서는 그의 입장 전체를 살펴보는 자리가 아니기에 바바의 이론이 갖는 특징을 부각시키기 위해 그것과 관련된 사이드의 오리엔탈리즘에만 초점을 두겠다. 사이드의 『오리엔탈리즘』은 서양이 동양을 어떻게 지배하고 억압하고 통제해왔는가에 대한 한 지식인의 치열한 반성을 담고 있는데, 이런 반성을 가능하게 하는 조건은 고착화되고 변하지 않는 문화적 정체성을 고집하는 특정문화의 '내부'가 아니라 문화의 정체성이 유동하고 소멸하는 두 문화 사이의 '틈새공간'에 서는 것이다. 이 틈새에 설 때 한 문화가 다른 문화를 어떻게 억압하고 지배하는가 하는 메커니즘이 생생하게 드러나게 된다.

> 내가 이 연구를 시작하게 된 개인적 동기는, 두 곳의 영국 식민지에서 소년 생활을 보낸 인간으로서 가졌던 나의 '동양인' 의식에서 비롯되었다. 그 두 식민지(팔레스타인과 이집트)와 미국에서 내가 받은 교육은 모두 서양의 것이었다. 그럼에도 나는 어린 시절의 나날을 기억해 왔다. 많은 점에서 나의 오리엔탈리즘 연구는, 동양인의 생활을 지극히 강력하게 규율해온 문화가, 동양의 피지배자 중의 한 사람인 저자 위에 새긴 흔적을 기록하는 시도였다.[4]

4 Edward Said, 박홍규 역, 『오리엔탈리즘』, 교보문고, 2007, 58면.

이런 같은 유동적이고 혼종적이며 디아스포라적인 정체성은 포스트식민 이론가들 모두가 공유하는 주된 특징이다. 사이드의 오리엔탈리즘에 대한 인식도 바로 이런 틈새적이고 혼종적인 정체성 속에서 가능했다. 사이드의 오리엔탈리즘의 정의를 요약하자면, ① 오리엔탈리즘은 서양이 동양을 지배하기 위해 행사해 온 정치적·역사적·문화적 '담론체제'이고, ② 오리엔탈리즘은 실재하는 동양과 관계가 없으며, ③ 서양인은 그 누구도 오리엔탈리즘으로부터 자유로울 수 없다는 것이다. 여기서는 ①에 집중해서 살펴보자. 사이드에 따르면 오리엔탈리즘은 동양에 대한 서양의 정치적이고 경제적인 억압과 통제의 결과가 아니다. 오리엔탈리즘은 그러한 억압 이전에도 존재했고 그 억압이 사라지고 억압적인 현실이 청산되어도 계속해서 작동하고 있기 때문이다. 오리엔탈리즘은 서양인과 동양인의 마음속에 계속해서 내면적 무의식으로 작동하고 있는 것이다. 이와 달리 오리엔탈리즘은 서양이 동양에 대해 자기 마음대로 구성해온 허위의식이나 이데올로기와는 다르다. 사이드는 오리엔탈리즘의 구조를 허위와 신화로 이루어진 구조에 불과하다고 주장하거나, 만일 진실이 밝혀지면 그 허위와 신화가 곧장 사라질 것이라고 생각해서도 안 된다고 경고한다.[5] 왜냐하면 오리엔탈리즘은 지속적으로 재생산되는 제도적·담론적 물질성을 소유하고 있기 때문이다.

오리엔탈리즘을 이데올로기나 허위의식과는 다른 것으로 설명하기 위해 사이드가 의지하는 이론은 푸코의 담론discourse 개념과 그람시의

5 위의 책, 24면.

헤게모니hegemony 개념이다. 푸코에 따르면 담론이란 세계를 인식하기 위한 '언표들statements' 간의 체계적인 관계를 의미한다. 즉 담론은 언표들의 생산과 조직과 분배를 조정하는 일종의 쓰이지 않은 규칙들의 체계인 것이다. 이런 담론의 규칙들은 나름의 전략들을 갖고 있는데, 담론은 배제와 포함과 통제의 원리에 의해 작동하는 언표들과 전략들의 집합체라고 할 수 있다. 즉 담론은 특정 언표들의 유통은 허용하면서도 다른 언표들의 유통을 차단하거나 배제하는 복잡한 실천과 전략들로 구성되어 있는 것이다. 푸코는 우리가 말하는 진리 또한 이런 실천과 전략의 효과에 지나지 않는다고 주장한다. 따라서 푸코의 관심은 하나의 담론이 무엇으로 구성되어 있고, 어떻게 구성되어 있는가, 그것은 어떻게 특정한 진리(의 효과)를 생산하는가, 그 전략은 무엇인가, 나아가 특정 담론이 다른 담론들과 서로 어떻게 관계 맺는가 하는 문제들을 집중적으로 살펴보는 데 있다.[6] 이와 같은 푸코의 담론 개

6 푸코의 담론 개념은 세 가지 특징을 갖는다. 우선 첫 번째 특징은 담론은 생산적productive이라는 점이다. 담론을 단순히 언어 내지 언어들의 묶음과 같은 것으로 보거나, 담론과 현실 간에 단순하고 직접적인 반영 및 재현의 관계로 보아서도 안 된다. 담론은 진실이나 현실을 반영하는 것이 아니라 오히려 진리나 현실의 효과를 유발한다. 즉 푸코에게 진리란 기원이나 본질처럼 담론의 외부에 존재하는 것이 아니라 담론이 낳은 효과, 즉 진리효과truth-effect에 다름 아니다. 이는 담론이라는 것이 현실을 반영하거나 재현하는 것이 아니라 현실을 조작하고 구성하는 생산적 전략들과 관련이 있음을 의미한다. 두 번째 특징은 담론은 구체적인 맥락 속에서 작동하며 항상 사건event적이다. 담론은 언표들에 의해 생성되는데, 언표는 명제와 달리 구체적인 맥락 속에서 사건으로 출현하는 특징을 갖는다. 셋째, 담론 개념은 이데올로기와 구분되며 또한 이데올로기보다 훨씬 더 복잡한 개념이다. 이데올로기가 주로 진실을 호도하거나 은폐하는 담론의 허위적이고 부정적인 특징을 강조한다면, 담론은 오히려 진리를 생산하고 현실을 변화시키는 수행적performative 전략의 기능과 직접적 관계가 있다. 특히 이데올로기의 부정적 경향과 달리, 담론은 권력과 직결되어 있다. 이정우, 「언표적 장과 잠재적 복수성의 분화」, 『담론의 공간』, 민음사, 1994 참조.

념은 이미 언표주체가 언표의 대상을 특정한 전략을 통해 대상화한다는 점에서 권력의 문제와 분리될 수 없다. 푸코가 진정으로 묻고자 하는 질문은 권력관계가 어떻게 진리의 담론, 즉 지식을 생산하는가를 묻는 것이다. "우리가 인정해야 할 것은 권력은 어떠한 지식을 창출한다는 점이며, 권력과 지식은 상호 직접 관여한다는 점이고, 또한 어떤 지식의 영역과의 상관관계가 조성되지 않으면 권력적 관계는 존재하지 않으며 동시에 권력적 관계를 상정하거나 구성하지 않는 지식은 존재하지 않는다는 점이다."[7]

나아가서 사이드는 담론으로서의 오리엔탈리즘에 현실적 지속성과 힘을 불어넣기 위해 그람시의 헤게모니 개념을 끌어들인다. 그람시는 직접적인 정치적 지배를 목적으로 한 국가제도들(군대, 경찰, 중앙관료제)로 구성된 정치사회와 학교, 가족, 노동조합과 같이 개인의 자유의지에 의한(또한 적어도 이성적이고 비강제적인 것으로 보이는) 조직관계로 구성된 시민사회를 구분하면서 시민사회에서는 문화가 적극적인 기능을 한다는 점에 주목한 바 있다. 특히 그람시는 시민사회에서 사상이나 문화, 그리고 제도가 영향력을 행사하는 것은 지배가 아니라 합의와 타협을 통해서라고 말한다. 즉 그람시는 강제에 의한 지배가 아니라 동의와 설득에 의한 문화적 지배를 '헤게모니'로 정의한 바 있다. 사이드는 그람시의 헤게모니 개념이 담론으로서의 오리엔탈리즘에 지배의 지속성을 부과하는 데 매우 유용하다고 판단한다.[8]

---

7 Michel Foucault, 오생근 역, 『감시와 처벌』, 나남, 2003, 59면.

8 하지만 그람시가 합의와 타협을 주장한 것은 오리엔탈리즘처럼 동양에 대한 서양의 일방적 지배가 아니라 정치사회와 시민사회에서 권력자와 민중들 간의 경쟁과 경합이었음을 감안할 때, 사이드의 그람시 수용은 푸코적인 방식에 치우쳐있다고 볼 수 있다. 즉

사실 사이드의 『오리엔탈리즘』을 가장 잘 이해하는 방법은 이 책을 푸코의 『감시와 처벌』을 배경에 두고 읽는 방법이다. 푸코의 『감시와 처벌』이 근대 서구에서 지식과 권력이 담론적·제도적 전략을 통해 서구의 근대주체를 감시하고 통제하고 규율화하는 것을 내밀하게 살펴보고 있다면, 사이드의 『오리엔탈리즘』은 서양의 지식과 권력이 서양의 다양한 담론적·제도적 전략을 통해 동양을 지배하고 억압하고 규율화하여 담론적 대상으로 구성해가는 과정을 규명하고 있기 때문이다. 즉 푸코의 책이 서구 내부에서 근대적 권력과 담론의 지배구조를 밝히고 있다면, 사이드의 『오리엔탈리즘』은 그 권력과 담론이 서양의 외부, 즉 동양을 지향하고 있는 것이다.

이제까지 설명한 푸코의 담론 개념과 그람시의 헤게모니 개념을 도입하여 사이드의 오리엔탈리즘의 담론적 구조를 다음과 같이 도식화해볼 수 있다.

<table>
<tr><th colspan="3">오리엔탈리즘의 담론적 구조</th></tr>
<tr><td>서양(언표행위의 주체) →</td><td>언표 및 헤게모니의 전략들
(선택과 배제, 포용과 왜곡, 지배와 억압)
↓</td><td>→ 동양(언표행위의 대상)</td></tr>
<tr><td colspan="3">오리엔탈리즘의 정치적·문화적·제도적 표상체제의 형성:
구체적인 사물(동양)을 압도하는 일반적 관념(동양에 관한 관념 및 담론들)의 총체</td></tr>
</table>

정의하자면, 오리엔탈리즘이란 서양이 동양을 지배하고 억압하고 통제하는 담론적·제도적 체제이다. 즉, 오리엔탈리즘은 서양이라는

그것은 그람시적 의미의 헤게모니보다는 푸코의 권력에 의해 해석된 헤게모니 개념에 가깝다.

언표행위의 주체가 동양이라는 언표행위의 대상을 다양한 제도적·담론적 전략들을 통해 지배하고 구성하며 억압하는 방식인 것이다. 따라서 오리엔탈리즘의 문화와 역사를 이해하기 위해서는 동양에 대한 서양의 지식과 권력의 배치와 편성을 살펴보아야 한다. 오리엔탈리즘을 푸코적 의미에서의 담론으로 다루지 않을 경우 동양이란 상상력에 의해 날조된 허구로 생각될 가능성이 있다. 그렇게 되면 서양과 동양의 관계가 권력과 지배의 관계, 그리고 복합적인 헤게모니의 다양한 정도와 관련된 것임을 간과하게 되고 "계몽주의 시대 이후의 유럽문화가 동양을 정치적·사회적·군사적·이데올로기적·과학적·상상적으로 관리하거나 심지어 동양을 생산하기도 한 거대한 조직적 규율이었다는 점"을 이해할 수 없게 된다.

> 우리는 오리엔탈리스트의 담론을 긴밀하게 엮어놓는 힘, 그리고 그것과 강력한 사회적·경제적·정치적인 여러 제도와의 지극히 밀접한 연결, 나아가 그 엄청난 지속력을 가볍게 취급해서는 안 되고 그것을 이해하려고 노력해야 한다. 결국 1840년대 후반 에르네스트 르낭의 시대로부터 오늘의 미국에 이르기까지(학술원 및 연구소, 저술, 회의, 대학, 외교연수원 등에서), 어떤 관념체계도 변함없이 가르칠 수 있는 지식으로 살아남을 수 있었던 것만큼, 그 담론은 단순한 거짓말 모음 이상으로 강력한 어떤 것이라고 보지 않을 수 없다.
>
> 따라서 오리엔탈리즘이란 동양을 소재로 하는 유럽의 공상만화가 아니라, 하나의 이론 및 실천체계로 창조된 것이라고 할 수 있다. 그 창조를 위해 수세대 동안 엄청난 물질적 투자가 이루어졌다. 이러한 계속된 투자에

의해, 동양에 관한 지식체계로서의 오리엔탈리즘은 서양인의 의식 속에 동양을 여과하여 주입하기 위한 필터가 만들어졌다.[9]

동양은 서양에 의해 담론적·제도적으로 구성된 것이다. 이런 점에서 사이드는 오리엔탈리즘이 최소 세 가지 상호 연관된 의미를 가지고 있다고 말한다. 그것은 담론적 차원과 제도적 차원으로 구분해볼 수 있는데, 동양을 다루는 학술적 연구, 사고방식, 제반 집단적 제도가 그것이다. 우선 학술적 연구로서의 오리엔탈리즘은 18세기 후반 등장한 이래 동양에 대한 서양의 재현을 영속화하고 강화하는 데 기여하는 아카이브를 형성해왔다. 즉 오리엔탈리즘은 "학습과 발견과 실천의 토픽으로 동양에 체계적으로 접근하는 학문분야"인 것이다. 둘째 사고방식으로서의 오리엔탈리즘은 동양과 서양 간의 "존재론적이고 인식론적 구분"[10]에 기초해 있다. 이 정의에 해당하는 사례는 매우 광범위하며 고대 그리스 희곡작가인 아이스킬로스, 단테, 빅토르 위고, 마르크스까지도 포함된다. 이 두 가지가 주로 오리엔탈리즘의 학문적·담론적 차원과 관련되어 있다면, 집합적 제도로서의 오리엔탈리즘은 오리엔탈리즘의 제도적 차원과 관련되어 있다. 제도적 차원으로서의 오리엔탈리즘은 동양을 지배하고 동양에 대한 권위를 보장하기 위해 사용되는 제도적 구조로서 오리엔탈리즘이 식민주의와 뗄 수 없는 관계를 맺고 있음을 보여준다. "오리엔탈리즘은 동양을 다루기 위한 — 동양에 관하여 서술하거나, 동양에 대한 권위를 부여하거나, 동양을 묘사하거

9 Edward Said, 『오리엔탈리즘』, 24면.
10 위의 책, 16면.

나, 가르치거나, 또는 그곳에 식민지를 세우거나 통치하기 위한 — 동업조합적인 제도로 볼 수 있다."[11]

이 세 가지의 상호 연관이 오리엔탈리즘이 동양을 재현하는 복합적 그물망을 형성하는 방식을 보여주는데, 세 번째 오리엔탈리즘의 제도적 차원은 첫 번째와 두 번째 오리엔탈리즘이 제공하는 학문적이고 상상적인 정의의 뒷받침을 받아야만, 즉 동양을 담론적으로 확립해야만 정당화될 수 있다.[12]

> 무엇보다도 오리엔탈리즘이란 하나의 담론, 곧 살아 있는 정치권력과 직접적인 대응관계에 있는 것이 아니라, 도리어 다양한 권력과의 불균형적인 교환과정 속에서 생산되고, 또한 그 과정 속에 존재한다. 그것은 (식민지 제도나 제국 제도에 나타나는) 정치권력과의, (비교언어학, 비교해부학 또는 현대의 여러 가지 정책과학과 같은 유행학문에 나타나는) 지적 권력과의, (취미와 텍스트 그리고 가치에 관한 정통성 및 규범에 수반되는) 문화적 권력과의, ('우리'의 행동에 관한 관념 및 '그들은' '우리와' 같이 행동하거나 이해할 수 없다고 하는 관념에 나타나는) 도덕적 권력과의 교환에 의해 상당한 정도로 형성된 것이다.[13]

사이드의 오리엔탈리즘의 특징과 구조를 간략하게 살펴보았다. 사이드의 이론을 잠시 살펴본 이유는 바로 이 지점에서 바바의 혼종성 이

---

11 위의 책, 18면.

12 Bill Ashcroft & Pal Ahluwalia, 윤영실 역, 『다시 에드워드 사이드를 위하여』, 앨피, 2005, 118~119면.

13 Edward Said, 『오리엔탈리즘』, 5면.

론이 출발하기 때문이다. 바바는 「차이, 차별, 그리고 식민주의의 담론 Difference, discrimination and the discourse of colonialism」에서 "사이드에게는 항상 식민권력이 전적으로 식민주의자에 의해 소유되어 있다는 역사적·이론적 단순화가 존재한다"[14]고 비판한다. 바바가 볼 때, 오리엔탈리즘을 동양에 대한 서양의 재현체계, 즉 동양에 대한 의식적·담론적 지식의 체계이자 무의식적인 환상과 욕망의 구조로 정의한 사이드에게 재현의 주체와 재현의 대상 간의 관계는 매우 단순화되어 있는 것 같다. 사이드의 이론은 외부에서 모든 것을 통제한다는 발상을 전제하여 외부에서의 저항적 의도를 제외하고는 그 내부의 타협 내지 저항의 여지를 두지 않는, 권력과 지배 사이의 단순한 이항대립을 설정하고 있는 것이다.[15] 이런 단순화는 포스트식민 담론 내부에서 식민주의자와 피식민지인 간의 복합적인 관계, 즉 혼종성과 양가성을 다루는 데 심각한 이론적 한계로 작용할 수 있다. "사이드는 처음에 (동양과 서양의) 두 가지 담론적 상황들 사이에 이항 대립을 설정하면서 종국적으로 이 담론적 상황이 하나의 정치적·이데올로기적 의도를 통해 통합된 조화로운 재현체계로 상호 연관되게 만들어"[16] 버리고 말기 때문이다.

바바에 의하면 사이드의 '의도'의 단일성과 단순성은 사이드가 푸코의 지식과 권력 개념을 지식과 권력의 '주체'의 의도에 맞춰 도구주의적이고 기능주의적인 입장에서 전유한 데서 연유한다. 그 결과 사이드

14 Homi Bhabha, "Diffrence, discrimination and the discourse of colonialism", *Edward Said* (Patrick Williams ed.), Vol.3, London : Sage Publications, 2001, p.395.

15 Robert J. C. Young, 『백색신화—서양이론과 유럽중심주의 비판』, 경성대 출판부, 2008, 359면.

16 Homi Bhabha, *The Location of Culture,* p.71.

는 재현의 불확실성과 복합성을 인식하는 데 실패하고 만다는 것이다. 사실 푸코의 지식 / 권력 개념은 그런 일방적이고 의도적인 도구주의적 입장과는 무관하다. 사이드의 오리엔탈리즘이 갖는 한계가 종종 푸코의 탓으로 돌려지고 있지만 사실 그 한계는 푸코의 한계라기보다는 푸코에 대한 사이드의 이해의 한계와 관련이 있다고 할 수 있다. 푸코가 볼 때, 주체는 담론적 배치와 언표행위적 실천으로부터 자유로울 수 없다. 그러므로 식민주의자뿐만 아니라 피식민지인 또한 식민담론의 의미화 과정과 언표행위로부터 자유롭지 못하다. 이렇게 본다면, 바바의 이론 역시 사이드와 마찬가지로 푸코에 의지하고 있다고 볼 수 있다. 바바는 오리엔탈리즘이 재현의 문제지만 담론적 장 전체와 관련된 재현의 문제이기 때문에 담론장에 대한 모든 고려는 반드시 언표행위의 문제, 즉 누가 누구에게 말을 거는가의 문제를 포함해야 한다고 주장한다.[17] 바로 이런 푸코적인 인식을 식민 공간에 적용한 것이 바바 이론이 갖는 독특함이다. 바바는 "오리엔탈리즘 혹은 식민 담론 내에서 지배당한 주체의 자리를 마련하는 것과 같은 주체화의 과정을 파악하기 위해서는 지배자 또한 그 과정 속에 전략적으로 둘"[18] 필요가 있다고 역설한다.

17 Robert J. C. Young, 앞의 책, 359면.

18 Homi Bhabha, *The Location of Culture*, London : Routledge, 1994, p.72.

2. 식민공간의 경제와 혼종성

이와 같은 인식 때문에 바바는 식민주의자나 피식민지인의 개별주체적 문제나, 혹은 지배와 억압의 단순한 이분법을 뛰어넘어 식민주의자와 피식민지인이 서로 충돌하고 갈등하고 교섭하는 '식민 공간'의 문화적 번역과 혼종의 과정에 집중하게 된다. 바바가 볼 때, 동양에 대한 서양의 담론적 지배는 결코 일방적일 수 없다. 오히려 거기에는 "욕망과 조소의 대상인 타자성과, 경험을 동질적이고 지식을 일반화하는 식민적 권위를 뒤흔드는 '문화적 차이'"[19]가 존재하며, 불안에 근거한 심오한 양가성과 혼종성이 작동하고 있다. 이런 양가성과 혼종성은 바로 식민담론을 뒤흔들고 식민권력 자체가 애초에 갈등의 경제에서 자유롭지 않다는 것을 보여준다. 혼종성, 양가성, 흉내 내기, 문화적 번역의 불투명성이 자리하고 있는 곳이 바로 이 갈등과 욕망의 식민공간의 혼종적 경제인 것이다. 이 혼종적 식민공간에서 식민주체의 재현은 안정적이고 고정적인 것이 아니라 계속해서 미끄러지고 탈구된다. 이 공간 속에서는 식민권력의 담론조차 안정적 지위와 확고한 토대를 가질 수 없다. 오히려 식민종주국에서는 투명하고 계몽적이며 이성적인 가치조차 식민 공간 속으로 옮겨오는 순간 불확실하고 불투명하며 양가적인 가치로 탈구되고 전치되고 이접된다. 식민종주국의 문명화의 이념으로 식민지에 이식된 '자유'와 '평등'과 같은 계몽적 가치들은 식민 공

19 Ibid., p.162.

간의 경제를 관통하고 난 뒤 종주국의 지배를 근본적으로 의심하게 만들고 식민 지배를 공격하기 위한 비판적 화살로 새롭게 형성되기도 한다. 식민 공간 속에서는 "식민지적 텍스트가 진보의 서사 속에서 불확실한 모습으로 출현하듯, 서구의 제국주의 담론은 시민적 국가로서의 자신의 위상을 끊임없이 삭제 하에 두게 된다. 즉 감시, 예속, 각인의 전략을 추구하는 권위의 기표는 공손한 시민적 발언과 그 식민적 의미작용 사이에서 방황하게 되는 것이다."[20] 예를 들어, 「경이로 받아들여진 기호들Signs taken for wonders」에서 초창기 전도사였던 아넌드 메세Anund Messeh가 만났던 한 부족의 얘기가 이를 잘 보여준다. 그 부족은 힌두어로 번역되고 인쇄된 성경의 복음서를 복음서에 충실하기보다는 자신들의 부족신의 뜻에 따라 번역한다. 메세는 그들의 잘못된 번역을 바로 잡고 세례를 받으러 가자고 제안하지만 그들은 "우리는 들녘에 수확하러가야 한다. 일 년 뒤에 만나면 그때는 따라갈 수도 있을 것이다"라고 말하면서 지연 전략을 구사하거나, 메세가 세례와 성찬식의 의미를 설명해주었을 때 세례는 받겠지만 "유럽인들은 고기를 먹기 때문에 성찬식은 따를 수 없을 것이다"라는 식으로 응대한다. 그들은 절체절명의 신의 말씀을 수확한 뒤 1년 뒤에나 생각해볼 일로 돌린다거나 세례와 성찬식을 구별하여 세례와 성찬식 사이에 틈새의 전략을 구사하면서 "혼종화의 힘을 사용하여 세례에 저항하고 개종의 기획을 불가능한 위치로 밀어"[21] 넣는다.

바바에게 이런 불안정한 미끄러짐이 매우 잘 드러나는 개념이 '정형

20 Ibid., p.97.
21 Ibid., p.118.

stereotypes'이다. 바바는 '정형' 개념을 이런 식민공간의 한 특징으로 규정하고 그것에 대해 정신분석적 설명을 제시한다. 그는 「타자의 문제—정형, 차별, 식민주의의 담론The other question : stereotype, discrimination and the discourse of colonialism」에서 식민담론에 재현된 고정적 정형의 문제를 새로운 시각에서 접근한다. 식민공간이 일방적 지배와 억압의 공간이 아니듯이, 바바는 정형 역시 흔히 생각하는 것처럼 고정적인 것이 아니라 양가성과 이중성을 갖는다고 말한다. 즉 "식민적 정형은 복잡하고 양가적이며 모순적인 재현 양식"[22]이다. 바바는 정형 개념을 인정과 부인의 중간 범주로서 프로이트가 말하는 페티시즘fetishism과 유사하다고 말한다. "차이와 장애를 어머니의 페니스의 대리물로서의 물신적 대상의 관점에서 규범화할 뿐만 아니라 기원적 환상—거세와 성적 차이에 대한 불안—의 질료들을 재활성화하는"[23] 페티시즘의 메커니즘처럼, 인종적 정형화 과정에서 식민권력은 피식민지인들을 '타자'로 인정하면서도 그들의 타자성을 부인하고 전적으로 이해가능하고 가시화할 수 있는 고정된 실체로 생산하고자 한다. 하지만 이 메커니즘 때문에 차이와 타자는 부인되어 규범 속으로 통합되지만 그 타자가 타자라는 불안은 계속해서 남게 된다. 그러므로 바바는 정형을 "차이를 인정하고 부인하는 다중적이고 모순적인 믿음의 형태"[24]로 정의한다. 그는 정형을 통해 식민 공간에서 식민권력의 지배는 항상 주장되지만 그 주장은 계속 미끄러지고 끊임없이 전치되며 결코 완결되

22 Ibid., p.72.
23 Ibid., p.74.
24 Ibid., p.74.

지 않는다고 주장한다.[25] 식민공간에서 식민권력은 타자의 타자성과 차이를 부정하고 안정적인 통일성이라는 환상을 강화하고자 하지만 이 환상은 문화적·인종적·행정적 차별화의 양식을 필요로 하는 바로 그 권력 때문에 불안정해지는 것이다. 그런 점에서 정형은 고정적이고 안정적인 것으로 상투화된 실체가 아니라 식민주의자와 피식민지인 간의 욕망과 갈등이 무대 위에 펼쳐지는 것으로 식민 공간이 갖는 양가성과 혼종성의 예가 될 수 있다. 바로 여기에서 바바의 양가성과 혼종성이 갖는 의미가 드러난다. 이와 같은 양가성과 혼종성은 바바에게 식민공간의 주된 특징이면서 동시에 피식민지인의 저항 전략이기도 하다.

> 혼종성이란 식민권력과 그 변환적인 힘들과 고정성들이 갖는 생산성의 기호이다. 그것은 부인을 통해 지배의 과정을 역전하려는 전략(차별적인 정체성들의 생산으로서 이것이 '순수하고' 기원적인 권위의 정체성을 가능하게 한다)의 다른 이름이다. 혼종성은 차별적 정체성의 효과들의 반복을 통해 식민적 정체성의 가정을 재평가하는 것이다. 그것은 차별과 지배의 온갖 장소들의 필연적 변형이자 치환을 보여준다. 그것은 식민권력의 모방적이거나 나르시시즘적 요구들을 불안정하게 만들지만 그 동일시를, 차별당하는 자의 응시를 권력의 시선에 되돌리는 전복의 전략 속으로 다시 연루시키는 것이다. 왜냐하면 식민적 혼종은 자신의 대상을 훈육적이면서 동시에 분산적인 것으로 만들면서, 권력의 의례를 욕망의 장, 혹은 나의 은

25 Robert J. C. Young, 『백색신화—서양이론과 유럽중심주의 비판』, 362면.

유로 하자면, 부정적 투명성 위에 펼치는 양가적 공간의 명확한 표현이기 때문이다.[26]

바바의 주장처럼 우리가 식민공간을 식민주의자의 권위가 일방적으로 관철되는 공간이 아니라 불확정적이고 불투명하고 불안정한 양가성과 혼종성이 펼쳐지는 공간으로 본다면, 저항의 개념 또한 전혀 새로운 의미를 갖게 된다. 사실 바바의 저항 개념은 매우 독특하면서도 많은 논란을 불러 일으켰다. 그 의미에 대해서는 조금 뒤로 살펴보기로 하고, 이미 예측할 수 있듯이 바바에게 저항이란 어떤 의식적인 정치적 실천과 운동을 의미하지 않는다. 마찬가지로 저항은 지배문화의 내용을 단순히 부정하거나 배제하는 것 또한 아니다. 이미 혼종성의 개념에서 볼 수 있듯, 바바는 저항을 "지배 담론의 인정의 규칙이 문화적 차이의 기호들을 분절하여 그것들을 식민권력의 예속적 관계들—위계질서, 정상화, 주변화 등등—내에 다시 연루시킬 때 바로 그 인정의 규칙 내부에서 생산되는 양가성의 효과"[27]와 같은 것이라고 말한다. 그렇다면 바바의 식민적 저항이란 의식의 층위에서 작용하는 주체적이고 정치적인 실천이라기보다는 식민적 담론과 공간 내에서 전개되는 무의식적 욕망의 양가적이고 혼종적인 작동과 같은 것이라 할 수 있다. 앞서도 지적했듯이, 바바의 이론 작업은 식민주의자와 피식민지인와 같은 개별적 주체들의 정체성을 개념화하는 것이 아니라 그 주체들을 기원적으로 조건 짓는 담론적 무의식의 배치구조를 밝히는

26 Homi Bhabha, op. cit., p.112.

27 Ibid., pp.110~111.

것이다. 바바의 저항 개념은 바로 이런 무의식의 구조로서의 양가성과 혼종성을 드러내는 것이다.

바바의 흉내 내기mimicry나 교활한 공손함 또한 바로 이런 식의 혼종적 저항과 관련되어 있다. 바바에 의하면 흉내 내기는 식민권력과 지식의 가장 포착하기 힘들고 효과적인 전략 중의 하나이다. 피식민지인은 제국의 중심에 존재한다고 상상된 진정한 지배자의 상을 계속해서 흉내 내지 않으면 안 된다. 그런 흉내 내기의 과정에는 있는 그대를 고지식하게 모방하려고 하는 적절한 모방과 행위주체의 의식 여부와 상관 없이 비웃음이나 얼버무림이라는 역설적인 혼란을 낳는 부적절한 흉내 내기라는 상호모순적인 현상이 동시에 일어난다. 따라서 흉내 내기는 식민주의자와의 유사성resemblance을 추구하면서 동시에 그 식민주의자에게 위협menace을 느끼게 하면서 제국과 식민 사이의 비동시적이고 비대칭적인 관계를 폭로한다. 흉내 내기를 통해 바바는 식민 공간 속에서 식민주의자와 피식민지인 간의 무의식적 욕망의 관계에 초점을 두는 한편, 그 관계가 식민권력에 대한 일방적 굴복이나 순종이 아니라 식민권력으로부터 미끄러져 나가는 혼종적이고 양가적인 관계임을 확인시켜주고자 한다.

이상에서 제국과 식민 간의 조우가 일어나는 공간이 식민주의자와 피식민지인 간의 관계가 끊임없이 탈구되고 불안정해지는 혼종적이고 양가적인 공간임을 강조하는 바바의 이론을 간략하게 살펴보았다. 바바는 푸코의 지식 / 권력의 담론적 배치뿐만 아니라 데리다의 보충대리와 차이, 라캉의 정신분석에도 의지하면서 사이드와 달리 식민 공간이 제국의 논리가 관철되는 일방적 지배의 권력 공간이 아니라 지배와 저항이 항상적이며 교섭과 타협 그리고 경합이 일상화된 혼종적 공간임을 드러내고자 했다. 바바의 이런 생각은 매우 독창적인 것이면서도 논란을 불러일으킬 소지가 크다. 식민공간의 역동적 문화구조를 드러낸 성과에도 불구하고 바바의 혼종성이나 양가성이 사회제도나 구체적 현실 속에서 제대로 분석되지 못한 채 곧장 긍정적이고 대안적인 가치로 격상될 가능성이 다분하기 때문이다. 아리프 딜릭은 이런 혼종성과 양가성이 언어적・담론적 차원에서만 다루어지면서 담론 넘어에 존재하는 현실정치적 차원에 대한 인식이 미흡하며 그 결과 혼종성 내부에 작동하는 현실적 힘들 간의 불균등한 관계들을 놓치고 있다고 비판한다.[28] 엘라 쇼하트Ella Shohat 또한 딜릭과 유사한 비판을 제기한다. 그녀는 바바의 혼종성 개념이 사회권력의 현실적 관계나 그 다양한 양상을 분석하는 차원으로 나아가지 못하여 혼종성이 구체적 맥락에 따라서 비판적 개념으로 사용되기도 하지만 지배관계를 은폐하는 이데올로기로 기능할 수도 있다는 점을 잊고 있다고 비판한다.[29] 이는 바바의 혼종성과 양가성이 무의식의 층위에서 작동하는 것에만 초점을 두어 현실적 식민 공간에서 발생하는 식민주의자의 착취와 수탈의 구조를 간과하고 있다는 비판으로 바바의 이론에 대한 적절한 문제제기라고 할 수 있다. 사실 바바의 혼종성은 혼종성이나 양가성의 무의식적 욕망의 구조조차 허용하지 않는 팔레스타인 현실에 대한 사이드의 경험이 오리엔탈리즘에 들어있다는 점을 간과한 채 이론적 한계만

28 Arif Dirlik, *Postcolonial Aura : Third World Criticism in the Age of Global Capitalism*, Colorado : WestviewPress, 1997, p.65.

29 Ella Shohat, "Notes on the Post-Colonial", *Contemporary Postcolonial Theory : A Reader* (Padmini Mongia ed.), London : Arnold, 1996, p.331.

비판한 것은 아닌지 궁금하다. 문제는 혼종성 자체가 아니라 혼종성의 사회문화적 구조와 그 내부의 다양한 힘들 간의 관계와 전환이다. 혼종성의 사회현실과 구조는 식민경험에 따라 다른 모습과 양상을 띨 수밖에 없다. 그런 점에서 혼종성이 이론적 분석의 차원을 넘어 저항의 가치로까지 격상되는 바바의 논리는 비약에 가깝고 문제가 있어 보인다. 식민주의가 관철되는 구체적 현실 앞에서 혼종성은 전복의 전략이 될 수도 있지만 식민권력에 통합되고 흡수되는 과정이 될 수도 있다. 이 비판들은 바바의 혼종적이고 양가적인 식민공간이 지나치게 담론주의적이고 문화주의적인 방향으로 흐르고 있음을 잘 지적하고 있다. 결국 담론적이고 언어적인 인식이 사회구조와 연결되지 못하거나 구체적인 운동이나 실천과 연대를 형성하지 못할 경우 정치적 저항의 전략으로서 한계를 가질 수밖에 없는 것이다.

흔히 놓치고 있는 사실이지만 바바의 이론적 계보는 계급에 중심을 둔 환원주의, 본질주의, 목적론적 역사주의를 비판하는 한편, 스튜어트 홀처럼 계급에서 인종으로 전환해간 영국의 포스트마르크스주의적 문화주의에 속한다. 바바의 『문화의 위치』의 제1장 「이론에의 참여 The commitment to theory」는 이를 잘 보여준다. 그는 모방적 재현, 목적론적 태도, 본질주의의 모델이 이론적 담론 내부에 흐르는 역사적 과정에 대한 구체적 인식을 놓치고 있다고 비판하면서 정치적 행위의 역사적 계기는 글쓰기 형식의 역사의 일부로 사고되어야 한다고 주장한다. 바바는 '정치적인 것'을 사회변혁을 위한 계산과 전략적 행위로 인식할 수 있는 인과성과 결정성의 논리를 새롭게 사고하기 위해서는 '글쓰기와 글쓰기성의 역동성'이 요구된다고 말한다. 그에게 텍스트성은 미리 주어진 정치적 주체에 대한 이차적인 이데올로기적 표현이 아니라 정치적 주체 자체가 곧 담론적 사건을 통해 생성되는 효과인 것이다.[30] 바바의 이런 주장은 그가 80년대 이후 영국에서 실재론적 인식론을 부정하고 담론을 급진적으로 정치화하고자 한 포스트마르크스주의의 문화주의적 계보를 따르고 있음을 잘 보여준다. 포스트마르크스주의는 담론적이고 문화적인 층위의 실천들을 정치적 개입으로 간주하여 강력한 정치주의적 경향을 띠었지만 인식론을 부정하면서 탈계급주의를 넘어 사회구조에 대한 비판적 분석을 거부하는 방향으로 나아가는 경향을 보였다. 바바 또한 혼종성과 양가성을 담론적 전략과 식민공간의 욕망의 주된 특징으로 설명했지만 그것이 어떤 현실적 관련성을 갖게 될지에 대한 구체적 분석과 연결 짓지는 못하고 있다.

바바 이론의 이런 경향은 몇 가지 이론적 한계를 갖는다. 우선 바바 이론의 한계는 식민공간의 무의식의 층위에서 일어나는 양가성이나 혼종성이 의식 층위에서의 정치적·문화적 실천과 어떻게 연관될 것인가에 대해 불분명하다. 이런 연관성에 대한 인식의 부재는 식민 공간의 양가적이고 혼종적인 성격이 식민 공간의 정치적 저항과 곧장 동일시되는 상황을 발생하게 만든다. 앞서 보았듯이 바바에게 저항은 어떤 정치적이고 주체적인 의도 하에서 수행되는 실천적 행위가 아니다. 그에게 저항은 식민 공간 내에서 지배 권력의 안정성을 뒤흔드는 혼종성이나 양가성 자체와 같은 것이다. 하지만 주체는 사후적으로 구성되는 담론적 사건이지만 담론적 사건을 현실적이고 정치적인 사건으로

30 Homi Bhabha, *The Location of Culture*, p.23.

바꾸고 무의식적 양가성과 혼종성을 정치적으로 전략화하는 것 또한 주체의 몫이다. 이런 역동적이고 변증법적 과정이 인식되지 못할 때, 식민공간의 혼종성과 양가성은 계속해서 무의식적 차원에서만 작동하는 전략일 뿐이다. 나중에 살펴보겠지만, 이는 바바의 번역의 정치와 초문화적 틈새의 이론에서도 여전히 한계로 작용하게 된다. 결국 식민공간과 식민주체의 혼종적이고 양가적인 욕망을 통해 식민담론을 전복할 가능성을 보여주면서도 식민주의의 작용을 분석하기 위한 틀로 언어학적이고 정신분석적 모델에 의지하는 것은 현실의 정치적 문제나 구체적 사회구조의 변화를 간과할 수 있다. 바바의 양가적이고 혼종적인 행위주체는 비사회적인asocial 경향을 보이고 있고 전적으로 무의식의 층위에서 작동하는 무매개적 개념에 가깝다.[31] 바로 이 점에서 바바는 자신이 해석하려고 했던 파농과 차이를 보인다. 파농에게 중요한 것은 바바처럼 혼종성과 양가성의 무의식적 공간이 아니라 바로 이 공간의 의식화, 즉 양가성과 혼종성의 공간과 단호히 단절하는 새로운 주체의 진정한 창조였기 때문이다.

둘째, 바바의 이론이 갖고 있는 담론주의와 문화주의는 사회적 힘들이 전략적으로 움직이는 현실적 관계를 사고하지 못한 채 문화주의의 담론적 회로 속에서만 움직이면서 오늘날 자본의 지구화와 문화의 세계화가 가져오는 격렬한 사회변화를 인식하지 못하게 만든다. 바바는 온갖 차이의 배제 및 동질화를 추구하는 식민주의자의 문화에 대항하

31 John Kraniauskas, "Hybridity in a transnational frame : Latin-Americanist and post-colonial perspectives on cultural studies", *Hybridity and Its Discontents : Politics, Science, Culture* (Avtar Brah & Annie E. Coombes eds.), London & New York : Routledge, 2000, p.244.

여 그 문화를 불안하게 뒤흔드는 혼종성과 이질성을 드러낼 수 있는 문화적 차이와 현재적 수행성을 강조했다. '현재적 수행성'이란 이질적 차이를 과거의 전통과 권위 속으로 통합하고 수렴하는 교육적 가치 the pedagogical와 달리 국민 내부에 이질성과 차이를 각인시켜 국민과 민족의 동질성이 갖는 허구성을 드러내는 것이다. 그것은 과거의 교육적 가치나 식민권력의 동질성에 얽매이지 않으면서 현재의 언술행위의 위치를 부단히 변화시켜나가는 전략적 계기와 같은 것이다. 하지만 바바가 강조하고 있는 '현재'란 담론적 사태로만 머물러 있는 경향이 있다. 그러다보니 그가 말하는 현재는 자본의 지구화에 의해 진행되는 오늘날의 급격한 문화적 변화와 긴밀한 관계 하에 사고되지 못하고 있다. 바바의 현재는 앞서도 보았듯이, 과거 식민주의의 영향력이 여전히 건재한 포스트 '**식민**의' 문화이다. 포스트**식민성**을 강조하는 바바는 식민주의의 시대와 현재의 관계를 단절이 아니라 연속으로 파악하며 우리가 살아가는 이 시대를 '계속되는 식민적 현재'[32]로 규정한다. 하지만 이러한 식민성이 자본의 지구화와 어떻게 연결될 수 있는지, 즉 오늘날 식민성과 자본의 지구화가 어떻게 긴밀히 얽혀있는지에 대해서 깊이 있는 사고를 하지 못하고 있다.

32 Homi Bhabha, *The Location of Culture*, p.128.

3. 초국적 문화연구와 번역의 정치학

자본의 지구화에 의해 움직이며 거대한 지구적 네트워크가 형성되고 있는 현재의 문화적 풍경은 식민 시대의 연장이면서 동시에 단절이기도 하다. 아르준 아파두라이Arjun Apadurai는 오늘날 새로운 글로벌 문화경제는 이제 더 이상 중심-주변 모델들(심지어 복수의 중심들과 주변들을 고려한다고 하더라도)의 용어로는 이해될 수 없는, 다양한 풍경scapes(에스노스케이프, 미디어스케이프, 테크노스케이프, 파이낸스케이프, 이데오스케이프)의 복합적이고 중층적이며 탈구적인 질서로 간주되어야 한다고 말한다.[33] 특히 그는 앤더슨의 상상된 공동체 개념을 확장하여 오늘날 '세계들'을 상상하기 위해, 즉 전 지구적으로 확장되어가는 사람들과 집단들의 역사적 상황에 근거한 상상력을 구성하기 위해 이들 다양한 스케이프들을 통합하여 사고할 필요가 있다고 말한다.

> 중요한 점은 오늘날 글로벌 문화과정들이 갖고 있는 동전의 양면 모두가 다양한 종류의 지구적 흐름들 사이에 존재하는 근본적 탈구에 의해서 특징지어지고 이러한 탈구들 속에서, 그리고 그것을 통해서 창출되는 불확실한 풍경들에 의해서 특징지어지는 무대에서 벌어지는 동일성과 차이의 무한히 다양화된 관계와 상호 경쟁의 산물이라는 점이다.[34]

---

33 Arjun Apadurai, *Modernity at Large : Cultural Dimensions of Globalization*, Minneapolis : Minnesota University Press, 1996, p.33.

34 Ibid., p.43.

사실 자본의 지구화와, (포스트)식민적 지배의 지속을 강조하는 포스트식민주의적 이론 간에는 밀접한 관계가 있지만 이 관계에 대한 깊이 있는 탐구는 이루어지고 있지 않다. 포스트식민주의 이론들은 전 지구적 차원의 식민성이 어떤 존재적 양상을 띠고 있는지, 식민성은 오늘날 글로벌적 차원에서 어떤 체계성을 형성하고 있는지를 제대로 다루지 않는 경향이 있다. 그러므로 현재 진행 중인 자본의 지구화에 의해 일어나고 있는 새로운 문화적 상황을 깊이 있게 살펴보지 않는 경향이 있다. 그동안 포스트식민주의는 포스트민족 시대의 문화적 문제들을 고민하면서도 여전히 민족 시대의 문제에 과도하게 얽매여 있다고 할 수 있다. 포스트식민주의의 근본적 문제의식은, 비록 경제적·군사적·정치적 식민 관계가 청산되었다고 하더라도 문화적이고 의식적인 식민 관계만은 포스트식민의 시대에도 여전히 존속하고 있다는 인식에 근거하기 때문이다. 그 결과 포스트식민주의에 대한 비판적 입장들은 포스트식민주의가 현실의 물적 변화를 간과한 채 지나치게 문화주의적이고 담론주의적 방향으로 기울어져 있다고 비판했다. 이 말은 포스트식민주의가 자본의 글로벌적 변화가 식민주의에 어떤 새로운 변화와 이탈을 낳고 있는지를 간과하고 있으며, 특히 현재의 지구적 체계 속에서 식민성이 어떻게 얽혀있는지를 고려하지 않은 채 식민성을 이념과 문화의 문제로만 인식하는 경향이 있음을 뜻한다.

특히 포스트식민주의는 그 외연을 지나치게 확장하여 비판적 초점과 예리함이 흐려진 것도 사실이다. 지금은 지구화의 적극적 추진자이며 그 문화의 직접적 수혜자이면서도 한때 식민지를 경험했다는 이유만으로 포스트식민주의를 자기화하려는 현상들까지 비일비재하게 일어나면서 포스트식민주의의 본래적 의도나 취지가 많이 퇴색하는 측면이 없지 않았던 것이다. 이런 상황에서 에드워드 사이드, 가야트리 스피박, 호미 바바의 이론은 포스트식민적 문화현상에 초점을 두면서도 변화하는 물질적 변화들, 특히 현재의 지구화의 변화들을 간과하지 않았다고 주장할 수 있을지도 모른다. 하지만 포스트식민주의에 공히 드러나고 있는 문제점은, 그것이 제국과 식민 간의 문화적 · 이념적 관계를 비판하는 데 지나치게 편중되어 왔다는 사실이다. 이러한 사실은 자본과 문화의 지구화가 가속화되면서 식민과 제국의 관계를 새롭게 재편하고 있는 전 지구적 식민성의 현실과 체계를 사고하는 데는 장애로 기능할 수 있다. 즉 전 지구적 기반의 변화를 외면한 채 과거의 틀이나 문화적 · 의식적 차원에만 주시하면서 현재의 사회적 구조를 간과하거나 승인하고 마는 것이다. 이는 포스트식민주의가 현실의 경제적 · 정치적 관계보다 현실의 문화적 · 이데올로기적 관계에 지나치게 집중한 결과인 것이다.

마이클 하트와 안토니오 네그리는 『제국』에서 오늘날 자본과 세계시장의 이데올로기를 생각할 때, 포스트모더니즘이나 포스트식민주의는 자본의 지구화에 대한 대응이 아니라 이미 사라진 양식에 대한 대응에 불과하다고 주장한다. 즉 "근대적 주체의 이항대립과 본질주의에 도전하기 위해 차이, 유동성, 혼종성의 정치학을 주장했던 포스트모더니즘적이고 포스트식민주의적 이론가들은 이미 권력의 전략에 의해 선수를 빼앗겼다"[35]는 것이다. 하트와 네그리는 포스트식민주의

35 Michael Hardt & Antonio Negri, *Empire*, Cambridge : Harvard University Press, 2000, p.138.

의 이론들이 갖고 있는 민주적이고 평등주의적이며 때로는 반자본주의적 욕망을 의심할 필요는 없겠지만 이들 이론의 유용성을 새로운 권력의 패러다임의 맥락에서 다시 검토하는 것이 중요하다고 말한다. 그들이 볼 때, 오늘날 새로운 적(초국적 자본에 근거한 제국적 권력)은 과거의 비판에 저항할 뿐만 아니라 바로 그 비판에 기생하여 번성하기도 한다. 즉 과거의 비판적 무기로서의 차이, 다양성 그리고 혼종성은 이제 자본과 제국이 번성할 수 있는 풍부한 토양이 되고 있다는 것이다. 이는 포스트식민주의의 전략이 염두에 두고 있는 현실과 현재 진행 중인 글로벌적 현실의 변화가 서로 부합하지 않는다는 것을 잘 보여준다.

물론 이러한 비판이 포스트식민주의가 갖는 유효성 자체를 부정하는 것이라 볼 수는 없다. 하트와 네그리의 예측은 앞으로의 미래를 기준으로 현재를 재단하는 면이 강하다. 식민과 제국의 관계는 여전히 지속되고 있으며 인종과 계급 그리고 젠더를 식민화한 식민성의 구조가 현재의 지구화에도 여전히 작동하고 있으며, 자본의 지구화는 이런 식민성의 구조를 새로운 차원에서 적극적으로 활용하고 변형하고 있다. 특히 네그리와 하트의 우려에도 불구하고 포스트식민주의 또한 지구화의 문화적 변화에 새롭게 대응하면서 새로운 이론적 모색을 꾀하고 있다. 스피박의 경우 그녀의 저작인 『포스트식민 이성 비판*A Critique of Postcolonial Reason*』에서 식민 담론연구에서 초국적 문화연구로의 전환을 주장한다. 그녀는 서구의 사상과 이론에 내재하고 있는 식민적 구조를 비판하는 포스트식민 전략을 유지하면서도 새로운 세계적 현실의 변화에 대한 대응으로 포스트식민 전략과 자본의 글로벌적 확장에 대한 반성을 동시에 결합하는 초국적 독서능력transnational literacy을 제안한다. 이런 제안은 포스트식민주의 이론들이 자본과 문화의 지구화가 낳고 있는 오늘날의 변화를 어떤 형태로든 수용할 수밖에 없는 단계에 이르렀음을 보여준다.

따라서 포스트식민주의의 이론적 유효성을 어느 정도 인정하면서 포스트식민주의의 이론적 성과를 변화하는 지구화의 문화현실 속으로 자기화하는 문제를 고민할 필요가 있다. 달리 말해, 호미 바바의 이론 내부에 존재하는 여러 계기들을 구분하여 그 계기를 오늘날 디아스포라적 정체성과 혼종적이고 번역적인 제3의 문화공간을 사고하는 데 적극적으로 활용할 필요가 있다. 혼종성과 양가성을 전략적 대안으로 제안하는 호미 바바의 이론 내부에는 식민과 제국 간의 혼종적이고 양가적인 식민 공간에 초점을 두고 있는 문제의식과, 그런 혼종성과 양가성을 확대하여 변화하는 초국적 현실에 대응하기 위한 새로운 번역의 정치학으로 구성하려는 경향이 나란히 공존하고 있다. 바바가 우리가 살아가는 현재를 여전히 '계속되는 식민적 현재'로 인식하고 있듯, 『문화의 위치』를 쓸 무렵에 그의 이론은 이 두 계기가 맺고 있는 연속과 단절을 명확히 인식하고 있지는 못한 듯하다.

바바 이론의 주된 탐구대상은 식민 공간에서 식민주의자와 피식민지인 간의 번역적이고 혼종적인 욕망의 정신분석적 관계이고, 나아가서 베네딕트 앤더슨이 말한 '상상된 공동체' 내부의 정치적·문화적 메커니즘을 분석하여 앤더슨이 말한 공허하고 동질적인 민족의 시간이 그 내부의 소수자들에 직면하여 근본적으로 불안정해지는 과정을 보여주는 데 있다. 하지만 그의 관심이 이렇다고 하더라도 그의 관심은 식민적 관계나 근대 국민국가의 폭력적 메커니즘을 분석하는 차원에만 머물러 있지는 않다. 앞서도 지적했듯이, 이런 관심이 가능해진 것은 그가 근대 '이후'의 시각을 선취하여 가능해진 것이기 때문이다. 바바에게 과거에 대한 인식은 과거시제가 아니라 미래를 열어가는 미래시제이기도 하다. 그에 따르면 포스트식민적 대항근대성contra-modernity은 근대성에 우연적이고 근대성과 불연속적・경쟁적인 관계를 맺으며 근대의 억압적이고 동화주의적 기술체계에 저항한다. 뿐만 아니라 포스트식민적 대항근대성은 경계적 전략과 문화적 혼종성을 전개하면서 식민종주국과 제국 중심부 근대성의 사회적 상상계를 번역하고 재기입하고자 하는 것이다. 하지만 근대성을 비판하는 작업과 근대성을 극복하는 작업은 구분될 필요가 있다. 바바에게 현재의 전 지구적 문화현상이 갖는 의미는 분명하지 않으며 그의 이론이 과거의 식민지적 문화관계에 지나치게 집중하다보니 근대성에 대한 비판과 극복이 거의 같은 수준에서 다루어지고 있는 경향이 있다.

하지만 바바의 혼종적이고 양가적인 제3의 공간은 전 지구적 문화의 변화를 이해하는 데 중요한 성찰을 던져줄 수 있다. 많은 비판자들은 바바의 혼종성 개념이 구체적 정치경제적 현실과 연결되지 못하여 글로벌적 자본문화의 전략적 일부가 될 수 있다고 비판한다. 마이클 하트와 안톤 네그리의 지적처럼 오늘날 자본과 세계시장에서 포스트모더니즘이나 포스트식민주의는 자본의 지구화에 대한 대응이 되기보다는 오히려 그 전략이 될 수도 있다는 것이다. 왜냐하면 이미 다양성, 차이, 그리고 혼종성과 같은 가치들은 그 저항성을 상실하고 전 지구적으로 활동하는 자본의 상품문화적 전략이 되고 있기 때문이다. 산후안E. San Juan, Jr은 혼종성, 불확정성, 다양성은 소비주의의 문화이데올로기의 보편화 속에서 근거를 찾을 수 있다고 말하면서 "포스트식민성은 시장의 자유로운 유희에 맞추어진 자유주의적 개인주의의 정신의 재가공으로 해석될 수 있다"[36]고 비판한다. 앞서 보았듯이, 바바의 이론이 글로벌 자본과 문화의 변화에 대한 정확한 인식의 결여로 이런 비판에 취약한 모습을 드러내고 있는 것은 부분적으로 사실이다. 하지만 바바의 혼종성과 초문화적 번역 개념은 자본 주도의 혼종성의 전략과는 다른 모습을 갖고 있는 것 또한 부인하기 힘든 사실이다. 오늘날 혼종성의 전략을 글로벌 문화전략으로 찬미하는 문화이론들이 유행하고 있는 것은 현실이지만, 바바의 이론은 시장의 자유로운 유희와 결탁하는 자본의 문화적 전략과는 전혀 다른 차원을 갖고 있다. 그가 말하는 문화적 차이란 다원주의적 선택이라는 문화의 다양성을 찬미하는 자유주의적인 문화이론라고 할 수는 없다. 최근 영미나 유럽에서 포스트식민주의의 문제의식을 탈각한 채 문화의 혼종과 횡단을 무책임하게 예찬하는 글들이 쏟아지고 있다. 가령, 타일러 코웬이라는 문화경제학자는 자신의 저서인 『창조적 파괴』에서 시장과 자본의 세계화가 상호문화적 혼종을 낳고 가난한 지역의 문화를 활성화시킨다고 주장하면서 문화적 혼종과 혼종을 예찬한다. 그에 따르면 오늘날 시장과 자본에 의한 창조적 파괴는 주변부 국가들 내부에 고품질의 다양한 장르의 문화적 창조물을 엄청나게 생산해내고 문화적 선택의 메뉴를 확대시켰다. 그 결과 멕시코, 브라질, 쿠바, 아이티가 문화적 후진국에서 세계적 영향력을 가진 활력있는 문화창조의 중심으로 나아가고 있

36 E. San Juan, Jr, *Beyond Postcolonial Theory*, New York : St. Martin's Press, 1998, p.10.

다고 한다.[37] 하지만 코웬의 주장은 오늘날 전 세계의 상당수의 부가 중심부 국가들로 집중되는 현실을 외면하거나 그러한 불평등이 주변부가 끼치고 있는 고통에 대한 언급이 없다. 코웬이 말하는 혼종성은 문화횡단과 번역에 수반되는 고통을 전제로 한 바바의 것과는 무관하다고 할 수 있다.

바바의 혼종성에 대한 비판들이 진정으로 겨냥해야 할 것은 바로 코웬과 같은 논리들이다. 바바는 혼종성이 제국과 식민, 중심부와 주변부 사이의 지배와 차별의 억압 구조의 문제와 긴밀히 연관되어 있다는 것을 지속적으로 환기시키고 있고, 나아가 국민이나 민족이 강요하는 억압적이고 동질적이며 텅 빈 시간성을 뒤흔들고 열어 제치는, 이접적인 시간성과 양가적인 효과를 갖는 '현재'의 전복적 순간을 강조한다.[38] 특히 바바는 근대성을 필연적 미완성으로 인식하는데 이는 바바가 포스트모던적 세계가 근대성의 부정적 측면을 재생산하고 영구화한다고 보았기 때문이다.[39] 글로벌 문화상황이 포스트식민의 세계와의 단절이 아니라 여전히 그 세계와의 연장선상에 존재하고 있는 한, 즉 자본의 지구화가 식민성을 세계체계 내에 새로운 방식으로 각인시키고 있다고 인식하는 한, 바바의 이론적 유용성은 간과할 수 없다. 사실 중심부와 주변부, 제국과 식민의 관계를 서둘러 해체하고자 하는 하트와 네그리의 주장은 너무 앞질러 간 것일 수 있다.

우선 바바의 혼종과 번역의 불투명한 공간은 오늘날 글로벌 자본의

---

37 Tyler Cowen, *Creative Destruction*, Princeton : Princeton University Press, 2002, p.24.

38 Homi Bhabha, "Culture's in-between", *Questions of Cultural Identity* (Stuart Hall & Paul Du Gay eds.), London : Sage Publications, 1996, p.56.

39 Bart Moore-Gilbert, *Postcolonial Theory : Contexts, Practices, Politics*, London : Verso, 1997, p.122.

문화가 세계를 일방적으로 지배하고 다양한 지역의 문화를 동질적인 문화로 변형시킬 것이라는 문화제국주의적 관점을 비판하는 데 아주 유용한 역할을 할 수 있다. 바바의 혼종문화와 번역 개념은 주변부와 차별당하는 소수자의 관점에서 중심부의 문화를 보다 주체적으로 수용할 수 있는 가능성을 제시한다. 바바는 「새로움이 세계에 들어오는 방식How newness enters the world : Postmodern space, postcolonial times and the trials of cultural translation」이라는 글에서 드물게 자신의 포스트식민적 시각을 통해 포스트모던 글로벌 문화를 설명하고자 하는데, 여기서 그는 이주와 번역의 정치학이 갖는 현재적 의미를 상세히 논한다.

우선 바바는 프레드릭 제임슨의 포스트모더니즘론을 상대로 삼아 그의 성과와 한계를 통해 자신의 번역적 공간을 구축하고자 한다. 그는 전 지구화의 맥락에서 그 어떤 문화이론도 제임슨의 포스트모더니즘, 특히 『포스트모더니즘, 혹은 후기자본주의의 문화논리』의 결론인 「이차적 고찰Secondary Elaborations」에서 제임슨이 보여준 탁월한 성찰을 제대로 읽지 않고서는 완성될 수 없다고 말한다. 바바는 제임슨이 유물론적 변증법을, 국가에 대한 지나친 관심과 그 관념화된 미학적·학문적 범주들로부터 거리를 두게 만들었으며 미디어 이미지 속에 알레고리화되어 있고 시시각각 변하기 때문에 지도를 그릴 수 없는 도시 경관들의 공간으로 대담하게 옮겨놓았다고 평가한다. 특히 이런 대담한 방향전환 때문에 제임슨이 서구 내부의 소수민족들과 이주자들의 인구학적이고 현상학적 영향이 동시대 문화의 초국적 성격을 이해하는 데 결정적일 수 있음을 깨닫게 만들었다고 말한다. 바바는 오늘날 글로벌 문화상황을 설명하면서 『암흑의 핵심*Heart of Darkness*』에서 콘래

드가 식민세계에서 문화횡단적 서사의 생산에서 만났었던 '이해할 수 없는 것들'이 제임슨에 의해 그 한 세기 뒤에 다시 되살아난 듯하며, 나아가서 제임슨은 초국적 문화에 의한 지역적 공간의 약화와 근대성의 포스트모더니티로의 전환이라는 혼란스러운 지구화의 문화 속에서 그 '이해할 수 없는 것'을 우리에게 알려주고 있는 말로Marlow와 같은 존재라고 평가한다.[40]

하지만 바바는 제임슨이 말하고 있는 세계가 제임슨이 가시적으로 재현하려고 하는 세계를 훨씬 넘어선다고 말한다. 즉 제임슨이 후기자본주의의 포스트모던적 세계 속에서 그리고자 하는 재현의 공간적이고 인식적인 지도그리기는 재현할 수 없는 수많은 문화적 차이를 억압하고 이접적인 시간들을 봉쇄하는 방식이라는 것이다. 오히려 바바는 "불연속적인 역사적 현실들로 이루어진 새로운 국제적 공간에서 그려져야 하는 것은 전 지구적 텍스트를 짜고 있는 틈새, 즉 시간적 붕괴 속에 각인된 문화적 차이들의 틈새적 경로와 과정을 나타내는 문제"[41]라고 말한다.

사실 제임슨의 포스트모더니즘에서 중심부 내의 주변부나 제3세계를 바라보는 인식은 바바가 지적하듯이, 재현적이고 추상적이며 비관적인 경향이 있다. 제임슨의 재현적 구도 속에서 주변부는 항상 중심부에 의해 지배되거나 사라질 공간으로 그려지는 경향이 있다. 제임슨에게 제3세계 혹은 주변부는, 한편으로는 후기자본주의의 불균등발전에 의해 생산되는, 즉 후기자본주의의 제1세계가 그 자체의 내적 역학

40 Homi Bhabha, *The Location of Culture*, p.216.
41 Ibid., p.217.

에 의해 자체 내에 생산하는 대항적 문화의 공간으로 평가되는가 하면,[42] 또 다른 한편으로는 후기자본주의의 새로운 단계에서 전 지구적 상품화와 자본의 지구화 경향에 의해 일소되는 '자연'이나 '무의식'과 동일한 처지로 간주된다.[43] 제임슨의 글에서는 대체로 후자의 경향이 더욱 힘을 받고 있다. 그것은 제임슨이 전 지구적 상품화의 지배를 세계적 규모에서의 차이의 소멸과 동일한 의미로 받아들이고 있고, 그것을 "전 지구적 공간의 관점에서 이질성에 대한 환상이 여전히 존재할 수 있다손 치더라도 공간적 동질성의 철회할 수 없는 승리의 비전"[44]을 전달하는 것으로 이해하는 한, 그럴 수밖에 없어 보인다. 제임슨의 이런 비관적 시각은 제1세계 내부의 논리를 지나치게 과장한 것이며, 그것은 제1세계에 한정되지 않고 주변부의 문화적 역할이나 초국적 번역지대의 역할까지 비관적으로 바라보게 만들 수 있다. 포스트모더니즘을 후기자본주의의 문화적 지배소로 간주하는 제임슨의 태도에 대해 스피박은 지배소 내부에 레이먼드 윌리엄스가 말한 잔여적인 것과 지배적인 것과 부상하는 것, 그리고 부상하는 것의 내부의 대안적인 것과 저항적인 것을 구분하지 못하고 있으며, 중심부의 한 지역의 논리가 세계의 모든 곳에 통한다고 생각하는 논리라고 비판한다.[45] 이는 제임슨의 포스트모더니즘이 글로벌 문화현실의 이질적 복잡성을

42 Fredric Jameson, *Postmodernism or The Cultural Logic of Late Capitalism*, Durham : Duke University Press, 1991, p.159.
43 Ibid., p.49 · 36.
44 Fredric Jameson, *The Seeds of Time*, New York : Columbia University Press, 1994, p.27.
45 Gayatri Chakravorty Spivak, *A Critique of Postcolonial Reason : Toward A History of the Vanishing Present*, Cambridge : Harvard University Press, 1999, p.314.

단순화하고 주변부를 자본주의적 상품화의 동질성의 논리에 따라 이해하고 있으며, 특히 주변부의 문화적 역할에 대한 평가에는 매우 인색한 편이다. 아무리 진보적이라고 하더라도 제임슨의 논리 속에 여전히 서구중심적 시각이 투영되고 있음을 보여준다.

스피박의 비판과 유사한 입장에서 바바는 제임슨의 포스트모더니즘에는 후기자본주의의 초국적 단계의 새로운 역사주체의 출현을 위한 틈새적이고 이접적인 공간과 기호들에 대한 인식, 문화적 차이로서의 '재현불가능한 것'의 시간성, 그리고 이접적인 사회적 시간성 등에 대한 봉쇄가 내재되어 있다고 비판한다.[46] 앞서 비판했듯이, 제임슨의 이런 봉쇄는 자본주의에 대한 제임슨의 단계론적 인식과 무관하지 않아 보인다. 제임슨은 자본주의를 세 단계로, 즉 시장자본주의, 독점자본주의, 그리고 후기자본주의로 구분하고 이에 상응하는 문화적 지배양식으로 리얼리즘, 모더니즘, 포스트모더니즘으로 구분한 바 있다. 이런 단계론적 인식과, 생산양식과 문화양식을 곧장 등치시켜 사고하는 것은 자본주의적 발전과 문화현상들 간의 불균등 관계를 간과할 소지가 있다. 뿐만 아니라 제임슨이 채택하는 생산양식의 관점은 어떠한 정치적 판단이나 도덕적 평가의 개입을 막기 위한 것이라고는 하지만 해당 사회의 문화적・정치적 변화를 결정론적이고 목적론적으로 이해할 가능성이 있다. 숀 호머Sean Homer는 제임슨의 포스트모더니즘에 "다양한 문화들이 서양, 특히 북미자본의 단일한 역사적 시각으로 환원되는 전략"이 들어 있으며 후기자본주의라는 용어에는 서구자본주

46 Homi Bhabha, *The Location of Culture,* p.217.

의의 발전을 당연하게 생각하는 목적론적 의미가 들어 있으며, 이런 의미가 은연중에 그의 제3세계론에까지 스며들어 있다고 비판한다.[47]

마찬가지로 바바는 제임슨의 자본주의 발전의 시대구분이 갖는 목적론적 함의가 현재의 이접적 차이의 기표들을 고정시켜버리고, 문화의 초국적 시간성들을 나타내는 틈새적이고 혼종적인 운동을 글로벌 자본의 목적론적 공간 속에 가두며, 현재의 순간을 자본의 세 단계 내에 구축하여 제3의 공간이 갖는 역동적이고 혁신적 힘을 깨닫지 못하게 만들고 있다고 비판한다.[48] 나아가 바바는 탈중심적인 공간적 행위 주체로서의 정치적 주체라는 제임슨의 혁신적 개념이, 역사의 진정한 인식의 순간을 담당하고 사회적 생산과 문화적 재현의 거울로 기능하는 계급의 능력에 달려있다고 주장한다는 점에서 크게 제약되어 있다고 주장한다. 바로 이런 점 때문에 바바는 제임슨이 현재의 순간을 문화적 차이들의 틈새적 기입으로 인식할 수 없었다고 비판한다.

제임슨에 대한 비판을 통해 바바는 문화적 차이의 위치를 제임슨식의 서구중심적인 문화공간으로부터 문화적 협상과 타협이 항상적으로 일어나는 경계적인 번역의 장으로 옮기고자 한다. 이 경계에서는 글로벌 문화와 국민문화들로 구성된 비동시적인 시간성들이 제3의 문화공간을 개방하고 이질적 차이들의 협상이 경계적 삶에 고유한 긴장을 창조한다.[49] 이 경계에서는 전통적인 계급 범주가 전제하는 자기목적적 의식성과 반영성이 존재론적 우선성을 상실하게 되고 이런 계급

47 Sean Homer, *Fredric Jameson : Marxism, Hermeneutics, Postmodernism*, New York : Routldge, 1998, p.170.

48 Homi Bhabha, *The Location of Culture,* p.220.

49 Ibid., p.218.

의 의식성과 반영성의 한계와 조건이 그 계급에 포함되지 않는 다른 존재들의 타자성과 마주치면서 그대로 노출되는 사회적 차이의 정치학이 출현하게 된다.[50] 그리고 이 경계에서는 투명한 문화적 전달이나 이식이 발생하는 것이 아니라 번역의 이질성과 물질성과 (불)가능성이 활발한 문화생산을 가능하게 만든다. 사실 투명한 문화이식이란 제국과 중심부의 문화 지배의 논리일 뿐 문화적 차이들이 활발하게 작용하는 불투명하고 혼종적이며 틈새적인 문화공간에서 생성되는 혼종문화와 문화번역과는 무관한 것이다. 문화적 번역의 공간에서 관건이 되는 것은 다음과 같은 것이다.

> (그것은) 차이적 정체성들의 수행적 성격, 즉 끊임없이 우연적으로 개방되고 경계들을 재형성하며 — 계급이든 성이든 인종이든 — 단일하고 자율적인 차이의 기호를 내세우는 모든 주장들의 한계를 드러내는 공간들의 규제와 협상들이다. 사회적 차이들의 이런 부여는 — 여기서 차이들은 일자 내지 타자가 아니며 더불어 있는 다른 어떤 것이며 사이 내적인 것someting else besides, in-between이다 — 과거가 기원적인 것이 아니고 현재가 단순히 지나가는 것이 아닌 미래의 형태 속에서 자신의 행위성을 발견한다. 과거의 주장과 현재의 요구의 틈새에서 출현하는 것은 틈새적(간극적) 미래이다.[51]

오늘날 자본의 지구화에 의한 문화의 상품화가 극단으로 치닫고 중심부와 주변부 간의 위계구조가 글로벌 문화네트워크 속에서 재생산

50 Ibid., p.223.
51 Ibid., p.219.

되고 있는 상황 속에서 바바의 문화번역은 중요한 의의를 갖는다. 그것은 중심부 혹은 주변부의 논리가 아니라 그 사이의 번역적이고 혼종적인 공간에서 벌어지는 문화적 경쟁과 투쟁의 가능성을 염두에 두고 있다. 이 공간에서는 투명한 번역이 불가능하고 문화들 간의 이질적 차이와 타자성과의 대면이 일상적으로 벌어진다. 이 공간에서는 주변부를 동화하고 흡수하려는 중심부의 논리나 중심부의 맹목적 인종주의나 지배가치가 투명하고 완벽하게 전달되는 곳이 아니라 "문화의 차이와의 동일시가 발생하는 분열과 혼종성의 양가적 과정과의 만남"[52] 이 일어나는 곳이다.

이런 틈새공간의 한 예로 멕시코와 미국의 접경지대에서 활동하는 글로리아 안잘두아Gloria Anzaldua와 같은 작가를 예로 들어볼 수 있다. 그녀는 멕시코계 레즈비언 동성애 작가로서의 독특한 혼종적이고 틈새적인 시각을 바탕으로 서양, 특히 미국 제국주의 문화와 멕시코 남성중심의 가부장제 문화를 동시에 비판하면서 혼종적 정체성의 급진성을 주장한다. 그녀는 이 혼종적 정체성이 여성을 수인으로 만드는 주체와 객체의 이분법을 해체하고 그것을 초월할 수 있는, 즉 모순과 애매성에 대한 관용을 제시하게 될 것이라고 주장한다. 특히 이 혼종적 정체성의 공간에서의 이원성의 해체가 백인과 유색인종, 남성과 여성 사이의 지배와 억압의 문제에 대한 해결이 될 것이라고 주장한다.[53]

안잘두아처럼 바바의 혼종과 틈새의 정치학은 특히 경계에 대해 독특한 인식을 보여주고 있다. 그의 틈새와 혼종과 번역의 전략은 일정한

52 Ibid., p.224.

53 Gloria E. Anzaldua, *Borderlands / La Frontera*, San Francisco : Aunt Lute Books, 1999, p.102.

한계에도 불구하고 지구화 시대에 등장하는 새로운 문화현상들을 이해하기 위한 필수적 이론을 제공하고 있다. 제임슨처럼 서구중심적 문화논리가 주변부나 경계에 대한 인식을 일방적이고 지배적이며 고정적인 것으로 간주하려는 경향에 맞서 주변부의 독특한 저항의 논리를 제공한다는 점에서 그의 불투명하고 번역적인 중간지대의 개념은 시사하는 바가 매우 크다. 번역지대는 지배와 권력이 일방적으로 관철되는 공간이 아니라 지배에 저항하는 혼종과 틈새의 전략이 창조적으로 펼쳐지는 공간이기도 하다는 점에서 그것의 문화적 역동성을 탐구하는 데 바바의 이론은 선구적이며 하나의 출발점을 제공한다고 볼 수 있다.

하지만 바바의 혼종성과 저항의 개념은 일정한 비판을 거칠 수밖에 없다. 혼종성과 양가성을 곧장 저항과 같은 차원으로 여길 때, 혼종성과 양가성 개념은 분석되어야 할 개념이 아니라 대안적 가치로까지 격상되는 경향이 있다. 다음 장의 칸클리니의 혼종문화론에서 살펴보겠지만, 중요한 것은 단순히 이런 개념들의 긍정적이고 대안적인 가치가 아니라 혼종성과 혼종문화 내부의 구조적 메커니즘의 차원이고 이 메커니즘 내부의 동역을 누가 책임 있게 주도할 수 있는가 하는 주체성의 생성이다. 바바의 이론이 식민담론의 무의식 구조를 드러내는 데 아주 중요한 기여를 했지만 그의 이론 속에 이런 무의식적 혼종성이 어떻게 의식화될 것인가 하는 구체적 과정과 경로에 대한 탐색이 여전히 모호하게 남아있다. 기존의 상황에 새로운 틈새를 만들어내고 상황에 식별불가능한 차원을 부가하여 상황을 뒤흔드는 사건적 주체의 개입을 강조한 알랭 바디우Alain Badiou나, 피식민지인들이 겪고 있는 존재의 무의식적 식민성을 깨뜨리기 위한 의식적 노력과 폭력적 저항을 강조한 프란츠 파농Franz Fanon처럼, 양가성과 혼종성과 같은 식민 담론의 무의식 특성을 드러내는 차원에 그칠 것이 아니라 그 무의식의 공간을 의식화하고 거기에 실천적으로 개입하게 될 주체의 생성이 필요하다. 여기서 주체의 생성이 필요하다는 것은 차이와 다양성 그리고 혼종성을 강조하는 포스트식민주의의 이론을 넘어 억압당하는 자들 일반, 즉 서발턴의 의식적 저항과 새로운 차원의 공통성을 탐구할 필요가 있다는 것을 보여준다.

5장

신자유주의 시대의 혼종문화론

네스토르 가르시아 칸클리니

1. 혼종화 과정과 문화의 재전환

오늘날 혼종문화의 이론을 가장 체계적으로 개진하는 이론가 중의 한 사람은 네스토르 가르시아 칸클리니Néstor García Canclini일 것이다. 칸클리니의 혼종성 개념은 『혼종문화*Hybrid Cultures*』(1989)에서 본격적으로 소개되어 있는데 이 책은 1990년대 라틴아메리카 문화연구를 대표하는 저작 중 한 권이다. 파리 대학에서 철학박사학위를 받았고 1976년까지 아르헨티나에서 활동하다 정치적 위협을 피해 여러 곳을 전전하다가 지금은 멕시코 자율대학에서 가르치고 있는 칸클리니의 문화횡단적 삶은 이 책이 다루고 있는 광범위한 내용 속에 그대로 녹아있다. 모든 위대한 저작들이 그러하듯, 『혼종문화』는 1980년대 신자유주의와 북미자유무역협정NAFTA으로 요동치는 라틴아메리카의 시대적 현실을 반영하고 그 시대적 현실에 개입하고 있는 책이다. 그의 혼종성 개념의 근거는 신자유주의가 맹위를 떨치던 이런 시대적 현실 속에서 벌어진 라틴아메리카 근대성 논쟁과 포스트모더니티에 대한 반성에서 나왔다. 시기적으로는 앞에서 다룬 근대성 / 식민성 그룹보다 조금 앞선다. 현재 우리 논쟁의 주무대에서 사라졌지만, 지난 20년 이상 우리의 포스트모더니즘 논쟁은 포스트모더니즘에 대한 거부 아니면 적극적 추종이라는 양극단을 달렸을 뿐 그 논쟁을 우리 현실을 냉정히 사고하는 데는 별로 이용하지 못했다. 이에 반해 라틴아메리카의 학자들은 "포스트모더니티 이후의 근대성modernity after postmodernity"이라는 칸클리니의 역설적인 표현처럼,[1] 포스트모더니티를 라틴아메리카의 근대성에서 벗어나 그 이후를 사고하고자 하는 것이 아니라 라틴아메리카 근대성의 복합적 의미를 다시 반성하기 위한 계기로 삼고자 한다. 그들의 고민 뒤에는 1980년대 민주화 이후 신자유주의가 휩쓴 라틴아메리카의 열악한 상황이 자리하고 있다. 동아시아가 90년대 중반까지 급속한 자본주의적 발전에 도취되어 서구적 포스트모더니즘의 환상에 사로잡혀 있는 동안 라틴아메리카 학자들은 유토피아를 꿈꾸던 좌파 이념의 몰락과 이미 미국 중심의 신자유주의의 혹독한 시련을 겪으면서 자신들의 현실을 보다 냉정하게 바라보기 시작했다. 즉 그들은 주변부에서 서구와 같은 근대화와 발전이 과연 가능한가를 질문하는 한편 그것이 가능하지 않는다는 사실을 점차적으로 깨닫기 시작했다. 그들은 라틴아메리카의 근대성이 하버마스가 생각하는 것처럼 전

1 Néstor García Canclini, *Hybrid Cultures : Strategies for Entering and Leaving Modernity* (Christopher L. Chiappari & Silvia L. Lopez trans.), Minneapolis : University of Minnesota Press, 1995, p.6.

근대의 미몽에서 벗어나기 위해서 현재도 계속되어야 하는 미완적 기획이 아니라 "필연적으로 미완일 수밖에 없는 복수의 기획들"을 간직하고 있다고 생각하게 된다. 이와 같이 주변부와 제3세계의 현실적 모습에 대한 철저한 인식을 바탕으로 그들은 오늘날의 세계를 자본의 상품화에 의한 점진적 동질화 내지 획일화라는 시각에서 바라보는 제1세계 중심의 포스트모더니즘 논쟁, 특히 그중에서도 제임슨의 후기자본주의론을 비판적으로 성찰한다.[2]

라틴아메리카 문화연구가들은 그 대안으로 대부분 발전주의에 근거하여 근대와 전통 간의 이분법적 단절을 전제하는 서구적 근대성의 모델을 비판하고 라틴아메리카 현실을 전통, 모던, 포스트모던의 계기들이 동시적으로 혼재하는 "혼종적 근대성"[3]을 주장한다. 칸클리니는 이와 같은 혼종적 근대성을 가장 정치하게 주장하는 라틴아메리카 문화연구가로서 현재 그의 혼종문화 개념은 라틴아메리카의 문화연구의 주요 이론으로 평가받고 있다.

우선 칸클리니의 주 비판의 대상은 서구적 근대성의 모델에 따라 전통문화가 근대에 의해 대체될 것이라는 근대주의와 그에 대한 반발로서 전통문화의 순수성을 고수하려고 하는 전통주의이다. 칸클리니에 의하면 근대주의와 전통주의는 모두 타자의 흔적이 존재하지 않는 순

---

2 Santiago Colas, *Postmodernity in Latin America : The Argentine Paradigm*, Durham : Duke University Press, 1994, pp.1～5; Geroge Yudice, "Postmodernity and Transnational Capitalism in Latin America", *On Edge* (Goerge Yudice, Jean Franco and Juan Flores eds.), Minneapolis : University of Minnesota Press, 1992, pp.6～7.

3 Arturo Escobar, *Encountering Development : The Making and Unmaking of the Third World*, Princeton : Princeton University Press, 1995, p.218.

수한 대상이나 본질을 구성하려고 한다는 점에서 공통점을 갖는다. 전통주의자가 '진정한', '본질적인' 민족적 · 민중적 문화를 상상하고 산업화와 근대화 그리고 이질적인 외부의 영향에 맞서 자신의 문화를 온전히 보존하려고 한다면, 근대주의자는 정반대이다. 그들은 근대화가 "전통적 형식의 생산과 신념과 상품에 종말을 가져올 것"[4]이라고 주장한다. 즉 근대화는 "신화가 과학적 지식에 의해, 수공예품이 산업의 팽창에 의해, 그리고 책이 시청각적 전달매체에 의해 대체될 것이라고 상상"하는 것이다. 이와 같은 근대주의가 문제가 되는 것은 라틴아메리카 현실이 항상 불완전한 것으로, 즉 서구적 근대성에 미달하는 것으로 간주되어 서구적 근대성을 좇아가야 한다는 식의 진화론적 발전모델에 근거해야 한다거나, 그렇지 않으면 라틴아메리카 근대성은 영원히 미완의 상태로 남을 수밖에 없게 된다는 점이다. 결국 라틴아메리카 현실을 판단하는 준거기준이 서구적 근대성에 존재하게 되면서 라틴아메리카 현실 자체에 대한 인식은 차단되어버리는 현상이 발생한다. 특히 근대주의와 전통주의는 서로에 대한 대응이기도 했지만 라틴아메리카의 근대성을 서구문화의 논리에 종속시키는 동시에 전통문화를 통해 국민적 정체성을 강화하고 민중문화를 통제하려고 한 60~70년대 권위주의적 정권과 그들의 대중주의적populist 문화에 기여했다.[5] 칸클리니는 현실적 분석의 대안으로 전통문화와 근대문화, 고급문화와 민중문화, 국민문화와 외래문화를 분리하는 것보다는 그것들이 동시적으로 공존하고 상호작용하는 혼종문화를 제안한다. 그가 볼

4 Néstor García Canclini, *Hybrid Cultures : Strategies for Entering and Leaving Modernity*, p.4.

5 Ibid., pp.145~146.

때, 근대화가 아무리 진행된다고 하더라도 전통문화나 민중문화는 사라지지 않는다. 오히려 근대주의는 전통문화와 민중문화를 대체하는 것이 아니라 그것들과 새로운 혼종적 관계를 맺고 있다.

> 근대화는 대체적으로 상징시장에서 고급문화적인 것과 민중적인 것의 역할을 위축시키기는 했지만 억압하지는 못했다. 근대화는 그러한 과정 속에서 예술과 민속, 학문적 지식과 산업화된 문화를 재설정했을 뿐이다. 예술가와 공예가 둘 모두 자신들의 작품의 구체적인 상징적 질서가 시장의 논리에 의하여 새롭게 정의되고 있다고 느낄 때 오히려 더욱 가까워지고 있다. 그들은 현대적 정보와 도상학으로부터, 자신들의 자기중심적 세계의 미혹으로부터의 해방이나, 아니면 스펙터클한 미디어가 조장하는 새로운 미혹으로부터 점점 벗어날 수 없는 처지가 되어가고 있다. 따라서 사라지고 있는 것은 이전에 고급문화적이거나 민중적인 것으로 알려진 상품이 아니라 자신의 세계를 독립적인 우주라고 주장하는, 즉 각 장에서 생산된 작품을 그 창조주의 고유한 "표현"이라고 주장하는 논리이다.[6]

칸클리니는 라틴아메리카를 "(다양하고 불균등한) 전통들과 근대성들의 매우 복합적인 접합, 즉 복수의 발전의 논리들이 공존하는 다양한 나라들로 구성된 이질적 대륙"[7]으로 정의한다. 그는 라틴아메리카의 혼종적 현실과 혼종문화를 이해하기 위해서는 점진적 발전을 통해 서구적 근대성에 도달할 것이라는 진화론적 근대주의와 단절하는 포스

6 Ibid., p.5.
7 Ibid., p.9.

트모더니즘의 반反진화론적 반성antievolutionist reflection of postmodernism 이 필요하다고 주장한다. 여기서 칸클리니는 기존의 서구적 포스트모더니즘론과는 달리 포스트모더니즘이나 포스트모더니티를 새로운 의미로 번역한다. 즉 그것은 우리가 생각하듯이 전통과 근대 이후에 도래할 새로운 시기나 문화적 양식, 즉 "근대세계를 대체하는 한 단계 혹은 한 경향이 아니라 오히려 근대가 스스로를 구성하기 위해 배제했거나 극복하려고 했던 전통과 맺고 있는 애매한 관계를 문제 삼는 방식"으로 정의된다. 이렇게 정의되면 포스트모더니티는 전통과 근대 이후의 새로운 시기가 아니라 전통과 근대가 혼재된 라틴아메리카의 혼종적 문화를 이해하기 위한 중요한 개념적 도구 내지 방법이 된다.

칸클리니는 『혼종문화』에서 라틴아메리카 문화현실과 관련하여 세 가지 주장을 제시하면서 이것들을 집중적으로 살펴본다. 첫째, 그는 라틴아메리카에서 근대성의 의미와 가치가 불확실한 것은 종족, 인종, 계급에 따라 다양하게 분할된 문화적 복잡성과, 전통적인 것과 근대적인 것 간의 사회문화적 혼종현상 때문임을 강조한다.

같은 커피 테이블에 토착공예품과 전위예술의 목록들이 나란히 놓여있는 것을 어떻게 이해할 것인가? 화가들이 그림을 그릴 때 콜럼버스 이전이나 식민 시대의 이미지들을 오늘날의 산업 이미지와 나란히 인용하거나 컴퓨터나 레이저를 이용하여 그것을 보다 정교하게 만들 때 그들이 추구하고자 하는 바는 무엇인가? 전자매체가 고급문화와 토속문화를 대체할 것이라 야단법석이지만, 사실 그런 문화들을 대대적으로 홍보하는 데 기여하고 있는 것이 바로 전자매체다. 대도시에서 록과 고전음악이 아시아계 및 아

프리카계 미국인들의 민중적 멜로디와 결합하여 새로운 형태를 띠어가고 있다.[8]

칸클리니는 이와 같은 혼종문화의 현상을 헤게모니를 장악한 집단과 제도가 일방적으로 추구하는 전략의 차원으로만 보는 것을 경계한다. 그의 혼종문화론에서 진정으로 중요한 것은 혼종성이나 혼종문화 자체보다는 복수의 문화들이 공존하는 혼종문화 내부의 메커니즘을 누가 움직이고 무엇을 위해 이용하는가, 즉 그 메커니즘 내의 주체와 용도의 문제이다. 칸클리니는 혼종문화의 현상 속에서 문화들을 자신의 상황에 맞게 부단히 번역하면서 '경제적 · 상징적 재전환reconversion'의 전략을 구사하는 민중들과 도시이주자들의 역할을 강조한다. 여기서 그가 특별히 관심을 기울이고 있는 용어는 혼종성 자체보다는 혼종성 내부의 다양한 문화적 계기들의 '재전환'이다. 이는 뒤에 자세히 살펴볼 것이다. 두 번째 주장은 라틴아메리카 현실에서 전통적인 것과 근대적인 것 간의 극명한 대립이 별로 도움이 되지 않듯이, 고급문화, 민중문화, 대중문화를 구분하는 것 역시 현재의 라틴아메리카 문화적 현실을 이해하는 데 별로 유용하지 않다는 것이다. 여기서 칸클리니는 이런 구분을 무용하게 하는 혼종적 문화현상들을 설명하기 위해 새로운 학문적 방법론이 필요하다고 주장한다. 즉 그는 이런 전문화된 영역들을 개별적으로 연구해온 분과학문들 사이를 자유롭게 횡단하고 이동할 수 있는 노마드적 학문이나, 다양한 학문들의 수평적 연대를

8 Ibid., p.2.

모색하는 학문이 필요하다고 주장한다. 이 학문은 전통적인 것과 토착적인 것을 억압하고 대체하는 왜곡된 근대적 방식이 아니라 라틴아메리카의 다多시간적 이질성multitemporal heterogeneity을 드러낼 수 있는 학문이어야 한다. 세 번째 주장은 이런 혼종문화연구가 단순히 문화연구의 차원에 국한되지 않고 그것을 넘어서는 더 넓은 의미를 가질 수 있다는 것이다. 칸클리니는 "종족적 전통문화와 새로운 근대적 기술체계, 장인적 생산형식과 산업적 생산형식이 왜 공존하는가하는 문제는 정치적 과정들, 예를 들어 엘리트 사회계층 뿐 아니라 민중적 사회계층이 근대민주주의를 낡은 형태의 권력과 결합하는 이유를 밝혀줄 수 있다"[9]고 말한다. 즉 혼종문화 내부의 다양한 이질적 시간성은 문화적 차원의 문제로만 그치는 것이 아니라 사회권력의 구조적 차원의 문제와 연결되어 있다는 것이다. 칸클리니에게 혼종문화를 이해하는 것은 혼종성의 문화적·담론적 차원의 문제를 이해하는 것이 아니라 라틴아메리카의 사회문화적 현실 속에서 "위기에 처한 서구적 근대성 속에서 전통문화, 문화적 모더니즘, 사회경제적 근대화 사이의 관계들이 어떻게 변형되는가를 이해하는"[10] 열쇠가 된다.

이러한 주장들은 칸클리니의 혼종성이 무엇을 설명하려고 하는 것인지를 예측하게 한다. 사실 칸클리니의 혼종문화론이 갖는 독특함은 근대주의와 전통주의의 이분법적 대립을 비판하고 그것들간의 혼종성을 주장하려고 하는 데 있는 것이 아니다. 그의 혼종문화론은 혼종성 자체에 대한 무조건적 예찬과 맹목적 반대의 관점에서 벗어나 있

9 Ibid., p.3.
10 Ibid., p.6.

다. 칸클리니는 혼종성 자체가 이미 긍정적이거나 부정적인 가치를 갖는 것으로 보는 도덕적이고 가치론적인 관점을 채택하지 않는다. 그가 역점을 두고 있는 것은 혼종성hybridity보다는 '혼종화의 과정the processes of hybridization'이라 할 수 있다.[11] 칸클리니는 혼종화를 "이전에는 별개의 형태로 존재하던 상이한 구조 및 실천들이 결합하여 새로운 구조와 대상과 실천들을 생성하는 사회문화적 과정"[12]으로 정의한다. 여기서 이전의 별개의 형태들 역시 그 이전의 구조와 대상과 실천이 결합되어 생성된 혼종화 과정의 산물임을 유념할 필요가 있다. 즉 혼종문화는 기원이나 본질로서의 순수한 문화적 현상을 인정하지 않는다. 혼종화에 대한 이와 같은 정의는 그것이 헤게모니 집단이든 민중이든, 다양한 집단들과 주체들에 의해 다양한 방식으로 전유될 수 있음을 보여준다. 이는 혼종성이 진보적이고 긍정적으로 전유될 수도 있지만 반대로 보수적이고 반동적으로 전유될 수 있다는 것을 의미한다. 실제 라틴아메리카에서도 혼종문화가 진보적이고 해방적으로 기능하기보다는 보수적이고 반동적으로 사용된 예가 더 많았다고 할 수 있다.[13] 이런 점 때문에 칸클리니의 혼종화 개념은 라틴아메리카의 혼종문화에 대한 안이한 예찬을 경계할 것을 요구한다. 이런 경계는 마술적 리얼리즘magical realism에 대한 그의 비판에서 잘 드러난다. 칸클리니의 주된 비판은 라틴아메리카의 근대성이 서구적 근대성의 진화론적 모델에 준해 미완일 수밖에 없다는 유럽중심주의적 논리를 겨냥한 것이

---

11 Ibid., p.xxvii.

12 Ibid., p.xxv.

13 Marwan M. Kraidy, *Hybridity, or the Global Logic of Globalization*, Philadelphia : Temple University Press, 2005, pp.52~53.

기도 했지만, 당시 라틴아메리카에서 유행하고 있던 혼종성에 대한 포스트모더니즘적 예찬을 겨냥한 것이기도 했다. 칸클리니가 볼 때, 라틴아메리카의 경이적인 현실을 찬미하는 마술적 리얼리즘이나 초현실주의처럼 "라틴아메리카는 다양한 시대와 미학들이 동시적으로 인용되는 혼성모방과 브리콜라주의 고향이기 때문에 라틴아메리카 자체가 이미 지난 몇 세기 동안 독특한 방식으로 포스트모던적이었다는 식의 주장"[14]은 라틴아메리카 현실을 신비화하여 혼종문화의 복잡한 사회적 구조와 현실을 전혀 설명하지 못한다. 혼종성에 대한 포스트모던적 예찬들은 관념적 유희와 미학적 직관주의에 빠진 채 문화의 지위에 대한 체계적이고 구체적이며 종합적인 연구의 빈곤을 드러내고 심하게는 전근대적 사고로 퇴행하고 마는 것이다. 이에 대한 대안으로 칸클리니는 혼종화의 과정 속에 작용하는 다양한 요소들 간의 역학관계와 그것들의 협상과 혼종의 메커니즘을 이성적으로 분석하는 사회인류학적 연구를 강조한다.

그러므로 칸클리니의 혼종화는 혼종성에 대한 예찬이나 그 가치에 대한 맹목적인 낙관적 태도와는 일정한 거리를 두는 특징을 갖고 있다. 이러한 사실은 혼종성 자체를 비판하는 것만으로 칸클리니의 혼종화 개념에 대한 비판이 되지 않는다는 것을 의미한다. 그의 혼종성 개념은 혼종성에 대한 도덕적이고 가치론적인 태도나 혼종성의 현상을 단순히 나열하는 기술적 태도와는 거리가 있다. 칸클리니는 동일성과 이질성 간의 단순 이분법이나 위계질서를 뒤집고 혼종성을 강조하는

14 Néstor García Canclini, op. cit., p.6.

차원에 그치기보다는 "혼종화가 어느 방향으로 나아가는지, 그리고 그것이 상호문화적 연구와 초국적이고 초미학적인 글로벌 문화정책들의 구상을 새롭게 정식화하는 데 도움을 줄 수 있는지"를 질문하기 위해서는 혼종화를 기술적 개념을 넘어 설명적 차원으로 격상시켜야 한다고 주장한다. 여기서 설명적 개념이란 "혼종화의 과정들을 구조적 인과성의 관계 속에 배치하여 그 과정들을 연구하고 그 개념에 **해석적** 능력을 부여하는, 즉 혼합을 통해 재구성되는 의미 관계들을 해석하는 데 유용하게 하는 것"[15]을 의미한다. 이런 설명적 개념은 혼종성을 "잠정적이고 이행적인"[16] 개념으로 사고할 것을 요구한다. 다시 말해, 혼종성을 맥락적이고 구조적이며 역동적인 것으로 인식하여 그것이 "차이와 권력관계와 이해관계를 흐리기 위한 또 다른 포괄적 용어"[17]가 되는 것을 막아준다.

만일 우리가 혼종화를 사람이 접근할 수 있거나 포기할 수 있는 과정으로서, 또는 사람이 그 과정에서 배제되거나 그 과정에 예속될 수 있는 과정으로 말할 수 있다면, 상호문화적 관계 속에 연루된 다양한 주체위치들을 이해하는 것이 가능할 수 있다. 그래서 문화적 불평등이나 다양한 집단과 계급 속에서 몇 가지 문화들을 동시에 전유하기 위한 가능성과 관련해서, 나아가서 권력과 권위의 비대칭성과의 관계 속에서 혼종화의 과정을 살펴볼 수 있게 된다.[18]

---

15 Ibid., p.xxix.

16 Ibid., p.xxx.

17 Gerardo Moquera, "Introduction", *Beyond the Fantastic : Contemporary Art Criticism from Latin America* (Gerardo Moquera ed.), Cambridge : MIT Press, 1996, p.14.

혼종화를 과정으로 분석하는 것은 그람시나 부르디외처럼 혼종화의 과정을 헤게모니 투쟁의 장이나 상징자본을 둘러싼 지배와 종속의 장으로 인식하기 위한 것이다. 여기서 혼종화의 과정이 그람시나 부르디외의 생각과 차이가 나는 것은 칸클리니가 헤게모니집단과 하위집단 간의 헤게모니 투쟁이나 지배와 종속의 이분법적 관계보다는 그것들 간의 갈등과 타협과 협상이 벌어지는 혼종화의 과정에 더 주목한다는 점이다. 칸클리니는 그람시가 헤게모니 문화와 종속문화 간의 대립과 특히 전자의 독립성과 자율성을 확보하려는 정치적 필요성 때문에 두 문화를 지나치게 이분법적이고 이질적인 것으로 바라보는 한계를 보인다고 비판한다.[19] 부르디외에 대해서도 칸클리니는 다음과 같이 말한다. 즉 "문화산업에 거의 관심이 없는 부르디외의 작업은 엘리트들의 상징물과 공간들이 대중화되고 민중적인 것과 혼합될 때 어떤 일이 일어나는가를 이해하는 데는 별로 도움이 되지 않는다. 우리는 부르디외로부터 출발하되 그를 넘어서야 한다."[20] 오히려 칸클리니는 다양한 주체들이 주체위치와 정체성의 가변적인 경험을 겪으면서 로컬적인 것, 민족적인 것, 글로벌적인 것이 융합하여 발생하는 사회구조의 변화과정과 타협하고 그것을 번역하고 재전환하는 혼종화의 과정 속에 어떤 방식으로 존재하고 있는가 하는 문제를 강조한다. 여기서 눈에 띄는 용어가 '재전환reconversion'이라는 개념이다. 이 개념 역시 혼종화의 과정처럼 '중립적' 용어이다. '재전환' 개념은 기존의 민중적 문

---

18 Ibid., p.xxx.

19 Néstor García Canclini, *Transforming Modernity : Popular Culture in Mexico,* Austin : University of Texas Press, 1993, p.26.

20 Néstor García Canclini, *Hybrid Cultures,* p.17.

화유산이나 자원, 그리고 사회의 상징적 자본을 생산과 소비의 새로운 조건 속으로 재통합하기 위해 그것들을 새롭게 번역하고 가공하는 과정을 의미한다. 그러므로 칸클리니에게 재전환은 번역translation과 재가공reelaboration과 거의 동의어로 통한다.

재전환이 갖는 긍정적 의미는 이 용어가 두 문화 간의 단순한 문화적 이동을 모방과 이식과 접목의 문제로 간주하기보다는 수용자의 사회적 조건에 따른 번역과 재가공의 문제로 인식하는 데 있다. 모방과 이식의 문제가 주로 주변부가 중심부의 문화를 일방적으로 모방하고 수용한다는 발상을 전제로 한다면, 특히 그것이 서구적 중심부와 비서구적 주변부 간의 비대칭적 이분법을 암묵적으로 전제하고 있다면, 번역과 재가공의 개념은 주변부나 주변부 민중의 자율적 능력과 역동적 문화 전유의 가능성을 인정하는 것이다.

여기서 유념할 것은 칸클리니에게 재전환 개념이 중립적 용어이지만 주체적 개입이 가능한 개념, 즉 라틴아메리카의 역사적 문화연구를 위한 분석적 도구이자 현실적인 민주적 기획을 구상하기 위한 전략적 개념이기도 하다는 점이다. 우선 그는 이 개념을 통해 라틴아메리카의 근대성을 분석한다. 그는 『혼종문화』의 2장 「라틴아메리카의 모순—근대화 없는 근대성?Latin American Contradictions : Modernism without Modernizations?」에서 라틴아메리카의 근대성에 대한 새로운 독특한 해석을 제시한다. 라틴아메리카 근대성 논의에 있어 가장 일반적 통념은 "우리는 불충분한 근대화에도 불구하고 풍부한 모더니즘적 유산을 갖고 있다"는 식의 모순된 주장이라고 한다. 여기서 칸클리니는 질문한다. 라틴아메리카 내부의 근대화와 모더니즘 간의 모순과 불균형을 어떻게 설명할 수 있는가? 그동안 이 불균형은 서구적 근대성에 미달하는 라틴아메리카 근대성의 미완적 모습으로 간주되거나, 서구적 근대성에 의존할 수밖에 없는 라틴아메리카의 주변성의 결과로 해석되었다. 그러므로 라틴아메리카 근대성은 항상 라틴아메리카 현실과 동떨어진, 즉 서구적 근대성의 '이식'과 '접목'으로 평가되었다.

> 왜 우리는 식민종주국의 근대화 모델을 서툴고도 뒤늦게 쫓아가고 있는 것인가? 이는 단지 경제적 교환조건의 악화 때문에 겪어야만 하는 구조적 종속 때문인가? 아니면 자신의 특권에 상징적 우아함을 가미하기 위해 사회적 근대화를 거부하고 모더니즘으로 치장한 지배계급의 비열한 이해관계 때문인가? 부분적이지만 이런 식의 해석이 갖는 오류는 우리 근대화를 중심 국가들에서 벌어지는 근대화 과정에 대한 완벽한 이미지에 비추어 판단하려 들기 때문에 생겨난다.[21]

이에 대한 반발로서 칸클리니는 유럽의 근대화와 라틴아메리카의 근대화 간의 차이가 그렇게 큰 것이었는가를 반문하고, 이어서 라틴아메리카 근대성이 서구적 모델에 비해 항상 후진적이고 역기능적이었는가를 질문한다. 우선 그는 유럽의 근대성 역시 근대화와 모더니즘 간의 불균형에 근거하고 있음을 페리 앤더슨Perry Anderson의 모더니즘 분석을 통해 설명한다. 페리 앤더슨은 유럽 모더니즘 운동이 경제적 근대화가 발전된 곳에서 일어난 것이 아니라 특정한 복합국면, 즉 다

21 Ibid., p.44.

양한 이질적인 역사적 시간성들이 교차하는 유럽의 특정지역에서 발생했다고 지적한 바 있다. 그러면서 그는 이러한 복합국면의 세 가지 좌표로 다음과 같은 점을 예로 든다. 즉 "① 시각 및 여타의 다른 예술 분야에서 고도의 형식화된 아카데미즘의 법제화 (이는 경제발전에 압도당하면서도 1차 대전 이전 여전히 정치적·문화적 분위기를 결정한 귀족 내지 토지소유 계급이 지배하는 국가와 사회에 의해 제도화되었다) ② 동일한 사회에서 제2의 산업혁명에 의해 생성된 기술들(전화, 라디오, 자동차 등)의 출현, ③ 러시아 혁명이나 다른 서유럽의 사회운동에서 나타나기 시작한 사회혁명의 상상적 임박성이다."[22] 유럽의 모더니즘 운동은 이 좌표들이 서로 상호작용하며 과잉결정하는 접합적 복합국면에서, 즉 반半귀족적인 지배질서, 반半산업화된 자본주의적 경제질서, 반半 혁명적인 노동운동의 교차지점에서 발생한 문화적인 힘이라는 것이다. 이는 유럽의 문화적 모더니즘 또한 사회경제적 근대화와의 모순과 불균형의 관계 속에서 발생했음을 잘 보여준다.

이런 인식은 칸클리니로 하여금 라틴아메리카 근대성이 갖는 고유성에 대한 질문으로 나아가게 만든다. 그의 질문은 이렇다. "모더니즘이 사회경제적 근대화의 표현이 아니라 엘리트들이 다양한 시간성들이 교차하는 지점을 담당하고 그것을 총체적 기획으로 만들어내려고 할 때 이용하는 수단이라고 한다면, 라틴아메리카의 이 시간성들은 과연 무엇이며 이런 시간적 교차는 어떤 모순들을 생성하는가?"[23] 칸클리니는 라틴아메리카에서 근대화와 모더니즘의 불균형이 서구적 근

---

22 Perry Anderson, *The Origins of Postmodernity*, London : Verso, 1998, p.45.
23 Néstor García Canclini, op. cit., p.46.

대성과 식민종주국의 문화에 대한 의존이 아니라 라틴아메리카의 다양한 문화들 간의 갈등과 혼종이 낳는 다양하고 이질적인 시간성을 통해 설명되어야 한다고 주장한다.

오늘날 라틴아메리카 국가들은 (메조아메리칸 지역과 안데스 지역의) 토착 전통, 카톨릭 히스패닉주의hispanism, 근대의 정치 · 교육 · 커뮤니케이션 행위들이 침전하고 병렬하며 혼합된 결과이다. 토착적이고 식민적인 것을 오로지 민중 부문에만 귀속시키고 엘리트 문화에는 근대적 형태를 불어넣으려한 시도에도 불구하고 계급 간 혼합은 모든 사회계층들로 하여금 혼종적 형성물을 생성하도록 만들었다. 근대성의 세속적이고 혁신적인 충동은 '교양' 집단에게 더 없이 유용한 것이었지만 일부 엘리트들은 대중문화의 팽창으로 도전받게 된 과거 질서의 특권을 정당화하기 위한 원천으로 스페인 카톨릭 전통과 농업지대의 토착 전통에 근거하고 있는 자신의 뿌리를 보존하려 하였다. 산티아고, 리마, 보고타, 멕시코시티, 그리고 많은 다른 도시의 높은 교육 수준의 부르주아 및 중산계급의 가정에는 다양한 언어의 책들이 구비된 서가, 토착공예품, 케이블 TV, 식민지풍의 가구에 파라볼라 안테나, 유구한 전통의 가문이나 종교의례를 소개함과 동시에 금융투자를 더 잘 하는 방법을 일러주는 잡지들이 나란히 공존하고 있다. 따라서 교양이 있다는 것은 — 근대적 교양을 포함하여 — 오로지 모던한 물건과 메시지들의 목록을 많이 갖고 있다는 것보다는 차라리 기술발전뿐만 아니라 전위의 예술과 문학을 사회적 특권과 상징적 구별짓기의 전통적 기반 속으로 통합하는 방법을 알고 있다는 것을 뜻한다. 근대문화의 이러한 다시간적 이질성multitemporal heterogeneity은 근대화가 전통적인 것과 오래전의

것을 대체하는 방식으로 기능하지 않았던 역사의 결과인 것이다.[24]

이런 혼종적 관계를 사고하기 위해서 칸클리니는 문화적 모더니즘을 경제적 근대화의 반영으로 보는 반영론이나 물질적 토대와 상징적 재현 간의 직접적이고 기계적인 조응을 전제하는 결정론적 이론들과의 단절을 강조한다. 이런 단절에 근거할 때 라틴아메리카의 근대성에 대한 이해의 기준은 라틴아메리카의 외부가 아니라, 오히려 외부를 독특하게 비틀게 만드는 내부에서 볼 수 있게 된다. 그리고 이와 같이 내부의 시각에서 볼 때 라틴아메리카의 근대성은 '왜곡'이나 '미완'이 아니라 라틴아메리카 지식인들이 외래문화들을 자신의 현실적 조건이나 존재론적 상황에 맞게 번역하고 재전환해가는 복합적인 사회과정으로 드러나게 된다. 칸클리니는 라틴아메리카의 문화적 근대화가 외부로부터의 이식transplantation의 문제라기보다는 라틴아메리카 사회변화에 능동적으로 관여하고자 한 예술가들에 의한 재가공reelaboration의 문제임을 분명히 한다.

라틴아메리카 근대성에 대한 칸클리니의 주장은 라틴아메리카 민족적 현실을 과장하거나 라틴아메리카 근대성의 우수성을 강변하려는 라틴아메리카 지식인의 열등의식의 표출과는 무관하다. 이 설명을 통해 그는 민중문화와 고급문화와 대중문화, 그리고 국민문화와 외래문화 등 모든 문화는 교섭과 타협과 혼종의 과정을 경험하고 있으며, 그리고 그 혼종화의 과정에는 번역과 재전환과 재가공의 과정이 항상 내

24 Ibid., pp.46~47.

재해 있음을 드러내주고자 할 뿐이다. 이러한 점은 칸클리니가 자신의 관심을 보다 현대적인 현상에 가깝게 옮겨올 때 더 명확하게 드러난다. 칸클리니가 혼종성보다 혼종화의 과정에 주목하고자 한 결정적 이유는 혼종화의 과정에 대한 민주적이고 진보적인 개입의 가능성을 고민하기 위해서이다. 그리고 바로 이런 개입의 가능성 때문에 '재전환' 개념은 분석적 도구의 차원을 넘어 현실적 전략이 될 수도 있는 것이다.

1980년대 이후 라틴아메리카는 신자유주의가 본격적으로 도입되면서 빈부간의 엄청난 격차와 음성적인 지하경제체제의 팽배, 고인플레이션과 고실업율, 이주집단들의 대대적인 속출 등 엄청난 변화와 격변을 겪고 있었다. 그 와중에 지역문화와 전통문화는 전 지구적인 초국적 자본과 국내의 거대자본에 의하여 지배받게 되었지만 근대주의자들의 주장처럼 사라지지는 않았다. 칸클리니에 의하면 전통문화는 소멸되기는커녕 새로운 현실상황에 맞게 재전환과 재가공의 과정을 거치면서 더욱 활성화되고 있는 실정이었다. 예컨대 대략적 지표로 볼 때, 멕시코의 경우 경제활동인구의 상당수가 전통공예품을 제작하는 업에 종사하고 있었고 실업이 증가하면서 그 수는 더욱 늘어날 전망이었다. 전통문화에 대한 관심이 고조되는 것은 이런 경제적 현실과 무관한 것이 아니었다. 하지만 이러한 관심의 고조는 일차적으로 전통문화가 시장과 투어리즘의 지배에 점점 종속되어가는 것을 의미하기도 했지만 다른 한편에서는 전통문화가 시장을 통해 새로운 가능성을 시험하게 되는 계기가 되기도 했다. 즉 들뢰즈Deleuze의 용어로 말하면, 시장은 전통문화를 탈영토화하면서 동시에 재영토화하는 결정적 계기가 되었다. 따라서 칸클리니는 "고급문화, 민중문화, 대중문화를 분리시켜 불평등을 조장했던 경직된 구조의 해체를 한탄할 이유는 없으며" 오히려 문화적 혼종의 불경스러운 과정 속에서 그동안 지배와 불평등을 조장하고 헤게모니를 영속화하고자 했던 "종교적, 정치적, 민족적, 인종적, 예술적 근본주의를 상대화할 수 있는 기회"[25]를 찾아볼 수도 있다고 주장한다. 물론 신자유주의하의 다국적 자본들과 그에 결탁한 국내자본들이 지배하는 현 상황에서 가장 많은 수익을 챙기고 있는 것은 초국적 자본과 그에 기생하는 문화산업들이었다. 하지만 칸클리니는 이런 현실을 비난하거나 비관만할 것이 아니라 근대화와 기술발전이 "사회를 어떻게 재구성하는지, 그리고 그것이 사회운동과 어떻게 연결될 수 있으며 반대로 사회운동에 어떤 식으로 불리한 작용을 끼치게 될지"[26]를 이해하는 것이 선결과제임을 강조한다. 따라서 기술발전과 현재의 시장을 비관적으로 낙담만할 것이 아니라 새롭게 열린 가능성을 누가 주도할 것인지, 혼종문화와 융합의 메커니즘을 누가 장악할 것인지, 나아가서 어떻게 하면 이런 가능성을 초국적 기업의 수중에 넘겨주지 않으면서 공동체적으로 운영되는 시민적 파워를 방어하고 그 정체성에 대한 관심을 불러일으킬 것인지 하는 고민이 중요해진다.[27] 칸클리니에게 정작 중요한 것은 지구화와 신자유주의적 자본주의의 변화 한 가운데에서 사회적 창의성을 강화시킬 조직네트워크와 문화 사이의 연결점을 만들어가는 사회의 행위자가 누구여야 하는가 하는 점이다.[28] 이런 작업의 연장으로 칸클리니는 최근 들어 전 지

25 Ibid., p.227.

26 Ibid., p.228.

27 Néstor García Canclini, *Transforming Modernity : Popular Culture in Mexico*, pp.105~114.

28 Néstor García Canclini, 김창민 외 편역, 「세계화와 정체성 논의에 대한 또 다른 시각」, 『세

구적 차원에서의 시민권 개념과 소비의 불균형을 바로 잡는 소비자 운동으로 옮겨가고 있다.[29]

2. 신자유주의에 맞서는 혼종문화론 – 의의와 한계

지금까지 칸클리니의 혼종문화론을 대략적 내용을 살펴보았다. 칸클리니의 이론이 갖는 의의를 이해하기 위해서는 그의 이론이 나오게 된 사회문화적 맥락을 잠시 살펴볼 필요가 있다. 칸클리니의 혼종문화의 이면에는 전통적 혁명노선이 거의 와해된 반면 신자유주의와 시장 예찬론자들이 득세하던 1980～90년대 라틴아메리카의 상황, 이른바 『혼종문화』의 한 장의 제목처럼 '유토피아로부터 시장으로'의 전환이 자리하고 있다. 1960년대에서 1970년대 라틴아메리카는 정치, 경제, 사회, 문화의 거의 전 분야에서 가장 격렬한 역사적 갈등을 경험했다. 이 시기 라틴아메리카에서는 급격한 변화들이 일어났는데, 정치적으로 보수적이고 대중주의적 민족주의 정권들, 쿠바 혁명과 반제반식민 운동들, 그리고 폭압적인 군사독재의 등장에 이르기까지 다양한 정치적 변화가 있었고, 특히 군사독재는 향후 신자유주의적 정책과 글로벌

계화 시대의 문화논리』, 한울, 2005, 132면.

29 자세한 것은 Néstor García Canclini, *Consumers and Citizens : Globalization and Multicultural Conflicts* (George Yudice trans.), Minneapolis : University of Minnesota Press, 2001을 참조.

자본주의의 전폭적인 수용으로 이어지는 토대를 마련해주었다. 경제적 측면에서도 경제적 신식민주의와 수입대체 근대화에서부터 우파적 개발주의와 종속적 발전, 그리고 그에 대한 비판에 이르는 다양한 주장들이 표출되었다. 사회구조적으로도 급격한 도시화와 시골 인구의 이주, 그리고 그들의 탈종교화, 중간층의 팽창과 대학생 인구의 폭발적 증가, 정치권으로 새로운 사회적 행위주체들의 대거 편입, 문화산업의 압도적 파워가 두드러지기 시작했다. 문화적으로도 민족적・국제적 대중문화의 팽창, 청년 반문화와 종족적 하위문화의 출현, 문학적 붐 현상, 새로운 라틴아메리카 영화들, 집단창작의 거리연극, 저항노래운동 등 다양한 문화적 시도들이 생겨났다. 1960~70년대는 매우 활발한 지적 논쟁의 시대였으며 반제국주의와 반식민주의의 감정적 고양과 새로운 라틴아메리카 유토피아라는 강렬한 역사적・정치적 활기 속에서 다양한 이론들과 논의들이 속속 출현했다. 이 시기의 핵심적 이론을 들자면, 문화제국주의론, 내재적 식민주의, 억압받는 자의 교육학, 해방신학, 종속이론 등이 눈에 띈다. 군사적 독재의 암울한 그림자가 드리워져 있었다고 하더라도 이 이론들은 라틴아메리카 내에서 유토피아적 상상력을 자극했으며 활발한 사회운동에 기여했다.

하지만 1980년대는 '라틴아메리카 상실의 10년'이라 불릴 정도로 유토피아적 열기는 온데간데없고 시장에 대한 예찬만이 득세하게 된다. 기술 및 행정전문 관료들이 주도하는 '민주화 이후'의 정권체제하에서 신자유주의적인 사회경제적 정책들이 강화되었고 그것은 국민경제와 민중들의 사회조직에 치명적인 결과를 초래했다. 실업과 유연적 축적 구조, 빈곤의 확산과 중간층 이하의 급격한 팽창, 빈부 격차의 엄청난 확대, 작은 규모지만 고소비의 세계화된 초상류계층과 대규모의 주변화된 저소득층 노동력 간의 계층화, 메트로폴리탄 대도시로의 대대적인 이주와 같은 현상들이 발생했다. 특히 경제, 사회, 문화의 지구화는 1980년대에 라틴아메리카 사회를 급격하게, 그리고 복잡하게 변화시킨다. 유토피아에서 시장으로의 변화 속에서 진보적 지식인들의 대응은 매우 무기력했다.[30] 하지만 라틴아메리카 문화연구가 본격적으로 등장하게 된 것이 이런 변화가 낳은 사회문화적 의미와 그에 대한 대안을 마련하기 위해서였다는 사실은 기억해야 할 일이다. 아브릴 트리고Abril Trigo에 의하면 1980년대 라틴아메리카 문화연구는 경제 모델과 시장이데올로기로서의 신자유주의, 대중매체와 소비주의에 의한 정당정치의 대체, 정보시대 새로운 초국적 문화산업의 지배가 낳은 결과로서 일상생활문화의 상업화 등과 같은 사회문화적 현상들이 갖는 의미를 해명하고 분석해야 했다. 문화연구자나 이론가들에게 1980년대는 한 순환주기의 종말이자 실패에 근거한 또 다른 순환주기의 시작이라 할 수 있다. 이 시대는 유토피아보다는 유토피아에 대한 반성, 즉 어떤 의미에서는 반유토피아anti-utopia에 입각한 냉정하고 철저한 현실인식을 지식인들과 문화연구가들에게 긴급히 요청했다.

오늘날의 비평은 1960년대의 과정과 그 억압적 결과들과의 명확한 단절을 나타내는 새로운 상황과 연결되어 있다. 그것은 무장투쟁의 종말, 민주화의 과정, 신자유주의, 지구화, 문화의 이주와 전파, 현실사회주의의 붕

30 Abril Trigo, "General Introduction", *The Latin American Cultural Studies Reader* (Ana Del Sarto, Alicia Rios, and Abril Trigo eds.), Durham : Duke University Press, 2004, pp.11~13을 참조.

괴, 대중문화와 커뮤니케이션의 팽창, 북미다문화주의, 이른바 신사회운동과 쿠바혁명의 좌초를 수반한다. (…중략…) 그리하여 이전 시대의 수사학의 특징이었던 '저항', '사회화', '반식민주의', 그리고 '혁명'과 같은 핵심 개념으로부터 '접합', '협상', '혼종화', '탈중심화', '주변'과 '전유'와 같은 용어로의 전환이 일어났다. 수직적 변혁이라는 '거대 정책'은 구체적인 수평적 미시정치들에 의해 대체되었다.[31]

칸클리니의 혼종문화는 바로 이런 1980년대적 상황을 현실적 맥락으로 갖고 있다. 혼종성을 무조건 옹호하지 않고 라틴아메리카 현실에서 혼종성이 기능하는 방식과 혼종화 과정의 메커니즘을 분석하고 그것을 민중들이 개입하여 자신들의 민주적 훈련의 장으로 활용할 수 있는 방안을 고민하고자 한 칸클리니의 혼종문화는 바로 이런 상황에 대한 비판적 개입이었던 것이다. 이제 정리하자면, 칸클리니의 혼종문화론은 여러 가지 점에서 우리에게 시사하는 바 크다. 우선 그의 이론은 최근 우리사회에도 유행하고 있는 서구의 이론들을 비판적으로 반성하는 데 유용하다. 그동안 제3세계나 주변부를 재현해온 제1세계와 중심부 이론가들의 이론적 한계를 드러낼 수 있을 뿐만 아니라 주변부 현실에 더욱 철저하게 접근할 것을 주문한다. 이를테면 제임슨의 후기자본주의와 포스트모더니즘은 제3세계나 주변부를 바라보는 데 외부적인 시각을 드러내고 그 현실을 비판적으로 사고하는 경향이 있다. 즉 그것은 제3세계나 주변부를 후기자본주의의 문화 논리인 포스트모

---

31 Gerardo Moquera, "Introduction", *Beyond the Fantastic : Contemporary Art Criticism from Latin America* (Gerardo Moquera ed.), Cambridge : MIT Press, 1996, p.12.

더니즘에 의하여 동질적으로 변하고 상품화될 공간으로 인식되었다. 제임슨의 포스트모던 문화논리를 그대로 추종하면서 그의 논리에 대한 정확한 인식만을 따지면서 제임슨의 논리적 틀을 주변부의 현실적 시각으로 살펴보지 못했던 우리의 포스트모더니즘 논의와 달리 라틴아메리카 이론들은 라틴아메리카의 현실을 보다 현실적으로 직시하여 제1세계 중심의 포스트모더니즘의 환상을 깨거나 거기에 도전하고 있다. 그 도전의 중심에 칸클리니의 작업이 위치하고 있다고 해도 과장은 아니다. 그의 혼종문화론은 라틴아메리카가 제임슨의 주장처럼 후기자본주의의 논리와 근대성 이후의 포스트모던 시장의 논리에 의해 점차 동질화되어가는 시공간이 아니라, 전근대, 근대, 탈근대의 계기들이 갈등하고 혼재하고 타협하는 시공간이라는 인식을 바탕으로 한다. 따라서 칸클리니의 혼종문화론은 개념적 유사성에도 불구하고 포스트구조주의나 포스트모더니즘과 같은 이론보다는 라틴아메리카 현실에 보다 밀착해있다고 할 수 있다. 그의 이런 태도가 우리에게 시사하는 바는 바로 우리 현실의 문화 내부의 역동적 과정을 도덕적 판단이나 섣부른 논리로 재단하지 말고 사실적으로 인식하고 접근하는 자세가 필수적이라는 것이다.

나아가서 칸클리니의 혼종문화 개념은 최근의 포스트식민주의에서 말하는 혼종성이나 혼종성 개념과는 뚜렷한 차이를 보인다. 그것은 주체의 정신분석이나 주체의 구성에 집중하는 혼종성 개념보다는 혼종문화의 사회구조와 사회세력들을 연결하는 작업에 초점을 두는 것으로 주변성이나 혼종성을 곧장 전복적이고 긍정적인 가치로 예찬하고자 하는 포스트식민적인 문제의식들과는 구분된다. 포스트식민주의는 과거의 식민주의 담론 내부의 담론적·문화적 분석에 치중한 나머지 현단계 자본주의의 사회구조적 변화를 주목하지 않았고, 특히 생산양식이나 사회구조보다 식민 주체의 성적·인종적 정신분석학에 주로 중점을 두고 있다. 그 초점은 상이하지만 사이드는 오리엔탈리즘이 유럽제국주의의 식민전략과 연결되어 있음을 강조하면서도 식민주의자의 재현적 구조를 비판적 표적으로 삼았고, 바바는 주로 피식민지인의 정신분석학적 구성에서 정치적 전복의 가능성을 찾았다. 특히 그는 라캉의 정신분석학에 의거하여 식민주의자의 정체성 구성은 적대적 타자인 피식민지인에게 의존하고 있기 때문에 식민권력의 시선은 근원적으로 불안정할 수밖에 없다고 지적하면서 식민지의 통제와 지배자의 정체성에 권위를 부여하는 상징계의 전복을 위한 심리전을 실천하고자 했다. 양가성과 흉내 내기와 같은 혼종성의 가치들은 바로 그런 정신분석적 과정을 드러내기 위한 바바의 전략이다. 하지만 심리적이고 담론적인 영역 내에서 지배와 저항의 관계를 강조하는 이런 태도는 저항을 식민적 사회구조와 연결하지 못한 채 사회구조의 문제를 심리화하고 주관화할 가능성을 갖고 있다. 바바가 말하는 혼종성이나 중간지대 역시 식민주체의 구성과 관련되어 있을 뿐 사회구조 자체와는 거의 관련이 없다. 이런 태도는 포스트식민주의 이론이 미국 비평계의 심층적이고 무의식적 구조에 어느 정도 조건지워져 있음을 보여준다. 식민지 현실에서처럼 물질적·경제적 억압이 분명하지 않은 중심부에서 지배와 저항의 관계는 심리화되고 성욕화되는 일이 종종 있으며 제임슨의 지적처럼 이런 현상은 오늘날 서구에서 진보적 운동들이 지배구조 속으로 통합되는 메커니즘과 무관하지 않아 보인다. 제임슨은 오늘날 서구에서 정치적 저항은 "원망이나 권위적인 인성의 관점에서 설명되거나 계속해서 심리화되고 있다"[32]고 말한다. 가령 60년대의 정치운동들이 아버지에 대항하는 오디푸스적 반항의 관점에서 설명되는 경우가 그러하다. 이런 견지에서 보자면 미국 내의 포스트식민주의 또한 이러한 정신분석학적 메커니즘에 구속된 나머지 자신들이 의도한 바와 달리 오히려 서구의 담론적 메커니즘의 재생산에서 벗어나기는 어렵다. 이와 달리 칸클리니의 혼종문화는 주체의 구성이나 심리적 입장과는 달리 사회구조와 문화양식 간의 역동적 관계에 주목하는 이점이 있다.

마지막으로 칸클리니의 혼종문화는 우리 현실을 반추反芻하는 데도 유용할 수 있다. 물론 라틴아메리카와 우리의 처지는 많이 다르지만 중심부의 문화를 재생산하는 (반)주변부라는 위치를 공유하며 거기에서 연유하는 문화적 입장이 비슷한 부분이 많다. 서구 중심부의 논리를 곧장 우리의 것으로 착각하는 지적 환상의 구조 때문에 쉽게 인식되지 않는 사실이지만 라틴아메리카의 논의는 서구의 논의보다 훨씬 구체적이며 우리와 닮은 부분이 많다. 이와 같은 점 때문에 서구적 근대성과 치열하게 맞붙고 있는 라틴아메리카 문화연구의 이론들은 우리 자신과 현실을 반성하는 데 매우 중요한 계기를 제공해줄 수 있다.

그렇지만 2012년 신자유주의가 퇴조하고 있는 라틴아메리카의 현실에서 볼 때, 칸클리니의 혼종문화론은 어느 정도 이론적 한계를 드러내기도 한다. 두 가지 점만 지적하자면, 우선 칸클리니의 혼종문화

32 Fredric Jameson, "Third World Literature in the Era of Multinational Capitalism", *The Jameson Reader,* Oxford : Blackwell Publisher, 2000, p.322.

가 갖는 독특한 점은 그것이 인종에 기반을 둔 혼종문화론과는 철저하게 거리를 유지하면서 사회구조적 차원에서의 혼종문화와 혼종화 과정을 살펴보고자 한 것이다. 이 점은 혼종문화와 혼종화의 과정을 보다 역동적으로 인식하기 위한 칸클리니의 고민을 반영한 것이며 분명히 중요한 성과라고 할 수 있다. 혼종성을 인종이나 주체의 문제와 연결지을 경우 그것을 사회구조의 문제로 인식하기가 어려울 뿐만 아니라 혼종성 자체를 '인종화'하는 기존의 혼종성 논의로 또 다시 빠져들 가능성이 있었을 것이다. 하지만 인종의 문제는 라틴아메리카에서 매우 중요한 문제였고 21세기 인디오와 서발턴의 문제가 보다 첨예해지고 있는 현실에서 인종 문제를 우회해서 혼종문화론을 전개하는 것은 현실적 문화동력으로서의 원주민 운동의 문제를 간과하는 이론적 한계가 될 수 있다. 칸클리니의 혼종문화론에서 원주민에 대한 논의는 그들이 신자유주의적 상황 속에서 어떻게 자신들의 문화와 공예품을 능동적으로 생산하고 있는가에 초점이 두어져 있을 뿐 원주민의 세계관과 문화가 서구적 근대성에 도전하고 그것을 횡단할 수 있는 트랜스모던적 가치를 가질 수 있는가 하는 점은 거의 언급되지 않는다. 이러한 점이 칸클리니의 혼종문화론이 신자유주의 시대의 문화이론으로 규정될 수 있는 이유일 것이다.

억압된 것은 되돌아오는 법이다. 칸클리니의 혼종문화에서 이러한 문제는 억압되거나 근대에 진입했지만 여전히 전근대적 의미만 갖고 있는 전통의 문제로만 여겨지는 듯하다. 혼종문화의 다양한 계기들은 그것들이 타협하고 혼종하면서 수평적 민주화의 가능성으로 작용하기도 하지만 라틴아메리카의 현실 속에서 권력관계의 식민성을 공고히 하고 그 식민성을 재생산하는 데 기여하기도 한다. 종종 혼종과 융합이 그러한 권력의 식민성을 억압하고 간과하는 계기가 되기도 한다. 라틴아메리카 현실에서 근대성이 얼마나 식민성과 깊이 연루되어 있는지에 대해서는 이미 살펴보았다. 근대성 / 식민성의 관계에서 볼 때, 칸클리니의 근대성에 대한 반성은 충분하지 않아 보인다. 이러한 한계는 칸클리니의 혼종문화론의 두 번째 한계에 대한 지적과 직결되어 있다. 칸클리니가 혼종문화를 개진할 때 라틴아메리카 현실에서 시장은 거의 피할 수 없는 현실이었다. 이는 1980년대 이후 신자유주의적 자본의 논리에 휘둘리고 있던 라틴아메리카의 현실을 고스란히 반영한다. 하지만 멕시코 차아파스의 사파티스타 운동, 브라질의 토지점유운동, 콜롬비아의 원주민 운동가 에바 모랄레스의 대통령 당선 등 1990년대 이후 라틴아메리카의 요동치는 현실들은 칸클리니가 전제하고 있는 시장의 범위를 뛰어넘어 라틴아메리카에서 새로운 유토피아적 상상력을 구성하고 있다. '유토피아에서 시장으로'라는 현실이 이제 다시 '시장에서 유토피아로' 이동해가고 있는 것이다. 역설적이지만 칸클리니의 혼종문화론은 현재의 라틴아메리카의 현실보다는 유토피아적 상상력을 상실한 채 시장과 경쟁이라는 신자유주의적 현실을 삶의 기본 매트릭스로 삼고 있는 우리의 현실에 더 적합할지 모른다. 그렇다면 우리는 이런 현실을 뚫고 나올 유토피아적 상상력을 어디에서 추구할 수 있을까? 지금 우리에게는 칸클리니의 혼종문화 자체를 넘나들기 위한 전략이 필요하지 않을까?

6장

영국문화연구의 형성과 그 너머

스튜어트 홀

1. 주변의 시각과 영국문화연구

테리 이글턴은 영국의 지적 좌파에 관한 한 편의 소설을 쓰고자 하는 사람이 그 지적 좌파의 다양한 측면과 경향을 보여줄 수 있는 한 명의 전형적인 인물을 찾고자 한다면 아마 스튜어트 홀Stuart Hall이 될 것이라고 말한 바 있다. 이글턴에 따르면 홀은 "신좌파에서 신시대, 리비스에서 리오타르, 그리고 앨더매스턴에서 종족성에 이르기까지 거의 모든 것들의 살아있는 역사"[1] 그 자체이다. 사실 홀은 지난 40년 동안의 영국의 지적 좌파의 역사 전체를 온 몸에 구현하고 있는 인물이다. 이 말은 그가 영국의 지적 좌파를 대표하는 인물이라는 의미보다는 영국의 지적 논쟁에 지속적으로 개입하고 그 속에서 영국의 지적 좌파의 전통을 형성해간 논쟁적 인물이라는 의미에서다. 그러므로 그의 이론

---

1 Terry Eagleton, *Figures of Dissent*, London : Verso, 2003, p.207.

적 궤적을 따라가는 것은 전후 영국의 급진적 문화전통의 지도를 그려 보는 것이 된다. 그는 현실에 대한 능동적 대처능력을 상실한 채 스탈린주의를 추종하던 영국 공산당으로부터 이탈한 영국 신좌파New Left의 출범에서부터 참여하였고, 향후 영국문화연구의 산실이 된 버밍엄 현대문화연구소the Centre for Contemporary Cultural Studies의 집단적 연구를 통한 영국문화연구의 형성을 이끌었으며, 개방대학Open University으로 옮겨 문화연구의 대중화와 실천을 주도했고, 1980년대 대처주의와 신시대의 논쟁을 거쳐 포스트마르크스주의적이고 포스트식민적인 정체성의 문제로, 그리고 토니 블레어Tony Blair의 신노동주의에 대한 비판에 이르기까지 영국의 지적 논쟁의 중심에 항상 서있었다. 지난 40년 이상 동안의 영국의 지적 논쟁의 한가운데에서 홀의 존재를 느낄 수 없는 곳은 거의 없다고 해도 과언은 아니다.

하지만 홀의 이런 핵심적 역할과 관련하여 특기할 만 한 점은 그가 로즈 장학금을 받아 옥스퍼드 대학으로 유학을 온 자메이카 중산층 출신의 흑인이주민이라는 사실과, 그가 자신의 이름을 걸고 수미일관되게 쓴 개인적 저작이나 학술논문을 거의 남기지 않았다는 점이다. 후자가 버밍엄 문화연구소와 개방대학에서의 홀의 이론적 성과들이 어떠한 성격의 것이었는가를 보여주는 것이라면, 전자는 홀이 영국의 주류적 전통에 속한 사람이 아니라는 것을 보여준다. 우선 홀이 개인적 저작이나 학술적 논문을 거의 쓰지 않았다는 사실은 홀의 글이 대부분 영국의 급박한 정치적・문화적 현실에 실천적으로 개입하여 쓴 정세적 성격의 글들이 많고, 특히 그의 작업스타일이 개인적 공명심을 내세우기보다는 대학원생이나 연구원들과의 집단작업과 공동연구를 무엇보다 중심에 두었음을 보여준다. 또한 그의 저작의 대다수가 그러하다는 점은 영국문화연구의 형성과정에서 홀이 얼마나 헌신적인 역할을 했는가를 엿보게 한다.

한편 홀은 자메이카 출신의 옥스퍼드 대학 유학생으로서 헨리 제임스Henry James로 박사논문을 준비하다 중도 포기하고 문화연구에 몰두하게 된다. 그가 영국 출신이 아니라 자메이카 출신의 흑인이주민으로서 보수적인 영국의 급진적인 지적 전통에 실천적으로 개입해왔다는 것은 보다 복잡하며 남다른 의미를 지닌다. 외부로부터의 도전에 대한 강한 거부감을 갖고 있고 숨 막힐 듯한 전통주의와 경험주의가 지배하며 흑인에게 배타적인 제국의 중심에서 영연방 출신의 흑인이주민이 전후 영국의 급진적 문화의 전통에 지속적으로 개입하면서 문화연구의 새로운 전통을 세울 수 있었다는 것은 그 자체로 문화지성사의 중요한 분석대상이 될 만하다. 우리는 그 이유 중의 하나를 홀이 '중심'과는 다른, 그가 늘 강조하듯이 '주변'이 가질 수 있는, 즉 주변에서 중심을 바라보는 독특한 시각을 갖고 있었기 때문이라고 추측해볼 수 있다. 오늘날 포스트식민적 용어로 바꿔보면, 영연방 출신의 이주민의 시각이 식민종주국의 자기만족적이고 본질주의적 시각이 놓치고 있는 틈새를 볼 수 있었기 때문일 것이다. 중심부 문화가 자기문화의 경계를 제대로 인식하지 못한 채 자기문화의 정체성을 주어지고 자연스럽고 동질적인 것으로 당연시하는 데 반해, 홀의 주변자적 시각은 중심부와 주변부의 문화적 틈새와 경계에 입각점을 마련하여 중심이 보지 못하는 영국 국민문화의 인위적 양상을 드러내면서 그 문화의 본질주의적 정체성이 갖고 있는 허구성을 꿰뚫어볼 수 있었던 것이다. 홀이 1970년대 『제의를 통한 저항*Resistance through Rituals*』이나 『위기의 관리 *Policing Crisis*』에서부터 이미 영국 국민성Englishness이 내포하고 있는 특정 인종의 배제와 억압의 메커니즘을 폭로하였고, 90년대 들어서는 본질과 동일성에 근거한 정체성 개념을 비판하고 차이와 혼종성에 근거한 정체성을 주장하였던 것은 이를 구체적으로 보여주는 것이다. 홀은 「주변의 예언가Prophet at the margins」라는 글에서 자신이 미국보다 영국을 선택한 이유로 중심보다는 주변에서 세계를 보는 것이 더 낫다고 판단했기 때문이라고 말한 바 있다.[2] 물론 미국과 영국 모두 중심에 해당하지만 굳이 영국을 택했던 이유가 '주변에서 세계를 보기' 위해서였다는 홀의 회고는 자메이카 출신이라는 주변적 시각을 통해, 비록 쇠퇴하고 있다손 치더라도 여전히 제국의 중심임을 자처하는 영국을 그 외부에서 바라보고자 했다는 것으로 해석해볼 수 있다. 홀은 영국 내에서도 주류 전통, 특히 진보적 전통 내의 주류문화의 주변부에서 그 문화의 한계와 틈새를 읽어내면서 자신만의 독특한 문화연구의 시각을 구성해나갔다. 예를 들어, 그는 영국 낭만주의의 혁명적 전통을 계승하는 E. P. 톰슨, 레이먼드 윌리엄스, 리처드 호가트와 같은 선배 세대의 문화주의 전통을 계승하면서도 그들이 인간의 경험과 문화를 자명한 것으로 전제했다는 점에 대해서는 비판적인 태도를 취했다.

여기서는 홀의 독특한 주변자적 시각이 어떻게 영국의 지적 좌파의 문화적 전통을 구성하고 영국문화연구의 형성과 발전을 이끌었는가, 그리고 그러한 시각에 종국적으로 영국문화연구를 넘어 초국적 문화

2 James Procter, *Stuart Hall*, London & New York : Routledge, 2004, p.5.

연구로 나아가는 길을 마련했는가를 살펴보고자 한다. 여기서 우리는 두 가지 점에 주의할 필요가 있다. 첫째, 홀이 이주민 출신이라는 것이 향후 그의 이론을 형성하는 데 주된 근거가 되었다는 식의 환원주의적 설명은 경계할 필요가 있다. 홀이 라캉의 정신분석학에 비판적이었던 이유가 인간의 인성이 대부분 유아기에 형성된다고 보는 기원주의적 성격 때문이었다. 홀은 인간이란 특정한 국면과 상황을 통해 주어지는 다양한 계기들을 접합하면서 수행적으로 자신의 정체성을 만들어간다는 점에서 혼종적 정체성의 미래 가능성을 높이 평가한 바 있다. 즉 그는 과거의 정체성보다 미래의 수행적 정체성이 더 중요한 의미를 갖는다고 본 것이다. 둘째, 주변부에서 중심을 바라보는 것이 무조건적인 예찬의 대상만은 될 수 없다는 점에 주의해야 한다. 그런 주변적 시각이 문화적 경계와 틈새를 꿰뚫어보는 비판적 역할을 수행하지만, 비판을 넘어 이론으로 구성되는 과정은 또 다른 문제이기 때문이다. 이는 홀이 영국 대중들의 순수한 경험을 믿었던 선배 세대들을 비판하면서 구성된 경험을 강조할 때, '경험'을 무시하지는 않는다고 하더라도 경험이 갖는 가치를 간과할 수 있기 때문이다. 주변자적 시각이 중심의 경계를 드러내는 데는 매우 유용할 수 있지만 중심 내부의 주변자적 경험까지 닿지 못하는 한계로 작용할 수도 있는 것이다. 홀이 영국 노동계급과의 연대보다는 '당대the contemporary'의 사회문화적 현상들에 집중한 것은 그의 주변자적 시각이 갖는 강점이면서 동시에 약점이 될 수 있는 것이다. 테리 이글턴은 홀의 주변성이 갖는 장단점을 다음과 같이 지적한다.

영연방의 이민은 식민종주국의 메트로폴리탄 중심부에 문화와 정체성의 문제를 제기하는 것이었는데, 홀은 이주민이자 지성인으로서 이를 해부해볼 수 있는 유리한 위치에 있었다. 어떤 의미에서 주변은 그와 더불어 중심으로 변하게 되었다고 할 수 있다. 그의 경계적 위치는 문화적 문제에 대한 높아진 각성을 의미했으며 그를 환원주의적 마르크스주의와 거리를 두게 만들었다. 하지만 그 위치는 또한 그에게 특정문화가 갖는 상대성을 절감하게 해주었고 그를 그 시대의 문학계의 문화적 절대주의에 맞서도록 만들었다. 머지않아 문화적인 것을 높이 평가하는 한편 특정문화의 한계를 회의적으로 검토하는 그의 모순적인 제스처는 그를 포스트모더니스트들의 품으로 나아가게 만들 것이다.[3]

그러므로 우리는 주변자적 시각이 갖는 의의를 간과하지 않으면서 홀의 문화이론이 지속적으로 구성되고 변해가는 과정에 주목할 필요가 있다.

2. 영국문화연구의 형성–문화주의와 구조주의를 넘어

스튜어트 홀의 문화연구는 그가 1968년 초대 소장이던 리처드 호가트의 뒤를 이어 버밍엄 현대문화연구소의 2대 소장으로 취임하면서

3 Terry Eagleton, op. cit., p.209.

본격적으로 형성된다고 할 수 있다. 하지만 홀의 문화연구는 이미 그 이전 그가 신좌파 운동에 관여하면서 시작되었다. 영국의 신좌파 운동은 홀이 박사논문을 포기하고 옥스퍼드 대학을 떠난 1956년의 국제적인 정치적 사건들을 계기로 형성된다. 1956년은 서구제국주의와 현실사회주의가 모두 그 추한 얼굴을 드러낸 해였다. 소련의 탱크가 헝가리 민중 혁명을 무참히 진압했는가 하면, 영국군과 프랑스군이 수에즈 운하를 침공하는 사건이 발생한다. 이 두 사건은 서구제국주의와 스탈린주의의 폭력성을 여실히 드러냈으며, 서구지식인들 뿐 아니라 영국 지식인들에게 심대한 영향을 끼치게 된다. 전자가 러시아 혁명의 변질과 타락을 상징했다면, 후자는 제국주의가 종말을 고하고 복지국가와 물질적 풍요가 불평등과 착취를 종식시켰다는 순진함이 환상이었음을 드러낸 것이다. 영국 신좌파는 이 두 사건의 영향 속에서 탄생했으며 스탈린주의를 추종하던 기존 공산당과 제국주의에 동조적인 노동당 사이에 새로운 '제3의 정치적 공간'을 마련하고자 했다.[4] 특히 신좌파는 기존 공산당이 추종하던 스탈린주의적 경제결정론에 반발하는 한편, 선진자본주의 내부의 변화, 특히 전후 호황과 기술혁명에 의한 소비와 풍요의 시대로 진입하던 서구사회의 문화적 변화에 주목하고 있었다. 이들이 대부분 토대-상부구조에 근거한 경제결정론을 거부하고 문화지향적인 입장을 갖게 된 것은 바로 이런 현실상황에 대한 대응 때문이었다고 볼 수 있다.

하지만 향후 스튜어트 홀의 문화이론을 제대로 이해하기 위해서는

4 Stuart Hall, "The 'First' New Left : Life and Times", *Out of Apathy : Voices of the New Left Thirty Years On* (Robin Archer et al. eds.), London : Verso, 1989, p.13.

이 당시 신좌파 내부의 미묘한 정치적·문화적 인식의 차이를 알아 둘 필요가 있다. 비록 급박한 정치적 상황과 그에 대한 지식인들의 현실적 개입 때문에 내부의 차이가 크게 부각되지는 않았지만 신좌파 내부의 이론적 차이와 갈등은 영국의 진보적 이론의 지형뿐만 아니라 홀 개인의 문화이론을 형성하는 데 중요한 영향을 끼치게 된다. 크게 대별하면, 당시 영국 신좌파 내부에는 두 개의 주도적 그룹이 있었다. 한 그룹은 주로 반파시즘 운동과 영국 공산당에 관여했고, 영국 노동운동에서 잔뼈가 굵었으며, 요크셔Yorkshire와 북부산업도시에 지역적 연고를 갖고 있던 사람들로서 1956년 영국 공산당을 탈당하여 독립적인 잡지 『뉴 리즈너*New Reasoner*』(일명 *NR*)를 통해 활동했다. E. P 톰슨, 존 세빌John Saville, 도리스 레싱Dorris Lessing, 랄프 밀리반드Ralph Miliband 등과 같은 사람들이 여기에 속한다.[5] 또 하나의 그룹은 주로 옥스퍼드 대학 출신의 젊은 좌파지식인들로서 『뉴 리즈너』 그룹보다는 더 젊었고, 그들의 정치적 경험은 대부분 2차 세계대전 이후에 형성되었으며, 『대학과 레프트 리뷰*Universities and Left Review*』(일명 *ULR*)를 중심으로 활동했다. 이들 중 상당수는 영연방 출신의 유학생들이었고, 영국의 토착적 노동운동에 참여해본 경험은 거의 없었다. 여기에는 스튜어트 홀, 가브리엘 피어슨Gabriel Pearson, 라파엘 사무엘Raphael Samuel, 찰스 테일러Charles Taylor, 뒤에는 페리 앤더슨Perry Anderson과 톰 네언Tom Nairn 등과 같은 사람들이 속한다. 후자의 그룹은 주로 유학생이나 이주민의 특성상 톰슨이나 세빌처럼 토착적인 노동운동에 관여하기 힘들었고 영국

5 Michael Kenny, *The First New Left : British Intellectuals After Stalin,* London : Lawrence & Wishart, 1995, pp.15～18.

의 전통적 문학전통, 즉 낭만주의적 혁명사상보다는 자신들이 직접 목격할 수 있었던 전후 영국의 정치경제적 변화와 새롭게 등장하는 문화적 현상에 더 깊은 관심을 갖고 있었다. 당시 영국사회는 전후 합의와 경기호황으로 전통적 계급문화가 약화되기 시작했고, '생산'보다 '소비'가 더 중요해지는 탈산업화의 경향들이 나타나기 시작했으며, 노동계급의 의식 또한 계급의식에서 벗어나는 경향을 보이는 등 적잖은 변화들이 일어났다. 이런 변화에 훨씬 더 민감했던 것은 *ULR*그룹이었다.[6] 이들은 대부분 당시의 모더니즘적이고 국제적인 취향을 갖고 있었고 대체로 "전후 자본주의는 변했다"는 인식을 공유하고 있었다.[7] 이들의 국제적 감각은 머지않아 『뉴 레프트 리뷰*New Left Review*』를 통해 그람시, 알튀세르, 루카치, 델라 볼페 등 서구마르크스주의를 본격적으로 수용하는 데 견인차의 역할을 담당하게 된다.

이들 간의 차이가 이론적 논쟁으로 나타난 구체적 실례가 있었는데, 그것은 스튜어트 홀이 『대학과 레프트 리뷰』에 실은 「계급소멸의 의미A Sense of Classlessness」(1958)에 대해 톰슨이 공격하고 나선 것이다. 이 글이 중요했던 것은 이 글 속에 스튜어트 홀을 E. P. 톰슨, 레이먼드 윌리엄스, 리처드 호가트와 같은 이전 세대 문화연구자들과 구별지어주는 몇 가지 특징들이 드러나 있기 때문이다. 톰슨, 윌리엄스, 호가트 모두 대중문화에 강한 거부감을 갖고 있던 리비스와 달리, 건강하고 창조적인 민중문화의 가능성을 신뢰하였지만 대부분 민중의 경험에 인식적 특권을 부여하면서 민중문화에 대한 분석적 인식에는 한계가 있

6 Lin Chun, *The British New Left,* Edinburgh : Edinburgh University Press, 1993, p.24.
7 Stuart Hall, "The 'First' New Left : Life and Times", p.24.

었고, 일부는 문화연구를 독자적 영역으로 이해하기보다는 문학비평의 연장으로 보는 경향을 보였다.[8] 특히 이들의 문화 개념은 당시 활성화되고 있던 현대문화보다는 역사적이고 전통적이며 공동체적인 문화에 초점을 둔 것이었다. 홀의 「계급소멸의 의미」는 이와 매우 달랐다. 그 글은 당대적인 것the contemporary과 새로운 것the new에 주목했다.[9] 홀은 이 글에서 서구역사가 소비자본주의라는 새로운 단계에 진입하게 되었고 이 진입이 자본주의 내부의 생산양식과 계급구조, 그리고 정치의식과 문화에까지 새로운 변화를 낳고 있다고 주장했다. 특히 가장 중요한 변화로는 작업현장의 자동화와 기술혁명으로 계급의 고용구조에 발생한 혁신적인 변화와, 공동체적 생활양식과 관련된 생산적 제조업 부분이 퇴조하고 사무직과 서비스산업 분야의 확대와 소비부문의 급성장을 들 수 있다. 특히 홀은 소비의 중요성을 강조하면서도 그것이 새로운 착취 형식임을 간과하지 않았다. 그는 '계급소멸'의 의미가 실질적인 의미에서 계급의 소멸이 아니라 계급관계와 구성의 변화임을 강조하고 계급소멸이란 허위적 이데올로기에 불과하다고 비판했다.[10]

향후 홀의 문화이론의 구성과 관련해서 볼 때, 이 글은 여러 가지 의미를 지닌다. 우선 이 글은 보다 전통문화나 민중문화보다 동시대적인 것에 관심을 갖는 홀의 문화적 성향을 드러내줄 뿐만 아니라 나중에 버밍엄 문화연구소가 70년대 풍요의 이데올로기를 비판하면서 하위

---

8 Francis Mulhern, *Culture / Metaculture,* London & New York : Routledge, 2000, p.90.

9 Ibid., p.99.

10 Lin Chun, op. cit., p.45.

문화를 연구하는 데 결정적 계기가 된다. 뿐만 아니라 80년대 후반 '신新시대'를 주장할 때도 내용은 다르지만 현대문화의 변화를 인식하고자 하는 형식은 계속 이어진다. 하지만 무엇보다 이 글은 홀의 비판적 문화이론이 다른 선배 문화연구자들의 그것과 어떻게 다른가를 이해하는 데 도움을 준다. 사실 현대적인 것에 관심을 기울이는 홀의 성향 이면에는, 앞서 지적했듯이, 접근성에 있어 민중문화보다 동시대 문화현상에 더 친숙할 수밖에 없는 이주민으로서의 홀의 경험이 전제되어 있다고 할 수 있다. 특히 홀은 문화연구가 동시대의 소비문화를 포용해야 한다는 주장을 넘어 사회주의적 사고 역시 과거향수적인 경험이나 이상화된 미래가 아니라 불확실하지만 '지금-여기'의 현재에 뿌리를 두어야 한다고 생각했다.[11] 톰슨은 이런 식의 문화연구가 문화분석을 지나치게 확대하고 과장하여 도덕적이고 정치적인 투쟁성을 희석시킨다고 주장했다. 그는 오늘날 대중문화의 위력이 아무리 대단하다고 하더라도 그것은 자본주의적 착취형태를 은폐하는 최신의 이데올로기에 불과하며 그것을 제대로 설명하기 위해서는 문화론적 시각이 아니라 정치적이고 역사적인 입장을 취해야 한다고 비판했다. 이 비판은 레이먼드 윌리엄스와 호가트를 비롯한 당시 유행하기 시작하던 문화연구를 겨냥했던 것이지만 홀의 논문에 대해 특히 가혹했다.[12] 영국 낭만주의의 진보적 전통과 토착적 노동계급의 문화에 집중적인 초점을 두고 있던 톰슨의 입장으로서는 이해할 수 있지만 홀과의 분명한 차이를 드러내는 것이다. 하지만 이 「계급소멸의 의미」는 톰슨 뿐 아

11 Helen Davis, *Understanding Stuart Hall*, London : Sage Publications, 2004, p.13.

12 Michael Kenny, op. cit., pp.61~63.

니라 호가트와 윌리엄스의 문화연구와도 분명한 차이를 보였다. 민중문화에 향수적이고 감상적인 태도를 취했던 선배들과 달리 홀은 '동시대'의 영국문화를 전혀 새로운 방식으로 다루었기 때문이다.

홀이 당대의 영국문화에 깊은 관심을 기울일 수 있었던 이유는 부분적으로 그가 영국의 역사뿐만 아니라 영국의 낭만주의적 진보사상이나 토착적 노동운동 전통에 얽매일 필요가 없었던 이주지식인이었다는 사실에서 연유하는 듯하다. 어쩌면 영국의 토착적 진보주의에 얽매이지 않았다는 점 때문에 홀은 영국의 동시대적 현상들과 그 현상의 새로움에 대해 기존의 시각에서 벗어난 새로운 시각으로 접근할 수 있었을 것이다. 바로 이런 점 때문에 그는 버밍엄 문화연구소를 주도하면서 유럽대륙의 전통에 거부감을 갖고 있던 선배 지식인들보다 서구의 다양한 이론들, 특히 루이 알튀세르, 안토니오 그람시의 마르크스주의나 프랑스 구조주의와 기호학을 보다 자유롭게 수용할 수 있었다. 이런 측면에서 홀은 신좌파 내부의 구세대들인 톰슨이나 호가트, 윌리엄스보다는 페리 앤더슨이나 톰 네언과 같은 신세대에 보다 가까웠다고 볼 수 있다(앤더슨과 톰 네언 역시 영국계가 아니었다. 앤더슨은 아일랜드계이고 톰 네언은 스코틀랜드계였다). 결국 영국문화연구의 중요한 한 부분이 영국의 주변부에서 영국의 국민문화를 외부자의 시각에서 바라볼 수 있는 사람들에 의해 이루어졌다는 사실은 매우 흥미롭다.

홀이 오늘날 우리가 생각하는 문화연구의 기본틀을 형성하기 시작한 것은 그가 버밍엄 문화연구소의 소장으로 취임한 이후부터다. 초대 소장인 호가트는 대중문화에 대한 깊은 관심을 갖고 있었고, 그의 『글 읽는 능력의 효용들*The Uses of Literacy*』은 상업광고를 비롯한 새롭게 부상하는 대중문화가 노동계급과 그들의 전통문화에 끼친 파괴적인 영향들을 분석한 탁월한 저작이다. 특히 그가 홀을 자신의 뒤를 이을 소장으로 추천한 것도 홀이 패디 훠넬Paddy Whannel과 함께 쓴 『대중예술들 *The Popular Arts*』(1964)이라는 책 때문이었다. 하지만 호가트에게 문화연구는 독립적 자율성을 갖고 있지 못했다. 그는 문화연구를 문학비평적 관점에서 사고하였고, 이론적 연구보다 경험적 연구에 치중하였으며, 대중문화에 의해 전통문화가 파괴되고 있다고 보는 좌파 리비스주의적 시각에서 완전히 벗어나지 못하고 있었다.[13]

하지만 홀은 우선 '문화연구'의 시각을 문학비평으로부터 분리하는 한편, 당대의 문화적 현상들을 본격적으로 연구하였고, 특히 문화의 수동적 소비자로 여겨지던 청중(수용자)을 생산자로 탈바꿈시키는 등 문화의 범위를 크게 확장시켜놓았다. 프란시스 멀헌Francis Mulhern이 "호가트가 없었다면 문화연구소가 존재할 수 없었겠지만, 문화연구소의 성격을 규정지은 것은 홀이었다"[14]고 말했듯이, 홀은 경험적 연구에만 국한되지 않는 문화연구의 이론적 틀을 본격적으로 마련하는 작업에 착수한다. 이 무렵 홀의 문화이론의 가장 핵심적 과제는 문화주의와 구조주의라는 당대의 두 지배적 패러다임을 극복하는 것이었다. 달리 말하면, 이는 영국적 문화주의 전통과 유럽대륙의 구조주의의 성과와 한계를 짚으면서 이 둘을 지양하려는 작업이었다. 홀은 그람시와 알튀세르의 이론, 그중에서도 특히 그람시의 헤게모니 이론을 근거로 선배세대들의 영국적 문화주의의 전통으로부터 유럽의 구조주의로

13 Francis Mulhern, op. cit., pp.95~96.
14 Ibid., p.98.

나아가는 한편, 인간의 행위성을 간과하는 구조주의의 한계를 재차 다시 뛰어넘고자 하였다. 이는 홀이 60년대의 모호한 인간주의적 진보주의로부터 보다 이론적이고 분석적인 마르크스주의로 나아가고 있었음을 보여준다. 뿐만 아니라 이는 홀이 60년대 신좌파 내부에서 벌어졌던 논쟁을 주로 신좌파 내부의 신세대와 이주지식인의 관점에서 종합해가고 있었음을 보여준다.

이 과정을 가장 잘 보여주는 글이 「문화연구의 두 가지 패러다임Cultural Studies : two paradigms」과 「문화연구와 버밍엄연구소Cultural Studies and the Centre : some problematics and problems」이다. 이 글들은 모두 1980년에 발간된 글로서 다소 회고적인 성격을 띠고 있지만 1970년대 현대문화연구소의 이론적 작업을 아주 잘 요약하고 있다. 여기서 홀은 문화주의와 구조주의의 가장 핵심적 쟁점 중의 하나가 '경험experience' 개념을 둘러싼 시각 차이에 있다고 생각한다.

> '문화주의'에서 경험은 의식과 여건들이 교차하는 기반 — '체험'의 지형 — 인 반면, 구조주의에서는 인간은 문화의 범주, 분류체계 및 틀 속에서 또 틀을 통해서만 자신의 여건을 '체험'하고 경험할 수 있을 것이기 때문에 '경험'이란 개념 정의상 어떤 것의 기반도 될 수 없을 것이라고 주장했다. 하지만 이 범주들이 경험으로부터 혹은 경험 속에서 생겨난 것은 아니고, 오히려 경험이 그 범주들의 '효과'로 생겨난 것이었다. 문화주의자들은 의식과 문화의 형태들을 집단적인 것으로 정의했다. 그러나 그들은 문화와 언어에서 주체가 문화의 사유 범주에 관하여 '능동적으로 말하는 것'이 아니라 그러한 범주들이 주체를 통해 말한다는 급진적 주장에까지는 미치지 못했다.[15]

문화주의가 민중의 경험을 사회변화의 주된 동인으로 간주하는 차원을 넘어 사회의 설명 원리로 받아들이고 있는 데 반해, 구조주의는 그러한 경험이란 경험을 떠받치고 있는 특정한 구조의 효과이며 설명되고 분석되어야 할 대상이라고 본다. 홀이 볼 때, 문화주의가 갖는 가장 큰 한계는 그것이 추상작용에 대한 거부, 즉 '반이론주의적' 경향을 갖고 있는 점이다. 그것은 모든 설명 원리를 '경험'에 두기 때문에 다양한 실천들을 구별하여 분석하는 추상화 작업이나, 복잡하게 얽혀있는 역사의 움직임을 여러 심급들과 요소들의 중층적 구조와 그것을 구분하려는 모든 작업을 거부한다.[16] 결국 문화주의에서 경험은 그 어느 것에도 근거하지 않는 단단한 토대라는 점에서 경험이 특정한 의미작용의 산물이라거나, 경험이 이데올로기적일 수 있는 가능성은 차단되고 만다. 여기서 홀이 비판하는 문화주의가 바로 E. P. 톰슨과 레이먼드 윌리엄스를 염두에 둔 것이었음을 감안할 때, 홀의 70년대 작업은 60년대 신좌파 내부의 구세대들의 문화연구와 일정한 거리를 두면서 독자적인 문화연구의 틀을 형성해가고 있었음을 보여준다.

문화주의의 한계에 반해 홀은 구조주의의 가장 큰 장점으로, ① 경험과 실천의 '결정적 조건들'을 강조하는 점("인간은 자신이 만들지 않은 조건들의 토대 위에서 역사를 만든다"에서 역사를 만들기 위한 조건을 강조한다), ② 추상화가 '현실의 관계'를 파악하는 사고의 도구로서 필수적임을 인식했을 뿐 아니라 서로 다른 추상화 수준 사이에 지속적이고 복잡한 운동을

15 Stuart Hall, "Cultural Studies : two paradigms", *Culture, Ideology and Social Process : A Reader* (Tony Bennett et al. eds.), London : The Open University Press, 1987, p.29.

16 Ibid., p.26.

인식하고 있는 점, 마지막으로 ③ 경험을 탈중심화시키고 '이데올로기'라는 무시되어 온 범주를 정교화하는 획기적인 작업을 개시한 점을 든다.[17] 하지만 홀이 볼 때, 구조주의 역시 심각한 한계를 갖기는 마찬가지다. 경험과 인간의 실천을 강조한 문화주의와 달리, 구조주의는 '조건'을 지나치게 강조하는 경향을 보이면서 문화주의와는 반대되는 한계를 갖고 있다. 특히 구조주의는 구조와 기능의 역할을 특권화하여 구조와 기능을 변화시켜가는 인간의 의식과 행위성을 어떻게 확보할 것인가 하는 문제를 놓치고 있는 것이다. 여기서 홀은 다시 문화주의의 성과로 되돌아갈 필요성을 느낀다. 만약 구조적 조건에 대한 인식이 전제가 된다면, 문화주의는 문화적 범주의 무의식적 구조와 의식적인 조직화의 계기 사이의 변증법을 적절하게 복구시킬 수 있다는 것이다.[18] 여기서 눈여겨 볼 바는 홀이 구조주의의 한계를 극복하기 위해 문화주의의 유효성을 인정하되 톰슨이나 윌리엄스와 같은 선배 이론가들의 문화주의보다는 오히려 서구마르크스주의자인 그람시에 의존하고 있는 점이다. 그람시는 홀에 의해 구조적 기능 내부에 작동하는 다양한 힘의 지배와 협상과 저항의 관계들, 즉 "무의식적이고 이미 정해진 문화적 상식의 범주들을 보다 능동적이고 조직적인 이데올로기들에 연결시켜주는"[19] 이론적 틀을 제공했다는 점에서 문화주의와 구조주의의 대립을 넘어서는 방법을 제시한 이론가로 평가된다.

특히 그람시의 헤게모니 개념은 홀로 하여금 구조주의와 문화주의

---

17 Ibid., pp.30~33.

18 Ibid., p.33.

19 Ibid., p.33.

간의 대립, 즉 구조와 의식(행위성)의 대립의 미궁을 해결해 줄 열쇠를 제공해준다. 홀에 따르면 헤게모니 개념은 경제적 지배를 하고 있는 사회집단이 자신의 지배력을 시민사회와 국가 전반에 걸쳐서, 즉 사회적・정치적・문화적 주도권으로 확대하여 사회구성체를 통일하고 재구성하면서 사회의 지배관계와 유기적 관계를 구성해가는 과정을 가리킨다.[20] 여기서 결정적 핵심은 "구조에서 복합적인 상부구조로의 이행", 즉 경제관계나 구조가 상부구조를 지배하지 않으며, "구체적인 사회형태, 경쟁적인 세력들의 세력 균형 및 역사적 국면 여하에 따라 상부구조의 계기들이 다양한 성격을 띨 수 있으며 성공의 정도 또한 다양할 수 있다"[21]는 점이다. 그람시의 헤게모니 개념은 홀에게 구조적 조건을 감안하면서도 행위성의 문제를 해결할 수 있는 핵심적 개념으로 인식된다. 특히 홀은 이 개념이 문화주의의 의식적이고 주체적인 차원을 감안하면서도 구조주의 이론의 비역사적이고 추상적이고 형식적인 경향을 근본적으로 수정해줄 수 있다고 본다. 나아가서 이 개념은 홀로 하여금 이데올로기 국가장치Ideological State Apparatus를 통해 시민사회의 이데올로기적 기능을 제대로 인식하였으면서도 지배이데올로기의 기능적 재생산만 보았던 알튀세르의 한계로부터도 벗어날 수 있게 해주었다. 70년대 현대문화연구소는 그람시 못지않게 중층적이고 복합적인 결정에 대한 사고, 현실관계에 대한 상상적 해결 방식으로서의 이데올로기 이론, 그리고 폭력적 국가장치와는 다른 방식으

---

20 Stuart Hall, "Cultural Studies and the Centre : some problematics and problems", *Culture, Media, Language : Working Papers in Cultural Studies, 1972 ~79* (the Centre for Contemporary Cultural Studies ed.), London : Hutchinson, 1980, p.35.

21 Ibid., p.36.

로 작동하는 이데올로기적 국가장치 개념을 주장했던 알튀세르에 의존하고 있었다. 하지만 초기 알튀세르 역시 구조의 기능에만 주목하여 구조주의가 갖고 있는 한계를 공유했다.

홀의 문화이론이 얼마나 탁월하게 실현되었는가는 홀 자신이 공동연구원으로 참여한 버밍엄 문화연구소의 연구성과물인 『제의를 통한 저항』과 『위기의 관리』에서 잘 엿볼 수 있다. 이 두 권의 민족지적 연구서는 버밍엄 문화연구소의 대표적 성과물로서 오늘날 영국문화연구의 가장 중요한 성과물로 인정되고 있다. 우선, 『제의를 통한 저항』은 1960년대 영국사회를 지배하고 있던 계급소멸classlessness과 풍요affluence의 이데올로기에 맞서 노동자계급 청년들의 하위문화가 어떻게 계급관계 속에서, 즉 지배계급의 문화와 자신의 부모문화라는 이중적 접합 속에서 자신들의 하위문화를 만들어갔는가를 치밀하게 분석한다. 홀은 사회계급과 계급문화 간의 관계를 단선적으로 사고하는 방식을 거부하고 "중요한 것은 사회변화와 노동계급에 대한 일반적인 관념이 아니라 특정한 경제적 힘에 의해 재구성되고 있는 구체적 상황을 갖고 있는 노동자 계급 부문의 사회문화적 복합성"[22]이라고 주장한다. 홀은 청년들의 하위문화를 설명하기 위해 협상, 저항, 투쟁의 헤게모니적 관계를 주장하는 그람시의 이론과, 이데올로기를 현실적 관계를 상상적인 방식으로 해결한다는 알튀세르의 이론에 의지하고 있다. 이 책의 분석에 따르면, 노동자계급 청년문화는 헤게모니 지배문화와 그와 갈등하는 피지배 노동계급 부모문화 사이에서 협상하고 갈등하고 투쟁하는

---

22 Stuart Hall et al, *Resistance Through Rituals : Youth subcultures in post-war Britain*, London : Routledge, 1990, p.36.

자신들의 문화를 구성하는 한편, 그러한 현실적 관계를 상상적으로 해결하는, 즉 새로운 문화적 스타일을 창조한다. 특히 새로운 문화적 스타일의 창조는 기존의 문화들을 변용, 협상, 저항하는 브리콜라쥬의 혼종적 전략에 근거하여 그들 집단의 문화적 정체성을 조직하는 적극적 행위의 일환이라는 것이다. 이 책에서 우리가 주목해야 할 것은 홀이 하위문화의 독자적 스타일이 갖는 상대적 자율성을 주장하면서도 하위문화가 계급관계와 그 재생산의 과정에서 벗어날 수 없다는 점을 전제하고 있는 점이다. 이 당시 홀은 문화는 상대적 자율성을 갖지만 '최종심급에서in the last instance' 경제와 계급관계에 의해 결정된다는 알튀세르의 이론에 의지하고 있었다. 이런 점은 노동자 계급 출신의 학생들이 기존 학교체제에 저항하는 하위문화 속에서 정체성을 형성해 가면서 동시에 부모 세대와 같이 노동자 계급이 되어가는 과정을 탁월하게 기술한 폴 윌리스Paul Willis의 『노동자가 되는 길*Learning to Labor : How Working Class Kids Gets Working Class Jobs*』을 비롯하여 1970년대 문화연구소의 일반적인 연구 경향이었다.

다른 한편, 『위기의 관리』는 1972년 11월 5일 아시아계와 아프리카계 이주자들이 사는 핸즈워스Handsworth라는 빈민가를 지나가던 한 아일랜드 노동자를 강탈한 흑인청년들의 강도사건을 통해 영국사회가 이민자 공동체에 대한 보이기 시작하는 이데올로기적·문화적 변화를 분석하고자 했다. 특히 홀이 제기하고자 한 질문은 강도사건의 발생이 예전에 비해 증가하지 않았음에도 불구하고 언론매체의 보도를 통해 영국사회 전체가 이 사건을 계기로 일종의 정신적 공황사태로 빠져드는 현상을 어떻게 설명할 것인가 하는 것이다. 이 책은 강도mugging를 "거리 범죄의 한 형태로서보다는 사회적 현상으로서" 보는 데 관심이 있었으며, 특히 "영국사회가 왜 정확히 70년대 초라는 역사적 국면에 그런 극단적 방식으로 강도사건에 반응했는가"[23] 하는 질문에 대한 분석이다. 그런 점에서 이 책은 단순히 강도사건에 대한 보고서가 아니라 강도사건을 계기로 소수집단이나 이민자 공동체에 대한 영국사회의 태도 변화와 그 징후들을 분석하는 야심찬 저작이었다. 다음과 같은 질문제기만으로도 이 책은 상당히 중요한 이론적 개입의 의미를 갖고 있었다.

> 영국사회는 범죄, 특히 '강도'를 사회질서의 붕괴의 표지로, '영국적 생활방식'의 이음새가 해체되는 상징으로 지각하게 되었다. 그리하여 이 책은 특별한 종류의 위기로 빠져들고 있는 한 사회에 관한 것이다. 이 책은 인종, 범죄, 청년이라는 주제들이 —'강도'의 이미지 속에 응축된다— 위기의 접합자와 이데올로기적 수행자의 역할을 하게 된 이유와 방식을 설명하려는 것이다. 또한 이 책은 이들 주제들이 어떻게 해서 권위주의적 합의 내지 보수적인 반동, 다시 말해, 소위 '부드러운' 법질서 사회로의 점진적 강화라는 것을 구성하기 위한 메커니즘으로 기능하게 되었는지에 관한 것이다. 또한 이 책은—'강도'를 둘러싸고 가동되는 공포 때문에 강화되고 있는— 통제 사회로 나아가는 이런 경향이 실제적으로 어떤 사회적 모순들을 가리키고 있는가를 묻고자 한다. 법질서 사회는 어떻게 구성되는가? 이런 구성으로 인해 어떤 사회적 세력이 제약되고 봉쇄되는가? 그 구성으로부터 어떤 사회세력들이 득을 보게 되는가? 그 구성에서 국가는 어떤 역할을 하는

23 Stuart Hall et al, *Policing the Crisis : Mugging, the State, and Law and Order,* London : Macmillan, 1978, p.viii.

> 가? 국가는 어떤 실제적 공포와 불안을 가동하고 있는가? 바로 이런 문제들이 우리가 '강도'를 사회적 현상으로 이해하는 것들이다. 이것이 '강도'에 관한 연구가 우리로 하여금 1970년대의 영국에서 헤게모니의 전체적 위기를 살펴보게 만든 이유이다.[24]

이미 홀은 『제의를 통한 저항』에서 1970년대 영국사회에서 "동의의 메커니즘에서 강압의 메커니즘으로의"[25] 헤게모니의 변화를 지적하고 있다. 1950년대가 풍요의 이데올로기가 노동계급의 저항을 분해하고 지배계급의 권위에 대한 일시적인 동의를 만들어낸 헤게모니적 지배의 시기였다면, 1960년대와 1970년대 들면서 이 지도력은 급격하게 축소되면서 지배계급의 헤게모니를 위기로 몰고 갔다는 것이다. 핸즈워스에서 벌어진 '강도사건'의 이면에 바로 이 헤게모니의 위기가 존재한다는 것이 『위기의 관리』의 핵심전제이다. 따라서 이 책이 종국적으로 분석하고자 한 것은 강도사건이 아니라 1970년대의 영국자본주의의 헤게모니의 위기였다고 할 수 있다.

> 체계의 한계들이 점차 명백해지면서 — 쇠퇴하는 세계시장에서의 경쟁의 첨예화, 일차적 생산을 담당하는 개발도상국과 중심부 자본주의국가 간의 무역관계의 변화, 선진국 내의 이윤율 하락의 경향, 경기 붐과 침체의 심화되어가는 순환 사이클, 정기적인 통화위기와 인플레이션의 증가 — 국가의 가시성visibility은 증가하고 있다. 국가는 이제 '야경꾼'이 되기를 멈추

24 Ibid., pp.vii~viii.
25 Stuart Hall et al, *Resistance Through Rituals : Youth subcultures in post-war Britain*, p.40.

었다. 그것은 자본이 더 이상이 자신을 관리할 수 없을 때 자본을 관리하고 경제적 계급투쟁을 국가 자신의 영역으로 끌어드리면서 점차 개입주의적 세력이 되어갔다. 국가의 사회경제적 역할의 증가와 더불어 정치적 계급투쟁을 관리하고자 하는 국가의 더욱 명백하고 직접적인 역할 또한 증가하게 되었다.[26]

이런 상황 때문에 헤게모니의 위기는 더욱 첨예해진다. 홀은 헤게모니가 안정적일 때, 계급지배는 비교적 안정적으로 유지되고 사회적 권위의 토대 또한 동의의 생산을 통해 드러나지 않겠지만 현재와 같은 헤게모니의 위기의 순간은 한 사회의 정치적·경제적 삶에서 깊은 단절의 순간으로서 동의의 균형이 깨어지고, 위기를 해결할 수 있는 지배력을 누구도 갖지 못하는 상태가 발생한다고 주장한다. 결국 "정치적 지도력과 문화적 권위의 전 토대가 노출되고 경쟁의 대상이 된다"[27]는 것이다. 이런 위기상황을 타개하기 위해 갈등을 전치시킬 수 있는 대상을 찾게 되는데, 그것이 바로 '강도사건'을 둘러싼 새로운 인종주의로 나타났다는 것이다.

요컨대, 『제의를 통한 저항』과 『위기의 관리』, 그리고 「문화연구의 두 가지 패러다임」과 「문화연구와 버밍엄연구소」는 1970년대에 홀이 주도한 버밍엄 문화연구소의 이론적 성과이자 홀이 독자적인 문화연구의 틀을 마련하고자 했음을 잘 보여준다. 특히 이 작업들은 향후 영국문화연구의 방향을 결정했으며, 바로 이 바탕 위에서 80년대 이후의

---

26 Stuart Hall et al, *Policing the Crisis : Mugging, the State, and Law and Order,* pp.213~214.

27 Ibid., p.217.

문화연구의 발전이 가능하게 된다. 이 시기 홀의 문화연구에서 일차적 관심은 구조와 행위의 문제를 해결하는 것이었고 그 핵심적 열쇠를 그람시의 헤게모니 개념과 알튀세르의 과잉결정 개념에서 찾았다.[28] 1970년대 홀의 이와 같은 이론적 인식과 변화 뒤에는 외부자이자 주변인으로서의 홀의 문화적 인식이 지속적으로 작동하고 있었음을 깨닫는 것이 필요하다. 그런 위치가 영국문화연구의 경험적 내부에 갇히지 않으면서 그 경험의 한계를 인식하고 영국문화연구의 지평을 확장하는 데 기여하고 있는 것이다. 그동안 이런 위치가 갖는 의의는 제대로 평가되지 못한 것 같다.

28 당시 홀은 보다 구체적인 문화연구의 실천에서는 코드화encoding와 탈코드화decoding 간의 불일치를 탐구했다. 그의 「코드화 / 탈코드화Encoding / decoding」라는 유명한 논문은 코드의 생산과 소비 간의 간극을 주장한다. 즉 그는 "코드화의 단계에서 어떤 의미가 '선호'되고 채택되도록 의도할 수는 있지만, 그러한 의미가 채택되도록 규정하거나 보장할 수는 없다. 즉 탈코드화는 그 나름대로의 조건을 가진다"(p.135)고 말한다. 특히 그는 코드 생산과 코드 소비 간의 간극에 세 가지 탈코드화의 위치를 설정한다. 지배적인 의미규칙 내에서 움직이는, 즉 코드화의 규칙에 충실한 지배적-헤게모니적dominant-hegemonic 위치, 지배적인 코드규칙에 동조하면서도 부분적으로 그것에 저항하는 타협적negotiated 의미규칙의 위치, 마지막으로 지배적 코드규칙을 거슬러 읽는 대항적oppositional 의미규칙이 그것이다. 코드화와 탈코드화의 불일치는 홀이 구체적인 문화연구의 수준에서 문화주의와 구조주의의 대립을 극복하기 위한 작업이었다. 아무리 코드가 특정한 방식으로 생산된다고 하더라도 그것의 소비는 생산에 좌우되지는 않는다는 것이다. 이는 구조화의 과정 내부에 지배, 타협, 저항이라는 헤게모니 투쟁이 항상적으로 벌어지고 있음을 의미한다. Stuart Hall, "Encoding / decoding", *Culture, Media, Language : Working Papers in Cultural Studies, 1972～79* (the Centre for Contemporary Cultural Studies ed.), London : Hutchinson, 1980, pp.128～138을 참조.

3. 신시대와 문화연구의 변화—'계급'에서 '인종'으로

『위기의 관리』는 1979년 대처 정권이 등장하기 1년 전에 쓰인 글이지만 이미 80년대의 사회문화적 변화를 예견하는 저작이었다. 그것은 '동의에서 강제로의 법질서의 강화'라는 지배계급의 헤게모니의 위기를 새로운 방식으로 해결하고자 한 대처 정권의 도래를 상당부분 선취하고 있었다. 1979년 정권을 잡은 대처정부가 밀어붙인 정책들과 국민을 동원하는 방식은 영국의 좌파지식인들로서는 이해하기 힘든 새로운 현상들이었다. 대처 정부는 우선 전후 영국의 사회적 대타협의 산물인 복지국가체제의 축소를 통해 영국사회를 시장과 경쟁의 논리 속으로 몰아넣고자 했다. 그녀가 표방한 '작은 정부'란 사실 전후 합의의 해체임과 동시에 복지를 담당했던 국가기관의 축소, 나아가서는 경쟁에서 낙오된 일부 국민을 더 이상 국가가 보호하지 않겠다는 공세적 정책이었다. 대처 정부가 초래한 변화는 영국사회의 전 부문에 큰 영향을 끼쳤는데, 홀은 이런 변화를 총칭하여 '대처주의Thatcherism'라고 불렀다. 우선 경제적 측면에서 대처주의는 노동과 자본의 대타협에 의해 이루어진 전후 합의와 결정적으로 단절하고 모든 것을 시장과 경쟁의 원리에 맡기는 신자유주의적 개혁으로서 글로벌 자본주의로의 전환을 위한 구조조정이었고, 정치적 측면에서는 강력한 신우파의 등장으로 전통적 계급과 정당 간의 재현구조가 와해되고 국가와 시민사회, 국가와 국민 간의 관계를 변화시켜 새로운 갈등과 적대의 지대들이 생겨나게 했으며, 이데올로기적으로는 '시장'의 자유주의적 담론과 전통,

가족, 국가, 가부장제, 질서와 같은 유기적인 보수적 주제들 간의 접합을 형성하면서 대중들을 적극적으로 동원하는 '권위주의적 대중주의'가 출현했고, 마지막 문화적인 측면에서는 고정적이고 배타적인 영국 국민성과 같은 과거에 대한 퇴행적 유형에 의지하는 역행적 근대화regressive modernization였다.[29]

특히 홀이 볼 때, 대처주의의 가장 큰 특징은 전통적으로 노동당의 지지기반으로 여겨지던 대중들의 삶과 의식 속으로 파고들어 그들의 의식을 적극적으로 동원한 점이다. 대처가 집권하고 있던 1979년과 1983년 사이 영국의 국내 총생산은 4.2퍼센트, 산업생산량은 10퍼센트, 제조업은 17퍼센트 감소했으며, 실업률은 141퍼센트 증가하여 실업자가 3백만 명을 넘어서고 있었다.[30] 전통적으로 이런 상황은 정권의 무능력으로 인정되어 정권의 위기를 초래했다면, 대처 정부의 경우에는 달랐다. 오히려 대처 정부는 그 책임을 이전 정부의 방만한 운영과 시민사회의 무능력 탓으로 돌렸고, 특히 60년대 이후의 급진적 문화를 '내부의 적'으로 몰아세우는 한편, "대중의 불만을 자신의 기획에 이용하고 사회 내의 다양한 분열들을 가로지르거나 그 사이를 옮겨 다니면서 대중적 경험의 특정한 양상들과 연결하는 범상치 않은 능력"[31]을 보여주었다. 홀은 "대중의 삶으로의 대처주의의 전략적 개입, (사회적이고 성적으로 억압적이고, 가부장제적이고 인종주의적인) 사회적 기획의 반동적 성격, 그 명령적이고 통제적인 국가권력의 행사의 결합이 모순적

29 Stuart Hall, *The Hard Road to Renewal : Thatcherism and the Crisis of the Left*, London : Verso, 1988, p.2.

30 James Procter, *Stuart Hall,* p.97.

31 Stuart Hall, op. cit., p.6.

이고 과잉결정된 구성체를 형성하는데" 이를 '권위주의적 대중주의authoritarian populism'라고 불렀다.[32]

홀이 대처주의에서 주목하고자 하는 것은 대중의 삶 속으로 파고들어 대중의 의식과 상식을 재형성하여 자본주의적 지배의 위기를 돌파하고 지배블럭의 헤게모니를 새롭게 구성해가는 대처주의의 이데올로기적이고 문화적인 능력이었다. 대처주의의 이런 측면은 홀에게 문화와 이데올로기의 기능을 과거와는 다른 방식으로 사고할 것을 요청한다. 즉 대처주의는 홀로 하여금 이데올로기와 경제 / 계급관계 사이의 관계를 새롭게 인식하도록 만든다. 홀은 이데올로기를 특정계급의 세계관이나 허위의식으로 간주하거나 이데올로기적 투쟁을 대립적인 관계 속에서 존재하는 두 고정적 계급들 간의 '세계관' 충돌로 보지 않는다. 오히려 홀은 이런 경제적 관점을 거부하고 이데올로기에 관한 담론적 개념*discursive* conception of ideology을 제안한다. 여기서 홀은 기호의 다중강세성multi-accentuality을 강조한 볼로시노프Volosinov의 이론을 차용하여 이데올로기 그 자체가 다중강세적이고 모순적이며 계급관계에 구속되지 않는 복수적 요소들의 접합articulation이라고 주장한다. 즉 "이데올로기는 의미를 구성하고 다양한 사회적 실천들과 접속하며 사회적 주체들을 다양하게 정위하기 위해 담론적으로 접합된다"[33]는 것이다. 이렇게 될 경우 이데올로기는 더 이상 계급관계나 사회현실을 단순히 반영하거나 지시하는 것이 아니며 오히려 계급을 조직하고 구성하는 실천적이고 수행적인 기능이 더 부각된다. 여기서 홀이 대처주

32 Ibid., p.7.
33 Ibid., p.9.

의에 대한 인식을 통해 이데올로기로부터 계급적 내용을 벗겨내는 한편, 이데올로기적 기능의 자율성을 보다 강화하는 방향으로 나아가고 있음을 볼 수 있다. 특히 자주 눈에 자주 띄는 것은 이데올로기를 구성하는 요소들 간의 결합을 강조하는 '접합'이라는 개념이다.

이런 경향을 잘 종합하고 있는 글이 1983년 발표된 「이데올로기 문제 – 보증 없는 마르크스주의The problem of ideology : marxism without guarantees」이다. 이 글에서 홀은 그람시, 볼로시노프, 라클라우의 이론을 끌어들여 계급환원주의를 비판하고 이데올로기 이론에 대한 새로운 접근을 주장한다. 여기서 새로운 이론적 근거로 추가되고 있는 것이 '관념들의 계급결정성'과 '지배관념과 지배계급 사이의 직접적 조응'이라는 개념을 비판하고 특정 관념이 특정 계급에만 '귀속'될 수 없다고 주장한 라클라우의 이론 — 라클라우는 1985년 『헤게모니와 사회주의적 전략*Hegemony & Socialist Strategy : Towards a Radical democratic Politics*』에서 상탈 무페와 더불어 '결정' 개념을 전면 포기하고 '포스트마르크스주의'를 선언한다 — 이다. 이들의 이론에 근거하여 홀은 '결정' 개념을 새롭게 정의한다. 그는 경제적 토대가 상부구조의 이데올로기에 일방적으로 효과를 전달하는 타동사적 구조를 이루지 않으며 그 효과의 결과 또한 항상 보증되는 것이 아니라고 주장한다. 그는 '결정' 개념이란 절대적인 예측가능성이 아니라 '사유 활동에 대한 한계 설정'이라는 의미로 해석한다. 여기서 주목할 바는 홀이 경제의 역할에 대한 알튀세르의 '최종심급' 개념을 이론적 확실성에 대한 환상에 불과하다고 비판하는 점이다. 그 대안으로 홀은 경제의 역할을 '최초심급'에서의 결정으로 이해할 필요성을 제기한다. 그는 이데올로기의 장을 자율적 전개의 논리에 따라 생성, 변형, 발전하는 것으로, 역사적 발전을 항상 실천과 투쟁에 개방되어 있는 것으로, 그리고 정치적인 것을 사전에 결정 불가능한 것으로 이해할 수 있다고 주장한다. 대처 정권이 들어선 1979년 홀은 버밍엄 문화연구소를 떠나 개방대학로 자리를 옮겼는데, 이 무렵 홀의 주장은 70년대 문화연구소 시절의 홀의 주장과는 상당히 변화된 모습을 보이기 시작한다. 70년대 홀이 알튀세르의 기능주의적 이데올로기 이론에 비판적이긴 했지만 『제의를 통한 저항』에서처럼 최종심급에서의 경제와 계급의 결정을 다분히 인정한 데 반해, 이제 경제가 '최초 심급'에서 결정한다는 주장은 이데올로기의 자율적 기능과 역할에 대한 적극적 인정이며 계급적 문제설정으로부터의 이탈을 시사한다. 이는 이후 홀이 신시대New Times를 제기하면서 계급 개념보다 인종, 종족성, 정체성의 문제에 더 큰 관심을 기울이는 한편, '결정' 개념보다 '접합' 개념을 더 중요하게 여기는 등 새로운 형태의 문화주의로 나아가는 경향을 예고하는 것이다. 문화적인 것the cultural과 문화주의culturalism의 차이는, 문화적인 것이 경제적인 것, 정치적인 것 등 다양한 심급들과 공존하면서 그 상대적 자율성을 갖는 것이라고 한다면, 문화주의는 그러한 심급에 대한 구분과 관계에 관한 상호결정보다는 문화적인 것에 설명적 원칙이나 인식적인 특권을 부여한다는 점에 있다. 다른 방식이긴 하지만, 홀은 구조주의와 문화주의 간의 긴장과 대립을 유지하고자 했던 70년대 버밍엄 문화연구소의 작업에서 계급보다는 인종과 종족성, 그리고 정체성에 주목하는 급진적 문화주의의 형태로 전환해가고 있는 것 같다.

대처주의가 영국사회에 어느 정도 침투해들어가는 것을 보면서 홀은 그것에 대한 보다 성숙한 비판과 새로운 좌파의 대안을 모색해야 할 필요성을 느낀다. 그리하여 1988년 10월 홀은 일부 좌파지식인들과 더불어 '신시대'라는 기획에 착수한다. 이 기획은 지구화하는 자본주의의 역사적 변화에 대처할 수 있는 좌파의 정치적 의제를 제안하려는 시도로서 대처주의에 대한 홀의 비판의 연장이자 동시에 대처주의를 전 지구적 차원에서 해석해야 할 필요성에서 이루어졌다.[34] '신시대' 기획은 홀의 입장에서는 매우 야심찬 시도였다. 사실 대처정권을 이데올로기적이고 문화적으로 읽고자 한 홀의 시도는 많은 비판에 직면했다. 특히 홀과 대처주의에 관한 논쟁을 펼쳤던 봅 제솝Bob Jessop은 홀의 권위주의적 대중주의가 영국사회의 축적구조의 변화를 간과하고 있으며, 특히 대처주의를 지나치게 획일적인 이데올로기적 통일체로 간주하여 그 내부의 모순을 간과하고 있다고 비판했다. 즉 대처주의를 문화적이고 이데올로기적 관점에서 보는 홀이 대처주의와 그 이전의 사회복지국가와의 이데올로기적 단절을 사회경제적 단절로 확대해석하고 있고 전후부터 진행되어온 영국사회 내부의 정치경제적 변화에는 소홀했다는 것이다.[35] 특히 홀 또한 자신의 대처주의에 대한 인식이 철저하지 못했음을 깨닫는다. 그는 대처주의가 영국적 현상이 아니라 글로벌 자본과 신자유주의라는 자본주의의 새로운 형태와 관련이 있다는 것을 깊이 있게 인식하지 못했음을 인정한다.[36] '신시대'는 바로 이런 비판과 반성을 적극적으로 통합하면서 좌파의 대안적 의제를 구상하고자 한 것이다. 특히 홀은 제솝이 주장하는 축적구조와 정치경제의 변화를 인정하면서 동시에 그러한 변화를 문화적 방식으로 해석

---

34 James Procter, *Stuart Hall,* p.99.

35 Bob Jessop, Kevin Bonnett, Simon Bromley & Tom Ling, *Thatcherism*, Cambridge : Polity Press, 1988, p.76.

36 Helen Davis, *Understanding Stuart Hall*, p.196.

하는 독특한 시각을 제시한다. 사실 이런 문화적 시각과 해석은 사회 구성체 내부의 계급관계나 생산양식의 축적구조가 갖는 의미보다 그러한 토대 위를 유동하는 문화적 변화와 의미에 초점을 둠으로써 글로벌 문화현상들을 더 쉽게 읽어낼 수 있는 장점이 있다. 홀에게 신시대란 이미 영국의 경계를 넘어선 현상을 의미한다.

우선 홀은 대처주의를 신시대의 관점에서 새롭게 해석한다. 홀은 이무렵까지 대처주의가 글로벌 자본의 변화와 맞물려있다는 인식을 하지 못했다고 반성한다. 이제 그는 '신시대'가 대처의 혁명의 산물이라기보다는 대처주의 자체가 부분적으로 신시대의 산물이라고 주장한다. 왜냐하면 신시대는 "서구자본주의 사회 내에서 일어나고 있는 더 심층적인 차원의 사회적, 경제적, 정치적, 문화적 변화"[37]를 가리키기 때문이다. 이는 대처주의 자체를 더 넓고 깊은 전망 속에서 보는 것이며 영국적 현실을 넘어 글로벌 자본의 변화를 감안하는 것이다. 그런 점에서 홀은 신시대를 포스트포디즘Post-fordism과 관련짓는다. 그에 따르면 포스트포디즘은, ① 세기의 전환기에 2차 산업혁명을 추동했던 화학과 전자에 기반한 기술체계에서 새로운 정보기술체계로의 전환, ② 더욱더 유연적이고 전문화되고 탈중심화된 노동과정 및 조직으로의 전환과 낡은 제조기반의 쇠퇴와 컴퓨터 기반의 최첨단 산업지대의 부상, ③ 기업의 기능과 서비스 기능의 분화 및 하청산업화, ④ 선택과 마케팅과 패키지화 그리고 디자인을 강조하고 소비자의 생활양식, 취향, 문화를 공략하는 소비의 주도적 역할, ⑤ 숙련된 남성 육체노동계

---

37 Stuart Hall, "The meaning of New Times", *Stuart Hall : Critical Dialogues* (David Morley & Kuan-Hsing Chen eds.), London : Routledge, 1996, p.223.

급의 쇠퇴와 서비스와 화이트칼라 계급의 부상, ⑥ 더 많은 유연시간제 혹은 시간제 노동의 증가와 작업장의 여성화 및 인종화, ⑦ 새로운 국제적 노동분업과 다국적 기업에 의해 지배되는 경제, ⑧ 전통적 계급분화와는 다른 새로운 패턴의 사회적 분화 등을 특징으로 한다.[38]

신시대는 "단단한 모든 것이 녹아 대기 속으로 사라진다"는 마르크스의 말처럼 기존의 관계들을 무너뜨리고 끊임없이 그리고 격렬하게 팽창하여 전 지구를 자신의 시장으로 삼는 글로벌 자본이 주도하는 시대이다. 즉 그것은 "전 지구와 우리 주체성의 마지노선을 동시에 가로질러가는 자본의 행진이 각인된 시간지대에 속한다."[39] 여기서 흥미로운 것은 홀은 포스트포디즘에 대한 경제적 관점을 넘어 그것을 문화적 관점에서 해석하고자 하는 점이다. 홀은 제솝처럼 포스트포디즘을 축적과 생산양식의 변화를 보는 입장을 수용하면서도 그것을 자기 식으로, 즉 문화로의 전환이라는 입장에서 전유하고 있는 것이다. 홀이 '신시대'와 관련해서 주목하는 것은 포스트포디즘적 변화가 실은 이미 문화적 차원의 변화라는 것과 그것이 새로운 형태의 주체성을 생성하고 있다는 것이다. 우선 홀은 '신시대'를 이해하기 위해서는 우리 시대의 혁명이 갖는 '문화적' 성격을 인식해야 한다고 주장한다. 홀에 의하면, "만일 포스트포디즘이 존재한다면 그것은 경제적 변화만큼이나 문화적 변화에 대한 기술이다. 따라서 문화는 생산과 사물의 '딱딱한 세계'에 대한 단순한 장식적 부가물이 아니다."[40] 여기서 홀은 포스트모더

---

38 Ibid., pp.224~225.
39 Ibid., p.228.
40 Ibid., p.233.

니즘을 후기자본주의의 문화논리로 보았던 프레드릭 제임슨처럼, '신시대'의 문화적 현상을 포스트모더니즘에 가깝다고 말한다. 하지만 홀이 제임슨을 인용하고 있긴 하지만 홀의 관점은 제임슨의 것과는 차이가 있다. 제임슨은 자본주의의 새로운 생산양식의 등장이 어떤 문화적 현상을 낳는가 하는 생산양식의 관점을 채택하여 포스트모더니즘을 후기자본주의의 문화현상으로 간주하는 데 반해, 홀은 신시대를 경제적 변화를 넘어선 문화의 다양하고 이질적인 변화에 주목하고자 한다.

신시대의 역사적 교훈 중의 하나는 역사가 베네딕트 앤더슨이 말한 '텅 빈 동질적인 시간'으로 구성된 것이 아니라 다양한 시간-척도들과 궤적들을 가진 과정들로 이루어져있다는 점이다. 그것들은 동일한 역사적 복합국면 conjuncture에 소집될 수 있다. 하지만 이와 같은 역사적 복합국면은 간단하지 않고 복잡하다. 다시 말해 단순한 의미에서 결정되어 있는 것이 아니라 **과잉결정**(각각의 효과와 행위들의 특정한 양식들을 보유한 다양한 과정들과 모순들 간의 융합 혹은 결합의 결과 — 알튀세르, 「모순과 과잉결정」)되어 있는 것이다. (…중략…) 대처주의와 신시대가 지닌 역사들과 시간-척도들은 확실히 중첩되어 있다. 그럼에도 불구하고 그것들은 서로 다른 시간성들에 소속되어 있을 것이다. 정권과 선거의 시간인 정치적 시간은 짧다. 즉 '정치에서는 일주일이라는 시간도 길다.' 경제적 시간, 사회학적 시간은 장기지속을 갖는다. 문화의 시간은 훨씬 더 느리며, 빙하작용처럼 더욱 점진적이다. (…중략…) 아주 갑작스럽고 간결하고 응축된 것 같은 대처 혁명의 주변에는 느리거나 점진적이거나 수동적인 것은 전혀 존재하지 않는다.[41]

홀은 대처주의를 신시대가 갖는 장기적이고 전 지구적이며 지속적인 시각 속에서 놓고 보고자 한다. 그는 대처주의의 의미를 부정하려고 하는 것이 아니라 대처주의가 갖는 시간성을 훨씬 더 넓은 시간성 속에서 다시 사고하고자 하는 것이다. 특히 대처주의가 다른 시간성 속에 존재한다는 것을 보여주고자 한다. 여기서 주목할 점은 문화가 정치와 경제와는 다른, 문화의 독특한 시간성, 그리고 정치와 경제의 차원보다 더 장기적인 변화를 갖고 있다고 하더라도, 홀이 문화적 차원에서의 개입 지점들을 간과하는 것은 아니라는 점이다. 홀은 신시대가 사리지게 만드는 하나의 경계가 있다면 그것은 "변화의 객관적 차원과 주관적 차원 사이의 경계"[42]라고 말한다. "신시대는 '저기 외부에서' 우리의 삶의 조건을 변화시키면서 동시에 '여기 내부에서' 우리에게 영향을 끼치며"[43] 우리를 재형성한다는 것이다.

여기서 홀은 주체성과 정체성의 문화적 이슈로 넘어간다. 사실 홀이 문화의 장기적 시간을 언급한 이유는 사회변화가 단번의 혁명에 의해 가능하지 않다고 생각한 것이며 사회변화를 위해서는 신시대에 맞는 새로운 주체성들이 구성되어야 할 필요성이 있다고 보았기 때문이다. 홀은 포스트포디즘적 생산이 수반하는 모델과 양식의 확산과 생산품의 차별화는 오늘날 서구사회의 전형적 특징인 사회세계와 논리들의 증폭과 관련된 문화적 다양성과 차별화라는 더 광의의 과정들을 반영하는 것이라고 주장한다.[44] 이제 이러한 과정에 부합하는 주체성은 계

41 Ibid., p.231.
42 Ibid., p.226.
43 Ibid., p.226.
44 Ibid., p.234.

급이나 인종이나 종족집단처럼 집단적 사회주체들이 아니다. 홀은 이런 집단적 주체들이 더욱 세분화되고 '다원화'하면서 중요해지는 것은 개별적 주체성이라고 말한다. 나아가서 개별적 주체성 또한 전통적 의미에서의 중심적·안정적·통합적 주체가 아니라 더욱 파편화되고 불완전하며 다양한 사회세계와 관련된 복수적 '자아' 혹은 혼종적 정체성으로 구성되어 있다는 것이다. 이는 '권력이 있는 곳에 저항이 있다'고 주장하는 푸코의 권력과 주체 개념에 가까우며 홀이 신시대의 주체성 개념으로 다중적이고 혼종적인 탈근대적 정체성을 염두에 두고 있음을 분명히 보여준다.

> 우리의 일상적 삶은 더욱더 다양한 형태의 권력과 그 교차지점 속에 존재한다. 이 체계에 대한 저항이 존재하지 않기는커녕 새로운 적대의 지점들과 그 지점들을 둘러싸고 조직되는 저항의 신사회운동들이 확산되고 있다. 그 결과 정치가 지금까지 좌파들이 비정치적이라고 생각했던 영역, 즉 가족, 의료, 음식, 성욕, 신체의 정치학으로까지 일반화되고 있다. 현재 우리가 결여하고 있는 것은 이런 권력관계들이 접속하는 방식이나 그 저항들에 대한 전체적 지도이다. 그런 의미에서 하나의 '권력게임'은 존재하지 않는다. 수많은 전략과 권력 그리고 그것들 간의 접합 네트워크가 존재한다. 정치는 항상 위치와 관련된positional 것이다.[45]

요컨대 '신시대'의 주된 특징은 포스트포디즘을 자본이 전 지구적으

45 Ibid., p.234.

로 확산되는 사회문화적 현상으로 해석하는 한편, 그러한 확산이 다양한 저항의 지점들과 새로운 주체성을 생성하게 만든다는 점이다. 이는 홀이 이데올로기와 계급정치에 근거하는 전통적 마르크스주의에서 벗어나 보다 문화적이고 정치적인 다중적・혼종적 주체성과 접합적・담론적 실천에 초점을 두는 포스트마르크스주의적이고 포스트모더니즘적인 이론들과 점점 더 가까워지고 있음을 보여준다. 사실 홀은 대처주의를 통해 경제의 기능을 '최초심급'에서만 작용하는 것으로 제한하는 한편, 이데올로기의 자율적 기능과 역할에 보다 큰 의미를 부여했다. 이는 어떤 형식으로든지 현실적 계급관계를 전제한 마르크스의 '이데올로기' 개념보다는 그러한 관계에서 벗어나 다양한 문화적 실천들의 접합을 강조하는 포스트구조주의적 '담론' 개념에 가까워진다. 이런 새로운 인식 때문에 홀은 '인종'과 '종족성'과 같은 문화적 정체성 문제를 보다 적극적으로 다룰 수 있게 된다.

그 결과 80년대 후반부터 홀은 계급 문제보다 인종과 정체성 문제에 보다 집중적 관심을 기울이기 시작한다. 물론 인종 문제에 대한 홀의 관심은 이미 70년대 버밍엄 문화연구소의 성과 속에도 엿볼 수 있다. 그 탁월한 예가 『위기의 관리』에서 볼 수 있던 70년대 영국사회에서 움트기 시작하던 새로운 인종주의에 대한 분석이다. 하지만 이 당시의 분석은 영국사회의 계급정치나 자본의 헤게모니 변화와 긴밀히 연결되어 있었다. 즉 계급정치 속에서 인종 문제를 다루었던 것이다. 하지만 80년대 말과 90년대 초, 인종 문제에 관한 홀의 관심은 상당히 다른 모습을 보인다. 이제 홀은 계급정치에서 탈피하여 인종과 종족성의 문화적 정체성 문제를 본격적으로 다룬다. 하지만 홀이 종족성의 문제를 혈연이나 영토, 나아가서 동일성의 정체성과 관련된 본질적 개념으로 다루려는 것은 전혀 아니다. 그의 '신시대'에 대한 정의와 마찬가지로 '인종'과 '종족성'은 신시대의 등장과 관련하여 '위치적positional'이고 '구성적constructive'인 개념이다. 즉 종족성은 "특정한 공동체나 지역성, 특정한 영토와 종교, 그리고 문화와 관련되어 있든, 개인에게 세계 속에 '장소'와 위치에 대한 의식을 제공해주는 모든 결합의 지점들이 정치적인 의제로 복귀하는 것"[46]을 의미한다. 즉 종족성은 고정적이고 안정적이며 자연적인 것이라는 본질주의적 의미가 아니라 상황과 위치와 맥락의 변경에 따라 달라지면서 새롭게 구성되는 의미를 갖게 된다. 이 당시 홀은 '신시대'의 도래와 더불어 흑인들의 이주와 디아스포라를 통해 기존의 종족성 개념을 반성하고 새롭게 이론화하고자 한다.

종족성 개념에 대한 홀의 관심은 「인종과 종족성 연구에 있어 그람시의 적절성Gramsci's relevance for the study of race and ethnicity」(1986)과 「새로운 종족성들New ethnicities」(1989), 「문화적 정체성과 디아스포라Cultural Identity and Diaspora」(1990) 등의 글에 잘 나타나 있다. 「인종과 종족성 연구에 있어 그람시의 적절성」에서 홀은 그람시를 포스트식민적 시각으로 수용하는 한편, 이데올로기와 헤게모니 개념을 경제와 계급 관계로부터 분리하여 인종과 종족성 문제를 포괄할 정도로 확장한다. 데이비드 몰리David Morley와 천광싱Kuan-Hsing Chen은 이 글이 현재의 핵심적 관심사들, 즉 인종, 종족성, 문화적 정체성의 문제로 나아간다는 점에서 홀의 작업에서 있어서 하나의 전환점이 된다고 주장한다.[47] 뿐만 아니라 이 글은

46 Ibid., p.236.

47 Kuan-Hsing Chen, *Stuart Hall : Critical Dialogues in Cultural Studies*, p.17.

홀 자신이 그람시를 통해 홀 자신의 디아스포라적이고 인종적인 정체성의 문제를 보다 본격적으로 다루는 계기가 되는 글이다. 우선 홀은 그람시가 이탈리아 본토와 '식민지적' 관계를 맺고 있는 사르디니아 출신이었고 북부 공장지대로 이주한 후 민족 문제를 포기하긴 했지만 농민 문제 및 계급과 지역적 요소들 간의 복합적 변증법에 대한 관심을 끝까지 잃지 않았다고 주장한다. 즉 "그람시는 계급 관계에 의해 결정되는 분할선이 지역적, 문화적, 민족적 차이라는 횡단적 선들에 의해, 그리고 지역적이거나 민족적인 역사발전의 속도 차이에 의해 복잡해지는 점을 철저하게 이해하고 있었었다"[48]는 것이다. 이런 해석은 홀의 탐구가 영국 문화연구의 수준을 넘어 유럽적, 나아가서 전 지구적 문제의식을 드러내고 있음을 보여준다. 뿐만 아니라 이 글이 향후 홀의 이론적 변화에 결정적인 것은 이데올로기와 헤게모니 개념에 대한 경제주의적 해석을 비판하는 수준을 넘어 그것을 경제관계와 계급관계로부터 분리하여 보다 일반적인 범주로 만들고 있는 점이다. 홀은 그람시가 자신의 후기 글에서 헤게모니를 본질적으로 '계급동맹적' 방식으로 개념화하는 방식과는 거리를 두고 인종과 종족성을 비롯한 모든 집단의 전략에 적용될 수 있는 일반적인 분석적 용어로 사용하고 있다고 해석한다. 헤게모니에 대한 경제주의적 해석을 통렬히 비판했듯이, 홀은 이데올로기의 주체를 경제주의적 해석으로부터 분리하여 정치적이고 문화적이며 급진적으로 사고한다. 그는 그람시가 "미리 주어진 통일적인 이데올로기적 주체, 가령 '올바른' 혁명사상을 지닌 프롤레타리아트나, 미리 보증된

48 Stuart Hall, "Gramsci's relevance for the study of race and ethnicity", *Stuart Hall : Critical Dialogues* (David Morley & Kuan-Hsing Chen eds.), London : Routledge, 1996, p.416.

반인종주의적 의식을 소유한 흑인이라는 관념 자체를 거부했으며" 특히 "사고와 사상의 주체를 구성하는 자아와 정체성의 복수성을 인식하였다"[49]고 주장한다. 이 글이 흥미로운 것은 홀이 그람시를 반본질주의적이고 비환원적으로 해석하고 있다는 점과 더불어 홀이 그람시의 입을 통해 자신의 목소리를 전달하고 있다는 점이다. 이 글에서 그람시는 바로 홀 자신이기도 하고 홀의 그람시이기도 하다.

향후 홀은 이런 방향 전환을 인종과 종족성 문제를 둘러싼 문화정치학의 변화와 관련짓는 작업을 본격화한다. 홀은 오늘날 흑인의 문화정체성에 대한 논의가 새로운 단계로 접어들고 있다고 주장한다.[50] 그에 따르면 이전에 '흑인black'이란 용어는 네그리튀드Negritude 운동이나 에이미 세자르Aimé Césaire가 말하듯이 흑인들의 피부색과 본질적 공통성과 동질감을 표현했다. 즉 '흑인'은 영국사회에서 인종주의와 주변화가 낳은 공통적 경험을 가리켰고, '흑인의 경험' 또한 "다양한 공동체들 사이에 민족적 · 문화적 차이를 가로질러 동일성의 확립에 근거한 단일하고 통합적인 틀로서 다른 종족적 / 인종적 정체성들보다 우세했다."[51] 흑인에 관한 이런 본질적이고 동질적 정체성 개념은 자신들을 배제하고 주변화해온 영국사회와 서구사회의 차별에 맞서 흑인들에게 저항과 연대의 무기를 제공해주었고, 문화적 차원에서도 항상 흑인들을 백인의 심미적이고 문화적인 지배 담론의 보이지 않고 들리지 않는 '타자'로 그리는 데 맞설 수 있는 유용한 개념이었다. 하지만 이런

49 Ibid., p.433.
50 Stuart Hall, "The meaning of New Times", p.442.
51 Ibid., p.441.

개념은 흑인/백인이라는 이원론적 구분을 넘어서지 못할 뿐만 아니라, 백인들이 물신화한 흑인 개념을 극복하지 못하듯이, 흑인 역시 아무리 긍정적이라고 하더라도 흑인을 역으로 다시 물신화할 가능성이 다분했다. 즉 흑인은 무조건 선하다거나 흑인은 모두 동일하다는 식의 허구적 논리가 팽배해지는 것이다. 이런 논리에 맞서 홀은 '재현의 관계the relations of representation'[52]를 둘러싼 투쟁에서 재현 자체의 정치학a politics of representation itself으로 이동해가야 한다고 역설한다.[53] 다시 말해, 홀은 흑인들이 어떻게 재현되고 있는가에 초점을 두기보다는 흑/백의 재현적 관계들 자체를 의문시하는 정치학으로 나아가야 한다고 주장하는 것이다. 따라서 홀은 본질적 흑인 주체라는 순진한 발상과 억압과 저항이라는 투명한 이분법 관계를 단념하고 이런 이분법의 작용 자체를 불안하게 만드는 불투명하고 수행적이며 담론적인 재현 개념으로 나아가고자 했다.

> 여기서 중요한 것은 '흑인'이라는 범주를 구성하는 엄청나게 다양한 주체 위치들, 사회경험들, 그리고 문화적 정체성들을 인정하는 것이다. 다시 말해, '흑인'이란 근본적으로 정치적으로, 문화적으로 **구성된** 범주이기 때문에 그것은 일단의 고정된 초문화적이고 초월적인 인종적 범주들에 근거할 수 없고 본성 속에서도 어떤 근거를 갖지 못한다는 점을 인정하는 것이다.

52 재현의 관계는 주로 재현의 배제와 억압에 대한 저항에 초점을 두기 때문에 ① 흑인예술가들이 재현의 권리에 접근access하는 문제와 ② 흑인에 대한 정형화되고 물신화된 이미지에 대항하여 '긍정적인' 흑인 이미지로 경쟁하는 문제에만 초점을 두었다. Stuart Hall, "New ethnicities", *Stuart Hall : Critical Dialogues,* p.442.

53 Ibid., p.442.

이런 주장의 작용은 흑인 주체들의 역사적 · 문화적 경험의 엄청난 다양성과 분화를 인정하는 것이다.[54]

재현의 정치학에서 정체성은 우리의 생각처럼 투명하거나 자명하지 않다. 홀은 문화적 정체성이란 "결코 완결적이지 않고 항상 과정 속에 있으며 재현의 외부가 아니라 내부에서 항상 구성되는 생산"[55]으로 인식해야 한다고 주장한다. 홀은 재현의 정치학이 갖는 의미를 다음과 같이 정리한다. 지금까지의 안정적인 정치적 범주들을 근본적으로 제거하고 동일시와 욕망의 심층적 양가성을 점차 인식하게 되고,[56] 종족적 정체성은 구성되는 것이라는 인식 하에 배타적이고 억압적이고 닫힌 영국 국민성 개념에 맞서 다원적 종족성multi-ethnicity과 다문화주의multi-culturalism를 통해 반인종주의의 정치학을 구성할 수 있으며,[57] 흑인의 경험을 더 이상 본질주의적으로 다루지 않고 디아스포라적이고 혼종적인 문화적 구성의 과정으로 인식하게 되는 것이다.[58] 이것은 홀이 이데올로기에서 담론으로, 계급 정치에서 인종의 정치로, 나아가서 포스트모던적인 주체성 개념으로 나아가고 있음을 보여준다. 뿐만 아니라 이것은 자본이 지구화하고 축적양식이 포스트포디즘적 체제로 변해가는 신시대에 홀이 제기하는 대안적 주체성 개념이 이미 영국문화연구의 틀을 넘어서고 있음을 보여준다.

---

54 Ibid., p.443.

55 Stuart Hall, "Cultural Identity and Diaspora", *Colonial Discourse and Post-Colonial Theory : A Reader* (Patrick Williams & Laura Chrisman eds.), New York : Columbia University Press, 1994, p.392.

56 Stuart Hall, "New ethnicities", pp.444~445.

57 Ibid., p.446.

58 Ibid., p.447.

4. 폴 길로이의 블랙애틀랜틱 문화연구

물론 홀의 문화연구가 도달한 지점에 대해서는 다양한 비판들이 예상된다. 순전히 이론적 차원에서만 보자면, 홀이 마르크스주의에서 포스트모더니즘으로 변신하고 있다는 비판이 있을 수 있다. 분명히 홀의 다중적・혼종적 정체성 개념은 영국을 넘어선 신시대라는 전 지구적 사회현실에 근거하는 것으로 현실과의 관련성을 끊은 채 기호와 담론의 유희를 즐기는 다원주의적이고 자유주의적 포스트모더니즘과는 무관하다. 하지만 80년대 대처주의 이후 영국의 정치문화적 현실에 대한 해석 때문에 홀이 이데올로기와 문화의 기능을 지나치게 특권화한 점, 그리고 신시대의 논의에서도 계급에서 인종과 종족성 그리고 문화정체성 문제로 곧장 나아간 것은 이론적 차원에서 볼 때 문제의 소지가 있다. 홀의 이론이 접합적이고 담론적인 정체성 개념에 초점을 두면서 점차 계급정치와 경제적인 것의 역할로부터 멀어져가는 것으로 보였다. 이론적 차원에서 볼 때, 이는 구조와 주체, 계급과 문화, 문화주의와 구조주의 간의 대립을 풀어보고자 했던 70년대의 홀의 이론적 모색으로부터도 다소 후퇴한 측면이 없지 않다. 특히 인종 개념에 초점을 두는 홀은 계급 범주의 특수성을 간과하는 것으로 비춰질 수 있다. 젠더와 인종, 그리고 계급 개념이 서로 얽혀 있고 교차하고 있음을 깨달을 때, 계급 범주에 대한 간과는 사회구성체와 사회현실의 가장 중요한 차원에 눈을 감는 것이 된다. 계급적 차원을 단념하거나 그것이 다른 범주들과 교차하면서 사회구조와 불평등을 구성하고 있다는 인식을 갖지 못하는 것은 경제결정론에 대한 비판 이전에 사회구조에 대한 분석과 설명에 대한 포기가 될 수 있다. 특히 포스트포디즘을 문화적으로 해석하는 것은 포스트포디즘이라는 경제적 축적양식에 대한 보충적인 의미를 가질 수 있지만 포스트포디즘에 대한 경제적 해석을 대체할 수는 없다. 어쨌든 80년대 이후 문화와 문화적인 것의 기능에 대한 홀의 강조가 지나치게 확장되고 있는 것은 사실이다. 프란시스 멀헌Francis Mulhern은 홀의 문화정치학cultural politics에서 강조점이 후자 즉 정치에서 전자 즉 문화로 미끄러져가면서 홀이 정치학을 제대로 사고할 수 없게 되었다고 비판한다.[59] 문화에 대한 과도한 강조와 문화 개념의 지나친 확장은 사회 내의 다양한 심급들의 구별과 상호작용에 대한 분석을 차단할 수도 있다. 이 주장은 우리에게도 아주 낯익다. 바로 홀이 자신의 선배이론가인 윌리엄스와 톰슨의 문화주의를 비판하기 위해 사용한 주장이기 때문이다. 어떤 의미에서 홀은 선배들의 경험적 문화주의와는 다르다고 하더라도 새로운 형태의 문화주의로 나아가는 것으로 보인다.[60]

하지만 이러한 이론적 한계에도 불구하고 주목해야 할 사실은, 만약 홀이 존재하지 않았다면 영국문화연구는 전혀 다른 흐름이나 경향의 문화연구가 되고 말았을 것이라는 점이다. 홀은 영국문화연구에 뚜렷한 족적을 남겼을 뿐만 아니라 그의 기여는 영국문화연구의 형성 자체가 이미 영국 내부에만 그 기원을 둘 수 없다는 점을 잘 보여준다. 홀

59 Francis Mulhern, *Culture / Metaculture*, p.124.
60 자세한 것은 김용규, 『문학에서 문화로』, 소명출판, 2004의 제5장의 1절 '이데올로기에서 담론의 정치학으로'를 참조.

덕분에 영국문화연구의 형성에는 영국의 국민문화에 대한 외부자적이고 주변적인 이주지식인의 시각이 처음으로 스며들게 되었다. 일반적으로 이주지식인의 시각은 경험과 문화적 습속 때문에 자신이 이주한 사회에 철저한 내부자적 입장을 갖기는 어렵다. 그렇지만 그 시각은 내부자의 경험이 갖는 자기동일성의 구조에서 벗어날 수 있고 내부가 갖는 이데올로기적 자명성과 자연성을 의문시할 수 있다. 이주지식인의 시각은 항상 비교적이며 그 어떤 것도 당연시하지 않는다. 홀이 영국문화연구 내부에서 끊임없이 새로운 쟁점을 형성할 수 있었던 것은 바로 이런 시각 때문이었다.

홀로 인해 영국문화연구는 문화연구의 풍부한 성과를 확보할 수 있었고, 또한 영국문화연구가 국민적 문화연구의 수준을 넘어설 수 있었다. 80년대 이후 홀의 문화연구는 이미 영국의 경계를 벗어나고 있었다. 대처주의를 신시대의 이론으로 다시 읽고자 했을 때, 그것은 이미 영국의 사회변화를 글로벌 자본주의의 지구화 과정 속에서 다시 읽고자 한 것이었고, 계급에서 인종 개념으로, 그리고 본질적 정체성에서 디아스포라적이고 혼종적인 정체성 개념으로 전환해간 것은 인종이 단순히 계급을 대체할 수 있는 개념이라기보다는 지구화의 과정 뿐 아니라 그 속에서 전개될 연대의 정치를 사고하는 데 매우 유리하였기 때문이었다. 인종이라는 개념은 영국 내의 이주자들과 영국 밖의 구식민지 국가들 내의 민중들을 서로 연결해주는, 즉 초국적 이산의 경험을 형상화할 수 있는 개념이었다. 나아가서 이러한 인종 개념은 기원적이고 본질적인 정체성이 아니라 이미 다중적이고 혼종적인 개념일 수밖에 없었다. 이런 점에서 볼 때, '계급에서 인종으로'의 홀의 이론적 전환은 홀의 문화이론이 영국의 계급정치나 경제결정론에서 벗어나 담론적이고 정치적인 문화주의로 나아가는 경향을 보이기도 하지만 홀의 문화연구가 점차 영국이라는 경계를 넘어서 전 지구적이고 초국적인 문화연구로 나아가고 있음을 뜻하는 것이기도 하다.

폴 길로이Paul Gilroy는 영국문화연구의 선구적 이론가들, 즉 리처드 호가트, E. P. 톰슨, 레이먼드 윌리엄스가 '인종' 문제에 대해서 전략적인 침묵을 보인 데 반해,[61] 홀은 달랐다고 주장한다.

> 최근에는 감사하게도 현대문화의 역사에 관한 글들이 1950년대보다 노골적으로 자민족중심적인 경우는 덜해졌다. 스튜어트 홀은 보기와 달리 '인종'이 영국의 정치문화와 국민의식에 필수적이고 절대적으로 본질적인 특징이었다고 단호하게 주장했다. 그의 이런 주장은 단순히 학문적 민족주의에서 국제주의로 나아가는 것이라기보다는 영국이 냉전에 의해 규정된 탈식민화되고 포스트제국의 세계질서의 어딘가에 위치하고 있다는 데 대해 더욱 개방적이고 글로벌한 이해를 향한 확고한 다리를 놓았다. 홀은 정체성을 (재)생산하는 활동을 벌여온 영국의 매스미디어에 일관되게 맞서 싸웠는데, 이는 인종차별주의라는 쟁점을 부각시킬 수 있는 확실한 공간을 마련했고, 인종차별주의를, 자신들의 섬뜩하고 무미건조한 성격을 다양한 대중주의적 모티프들로 숨겼던 권위주의적 형태들을 고려하기 위한 하나의 확대경으로 사용했다.[62]

61 폴 길로이Gilroy는 영국문화연구의 이론가들이 '인종' 문제에 관한 한 우파들의 인식보다 더 낫다고 할 수 없다고 비판한다. 특히 레이먼드 윌리엄스의 '인종'에 대한 인식에 그의 비판은 Paul Gilroy, *There Ain't No Black in the Union Jack : The Cultural Politics of Raca and Nation*, Chicago : The University of Chicago Press, 1987(1991), pp.49~50을 참조하라.

이 글은 인종에 대한 홀의 관심이 갖는 문화적 의미를 긍정적으로 평가하고 있다. 향후 영국의 흑인문화연구는 홀이 열어놓은 이 공간을 문화연구의 중심적 이슈로 부각시킨다. 그 대표적인 이론가가 바로 위의 평가를 쓴 폴 길로이이다. 길로이는 영국문화연구를 넘어 대서양을 중심에 두고 흑인들의 이산적이고 초국적인 문화연대, 즉 '블랙애틀랜틱Black Atlantic' 세계를 중심에 두는 문화연구를 주장한다. 블랙애틀랜틱 문화연구는 영국문화연구에서 탈피하여 흑인들의 "문화횡단적이고 국제적인 문화형성의 리좀적이고 프랙탈적인 구조"[63]를 탐구하고자 한다. 인종의 관점에서 볼 때, 노예로서든 노동력으로서든 흑인의 문화는 근대 들어 영국, 아프리카, 캐리비언 사이를 끊임없이 이동했으며 오히려 근대적 국민문화는 그런 사실을 부정해왔다. 따라서 블랙애틀랜틱 문화연구를 상상하기 위해서는 경계지워지고 통제되는 국민국가의 시공간과는 다른 시공간성, 그리고 나누고 구획된 영토적 사고와는 다른 상상력이 필요하다. 길로이는 "영국이나 아프리카계 문화연구들이 지금까지 그러했던 것보다 근대 국민국가의 경계와 통합성에 의해 더 위축당하지 않고, 그러한 경계와 통합성도 덜 존중하는 이론에 적합한 새로운 시공간chronotope"[64] 개념이 필요하다고 주장한다. 특히 그는 이런 시공간을 상상하는 데 대륙 사이를 횡단하는 유동적

62 Paul Gilroy, "British Cultural Studies and the Pitfalls of Identity", *Black British Cultural Studies : A Reader* (H. Baker, M. Diawara & R. H. Lindeborg eds.), Chacago : The University of Chicago Press, 1996, p.237.

63 Paul Gilroy, *The Black Atlantic : Modernity and Double Conscousness*, Cambridge : Harvard University Press, 1993(1996), p.4.

64 Ibid., p.4.

이동체, 즉 배ship의 이미지가 적절하다고 말한다.

> 나는 나의 기획을 위한 핵심적이고 구성적인 상징으로서, 그리고 나의 출발점으로서 유럽, 아메리카, 캐리비언 사이의 공간을 가로질러 이동하는 배의 이미지에 동의한다. 배 — 살아있는 미시-문화적이고 미시-정치적 이동의 체계 — 의 이미지는 중간경로middle passages, 구원을 얻기 위해 고향 아프리카로의 귀향의 기획들, 나아가서 중요한 문화적 · 정치적 산물들, 즉 소책자, 책, 축음기음반, 악단의 이동 뿐 아니라 사상과 운동가들의 유통에 초점을 두게 한다.[65]

이와 같은 유동적 이동체를 상상하기 위해서는 영토와 경계에 집착하는 기존의 민족중심적 사고나 문화연구의 틀로부터 벗어날 필요가 있다. 길로이는 블랙애틀랜틱 문화연구를 위해 우선 종족적 분리주의ethnic absolutism와 문화적 폐쇄주의cultural insiderism를 비판할 필요가 있다고 말한다. 그에 의하면 종족적 분리주의는 "변하지 않는 종족적 차이를 '흑인'과 '백인'의 역사와 경험 사이의 절대적 단절로 제시하는 지나치게 통합된 문화 개념"[66]에 의존하는 것으로 크레올화, 메스티조, 혼종성처럼 사람과 문화의 혼종을 오염 내지 불순함으로 이해하는 것이다. 특히 이런 인종적 차이의 절대적 의미에 근거하여 민족, 민족성, 민족주의를 상상하는 것이 문화적 폐쇄주의이다. 문화적 폐쇄주의는 사람들을 피부색이나 종족성으로 구분하고 그것을 다른 모든 것, 즉

65 Ibid., p.4.
66 Ibid., p.2.

사회적 · 역사적 경험, 문화, 정체성들보다 우위에 두는 태도로서 민족을 "종족적으로 동질적인 대상"[67]으로 구성한다. 여기서 길로이가 비판하고자 하는 것은 종족적 분리주의와 문화적 폐쇄주의와 같은 문화민족주의이기도 하지만 그런 민족주의에서 자유롭지 못한 마르크스주의와 영국의 문화연구이기도 했다. 길로이가 볼 때, 마르크스주의의 국가주의적 양식은 "물질적 생산양식과 정치적 지배양식을 오직 국민적 실체로만"[68] 인식했다. 마르크스주의는 사회구성체와 계급정치를 국민국가의 단위로 사고하여 민족적인 것의 경계를 벗어나지 못하는 경향이 있는 것이다. 길로이는 영국의 문화연구 또한 이런 문화민족주의적 시각으로부터 자유롭지 못했다고 지적한다. 그에 의하면 그동안 영국문화연구는 인종에 대한 전략적 침묵과 국민적 정체성에 대한 집착으로부터 벗어나지 못했고, 그 결과 흑인의 경험은 배제되었다. 즉 "문화연구의 역사는 그 최상의 연구에서 발견되는 정치적으로 급진적이고 열린 개입주의적 열망이 이미 흑인의 문화사와 이론에 결합되어 있다는 사실을 거의 인정하지 않았다. 이러한 결합은 거의 인식되지 않았고, 그 어떤 의미도 부여받지 못했다."[69] 길로이는 문화연구에서 C.L.R 제임스, 스튜어트 홀, 벨 훅스, 코넬 웨스트, 헨리 루이스 게이츠, 휴스턴 베이커, 앤소니 애피아, 헤이즐 카비와 같은 흑인이론가들의 작업이 배제당했다고 주장한다.

인종적 절대주의와 문화적 폐쇄주의에 의존한 문화민족주의는 "흑

---

67 Ibid., p.3.
68 Ibid., pp.3~4.
69 Ibid., p.6.

인을 비非인간 내지 비시민으로 배제하는 국민적 정체성에 대한 인종적으로 배타적인 개념"[70]을 예찬한다. 영국 국민성에 대한 강조가 위험한 것은 바로 이런 배타적 문화민족주의 때문이다. 길로이에 따르면 이런 문화적 민족주의는 영국사회의 진보진영이든 보수진영이든 그들의 주장과 이론 속에 깊숙이 침투해있다. 이런 점에서 영국의 국민문화의 구성에 매우 중요한 의미를 가질 뿐만 아니라 영국 국민문화의 경계를 넘어서도록 만드는 것이 바로 영국 흑인의 지위이다. 그들이 비非국민으로 배제당한다는 사실은 이미 그들이 영국의 문화민족주의 내부에 포함될 수 없는 존재들, 즉 이미 영국 국민문화의 경계와 외부에 존재하며 그 어느 하나의 정체성으로 통합되지 않는 역사적·문화적·지리적 조건을 갖고 있음을 방증한다.

영국 흑인의 특수성이라 불릴 수 있는 것은 다양한 상이한 문화형식들의 상호융합intermixture에 주목할 것을 요구한다. 이전에 분리되었던 정치적·지적 전통들이 수렴되었고, 그 결합들 속에서 영국 흑인의 역사적·사회적 형성과정을 과잉결정했다. 이와 같은 혼합은 단순한 종족적 관점에서 파악하면 오해되기 십상이다. 하지만 우파와 좌파, 인종주의자와 반인종주의자, 흑인과 백인은 암묵적으로 그것을 오직 독자적으로 형성되고 서로서로 배타적인 문화공동체들 간의 충돌에 불과할 뿐이라는 견해를 공유하고 있다. 바로 이런 견해가 흑인의 역사와 문화를, 흑인이주자들처럼 그들이 도래하기 전에 종족적으로 구분되지 않았고 아름답고 안정적이었던 진정

70 Ibid., p.6.

한 영국의 국민생활의 비전에 침투한 불법적인 이물들로 파악하는 지배적 견해가 되었다.[71]

이런 지배적 견해에 맞서 영국 흑인들은 국민적 정체성의 형성을 가로지르는 인종정치학의 문화횡단적 역동성을 대변한다. 영국문화연구 또한 인종 문제에 대해서는 가급적 거론하기를 꺼리는 '인종'에 대한 전략적 침묵을 공유하면서 오직 계급적·대중적 관점에서만 영국 국민성을 비판할 뿐이었다. 하지만 그런 대중에 '흑인'은 포함되지 않는 것인가? 사실 흑인은 항상 대상으로만 포함될 뿐 주체로서 다뤄지는 경우는 극히 드물었다. 홀이 '계급에서 인종으로'의 전환을 강조한 것은 바로 이런 맥락에서 볼 필요가 있다. 길로이는 이런 가능성을 블랙애틀랜틱 문화연구의 중심으로 가져오는 작업을 통해 영국을 넘어 흑인의 전 지구적 연대의 문화정치를 추구하고자 한다.

하지만 길로이의 블랙애틀랜틱 문화연구는 단순히 영국 국민문화와 그 문화민족주의를 비판하는 차원에만 머물지 않는다. 그것은 이미 흑인의 기여에 의지하였으면서도 그들의 지위를 타자로 배제하여 자신의 백색신화를 구성해온 서구적 근대성에 대한 비판으로 확장된다. 사실 서구적 근대성은 유럽의 독자적 산물이 아니라 블랙애틀랜틱의 어두운, 그러면서 역동적인 흑인문화의 공헌을 폐제하면서 가능했던 것이다. 길로이는 "문화적 가치의 담론이 구성되는 인종적 기호들과, 유럽과학 뿐 아니라 유럽미학과 철학과 관련 속에서 그 인종적 기호들

71 Ibid., p.7

의 존재조건을 추적하는 것은 일반적으로는 서구적 근대성의 열망에 대한 종족역사적 읽기ethnohistorical reading와 특수하게는 계몽주의적 전제에 대한 비판에 큰 기여를 할 수 있다"[72]고 주장한다.

길로이의 주장은 인종의 문제가 담론적·정치적 문화주의만으로 비판하기에는 한계가 있음을 잘 보여준다. 근대성 / 식민성 그룹의 경우에서 볼 수 있듯이, 인종 문제는 어떻게 다루느냐의 차이에 따라 다르겠지만 담론적 정치주의나 문화주의의 문제로만 인식될 수 없는, 훨씬 더 포괄적이고 깊은 문제, 즉 전 지구적 권력의 식민성의 물질적 기반과 얽혀 있는 구조적 문제로 인식할 필요가 있다. 달리 말하면 인종 문제는 사회구성체의 상부구조의 문제가 아니라 전 지구적인 식민성의 권력에 편입된 구조적 문제로 인식될 수도 있는 것이다. 길로이의 블랙애틀랜틱 문화연구의 향후 과제는 문화적·담론적 차원에서 인종이 어떻게 다루어지는가 하는 차원을 넘어 인종의 문제가 전 지구적 권력의 문제와 어떻게 연결되어 있는지, 즉 전 지구적 연대의 정치를 어떻게 사고할 수 있는가에 달려 있을 것이다.

72 Ibid., p.8.

참고문헌

1. 국내문헌

1) 저서

공지영, 『의자놀이』, 서울 : 휴머니스트, 2012.
권보드래, 『한국 근대소설의 기원』, 소명출판, 2000.
김영민, 『지식인과 심층근대화－접선의 존재론』, 철학과현실사, 1999.
김영희, 유희석 편, 『세계문학론』, 창비, 2010.
김용규, 『문학에서 문화로－1960년대 이후 영국 문학이론의 정치학』, 소명출판, 2004.
박상진, 『비동일화의 지평－문학의 보편성과 한국문학』, 고려대 출판부, 2010.
박성창, 『글로컬 시대의 한국문학』, 민음사, 2009.
______, 『비교문학의 도전』, 민음사, 2009.
서성철 · 김창민 편, 『라틴아메리카의 문학과 사회』, 까치, 2001.
유희석, 『한국문학의 최전선과 세계문학』, 창비, 2013.
이성형, 『콜럼버스가 서쪽으로 간 까닭은?』, 까치, 2003.
이정우, 『담론의 공간』, 민음사, 1999.
이현우, 『로쟈의 세계문학 다시 읽기』, 오월의봄, 2012.

Ashcroft, Bill & Pal Ahluwalia, 윤영실 역, 『다시 에드워드 사이드를 위하여』, 앨피, 2005.
Bakhtin, Mikhail, 전승희 외역 『장편소설과 민중언어』, 창작과비평사, 1988,
Bauman, Zygmunt, 정일준 역, 『쓰레기가 되는 삶들』, 새물결, 2008.
Cronin, Michael, 김용규 · 황혜령 역, 『번역과 정체성』, 동인, 2010.
____________, 이효석 역, 『팽창하는 세계』, 현암사, 2013.

Crouch, Colin, 이한 역, 『포스트민주주의』, 미지북스, 2008.
Foucault, Michel, 오생근 역, 『감시와 처벌』, 나남, 2003.
Giddens, Anthony, 이윤희 · 이현희 역, 『포스트모더니티』, 민영사, 1991.
Harding, Sandra, 조주현 역, 『누구의 과학이며 누구의 지식인가—여성의 삶에서 생각하기』, 나남, 2009.
Harootunian, Harry, 윤영실 · 서정은 역, 『역사의 요동』, 휴머니스트, 2006.
Lotman, Yuri, 김수환 역, 『기호계－문화연구와 문화기호학』, 문학과지성사, 2008.
Maharidge, Dale, 김훈 역, 『미국을 닮은 어떤 나라』, 여름언덕, 2012.
Perger, Werner A. & Thomas Assheur, 이승협 역, 『세계화 이후의 민주주의』, 평사리, 2006.
Ranciere, Jacque, 양창렬 역, 『정치적인 것의 가장자리에서』, 길, 2008.
Renan, Ernest, 신행선 역, 『민족이란 무엇인가』, 책세상, 2002.
Said, Edward, *Orientalism*, 박홍규 역, 『오리엔탈리즘』, 서울 : 교보문고, 2007.
Wallerstein, Immanuel, 나종일 외역, 『근대세계체제I』, 까치, 1999.
__________________, 한기욱 외역, 『미국패권의 몰락』, 창비, 2004.
__________________, 유희석 역, 『지식의 불확실성』, 창비, 2007.
Young, Robert J. C, 김용규 역, 『백색신화—서양이론과 유럽중심주의 비판』, 경성대출판부, 2008.
________________, 김용규 역, 『아래로부터의 포스트식민주의』, 현암사, 2013.
________________, 김택현 역, 『포스트식민주의 혹은 트리컨티넨탈리즘』, 박종철출판사, 2005.

2) 논문

강옥초, 「그람시와 '서발턴' 개념」, 『역사교육』 82.
이수훈, 「세기말을 바라보는 한 주변인의 사유」, 『오늘의 문예비평』, 겨울, 1999.
전영애, 「비교문학의 장場－"세계문학Weltliteratur"」, 『독일문학』 Vol.88, 2005.

Canclini, Néstor García, 「세계화와 정체성 논의에 대한 또 다른 시각」, 김창민 외 편역, 『세계화 시대의 문화논리』, 한울, 2005.
Julien, Eileen, 「최근의 세계문학 논쟁과 (반)주변부」, 『안과밖』 Vol.18, 2005.
Moretti, Fanco, 「진화론, 세계체제, 세계문학」, 『안과밖』 Vol.18, 2005.

Sinclair, John, 「문화제국주의를 탈중심화하기」, 김창민 외 편역, 『세계화 시대의 문화논리』, 한울, 2005.

Wallerstein, Immanuel, 정연복 역, 「의도하지 않은 결과-냉전시대의 지역연구」, 노엄 촘스키 외 편, 『냉전과 대학』, 당대, 2001.

2. 국외문헌

1) 저서

Agamben, Giorgio, *Homo Sacer : Sovereign Power and Bare Life,* Stanford : Stanford University Press, 1998.

Ahmad, Aijaz, *In Theory : Classes, Nations, Literatures*, London : Verso, 1992.

Alcof, Linda Martin & Eduardo Mendieta eds., *Thinking From the Underside of History*, Lanham : Rowman & Littlefield, 2000.

Amin, Samir, *Eurocentrism*, New York : Monthly Review Press, 1989.

Anderson, Benedict, *Imagined Community : Reflections on the Origins and Spread of Nationalism*, London : Verso, 1991.

Anderson, Perry, *Considerations on Western Marxism*, London : Verso, 1976.

______________, *In The Tracks of Historical Materialism*, London : Verso, 1984.

______________, *The Origins of Postmodernity*, London : Verso, 1998.

Anzaldua, Gloria E, *Borderlands / La Frontera*, San Francisco : Aunt Lute Books, 1999.

Apadurai, Arjun, *Modernity at Large : Cultural dimensions of Globalization*, Minneapolis : Minnesota University Press, 1996.

Archer, Robin et. al., *Out of Apathy : Voices of the New Left Thirty Years On,* London : Verso, 1989.

Arnold, Matthew, *The Portable Matthew Arnold* (Lionel Trilling ed.), Harmondsworth : Penguin Books, 1980.

Arteaga, Alfred, *Chicano Poetics : Heterotexts and Hybridities*, Cambridge : Cambridge University Press, 1997.

Ashcroft, Bill, Gareth Griffiths & Helen Tiffin, *The Empire Writes Back*, London & New York : Routledge, 2002.

Balakrishnan, Gopal Ed., *Debating Empire,* London : Verso, 2003.

Balibar, Etienne & Immanuel Wallerstein, *Race, Nation, Class : Ambiguous Identities*, London : Verso, 1991.

Barber, Michael, *Ethical Hermeneutics*, New York : Fordham University Press, 1998.

Baudrillard, Jean, *America*, London : Verso, 1989.

Bauman, Zygmunt, *Liquid Times : Living in an Age of Uncertainty,* Cambridge : Polity, 2007.

______________, *Work, Consumerism and the New Poor,* London : Open University Press, 2005.

Benitez-Rojo, Antonio, *The Repeating Island : The Caribbean and the Postmodern Perspective* (James E. Maraniss trans.), Durham : Duke University Press, 2006.

Berman, Marshall, *All That Is Solid Melts Into Air*, New York : Penguin Books, 1982.

Best, Steven & Dougals Keller, *Postmodern Theory : Critical Interrogations*, New York : Guilford Press, 1991.

Beverley, John, *Subalternity and Representation*, Durham : Duke University Press, 1999.

Bhabha, Homi, *The Location of Culture*, London & New York : Routledge, 1994.

____________ ed., *Nation and Narration*, London & New York : Routledge, 1990.

Campbell, Neil & Alasdair Kean, *American Cultural Studies : An Introduction to American Culture*, London & New York : Routlege, 1997.

Candini, Néstor García, *Consumers and Citizens : Globalization and Multicultural Conflicts*, Minneapolis : University of Minnesota Press, 2001.

______________, *Hybrid Cultures : Strategies for Entering and Leaving Modernity* (Christopher L. Chiappari & Silvia L. Lopez trans.), Minneapolis : University of Minnesota Press, 1995.

_____________, *Transforming Modernity : Popular Culture in Mexico*, Austin : University of Texas Press, 1993.

Casanova, Pascale, *The World Republic of Letters* (M. B. Debevoise trans.), Cambridge : Harvard University Press, 2004.

Chakrabarty, Dipesh, *Provincializing Europe : Postcolonial Thought and Historical Difference*, Princeton : Princeton University Press, 2000.

Chambers, Iain, *Migrancy, Culture, Identity*, London : Routledge, 1994.

Chun, Lin, *The British New Left*, Edinburgh : Edinburgh University Press, 1993.

Colas, Santiago, *Postmodernity in Latin America : The Argentine Paradigm,* Durham : Duke University

Press, 1994.

Cowen, Tyler, *Creative Destruction*, Princeton : Princeton University Press, 2002.

Cvetkovich, Ann & Douglas Kellner eds., *Articulating The Global and The Local : Globalization and Cultural Studies,* Boulder : Westview Press, 1997.

Davis, Helen, *Understanding Stuart Hall*, London : Sage Publications, 2004.

Davis, Mike, *Magical Urbanism*, London & New York : Verso, 2000.

de Certeau, Michel, *The Practice of Everyday Life*, Berkeley : University of California Press, 1988.

Deleuze, Gilles, *Difference and Repetition* (Paul Patton trans.), New York : Columbia University Press, 1994.

__________ and Felix Guattari, *A Thousand Plateaus : Capitalism & Schizophrenia*, London : Continuum, 2003.

__________ and Felix Guattari, *What is Philosophy?*, (Hugh Tomlinson & Graham Burchell trans.), New York : Columbia University Press, 1994.

de Sousa Santos, Boaventura, *The Rise of the Global Left : The World Social Forum and Beyond*, London : Zone Books, 2006.

____________________ ed., *Another Knowledge is Possible*, London : Verso, 2007.

Dirlik, Arif, *Postcolonial Aura : Third World Criticism in the Age of Global Capitalism*, Colorado : WestviewPress, 1997.

__________, *Postmodernity's Histories : The Past as Legacy and Project*, Lanham : Rowman & Littlefield Publishers, 2000.

Dussel, Enrique, *Beyond Philosophy*, Lanham : Rowman & Littlefield, 2003.

__________, *The Invention of the Americas : Eclipse of "the Other" and the Myth of Modernity* (Michael D. Barber trans.), New York : Continuum, 1995.

__________, *Philosophy of Liberation*, Eugene : Wipf & Stock, 1985.

__________, *The Underside of Modernity : Apel, Ricoeur, Rorty, Taylor, and the Philosophy of Liberation*, (Eduardo Mendieta trans.), New Jersey : Humanities Press, 1996.

__________ · Mabel Morana & Carlos A. Jauregui eds., *Coloniality at Large*, Durham : Duke University Press, 2008.

Eagleton, Terry, *Literary Theory : An Introduction*, 2nd ed., Oxford : Blackwell, 1996.

____________, *Against the Grain : Essays 1975 ~1985*, London : Verso, 1986.

Escobar, Arturo, *Encountering Development : The Making and Unmaking of the Third World*,

Princeton : Princeton University Press, 1995.

Fink, Bruce, *A Clinical Introduction to Lacanian Psychoanalysis : Theory and Technique,* Cambridge : Havard University Press, 1997.

Fizer, John, *The Idea of World Literature*, Baton Rouge : Louisiana State University Press, 2006.

Font, Mauricio A & Alfonso W. Quiroz eds., *Cuban Counterpoints : The Legacy of Fernando Ortiz*, Lanham : Lexington Books, 2005.

Giddens, Anthony, *The Nation-State and Violence*, Berkeley : University of California Press, 1987.

Gilroy, Paul, *After Empire : Melancholia or Convivial Culture?*, London & New York : Routledge, 2006.

__________, *The Black Atlantic : Modernity and Double Consciousness*, Cambridge : Harvard University Press, 1996.

__________, *Darker than Blue*, Cambridge : Harvard University Press, 2010.

__________, *There Ain't No Black in the Union Jack : The Cultural Politics of Race and Nation*, Chicago : The University of Chicago Press, 1987(1991).

Gordon, Lewis R, *Fanon and the Crisis of European Man*, New York & London : Routledge, 1995.

Gray, John, *False Down : The Delusions of Global Capitalism*, New York : The New Press, 1998.

Greider, William, *One World, Ready or Not*, New York : Touchstone Book, 1997.

Grosfoguel, R., *Colonial Subjects : Puerto Ricans in a Global Perspective*, Berkeley : University of California Press, 2003.

____________ · Nelson Maldonado-Torres & Jose David Saldivar eds., *Latin@s in the World-System*, Boulder : Paradigm Publishers, 2005.

Hall, Stuart et. al., *Policing the Crisis : Mugging, the State, and Law and Order,* London : Macmillan, 1978.

___________, *The Hard Road to Renewal : Thatcherism and the Crisis of the Left,* London : Verso, 1988.

_________ et. al., *Resistance Through Rituals : Youth subcultures in Post-war Britain*, London : Routledge, 1990.

__________, *Stuart Hall : Critical Dialogues in Cultural Studies* (David Morley & Kuan-Hsing

Chen eds.), London & New York : Routledge, 1996.

Hallward, Peter, *Badiou : A Subject to Truth*, Minneapolis : University of Minnesota Press, 2003.

Hannerz, Ulf, *Transnational Connections*, London & New York : Routledge, 1996.

Harding, Sandra, *Science from Below : Feminisms, Postcolonialities, and Modernities*, Durham : Duke University Press, 2008.

Hardt, Michael & Antonio Negri, *Empire*, Cambridge : Harvard University Press, 2000.

Hart, Stephen & Richard Young eds., *Contemporary Latin American Cultural Studies*. London : Arnold, 2003.

Harvey, David, *The Condition of Postmodernity*, Oxford : Basil Blackwell, 1989.

__________, *Spaces of Hope*, Berkerley : University of California Press, 2000.

Hoggart, Richard, *The Uses of Literacy*, New Brunswick : Transaction Publishers, 1992.

Homer, Sean, *Fredric Jameson : Marxism, Hermeneutics, Postmodernism*, London & New York : Routldge, 1998.

Hopkins, Terence K & Immanuel Wallerstein, *The Age of Transition : Trajectory of the World-System*, London : Zed Books, 1998.

Hopper, Paul, *Understanding Cultural Globalization*, Cambridge : Polity Press, 2007.

Jameson, Frederic, *The Cultural Turn : Selected Writings on the Postmodern 1983 ~1998*, London : Verso, 1998.

__________, *The Geopolitical Aesthetics : Cinema and Space in the World System,* Bloomington : Indiana University Press, 1992.

__________, *The Jameson Reader*, Oxford : Blackwell Publisher, 2000.

__________, *Marxism and Form : Twentieth-Century Dialectical Theories of Literature*, Princeton : Princeton University Press, 1974.

__________, *The Political Unconscious : Narrative as a Socially Symbolic Act*, Ithaca : Cornell University Press, 1982.

__________, *Postmodernism or The Cultural Logic of Late Capitalism*, Durham : Duke University Press, 1991.

__________, *The Seeds of Time*, New York : Columbia University Press, 1994.

__________ & Masao Miyoshi, *The Cultures of Globalization,* Durham : Duke University Press, 1998.

Jessop, Bob et. al., *Thatcherism*, Cambridge : Polity Press, 1988.

Juan, Jr. E. San, *Beyond Postcolonial Theory*, New York : St. Martin's Press, 1998.

Kenny, Michael, *The First New Left : British Intellectuals After Stalin,* London : Lawrence & Wishart, 1995.

King, Anthony D. ed., *Culture, Globalization and the World-System*, Minneapolis : University of Minnesota Press, 1997.

Kraidy, Marwan M, *Hybridity, or the Global Logic of Globalization,* Philadelphia : Temple University Press, 2005.

Krishnaswamy, Revathi & John C. Hawley eds., *The Postcolonial and the Local*, Minneapolis : University of Minnesota Press, 2007.

Laclau, Ernesto & Chantal Mouffe, *Hegemony & Socialist Strategy : Towards a Radical Democratic Politics*, London : Verso, 1985.

Laroui, Abdallah, *The Crisis of the Arab Intellectuals*, Berkerley : University of California Press, 1974.

Latour, Bruno, *We Have Never Been Modern*, Cambridge : Harvard University Press, 1994.

Lee, Richard. E., *Life and Times of Cultural Studies : The Politics and Transformation of the Structures of Knowledge*, Durham : Duke University Press, 2003.

Lefebvre, Henri, *The Production of Space* (Donald Nicholson-Smith trans.), Oxford : Blackwell, 1991.

Lipsitz, George, *Dangerous Crossroads : Postmodernism, Popular Music, and the Poetics of Place*, London : Verso, 1997.

Liu, Lydia H., *Translingual Practice : Literature, National Culture, and Translated Modernity : China, 1900 ~1937*, Stanford : Stanford University Press, 1995.

Lund, Joshua, *The Impure Imagination : Toward a Critical Hybridity*, Minneapolis. University of Minnesota Press, 2006.

Marx, Karl & Friedrich Engles, *The Communist Manifesto* (Samuel Moore trans.), London : Penguin Books, 2002.

Mendieta, Eduardo, *Global Fragments,* Albany : State University of New York Press, 2007.

Mignolo, Walter, *The Idea of Latin America*, Oxford : Blackwell University Press, 2005.

____________, *Local Histories / Global Designs*, Princeton : Princeton University Press, 2000.

Moore-Gilbert, Bart, *Postcolonial Theory : Contexts, Practices, Politics*, London : Verso, 1997.

Moquera, Gerardo ed., *Beyond the Fantastic : Contemporary Art Criticism from Latin America*, Cambridge : MIT Press, 1996.

Moretti, Fanco, *Atlas of the European novel 1800 ~1900,* London : Verso, 1998.

__________, *Modern Epic : The World System from Goethe to Garcia Marguez*, London : Verso, 1996.

Morton, Timothy, *The Ecological Thought*, Harvard University Press, Cambridge 2010.

Mulhern, Francis, *Culture / Metaculture*, London & New York : Routledge, 2000.

Negri, Antonio & Michael Hardt, *Commonwealth,* Cambridge : Harvard University Press, 2009.

________________________, *Empire*, Cambridge : Harvard University Press, 2000.

Ortiz, Fernando, *Cuban Counterpoint : Tobacco and Sugar* (Harriet de Onis trans.), Durham : Duke University Press, 1995.

Papastergiadis, Nikos, *The Turbulence of Migration*, Cambridge : Polity Press 2000.

Prabhu, Anjali, *Hybridity*, Albany : State University of New York Press, 2007.

Pratt, Mary Louise, *Imperial Eyes : Travel Writing and Transculturation,* London & New York : Routledge, 1992.

Procter, James, *Stuart Hall*, London & New York : Routledge, 2004.

Puri, Shakini, *The Caribbean Postcolonial*, New York : Palgrave, 2004.

Rafael, Vicente L., *Contracting Colonialism : Translation and Chrisitian Conversion in Tagalog Society Under Early Spanish Rule*, Durham : Duke University Press, 1993.

Rama, Angel, *Writing across Cultures : Narrative Transculturation in Latin America* (David Frye ed. and trans.), Durham : Duke University Press, 2012.

Readings, Bill, *Universities in Ruin*, Cambridge : Harvard University Press, 1997.

Retamar, Roberto Fernandez, *Caliban and Other Essays,* Minneapolis : University of Minnesota Press, 1989.

Rojek, Chris, *Stuart Hall*, Cambridge : Polity Press, 2003.

Rosaldo, Renato, *Culture and Truth : The Remaking of Social Analysis*, London & New York : Routledge, 1989.

Said, Edward, *Culture and Imperialism*, New York : Vintage Books, 1994.

Sarup, Madan, *Identity, Culture and the Postmodern World*, Athens : University of Georgia Press, 1996.

Schwarz, Roberto, *Misplaced Ideas : Essays on Brazilian Culture*, London : Verso, 1992.

Spivak, Gayatri Chakravorty, *A Critique of Postcolonial Reason : Toward A History of the Vanishing Present*, Cambridge : Harvard University Press, 1999.

____________, *In Other Worlds : Essays in Cultural Politics*, London & New York : Routledge, 1988.

Urry, John, *Consuming Places*, London & New York : Routledge, 1995.

Wallerstein, Immanuel, *The Capitalist World-Economy*, Cambridge : Cambridge University Press, 1979.

____________, *European Universalism : The Rhetoric of Power*, New York & London : The New Press, 2006.

____________, *World-Systems Analysis : An Introduction*, Durham : Duke University Press, 2004.

Wilson, Rob & Wimal Dissanayake eds., *The Global / Local,* Durham : Duke University Press, 1996.

Wolf, Eric R., *Europe and the People Without History*, Berkeley : University of California Press, 1997.

Wollen, Peter, *Raiding The Icebox : Reflections on Twentieth-Century Culture*, Bloomington : Indiana University Press, 1993.

Young, Robert J. C, *Colonial Desire : Hybridity in Theory, Culture and Race,* London & New York : Routledge, 1995.

Zachary, G. P., *The Global Me : New Cosmopolitans and the Competitive Edge : Picking Globalism's Winners and Losers*, New York : Public Affairs, 2000.

2) 논문

Ahmad, Aijaz, "Show me the Zulu Proust : some thoughts on world literature", *Revista Brasileira de Literatura Comparada*, Vol.17, 2010.

Alvares, Claudia, "On *White Mythologies* : Detotalising the Legacy of Modernity", *Culture, Theory and Critique*, Vol.46, No.2, 2005.

Arrighi, Giovanni, "The Developmentalist Illusion : A Reconceptualization of the Semiperiphery", *Semiperipheral States in the World-Economy*(William Mertin ed.), New York : Greenwood Press, 1990.

Benjamin, Walter, "Theses on the Philosophy of History", *Illuminations*, New York : Schocken

Books, 1968.

Bhabha, Homi, "Culture's in-between", *Questions of Cultural Identity* (Stuart Hall & Paul Du Gay eds.), London : Sage Publications, 1996.

___________, "Diffrence, discrimination and the discourse of colonialism", *Edward Said* (Patrick Williams ed.), Vol.III, London : Sage Publications, 2001.

Brown, Wendy, "We are all Democrats now···", *Democracy in What State?* (Giorgio Agamben et. al., eds.), New York : Columbia University Press, 2011.

Canclini, Néstor García, "Rewriting Cultural Studies in the Borderlands", *Postborder City : Cultural Spaces of Bajalta* (Michael Dear & Gustavo Leclerc eds.), New York & London : Routledge, 2003.

Casanova, Pascale, "Literature as a World", *New Left Review*, Vol. 31, 2005.

Coronil, Fernando, "Introduction to the Duke University Press Edition : Transculturation and the Politics of Theory : Countering the Center, Cuban Counterpoint", Fernando Oritiz, *Cuban Counterpoint : Tobacco and Sugar*, (Harriet de Onis trans.), Durham : Duke University Press, 1995.

Davis, Mike, "Urban Renaissance and the Spirit of Postmodernism", *Postmodernism and Its Discontents*, London : Verso, 1988.

Dirlik, Arif, "Place-Based Imagination : Globalism and the Politics of Place", *Places and Politics in an Age of Globalization* (Roxann Prazniak & Arif Dirlik eds.), Lanham : Rowman & Littlefield Publishers, 2001.

__________, "The Global in the Local", *Global / Local* (Rob Wilson & Wimal Dissanayake eds.), Durham : Duke University Press, 1996.

Dussel, Enrique, "Beyond Eurocentrism : The World-System and the Limits of Modernity", *The Cultures of Globalization* (Fredric Jameson & Masao Miyoshi eds.), Durham : Duke University Press, 1998.

__________, "Eurocentrism and Modernity", *Boundary* 2, Vol.20, No.3, 1993.

__________, "Transmodernity and Interculturality : An Interpretation from the Perspective of Philosophy of Liberation", *Transmodernity : Journal of Peripheral Cultural Production of the Luso-Hispanic World*, Vol.1, No.3, 2012.

__________, "World-System and "Trans"-Modernity", *Nepantla : Views from South*, Vol.3, No.2, Duke University Press, 2002.

Escobar, Arturo, "Beyond the Third World : Imperial Globality, Global Coloniality, and Anti-Globalization Social Movements", *Third World Quartely*, Vol.25, No.1, 2004.

______________, "Worlds and Knowledges Otherwise : the Latin American modernity / coloniality research program", *Cultural Studies* Vol.21, No.2-3, 2007.

Ferguson, James & Akhil Gupta, "Spatializing States : Toward an Ethnography of Neoliberal Governmentality", *Anthropologies of Modernity* (Jonathan Xavir Inda ed.), Oxford : Blackwell, 2005.

Gilroy, Paul, "British Cultural Studies and the Pitfalls of Identity", *Black British Cultural Studies : A Reader* (H. Baker, M. Diawara & R. H. Lindeborg eds.), Chacago : The University of Chicago Press, 1996.

Goethe, J. W. von & J. P. Eckemann, "Conversation on World Literature", *The Princeton Sourcebook in Comparative Literature* (David Damrosch, Natalie Mellas & Mbongiseni Buthelezi eds.), Princeton : Princeton University Press, 2009.

Grosfoguel, R., "The Epistemic Decolonial Turn : Beyond political-economy paradigms", *Cultural Studies,* Vo.21, No.2-3, 2007.

____________, "Transmodernity, border thinking, and global coloniality", *Eurozine*, 2008.

Hall, Stuart, "Cultural Studies and the Centre : some problematics and problems", *Culture, Media, Language : Working Papers in Cultural Studies, 1972～79* (the Centre for Contemporary Cultural Studies ed.), London : Hutchinson, 1980.

____________, "Cultural Identity and Diaspora", *Colonial Discourse and Post-Colonial Theory : A Reader* (Patrick Williams & Laura Chrisman eds.), New York : Columbia University Press, 1994.

____________, "Cultural Studies : two paradigms", *Culture, Ideology and Social Process : A Reader* (Tony Bennett et. al. eds.), London : The Open University Press, 1987.

____________, "Encoding / decoding", *Culture, Media, Language : Working Papers in Cultural Studies, 1972～79* (the Centre for Contemporary Cultural Studies ed.), London : Hutchinson, 1980.

____________, "The 'First' New Left : Life and Times", *Out of Apathy : Voices of the New Left Thirty Years On* (Robin Archer et. al. ed.), London : Verso, 1989.

____________, "Gramsci's relevance for the study of race and ethnicity", *Stuart Hall : Critical Dialogues* (David Morley & Kuan-Hsing Chen eds.), London : Routledge, 1996.

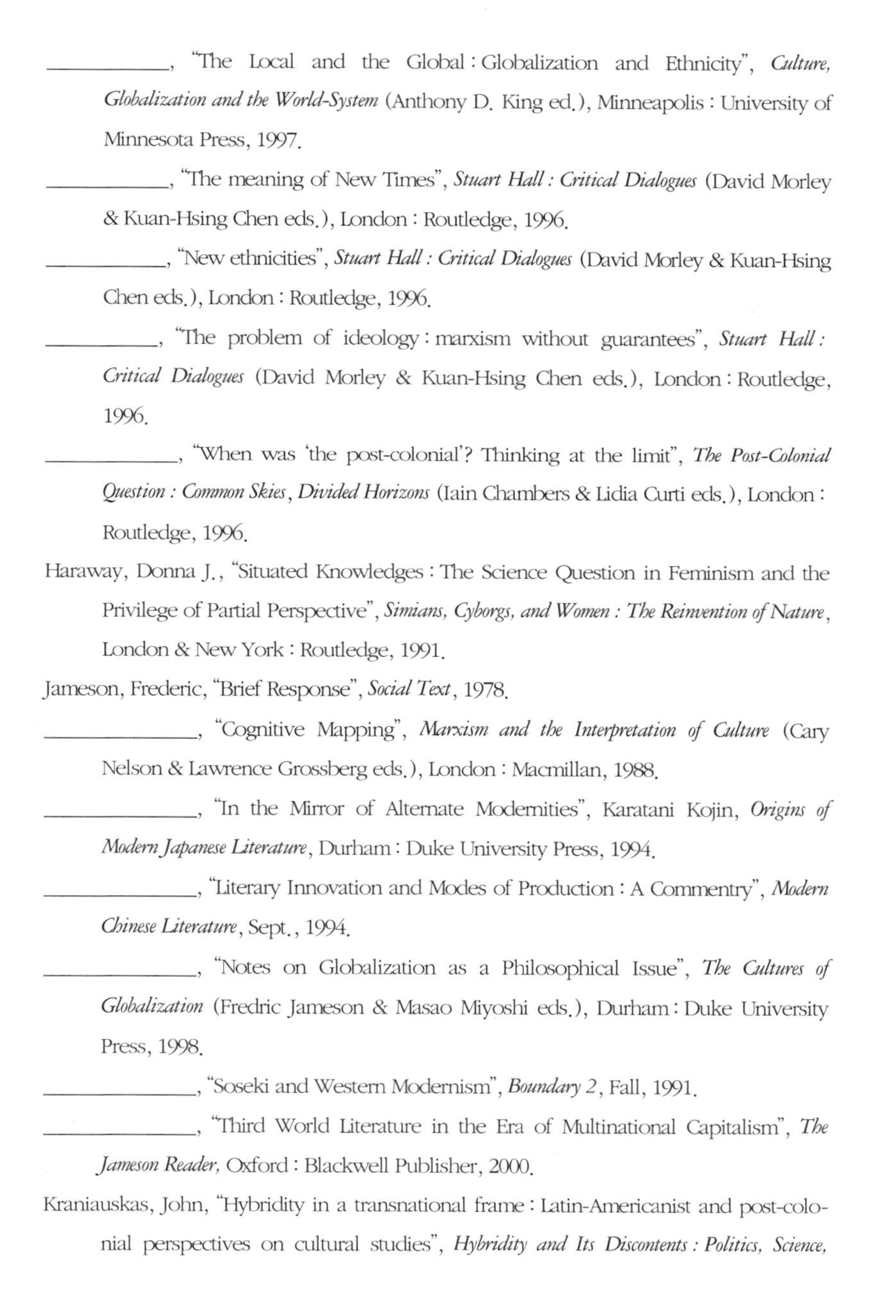

__________, "The Local and the Global : Globalization and Ethnicity", *Culture, Globalization and the World-System* (Anthony D. King ed.), Minneapolis : University of Minnesota Press, 1997.

__________, "The meaning of New Times", *Stuart Hall : Critical Dialogues* (David Morley & Kuan-Hsing Chen eds.), London : Routledge, 1996.

__________, "New ethnicities", *Stuart Hall : Critical Dialogues* (David Morley & Kuan-Hsing Chen eds.), London : Routledge, 1996.

__________, "The problem of ideology : marxism without guarantees", *Stuart Hall : Critical Dialogues* (David Morley & Kuan-Hsing Chen eds.), London : Routledge, 1996.

__________, "When was 'the post-colonial'? Thinking at the limit", *The Post-Colonial Question : Common Skies, Divided Horizons* (Iain Chambers & Lidia Curti eds.), London : Routledge, 1996.

Haraway, Donna J., "Situated Knowledges : The Science Question in Feminism and the Privilege of Partial Perspective", *Simians, Cyborgs, and Women : The Reinvention of Nature*, London & New York : Routledge, 1991.

Jameson, Frederic, "Brief Response", *Social Text*, 1978.

__________, "Cognitive Mapping", *Marxism and the Interpretation of Culture* (Cary Nelson & Lawrence Grossberg eds.), London : Macmillan, 1988.

__________, "In the Mirror of Alternate Modernities", Karatani Kojin, *Origins of Modern Japanese Literature*, Durham : Duke University Press, 1994.

__________, "Literary Innovation and Modes of Production : A Commentry", *Modern Chinese Literature*, Sept., 1994.

__________, "Notes on Globalization as a Philosophical Issue", *The Cultures of Globalization* (Fredric Jameson & Masao Miyoshi eds.), Durham : Duke University Press, 1998.

__________, "Soseki and Western Modernism", *Boundary 2*, Fall, 1991.

__________, "Third World Literature in the Era of Multinational Capitalism", *The Jameson Reader,* Oxford : Blackwell Publisher, 2000.

Kraniauskas, John, "Hybridity in a transnational frame : Latin-Americanist and post-colonial perspectives on cultural studies", *Hybridity and Its Discontents : Politics, Science,*

Culture (Avtar Brah & Annie E. Coombes eds.), London & New York : Routledge, 2000.

Lazarus, Neil, "The fetish of 'the West' in postcolonial theory", *Marxism, Modernity and Postcolonial Studies* (Crystal Bartolovich & Neil Lazarus eds.), Cambridge : Cambridge University Press, 2002.

Martin, William G., "Introduction : The Challenge of the Semiperiphery", *Semiperipheral States in the World-Economy* (William G. Martin ed.), New York : Greenwood Press, 1990.

Massey, Doreen, "The Political Place of Locality Studies", *Space, Place and Gender*, Minneapolis : University of Minnesota Press, 1994.

Mignolo, Walter, "The Geopolitics of Knowledge and the Colonial Difference", *Coloniality at Large* (Mabel Morano, Enrique Dussel & Carlos A. Jauregui eds.), Duke University Press, Durham 2008.

Miyoshi, Masao, "A borderless world? : From colonialism to transnationalism and the decline of the nation-state", *The Global / Local* (Rob Wilson & Wimal Dissanayake eds.), Durham : Duke University Press, 1996.

Moretti, Fanco, "Conjectures on World Literature", *New Left Review* Vol.1, Jan-Feb, 2000.

__________, "More Conjectures", *New Left Review,* Vol. 20, Mar-Apr, 2003.

Morley, David & Kuan-Hsing Chen, "Introduction", *Stuart Hall : Critical Dialogues*, London : Routledge, 1996.

Osborne, Peter, "Modernity is a Qualitative, Not a Chronological Category", *New Left Review*, Vol.192, Mar-Apr, 1992.

Quijano, Anibal, "The Challenge of the 'Indigenous Movement' in Latin America", *Socialism and Democracy,* Vol.19, No.3, 2005.

__________, "Coloniality and Modernity / Rationality", *Cultural Studies*, Vol.21, No.2-3, 2007.

__________, "Questioning 'Race'", *Socialism and Democracy*, Vol.21, No.1, 2007.

__________ & Immanuel Wallerstein, "Americanity as a concept, or the Americas in the modern world-system", *ISSJ*, Vol.134, 1992.

Shohat, Ella, "Notes on the Post-Colonial", *Contemporary Postcolonial Theory : A Reader* (Padmini Mongia ed.), London : Arnold, 1996.

Spivak, Gayatri Chakravorty, "Can the Sublatern Speak?", *Marxism and the Interpretation of*

Culture (Cary Nelson & Lawrence Grossberg eds.), Urbana : University of Illinois Press, 1988.

Trigo, Abril, "General Introduction", *The Latin American Cultural Studies Reader* (Ana Del Sarto, Alicia Rios & Abril Trigo eds.), Durham : Duke University Press, 2004.

__________, "On Transculturation : Toward a Political Economy of Culture in the Periphery", *Studies in Latin American Popular Culture*, Vol.15, 1996.

Wallerstein, Immanuel, "SpaceTime as the Basis of Knowledge", http://fbc.binghamton.edu/iwsptm.htm.

Wilson, Rob, "World Gone Wrong" : Thomas Friedman's *World Gone Flat* and Pascale Casanova's *World Republic* against the Multitudes of "Oceania", *Concentric : Literary and Cultural Studies,* Vol.33, No.2, 2007.

Yudice, George, "Marginality and the Ethics of Survival", *Universal Abandon? The Politics of Postmodernism* (Andrew Ross ed.), Minneapolis : University of Minnesota Press, 1989.

__________, "Postmodernity and Transnational Capitalism in Latin America", *On Edge* (Geroge Yudice, Jean Franco & Juan Flores eds.), Minneapolis : University of Minnesota Press, 1992.

인명

ㅅ

ㅇ

ㅈ

ㅊ

ㅋ

ㅌ

ㅍ

문헌